Sexes, sexualités & relations sexuelles dans la science-fiction

sous la direction de

Natalia Chumarova & Samuel Minne

Sexes, sexualités & relations sexuelles dans la science-fiction

sous la direction de

Natalia Chumarova
&
Samuel Minne

Publication sous l'égide de
la société savante d'étude de la science-fiction **Stella Incognita**

Double comité de lecture
Stella Incognita
Association Académique pour les Humanités – AAH

Direction de volume
Natalia Chumarova et Samuel Minne

Comité scientifique
Danièle André, Fleur Hopkins-Loféron, Jérôme Goffette,
Jean-Sébastien Steyer, Samuel Minne

Avec le concours de :
Clément Pelissier, Hervé Lagoguey, Daniel Koechlin, Albain Le Garroy, Patrycja
Kurjatto-Renard, Antonin Jousse, Daria Sinichkina, Bella Ostroomoukhova,
Gwennaël Gaffric et Leonid Heller pour la relecture et l'évaluation

Couverture : Samuel Minne

Illustrations originales : Adriana Popovic

Table ronde avec Joëlle Wintrebert, Christophe Siébert,
Audrey Pleynet et Saul Pandelakis :

      Animation : Luba Jurgenson

      Transcription : Domenico Scagliusi et Guilhem Pousson

      Adaptation : Natalia Chumarova

   Mise en page : Jérôme Goffette et Clément Pélissier

Ce volume est une publication élargie issue du XIe colloque Stella Incognita
organisé par Natalia Chumarova, Christopher Robinson, Bella
Ostromooukhova, Domenico Scagliusi, Guilhem Pousson et Tatiana Drobot.

Édition : BoD · Books on Demand, 31 avenue Saint-Rémy, 57600 Forbach, bod@bod.fr
Impression : Libri Plureos GmbH, Friedensallee 273, 22763 Hamburg (Allemagne)

ISBN : 978-2-8106-2913-8
Dépôt légal : Février 2025

Introduction

Natalia Chumarova & Samuel Minne

Si les jeux d'Éros et la compréhension de la reproduction humaine sont connus depuis les écrits qui nous sont parvenus de l'Antiquité, la connaissance de la sexualité dans toute sa richesse a amené à distinguer sexe, sexualité et relations sexuelles. Dans le prolongement de la psychanalyse et de la sexologie, des philosophes tels que Simone de Beauvoir et Michel Foucault ont approfondi la réflexion sur la condition féminine et les représentations de la sexualité. Le féminisme, les études de genre, et les études lesbiennes, gays, bisexuelles, transgenres, intersexuelles, *queer*, asexuelles et bien d'autres, ont contribué à éclairer ces notions et à les reconnaître durablement. Le sexe anatomique, l'appareil reproducteur, les caractères sexuels primaires, ne peuvent plus être considérés comme déterminant de façon absolue l'identité sociale. La notion de genre, proposée par des psychologues et sexologues puis reprise par des sociologues et des philosophes, permet de sortir d'une vision normative qui rejette à la marge des pans entiers de l'expérience humaine, en prenant en compte les variations de genre par-delà le dimorphisme sexuel. La notion de sexualité englobe les expériences intimes du désir et du plaisir sexuels, mais aussi les orientations et l'expression des attirances, les comportements seul, à deux ou plus, aussi bien que les fantasmes. Les relations sexuelles sont plus strictement les pratiques de la sexualité, mettant en jeu le plus souvent les organes génitaux, mais pas seulement, de même que l'éventail des relations sexuelles ne se réduit pas à la pénétration.

*

L'expression du désir et la prise en compte de l'impact social de la sexualité sont constantes dans les cultures. La science-fiction, en tant que littérature prospective et spéculative, et plus largement de culture multimédiatique, non seulement ne s'est pas détournée de ces sujets, mais elle a aussi pu, dans son projet d'anticipation scientifique et sociale, aller à l'avant-garde des conceptions sur le sexe et les relations sexuelles. Elle a pu se contenter de refléter les représentations du genre et des sexualités d'une société, celles des autrices et auteurs. Mais elle a aussi pu dénoncer le sexisme, la répression sexuelle ou les violences sexuelles, et même anticiper d'autres normes, dans des sociétés futures, ou imaginer d'autres formes de sexualités dans des sociétés extraterrestres.

Les relations entre espèces terriennes et extraterrestres font partie des premiers thèmes les plus audacieux à être imaginés. Dès 1908, avec sa nouvelle « La Race nouvelle », Albert Keim imaginait un rapport sexuel entre un extraterrestre et une humaine, sous la forme d'un viol qui réduisait la sexualité à la violence d'une domination masculine interspécifique. Plus sensible à la psychologie des sentiments, J. H. Rosny aîné imagine une histoire d'amour entre un Terrien et une Martienne dans *Les Navigateurs de l'infini* (1925). La nouvelle « Shambleau » (1933) de Catherine L. Moore évoque l'attraction mortifère qu'exerce une créature extraterrestre sur un homme. Et en 1952, Philip José Farmer impose définitivement le thème avec sa nouvelle « Les Amants étrangers ».

Parallèlement, l'anticipation va prendre en compte la place de la sexualité dans de nouvelles sociétés qui entendent maîtriser les humains dans leur vie la plus intime. Dès 1920 avec *Nous*, Evguéni Zamiatine met en scène en précurseur le contrôle absolu de l'état sur la sexualité dans une société future. George Orwell met davantage l'accent sur la répression sexuelle dans *1984* (1949), tandis qu'Aldous Huxley conçoit avec *Le Meilleur des mondes* (1932) une sexualité détachée de la reproduction et tout entière tournée vers le plaisir, mais là encore suivant une programmation prévue par la société.

En contrepoint de ces contre-utopies et dystopies se développe l'utopie unisexuée comme solution à la guerre des sexes et nouveau mode de civilisation. Dès 1935, Charlotte Gilman Perkins dépeint une société exclusivement féminine où les femmes se reproduisent par parthénogenèse dans *Herland*. Cette utopie sera suivie beaucoup plus tard de nombreuses autres, telles *Les Guérillères* (1969) de Monique Wittig, *L'Humanité-Femme* (1975) de Joanna Russ, *Le Satellite de l'Amande* (1975) de Françoise d'Eaubonne, *Les Filles d'Égalie* (1977) de Gerd Brantenberg, *Le Rivage des femmes* (1986) de Pamela Sargent, *Chroniques du Pays des Mères* (1992) d'Élisabeth Vonarburg ou *Pollen* (2002) de Joëlle Wintrebert.

L'importance de la figure du robot dans le genre a immanquablement amené des récits de relations amoureuses et/ou sexuelles entre humains et robots, dont on peut détacher « Hélène O'Loy » (1939) de Lester Del Rey, *Dans le torrent des siècles* (1950) de

Clifford D. Simak, *Barbarella* (1962), bande dessinée de Jean-Claude Forest, ou encore *Les Robots de l'aube* (1983) d'Isaac Asimov, auteur dont Roland C. Wagner avait malicieusement détourné les règles canoniques en « trois lois de la sexualité robotique » en 1982. Citons encore le film *Blade Runner* (1982) de Ridley Scott, adaptation du roman de Philip K. Dick qui pose la double question de l'identité de soi et de l'objet du désir.

Alors que Theodore Sturgeon avait remis en cause le dimorphisme sexuel en 1953 avec sa nouvelle « Monde bien perdu », Isaac Asimov imagine une espèce extraterrestre à trois sexes, tous trois nécessaires pour la reproduction, dans *Les Dieux eux-mêmes* (1972). Le sexe biologique n'apparaît plus comme donné une fois pour toutes et peut changer dans des contextes très différents : les Géthéniens agenrés prennent indifféremment un des deux sexes lors des périodes de reproduction dans *La Main gauche de la nuit* (1969) d'Ursula K. Le Guin, tandis que certains êtres hermaphrodites peuvent passer de l'un à l'autre dans *L'Histrion* (1993) et *Sexomorphoses* (1994) d'Ayerdhal. Le changement de sexe biologique par nanochirurgie est de son côté généralisé dans la société lunaire de John Varley.

Si le sexe et la sexualité sont explorés assez tôt, souvent de façon originale, les années 1960-1970, dans le contexte de la révolution sexuelle, voient de nombreux romans et nouvelles se concentrer plus particulièrement à la fois sur les visions contemporaines de l'érotisme et sur la recherche de nouveaux rapports et de nouvelles pratiques, chez des auteurs connus comme Robert A. Heinlein, Philip José Farmer, Robert Silverberg, J. G. Ballard, James Tiptree Jr. (Alice Sheldon) ou Tanith Lee. Dans les années 1980 paraissent des anthologies féminines dirigées par Pamela Sargent, ou rassemblées par Donald Palumbo autour de thématiques sexuelles, sans oublier en France *Éros au futur* (1977) réuni par Jacques Chambon et *Histoires de sexe-fiction* (1985) préfacé par Jacques Goimard. Depuis les années 1990 la sexualité s'impose comme un thème important dans toutes les littératures de l'imaginaire, de la science-fiction à l'horreur en passant par la fantasy, et de nombreuses voix originales se font entendre, dont Octavia Butler, Geoff Ryman, Greg Egan, Nalo Hopkinson, Nnedi Okorafor, Jo Walton, Sabrina Calvo, Christophe Siébert, Charlie Jane Anders, Sam J. Miller, Chi Ta-Wei, Becky Chambers, Saul Pandelakis ou Audrey Pleynet. Quelques anthologies rassemblent des textes francophones : *Cosmic Erotica* (2000) présenté par Jean-Marc Ligny, *69* (2009) réuni par Charlotte Volper, ou encore *Sexe et Genre en SF* et *Genre et Sexe en SF* (2021) réunis par Lucie Chenu et *Sexe et sexualité dans le futur et ailleurs* (2021), deux tomes réunis par Jean-Pierre Fontana.

3

Alors que les recherches universitaires, surtout dans le monde anglo-saxon, développent des analyses littéraires féministes et *queers*, avec les travaux de Sarah LeFanu, Marleen Barr, Robin Roberts, Jenny Wolmark, Brian Atteberry, Justine Larbalestier, Patricia Melzer, Robin Reid et Helen Merrick, des autrices et auteurs de science-fiction également chercheurs livrent leurs propres lectures et réflexions. Joanna Russ a écrit sur l'image des femmes dans la science-fiction, la guerre des sexes et les utopies féministes, Monique Wittig a mis en évidence la pensée « straight », Samuel R. Delany a étudié les œuvres de ses consœurs ainsi que les relations entre sexe, race et science-fiction, ainsi que la pornographie. Élisabeth Vonarburg a analysé les personnages féminins dans la science-fiction, Joëlle Wintrebert est revenue sur le sexisme dans la SF. Le thème des utopies féminines, écoféministes (mot forgé par Françoise d'Eaubonne), et plus particulièrement lesbiennes devient avec justice un objet d'études consacré. L'anthropologue Marika Moisseef a étudié la manière dont la science-fiction s'est emparée de la reproduction. Dès 1985 avec son *Manifeste cyborg*, la philosophe féministe Donna Haraway sait lier la science-fiction à sa réflexion novatrice. Plus tard, des chercheuses développent l'analyse des sexualités et des genres *queer* comme Wendy Pearson sur les cryptographies aliens, Veronica Hollinger et sa défamiliarisation du genre, et l'ouvrage collectif *Queer Universes* (2008) publie entre autres un essai de Nicola Griffith et Kelley Eskridge sur la recherche de textes de science-fiction lesbienne, et les lectures BDSM de la SF féminine québécoise par Sylvie Bérard. Dans le monde francophone, on ne peut manquer de citer plus récemment Ïan Larue avec son essai *Libère-toi, cyborg !* (2018) et Ketty Steward avec *Le Futur au pluriel : réparer la science-fiction* (2023). À ce foisonnement ne peut que correspondre le besoin de poursuivre ces travaux autour du sexe (et du genre), de la sexualité et des relations sexuelles.

C'est dans cette perspective que s'inscrit le présent volume, divisé en deux parties qui présentent les recherches universitaires et les œuvres littéraires de science-fiction traitant les différentes questions de sexe, sexualité et relations sexuelles. Dans la première partie, le lecteur trouvera les articles montrant un large éventail d'approches et de méthodes d'analyse, par-delà les études littéraires, artistiques et cinématographiques. L'histoire littéraire est sollicitée, mais également la psychanalyse dans une acception non normative, l'anthropologie de l'inceste, l'enquête de terrain sociologique et jusqu'à la chimie des alcaloïdes et des psychotropes.

Dans une étude qui ouvre le volume, Leonid Heller dresse un panorama de la sexualité dans la science-fiction russe. On peut distinguer ici deux grands axes, l'amour libre et la libération de la femme dans les sociétés utopiques, et le contrôle des relations sexuelles et eugénisme dans les sociétés dystopiques. Restant principalement dans le cadre de la société humaine binaire et hétérosexuelle, la science-fiction russe propose quelques cas timides de l'amour homosexuel ou des rapports sexuels avec des espèces extraterrestres non humanoïdes. Le cas particulier d'une société utopique russe est étudié par Alla Morozova. Dans son article, elle présente une utopie classique de la science-fiction russe, *L'Étoile rouge* d'Alexandre Bogdanov, centrée sur l'idéal de l'amour libre et de l'égalité des sexes.

La vision plus traditionaliste du rôle des hommes et des femmes est analysée par Liting Hou avec l'exemple d'une œuvre de Liu Cixin, un écrivain majeur de la science-fiction chinoise contemporaine. Comme le montre Liting Hou, l'assignation des femmes à une fonction traditionnelle d'« épouse parfaite » efface leur identité au profit des hommes, détenteurs des décisions et des actes. Que se passerait-il si une société formée exclusivement d'hommes « par excellence » finissait par dominer non seulement la Terre, mais tout l'Univers, exterminant toutes les autres personnes non conformes à « l'idéal » ? Albain Le Garroy essaie de répondre à cette question en étudiant un cas extrême de masculinité toxique dans le roman *Rêve de fer* de Norman Spinrad, dont le personnage principal propose un système reproductif fondé sur le clonage afin de ne plus avoir besoin des femmes.

La reproduction est au cœur de plusieurs articles qui analysent la manière dont la maternité peut s'adapter à la société ou comment la société peut être transformée en changeant le système reproductif. Comment adapter au mieux la maternité pour que la femme puisse faire une carrière à succès ou qu'un couple puisse avoir un enfant au moment souhaité sans se préoccuper de son âge et de son compte en banque ? Aline Ferreira présente dans son article quelques solutions imaginées par des autrices de la science-fiction états-unienne. Si dans les cas étudiés par Aline Ferreira la reproduction permet à la femme de s'adapter au mieux dans une société patriarcale, d'autres autrices vont jusqu'à proposer des sociétés matriarcales, dans lesquelles les hommes sont souvent réduits à des géniteurs.

Frédéric Guignard étudie dans son article la science-fiction francophone née dans l'imaginaire des autrices dans les dernières décennies du XXe siècle. Comme il le montre, la touche féminine n'apporte pas seulement un nouveau regard sur les relations femme/homme, caricaturant parfois la vision masculine des relations sexuelles. Les femmes apportent aussi de nouvelles thématiques, parlant librement dans leurs textes du lesbianisme et de l'inceste. Le cas particulier de ces relations est analysé par Manon Barret. Dans son article, Manon Barret montre, sur l'exemple des sociétés matriarcales imaginées par Élisabeth Vonarburg et Joëlle Wintrebert, la normalisation des relations sexuelles adelphiques à la suite du changement du système reproductif.

Le lien entre la technologie et le sexe est un autre grand thème présent dans ce volume. Les robots sont considérés depuis leur apparition dans la science-fiction comme des miroirs des humains. Les relations sexuelles impliquant un robot interrogent ainsi les normes de notre société. Jérémy Zucchi réalise une étude comparative de la scène d'amour entre le chasseur de prime Rick Deckard et la réplicante Rachel, dans le roman *Les androïdes rêvent-ils de moutons électriques ?* de Philip K. Dick et dans le film *Blade Runner* de Ridley Scott. À travers les différences entre deux scènes, plus douce dans le roman et plus violente dans le film, Jérémy Zucchi questionne le consentement dans les relations sexuelles. Si dans ces œuvres, les relations mises en lumière ont lieu entre un être humain et un androïde, la suite, *Blade Runner 2049*, nous montre des relations sexuelles et amoureuses entre deux machines, un androïde possédant un corps, et une IA pouvant s'incarner seulement en hologramme. Ces relations sont abordées dans l'article de Daniel Koechlin, qui mène une réflexion sur la difficulté d'avoir un destin désiré dans la société actuelle.

Et si la technologie pouvait contrôler totalement la sexualité ? Et si notre libido était totalement connectée, gérée à distance et offerte à l'abonnement avec forfait ? Jérôme Goffette ironise sur l'informatisation totale de la sexualité, qui invite à abandonner les corps sexués au profit de capteurs connectés aux centres de plaisir, en suivant les personnages du roman de John Varley. D'autres types de stimulations sexuelles sont étudiés par Fabrice Chemla qui explore dans son article les effets de substances chimiques imaginées par les auteurs de science-fiction sur le comportement humain. Il montre que, en permettant la libération des pulsions sexuelles, les aphrodisiaques bouleversent les normes imposées par la morale ou deviennent un outil de contrôle social.

Que peut-on dire de la société dans laquelle la sexualité est utilisée à des fins de contrôle et de soumission, et où les crimes au caractère sexuel le plus atroce sont devenus la norme ? Christophe Siébert imagine et décrit une telle société dans le cycle de Mertvecgorod, étudiée dans l'article de Clément Pélissier. Une sortie du cycle de la violence, y compris les violences sexuelles infligées par les normes sociales, est proposée par Patrycja Kurjatto-Renard. Dans son article, elle analyse le personnage principal du roman *Who Fears Death* de Nnedi Okorafor, une fille née d'un viol qui se libère de l'oppression des règles imposées par les traditions. Exemple d'afrofuturisme, ce roman aborde certains traits des sociétés africaines, par exemple les mutilations sexuelles féminines.

La science-fiction est également un terrain parfait pour questionner la notion de genre. Emmanuelle Lescouet étudie la représentation des identités *queer* dans la science-fiction états-unienne contemporaine. Elle analyse des sociétés dans lesquelles la représentation de soi-même ainsi que les relations avec les autres, y compris les rapports sexuels, ne prennent plus en compte la notion de genre, ce qui amène au développement de la tolérance et la bienveillance les plus grandes, composantes essentielles d'une société heureuse. Fabien Demangeot analyse à son tour la représentation du corps *queer* dans le cinéma de Body Horror, et surtout dans l'œuvre de David Cronenberg. La sexualité mute avec le corps transformé, en même temps que l'envie d'augmenter le plaisir sexuel pousse à modifier son corps. Fabien Demangeot étudie ainsi le rapport à soi et sa propre sexualité, acceptation de ses désirs et ses plaisirs, mais aussi l'acceptation de l'autre.

Crash ! de James Ballard, qui a inspiré le film homonyme de Cronenberg, est au cœur de l'étude de Hervé Lagoguey. Dans son article, Hervé Lagoguey explique que le changement d'axe de l'attirance sexuelle du corps humain vers le corps dans la voiture, voire le corps machinisé, gomme les frontières de la sexualité traditionnelle : les personnages ne se définissent plus comme des hétéro-, homo- ou bisexuels, leur attirance pour l'autre est basée seulement sur la présence ou absence de voiture dans l'acte ou des traces de l'accident sur le corps. L'esthétique du Body Horror s'invite aussi dans l'art graphique, adapté notamment par l'artiste Le Fleuj, dont l'œuvre est étudiée dans l'article de Simon Grainville. Des images de vulves aux êtres asexués, Le Fleuj s'approprie les codes du corps mutant de la science-fiction pour nous inviter à réfléchir sur notre sexualité et les normes sociales qui y sont associées. La science-fiction est également largement présente dans l'œuvre graphique et plastique d'Adriana Popovic. Dans deux articles écrits par l'artiste et chercheuse, elle explique les influences science-fictionnelles dans son travail et donne un cas pratique de l'élaboration d'une œuvre plastique inspirée par le roman *Xenogenesis* d'Octavia Butler.

Une autre utilisation des codes de la science-fiction, cette fois-ci par l'industrie pornographique, est analysée dans l'article de Samuel Minne. Il montre comment la pornographie gay qui s'empare de la science-fiction ne l'utilise pas seulement pour introduire des scènes d'actes sexuels, mais aussi pour aborder des problèmes sociétaux concernant une sexualité marginalisée. Enfin, Arthur Ségard analyse dans son article la réception d'une œuvre par le public. Il présente les résultats d'une enquête ethnologique autour de la version française du spectacle qui accompagne la projection au cinéma du *Rocky Horror Picture Show*, qui inclut entre autres les entretiens avec les participants : acteurs et spectateurs.

*

L'étude du sexe, de la sexualité et des relations sexuelles dans la science-fiction ne serait pas complète sans questionner des auteurs de fiction, autour de la création de sociétés fictives et l'invention de normes qui règlent les rapports sexuels et la représentation des sexes. Afin de comprendre ces processus, nous avons interrogé quatre écrivains français : Joëlle Wintrebert, Christophe Siébert, Audrey Pleynet et Saul Pandelakis. Leur interview croisée, et des extraits d'œuvres de ces écrivains, illustrés par Adriana Popovic, font objet de la seconde partie de ce volume.

Nous tenons à remercier les institutions et les personnes qui ont permis la tenue du colloque en 2023 à l'Institut d'études slaves de Paris, dont ce volume propose les actes, le comité d'organisation, le comité scientifique, les auteurs des articles et les évaluateurs pour leur travail et la motivation qu'elles et ils ont montrée tout au long du colloque et de la préparation de ce volume. Nous remercions particulièrement Joëlle Wintrebert, Christophe Siébert, Audrey Pleynet et Saul Pandelakis d'avoir répondu à nos questions sur leurs pratiques d'écritures, et d'avoir accepté la publication des extraits de leurs œuvres. Nous remercions également Adriana Popovic pour les images inédites réalisées pour ce volume afin d'accompagner les œuvres littéraires.

Partie 1

Désirs, rêves et cauchemars
Explorations de l'intime

Études académiques

La sexualité dans la science-fiction russe, soviétique et russe de nouveau

Leonid Heller
Professeur honoraire, Université de Lausanne

Pendant longtemps, la littérature russe a été représentée, à l'image de ses héroïnes préférées, comme chaste ou vierge (*tsélomoudrennaïa*). La pression culturelle soviétique se conjuguait si efficacement à l'autorité d'une tradition bien filtrée que l'idée du *puritanisme russe* a presque fait à l'Occident oublier le cliché du « Slave débridé » à la Raspoutine. Parmi les spécialistes ès lettres russes, on avait la connaissance des « contes secrets » populaires, des poèmes attribués au légendaire pornographe du XVIIIᵉ siècle Ivan Barkov, des grivoiseries d'un Pouchkine ou d'un Lermontov[1]. On savait mettre en lumière le symbolisme sexuel de tel ou tel autre auteur[2]. On mesurait l'importance de la grande Question Sexuelle pour le modernisme[3]. Mais tout cela pendant longtemps apparaissait comme autant de phénomènes sinon négligeables, du moins périphériques.

La réalité est bien sûr plus complexe et depuis un certain temps, il existe déjà des travaux de recherche qui explorent cette complexité[4].

---

1   Cf. surtout les travaux de Maxime Chapir, par ex. in Šapir (M.), Pilščikov (I.) (éd.) : *A. S. Puškin, Ten' Barkova: Teksty. Kommentarii. Èkskursy.*

2   Cf Karlinsky (Simon) : *The Sexual Labyrinth of Nikolai Gogol.*

3   Cf., par ex., Tolstoï (comte Léon) : *Sur la question sexuelle*, 1901 ; Goy (Paul) : *De la Pureté rationnelle, essai d'étude sur la question sexuelle au point de vue psychologique, hygiénique et moral*, 1906 ; Forel (August) : *Die sexuelle Frage, eine naturwissenschaftliche, psychologische, hygienische und soziologische Studie für Gebildete*, 1905 ; *La question sexuelle exposée aux adultes cultivés*, 1906, etc.

4   Par ex., Matich (Olga) : *Erotic Utopia: the Decadent Imagination in Russia's fin de siècle* ; Kabakova (Galina), Conte (Francis) (dir.) : *Le Corps dans la culture russe et au-delà,* ; Beretta (Cristina) : *Das erotische Unbehagen in der russischen Literatur um 1900. Subversive Entsagung von Arthur Schopenhauer über Lev Tolstoj und Vladimir Solov'ev zu Fedor Sologub* ; Pasqualini (Mauro) : « From the Sexual Question to the Praise of Prostitution: Modernism and Sexual Politics in Florence, 1908-1914 », *Journal of the History of Sexuality*, vol. 21/3, 2012, etc.

Le Livre des Cent chapitres, *Stoglav*, qui consigne les décisions du Concile de 1551, contient un rappel à l'ordre aux prédicateurs itinérants peu respectueux envers les icônes. Le rappel se termine et se justifie ainsi : « *Inozemcy divujutsja* » (Les étrangers s'étonnent[1]). La phrase accompagne, souvent en sourdine, mainte discussion entre les Russes sur la Russie, traduisant un sentiment permanent d'être observé, une vulnérabilité face à l'Occident, une peur de la déconsidération, en même temps qu'une sorte de vanité et de complaisance vis-à-vis de soi-même.

Or ce n'était pas l'excessive pudeur qui étonnait les étrangers. Casanova, agréablement surpris par l'absence de honte chez les Russes, achète une jeune villageoise, tout en s'assurant devant les parents de sa virginité. Ses soirées érotiques à Pétersbourg ne le cèdent en rien à celles de Paris ou de Venise[2]. Jean-Baptiste May voit les bains russes comme une « image fidèle du sabbat[3] ». Jean-François Georgel note lors de son voyage en 1800 :

> On peut être impunément ivrogne, voleur, libertin, débauché, si on a jeûné les quatre carêmes, si on a fléchi le genou devant les images. Aussi, d'après ce que j'ai vu à Saint-Pétersbourg, on peut dire que l'ivrognerie, le vol et le libertinage sont des vices nationaux.[4]

Quant à Charles-François Masson, il rapporte la découverte, sous le règne de Catherine, d'un « club physique », « une espèce d'ordre, surpassant en turpitude tout ce que l'on a raconté des institutions et des mystères les plus impudiques[5] ». C'est probablement en pensant à ce récit de Masson que Charles Fourier imagine ses « orgies Harmoniques », appelées à devenir composante capitale de son utopie :

> Je ne connais rien de plus remarquable qu'une association de Moscovites (...) nommée le club physique. Les associés, admis par un concierge qui les connaissait (les initiés), se déshabillaient dans un cabinet et entraient nus dans la salle de séance, qui était obscure et où chacun palpait, fourrageait et opérait au hasard sans savoir à qui il avait à faire[6].

1 *Stoglav*, SPb, izd. P. Kozancikova, 1863, p. 47. *Le Stoglav ou les Cent Chapitres*, p. 34.

2 Casanova de Seingalt (Jean-Jacques) : *Mémoires*, t.III, [1827], p. 354-357.

3 May (Jean-Baptiste) : *Saint-Pétersbourg et la Russie en 1829*, [1830], cit. d'après C. de Grève, (éd.) : *Le voyage en Russie. Anthologie des voyageurs français aux XVIIIᵉ et XIXᵉ siècles*, pp. 952-953.

4 Georgel (abbé) : *Voyage à Saint-Pétersbourg, en 1799-1800*, p. 270.

5 Masson (Charles-François Philibert) : *Mémoires secrets sur la Russie, sur les règnes de Catherine II, de Paul Ier*, [1800], cit. d'après C. de Grève (éd.) : *Le voyage en Russie*, op. cit., p. 929.

6 Fourier (Charles) : *Le Nouveau Monde amoureux*, cit. D'après id. : *Vers la liberté en amour*, pp. 234-235.

Prenons garde de nuancer ces jugements péremptoires sur un pays présumé exotique et « barbare ». D'ailleurs, un genre littéraire particulier, la réfutation de tels jugements vus comme autant de « falsifications », pratiqué déjà sous Catherine, survit aujourd'hui, après avoir fleuri à l'époque soviétique[1]. Pourtant, les récits des étrangers sont corroborés par des témoignages internes. Tel ce texte qui mérite d'être connu : *Confession sexuelle d'un Russe du Sud*, écrite en français et publiée par Havelock Ellis en 1913. Particulièrement « babylonien » selon Nabokov, ce récit fait état de grande accessibilité des femmes, de morale sexuelle permissive (« l'opinion n'était pas sévère pour les faiblesses charnelles »), d'absence de freins, en ville et à la campagne[2].

En conclusion, peu de faits nous incitent à croire à l'intransigeance du clergé envers le péché de la chair, et à la chasteté innée des Russes, surtout si l'on verse au dossier les rites orgiaques de certains vieux-croyants, gardiens de la « russité authentique ».

Un colloque a été organisé à Lausanne, en 1989, consacré à l'érotisme dans la littérature russe du XXe siècle[3]. Le « puritanisme russe » y a été mis à mal. Nous avons conjecturé l'existence d'écrits censurés qui sont restés inconnus ; à titre d'exemple, les travaux du colloque incluaient un échantillon de textes érotiques inédits de Daniil Harms, crus et cruels. Les conjectures se sont vérifiées. Les productions secrètes des écrivains filtrent lentement[4], et dans la diffusion de ces textes, Internet joue le rôle du canal officieux ou clandestin d'antan.

*

---

1 Cf., p. ex., Boltin (Ivan) : *Primečanija na Istoriju drevnija i nynešnija Rossii Leklerka* (Notes sur L'Histoire de la Russie ancienne et moderne de Leclerc), Saint-Pétersbourg, 1788 ; *Fal'sifikatory istorii* (Les Falsificateurs de l'histoire), 1948 ; *Protivodejstvie popytkam fal'sifikacii istorii Rossii: naučnye i zakonodatel'nye aspekty* (Contrer les tentatives de falsifications de l'histoire russe: aspects scientifiques et légaux).

2 Nous nous référons à l'édition des *Confession sexuelle d'un anonyme russe*, Usher, P., 1990, surtout pp. 32-33, 79, 129-135. Pour l'influence sur Nabokov, cf. Karlinsky (Simon) (dir.) : *Dear Bunny, Dear Volodya: The Nabokov-Wilson Letters, 1940-1971*, Berkeley, p. 229 ; Beam (Alex) : *The Feud: Vladimir Nabokov, Edmund Wilson, and the End of a Beautiful Friendship*, p. 163.

3 Heller (Leonid) (dir.) : *Amour et érotisme dans la littérature russe du XXe siècle (Actes du colloque de Lausanne)*.

4 Cf. la collection d'œuvres érotiques russes écrites entre le XVIIIe et le XXIe siècles, lancée par la maison d'édition moscovite Ladomir dès 1992 : https://ladomirbook.ru/series/russkaya-potayonnaya-literatura/. Sur Internet, cf. https://litlife.club/sequences/4029, etc.

L'érotisme est donc bien présent dans la culture et la littérature russes. Se trouverait-il dans l'utopie et dans la SF ? Afin de répondre à cette vaste question, je propose de parcourir rapidement et dans un ordre vaguement chronologique quelques moments essentiels de l'évolution de ces genres en Russie.

La plupart des utopies des XVIIIe-XIXe siècles insistent sur les vertus de la famille tout en rappelant les profits et les plaisirs que l'on peut tirer de l'ordre domestique ainsi que de la vie sexuelle régulière. Tel est le propos du *Voyage au pays d'Ophir* de Mikhaïl Chtcherbatov (*Putešestvie v zemlju ofirskuju*, 1775); du *Voyage inédit* (*Novejšee putešestvie* 1784) de Vassili Liovchine; du *Voyage au XXIXe siècle* de Thaddée Boulgarine (*Stranstvovanie po svetu v 29 veke*, 1829); de *La Calèche* de Vladimir Sollogoub (*Koljaska*, 1845)[1]. Une exception : le prosateur romantique Vladimir Odoïevski est le seul à pressentir, dans *L'Année 4338* (*4388-j god*, 1840), qu'au moment où l'homme quittera la surface de la Terre pour se lancer dans l'espace, il lui faudra transformer, en même temps que d'autres institutions, celle de la famille[2]. Le maître à penser des années 1840, Vissarion Belinski, inspiré par Fourier, est le premier à penser l'avenir sous forme d'utopie de l'amour libre :

> Le temps viendra où il n'y aura plus de devoirs et d'obligations, où la volonté (de l'homme) se soumettra non plus à la volonté, mais à l'amour ; il n'y aura plus de maris et de femmes, mais des amants et des amantes, et lorsqu'une amante dira à son amant qu'elle en aime un autre, il répondra : « je ne puis être heureux sans toi, je souffrirai toute ma vie, mais va vers celui que tu aimes[3] »

L'association que fait Belinski de trois revendications différentes – l'émancipation de la femme, l'amour libre (c'est ainsi qu'on nommait à l'époque la liberté de choisir ses partenaires) et le socialisme – est érigée en dogme par les radicaux, depuis les populistes jusqu'aux marxistes. Le roman « nihiliste » le plus célèbre, *Que faire ?* (1863) de Nikolaï Tchernychevski[4] déploie devant le lecteur une histoire de l'humanité en faisant sienne la formule de Fourier selon laquelle l'évolution d'une société se mesure à la place qu'y occupe la femme ; l'ère qui verra naître la Femme Libre apparaîtra à l'héroïne dans un rêve, un récit dans le récit, une anticipation socialiste. Les gens vivent

---

1   Plusieurs de ces utopies sont accessibles en anglais : Fetzer (L.) (dir.) : *Seven Utopias and a dream. An Anthologie of pre-Revolutionary Russian science-fiction.*

2   Cf. Odoïevski (Vladimir) : « L'An 4338 », *La Cité sans nom*, Lajoye (Patrice) (éd.).

3   Belinski (Vissarion) : « lettre à V. Botkin du 8.9.1841 », *Sobranie sočinenij*, t. IX, p. 483.

4   Édit. franç. récente : Tchernychevski (Nikolaï) : *Que faire ?: Les Hommes nouveaux.*

dans des sortes de phalanstères, travaillent ensemble dans la joie, s'aiment librement. À noter : si l'héroïne vit en relation avec deux hommes, le roman est teinté d'un certain érotisme homosexuel tandis que Raxmetov, l'« Homme Nouveau » idéal, est un ascète qui renonce à la sexualité au nom de la Grande Cause.

*

Deux philosophes qui, sans avoir écrit d'utopies « en règle », incarnent mieux que quiconque la pensée utopique russe, Vladimir Soloviev et Nikolaï Fiodorov, proposent, vers la fin du XIXe siècle, d'autres interprétations de l'érotisme.

Soloviev écrira un livre prophétique sur l'Apocalypse moderne, une anti-utopie eschatologique. Pourtant, pendant de longues années il cherche une voie qui puisse permettre à l'humanité de s'intégrer à l'harmonie universelle. La sexualité fait partie des problèmes auxquels il s'attaque dans sa réflexion[1]. Il interprète le christianisme comme une doctrine de l'amour pour la Sagesse Divine, Sophia. Cet érotisme mystique issu de la tradition théosophique (Boehme, Baader, Schelling) se prolonge vers une méditation sur l'érotisme humain. Loin d'être une astuce par laquelle la nature assure la survie de l'espèce, l'attraction mutuelle des sexes conduit à une union qui préfigure la Grande Réunification avec l'Univers et Dieu. La « sophiologie » de Soloviev et sa métaphysique de l'Éros donneront une impulsion décisive au mouvement symboliste et au grand élan de la philosophie russe des années 1900, de l'Âge d'Argent.

Comme Fourier, Fiodorov refuse le monde capitaliste et sa sexualité dénaturée. Il place la question sexuelle dans le cadre de sa philosophie « supramoraliste ». L'homme est appelé à imposer l'ordre divin par la suppression de la mort, le seul Mal véritable dans l'Univers, et par la renaissance physique de toutes les générations ayant vécu sur la Terre. Une humanité soudée par des liens de fraternité et par la vénération commune des pères pourra venir à bout de cet ouvrage immense. Pour cela, l'énergie sexuelle, l'énergie de la naissance devrait être changée en celle de la résurrection. L'œuvre de l'homme « consiste à transformer tout ce qui naît, qui arrive de soi-même (...) et donc par là est mortel – en fruit d'un travail , par là même immortel[2] ».

Lutte contre l'instinct sexuel, assimilation du plaisir charnel à la mort, chasteté vue comme une voie conduisant vers l'utopie, cette

---

1 Soloviev (Vladimir) : *Le Sens de l'amour: essais de philosophie esthétique,*.
2 Fiodorov (Nikolaï) : *Philosophie de l'œuvre commune* (dir. Fr. Lesourd), p. 1039.

doctrine trouve un parallèle dans les récits de Tolstoï de la même période (*La Sonate à Kreutzer, Le Diable, Le Père Serge*).

L'Éros se retrouve au centre des interrogations philosophiques, sociales, artistiques. À l'impact des écrits de Soloviov, Fiodorov, Tolstoï, il faut ajouter celui des sexologues occidentaux contemporains qui passionnent le public russe. Krafft-Ebing, Weininger, Hirschfeld, un peu plus tard Havelock Ellis et Freud, démontrent la relative inefficacité des normes pour l'individu et les variations infinies des conduites et des fantasmes.

Familier de ces recherches, le philosophe Vassili Rozanov traite l'intime avec plus de liberté qu'aucun autre Russe. Pour lui aussi, une nouvelle sexualité devrait montrer la voie vers un monde meilleur. Son livre au titre poétique *Les Gens du clair de lune* (*Ljudi lunnogo sveta*, 1911) parle des transgresseurs, qu'il appelle tantôt « sodomites », tantôt le « troisième sexe », qui sont le ferment de l'histoire. La force rénovatrice et la faiblesse du christianisme seraient que par son ascétisme « aspermique », refusant la sexualité, ce dernier participe du « troisième sexe ».

Ces jalons marquent le début du XXe siècle : l'universalisme érotico-métaphysique de Soloviov, le moralisme supra-individuel et anti-sexualiste de Fiodorov et de Tolstoï, l'érotisme transgressif de Rozanov, le pragmatisme quasi libertaire de Belinski, Tchernychevski et autres socialistes. Sans oublier la tradition nationale russe avec son folklore parfois débridé. Tout cela sur le fond d'un débat intense, à l'échelle internationale, autour de l'émancipation de la femme et de la « révolution sexuelle » qui définissent largement la notion de modernité.

Les symbolistes transplantent rapidement sur le sol russe l'érotologie décadentiste (la femme fatale, l'amour infernal, le goût du péché, les passions interdites, la poursuite du plaisir passager). Bientôt le milieu artistique se distinguera par la liberté de ses mœurs. Des amitiés particulières viennent à la mode. Signe des temps : les femmes jouent un rôle extraordinaire dans tous les domaines et tous les courants de la gamme moderniste, de la symboliste Zénaïde Hippius à la constructiviste Varvara Stepanova en passant par Anna Akhmatova, Marina Tsvetaeva et la futuriste Nina Obolenskaïa-Habias, appelée parfois « Barkov en jupon », la première poétesse russe à utiliser le langage obscène (*mat*) pour capter des corps et des ébats amoureux.

Le roman utopique assimile rapidement les clichés de la femme émancipée et de l'amour libre. Jeux érotiques et satisfaction immédiate du désir régissent la vie de la nouvelle race humaine, transformée par des moyens eugéniques et composée uniquement d'adolescents, qu'imagine Konstantin Merejkovski, le frère du symboliste, dans son *Paradis terrestre* (*Raj zemnoj, ili Son v zimnjuju noč'*, 1903). La sexualité triomphe dans *La Fête du printemps* (1910) de Nikolaï Oliger, qui mêle aux tableaux d'un socialisme rustique et Art-Déco l'exaltation on ne peut plus fouriériste du corps et de la jouissance. La société égalitaire établie par les habitants de la planète Mars et décrite par Alexandre Bogdanov dans *L'Étoile rouge* (*Krasnaja zvezda*, 1908), la première utopie communiste russe, admet l'union libre sans abolir le mariage[1]. On en reparlera, notons seulement que l'utopie bogdanovienne est déjà celle de la planification. L'attention qu'elle porte aux enfants est grande ; libre en amour, le citoyen de la planète Mars n'en est pas moins un reproducteur conscient.

*

La révolution de 1917 ouvre la voie à la réalisation des utopies.

Alexandra Kollontaï, féministe, responsable du Parti, commissaire à la santé publique et auteur d'écrits semi-utopiques, lance le célèbre slogan « Place à Éros ailé ! ». La passion traditionnelle « isole le couple amoureux du collectif[2] ». Le nouveau comportement amoureux sera collectiviste. Il est « amour-camaraderie », basé sur une « attraction sexuelle saine, libre et naturelle ». Kollontaï admet dans ce domaine toutes les formes de relations, quels qu'en soient les aspects inhabituels ; seules conditions : ces relations ne doivent ni porter préjudice à l'avenir de l'espèce ni être fondées sur des relations « économiques ». Rien de plus simple : faire l'amour, c'est comme boire un verre d'eau ; des mauvaises langues feront l'équation entre l'idéologie communiste et cette « théorie du verre d'eau ».

Un autre modèle de sexualité cohabite avec la doctrine de Kollontaï. Disciple de Bogdanov, militant du Proletkult, Alexeï Gastev esquisse, en 1918-1921, un tableau d'un avenir proche. Voué au travail d'usine toujours plus moderne, l'homme-prolétaire taylorisé et machinisé a des « émotions que ne mesurent ni le cri, ni le rire, mais le manomètre et le tachymètre », sa psychologie est d'un « anonymat stupéfiant, permettant de désigner chaque unité prolétarienne par A, B, C ou par 325. 075 ». L'uniformisation est totale. « Des jambes... mille milliers de rayons d'une même roue. Quelqu'un dévie-t-il d'un demi-millimètre, qu'on le brûle[3] ! » La vie sexuelle de cet Homme-Machine est contrôlée par l'État, à l'instar de son activité professionnelle.

1 Bogdanov (Alexandre) : *L'Étoile rouge*, suivi de *L'Ingénieur Menni*.
2 Kollontaï (Alexandra) : « Les Amours des abeilles travailleuses », *Le Marxisme et la révolution sexuelle*, Stora-Sandor (J.) (éd.), p. 280 pass.

Nous autres (*My*, 1920-1921) de Zamiatine[1], le roman qui met en scène la future régulation de la sexualité, n'ajoute que peu à ce tableau ; il est un témoignage fidèle de l'époque où la réalité se met à courir derrière l'utopie. Un esprit semblable anime Gastev et les proletkultistes – que Zamiatine parodie – ainsi qu'une partie des membres de l'équipe bolchevik au pouvoir. Tel Evguéni Preobrajenski qui précise alors : « Du point de vue socialiste, il est absurde qu'un membre de la société considère son corps comme sa propriété inaliénable ». Et d'ajouter :

> [... Il faut admettre] le droit total et inconditionnel de la société d'imposer sa réglementation et jusqu'à l'ingérence dans la vie sexuelle en vue de l'amélioration de la race au moyen de la sélection naturelle[2].

Le problème sera posé en termes scientifiques. Deux sociétés eugéniques, chapeautées l'une par le Commissariat aux affaires intérieures, l'autre par l'Académie des sciences, fonctionnent à partir de 1921, en maintenant des liens étroits avec les eugénistes occidentaux, en particulier, avec les Allemands.

J'évoquerai Andreï Platonov, écrivain qui se rapproche de Rozanov par sa franchise dans le traitement du physiologique et du corporel. Son œuvre est toute entière traversée par une sorte d'érotisation totale du monde tout en témoignant d'une grande méfiance vis-à-vis du désir sexuel. Platonov écrit de la SF à ses débuts, qui est un mélange fascinant d'utopie et d'anti-utopie. Fiodorov l'a beaucoup influencé, mais il se sent lié à d'autres rêves : paysan, proletkultiste, léniniste. Ces écrits dressent un constat d'échec tragique pour le projet communiste. Si les visions de Zamiatine et de Platonov sont peu optimistes, de nombreuses utopies des années 1920 adoptent un autre point de vue.

Arrêtons-nous à un petit livre qui illustre à merveille l'esprit de l'époque révolutionnaire. Il paraît dans la ville provinciale de Kostroma, publié à compte d'auteur par un certain M. V. Chtchokine. Ce dernier, à qui l'on doit, dans les années vingt, plusieurs brochures éducatives, a probablement disparu lors les purges staliniennes, nous n'avons pu ni déchiffrer ses initiales ni trouver de précisions sur sa biographie. En 1961, en plein Dégel poststalinien, le livre de Chtchokine qui nous intéresse, *Comment vivre selon la nouvelle manière (famille, amour,*

3   Gastev (Alexeï) : « Mot sous presse » (1921), *in* Heller (Leonid) (dir.) : *La Science-fiction soviétique*, pp. 53-59.

1   Zamiatine (Eugène) : *Nous autres*, Gallimard, 1971. Cf. la nouvelle traduction (par Hélène Henry) : Zamiatine (Eugène) : *Nous*, Actes Sud, 2017.

2   Cit. d'ap. Šafarevič (Igor') : *Socializm kak javlenie mirovoj istorii*, p. 320 (cf. Chafarévitch (Igor) : *Le Phénomène socialiste*).

mariage, prostitution)[1], figure encore sur la liste des ouvrages interdits, exclus de toutes les bibliothèques et librairies de l'URSS[2].

Inspiré par des utopies classiques, animé par sa foi communiste, son auteur décrit la Terre changée en une ville unique par la révolution mondiale. L'habitant de la Kostroma future écoutera un concert qui se donnera à New York. Les maisons collectives en verre seront entourées de parcs et de champs se fondant en un seul Jardin Mondial (les machines, pour éviter la pollution, utiliseront l'électricité et l'énergie atomique). Les enfants seront élevés en « coopératives ». Les utopistes passeront leur temps, dormiront, mangeront, dans des espaces communs ; quant à l'intimité qui s'impose pendant « certaines heures d'amour » (on croit lire Zamiatine), ils la trouveront dans des endroits spéciaux baptisés « jardins des plaisirs ». Le livre est remarquable par sa frénésie eugénique et hygiéniste. Sévère « sélection sexuelle » supervisée par l'État, examen médical avant le mariage, interdiction d'avoir des rapports sexuels sans certificat de santé, régulation de l'activité sexuelle, « normes corporelles ». Un remède miracle préviendra la dégénérescence de la race : le nudisme total. La nudité se heurtant à l'obstacle de climat, l'auteur trouve une solution : des vêtements en verre. Il est clair que seul l'amour libre est compatible avec une telle transparence. Le mariage deviendra une liaison à plusieurs – l'actuel mariage à deux est un mensonge – dont la liberté ne sera entravée que par l'exigence de « la santé du corps et du psychisme, basée sur les données de la sociologie et de la médecine[3] ».

Bien plus connu du public, *Le Monde à venir* (*Grjaduščij mir*, 1923) de Iakov Okunev décrit sous un jour radieux une situation qui semble appartenir à l'univers de *Nous autres*. Le communisme est instauré partout ; la famille a disparu ; la Ville Mondiale se charge de l'éducation des enfants, tandis que « tous les citoyens se réunissent et se séparent librement[4] ». Et contre le sentiment de jalousie, des « cliniques d'émotions » disposent d'un remède infaillible : l'hypnose.

Publié au début de l'époque stalinienne, *Le pays des heureux* de Ian Larri (*Strana sčastlivyh*, 1931) est la dernière des utopies inspirées par la révolution bolchévique. Elle critique en filigrane le personnage et les idées de Staline ; accusé de trotskisme, son auteur se retrouvera au

---

1 Ščekin (M.) : *Kak žit' po-novomu (Semja, ljubov', brak, prostitucija)*, Kostroma, s.e., 1923.

2 https://opentextnn.ru/old/censorship/russia/sov/libraries/catalogue/index.html@id=4170 (accès le 8.04.2024).

3 Ščekin (M.) : op. cit., p. 52, 47, 50, 60.

4 Okunev (Jakov) : *Grjaduščij mir. 1923–2123*, Petrograd, Izd. Tret'ja straža, 1923, pp. 67-68.

Goulag. Cependant, la sexualité qu'il décrit rompt déjà avec le rêve révolutionnaire. Car le sentiment et le comportement amoureux au pays des heureux n'auront rien à voir avec « la fornication honteuse de gens empoisonnés par l'alcool [...] et par les préoccupations mesquines » de notre époque[1]. L'amour doit être élevé, unique, et lier à jamais les gens de l'ère communiste : retour à une forme bien traditionnelle du mariage.

Pendant un bon moment l'utopie sera un genre interdit. La question sexuelle reçoit cette réponse définitive : amour sublime, chasteté avant le mariage, relation familiale stable, relations extraconjugales condamnées.

Sauf lorsqu'il est question d'un triangle particulier. Dans *L'Or des profondeurs* (*Zolotoe dno*, 1948) de Vladimir Nemtsov, un ingénieur de Moscou vient à Bakou pour construire des plates-formes pétrolières. Sa femme passe de plus en plus de temps avec un ingénieur local. Le Moscovite devient jaloux. Un triangle semble naître. Il s'avère vite que la Moscovite a aidé le collègue azerbaïdjanais à élaborer son projet, devenu plus ambitieux. L'affaire se termine par l'amitié entre tous et la création d'une plate-forme comme le monde n'en a encore jamais vu. La femme reste avec son mari, le directeur des travaux.

L'éros inféodé à la production est un thème banal en ce qui concerne la littérature soviétique. Ce schéma stalinien est d'habitude opposé à la liberté sexuelle des années vingt. Or, on s'aperçoit que les femmes libérées de Kollontaï connaissent un vrai « amour passion » :

> Il y a des gens que j'aime, et combien je les aime ! (...) Tenez, par exemple, Lénine... Ne souriez pas. C'est très sérieux. Je l'aime beaucoup plus que tous ceux qui m'ont plu et avec lesquels j'ai fait l'amour (...) Et le camarade Guérassime, vous le connaissez ? C'est le secrétaire de notre quartier. Ça, c'est quelqu'un... Eh bien, lui, je l'aime[2].

Finalement, le modèle stalinien ne propose pas autre chose ; Nabokov l'a bien saisi, lorsqu'il évoquait, dans ses Cours sur la littérature russe, l'héroïne d'un roman de 1957 dont l'amour pour le Parti était plus fort que pour son fiancé[3]. Ce n'est qu'au départ que la rotation des partenaires était recommandée et plus tard, elle sera interdite. Mais ici et là, s'applique la formule contenue dans une célèbre blague sur l'arrivée dans les magasins du nouveau lit à trois places : « Lénine est toujours avec nous ».

*

---

1   Larri (Jan): *Strana sčastlivyh*, p. 172.

2   Kollontaï (Alexandra) : *Le Marxisme et la révolution sexuelle*, op. cit., p. 280.

3   Nabokov (Vladimir) : *Lekcii po russkoj literature*, Nezavisimaja gazeta, 1998, p. 16-17.

Le Dégel de 1956 fait renaître l'utopie et la SF qui connaît un essor spectaculaire pendant un peu plus d'une dizaine d'années. Il sera freiné après 1968, l'année de l'intervention soviétique en Tchécoslovaquie ; la littérature aura déjà été séparée en deux, une partie visible, éditée officiellement, et une partie diffusée dans des circuits parallèles, le *samizdat* (auto-édition non autorisée) et le *tamizdat* (édition à l'étranger). L'éros littéraire va s'exprimer désormais dans le souterrain. C'est du *samizdat* que viennent les écrivains qui marquent la perestroïka et l'époque post-soviétique. Iouli Daniel, Andreï Siniavski, Nikolaï Bokov avec leurs fantasmagories, les écrits impubliables des frères Strougatski, les cauchemars de Iouri Mamléïev, et bientôt, la nouvelle vague, Pélévine, Sorokine : je ne parle que des écrivains du fantastique.

Dans la littérature officielle, un écrivain s'oppose de manière cohérente au modèle réglementé de la sexualité : Ivan Efremov, auteur de la première utopie post-stalinienne. *La Nébuleuse d'Andromède* (*Tumannost' Andromedy*, 1956) dépeint une société où l'institution de la famille a été abolie. L'amour est libre. Les enfants sont élevés séparément de leurs parents. Tout cela ressemble aux utopies des années 1910-1920, jusqu'au poids très important de la sexualité. Pour Efremov, le passage à la maturité sexuelle « conditionne l'organisme » tandis que la richesse du psychisme dépend de « l'acuité érotique constante des sens ». Il ridiculise les héros soviétiques dont « l'attirance normale pour les femmes est tellement réprimée qu'ils n'osent regarder l'héroïne plus bas que le menton ou plus haut que les genoux ». Ses livres sont surchargés de beautés pures, fortes, libres et dénudées. Le modèle du corps antiquisant que fait revivre cet admirateur de l'Hellade et de l'Inde est ensuite repris par tous les auteurs de la SF cosmique et utopique : les extraterrestres vont ressembler aux humains et seront dotés de tels corps « efrémoviens ».

Pour la SF « officielle » des années 1960-1980, la sexualité humaine est simple et immuable. Les problèmes de la procréation sont à peine mentionnés. Il est exceptionnel que cette SF ose imaginer des formes de sexualités nouvelles ou différentes, comme le font sans approfondir les frères Strougatski dans « Une planète bien vivante ! » (*Blagoustroennaïa planeta*, 1961) ; les astronautes terriens y découvrent des êtres doués de raison dont la forme humanoïde n'est qu'une phase dans un cycle ontogénique semblable à celui des lépidoptères, leur sexualité étant réservée, comme on peut en juger, à leur phase d'insectes. On chercherait cependant en vain des incursions dans la sphère des fantasmes comparables à ceux qui faisaient l'intérêt de certains récits de Theodore Sturgeon, Cordwainer Smith, Ursula Le Guin. Si les histoires d'amour entre les Terriens et les habitants du cosmos se produisent, ses représentations suivent la voie tracée par *Aélita* (1922) d'Alexeï Tolstoï et fixée par Efremov : les extraterrestres intelligents n'y diffèrent en rien des humains. Cela changera avec la postmodernité post-soviétique.

Une question s'était posée au colloque de Lausanne de 1989 : la langue russe est-elle capable de dénoter le corps sexué et érotisé autrement que dans le registre obscène, ce *mat* national, que la grande majorité des Russes cultivent tout en le refoulant hors le cadre public et littéraire ? Et point d'autre langage pour expliciter l'amour corporel ? Un Bataille, une *Histoire d'O* auraient été impraticables dans la littérature russe. Nous avons mentionné qu'Alexeï Rémizov a formulé jadis une sorte de vérité communément partagée lorsqu'il opposait le *mat*, langue obscène colloquiale, à la langue artificielle de Pouchkine pour parler du bilinguisme propre aux Russes. Le *mat* exprimerait l'esprit de la langue et peut-être du peuple[1]. C'est comme cela qu'il commence à être perçu, des études débusquent ses liens avec les mythes fondateurs, tandis que des dictionnaires de plus en plus nombreux en récapitulent les trésors[2].

Vingt ans après sa publication en Occident, en 1989, la version russe de *Lolita* due à Nabokov voit le jour à Moscou, un signe on ne peut plus clair d'une libéralisation des mœurs à venir. Publié dix ans plus tard, un extravagant roman SF de Vladimir Sorokine, *Le Lard bleu* (*Goluboe salo*, 1999)[3], intègre le *mat* tout en décrivant des situations érotiques extrêmes. Nombre d'écrivains s'appliquent de nos jours à reléguer parmi les idées caduques la chasteté génétiquement transmissible de la culture russe et la limitation programmée de sa langue (nous avons cependant déjà mentionné la poétesse Nina Habias qui, dans les années vingt, exploitait déjà le *mat* dans son écriture érotique). D'autres livres SF « explicites », selon le terme des censeurs américains, des auteurs comme Vladimir Sorokine, Victor Pélévine, Linor Goralik et Serguéï Kouznetsov, sont reconnus comme autant de fleurons du courant qui accepte avec fierté le libellé de postmoderne. L'avancée de l'érotisme semblait peu inquiéter – jusqu'à il y a quelques années lorsqu'on a vu

---

1 Rozanov (Vasilij) : *Kukha. Rozanovy pis'ma* (1922), p. 97.

2 Cf. Ahmetova (Tat'jana) : *Russkij mat. Tolkovyj slovar'* ; Uspenskij (Boris) : « Miifologiceskij aspekt russkoj èksressivnoj frazeologii », *Anti-mir russkoj kul'tury* ; Plucer-Sarno (Aleksej) : « O semantike slova "mat" », in *Bol'soj slovar' mata* ; Buj (Vasilij) : *Russkaja zavetnaja idiomatika* ; etc.

3 Sorokine (Vladimir) : *Le Lard bleu*.

l'État russe interdire « la propagande homosexuelle », cette dernière étant en apparence considérée comme symbolique de la dégradation morale générale induite par l'influence délétère occidentale[1].

Le nouvel érotisme non conformiste se moule moins dans le canon arcadien de plaisir que dans des formes insolites, caricaturales, monstrueuses, perverties. Les masturbateurs d'oreilles d'un Egor Radov[2] en représentent l'espèce la plus innocente, mais il devient paroxystique, mélange la bestialité avec le grotesque dans les récits d'un Iouri Mamléïev[3]. Formes de l'éros exagérément et bassement charnelles, loin de la pureté, de la perfection, du sublime censés être la marque de l'Éros russe ; significativement, le motif du cannibalisme côtoie souvent l'éros dans la prose expérimentale (comme justement chez Mamleïev). Cette revanche de la chair, la carnisation de l'écriture va de pair avec la carnavalisation du récit : un mauvais calembour étymologique, mais assurément une manifestation de l'angoisse induite par l'ancien système dans son déclin prolongé comme dans son écroulement.

On ne s'étonnera pas que ce nouvel érotisme accueille l'altérité ; les extraterrestres dans la SF peuvent ne plus ressembler aux humains ; le cadre postmoderne permet de trouver des amours interplanétaires ou intersidérales qui sont aussi intergénériques : ainsi, *Le Seuil* (*Porog*, 2019) de Sergueï Lukianenko contient une description détaillée d'un acte sexuel entre une humanoïde et un félin doté d'intelligence.

*

Qu'en est-il de la SF et de l'utopie (aujourd'hui plutôt anti-utopie ou, comme on dit souvent, dystopie) créées par des femmes ? Peut-on seulement poser une telle question sans risquer d'« essentialiser » la binarité homme/femme ? Pour un historien de la littérature russe, pour un historien de l'utopie et de la SF russes, la réponse est oui, la question a un sens. C'est que pendant de longues périodes, ces genres littéraires se trouvaient presque exclusivement dans la gestion des hommes. Or, les femmes écrivaines s'y sont parfois manifestées avec force. J'ai pu en son temps proposer quelques réflexions sur ce sujet qu'il n'est guère possible de reprendre ici[4]. Il est vrai qu'une analyse historique sérieuse de la place des femmes dans l'histoire de ces genres reste à faire.

---

1 https://fr.wikipedia.org/wiki/
  Interdiction_législative_de_la_propagande_homosexuelle_en_ Russie
2 Radov (Egor) : *Zmeesos*.
3 Cf. p. ex., Mamléïev (Iouri) : *Chatouny*.

On sait l'importance de la place qu'elles occupent dans la littérature actuelle. Dès les années 1960, les critiques et les lecteurs parlent de la « prose féminine ». Celle-ci s'est singulièrement développée, dans des genres très divers, pendant les années 2000, à l'époque post-soviétique. L'érotisme que cette « littérature féminine » explore avec audace diffère quelque peu de celui de la littérature faite par les hommes. Les femmes paraissent moins déstabilisées par l'éros et moins horrifiées par la chair ; plus attentives aux détails, odeurs, attouchements, souffles ; aux interférences entre l'intérieur et l'extérieur, entre la psychologie et la physiologie ; l'écriture du corps s'épanouit chez elles ouvertement, en faisant penser aux femmes écrivains des premières décennies du XXe siècle, Olga Mar ou Ekatérina Bakounina, qui étonnent encore aujourd'hui par la franchise de leur prose. Mais nous parlons de la SF. Si la littérature fantastique du modernisme ne connaît que peu de femmes (Vera Kryjanovskaïa, Margarita Chaguinian), les années 1960-1980 en voient apparaître toute une pléiade ; Ariadna Gromova, Olga Larionova et bien d'autres ont contribué à la formation de la nouvelle SF russe[1]. Les femmes deviennent moins visibles dans l'univers SF plus tard, lorsqu'elles investissent avec fracas, à partir des années 1990, le genre policier. Ces dernières années. Elles sont toujours présentes dans la littérature « spéculative », mais semblent s'intéresser plutôt à la fantasy. Aussi, Maria Semenova a-t-elle écrit la saga *Chien-loup* (*Volkodav*, 1995-2006), un grand best-seller en Russie et ailleurs, le « Conan russe », comme on a pu dire. Depuis une dizaine d'années, les femmes s'investissent également dans un genre appelé *romfant*, fantasy romantique [2], le roman à l'eau de rose dans un décor simili-SF.

*

Comme il a été dit au début, le sujet « La sexualité dans la SF » n'a rien d'évident. Des questions se multiplient. Doit-on suivre, comme nous avons tenté de le faire, les représentations de la sexualité qui

---

4   Heller (Leonid) : « Telo i slovo, skačebnaja para. Zamečanija ob utopii érosa, libertinstve, futurizme », *in* Jaccard (J.-Ph.), Morard (A.) (dir.) : *1913. Slovo kak takovoe. K jubilejnomu godu russkogo futurizma* ; « Kogda ženščiny smejutsja poslednimi. Zamečanija o ženskom detektive », *in* Mélat (H.), Zablotskis (N.) (dir.) : *Tvorčestvo Aleksandy Marininoj kak otraženie sovremennoj rossijskoj mental'nosti*, INION RAN, etc.

1   Cf. à ce propos quelques remarques *in* Heller (Leonid) : *La Science-fiction soviétique*, *op. cit.*, p. 121 ; sans tenter de les présenter comme un phénomène ou un courant à part, différentes œuvres d'écrivains-femmes des années 1950-1970 sont abordées *in* Lajoye (Viktoriya et Patrice) : *Étoiles rouges. La littérature de science-fiction soviétique*, p. 81-87, 91-92, 94-95 pass.

2   https://www.mirf.ru/book/romanticheskaya-fantastika-avtory/; pour la récente SF écrite par des femmes, cf., p.ex., https://burninghut.ru/zhenshhiny-fantasty/.

constituent le cadre conceptuel de la SF ? Parler des symbolismes sexuels véhiculés par la SF ? Recenser les descriptions et les inventions érotiques ? Ne faut-il pas plutôt voir en quoi telle description dans un texte SF diffère d'une description analogue dans un texte « non-SF » ? Nous avons signalé le problème de la langue obscène. *Le Lard bleu* de Sorokine fournirait de la matière pour une analyse ; son *mat* foisonnant non seulement correspond à la représentation déjantée et burlesque de la sexualité, il tisse un réseau de significations décalées qui soutient la trame éclatée du roman. La question reste ouverte : le *mat* est-il utilisé par la SF d'une manière spécifique ? Nous pensons à *L'Orange mécanique* d'Anthony Burgess qui invente une langue anglo-russe du futur, avec son lot de vulgarités.

Faute de proposer une vraie réflexion sur les aspects proprement littéraires de notre sujet, limitons-nous à distinguer trois modèles stylistiques de base, présents déjà chez les auteurs du *Mainstream* : modèle classique neutre, proche du style réaliste socialiste, efrémovien ; modèle de la « jeune prose » des années 1960, subjectif, jargonnant et humoristique, que les frères Strougatski ont durablement introduit dans la SF ; modèle expérimental, avant-gardiste, qui veut se dire aujourd'hui postmoderniste : ironie, inventivité linguistique, images et sujets choc, narration fragmentée, jeux de miroir, mises en abyme, etc., comme dans les romans d'un Pélévine, d'un Sorokine ou bien dans *Le Slynx* (*Kys'*, 2000) de Tatiana Tolstoï. L'autrice de best-sellers dystopiques Yana Vagner[1] reprend selon nous dans son écriture le modèle de la « prose féminine » évoqué plus haut.

*

En lieu et place de la conclusion, voyons un exemple d'autres explorations de la sexualité dans la science-fiction. Revenons vers Platonov. Il présente la sexualité sur un mode burlesque dans la nouvelle d'anticipation « Antisexus » (1926-1928)[2] qui fait l'éloge de l'autoérotisme en prenant les allures d'une brochure publicitaire pour un engin masturbatoire universel. Dans d'autres œuvres de Platonov, ses personnages masculins connaissent beaucoup de difficulté à s'unir aux femmes qu'ils aiment ; souvent, ils partagent l'infinie ardeur qui les caractérise entre l'amour pour l'Idée et la tendresse qu'ils éprouvent l'un pour l'autre. Tant de valeur est accordée à ce lien entre hommes

---

1 Cf. ses romans traduits en français : Vagner (Yana) : *Vongozero* ; *Le Lac* ; *L'Hôtel*.

2 Cf. http://platonov-ap.ru/novels/antisexus/ ; la version française : https://www.researchgate.net/publication/330011370_Antisexus_1926_traduit_du_ru sse_par_Arthur_Clech_et_Fabien_Rothey_Suivi_d'analyses_par_Aaron_SCHUSTER _traduit_de_l'anglais_par_Clemence_Garrot-Hascoet_et_Arthur_CLECH_p_27-50.

qu'on a pu déchiffrer un message homosexuel dans certains des écrits de Platonov. Michel Heller a le premier attiré l'attention sur cet aspect de l'œuvre platonovienne et l'a motivé par l'utopisme radical de l'écrivain ; lorsque ce dernier abandonne la « sodomie » (au sens de Rozanov), cela signifie l'abandon de l'utopisme. Selon Michel Heller, l'homosexualité du bourreau, représentant du tsar, qui exécute l'ingénieur anglais dans *Les Écluses de l'Épiphane*, est liée à l'utopie du pouvoir, à l'utopie impériale[1].

Comme on l'a vu, le thème ne concerne pas seulement Platonov. Il est essentiel. L'utopie de l'« homme nouveau » évolue sur un substrat homosexuel, perceptible déjà chez Tchernychevski. Le même substrat que Rozanov a décelé dans le « troisième sexe » du christianisme aspermique et que l'on perçoit dans le fraternalisme de Fedorov, de Tolstoï, de Platonov. Des connotations homosexuelles se laissent paradoxalement repérer jusque dans le discours du réalisme socialiste qui, malgré l'interdiction imposée à cette thématique, remonte aux mêmes racines que le décadentisme, aux traditions pour lesquelles le mythe de l'androgyne avait une signification particulière : au néo-hellénisme, au gnosticisme et surtout, à l'utopie.

C'est cette ancienne figure de l'androgyne qui permet d'expliquer l'importance des attitudes asexuelles ou homosexuelles dont il était question. Non pas l'androgyne du mythe platonicien, mais l'homme nouveau idéal, *Homo Maximus* tel qu'il a été élaboré dans la tradition ésotérique et qui suppose le dépassement de la lutte entre les sexes et de la passion sexuelle, par la négation de la sexualité. Dans cette optique, l'homosexualité plus ou moins latente de l'homme (et de la femme) soviétique dans sa version quasiment officielle est un fragment du mythe de l'androgyne, du mythe de l'intégralité primaire et ultime. On pourrait interpréter de façon similaire l'image de Staline, dont la virilité est adoucie par son charme, et dont l'influence sur les hommes n'est pas moins forte que sur les femmes. Terminons notre communication sur cette image bien ambivalente.

Bibliographie

Textes littéraires et d'époque

Bogdanov (Alexandre) : *L'Étoile rouge*, suivi de *L'Ingénieur Menni*, trad. Catherine Prokhoroff, Lausanne, L'Âge d'Homme, 1985.

Boltin (Ivan) : *Primečanija na Istoriju drevnija i nynešnija Rossii Leklerka (Notes sur L'Histoire de la Russie ancienne et moderne de Leclerc)*, Saint-Pétersbourg, 1788.

---

1 Geller (Mihail) : *Andrej Platonov v poiskah sčast'ja*, p. 336.

Belinski (Vissarion) : « Lettre à V. Botkin du 8.9.1841 », *Sobranie sočinenij*, t. IX, Moscou, Hud. Literatura, 1982.

Casanova de Seingalt (Jean-Jacques) : *Mémoires*, t. III (1827), Paris, Pléiade, 1960.

Chafarévitch (Igor) : *Le Phénomène socialiste*, Paris, Seuil, 1977.

Confession sexuelle d'un anonyme russe, Usher, Paris, 1990.

Fetzer (L.) (éd.) : *Seven Utopias and a dream. An Anthologie of pre-Revolutionary Russian science-fiction*, Ann Arbor, 1982.

Fiodorov (Nikolaï) : *Philosophie de l'œuvre commune* (sous la dir. de Françoise Lesourd), Paris, Éd. des Syrtes, 2021.

Forel (August) : *Die sexuelle Frage, eine naturwissenschaftliche, psychologische, hygienische und soziologische Studie für Gebildete*, Munich, 1905 ; *La question sexuelle exposée aux adultes cultivés*, Paris, 1906.

Fourier (Charles) : *Le Nouveau Monde amoureux* (1816), (cit. d'après Fourier (Charles) : *Vers la liberté en amour*, Paris, 1975), Dijon, Les Presses du réel, 2013.

Gastev (Alexeï) : « Mot sous presse » (1921), in Heller (Leonid) (éd.) : *La Science-fiction soviétique*, Paris, Presses Pocket, 1983, pp. 53-59.

Georgel (abbé) : *Voyage à Saint-Pétersbourg, en 1799-1800*, Paris, Alexis Eymery, 1818.

Goy (Paul) : *De la Pureté rationnelle, essai d'étude sur la question sexuelle au point de vue psychologique, hygiénique et moral*, Lyon, 1906.

Heller (Leonid) (éd.) : *Science-fiction soviétique*, Paris, Presses Pocket, coll. Le Livre d'or de la science-fiction, 1983.

Karlinsky (Simon) (éd.) : *Dear Bunny, Dear Volodya: The Nabokov-Wilson Letters, 1940-1971*, Berkeley, U. of California Press, 2001.

Kollontaï (Alexandra) : « Les Amours des abeilles travailleuses », *Le Marxisme et la révolution sexuelle*, Stora-Sandor (J.) (éd.), Paris, Maspéro, 1977

Larri (Jan) : *Strana sčastlivyh*, Leningrad, Lenoblizdat, 1931.

Loukianenko (Serguei) : *Porog* (*Le Seuil*), Moscou, AST Izd., 2019.

Mamléïev (Iouri) : *Chatouny*, trad. Pierre Grazimis et Anne Coldefy-Faucard, Paris, Robert Laffont, 1986.

Masson (Charles-François Philibert) : *Mémoires secrets sur la Russie, sur les règnes de Catherine II, de Paul Ier* (1800), cit. d'après C. de Grève (éd.) : *Le voyage en Russie. Anthologie des voyageurs français aux XVIIIe et XIXe siècles*, Paris, R. Laffont, 1990.

May (Jean-Baptiste) : *Saint-Pétersbourg et la Russie en 1829* (1830), cit. d'après C. de Grève, (éd.) : *Le voyage en Russie. Anthologie des voyageurs français aux XVIIIe et XIXe siècles*, Paris, R. Laffont, 1990.

Merejkovski (Konstantin) : *Raj zemnoj, ili Son v zimnjuju noč' Skazka- utopija XXVII veka (Paradis terrestre ou Rêve d'une nuit d'hiver – contre-utopie du XXVIIe siècle)*, Berlin, 1903.

Nemtsov (Vladimir) : « Zolotoe dno » (»L'Or des profondeurs »), in *Texnika Molodeži*, n° 3-12, 1948.

Odoïevski (Vladimir) : « L'An 4338 », *La Cité sans nom*, Lajoye (Patrice) (dir.), Lisieux, Lingva, 2014.

Okunev (Jakov) : *Grjaduščij mir. 1923–2123*, Petrograd, Izd. Tret'ja straža, 1923.

Oliger (Nikolaï) : *Prazdnik vesny (La Fête du printemps)*, Saint-Pétersbourg, 1910.

Platonov (Andreï) : « Antisexus » (1926), trad. Arthur Clech et Fabien Rothey, *Comment s'en sortir*, n° 5, 2017.

Radov (Egor) : *Zmeesos*, Moscou, Ad Marginem, 2002.

Rozanov (Vasilij) : *Kukha. Rozanovy pis'ma* (1922), Saint-Pétersbourg, Nauka, 2011.

Šafarevič (Igor') : *Socializm kak javlenie mirovoj istorii*, Paris, Ymca-Press, 1974.

Sčekin (M.) : *Kak žit' po-novomu (Semja, ljubov', brak, prostitucija)*, Kostroma, s.e., 1923.

Semenova (Maria) : *Volkodav (Chien-loup)*, Moscou, AST, 1995-2006.

Sorokine (Vladimir) : *Le Lard bleu*, trad. Bernard Kreise, Paris, Éditions de l'Olivier, 2007.

Soloviev (Vladimir) : *Le Sens de l'amour: essais de philosophie esthétique*, Paris, OEIL, 1985.

Stoglav, SPb, izd. P. Kozancikova, 1863 ; *Le Stoglav ou les Cent Chapitres* (trad., éd., comment. par E. Duchesne), Paris, H. Champion, 1920.

Strougatski (Arcadi et Boris) : *Blagoustroennaïa planeta* (« Une planète bien vivante ! »), *in* Kassel' (Isaak) (dir.), *Mir priklyucheniy, Kniga shestaya*, 1961.

Tchernychevski (Nikolaï) : *Que faire ?: Les Hommes nouveaux*, trad. Dmitri Sesemann, Paris, Éditions des Syrtes, 2000.

Tolstoï (comte Léon) : *Sur la question sexuelle*, Paris, 1901.

Tolstoï (Tatiana) : *Le Slynx (Kys'*, 2000), trad. Christophe Glogowski, R. Laffont, 2002.

Vagner (Yana) : *Vongozero*, trad. Raphaëlle Pache, Bordeaux, Mirobole, 2014.

Vagner (Yana) : *Le Lac*, trad. Raphaëlle Pache, Bordeaux, Mirobole, 2016.

Vagner (Yana) : *L'Hôtel*, trad. Raphaëlle Pache, Bordeaux, Mirobole, 2017.

Zamiatine (Eugène) : *Nous autres*, Paris, Gallimard, 1971.

Zamiatine (Eugène) : *Nous*, nouvelle traduction par Hélène Henry, Arles, Actes Sud, 2017.

Études

Ahmetova (Tat'jana) : *Russkij mat. Tolkovyj slovar'*, Moscou, 1997

Beam (Alex) : *The Feud: Vladimir Nabokov, Edmund Wilson, and the End of a Beautiful Friendship*, New York, Pantheon Books, 2016.

Beretta (Cristina) : *Das erotische Unbehagen in der russischen Literatur um 1900. Subversive Entsagung von Arthur Schopenhauer über Lev Tolstoj und Vladimir Solov'ev zu Fedor Sologub*, Heidelberg, 2011.

Buj (Vasilij) : *Russkaja zavetnaja idiomatika*, Moscou, 2005.

Fal'sifikatory istorii (Les Falsificateurs de l'histoire), Moscou, 1948.

Geller (Mihail) : *Andrej Platonov v poiskah sčast'ja*, Paris, Ymca-Press, 1982.

Heller (Leonid) (dir.) : *Amour et érotisme dans la littérature russe du XXe siècle (Actes du colloque de Lausanne)*, Berne, Peter Lang, 1992.

Heller (Leonid) : « Telo i slovo, skačebnaja para. Zamečanija ob utopii érosa, libertinstve, futurizme », in Jaccard (J.-Ph.), Morard (A.) (dir.) : *1913. Slovo kak takovoe. K jubilejnomu godu russkogo futurizma*, Saint-Pétersbourg, 2015.

Heller (Leonid) : « Kogda ženščiny smejutsja poslednimi. Zamečanija o ženskom detektive », in Mélat (H.), Zablotskis (N.) (dir.) : *Tvorčestvo Aleksandy Marininoj kak otraženie sovremennoj rossijskoj mental'nosti*, INION RAN, Moscou, 2002.

Kabakova (Galina), Conte (Francis) (dir.) : *Le Corps dans la culture russe et au-delà*, Paris, 2008.

Karlinsky (Simon) : *The Sexual Labyrinth of Nikolai Gogol*, Cambridge (Mass.) et Londres, 1976.

Lajoye (Viktoriya et Patrice) : *Étoiles rouges. La littérature de science-fiction soviétique*, Condé-sur-Noireau, Piranha, 2017.

Matich (Olga) : *Erotic Utopia: The Decadent Imagination in Russia's fin de siècle*, Madison, U. of Wisconsin Press, 2005.

Nabokov (Vladimir) : *Lekcii po russkoj literature*, Moscou, Nezavisimaja gazeta, 1998.

Pasqualini (Mauro) : « From the Sexual Question to the Praise of Prostitution: Modernism and Sexual Politics in Florence, 1908-1914 », *Journal of the History of Sexuality*, vol. 21/3, 2012.

Plucer-Sarno (Aleksej) : « O semantike slova "mat" », in *Bol'soj slovar' mata*, Moscou, 2005.

Protivodejstvie popytkam fal'sifikacii istorii Rossii: naučnye i zakonodatel'nye aspekty (Contrer les tentatives de falsifications de l'histoire russe: aspects scientifiques et légaux), Moscou, 2020.

Šapir (M.), Pilščikov (I.) (éd.) : *A. S. Puškin, Ten' Barkova: Teksty. Kommentarii. Èkskursy*, Moscou, Philologica russa et speculativa, 2002.

Uspenskij (Boris) : « Miifologiceskij aspekt russkoj èksressivnoj frazeologii », *Anti-mir russkoj kul'tury*, Moscou, 1996.

La sexualité et les relations entre hommes et femmes dans les romans d'A. Bogdanov L'Étoile rouge et L'Ingénieur Menny

Alla Morozova
Centre Georg Simmel, EHESS (Paris)

Alexandre Bogdanov occupe une place à part parmi les écrivains de fiction du début du XXe siècle. La littérature n'était pas son occupation principale. Doué de multiples facettes, il est entré dans l'histoire comme penseur, scientifique-encyclopédiste, figure révolutionnaire, médecin, comme l'un des plus grands idéologues du socialisme, comme le créateur de la science organisationnelle universelle – la tectologie.

Divers aspects de l'activité et de l'œuvre d'Alexandre Bogdanov ont été examinés dans des centaines de livres et d'articles[1]. Cependant ses ouvrages de science-fiction n'ont pas été suffisamment étudiés, même si l'on tient compte d'ouvrages plus généraux, dans lesquels son œuvre est considérée avec celle d'autres auteurs[2]. Malheureusement, les études menées par les philosophes et les critiques littéraires, tout en ayant leurs propres points forts, ne tiennent souvent que peu ou pas du tout compte de l'aspect historique, ce qui conduit à des affirmations non basées sur les sources, telles que l'affirmation selon laquelle Bogdanov appartenait à des « cercles pro-maçonniques » et utilisait des symboles et des termes maçonniques dans *L'Étoile rouge*. Par exemple, le mot « camarade », qui pour A. Bogdanov signifiait l'appartenance au parti et/ou au collectif prolétarien, est interprété par une chercheuse comme l'une des étapes de l'initiation à la franc-maçonnerie[3].

*

Les romans d'Alexandre Bogdanov ne sont pas seulement des œuvres de fiction, mais aussi des utopies sociales écrites par un éminent penseur socialiste. C'est pourquoi les deux romans dans leur

---

1 Pour une revue de la littérature scientifique sur Alexandre Bogdanov, voir Morozova (Alla) : «*Neleninskij bol'shevizm*» *A. A. Bogdanova i «vperedovcev»*, p. 30-40.

2 Voir par exemple Stites (Richard) : *Revolutionary Dreams*, p. 32-33.

3 Kovtun (Natal'ja) : *Russkaja literaturnaja utopija vtoroj poloviny XX veka*, p. 14.

ensemble et les idées et intrigues distinctes qui y sont énoncées doivent être analysés non seulement en termes de tradition littéraire, mais également dans le contexte du développement de la pensée politique, en particulier marxiste, au début du XXe siècle.

Un chercheur dont je trouve les arguments pertinents souligne à juste titre :

> [Les] utopies de Bogdanov constituent un type particulier de recherche socioprévisionnelle. [...] Premièrement, parce qu'aucun des utopistes du passé n'a été à la fois révolutionnaire professionnel, scientifique, médecin, économiste et philosophe, et enfin théoricien de l'organisation de la production. Ensuite, par la volonté du destin, Bogdanov s'est retrouvé dans un environnement social qui ne pouvait qu'enrichir son esprit d'idées sociales de l'avenir. V.I. Lénine, G.V. Plekhanov, A.V. Lounatcharski, A.M. Gorki et bien d'autres figures éminentes de la révolution, de la culture nationale et étrangère furent ses amis, ses interlocuteurs et ses adversaires. Bogdanov a vécu et écrit ses utopies dans les années cruciales de l'histoire, à la veille d'octobre 1917. Cela ne pouvait qu'affecter la pertinence du choix et le caractère concret de l'élaboration de ses hypothèses[1].

En règle générale, les chercheurs analysent *L'Étoile rouge*, tandis que son *prequel*, *L'Ingénieur Menni*, reste dans l'ombre. Il est pourtant important et productif d'analyser les deux romans, qui relèvent à la fois de la science-fiction et de l'utopie sociale. D'une part, ils décrivent un grand nombre de dispositifs techniques et d'inventions, qui sont considérés comme des prototypes des réalisations actuelles de la science et de la technologie ; d'autre part, la société martienne décrite dans *L'Étoile rouge* représente une société idéale du futur, tandis que la description des transformations à grande échelle dans le roman *L'Ingénieur Menni* met en garde contre de nombreuses erreurs sur la voie de la construction d'une nouvelle société.

---

1 Jagodinskij (Viktor) : « Marsianin, zabroshhennyj na Zemlju. O A. Bogdanove (1873-1928) i ego utopijah », p. 41. Trad. par A. Morozova. En russe: «Утопии Богданова - особый вид социально-прогностических изысканий. Во-первых, потому, что никто из утопистов прошлого не был одновременно профессиональным революционером, естествоиспытателем, врачом, экономистом и философом, наконец, теоретиком организации производства. Во-вторых, волею судеб Богданов оказался в такой общественной среде, которая не могла не обогащать его ум социальными идеями будущего. В. И. Ленин, Г. В. Плеханов, А. В. Луначарский, А. М. Горький и многие другие выдающиеся деятели революции, отечественной и зарубежной культуры были его друзьями, собеседниками, оппонентами. Богданов жил и писал свои утопии в переломные годы истории - накануне Октября 1917 года. И это не могло не сказаться на актуальности выбора и конкретности проработки его гипотез».

La première édition de *L'Étoile Rouge* est parue à Saint-Pétersbourg en 1908[1]. Bogdanov a écrit et publié son livre après la défaite de la révolution de 1905-1907, alors que la réaction sévissait dans le pays et que peu de révolutionnaires continuaient à croire à la possibilité d'une future révolution. Bogdanov a combiné ses convictions marxistes, ses expériences révolutionnaires de 1905 et sa facilité à se projeter dans la technologie pour imaginer la vie sur Mars au début du vingtième siècle.

La revue populiste *Russoe bogatstvo* a noté que « Ce n'est pas une activité marxiste que de composer des projets d'ordre socialiste », car les fantaisies sur l'avenir sont « fondamentalement refusées par le marxisme fidèle[2] ».

Aucune des deux ailes de la social-démocratie russe n'a examiné le roman. D'un autre côté, un membre de base du parti bolchévique de l'époque se rappelle que ses camarades et lui-même ont lu le roman de Bogdanov avec beaucoup d'enthousiasme et y ont vu le signe d'un renouveau et d'un triomphe de l'agitation révolutionnaire.

> « C'était en novembre 1907 », se souvient un vieux bolchevik dans une revue portant les initiales S. D., « lorsque L'Étoile rouge est parue : la réaction était déjà entrée dans ses droits, mais nous, les ouvriers de base du bolchévisme, avions encore l'espoir indéfectible d'une renaissance proche de la révolution, et c'est précisément une telle déglutition que nous avons vue dans ce roman. Il est intéressant de noter que pour beaucoup d'entre nous, l'idée fondamentale de l'auteur d'une société organisée et les principes de cette organisation sont passés complètement inaperçus. Pourtant, le roman a fait couler beaucoup d'encre dans les cercles du Parti...[3] »

De nombreux révolutionnaires ont accueilli le roman avec beaucoup d'intérêt. Certains ont même été « émerveillés et ravis », comme l'a noté plus tard Boukharine[4]. Maxim Gorki (écrivain prolétarien, proche

---

1   Bogdanov (Aleksandr) : *Krasnaja zvezda.*

2   Matonin (Evgenij) : « «Marsianskaja drama ». Zvezda i smert' Aleksandra Bogdanova », p. 29.

3   Pervushin (Anton) : *Marsianin. Kak vyzhit' na krasnoj planete* - https://document.wikireading.ru/70509 (date d'accès 08.11.2023). Trad. par A.Morozova. En russe : «Был ноябрь 1907 года, – вспоминал старый большевик в рецензии под инициалами С. Д., – когда появилась „Красная звезда": реакция уже вступила в свою права, но у нас, рядовых работников большевизма, все еще не умирали надежды на близкое возрождение революции, и именно такую ласточку мы видели в этом романе. Интересно отметить, что для многих из нас прошла совершенно незамеченной основная мысль автора об организованном обществе и о принципах этой организации. Все же о романе много говорили в партийных кругах...»

4   Buharin (Nikolaj) : « Pamjati A.A.Bogdanova (Rech' na grazhdanskoj panihide) », p. 383.

à cette époque des bolcheviks et de Bogdanov) écrit : « J'aime ou je n'aime pas, mais c'est une chose intelligente ». Le roman est apprécié par Lounatcharski, qui note toutefois que le caractère « raisonnable » de l'organisation martienne « sent le froid[1]».

Le roman *L'Ingénieur Menni* a été accueilli avec beaucoup plus de retenue que *L'Étoile rouge*. Les critiques ont relevé sa sécheresse et son caractère sommaire. Lénine a fait un commentaire très négatif sur le deuxième roman :

> J'ai lu son *Ingénieur Menni*. Le même machisme = idéalisme, caché pour que ni les ouvriers ni les stupides rédacteurs de la *Pravda* ne le comprennent. Non, ce machiste est sans espoir, tout comme Lounatcharski[2].

Mais l'épouse de Lénine, Nadezhda Kroupskaïa, indépendamment des querelles de parti, avait beaucoup de tendresse et de respect pour la famille Bogdanov. On raconte qu'elle avait l'habitude de relire ses romans en cachette de son mari : Lénine devenait furieux s'il voyait les livres de son adversaire dans les mains de sa femme[3].

Après la révolution, *L'Étoile rouge* est devenue très populaire et a été rééditée au moins cinq fois en Union soviétique, dont deux fois à Moscou : en 1918 et en 1922. La version théâtrale a été produite par le théâtre Proletkult en 1920. En 1928, après la mort de Bogdanov, elle a été publiée en tant que supplément dans une revue illustrée, *Vokrug sveta*.

Pendant les cinquante années qui ont suivi, le roman et son auteur sont restés dans l'oubli, mais en 1979 il est entré dans une version légèrement expurgée, dans une anthologie[4]. L'ouvrage a paru dans une

---

1 Matonin (Evgenij) : op. cit, p. 30.
2 Lenin (Vladimir) : *Polnoe sobranie sochinenij*, vol. 48, p. 161 (Pis'mo V.I.Lenina M.Gor'komu. Fevral' 1913). Trad. par A.Morozova. En russe : «Прочел его «Инженера Мэнни». Тот же махизм = идеализм, спрятанный так, что ни рабочие, ни глупые редакторы в «Правде» не поняли. Нет, сей махист безнадежен, как и Луначарский» Le machisme est un courant de philosophie et de méthodologie scientifique de la fin du XIXe siècle et du début du XXe siècle, fondé par E. Mach et R. Avenarius. Un synonyme partiel du terme "machisme" est le terme "empirio-criticisme" : parfois, sous le terme machisme, on entend uniquement la doctrine de Mach, mais pas celle d'Avenarius. Le machisme (empirico-critique) est considéré comme la deuxième étape de l'évolution du positivisme. Les principales positions théoriques du machisme ont été proposées au début du 20e siècle presque simultanément et indépendamment l'une de l'autre par Mach et Avenarius (Suisse). Le machisme était très populaire en Russie au tournant des XIXe et XXe siècles. Pour plus de détails, voir: Stejla (Daniela) : *Nauka i revoljucija: Recepcija jempiriokriticizma v russkoj kul'ture (1877–1910 gg.).*
3 Malinovskij (Aleksandr) : « Iz semejnyh predanij ob Aleksandre Bogdanove », p. 440.
4 *Vechnoe solnce: Russkaja social'naja utopija i nauchnaja fantastika.*

traduction allemande en 1923 et a été réédité en 1972. Une édition en espéranto est sortie à Leipzig en 1929, célébrant sans doute l'admiration des espérantistes pour les utopies unilingues. Le roman *L'Ingénieur Menni* a connu au moins six éditions entre 1913 et 1923, et a également été réédité par la revue illustrée *Vokrug sveta* en 1929.

Dans cet article, les relations sexuelles décrites dans les utopies sociales d'Alexandre Bogdanov sont examinées dans le contexte de ses idées sur la structure d'une société future sur Terre, ainsi que dans le contexte des opinions de la communauté révolutionnaire sur les relations entre les sexes.

Des relations sexuelles dans les romans d'Alexandre Bogdanov

Le roman *L'Étoile rouge* décrit la visite sur Mars d'un Terrien qui décrit la structure de la société martienne et ses relations avec les Martiens. Les Terriens et les Martiens sont physiologiquement semblables, ce qui leur permet d'avoir des relations sexuelles entre eux. Le roman *L'Ingénieur Menni* décrit les événements qui se sont déroulés sur Mars, trois cents ans avant *L'Étoile rouge*. Ainsi, les romans d'Alexandre Bogdanov traitent des relations sexuelles de trois types : entre des terriens, au sein de la société martienne et entre des représentants de planètes différentes – la Terre et Mars.

Les relations entre des Terriens

Le roman *L'Étoile rouge* commence par une description de la relation entre un homme et une femme qui se sont engagés dans une union volontaire, mais qui ne sont pas liés par les liens du mariage – ecclésiastique ou civil. Le personnage-narrateur, le révolutionnaire Leonid, dont les traits de caractère et les opinions sont indubitablement influencés par ceux de l'auteur[1], décrit son désaccord avec la femme qu'il aimait avant, ou croyait aimer :

> Elle pensait que l'amour oblige aux sacrifices, aux concessions et principalement, à la fidélité durant la liaison. Je n'avais aucune intention de créer de nouvelles liaisons, il m'était cependant impossible de reconnaître le devoir de la fidélité, précisément comme devoir. Il me semblait même que la polygamie est, en principe, plus avancée que la

---

1 Sur la personnalité et les traits de caractère de Bogdanov, voir Morozova (Alla) : « «Ochen' dejatelen i bogato odaren», «Neleninskij bol'shevizm» A. A. Bogdanova i «vperedovcev».

monogamie, parce qu'elle peut procurer aux hommes une plus grande richesse de vie individuelle et une plus grande diversité d'unions dans le domaine de l'hérédité. À mes yeux, les contradictions de la structure bourgeoise, seulement, étouffent la polygamie et en font le privilège des parasites et des exploiteurs, qui avilissent tout par leur psychologie dévergondée ; les réformes à exécuter ici appartiennent à l'avenir. Mes opinions troublaient profondément Anna Nicolaïewna : elle leur découvrit une tendance à revêtir d'une forme idéale la brutalité des rapports vitaux[1].

Il est important de noter ici que ces différences n'existaient pas en soi, mais découlaient des natures différentes de Leonid et d'Anna Nikolaïevna (Bogdanov a noté que c'était son nom du parti, et pas son vrai nom) et « d'un profond désaccord idéologique dans la compréhension de leur attitude à l'égard du travail révolutionnaire », qui se traduisait par leur appartenance à des courants différents du parti social-démocrate (Leonid était bolchévique et sa compagne menchévique).

Elle marchait dans la révolution sous l'étendard du sacrifice et du devoir, moi, sous celui de ma libre volonté. Elle se joignit au grand mouvement du prolétariat comme moraliste, trouvant sa satisfaction dans sa plus grande moralité – moi, comme amoraliste – qui aime la vie, désire son épanouissement et se joint par cela au courant qui réalise la grande route historique vers le Progrès. L'éthique prolétarienne, par elle-même, était sacrée pour Anna Nicolaïewna ; pour moi, c'était un fait très utile nécessaire au prolétariat, dans sa lutte, mais passager comme la lutte, elle-même et la structure sociale qui l'a produite. Suivant Anna Nicolaïewna, on pouvait prévoir la transformation de la morale du prolétariat dans une morale interhumaine ; moi, j'arguais que le prolétariat cherche dès à présent à détruire toute morale, et que le sentiment social, unissant les hommes dans le travail, dans la souffrance et la joie, s'épanouira librement lorsqu'il se sera détaché de la membrane fétichiste de la moralité. Ces divergences provoquaient chez nous des différends d'opinions sur les faits politiques et sociaux, des contradictions manifestement irréconciliables[2].

Malgré tous les désaccords, l'auteur « n'a ni prévu ni anticipé l'inévitabilité de la rupture – lorsqu'une influence étrangère a pénétré dans notre vie, ce qui a précipité le dénouement ». La fin de cette histoire d'amour reste donc ouverte, car nous ne savons pas si les personnages seraient restés ensemble ou non si un être étranger n'était pas intervenu dans leur vie.

---

1 Bogdanov (Alexandre) : *L'Étoile rouge*, première partie, chapitre I, traduction de « W. P. », parue dans *La Société nouvelle*, juin 1913-février 1914. http://bibliotheque-russe-et-slave.com/Livres/Bogdanov%20-%20L%27Etoile%20rouge.htm

2 *Ibidem.*

Il réussissait si facilement à ramener mes divergences avec Anna Nicolaïewna, aux divergences de mes opinions, qu'elles paraissaient être psychologiquement indispensables, presque logiques, au point que toute espérance de les effacer jamais s'évanouit. Anna Nicolaïewna considérait Menny[1] avec une sorte de haine mêlée d'un intérêt particulier. Personnellement, il m'inspirait à la fois de l'estime et du dépit ; je sentais qu'il allait vers un but que j'ignorais[2].

Comme cette description se réfère à la période terrestre de la vie du personnage narrateur du récit, on peut supposer que dans ce cas l'auteur décrit sa situation actuelle, et ce dans le milieu auquel il appartient lui-même.

L'auteur de la préface de *L'Étoile rouge*, dans l'édition de 1929, considère les idées de Bogdanov sur les rapports entre les sexes, le problème de la fidélité dans les unions conjugales ou bien le droit martien au suicide comme erronées :

[Les idées de Bogdanov] en la matière restent floues. Rien ne nous convainc que dans ce cas nous avons les formes les plus élevées de relations dans la sphère sexuelle. Les notions morales généralement acceptées et propres à notre mode de vie familiale disparaîtront avec la disparition de la famille, de la propriété et de l'État. Avec elle disparaîtra aussi le devoir de fidélité dans l'union sexuelle qui, à l'heure actuelle, est souvent un substitut à la fidélité et une école de faux-semblants et d'hypocrisie. Mais la fidélité, non par la force, mais par le libre arbitre, peut demeurer et peut être exactement sous le système socialiste quand la relation personnelle ne sera pas enchevêtrée par les intérêts secondaires liés au ménage familial et à l'éducation des enfants, recevra pour la première fois de l'espace et deviendra un phénomène ordinaire. Il ne s'ensuit pas que dans la société libre des socialistes, la jalousie avec ses prétentions sanguinaires à la « fidélité éternelle », etc., peut conserver sa place. Ainsi, la thèse avancée au début du roman selon laquelle « la polygamie est fondamentalement supérieure à la monogamie » n'est pas prouvée et reflète des nuances apparemment passagères de l'humeur de l'auteur[3].

La « question du sexe » était vivement débattue dans la société russe au début du XXe siècle. Les lecteurs intéressés peuvent se référer au livre de Laura Engelstein[4], qui décrit les processus avant le début de la

---

1   Le Menny de *L'Étoile rouge* est un descendant du Menni de *L'Ingénieur Menni*.

2   *Ibidem*.

3   Legran (Boris) : « Predislovie »
http://epizodsspace.airbase.ru/bibl/fant/bogdanov/kras-zv1929/pred.html (date d'accès 08/11/2023).

4   Engelstein (Laura) : *The Keys to Happiness: Sex and the Search for Modernity in fin-de-Siecle Russia.*

révolution et s'arrête à 1917[1]. Le paradoxe de la situation est qu'à une époque où la « question sexuelle » intéressait vivement les représentants des couches les plus élevées de la société russe, la circulaire de 1901 de la Direction principale des affaires de la presse[2], qui interdisait d'informer les lecteurs sur les livres traitant des relations sexuelles, était toujours en vigueur. Cela signifie que même les activités éducatives dans ce sens étaient illégales.

En ce qui concerne le milieu révolutionnaire, les questions relatives aux relations entre les sexes ne sont pratiquement jamais abordées en public à cette époque, contrairement aux discussions enflammées du début des années 1920, à propos desquelles le nom d'Alexandra Kollontaï vient toujours à l'esprit.

C'est parfaitement illustré, notamment dans l'article de Natalia Pushkareva « Une révolution s'approche, qui fait écho à celle du prolétariat. La Russie avant et après 1917 et la construction d'une nouvelle culture sexuelle[3] ». Comme le souligne à juste titre Natalia Pushkareva, malgré l'extrême popularité de la « question du genre » dans la société, « aucun parti russe n'avait à l'époque de programme clair pour restructurer les relations entre les sexes[4] ».

Les relations entre les sexes ont été vigoureusement discutées par la société russe à l'occasion de la publication des romans *Sanin* de M. Artsybashev en 1907 et *Les clés du bonheur* d'A. Verbitskaya en 1909. En 1907, le premier « recensement sexuel des étudiants moscovites » a été réalisé[5]. Le premier congrès panrusse des femmes (décembre 1908) et le premier congrès panrusse de lutte contre la traite des femmes (1910) ont été très actifs dans la discussion des questions de genre et

---

1 La période post-révolutionnaire est le sujet du livre de Naiman (Eric) : *Sex in Public: The Incarnation of Early Soviet Ideology*.

2 Voir : Pushkareva (Natalia) : « "Blizitsja revoljucija, sozvuchnaja proletarskoj" Rossija do i posle 1917-go goda kak poligon konstruirovanija novoj seksual'noj kul'tury», *Revue des études slaves* [En ligne], XC 1-2 | 2019, mis en ligne le 20 juillet 2020, consulté le 09 avril 2024. URL : http://journals.openedition.org/res/2826 ; DOI : https://doi.org/10.4000/res.2826.

3 Pushkareva (Natalia) : op. cit. Dans cet article, l'autrice aborde la question du genre, qui a été au centre de nombreux débats publics dans la société russe depuis les années 1910. Elle compare également les discours idéologiques sur cette question avant et après la révolution de 1917.

4 Pushkareva (Natalia) : op. cit. Trad. par A.Morozova. En russe : никакой внятной программы перестройки отношений между полами в то время не было ни у одной российской партии.

5 Ivanov (Anatolii) : *Mir rossijskogo studenchestva. Konec XIX - nachalo XX veka*, Moskva, 2010 .

des relations entre les sexes, et ont constitué une preuve évidente du succès du féminisme russe.

Cependant, les sociaux-démocrates et surtout les bolcheviks considéraient la création d'organisations féminines indépendantes comme une entreprise bourgeoise, insistant sur le fait que les intérêts de classe prévaudraient toujours sur les intérêts de genre et que, par conséquent, les travailleuses devaient prendre part à la lutte de l'ensemble du prolétariat, et qu'ils n'allaient pas suivre les féministes. Aucun marxiste russe n'a abordé la « question du genre » avant les années 1910. Vladimir Lénine ne l'a abordée qu'après sa rencontre et son rapprochement avec Inessa Armand, avec laquelle il a discuté dans sa correspondance de divers aspects du développement de la culture sexuelle dans la société libre moderne et future. C'est ce qui ressort des lettres conservées du futur « chef du prolétariat mondial ». Il a également abordé ces questions dans sa correspondance avec Clara Zetkin, mais dans ce cas, nous ne pouvons juger de la position de Lénine qu'à partir des mémoires de sa correspondante[1].

Cependant, pour Lénine, les relations personnelles entre les gens, y compris les relations amoureuses, étaient quelque chose de secondaire, qui détournait l'attention de l'activité principale – le travail au sein du parti, au service de la révolution. Ainsi, dans l'une de ses lettres à Armand, il s'indigne à propos d'un bolchevik : « ...prenez l'amour et les maladies que vous voulez, que le diable vous emporte, mais si vous avez pris un engagement envers le parti, respectez-le ou passez-le à un autre en temps voulu[2]... ».

Les opinions de Lénine sur les relations hommes-femmes, la famille et le mariage ont été exprimées de la manière la plus complète dans ses lettres de janvier 1915 à Inessa Armand, dans lesquelles il critiquait le plan d'une brochure qu'elle avait conçue pour les travailleuses sur ces questions. Il lui a conseillé de supprimer du plan un paragraphe dont le sujet était intitulé « la revendication (féminine) de la liberté de l'amour », car, selon lui, cette revendication n'était pas prolétarienne, mais bourgeoise. Il pensait que cette revendication pouvait être comprise comme suit : « 1. S'affranchir des calculs matériels (financiers) en matière d'amour ? 2. De même, des préoccupations matérielles ? 3. des préjugés religieux ? 4. de l'interdiction du père, etc. 5. des préjugés de la "société" ? 6. du milieu étroit (paysan ou bourgeois

---

1 Cetkin (Klara), *Vospominanija o Lenine*, p. 435.

2 Lenin (Vladimir) *Neizvestnye dokumenty. 1891-1922*, p. 120 Trad. par A.Morozova. En russe «...занимайся, дьявол тебя бери, какими хочешь любвями и болезнями, но, если взял партийное обязательство, то выполняй или вовремя передай другому»

ou intelligentsia-bourgeois) ? 7. des liens de la loi, du tribunal et de la police ? 8. du sérieux en amour ? 9. de la procréation ? 10. de la liberté d'adultère ? etc.[1]».

Et il était sûr qu'Armand voulait parler des points 1 à 7, mais « la liberté d'amour n'exprime pas exactement cette pensée », et « le public, les lecteurs de la brochure comprendront inévitablement par « liberté d'amour en général quelque chose comme les points 8 à 10 », même contre la volonté de l'auteur, car « il s'agit de la logique objective des rapports de classe en matière d'amour[2]».

Dans la lettre suivante, écrite après qu'Armand eut exprimé son désaccord avec les arguments de Lénine, il explique sa position :

Les bourgeoises comprennent la liberté d'amour comme des pts. 8-10 – c'est ma thèse... La littérature et la vie ne prouvent-elles pas que la bourgeoisie comprend exactement cela ? Elle le prouve ! Vous l'admettez silencieusement... Nous devons clairement nous séparer d'eux, leur opposer le point de vue prolétarien. Nous devons tenir compte du fait objectif qu'autrement, ils arracheront les passages pertinents de votre brochure, les interpréteront à leur manière, apporteront de l'eau à leur moulin avec votre brochure, pervertiront vos pensées devant les travailleurs, "embrouilleront" les travailleurs (en semant en eux la crainte que vous ne leur apportiez pas des idées étrangères)[3].

Se référant à l'un des sujets du pamphlet d'Armand, Lénine a écrit :

"Même une passion et une connexion fugitives" sont "plus poétiques et plus pures" que les "baisers sans amour" des époux (vulgaires et vulgaires). C'est ainsi que vous écrivez. Et c'est ainsi que vous écrirez dans la brochure. C'est très bien. Le contraste est-il logique ? Embrasser sans amour des conjoints vulgaires est sale. Je suis d'accord. Il faut les

---

1 Lenin (Vladimir) *Polnoe sobranie sochinenii*. Vol. 49, p. 52. Trad. par A. Morozova. En russe : «1. Свободу о т материальных (финансовых) расчетов в деле любви? 2. Тоже от материальных забот? 3. от предрассудков религиозных? 4. от запрета папаши etc.? 5. от предрассудков «общества»? 6. от узкой обстановки (крестьянской или мещанской или интеллигентски-буржуазной) среды? 7. от уз закона, суда и полиции? 8. от серьезного в любви? 9. от деторождения? 10. свободу адюльтера? и т. д.»

2 Lenin (Vladimir) : *Polnoe sobranie sochinenii* ; vol. 49 ; p. 52.

3 *Ibid.* ; p. 55-56. Trad. par A. Morozova. En русе : «Буржуазки понимают под свободой любви пп. 8—10 — вот мой тезис... Неужели литература и жизнь не доказывают, что буржуазки именно это понимают? Вполне доказывают! Вы молча признаете это... Надо ясно отделить от них, противопоставить им пролетарскую точку зрения. Надо учесть тот объективный факт, что иначе они выхватят соответствующие места из вашей брошюры, истолкуют их по-своему, сделают из вашей брошюры воду на свою мельницу, извратят ваши мысли перед рабочими, «смутят» рабочих (посеяв в них опасение, не чужие ли идеи Вы им несете)».

opposer à... quoi... ? Des baisers avec amour ? Et vous opposez "fugace" (pourquoi fugace ?) à "passion" (pourquoi pas amour ?) – il en résulte, logiquement, que les baisers sans amour (fugaces) sont opposés aux baisers conjugaux sans amour... Bizarre. Pour un pamphlet populaire, ne vaudrait-il pas mieux opposer le mariage bourgeois-intelligentsia-paysan (je crois que c'est p. 6 ou p. 5 dans mon cas) vulgaire et sale sans amour au mariage civil prolétarien avec amour (en ajoutant, si l'on veut être sûr, qu'une liaison-passion fugace peut être sale, mais qu'elle peut aussi être pure). Il ne s'agit pas d'une opposition entre types de classes, mais d'une sorte de "mésaventure", qui est possible, bien sûr. Mais s'agit-il de mésaventures ? Si nous prenons le thème : le *casus*, le cas individuel des baisers sales dans le mariage et des baisers propres dans une relation éphémère – ce thème devrait être développé dans le roman (car ici tout l'enjeu est dans le cadre individuel, dans l'analyse des caractères et de la psyché de ces types)[1].

Comme nous pouvons le constater, les vues de Lénine sur les relations entre les sexes étaient assez traditionnelles, et il était méfiant et sceptique à l'égard des discussions sur la liberté de l'amour, ainsi que sur toute liberté personnelle de l'individu. Après tout, la reconnaissance de la liberté individuelle exige la tolérance à l'égard des choix des autres individus et de la collectivité, mais Lénine n'a jamais été connu pour sa tolérance[2].

Comme on le sait, cette brochure n'a jamais été publiée. Il est probable qu'Armand ne voulait pas changer de position sous la pression des arguments de Lénine, mais elle ne pouvait pas lui désobéir en publiant le texte dans sa forme originale.

---

1 Ibid. ; p. 56-57. Trad. par A.Morozova. En russe : ««Даже мимолетная страсть и связь» «поэтичнее и чище», чем «поцелуи без любви» (пошлых и пошленьких) супругов. Так Вы пишете. И так собираетесь писать в брошюре. Прекрасно. Логичное ли противопоставление? Поцелуи без любви у пошлых супругов грязны. Согласен. Им надо противопоставить... что?... Казалось бы: поцелуи с любовью? А Вы противопоставляете «мимолетную» (почему мимолетную?) «страсть» (почему не любовь?) — выходит, по логике, будто поцелуи без любви (мимолетные) противопоставляются поцелуям без любви супружеским... Странно. Для популярной брошюры не лучше ли противопоставить мещански-интеллигентски-крестьянский (кажись, п. 6 или п. 5 у меня) пошлый и грязный брак без любви — пролетарскому гражданскому браку с любовью (с добавлением, если уж непременно хотите, что и мимолетная связь-страсть может быть грязная, может быть и чистая). У Вас вышло противопоставление не классовых типов, а что-то вроде «казуса», который возможен, конечно. Но разве в казусах дело? Если брать тему: казус, индивидуальный случай грязных поцелуев в браке и чистых в мимолетной связи, — эту тему надо разработать в романе (ибо тут весь гвоздь в индивидуальной обстановке, в анализе характеров и психики данных типов)»

2 L'intolérance de Lénine à l'égard des opinions d'autrui a été décrite, en particulier, par son proche collaborateur A.N. Potresov (https://mrija2.narod.ru/sdpr293.html), ainsi que par N.V. Valentinov (Valentinov (Nikolaj) : *Maloznakomyj Lenin*, p. 156).

Les opinions des révolutionnaires sur le mariage avant 1917 restaient assez traditionnelles, et le raisonnement de Bogdanov selon lequel « le poly-mariage est fondamentalement supérieur à la monogamie » n'était manifestement pas partagé par la plupart de ses camarades à l'époque de la publication du roman.

Un exemple parmi tant d'autres. Au tournant de 1907-1908, Boris Savinkov (alors l'un des dirigeants de l'Organisation militaire du Parti socialiste-révolutionnaire) n'arrive pas à décider s'il doit rester avec sa femme, Vera (fille du célèbre écrivain Gleb Ouspenski), avec laquelle il a deux enfants, ou rejoindre Evgenia Zilberberg (la sœur de son compagnon d'armes exécuté, Lev Zilberberg). Lassée des souffrances et hésitations de Savinkov, Vera Glebovna décide elle-même de rompre leur relation et part pour la Russie. Face à ce « triangle amoureux », l'émigration révolutionnaire se range majoritairement du côté de V.G. Ouspenskaïa et commence à condamner Savinkov. Selon Dmitry Filosofov, l'ancienne membre de « Narodnaya volya » Vera Figner n'a pas serré la main de Savinkov lorsqu'ils se sont rencontrés[1].

D'ailleurs, Savinkov lui-même, quelques années plus tard, a giflé l'émigré Vladimir Fedorov qui, ayant trop bu lors de la fête du Nouvel An, avait déclaré sa flamme à Evgenia Zilberberg. Dans une lettre à Fedorov, Savinkov a souligné qu'il avait protégé sa femme et qu'il avait estimé avoir le droit de le faire[2].

Quant à Bogdanov, il a vécu toute sa vie avec son épouse Natalia Bogdanovna, qui n'était pas seulement son épouse, mais aussi une camarade fidèle et une personne partageant les mêmes idées. C'est d'ailleurs de son patronyme que vient son pseudonyme le plus célèbre, sous lequel il est entré dans l'histoire. Natalia Bogdanovna ne pouvait pas enfanter après un accouchement et une opération chirurgicale ratés, elle a autorisé son mari à avoir une liaison pour assurer la pérennité de la famille. La seule condition était que l'enfant et sa mère vivent dans une autre ville. Le fils de Bogdanov, Alexandre, est né à Paris le 12 juillet 1909 ; sa mère est Anfussa Ivanovna Smirnova, la fille d'un prêtre de Barnaoul, qui avait quitté la famille très tôt et rejoint le mouvement révolutionnaire, et que Bogdanov avait rencontrée à Vologda en 1903.

Cependant, selon Natalia Bogdanovna,

l'instinct parental de Bogdanov n'était pas très fort, il pouvait aimer un enfant en tant que personne, mais pas parce que l'enfant était le sien ;

---

1 Morozov (Konstantin) : *Boris Savinkov*, p. 110.
2 Morozov (Konstantin) : *op. cit.*, p. 282-284.

ainsi, a-t-il commencé à aimer son fils de cette façon lorsqu'il est devenu un homme[1].

Dans le roman *L'Ingénieur Menni*, le protagoniste éponyme, lorsqu'il rencontre son fils Netti, dont il ignorait l'existence, n'éprouve pas d'émotions fortes. Et au cours de l'interaction ultérieure,

> la découverte de leur lien de parenté ne rapprocha en rien les deux ingénieurs. Menni était toujours emprisonné, et la solitude prolongée avait encore renforcé sa froideur ; Netti était prudent dans ses rapports avec lui. Pour tous leurs collaborateurs, ils restaient avant tout un directeur et un subalterne. Le regain d'intérêt et de sollicitude qui se manifesta de nouveau dans leurs rapports ne fut remarqué que par eux seuls. Leurs conversations se faisaient plus longues, mais avaient, comme par le passé, un caractère pratique. Ils évitèrent longtemps d'aborder les questions ou ils sentaient une divergence radicale de leurs points de vue[2].

Les relations au sein de la société martienne

En ce qui concerne la description par Bogdanov des relations entre hommes et femmes sur Mars, il convient tout d'abord de noter que les Martiens ne mettent pas l'accent sur leur appartenance à l'un ou l'autre sexe. Les vêtements des hommes et des femmes sont très similaires, et les enfants les portent tout simplement de la même façon. Chez les adultes, il n'y a « qu'une différence de style : chez l'homme, le vêtement exprime plus fidèlement les formes du corps, chez la femme, il les dissimule davantage ». Dans cette description, on retrouve des échos des normes caractéristiques de la communauté révolutionnaire russe. Depuis le milieu du XIXe siècle, les femmes révolutionnaires s'habillent modestement ; leurs vêtements simples et bon marché sont censés souligner, d'une part, leur proximité avec le peuple et, d'autre part, la prévalence dans leur système de valeurs de qualités telles que l'intelligence, la décence, la spiritualité, la détermination idéologique et le rejet de l'attrait extérieur, dont la recherche est considérée comme un signe de bourgeoisie. Une femme révolutionnaire devait être avant tout une camarade de lutte, une femme partageant les mêmes idées, une assistante du révolutionnaire masculin, et non un objet de désir sexuel, et son habillement devait correspondre à cela. Grâce à leurs vêtements neutres et à leur camaraderie, Netty et Enno ne restent que des camarades pour le protagoniste Leonid, qui ne perçoit leur nature féminine qu'au moment de la confession de Netty. Le texte du roman se

---

1 Morozova (Alla) : « «Ochen' dejatelen i bogato odaren», p. 217.
2 Bogdanov (Alexandre) : *L'Étoile rouge / L'Ingénieur Menni*, p. 253.

réfère également à elles au masculin jusqu'à ce que Netty révèle leur nature féminine à Leonid.

Comme Bogdanov caractérise la société martienne comme étant à un stade du développement plus élevé que la société terrestre, nous sommes en droit de supposer que les relations entre les sexes, y compris les relations sexuelles, dans la société martienne, telles qu'elles sont décrites dans le roman *L'Étoile rouge*, seront caractéristiques de la société future sur Terre. Ces relations sont le plus souvent fondées sur des bases rationnelles, bien que l'on rencontre également des sentiments très vifs.

Par exemple, le premier mariage du personnage principal, Netty, avec l'un de ses professeurs est né de leur intérêt commun pour la Terre et son histoire. Sterny « organisa un cycle de conférences sur cette planète et ses habitants. Netty y assista. Sterny fut patient et s'appliqua scrupuleusement à répondre aux nombreuses questions qu'elle lui posa. Ce rapprochement amena un mariage. Ce fut la gravitation de deux natures très distinctes, diamétralement opposées même ». Mais c'est la même dissemblance, qui « fut plus tard la véritable cause de leur rupture[1] ».

Cependant, la rupture définitive a lieu après la mort du second partenaire de Netty, le vieil astronome Letta, avec lequel Netty s'était également rapprochée en raison de son intérêt pour la Terre. Mais contrairement au froid et rationnel Sterny, qui « détruisit bientôt, et trop brutalement, les rêves, les fantaisies d'âme et de cerveau » de Netty,

> elle chercha un homme de nature plus souple et le trouva en Letta, dont l'infinie bonté et l'enthousiasme puéril la touchèrent. Son âme ardente se reposa auprès de lui. Comme elle, il aimait la Terre et croyait en l'union prochaine des deux mondes. Elle ne voulut pas admettre qu'un être semblable pût ignorer dans sa vie l'amour et les caresses féminines et c'est ainsi que s'ébaucha une deuxième liaison[2].

Netty a donc été mariée à deux hommes en même temps, ce qui n'a pas gêné sa mère, qui en a parlé à Leonid (Lenny pour les Martiens). « Évidemment, dit-elle à Lenny, il n'est pas aisé de s'habituer de prime abord à des conditions de vie absolument étrangères et aux mœurs d'un autre monde avec lequel on n'a aucun lien de parenté. Jusqu'ici vous avez surmonté bien des obstacles ; vous surmonterez encore celui-ci. Netty a foi en vous et je crois qu'elle a raison[3] ».

---

1 Bogdanov (Alexandre) : *L'Étoile rouge*, troisième partie, chapitre V, traduction de « W. P. », parue dans *La Société nouvelle*, juin 1913-février 1914. http://bibliotheque-russe-et-slave.com/Livres/Bogdanov%20-%20L'Etoile%20rouge.htm

2 *Ibidem*.

3 *Ibidem*.

L'idée que Netty ait été mariée à deux hommes l'a rendu furieux. Voici comment il a décrit ses sentiments :

> Je n'aurais pu trouver de termes pour définir mon état d'âme. Qu'y avait-il, en effet ? Rien de particulier n'était arrivé. Netty, homme libre, avait agi en homme libre[1]. Letta avait-il été son mari ? Je l'estimais toujours et j'éprouverais toujours pour lui une grande sympathie, en supposant même qu'il n'eût pas fait pour moi le sacrifice de sa vie. Netty avait-elle été la femme de deux camarades, en même temps ? J'avais toujours pensé que la monogamie découlait, dans notre milieu, de nos conditions économiques qui arrêtent et entortillent l'homme à chaque pas ; ici, d'autres conditions existaient, ne créant aucune limite dans les sentiments et dans les relations personnelles. D'où me venait donc cette perplexité alarmée, ce mal intraduisible qui m'aurait fait tour à tour crier et rire ? Peut-être n'étais-je pas capable de sentir comme je pensais. Alors, et mes relations avec Enno ? Où donc était ma logique ? Que suis-je donc ? Dans quel état absurde me trouvais-je[2] ?

Contrairement à Netty, l'autre héroïne du roman, « Enno chérissait son amour plus que sa vie ». Aussi, lorsqu'elle fut obligée de se séparer de l'homme qu'elle aimait, sa vie fut si dévastée, le sentiment refoulé créa une telle misère que, peu de temps après, la jeune femme décida de mourir ». Pour éviter le suicide, son amie et médecin Netty, sous divers prétextes, a reporté le jour du suicide et, entre-temps, a fait en sorte qu'Enno soit invitée à participer à une importante et dangereuse expédition sur Terre. De nouvelles impressions ont aidé Enno à surmonter ses inquiétudes et elle n'a plus pensé au suicide.

Les relations entre des représentants de planètes différentes – la Terre et Mars

Les relations entre un Terrien et une Martienne décrites dans *L'Étoile rouge* se distinguent également par le degré d'implication émotionnelle des partenaires et l'intensité des passions. Le protagoniste de *L'Étoile rouge*, le Terrien Leonid, vit une liaison passionnée avec une Martienne et, en son absence, entre dans une sorte de relation amicale-sexuelle avec une autre.

La principale intrigue amoureuse du roman – la relation entre la Martienne Netty et le Terrien Leonid (Lenny pour les Martiens) – commence par un canular involontaire. Il ne s'est pas rendu compte que

---

1 Dans le texte original en russe il s'agit de « svobodnyj čelovek » désignant « homme » en tant que « l'être humain », l'expression serait mieux traduite en français par « personne libre ».

2 *Ibidem.*

le médecin qui le soignait était une femme, car il était difficile de le deviner à ses vêtements, et il a pris Netty pour un jeune homme.

Lorsque Lenny a demandé directement à son médecin pourquoi il était si attiré par lui, Netty lui a avoué qu'elle était une femme, et une scène d'amour volcanique s'est ensuivie entre eux, que l'auteur décrit comme suit au nom du protagoniste :

> Ce fut foudroyant. Mon cœur ne bougea pas, je chancelai... En quelques secondes, Netty fut dans mes bras. Je baisai follement ses mains, ses lèvres, ses yeux bleus comme le ciel, de Mars.
>
> Avec une simplicité et une grandeur incomparables, Netty se donna. Quand je revins à moi, elle me dit avec son beau sourire :
>
> — Oui, il me semble que mon étreinte enveloppe tout votre jeune monde ; son égoïsme, son désir voluptueux du bonheur, tout était dans vos caresses. Votre amour est frère du meurtre... Mais je vous aime, Lenny.
>
> C'était le bonheur[1].

Le lecteur moderne est susceptible de voir une ambiguïté sexuelle dans la situation où Lenny pense que Netty est un homme, mais se sent attiré par lui. Pour Bogdanov et les lecteurs de son roman du début du XXe siècle, cependant, la description des vagues sentiments de Leonid pour Netty aurait dû faire naître des doutes dans l'esprit du lecteur quant à savoir si Netty est une femme qui, pour une raison ou une autre, cache pour l'instant sa nature au protagoniste.

En réponse à la question qu'il lui a posée un peu plus tard, à savoir pourquoi elle lui avait caché son sexe, elle a répondu :

> N'était-ce pas naturel et simple ? Après, il est vrai, j'ai caché la vérité plus sciemment, de même que les détails de mon costume. Les difficultés et la complexité de votre tâche m'inspiraient des craintes et je voulais éviter de la compliquer. Moi-même, je ne me suis pas comprise... jusqu'à votre maladie[2].

Malgré la force et l'apparente irrationalité de ses sentiments, Netty reste une fille de son peuple et se laisse guider par la raison dans sa relation avec Lenny. Elle s'abstient délibérément de lui parler de ses précédents partenaires sexuels, estimant à juste titre que cela pourrait susciter chez lui un sentiment de jalousie – « cette mauvaise attitude, née de la violence et de l'esclavage, qui prévaut dans l'ancien monde ». Elle constate que son amant est « sévère, souvent même cruel envers lui-même », car il a acquis ce trait de caractère à « l'école sévère de l'éternelle lutte du monde terrestre » et que, par conséquent, « une

---

1 Bogdanov (Alexandre) : *op. cit.*, deuxième partie, chapitre VII.
2 Bogdanov (Alexandre) : *op. cit.*, troisième partie, chapitre I.

seconde de mauvaise et douloureuse impulsion serait à jamais une tache sombre sur leur amour », et qu'il « ne se le pardonnerait jamais ». La justesse des craintes de Netty est démontrée par le fait que, ayant appris ses liaisons sexuelles antérieures, Lenny commence à la soupçonner de tromperie, bien qu'il n'y ait pas eu de tromperie directe, mais seulement du silence. Seule sa lettre, dans laquelle elle explique ses motivations, le calme et le convainc qu'elle a raison.

Dans cette même lettre, Netty jure fidélité à son élu :

> Mon Lenny, je veux et je puis te calmer. Qu'en toi dorme et ne se réveille jamais le sentiment mauvais provoqué, dans l'amour, par l'inquiétude de la propriété vivante. Jamais je n'aurai de relation personnelle hormis toi. Et cette promesse, je te la fais aisément, certaine de la tenir, car tout semble médiocre devant l'immensité de mon amour pour toi, devant mon désir ardent de t'aider dans ta grande tâche de vie. Je t'aime non seulement comme une femme, mais comme une mère qui conduit son enfant dans une vie étrange, nouvelle, pleine de périls, de dangers. Cet amour est plus puissant, plus profond que tout autre. C'est pourquoi il n'y a pas de sacrifices dans ma promesse[1].

Lorsque Netty part en expédition, Lenny se rapproche de son amie Enno, mais cette relation est de nature différente. Menny, pour qui Enno éprouve encore des sentiments tendres et s'inquiète de son sort, est également parti pour la même expédition. Cette « unité de pensée et d'humeur » les rapproche. Lenny la décrit comme suit :

> Notre rapprochement, qui se fit sans lutte et sans empressement, nous amena à des rapports amoureux. Enno ne les provoqua ni ne les évita. Elle résolut seulement de n'avoir pas d'enfant de moi. La tristesse jeta son voile sur nos caresses[2].

De manière caractéristique, ni Enno ni Menny ne s'inquiètent de ce que Netty va penser de leur relation, car tous deux perçoivent leur relation comme quelque chose de complètement différent des sentiments vifs et forts qui existent entre Menny et Netty.

Le roman *L'Étoile rouge* traite également du problème de l'interrelation et de l'influence mutuelle de la sexualité humaine et de l'activité intellectuelle. Après avoir appris du médecin que l'activité sexuelle réduit la capacité créative de Lenny et l'empêche de se concentrer sur les tâches grandioses auxquelles il a décidé de consacrer sa vie, Enno renonce aux manifestations charnelles de l'amour, sacrifiant son amour au profit de l'épanouissement de l'homme qu'elle aime. Voici comment Bogdanov décrit cette situation :

---

1 Bogdanov (Alexandre) : *op. cit.*, troisième partie, chapitre V.
2 Bogdanov (Alexandre) : *op. cit.*, troisième partie, chapitre IV.

L'immense travail intellectuel de Menny, le développement ample et complet de ses facultés géniales impliquaient l'abstention sexuelle et l'abandon des caresses amoureuses, Enno vérifia bientôt pratiquement ses observations ; Menny devint plus alerte, travailla plus énergiquement qu'autrefois ; il élabora de nouveaux projets dans son cerveau fécond, il les réalisa promptement et les mena à bonne fin. [...] Elle se sépara de Lenny ; il fut d'abord très affecté, mais s'accommoda ensuite du fait accompli[1].

Il est très probable que Bogdanov ait écrit cette situation en s'inspirant en partie de lui-même. Sa vie entière était consacrée à l'objectif qu'il s'était fixé, et il estimait qu'il était inacceptable qu'il soit distrait par quoi que ce soit qui puisse l'empêcher d'avancer vers cet objectif. Natalia Bogdanovna en a témoigné :

Très plongé dans son travail, il n'était parfois possible de le faire écouter et entendre qui que ce soit et d'attirer son attention que par une influence extérieure. Et c'était très instable, il se replongeait immédiatement dans ses pensées ou ses affaires. Il se concentrait si profondément sur son travail qu'il ressentait l'interruption, la perturbation de son train de pensée, comme une douleur physique[2].

En même temps, répondant au questionnaire sur le désir sexuel d'institut du cerveau, elle écrivait :

Je pense que sa libido était tout à fait normale, je ne connais pas d'anomalies. [...] Je ne connais pas de tendance ni à la promiscuité sexuelle ni aux friandises chez lui[3].

Notez la juxtaposition apparemment étrange des choses dans la dernière phrase : la promiscuité sexuelle et la gourmandise. Un comportement modeste et ascétique était considéré comme la norme dans la communauté révolutionnaire, et la vie entière d'un révolutionnaire devait être consacrée à la lutte pour atteindre un grand objectif. Dans ce contexte, la tendance à tous les excès – sexuels, gustatifs, vestimentaires, domestiques – était considérée comme hors des limites du comportement normatif.

Dans le roman *L'Ingénieur Menni*, pour le protagoniste, l'amour passe également au second plan, sa mission de transformation de la planète Mars étant prioritaire. Lors de la première intimité, Menny dit à Nella :

J'ai pris sur moi de remplir des tâches qui dépassent tout ce que l'homme a jamais tenté de réaliser. D'immenses obstacles et un rude

---

1 *Ibidem*.
2 Morozova (Alla) : *op. cit.*, p. 218.
3 Morozova (Alla) : *op. cit.*, p. 217.

combat m'attendent sur la route de leur réalisation. Je n'ai pas encore fait le premier pas que déjà la haine affûte ses armes. Pour tout surmonter, et ne point m'arrêter, je dois être pleinement libre, je ne dois pas être lié... Nella ! Seul le solitaire est libre au moment du combat[1].

Non seulement Nella ne proteste pas contre le départ de son bien-aimé, mais elle lui dit :

Ne crains rien, ne regrette rien. Je n'ai besoin de rien. Je savais qu'il en serait ainsi. Même maintenant, tout cela n'est qu'un songe[2].

Leur conversation suivante a lieu la dernière nuit de la vie de Menni, alors qu'il a déjà décidé de se suicider. Une fois encore, Nella n'essaie même pas de convaincre son amant de ne pas la quitter, et une fois encore « un sentiment d'impuissance, de désespoir commença à l'envahir », et elle lui demande seulement de tout lui dire pour qu'elle comprenne. À nouveau, comme il y a tant d'années, elle accepte ses explications et s'abandonne à nouveau à lui. Ainsi, dans les bras de la femme qu'il aime, Menny meurt, ayant décidé qu'il est inutile de continuer à lutter et que sa vie n'a donc plus de sens.

Conclusion

Nous pouvons voir que l'option d'une vie sans activité sociale, sans lutte pour ses idéaux, la vie d'un « homme ordinaire » à côté de la femme qu'il aime, n'existe pas pour les protagonistes de deux romans. Il est fort probable qu'il ne sera pas en mesure de vivre une telle vie. Cette attitude était caractéristique pour l'auteur de ces romans Alexander Bogdanov, ainsi que pour la plupart des révolutionnaires russes. Ils plaçaient la lutte et l'activité sociale au premier plan, et les relations intimes et familiales au second. De ce fait, le milieu révolutionnaire n'a pas connu les débats passionnés sur la question sexuelle qui caractérisaient la société russe des années 1910.

En même temps, la présence d'une intrigue amoureuse et les réflexions du protagoniste de L'Étoile rouge sur les similitudes et les différences dans les relations entre les sexes sur Terre et sur Mars indiquent que les révolutionnaires se posaient aussi ces questions, même s'ils ne les portaient pas dans la sphère publique. Au contraire, les discussions publiques de masse sur les nouvelles relations entre les sexes et les nouveaux principes de formation de la famille ont eu lieu dans les années 1920 dans le contexte de la lutte pour la création d'une

---

1 Bogdanov (Alexandre) : *L'Étoile rouge / L'Ingénieur Menni*, p. 206.
2 Bogdanov (Alexandre) : *op. cit.*, p. 207.

nouvelle société et d'un nouvel homme. L'examen de ces sujets dépasse toutefois le cadre de cet article.

Bibliographie

Bogdanov (Aleksandr) : *Krasnaja zvezda*, Sankt-Peterburg, Tovarishhestvo hudozhnikov pechati, 1908.

Bogdanov (Alexandre) : *L'Étoile rouge*, traduction de « W. P. », parue dans *La Société nouvelle*, juin 1913-février 1914. URL : http://bibliotheque-russe-et-slave.com/Livres/Bogdanov%20-%20L%27Etoile%20rouge.htm

Bogdanov (Alexandre) : *L'Étoile rouge / L'Ingénieur Menni*, traduction de Catherine Prokhoroff, Lausanne, L'Âge d'homme, 1985.

Buharin (Nikolaj) : « Pamjati A.A.Bogdanova (Rech' na grazhdanskoj panihide) », pp. 383-385 in Bogdanov A. (Aleksandr) : *Tektologija (vseobshhaja organizacionnaja nauka)*, kniga 2, Moskva, 2014.

Cetkin (Klara) : *Vospominanija o Lenine*, Moskva, 1979.

Engelstein (Laura) : *The Keys to Happiness: Sex and the Search for Modernity in fin-de-Siecle Russia*, Cornell University Press, 1992.

Jagodinskij (Viktor) : « Marsianin, zabroshhennyj na Zemlju. O A. Bogdanove (1873-1928) i ego utopijah », pp. 32-50 in *V mire fantastiki: Sbornik literaturno-kriticheskih statej i ocherkov*, Moskva, Molodaja gvardija, 1989.

Kovtun (Natal'ja) : *Russkaja literaturnaja utopija vtoroj poloviny XX veka. Avtoreferat dissertacii na soiskanie stepeni doktora filologicheskih nauk*, Tomsk, 2005.

Legran (Boris) : « Predislovie » in Bogdanov (Aleksandr) : *Krasnaja zvezda*, Moskva, 1929 – URL : http://epizodsspace.airbase.ru/bibl/fant/bogdanov/kras-zv1929/pred.html (date d'accès 08.11.2023)

Lenin (Vladimir) : *Neizvestnye dokumenty. 1891-1922*, Moskva, 2000.

Lenin (Vladimir) : *Polnoe sobranie sochinenij*, vol. 48, 49.

Malinovskij (Aleksandr) : « Iz semejnyh predanij ob Aleksandre Bogdanove », pp.433-440 in *Aleksandr Aleksandrovich Bogdanov*, Moskva, Politicheskaja jenciklopedija, 2021.

Matonin (Evgenij) : « «Marsianskaja drama». Zvezda i smert' Aleksandra Bogdanova », pp. 14-70 in *Aleksandr Aleksandrovich Bogdanov. Moskva*, Politicheskaja jenciklopedija, 2021. S. 29

Morozov (Konstantin) : *Boris Savinkov. Opyt nauchnoj biografii*, Moskva, Sankt-Peterburg, 2022.

Morozova (Alla) : *«Neleninskij bol'shevizm» A. A. Bogdanova i «vperedovcev»: idei, al'ternativy, praktika*, Moskva, Sankt-Peterburg, 2020.

Morozova (Alla) : « «Ochen' dejatelen i bogato odaren»: otvety N. B. Malinovskoj (Korsak) na anketu Instituta mozga », *Peterburgskij istoricheskij zhurnal*, 2021, № 2 (30), pp. 205-224.

Naiman (Eric) : *Sex in Public: The Incarnation of Early Soviet Ideology*, Princeton University Press, 1997.

Pervushin (Anton) : *Marsianin. Kak vyzhit' na krasnoj planete* - https://document.wikireading.ru/70509 (date d'accès 08.11.2023)

Pushkareva (Natalia) : « "Blizitsja revoljucija, sozvuchnaja proletarskoj" Rossija do i posle 1917-go goda kak poligon konstruirovanija novoj seksual'noj kul'tury », *Revue des études slaves* [en ligne], XC 1-2 | 2019, mis en ligne le 20 juillet 2020, consulté le 09 avril 2024. URL : http://journals.openedition.org/res/2826 ;   DOI : https://doi.org/10.4000/res.2826

Stejla (Daniela) : *Nauka i revoljucija: Recepcija jempiriokriticizma v russkoj kul'ture (1877–1910 gg.)*, Moscou, Akademicheskij Proekt, 2013.

Stites (Richard) : *Revolutionary Dreams. Utopian Vision and Experimental Life in the Russian Revolution*, New York, Oxford University Press, 1989.

Valentinov (Nikolaj) : *Maloznakomyj Lenin*, Paris, Pjat' kontinentov, 1972.

Vechnoe solnce: Russkaja social'naja utopija i nauchnaja fantastika vtoroj poloviny XIX - nachala XX veka, Moskva, Molodaja gvardija, 1979.

Les femmes vertueuses et les images féminines dans la science-fiction de Liu Cixin

Liting Hou
Docteure à l'Institut d'Études Transtextuelles
et Transculturelles (IETT), Université Jean Moulin Lyon 3

L'auteur Liu Cixin est une figure incontournable lorsqu'il s'agit d'évoquer science-fiction chinoise. Né en 1963, il a obtenu son diplôme de l'université des ressources en eau et en électricité du nord de la Chine en 1985, avant de travailler en tant qu'ingénieur informatique au Centre électronique de Yangquan. Parallèlement à sa carrière professionnelle, Liu, passionné de science-fiction, a commencé à écrire des nouvelles du genre dès 1978. En 1999, il a publié sa première nouvelle de science-fiction, « Chant de la Baleine », dans le magazine chinois *Le Monde de la science-fiction*. Par la suite, de nombreuses autres œuvres de science-fiction de Liu ont vu le jour, mais c'est son roman *Le Problème à trois corps (P.T.C)*, entamé en feuilleton dès 2006 dans le même magazine, qui l'a propulsé au sommet de sa carrière. Ce livre marque le premier tome de *La Trilogie du Passé de la Terre*, qui est considérée comme son œuvre la plus significative. Les deux autres tomes sont *La Forêt Sombre (F.S)* et *La Mort Immortelle (M.I)*. En 2014, la version anglaise du *Problème à trois corps,* traduite par Ken Liu, a été publiée et a remporté le prestigieux prix Hugo en 2015. Cette récompense a marqué une étape majeure dans la carrière de Liu Cixin en tant qu'auteur de science-fiction. Plusieurs de ses œuvres, telles que *Le Problème à trois corps, L'Enseignant rural* et *La Terre errante*, ont été adaptées en œuvres cinématographiques ou télévisuelles.

Les thèmes liés à la sexualité et au sexe sont peu abordés dans les œuvres de science-fiction de Liu Cixin. Cela peut s'expliquer, en partie, par le contexte culturel chinois, où les créations artistiques traitant de la sexualité risquent d'être stigmatisées et qualifiées d'« obscènes », et la censure des livres jugés obscènes et pornographiques reste une préoccupation majeure de l'industrie de l'édition[1]. Bien que certains écrivains contemporains, tels que Chen Zhongshi (*Au pays du cerf blanc*), Jia Pingwa (*Le Capital déchu*) et Mo Yan (*Beaux Seins, Belles Fesses*), abordent des sujets liés au sexe et à l'amour, ces thèmes restent relativement peu développés par rapport à d'autres traditions littéraires. Par exemple, dans *Le Pousse-pousse* de Lao She, les scènes sexuelles sont suggérées par des métaphores, comme les changements dans le ciel étoilé[2]. Cette subtilité est souvent nécessaire pour éviter la censure ou d'éventuels obstacles à la publication, comme l'illustre l'interdiction temporaire du livre *Le Capital déchu* en raison de descriptions sexuelles explicites.

La prudence dans la représentation du sexe s'inscrit également dans un contexte où la science-fiction chinoise est historiquement liée à des objectifs de vulgarisation scientifique. Ce genre, en Chine, a souvent été mobilisé pour promouvoir l'éducation scientifique et technologique, dans une perspective de développement national, ce qui pourrait expliquer en partie l'absence de thèmes plus personnels, tels que la sexualité, dans les œuvres de Liu Cixin.

À la fin du XIXe siècle, dans un contexte d'agression coloniale, des intellectuels chinois, tels que Liang Qichao et Lu Xun, ont initié une vague de traductions en réponse aux mouvements révolutionnaires et à la nécessité de l'autosauvetage. C'est ainsi que le terme « roman de la science » (Kexue Xiaoshuo) est apparu pour la première fois dans le

---

1 À la suite de la publication des « Règlements du Conseil d'État sur l'interdiction stricte des articles obscènes » le 17 avril 1985, ainsi que des « Règlements réaffirmant l'interdiction stricte des publications obscènes » le 5 juillet 1988, les « Règlements provisoires sur la reconnaissance des publications obscènes et pornographiques » élaborés par l'Administration de la presse et de la publication ont été approuvés comme des mesures d'application des « Règlements du Conseil d'État sur l'interdiction stricte des articles obscènes » et sont entrés en vigueur le 27 décembre 1988. Selon la définition stipulée par ces règlements, une publication est considérée comme obscène si, dans son ensemble, elle promeut des actes obscènes, incite à la luxure, est susceptible de corrompre et de dégrader les individus ordinaires, et si elle ne présente aucune valeur artistique ou scientifique. «Règlements provisoires sur la reconnaissance des publications obscènes et pornographiques»(«关于认定淫秽及色情出版物的暂行规定»), *Gazette du Conseil des Affaires d'État de la République populaire de Chine (中华人民共和国国务院公报)*, 15 février, 1989, n°1, p.31.

De plus, un règlement similaire intitulé « Règlement provisoire sur la détermination des contenus obscènes et pornographiques dans les émissions sonores »(«关于认定淫秽与色情声讯的暂行规定») est disponible sur le site officiel du Bureau du Groupe de travail national sur la lutte contre la pornographie et la contrebande en Chine. https://www.shdf.gov.cn/shdf/contents/708/202887.html. Consulté le 25/02/2024.

2 Lao She 老舍, *Le Pousse-pousse*, pp.61-62.

contexte chinois, avec la traduction par Liang Qichao de *Vingt mille lieues sous les mers* de Jules Verne.

À partir des années 1930, sous l'influence croissante de la littérature soviétique, le terme « roman de la science » a progressivement cédé la place à celui de « roman de la science et de la fantaisie » (Kexue Huanxiang Xiaoshuo), traduit du russe « Научно фантастический роман » (« Naučno-fantastičeskij roman »). Les œuvres des écrivains soviétiques de ce genre littéraire, tels que Mikhail Il'in, mettant l'accent sur l'éducation scientifique, ont été introduites dans le contexte chinois. Dans cette perspective, le « roman de la science et de la fantaisie » est ainsi défini comme une fusion de la « science » et de la « littérature », principalement destinée à un public jeune et adolescent, dans le but de promouvoir la vulgarisation scientifique.

Au début des années 1970, dans le cadre de l'objectif de modernisation nationale, la science-fiction a brièvement prospéré après les troubles des années 1960. Avec l'introduction de la littérature de science-fiction anglo-américaine à cette époque, certains auteurs chinois de science-fiction ont tenté de s'affranchir du cadre de la vulgarisation scientifique dans leurs œuvres. Cependant, cette approche a été fortement contestée par d'autres auteurs et scientifiques qui considéraient la vulgarisation scientifique comme une mission essentielle du genre littéraire lié à la science. Ce conflit de points de vue a finalement conduit à la disparition de cette brève période de prospérité dans la création de science-fiction.

La renaissance de la littérature de science-fiction en Chine est largement attribuée à la revue *Le Monde de la science-fiction*, qui a été officiellement rebaptisée en 1991. Après une période d'exploration et de recherche de marché, elle s'est positionnée comme un magazine de science-fiction principalement destiné aux collégiens, aux lycéens, et aux étudiants. Grâce à de nombreux efforts, elle a contribué à ramener la science-fiction dans le domaine public et a découvert de nombreux nouveaux auteurs du genre, y compris Liu Cixin.

Selon l'opinion personnelle de Liu Cixin, la création de fantaisie basée sur la science constitue le cœur de son œuvre[1]. Cette approche créatrice peut également être interprétée, dans une certaine mesure, comme une forme personnalisée de transmission et de développement du discours de vulgarisation scientifique. Sur cette philosophie et dans

---

1 Voir Liu Cixin 刘慈欣, « Assez de temps pour aimer » («Shijian zugou ni ai 时间足够你爱»), *Le Pire Univers, la Meilleure Terre* (*Zuizao de yuzhou, zuihao de diqiu* 最糟的宇宙，最好的地球*), p. IV.

ce contexte créatif, Liu Cixin, à travers une pratique continue de la création de science-fiction, a progressivement élaboré une théorie très personnelle de la création littéraire, caractérisée par la confrontation entre la science-fiction et la littérature dominante (ou traditionnelle/classique) [1].

Le concept de « grandeur » représente une aspiration que les œuvres de science-fiction de Liu Cixin cherchent à atteindre, tout en établissant une distinction cruciale entre la littérature dominante et la science-fiction. Pour ce faire, il introduit les concepts de « macro-figure » et de « macro-détails ». Selon sa théorie créatrice, la place centrale accordée aux personnages dans la littérature dominante est remplacée dans la science-fiction par des « macro-images » telles que des images d'espèces et de mondes [2]. De plus, il cherche à élargir la perspective de la création de science-fiction en se concentrant sur l'immensité de l'univers, plutôt que sur les personnages individuels décrits dans la

---

1 Le terme « Zhuliu Wenxue 主流文学 », qui se traduit littéralement par « littérature du courant principal », revient souvent dans les articles et discours de Liu Cixin sur la création de la science-fiction. En parallèle, Liu Cixin emploie également les termes «Gudian Wenxue 古典文学» (littérature classique) ou «Chuantong Wenxue 传统文学» (littérature traditionnelle) pour désigner une forme de littérature mainstream opposée à la science-fiction. L'auteure a choisi ici de traduire « Zhuliu Wenxue » par « littérature dominante ».

2 Selon la perspective de Liu Cixin, les personnages qu'il crée dans ses œuvres existent tous en tant qu'outils et symboles. Le véritable protagoniste de ses histoires, selon lui, est une « macro-figure » telle que « l'ensemble de l'humanité », représentant une « figure du monde » ou une « figure de l'espèce ».

« La figure du monde » et « la figure de l'espèce » sont des concepts avancés par Liu Cixin, visant à remplacer les « images de personnages » de la littérature dominante par les « figures du monde» et les « figures de l'espèce » dans les œuvres de science-fiction. (Voir Liu Cixin 刘慈欣, « Voir une goutte d'eau de la mer - Quelques réflexions sur les éléments de la littérature traditionnelle dans la science-fiction »(Voir «从大海见一滴水-对科幻小说中某些传统文学要素的反思»), *Kepu yanjiu 科普研究*, juin 2011, pp.66-67). Dans la préface que Liu Cixin écrit pour le livre *Sélection annuelle de romans de science-fiction chinois*, Liu Cixin mentionne également le concept de « macro-figure » (voir Liu Cixin 刘慈欣, «Préface de *Sélection annuelle de romans de science-fiction chinois*»(«中国科幻小说年选前言»), *Le Pire univers, la meilleure Terre (最糟的宇宙，最好的地球)*, 2015, p.185). Dans la recherche de l'auteure de cet article, le concept de «macro-figure» est utilisé pour regrouper les concepts de « figure de l'espèce » et « figure du monde » de la théorie de Liu Cixin.

Pour la plupart des personnages, Liu Cixin ne cherche pas à décrire la logique de leur développement comportemental, mais les considère plutôt comme des outils pour faire avancer l'intrigue. L'auteure de cet article, à travers son analyse et sa recherche sur les œuvres de Liu Cixin, avance l'opinion suivante : ces personnages, considérés par Liu Cixin comme des « outils » et des « symboles », sont tous associés à une étiquette de fonction précise, telle que l'image d'élite, l'image populaire, l'image du scientifique, l'image du héros, etc.

littérature dominante. Ainsi, il qualifie les descriptions détaillées des personnages, privilégiées dans la littérature dominante, de « micro-détails », tandis que les descriptions potentielles dans la science-fiction, résumées en quelques phrases décrivant la naissance et la destruction d'un univers, sont appelées « macro-détails ».

La « fantaisie basée sur des fondements scientifiques » et la « représentation de l'immensité de l'univers » sont les principaux moteurs de la création de science-fiction de Liu Cixin. Parallèlement, la caractérisation des personnages n'est pas sa priorité principale. Au lieu de cela, il privilégie la technique de symbolisation des personnages dans la science-fiction. Selon lui, le succès des œuvres de science-fiction repose essentiellement sur d'autres éléments que la caractérisation des personnages[1]. Cette philosophie créative se ressent indubitablement dans les personnages féminins créés par Liu Cixin.

Les représentations féminines dans les écrits de Liu Cixin sont souvent réduites à des objets de désir ou à des symboles stéréotypés, filtrés à travers un prisme masculin. Ces représentations féminines reflètent et résonnent avec les attentes et les idéaux promus par une société patriarcale, où les femmes sont souvent cantonnées à des rôles secondaires ou passifs. La manière dont Liu Cixin façonne les personnages féminins est révélatrice de ce regard masculin, et elle offre ainsi une perspective indirecte sur la sexualité, même si celle-ci n'est pas abordée de manière explicite. Pour approfondir cette analyse, nous nous concentrerons sur la description de Luo Ji, protagoniste masculin de *La Forêt sombre*, ainsi que sur les rôles des femmes qui gravitent autour de lui.

L'imaginaire au service des lecteurs masculins

Dans la science-fiction dite « dure[2] » de Liu Cixin, souvent destinée à un lectorat masculin et caractérisée par une emphase sur la virilité, on observe des dichotomies de genre marquées et des préjugés stéréotypés.

---

1 Voir Liu Cixin 刘慈欣, «Voir une goutte d'eau de la mer - Quelques réflexions sur les éléments de la littérature traditionnelle dans la science-fiction»(«Cong dahai jian yidishui—dui kehuan xiaoshuo zhong mouxie chuantong wenxue yaosu de fansi 从大海见一滴水—对科幻小说中某些传统文学要素的反思»), *La recherche de la vulgarisation scientifique (Kepu yanjiu 科普研究)*, juin 2011, p. 66.

2 Les œuvres de Liu Cixin sont largement reconnues comme appartenant au genre de la hard science-fiction, une classification qui semble être un fait évident sur le marché et parmi son lectorat. En effet, la hard science-fiction constitue une étiquette importante pour ses œuvres. À titre d'exemple, les travaux de Liu Cixin sont souvent cités dans des listes de référence de la hard science-fiction. https://www.audible.fr/blog/top-10-meilleurs-livres-hard-science-fiction. Consulté le 27 février 2024.

Angie Chau souligne que, bien que Liu soit reconnu pour son talent dans la création d'univers complexes et de récits à grande échelle, ses œuvres, notamment la trilogie *Le Problème à trois corps*, présentent souvent des personnages féminins de manière stéréotypée et négative. Par exemple, des figures comme Ye Wenjie et Cheng Xin sont dépeintes comme indécises ou illogiques dans des moments cruciaux, et leurs échecs sont souvent attribués à des traits perçus comme « féminins[1] ». Wang Aiqing reconnaît ces stéréotypes et la stigmatisation des personnages féminins en raison de leur genre dans les œuvres de Liu, mais elle soutient que cela ne relève pas de la discrimination de genre ou du regard masculin. Selon elle, ces représentations sont davantage le résultat des limites de compréhension de l'auteur concernant les femmes dans la vie réelle, reflétant ainsi une certaine restriction dans son approche créative[2]. Les stéréotypes de genre dans les œuvres de Liu Cixin ont également attiré l'attention dans le domaine de la traduction. Tan Ying, dans une étude comparative entre le texte original chinois et ses traductions en anglais et en espagnol, a analysé les manifestations de discrimination de genre dans la trilogie[3]. De son côté, Li Qing a étudié les stratégies subversives utilisées par les traducteurs anglais Liu Yukun et Joel Martinsen pour atténuer les biais de genre présents dans le texte original[4]. Ce type d'écriture a suscité un malaise chez certaines lectrices[5], mais Liu Cixin s'est montré indifférent à ces critiques. Il ne

---

1   «Women characters throughout the series are shown to be incapable of acting logically in crucial moments, or they are depicted as pretty ornaments that conform to shallow gender biases.» Angie Chau, «Beyond Cyborg Prostitutes: Fantasies of Womanhood, Translated Chinese SF and soft power», *in* Jamie J. Zhao, Hongwei Bao (dir.), *Routledge Handbook of Chinese Gender Sexuality*, p. 293.

2   Wang Aiqing, «Feminist Discussions on the Remembrance of Earth's Past Trilogy», *Humanus: Jurnal Ilmiah Ilmu-ilmu Humaniora*, octobre 2021, vol. 20, n° 2, pp. 124-138.

3   Tan Ying, «Exploring Feminist Translation in Liu Cixin's The Three-Body Trilogy», *Asia Pacific Translation and Intercultural Studies*, mai 2024, vol.11, n°1, pp. 55-71.

4   Li Qing, «Translators' subversion of gender-biased expressions: a study of the English translation of The Three-Body Problem trilogy», *Perspectives*, octobre 2023, vol 32, n°4, pp. 604–620.

5   En référence à la conversation entre Wang Yao et Liu Cixin, Wang Yao a abordé les critiques concernant les représentations féminines dans *La Trilogie du passé de la Terre*. Cela inclut le mécontentement de Liz, éditrice de la version anglaise traduite, à l'égard des représentations féminines de Liu Cixin, ainsi que ses suggestions de modifications liées à la discrimination sexuelle. De même, Shao Yanjun, du département de chinois de l'Université de Pékin, a exprimé son admiration pour *Le Problème à trois corps*, tout en soulignant la nécessité de supporter les personnages féminins présents dans le livre.

Wang Yao 王瑶， «Je veux toujours écrire des romans de science-fiction qui m'excitent —une interview avec Liu Cixin » («我依然想写出能让自己激动的科幻小说——作家刘慈

nie pas la possibilité d'une discrimination de genre dans ses œuvres, mais insiste sur le fait que les questions de genre ne sont pas centrales dans ses récits. Lorsqu'un interviewer, Wang Yao, suggère que ces discriminations pourraient refléter les limites personnelles de Liu en termes de compréhension des différences de genre et de culture, l'auteur répond catégoriquement qu'il accorde peu d'importance aux voix divergentes de sa propre perspective. Il précise que ces critiques ont rarement un impact sur son écriture, essentiellement axée sur les concepts technologiques[1].

La science-fiction de Liu Cixin est principalement destinée à un public masculin. Liu Cixin considère que la beauté de la science et de la technologie forme le fondement esthétique de la science-fiction[2], et il explicite clairement les attributs de genre associés à la beauté de la technologie, laquelle est perçue comme une forme de « beauté » exclusivement associée au « masculin[3] ». Dans cet article, nous avançons que cette « beauté », telle que Liu Cixin la conçoit, représente essentiellement une identification et une vénération d'une forme absolue de puissance et de force liées à la « masculinité ». Les descriptions de cette puissance masculine par Liu Cixin sont souvent juxtaposées à des représentations d'une « image féminine » visant à accentuer cette domination masculine. En effet, il est important de noter que cette « image féminine » est essentiellement l'opposée de tous les stéréotypes traditionnels de la « virilité ». La masculinité et la féminité deviennent des contraires absolus dans sa prose, illustrent le positionnement catégorique de l'auteur : le monde virtuel qu'il édifie s'adresse exclusivement à un public masculin. Cette perspective s'exprime de manière apparentée, parfois teintée d'autodérision, dans son œuvre *L'Amour à Taiyuan* :

> À l'époque, son épopée de destruction dans une perspective divine marquée de virilité avait suscité une grande résonance chez de nombreux hommes, les plongeant dans une passion débordante pour le militarisme et le terrorisme[4] !

欣访谈录»), *Wenyi Yanjiu* 文艺研究, décembre 2015, p.73.

1   *Ibid.*

2   Liu Cixin 刘慈欣, «La science-fiction dans le désordre» («混沌中的科幻»), *Xingyun* 星云, 1999, n°3.

3   «Une autre caractéristique étrange et la plus incroyable de la beauté de la technologie est son orientation sexuelle, elle semble n'affecter que les hommes.» *Ibid.*

4   Liu Cixin 刘慈欣, «L'amour de Taiyuan» («太原之恋»), *in* Pan Haitian 潘海天 (dir.), *JiuzhouHuanxiang·Benshu Tiequan* 九州幻想·贲书铁券, p.105.

Liu Cixin poursuit avec une détermination inébranlable et une admiration sans faille la quête de la « virilité » et de la puissance masculine ultime, en parallèle de sa recherche d'une « narration épique » grandiose. Ces deux aspirations partagent des similitudes essentielles. Parallèlement, sous cette impulsion créatrice, tout ce qui est associé à la féminité devient une sorte de toile de fond marginalisée. Le « féminin » est ainsi l'opposé du « masculin », le contraire du viril, le contraire de la force, et le contraire du grandiose. De plus, sous l'influence de l'autorité de l'« auteur-univers-science[1] », le « féminin » dans le monde virtuel construit par Liu Cixin est présenté comme l'opposé de la « science », de la « vérité » et de la « raison ».

Liu Cixin utilise les personnages de la science-fiction comme des symboles et des instruments pour faire progresser l'intrigue[2]. De plus, sous l'influence de la binarité de genre stéréotypée et absolue présente dans son œuvre, qui s'adresse principalement à un public masculin et est marquée par une forte masculinité, les personnages féminins se divisent en deux catégories : les personnages féminins « masculinisés » et les personnages féminins « féminisés ». Les premiers sont des personnages féminins qui présentent des caractéristiques sociales « masculinisées », tout en conservant des traits physiques féminins. L'élément clé de ce type de personnage réside dans le fait que, même si on les transformait en personnages masculins, cela n'aurait aucun

---

1 L'autorité de l'« auteur-univers-science » est un concept avancé par l'auteure de l'article. Il représente une image hégémonique qui sous-tend la narration des œuvres de Liu Cixin. Les représentations de la « science », de l'« univers » ou de la « nature », ainsi que l'intention subjective de l'auteur, se combinent pour former une « image hégémonique », qui incarne une forme de « Dieu » dans le « monde virtuel ».

2 Selon les recherches de l'auteure de cet article, la critique des points de vue sur la « littérature dominante » (主流文学 Zhuliu Wenxue en chinois, traduit littéralement par « la littérature du courant principal ») ainsi que sur la perspective selon laquelle « la littérature est l'étude sur l'humanité », telle que proposée par Qian Guyong, constituent l'une des idées principales de la théorie de création de science-fiction de Liu Cixin. Dans la pratique de création de Liu Cixin, cette théorie se manifeste principalement dans la conceptualisation et la symbolisation des personnages.

Dans son évaluation du film *2001 : L'Odyssée de l'espace*, Liu Cixin insiste sur le fait que les « personnages » dans ce film ne sont que des symboles (Voir Liu Cixin 刘慈欣, «Voir une goutte d'eau de la mer – Quelques réflexions sur les éléments de la littérature traditionnelle dans la science-fiction» («从大海见一滴水—对科幻小说中某些传统文学要素的反思»), Kepu yanjiu 科普研究, juin 2011, pp.66-67). De même, dans sa critique de L'équation froide, Liu Cixin met également en avant la symbolisation de l'astronaute et de la petite fille dans l'histoire (Voir Liu Cixin 刘慈欣, «Au-delà du narcissisme – l'opportunité de la science-fiction pour la littérature» («超越自恋—科幻给文学的机会»), in *Discussions sur la science-fiction de Liu Cixin (刘慈欣谈科幻)*, p. 119).

impact sur le développement de l'intrigue ou la logique de l'histoire. En revanche, les seconds correspondent à l'idée de personnages féminins conçus pour répondre aux attentes du regard masculin, possédant à la fois des attributs sociaux « féminisés » et des caractéristiques physiques féminines. Ils incarnent une représentation « féminisée » qui s'oppose à la vision « masculinisée » que l'autorité de l'auteur-univers-science considère comme prédominante. Il est important de noter que la distinction entre ces deux types de personnages féminins repose sur leur conformité ou non au « regard masculin ». Les personnages féminins « masculinisés » ne correspondent pas au « regard masculin », tandis que les personnages féminins « féminisés » sont conformes au « regard masculin ».

Les images de femmes non féminines sous le regard masculin

Développée dans le domaine des études cinématographiques et des médias visuels, la théorie du regard masculin a été formulée pour la première fois dans les années 1970 par des féministes et critiques de cinéma, telles que Laura Mulvey dans son article « Visual pleasure and narrative cinema ». Selon elle, en raison de la narration cinématographique, dans le cinéma hollywoodien, les images féminines sont souvent sexualisées, objectivées, et reléguées à des rôles secondaires ou sont objets de désir[1]. Ainsi le regard masculin est étroitement lié au système patriarcal dans lequel il s'inscrit, où la femme se situe comme un signifiant pour le mâle et reste comme une porteuse de sens au lieu d'être créatrice de sens[2]. Mulvey observe que le spectateur masculin est invité à s'identifier avec le personnage principal masculin, qui est souvent présenté comme le héros ou le sauveur de l'histoire. Cette identification permet au spectateur d'assumer le regard que le protagoniste masculin porte sur le monde et les images féminines

---

1 Ibid. «In a world ordered by sexual imbalance, pleasure in looking has been split between active/male and passive/female. The determining male gaze projects its phantasy on to the female figure which is styled accordingly. In their traditional exhibitionist role women are simultaneously looked at and displayed, with their appearance coded for strong visual and erotic impact so that they can be said to connote to-be-looked-at-ness.»

Laura Mulvey, «Visual pleasure and narrative cinema» (1975), in Braudy, L. & Cohen, M. (dir.), Film Theory and Criticism: Introductory Readings, p. 837.

2 «Woman then stands in patriarchal culture as signifier for the male other, bound by a symbolic order in which man can live out his phantasies and obsessions through linguistic command by imposing them on the silent image of woman still tied to her place as bearer of meaning, not maker of meaning.» Ibid., p. 834.

présentées à l'écran, et cela lui permet d'obtenir ainsi la satisfaction d'un sentiment de toute-puissance basée sur la création d'une illusion d'omnipotence. Par conséquent, l'image féminine portée par ce regard masculin dans la narration cinématographique transforme la femme en objet, la réduit à jouer un rôle secondaire passif de « spectacle » et valide ainsi sa subordination dans la société.

La représentation des images féminines[1] créées par Liu Cixin peut être classée en deux catégories, à la lumière du concept du regard masculin. Le premier fonctionne comme une image féminine réduite au statut d'objet dans le récit, tandis que le second, sous prétexte d'être défini comme non conforme au genre féminin, remplit en fait la fonction d'autres étiquettes, malgré sa caractéristique biologique.

Observons d'abord la seconde catégorie de personnages féminins chez Liu Cixin, qui ne relève en rien de l'image de la femme objet de désir, et qui semble donc s'éloigner d'une image stéréotypée de la femme. Mais, en réalité ces femmes ne font qu'échanger les attributs de douceur, fragilité, émotion contre ceux de force, rationalité et compétitivité, qui chez Liu Cixin sont les caractéristiques du sexe masculin et de la fonction de l'élite. Donc loin de créer de la nuance, Liu Cixin confirme une vision stéréotypée et conventionnelle des genres, à l'avantage du sexe masculin. Ces femmes sont biologiquement de sexe féminin, mais sont de fait non féminines et relèvent d'un stéréotype masculin par la fonction que Liu Cixin leur fait jouer dans ses fictions. Ainsi en est-il du personnage de Shen Yufei dans *Le Problème à trois corps*.

Contrairement à l'importance que l'auteur accorde au charme sexuel féminin lorsqu'il crée des personnages conformes au regard masculin, sa description de Shen Yufei met en évidence un manque d'attirance sexuelle envers les hommes hétérosexuels en apparence, comme en témoigne sa description : elle se montre souvent « avare de paroles » (*P.T.C.*, p. 83), avec un « air indifférent » (*P.T.C.*, p. 85). Le personnage de Shen Yufei n'est pas au service de l'image de la femme, mais plutôt à celui de la figure de l'élite. C'est la raison pour laquelle l'auteur met surtout l'accent sur sa rationalité froide et « non féminine », qui lui permet de tout faire pour réaliser ses idéaux. Bien qu'apparemment physicienne travaillant pour une entreprise japonaise, Shen Yufei est en réalité un membre clé de la faction des rédemptoristes dans l'Organisation Terre-Trisolaris, qui se sont donné pour objectif de sauver le monde du Trisolaris en résolvant le problème à trois corps. Shen Yufei est prête à sacrifier tout ce qui est nécessaire, y compris son

---

1 Il convient de noter que dans ce contexte, les «images féminines» font référence aux personnages fictifs créés par l'auteur, qui sont de sexe biologiquement féminin.

propre mariage ou la vie de n'importe qui, pour atteindre ses nobles idéaux. L'auteur a dépeint ainsi Shen Yufei comme une figure d'élite dévouée à ce qu'elle considère comme rationnel. Cette caractéristique de « rationalité » est placée par l'auteur du côté masculin dans l'opposition binaire qu'il établit entre féminité et masculinité.

Par conséquent, dans le roman, l'auteur souligne que le personnage de Shen Yufei n'est pas conforme à la norme de la féminité, comme en témoigne le commentaire de son mari Wei Cheng à son sujet :

> Mais Shen Yufei avait quelque chose de spécial. C'était précisément son absence de féminité qui m'attirait le plus chez elle. Quoi qu'il en soit, je n'avais rien d'autre à faire, alors j'ai accepté sa proposition. (*P.T.C.*, p. 143)

Le mari de Shen Yufei a été attiré par sa froideur et son manque de féminité. Cette observation illustre l'existence de la prédominance du regard masculin dans la représentation des images féminines par l'auteur. En effet, la définition de la « féminité » préalablement établie permet de distinguer ce qui est considéré comme « non féminité ». La féminité perçue par le regard masculin est devenue un indice pour caractériser les personnages féminins dans l'écriture. En revanche, pour un personnage masculin, en l'absence d'instructions particulières de l'auteur, il est sous-entendu qu'il sera attiré par la féminité des personnages féminins. Sinon, il est nécessaire d'ajouter des explications supplémentaires pour justifier son intérêt. Dans le cas du mari de Shen Yufei, il est attiré par une femme qui ne correspond pas aux images stéréotypées : il recherche une femme qui s'oppose à l'objet du regard masculin. En d'autres termes, l'absence de féminité de Shen Yufei signifie qu'elle incarne une combinaison du féminin biologique et du masculin d'esprit, en raison des deux oppositions binaires du masculin et du féminin, du sexe (corps) et du genre (esprit). Elle ne possède pas les caractéristiques de tendresse et de vulnérabilité associées aux femmes selon les normes stéréotypées, mais plutôt une rationalité froide et une puissance. Ainsi, l'auteur la compare à « Mme Hemingway » (*P.T.C.*, p. 83) qui ressemble à un « porte-parole d'une force dépassant tout entendement humain » (*P.T.C.*, pp. 97-98). Et les paroles de Shen Yufei étaient « aussi condensées et froides que des télégrammes, mais la froideur qu'elle dégageait était différente de celle de certaines femmes : ce n'était pas un masque, mais une rigidité qui recouvrait son être » (*P.T.C.*, p. 100).

Une autre image féminine très similaire à Shen Yufei est Ye Wenjie, la protagoniste du premier tome de la trilogie. Ye Wenjie, contrairement au personnage secondaire de Shen Yufei, est l'un des personnages clés dans *La Trilogie du passé de la Terre* et joue un rôle crucial dans la représentation du mal intrinsèque à la nature humaine selon la vision personnelle de l'auteur. La description de ses expériences personnelles malheureuses est utilisée pour ouvrir la voie à la cartographie cosmique cruelle et immorale dans la trilogie. Ye Wenjie est responsable d'avoir fait venir les Trisolariens sur Terre, elle est l'un des fondateurs de l'Organisation Terre-Trisolaris, et également celle qui découvre les règles de la forêt sombre et les transmet à Luo Ji. Selon l'écrit de l'auteur, elle est femme, mais elle n'est pas une femme ordinaire :

> Pour la femme ordinaire, le temps peut peut-être guérir progressivement ses blessures. Après tout, de nombreuses femmes comme elle ont connu de telles expériences pendant la Révolution culturelle et, comparée à beaucoup d'entre elles, elle peut être considérée comme chanceuse. Cependant, Ye Wenjie est une femme scientifique et elle refuse d'oublier. Elle examine avec un regard rationnel la folie et la paranoïa qui l'avaient blessée[1].

L'auteur souligne que Ye Wenjie n'est pas une femme ordinaire, mais plutôt une femme scientifique dotée d'un esprit rationnel. Elle représente une image féminine qui transcende la catégorisation d'objet féminin sous le regard masculin. Par conséquent, tout comme le manque de féminité de Shen Yufei, ces traits supplémentaires de Ye Wenjie justifient une représentation non conventionnelle d'une image féminine et nécessitent des annotations pour mettre en lumière cette différence par rapport à une femme ordinaire. En d'autres termes, pour l'auteur, le sexe biologique et le genre spirituel de Ye Wenjie sont distincts, tout comme c'est le cas pour le personnage de Shen Yufei.

Bien que le sexe biologique de Ye Wenjie soit féminin, son genre social ne correspond pas aux normes féminines selon la perspective masculine. Comme Shen Yufei, Ye Wenjie incarne une image d'élite avec des caractéristiques héroïques. Cependant, dans la création de l'auteur, ces images sont toutes associées au domaine non féminin. Les personnages de Shen Yufei et de Ye Wenjie pourraient être biologiquement aussi bien hommes que femmes, car les fonctions qu'elles remplissent en tant qu'outils pour faire avancer l'intrigue sont

---

1 Liu Cixin 刘慈欣, *Le Problème à trois corps* (三体), traduit du chinois en français par l'auteure de cette thèse, p. 199.

« Mais Ye Wenjie avait un esprit scientifique, elle refusait d'oublier.» (*P.T.C.* p.288) telle est la formulation retenue par Gwennaël Gaffric, le traducteur de la trilogie chez Actes Sud (2016-2018). L'auteure de l'article estime que cette traduction ne rend pas tout à fait le texte chinois «对于普通的女性, [...]但叶文洁是一位科学女性» qui met à la fois l'accent sur le fait qu'elle est une femme et scientifique, différente des femmes ordinaires. L'auteure se permet donc de proposer une autre traduction dans le texte.

indépendantes de leur sexe biologique. Or, l'étiquette fonctionnelle qu'elles sont censées accomplir en tant qu'outil n'est pas féminine selon les normes conventionnelles de genre.

Personnages féminins
conformes aux normes de la féminité

Observons maintenant les descriptions de la première catégorie, à savoir l'image féminine objectivée sous le regard masculin. Elles correspondent à des stéréotypes de la femme tels que perçus par le regard masculin, dans lesquels les femmes sont souvent présentées comme des objets de désir ou réduites à un rôle secondaire par rapport aux personnages masculins. Dans ces représentations féminines, les caractéristiques physiques et les détails de leur apparence sont souvent mis en avant. On peut distinguer deux genres de stéréotypes dans ce type de représentations féminines de l'auteur. Tout d'abord, la description des femmes est souvent liée à la satisfaction de la libido masculine hétérosexuelle. Par exemple, on retrouve dans les descriptions de l'auteur des expressions, qui soulignent l'aspect sexy et charnel des images féminines, telles que « merveilleuse silhouette » (*F. S.*, p. 62), « Son visage, maquillé de façon gracieuse et sensuelle, lui donnait l'air d'une fleur préférant mourir au sommet de sa beauté plutôt que de flétrir sans bruit » (*M. I.*, p. 14). En second lieu, il y a également des descriptions de femmes qui sont perçues comme des objets purs et fragiles, soumis à la domination masculine et dépendants de la masculinité. Ces descriptions se concentrent sur des caractéristiques telles que « silhouette mince », « cheveux satinés », « la blancheur de son cou », « fleur délicate » (*P.T.C.*, p. 60), « La pureté de son regard » (*P.T.C.*, p. 61), « Corps menu » (*F. S.*, p. 101), « Corps mince », « ses deux mains fines » (*F. S.*, p. 102), « Un rire délicieux » (*F. S.*, p. 111).

Pour en revenir aux représentations féminines conformes aux normes de la féminité, il convient de souligner que, chez Liu Cixin, la figure normative de la féminité, objet du désir masculin, peut présenter deux faces : une face idéalisée et une face dépravée. Et cette vision en opposition est conforme à une perception patriarcale de la société, comme nous allons le voir ci-dessous en développant la pensée de Chizuko Ueno.

Dans son analyse de la misogynie au Japon, Chizuko Ueno affirme qu'« une société qui fonctionne autour du mécanisme de la misogynie s'appelle le patriarcat[1] ». Selon elle, la misogynie est ancrée dans la hiérarchie sexuelle binaire et constitue un élément fondamental de la société patriarcale, qui favorise la domination masculine sur les femmes. Elle est considérée comme normative dans ce système, au point d'être presque imperceptible, et personne n'échappe à son influence. Les hommes sont encouragés à considérer les femmes comme inférieures, ce qui peut se manifester de différentes manières. En revanche, chez les femmes, la misogynie se manifeste sous forme d'autodépréciation. Ueno souligne également que le mépris des hommes envers les femmes porte en lui une faiblesse fatale, à savoir le rôle de la femme en tant que mère. Insulter la femme qui leur a donné naissance provoquera inévitablement une crise spirituelle chez les hommes quant à leur origine. Ainsi, la misogynie présente deux facettes : le mépris des femmes et le culte des femmes, créant ainsi une contradiction logique à l'intérieur de la misogynie, ce qui a conduit Ueno à réfléchir sur le double standard sexuel. En se référant à l'ouvrage *Histoire de la sexualité* de Michel Foucault, Chizuko Ueno met en lumière l'histoire de l'Angleterre du début du dix-neuvième siècle, durant le règne de la Reine Victoria, où la conception monogame de la société s'est confirmée en même temps que s'est développé le commerce de la prostitution. Elle souligne que les gentlemen de l'époque complimentaient les dames élégantes tout en fréquentant les bordels. Bien que le système monogame puisse sembler prôner l'idée d'une « chasteté mutuellement égale », Ueno souligne que les « fautes » des hommes ont été intégrées dans le système dès ses débuts. Ainsi, en matière de morale sexuelle, « on observe une affirmation de la luxure chez les hommes, tandis que l'ignorance et la pureté de la sexualité des femmes sont valorisées[2] ». Cette situation implique non seulement l'existence de femmes qui respectent les normes morales en matière de sexualité, mais également celle de femmes pouvant être perçues comme des « objets immondes » par les hommes.

Il est intéressant de noter que parmi les personnages féminins conformes aux normes masculines telles que façonnées par Liu Cixin, nous pouvons observer les deux archétypes définis par Chizuko Ueno comme « la femme vertueuse » et « la femme débauchée ». Dans ses écrits, on trouve fréquemment des femmes représentées comme la pureté et la vertu, jouant souvent le rôle de mères aimantes ou d'épouses dévouées, tandis que Liu Cixin donne également vie à des femmes qui incarnent des objets de désir. Les représentations

---

1 Chizuko Ueno，*厌女: 日本的女性嫌恶 女ぎらい: ニッポンのミソジニー* (*Misogynie au Japon: une haine envers les femmes*), p. 81.

2 *Ibid.*, pp. 33-34.

féminines de l'auteur, qui répondent aux attentes masculines, se trouvent figées entre ces deux types. La seconde catégorie peut aspirer à devenir la première, comme c'est le cas de Theolona, un personnage créé par l'auteur au début de *La mort immortelle*. C'est une prostituée vivant à la fin du quinzième siècle qui aspire à devenir sainte :

— Pourquoi demandes-tu qu'on te confie cette mission ? demanda l'empereur, les yeux toujours levés au plafond.

— Je veux devenir sainte, répondit immédiatement Theolona, qui s'attendait manifestement à ce qu'il lui pose cette question.

Constantin hocha légèrement la tête. C'était la réponse la plus crédible. L'argent et les trésors ne valaient rien pour elle si aucun caveau en ce monde ne pouvait lui résister. Mais quoi de plus éloigné d'une sainte qu'une prostituée ? Rien d'autre n'aurait pu avoir autant de valeur à ses yeux que d'être sanctifiée. (*M. I.*, p. 21)

Le personnage de Theolona illustre la dichotomie entre les deux normes stéréotypées de femmes, à savoir la vertueuse et la débauchée. En tant que prostituée, elle incarne le stéréotype de la femme débauchée, mais elle aspire également à devenir une sainte, ce qui la placera dans la catégorie de la femme vertueuse. Sa quête pour transcender son statut de prostituée en vue de devenir une sainte apparaît comme une forme de rébellion contre les attentes sociales et culturelles imposées aux femmes. Toutefois, cette tentative de devenir sainte semble également impliquer une appropriation du pouvoir symbolique de l'Église et témoigner de sa reconnaissance de la moralité sexuelle associée à la pureté féminine, ainsi que du double standard sexuel imposé aux femmes. En fin de compte, selon le récit de l'auteur, pour une prostituée comme Theolona, le grand désir est de passer d'une étiquette considérée comme négative à une étiquette considérée comme positive. Par ailleurs, l'auteur suggère, au nom de l'Église, que ces deux étiquettes ne doivent jamais être confondues[1]. Un autre exemple typique de cette dichotomie est le personnage Luo Ji, et sa relation aux femmes qu'il rencontre dans *La Forêt sombre*.

En tant que figure centrale du deuxième tome de la trilogie, intitulé *La Forêt sombre*, Luo Ji est un personnage masculin qui a connu de nombreuses relations féminines et qui recherche le plaisir et l'amusement dans toutes les situations. Il passe ses nuits avec différentes partenaires, parfois sans même connaître leur nom (*F. S.*, p. 62). Luo Ji considère les femmes dont il ne se souvient pas du nom

---

1 « Après tout Byzance, agonisante, n'avait plus rien à lui offrir. La promesse faite par l'empereur de la sanctifier avait bien peu de chances d'être honorée : orthodoxes comme catholiques auraient en effet bien du mal à accepter qu'une prostituée, sorcière de surcroît, devienne une sainte. » (*M. I.*, p. 29)

comme des partenaires sexuelles qui existent uniquement pour son plaisir unilatéral, sans considération pour leurs sentiments. Bien que son comportement ait provoqué un fort mécontentement chez certaines femmes, Luo Ji n'en tient pas plus compte et continue à agir de la même manière, considérant simplement ces expériences comme désagréables ou catastrophiques. En réalité, la plupart du temps, Luo Ji est très habile pour manipuler ce genre de relations éphémères. Il est même fier de sa capacité à rompre avec une femme avec qui il s'est lassé en une semaine, comme une fusée largue son booster, et cela réussit à chaque fois (*F. S.*, p. 65). La manière dont l'auteur écrit avec une certaine fierté semble également correspondre, dans une certaine mesure, à ce que Chizuko Ueno décrit comme la tolérance de la société envers la luxure masculine. En effet, les écrits de l'auteur montrent que l'expérience de Luo Ji d'avoir des rapports sexuels avec de nombreuses femmes est approuvée dans la conversation entre hommes.

Pour ces femmes utilisées pour satisfaire les désirs, à savoir « les femmes débauchées », Luo Ji manifeste un désintérêt sans équivoque. Suite à la mort d'une femme avec qui il avait passé la nuit, Luo Ji s'est montré indifférent à la tragédie. Ce qui est encore plus marquant dans la narration, c'est que lorsque le policier chargé de l'affaire a découvert que cette femme n'était pour Luo Ji qu'un objet sexuel dont il ne se rappelait même pas le nom, ce policier, Shing Qiang (Da Shi) a immédiatement témoigné sa compréhension envers l'attitude indifférente de Luo Ji. Ensuite, le policier exprime son admiration pour la vie de Luo Ji, qui peut avoir des relations sexuelles avec différentes femmes, et il évalue même leur qualité, à la mesure flagrante du statut d'objet donné par Luo Ji aux femmes :

> Luo Ji n'en fit rien et se dressa de tout son être devant Shi Qiang :
>
> — Je ne la connaissais que depuis une semaine ! Je l'avais rencontrée dans un bar auprès du campus et, juste avant l'accident, je n'arrivais même pas à me souvenir de son prénom. Alors, dites-moi, qu'est-ce qui a bien pu se passer pour que l'enquête vous entraîne dans ma direction ?
>
> — Vous ne vous rappeliez même plus son prénom ? Je comprends mieux que vous n'ayez pas trop réagi quand elle est morte. Ça me rappelle un autre génie dans votre genre. Ma foi, professeur Luo, on peut dire que vous avez une vie plutôt trépidante, une nouvelle fille tous les quatre matins — oh, et puis attention, ce n'est pas de la mauvaise qualité.
>
> — C'est illégal ?
>
> — Bien sûr que non. Je suis admiratif, c'est tout. (*F. S.* p.73)

Cette évaluation, imprégnée d'un regard masculin dépréciateur, considère les amantes de Luo Ji comme de simples objets, privés de leur individualité, et révèle une vision misogyne et réductrice qui considère ces femmes comme des objets de satisfaction uniquement sous l'angle de leur utilité pour le plaisir masculin. L'auteur explique l'attitude exaspérante de Luo Ji envers les femmes par sa personnalité cynique et par sa conviction qu'il n'éprouve pas véritablement de passion amoureuse pour ces femmes.

Dans les mots de l'auteur, l'attitude indifférente de Luo Ji envers ces femmes est justifiée par le fait qu'elles ne sont pas son amour. Lorsque Luo Ji prend conscience de son indifférence face à la mort de son amante, il s'en veut, se méprise, ressent de la tristesse pour sa propre indifférence. Cependant, finalement, il parvient à une sorte de réconciliation avec lui-même :

> Mais il n'y a rien à faire. Je suis ce genre d'homme. (*F. S.* p.97)

De quel genre d'homme s'agit-il ? La question est rapidement résolue par l'auteur qui explique que Luo Ji est un homme qui ne se préoccupe que de la personne qu'il aime réellement. Or cette personne aimée n'est autre que le personnage fictif féminin créé par Luo Ji lui-même et façonné selon ses propres désirs.

Luo Ji était tombé amoureux d'une illusion qu'il avait lui-même imaginée, une illusion correspondant parfaitement à ses critères de la femme parfaite. Il avait même consulté un psychologue à ce sujet. Sur les conseils de ce dernier, Luo Ji avait réalisé que tant qu'il serait en compagnie d'une vraie femme, l'illusion ne surgirait pas. Il s'était alors libéré de l'emprise de cette illusion en multipliant les relations avec différentes femmes, utilisant sa compagne fictive comme prétexte pour ne pas s'engager sérieusement avec ces dernières :

> C'était la première fois que Luo Ji connaissait un tel amour, un amour qu'un homme ne pouvait connaître qu'une seule fois en une vie. (*F. S.*, p. 113)

L'amour symbolisé par cette illusion est devenu la norme pour distinguer les deux images féminines sous le regard masculin dans l'histoire de Luo Ji. D'un côté, il y a des femmes utilisées pour satisfaire les besoins, tandis que de l'autre, une femme est traitée avec soin, affection et amour. Contrairement aux premières femmes débauchées qui sont prêtes à être l'objet du désir d'un homme, la seconde est l'incarnation de la pureté, de l'innocente, de la douceur et de la fragilité.

Lorsque Luo Ji été imposé dans le rôle de Colmateur, il a acquis le pouvoir discrétionnaire de contrôler une grande quantité de ressources sans avoir à en rendre compte à quiconque. Il a alors chargé le policier Shi Qiang de lui trouver une femme correspondant parfaitement à l'image de son illusion, partout dans le monde entier. C'est ainsi qu'il décrit en détail son illusion au policier :

> — Elle... Comment dire ? Sa venue dans notre monde, c'est comme une fleur de lys qui aurait poussé au milieu d'un tas de poubelles... Elle est si pure, si délicate que rien de ce qui l'entoure ne pourrait la souiller. Mais tout peut la blesser, oui, tout ce qui est autour d'elle risque de l'écorcher ! La première fois que vous la voyez, votre première réaction, c'est d'aller vous occuper d'elle, ou bien non, de la protéger, de la défendre contre cette réalité brutale et sauvage. Vous êtes prêt à vous sacrifier pour elle ! Elle... elle est si... Oh, écoutez comme je bafouille, je n'arrive pas à la décrire correctement. (*F. S.* p.191)

Dans cette description, Luo Ji met en évidence deux qualités essentielles de son illusion, à savoir la pureté et la fragilité, ce qui suscite chez lui un fort désir de la protéger. Cette description, ainsi que sa compréhension du caractère de Luo Ji vont permettre à Shi Qiang de préciser le portrait de cette femme rêvée. Selon le policier, l'illusion possède un niveau d'éducation supérieur à celui d'une licence, mais inférieur à celui d'un doctorat. Elle est issue d'une famille d'intellectuels renommés, a toujours bénéficié d'un amour familial depuis son enfance, ce qui l'a protégée et limitée dans ses contacts avec le monde extérieur. Elle préfère les vêtements simples et élégants, avec une préférence pour les parties blanches, mesure environ 1,60 mètre et possède une silhouette élancée. Luo Ji est surpris par la précision des informations conjecturées par Shi Qiang et approuve la description détaillée que ce dernier fait de son illusion amoureuse. Cependant, le policier répond simplement que la compréhension des femmes n'est pas compliquée, car ils appartiennent tous les deux au sexe masculin :

> — Da Shi, vous êtes vraiment diabolique !
>
> Ce dernier s'affala dans le canapé, éreinté :
>
> — Il n'y a rien d'ésotérique, nous sommes tous des hommes, non ?
>
> Luo Ji se retourna :
>
> — Mais l'amour dont rêve chaque homme est différent !
>
> — Certes, mais il y a des choses universelles pour peu qu'on appartienne à la même espèce. (*F. S.* p.194)

D'après Shi Qiang, bien que certaines nuances varient en fonction de la personnalité de chaque homme, une similarité existe dans l'illusion du désir masculin. La capacité de Shi Qiang à comprendre l'objet du « regard masculin » de Luo Ji et à décrire cette image avec précision, est facilitée par le fait qu'il est également un sujet masculin. Par la suite, grâce aux efforts de Shi Qiang, l'illusion de Luo Ji devient réalité, bien que la méthode précise qu'il a utilisée ne soit pas connue du lecteur. En effet, Shi Qiang a trouvé une femme correspondant parfaitement au regard de Luo Ji, Zhuang Yan.

En ce qui concerne la fonction des personnages dans la progression de l'intrigue, Zhuang Yan joue un rôle principalement instrumental dans l'évolution de Luo Ji en « héros ». Sa présence est directement liée aux besoins de Luo Ji et au développement de l'intrigue centrée sur lui. Lorsque Luo Ji est désigné par le Conseil de défense planétaire pour assumer la mission de Colmateur, c'est-à-dire formuler un plan stratégique pour sauver l'humanité, il rejette cette responsabilité à plusieurs reprises, ne comprenant pas pourquoi il a été choisi. Finalement, ne pouvant échapper à cette mission, il décide d'utiliser les ressources à sa disposition pour réaliser ses désirs personnels, notamment en demandant de trouver une femme correspondant à son idéal. Zhuang Yan correspond parfaitement aux attentes de Luo Ji en termes d'apparence, de personnalité et de parcours familial. Cependant, elle est aussi délibérément envoyée par le Conseil de défense planétaire pour exercer une forme de contrôle sur lui. Elle tombe amoureuse de Luo Ji, l'épouse et a un enfant avec lui, avant de disparaître. Elle explique alors qu'elle et leur enfant entreront en hibernation pour attendre son retour lors de la bataille finale contre les Trisolariens, prévue quatre siècles plus tard. Pour l'auteur, Zhuang Yan sert d'outil narratif, permettant la transformation de Luo Ji d'individu ordinaire en héros. Pour le Conseil de défense planétaire, elle représente une monnaie d'échange, destinée à contraindre Luo Ji à accepter son rôle de Colmateur au profit de l'humanité. Yao Yuanjing souligne que l'histoire où Luo Ji mobilise ses ressources pour trouver une femme répondant à ses critères idéalisés, incarnée par Zhuang Yan, relève presque du miracle. Ce récit évoque une dynamique patriarcale mythologique où le comportement de Luo Ji, et la manière dont Zhuang Yan est réifiée, renforce cette vision[1]. Zhuang Yan n'est pas présentée comme un personnage autonome, doté de ses propres émotions et motivations, mais est utilisée pour faire avancer l'intrigue et catalyser la transformation de Luo Ji. Cette représentation illustre comment, dans les récits patriarcaux, les femmes sont souvent réduites à des instruments servant les objectifs des hommes, et dépourvues de véritable subjectivité.

Pour Luo Ji, Zhuang Yan représente un véhicule concret qui incarne son idéal féminin d'illusion. En tant que symbole, outil et objet féminin, Zhuang Yan apparaît pour répondre aux désirs de Luo Ji. Autrement dit, la valeur la plus importante de ce personnage réside dans le regard

---

1 Yao Yuanjing, *Female Images in the Science Fiction,* The Three Body Problem Trilogy, *by Liu Cixin,* p. 13.

que Luo Ji porte sur elle et dans la fascination qu'il éprouve à son égard. En conséquence, le lecteur est invité à se couler dans le regard porté par Luo Ji sur Zhuang Yan, et l'auteur offre de nombreuses descriptions psychologiques de Luo Ji, mettant en évidence la tendresse, l'innocence, la pureté et la douceur de Zhuang Yan, qui contribuent au bonheur que Luo Ji éprouve en sa compagnie. Pour Luo Ji, Zhuang Yan est une personne vulnérable, qui n'est pas concernée par les affaires extérieures, qui est pure et immature et a besoin de sa protection et de son amour.

Leur relation est marquée par une asymétrie, où Luo Ji occupe les rôles de sujet, protecteur, enseignant et décideur, tandis que Zhuang Yan est l'objet regardé, le trésor protégé, l'apprenant et le suiveur. Lorsque Shi Qiang a décrit l'illusion de Luo Ji, il a mentionné son niveau d'éducation, situé entre licence et doctorat, et Luo Ji a approuvé cette remarque et a ajouté que bien qu'elle ait des « connaissances », celles-ci ne suffisaient pas à constituer une véritable « culture », ce qui ne lui donnerait pas un esprit fermé[1]. Shi Qiang a également souligné le confort intellectuel et matériel de Zhuang Yan depuis sa naissance, ce qui la rend incapable de comprendre les difficultés des classes défavorisées. Ces critères, tels qu'un diplôme inférieur au doctorat, une connaissance sans une position approfondie, ainsi que des expériences personnelles limitées, visent à maintenir Zhuang Yan dans une position déterminée par le regard masculin. En d'autres termes, cette illusion féminine doit posséder des compétences suffisantes pour interagir avec efficacité sans menacer l'autorité de Luo Ji. L'autorité de ce dernier repose sur la distance entre leurs connaissances et expériences, lui permettant de dominer tout en maintenant son attachement à Zhuang Yan. Cette domination et cette hiérarchie, établies par la clarté de cette distanciation, permettent à Luo Ji d'exercer son pouvoir, d'affirmer sa

---

1 « — Oui, exact, elle a de grandes connaissances, mais pas au point d'être sclérosée par celles-ci. Cela la rend simplement plus sensible au monde et à la vie, approuva Luo Ji d'un hochement de tête. » (*F.S.*. p. 192)

Dans le texte chinois, Luo Ji a souligné la différence entre les termes «Zhi Shi (知识)» et «Xue Wen (学问) » pour décrire le niveau d'éducation de son illusion. Le terme «Zhi Shi» désigne un concept général qui englobe toutes les informations, compétences et expériences que les êtres humains peuvent comprendre, maîtriser et utiliser. En revanche, le terme «Xue Wen» est considéré comme une connaissance profonde, systématique et organisée qui implique une compréhension et une étude approfondie d'un domaine ou d'une discipline particulière, ainsi qu'une compréhension approfondie de son développement et de son histoire. Ainsi, l'auteur a choisi de traduire «Xue Wen» par «culture», et «Zhi Shi»par «connaissance» dans le but de distinguer clairement ces deux niveaux de profondeurs.

Liu Cixin 刘慈欣, 黑暗森林 (La Forêt sombre), p. 133.

supériorité masculine et d'exprimer ses émotions envers Zhuang Yan en la considérant comme une possession précieuse, mais fragile.

L'arrivée de Zhuang Yan a pleinement satisfait le narcissisme de Luo Ji quant à sa propre puissance et masculinité. Il considère qu'il a la responsabilité de la protéger et de la posséder, en construisant une forteresse pour elle afin de la préserver des dangers potentiels qu'elle pourrait rencontrer (*F. S.*, p. 202). Cependant, Zhuang Yan sera-t-elle disposée à rester avec Luo Ji dans la forteresse qu'il va construire pour elle ? Cette forteresse pourrait-elle devenir une prison dorée ? La réponse semble évidente, car en tant que symbole et élément moteur de l'intrigue, ainsi qu'en tant qu'objet regardé qui incarne l'illusion de Luo Ji, elle ne peut guère se permettre de se poser de telles questions. En effet, ses pensées, ses paroles, ses actions et ses émotions sont destinées à respecter les désirs de Luo Ji, car elle n'est pas considérée comme un individu indépendant, mais plutôt comme un symbole féminin, un objet regardé.

Conclusion

Bien que Liu Cixin aborde rarement explicitement les thèmes liés à la sexualité dans ses œuvres, le regard masculin prédominant qui traverse ses récits, ainsi que les représentations féminines qui en découlent, permettent de percevoir de manière subtile une sexualité et un désir souvent réprimés. Dans l'univers littéraire de Liu Cixin, cette représentation implicite du désir prend racine dans une opposition binaire des sexes, où les rôles féminins et masculins sont clairement différenciés, renforçant ainsi la tension latente entre ces deux pôles.

Cette dichotomie entre les sexes résonne avec le concept de création de science-fiction prôné par Liu Cixin, qui consiste en la symbolisation et la transformation des personnages en outils. Ainsi, dans ses œuvres, les personnages masculins et féminins sont façonnés selon deux normes sexuelles distinctes : les hommes représentant la rationalité, la force et l'intelligence, tandis que les femmes incarnent l'irrationalité, la faiblesse et l'innocence.

Les personnages féminins de Liu Cixin se déclinent en trois archétypes : d'abord, celles qui conservent les caractéristiques physiques féminines, mais adoptent des traits mentaux masculins, généralement des scientifiques rationnelles et froides. Ensuite, les femmes sensuelles conçues pour plaire au regard masculin, souvent objet de désir masculin. Enfin, les figures féminines parfaites et angéliques, symboles d'une innocence à protéger.

La différenciation entre ces archétypes repose sur la distinction entre « esprit » et « corps ». Toutes partagent les caractéristiques physiques féminines, mais le premier type se distingue par un esprit masculin, tandis que les deux autres incarnent un esprit féminin qui correspond aux attentes du regard masculin.

Bibliographie

Chau (Angie) : « Beyond Cyborg Prostitutes: Fantasies of Womanhood, Translated Chinese SF and soft power », in Jamie J. Zhao, Hongwei Bao (dir.), *Routledge Handbook of Chinese Gender Sexuality*, Routledge, 2024

Liu (Cixin) : « La science-fiction dans le désordre » («混沌中的科幻»), *Xingyun* 星云, 1999.

Liu (Cixin) : « L'amour de Taiyuan » («太原之恋»), in Pan Haitian 潘海天 (dir.), *JiuzhouHuanxiang·Benshu Tiequan 九州幻想·贲书铁券*, Maison d'édition du nouveau monde (新世界出版社), 2010.

Liu (Cixin) : « Voir une goutte d'eau de la mer – Quelques réflexions sur les éléments de la littérature traditionnelle dans la science-fiction » («从大海见一滴水—对科幻小说中某些传统文学要素的反思»), Kepu yanjiu 科普研究, juin 2011.

Liu (Cixin) : « Au-delà du narcissisme – l'opportunité de la science-fiction pour la littérature » («超越自恋—科幻给文学的机会»), in *Discussions sur la science-fiction de Liu Cixin (刘慈欣谈科幻)*, Maison d'édition de la science et de la technologie de Hubei (湖北科学技术出版社), 2013.

Liu (Cixin) : « Assez de temps pour aimer » («Shijian zugou ni ai 时间足够你爱»), *Le Pire Univers, la Meilleure Terre (Zuizao de yuzhou, zuihao de diqiu 最糟的宇宙，最好的地球)*, Chengdu, Maison d'édition de science et technique de Sichuan (Sichuan kexue jishu chubanshe 四川科学技术出版社), 2015.

Liu (Cixin) : « Préface de *Sélection annuelle de romans de science-fiction chinois* » («中国科幻小说年选前言»), *Le Pire univers, la meilleure Terre (最糟的宇宙，最好的地球)*, 2015.

Liu (Cixin) : *Le Problème à trois corps (三体)*, 重庆出版集团重庆出版社 (Chongqing Publishing Group, Maison d'édition de Chongqing), Chongqing, 2016.

Liu (Cixin) : *La Forêt sombre (黑暗森林)*, 重庆出版集团重庆出版社(Chongqing Publishing Group, Maison d'édition de Chongqing), Chongqing, 2016.

Liu (Cixin) : *La Mort immortelle (死神永生)*, (Chongqing Publishing Group, Maison d'édition de Chongqing), Chongqing, 2016.

Li (Qing) : « Translators' subversion of gender-biased expressions: a study of the English translation of *The Three-Body Problem* trilogy », *Perspectives*, octobre 2023, vol 32, n°4.

Mulvey (Laura) : « Visual pleasure and narrative cinema » (1975), in Braudy,L. & Cohen, M. (dir.), *Film Theory and Criticism: Introductory Readings*, Oxford University Press, 1999.

Tan (Ying) : « Exploring Feminist Translation in Liu Cixin's *The Three-Body Trilogy* », *Asia Pacific Translation and Intercultural Studies*, mai 2024, vol.11, n°1.

Ueno (Chizuko) : 厌女:日本的女性嫌恶 女ぎらい：ニッポンのミソジニー *(Misogynie au Japon: une haine envers les femmes)*, traduit du japonais en chinois par Wang Lan (王兰), 上海三联书店 (Librairie SanLian de Shanghai), janvier 2015.

Wang (Aiqing) : « Feminist Discussions on the *Remembrance of Earth's Past* Trilogy », *Humanus: Jurnal Ilmiah Ilmu-ilmu Humaniora*, octobre 2021, vol. 20, n° 2

Wang (Yao) : « Je veux toujours écrire des romans de science-fiction qui m'excitent—une interview avec Liu Cixin » (« 我依然想写出能让自己激动的科幻小说——作家刘慈欣访谈录 »), *Wenyi Yanjiu 文艺研究*, décembre 2015

Yao (Yuanjing) : *Female Images in the Science Fiction,* The Three Body Problem Trilogy, *by Liu Cixin*, Mémoire de master des Arts de l'université de Hongkong, 2023.

« Je suis le business » :
Relations sexuelles entre humain naturel et humain artificiel dans *Blade Runner* et *Do Androids Dream of Electric Sheep?*

Jérémy Zucchi

Après #MeToo a circulé sur Internet un exemple type de banalisation de la violence sexuelle et des violences faites aux femmes : la séquence du film *Blade Runner* (Ridley Scott, 1982) montrant le chasseur de primes Rick Deckard poursuivant Rachael pour rejouer *Le Verrou* (1777) du peintre Jean-Honoré Fragonard. De fait, nous y voyons Deckard (Harrison Ford) plaquer violemment la femme artificielle (Sean Young) contre des stores vénitiens pour l'embrasser de force, tandis que le saxophone synthétique de Vangelis enrobe la scène pour lui donner les apparences d'une relation amoureuse. S'il semble peu discutable qu'il s'agisse d'un moment de domination masculine, de violence et de soumission d'une femme, blâmer cette séquence de *Blade Runner* sans considérer son contexte tend à faire oublier les enjeux du film, adapté du roman de Philip K. Dick *Do Androids Dream of Electric Sheep?*[1] (*Les Androides rêvent-ils de moutons électriques ?*) écrit en 1966 et publié en 1968 aux États-Unis. Or, l'étude de cette scène nécessite de prendre en compte que l'être artificiel (androïde dans le roman, « *replicant* » dans le film) est esclave de son être, réduit à son genre et à sa fonction (soldat, ouvrier, objet sexuel...).

---

1 Nous emploierons le titre *Blade Runner* uniquement pour désigner le film de Ridley cott et *Do Androids Dream of Electric Sheep?* pour le roman de Philip K. Dick, qui fut réédité après la sortie du film sous le titre de ce dernier.

Nous reviendrons sur ces enjeux au travers de la relation entre l'humain (supposément) naturel Rick Deckard et l'être humain artificiel Rachael, avec l'étude de cette séquence clé comme pivot. Elle sera nommée « *love scene* », puisque c'est ainsi que les auteurs de *Blade Runner* y font référence[1] par la case du cahier des charges scénaristique du film à gros budget hollywoodien qu'elle occupe. Une expression qui ne dit rien des manipulations qui y sont à l'œuvre, ainsi que dans la scène du roman de Philip K. Dick[2] qu'elle transpose. Nous montrerons en quoi le récit d'êtres artificiels aide à penser la réification de l'être humain, réduit à une *image humaine* désirable et possédée sans accorder à l'intéressé-e son consentement. Parce qu'il est question d'êtres artificiels conçus d'après des modèles naturels, il conviendra d'élargir la conception du mot « image » au-delà de son périmètre habituel en adoptant la distinction opérée par Michel Faucheux à partir de Norbert Wiener[3] entre « image picturale » et « image opérante ». Selon cette distinction, un grille-pain n'est pas une « image picturale » de l'humanité, car il ne lui ressemble physiquement en rien ; mais s'il se révèle doué de sensibilité humaine et s'il reproduit des processus psychologiques et comportementaux humains, un grille-pain peut prétendre être considéré, à un certain degré, comme son « image opérante ». Au cours de l'étude à venir, la question toujours sous-jacente sera celle-ci : est-il question d'« image picturale » ou d'« image opérante » ? Nous verrons comment la « love scene » de *Blade Runner,* dans la continuité du chapitre 16 de *Do Androids Dream of Electric Sheep?* interroge les êtres, leurs corps, leurs sensations, leurs sensibilités, leurs comportements, leurs discours, en confrontant constamment l'un à l'autre ces régimes d'image.

Le consentement constitue le nœud de cette étude ; exposons tout de suite ce qui nous semble constituer la limite principale de cette communication : il n'y aura ni définition de la notion de « consentement » (libre, éclairé...) ni, par conséquent, de catégorisation stricte du type de consentement à la relation. Un tel jugement nous placerait trop hors de notre champ de compétence (l'analyse des récits et de leurs images) ; il nous appartient toutefois d'exposer des

---

1 Cf. Lauzirika (Charles de) : *Des temps difficiles : le making of de Blade Runner* ; Sammon (Paul M.), *Future Noir: The Making of Blade Runner.*

2 Dick (Philip K.) : *Do Androids Dream of Electric Sheep?*, édité sous le titre *Blade Runner*, chapitre 16, pp. 266-274 de l'édition Omnibus *Aurore sur un jardin de palmes.*

3 Cf. Faucheux (Michel) : *Norbert Wiener, le Golem et la cybernétique. Éléments de fantastique technologique*, Paris, Éditions du Sandre, 2008 ; Wiener (Norbert) : *God & golem, inc. Sur quelques points de collision entre cybernétique et religion.*

situations de manière à permettre à chacun d'exercer sa faculté de juger selon son acception de la notion de consentement, car nous en disposons tous dès notre premier choix. Des limites encadrant le choix, il sera en revanche discuté afin de permettre la réflexion personnelle.

L'espace d'une intimité

Dans cette première partie, nous partirons du roman de Philip K. Dick pour exposer le contexte de la scène, le lieu et le glissement de la relation de Rachael et Deckard vers l'intimité sexuelle. Il convient de rappeler au préalable que le droit naturel permet de justifier le statut social et donc les mesures de discrimination nécessaires à l'acceptation de l'esclavage des androïdes dans *Do Androids Dream of Electric Sheep?*, en s'appuyant sur une absence d'empathie qui leur serait inhérente (à la différence des êtres humains cultivant leur empathie à l'égard des animaux, en particulier). C'est ce contexte qu'il faut garder en tête pour aborder les conditions d'une relation intime entre un être humain naturel et un être humain artificiel dans *Do Androids Dream of Electric Sheep?* et *Blade Runner,* avec l'empathie comme curseur, sujet de débat entre les personnages du roman de Dick et problématique principale de ces deux récits.

Les conditions d'une intimité

La relation sexuelle entre Rick Deckard et Rachael dans le roman originel de Philip K. Dick, comme dans le film *Blade Runner,* se situe dans le récit de la traque des Nexus-6 juste avant la confrontation de Rick Deckard avec Roy Baty, Priss Stratton (Pris dans le film) et Irmgard Baty (personnage transposé en Mary, puis supprimé avant le tournage). La scène se déroule dans le film final et le roman de Dick à un point de bascule moral du chasseur de primes, dont la conception monolithique des Nexus-6 s'effrite tandis que la peur de ne pas pouvoir éliminer les cibles restantes grandit en lui. Située dans une chambre d'hôtel dans le roman, ou chez Deckard dans le film, la « *love scene* » questionne à la fois la présence de Rachael aux côtés du chasseur de primes, la possibilité d'une relation entre semblables, l'efficacité et la légitimité de la traque des Nexus-6. Leur relation est conditionnée par les genres narratifs auxquels ils sont apparentés : Deckard est un chasseur de primes empruntant autant au western qu'au roman noir *hard-boiled* mettant en scène des enquêteurs désabusés faisant peu de cas des sentiments ; Rachael évoque aussi cet univers de femmes fatales et fausses ingénues évoluant dans des décors urbains déliquescents. Incarnation d'une masculinité solitaire, laconique et dominatrice, Deckard est conforme à son modèle *hard-boiled* qui semble être un critère de sélection (ou de fabrication) des *blade runners* du film, comme en témoigne Holden qu'il remplace et auquel il ressemble d'ailleurs physiquement.

Une invitation amène la femme Nexus-6 dans l'intimité du chasseur de primes, dans une chambre d'hôtel (dans le roman) ou dans son appartement (dans le film). Dans *Blade Runner*, Rachael se trouve en compagnie du chasseur de primes après l'avoir sauvé, hors de tout cadre professionnel, ce qui n'est pas le cas de son homologue du roman qui l'aide à la demande de la fondation Rosen. Rachael y rejoint Deckard à son hôtel après un long vol avec une bouteille de bourbon en main, confirmation pour Deckard que la rencontre ne sera pas uniquement professionnelle (« On fera autre chose », lui avait-il dit) :

> [Rachael] avait revêtu une longue jaquette en lamé sous laquelle on apercevait son short et un soutien-gorge assortis. Elle portait à la main un grand sac de cuir et un sac en papier […]. (Chap. 16, p. 267.)

La qualité d'« image picturale » de femme humaine de Rachael Rosen incite Deckard (depuis le chapitre 12) à envisager d'avoir une relation sexuelle avec elle, au mépris des lois et de la déontologie du chasseur d'androïdes. Test des qualités de la Nexus-6 satisfaisant son désir sexuel, ce projet est toutefois contrarié par la peur que lui inspire Roy Baty, d'une part, ainsi que par le discours et le comportement de Rachael. Cette dernière peut avoir anticipé le projet initial de Deckard (avoir une relation sexuelle avec elle) et s'être rendue à son hôtel, mais elle rejette tout projet de la sorte dans un premier temps, focalisant leurs échanges sur ses questionnements inquiets concernant la traque à venir et sa nature androïde. La « *love scene* » du film de Ridley Scott est au contraire relativement dissociée de la traque des *replicants,* en cohérence du choix fait par ses auteurs de retirer au personnage de Rachael son rôle d'auxiliaire de Deckard. Autre différence majeure : Deckard semble agir instinctivement, sans réflexion préalable, comme en témoigne son besoin de se confier après coup au *blade runner*

Holden, dans une séquence coupée du film succédant directement à la « *love scene* ». « Tu as baisé une machine à laver et tu l'as éteinte. Et alors ? Tu pleures quand tu éteins la lumière, le soir ? » dit-il à Deckard pour chasser en lui tout sentiment de culpabilité, depuis le sarcophage qui le maintient en vie. Au contraire de son homologue de l'écran, le Rick Deckard de papier révèle son désir sexuel interdit au chasseur de primes Phil Resch (chapitre 12) avant sa relation avec Rachael, réflexion préalable plutôt déontologique et légale qu'éthique.

Les émotions de l'autre

Avec l'interdiction de la sexualité (entre humains et androïdes sur Terre), nous retrouvons des récits utopiques l'idée récurrente de relations sexuelles dénuées de tout attachement sentimental ou sans dimension passionnelle dans *Do Androids Dream of Electric Sheep?*. Ceci est particulièrement sensible lorsque Rachael expose d'une manière très prosaïque les limites de ce qui apparaît alors comme une expérimentation mutuelle : « à ce qu'on m'a dit, c'est assez convaincant à condition de ne pas trop y penser. Si vous y réfléchissez trop, si vous pensez à ce que vous êtes en train de faire, vous ne pourrez plus continuer. Pour des raisons... hum, hum... physiologiques. » Elle ajoute : « Ne vous interrompez pas pour jouer les philosophes, parce que d'un point de vue philosophique, c'est horrible. Pour nous deux » (chap. 16, p. 271). Cet extrait témoigne d'une juxtaposition d'une certaine gravité et d'une relative légèreté de ton, ou du moins une réduction des problèmes à leurs aspects les plus prosaïques. Deckard relève lui-même ce qui apparaît comme un décalage entre ton et propos : « Rick était incapable de dire si elle était sérieuse. [...] Peut-être se comporte-t-elle tout simplement comme un androïde, songea-t-il. Aucune émotion réelle, aucun sens de la signification réelle de son discours. » (chap. 16, p. 273). Rachael semble pourtant éprouver un trouble authentique, résultant d'une compréhension qui ne serait pas uniquement « intellectuelle, abstraite, une réduction atomiste du monde ».

Dans le roman, comme dans le film, Deckard prend l'initiative de faire sortir Rachael de sa cage mentale : il pose son verre sur la table de nuit et s'installe à côté d'elle sur le lit où elle demeure assise, pensive. Elle s'écarte de Deckard, qui tente un contact physique : « Il tendit la main pour prendre la sienne ; elle était froide, osseuse, vaguement humide » (chap. 16, p. 269). Rachael lui dit alors les raisons de son trouble ; Deckard relativise le danger d'avoir à affronter une femme androïde de même modèle qu'elle (Priss Stratton) et invite Rachael à ne plus y penser : « Il prit son petit menton étroit dans la paume de sa main, la forçant à relever la tête pour lui faire face ». À la pensée de Deckard qui se demande quelle est la sensation d'embrasser un androïde, succède aussitôt l'action : il l'embrasse, suscitant une réaction de rejet de Rachael. Cette dernière s'offusque (sans prononcer le mot) de l'absence en lui de ce que Deckard identifie pourtant au travers de ses mots à elle : l'empathie. Tandis que les pensées de l'androïde Rachael la font frissonner, elle dont la nature devrait imposer une certaine indifférence, Deckard de son côté « ne put s'empêcher de se moquer d'une morosité qu'il jugeait outrée » (chap. 16, p. 270). Éprouve-t-elle ce qu'elle déclare ou semble ressentir ? Surjoue-t-elle ses émotions afin d'insinuer le doute quant aux capacités des Nexus-6 ? Deckard, quant à lui, est-il digne de la définition de l'humain naturel qui, dans son monde, se distinguerait de l'androïde par son empathie ?

Le va-et-vient de Rachael, quittant le lit pour y retourner, sème en Deckard le trouble quant à ses intentions le concernant ; à lui d'être maintenant soumis au projet de l'autre, Rachael allongée sur le lit lui suggérant à Deckard de « laisser tomber » la traque des trois androïdes restants, prétextant la fatigue du voyage et les informations troublantes sur Priss. La suite du récit révélera qu'il s'agit d'une première tentative de faire avorter la mission du chasseur de primes. Annonciatrice de cette révélation, une rupture brutale du ton et de l'attitude de Rachael (« Elle rouvrit les yeux et l'en foudroya férocement », p. 270) annonce un premier aveu : elle fait des rapports en vue de la production d'un modèle indétectable, avant de changer de nouveau de ton pour taquiner Deckard en pointant du doigt la vacuité de son action. Il sera plus tard confirmé que la femme Nexus-6 a volontairement conforté les doutes de Deckard quant à l'efficacité de sa mission et ses capacités de survie, lui retirant toute l'aide dont il avait cru pouvoir disposer puis, la terreur confortée en Deckard, Rachael s'est conformée au désir du chasseur de primes : « Tendant la main, elle se mit à jouer avec un bouton de sa chemise puis, lentement, sans difficulté, elle entreprit de la déboutonner » (chap. 16, p. 271). Philip K. Dick a retourné la situation de départ du chapitre 16, retirant à Deckard ce qui lui conférait de la force, ainsi que le rôle actif qu'il aurait dû assumer s'il avait dû convaincre ou séduire Rachael afin de coucher avec elle. Décontenancé, Deckard va et vient à son tour, terrorisé par la pensée d'affronter Roy Baty, au paroxysme du sentiment dominant le chapitre d'un temps suspendu avant la fin d'un cycle — la certitude de la Vanité (*memento mori*)[1]. Cette sensation de fin de cycle se trouve confortée par l'appel de

---

1 Nous renvoyons pour plus de développement à l'essai « Vanités de *Blade Runner* » de notre ouvrage *Plus humains que l'humain. Philip K. Dick au cinéma*, Aix-en-Provence,

la nuit figuré par Rachael invitant Deckard à oublier toutes ses craintes en la rejoignant, au terme du chapitre : « Elle se redressa d'un seul coup dans le lit. Dans l'obscurité, il distinguait à peine sa mince silhouette presque dépourvue de poitrine » (chap. 16, p. 274).

Injonctions d'aimer

Comme nous avons pu le constater, le chapitre du roman de Philip K. Dick correspondant à la « *love scene* » est un récit de manipulations, mettant en jeu les émotions de l'un perçues par l'autre. Dans cette partie, nous interrogerons la pertinence de la transformation de la scène en revenant dans un premier temps sur les conditions de son tournage et, en amont, sur le choix qui fut effectué par les auteurs du film d'un rapport entre Rachael et Deckard aussi brutal, absent de l'œuvre originelle. Ensuite, nous montrerons comment le film a déplacé la situation de manipulation du roman de Philip K. Dick, déplaçant à sa suite les buts et les enjeux de l'emprise exercée par l'un des personnages sur l'autre.

Le choix de la violence

« Je suis le *business* » : il pouvait sembler à Sean Young qui incarnait Rachael que les mêmes mots pouvaient qualifier son métier d'actrice, tant elle avait pu se sentir abusée. En 2021, l'actrice déclarait que le réalisateur Ridley Scott avait délibérément transformé la « love scene » du scénario dans le but de la brutaliser, parce qu'elle ne lui avait pas renvoyé des signaux favorables à une relation amoureuse ou sexuelle avec lui[1]. Dans un entretien paru dans le *Washington Post* le 14 août 1982, l'année de la sortie du film, l'actrice ne cachait déjà pas son dégoût de cette séquence, invoquant les conditions dans lesquelles elle fut réalisée, au cours d'un tournage déjà long et difficile :

> Beaucoup de gens aiment cette scène où je dis « Embrasse-moi, embrasse-moi » à Harrison. Personnellement, ce n'est pas ma préférée. Comment pourriez-vous aimer que quelqu'un vous attrape et vous balance de l'autre côté de la pièce ? J'en avais des bleus partout. Et la

---

Éditions Rouge Profond, coll. « Raccords », 2024.

1 « Sean Young on Surviving Hollywood's Many Toxic Men », https://www.thedailybeast.com/sean-young-on-surviving-hollywoods-many-toxic-men, publié le 22 mars 2021 (lien vérifié le 5 janvier 2023).

barbe d'Harrison pas rasée qui griffait mon visage. L'ensemble de la scène me faisait penser à une femme qui était en train de se faire battre. Je ne voyais pas comment mon personnage aurait pu le suivre dans sa chambre après ça... J'étais une épave. J'ai eu trois ou quatre semaines de repos après cette scène[1].

Avant que Sean Young n'attribue la brutalité de la séquence à un refus de céder à Ridley Scott, c'est l'opposition frontale de l'actrice et d'Harrison Ford qui avait été invoquée pour expliquer le choix d'une telle brutalité. La productrice exécutive Katy Haber déclarait ainsi qu'il ne s'agissait pas d'une « *love scene* », mais d'une « *hate scene* » : « Harrison détestait Sean[2] », témoigne-t-elle comme les autres membres de la production. L'impression dominait d'une transformation par Ridley Scott de la scène d'amour initiale dans le but de tirer profit de cette animosité, avec la complicité d'Harrison Ford et à la grande surprise du premier scénariste du film, Hampton Fancher :

> [L'acteur] a utilisé ses sentiments pour son jeu dans la scène d'amour [...] et ça a marché. Le résultat m'a surpris. De la manière dont je l'avais écrite, c'était un moment très tendre et érotique. J'ai été choqué et séduit par la forme que ça a pris à l'écran[3].

La séquence équivalente du scénario de tournage[4] que nous avons consulté, signé David W. Peoples et Hampton Fancher, correspond en partie à celle du film final, à deux exceptions notables : d'une part, la brutalité physique est absente, d'autre part la séquence est plus explicitement une exploration sexuelle marquée par la soumission de Rachael, culminant par cette phrase dite par la femme artificielle : « Fais-moi ce que tu veux » (« *Do whatever you want to me* »). L'absence de violence physique contredit la version du producteur Michael Deeley, qui n'attribuait pas la brutalité de la scène aux relations conflictuelles sur le plateau de tournage ou en dehors :

> J'ai toujours pensé la soi-disant scène d'amour comme « le viol dans le couloir ». C'est vrai que Sean et Harrison ne s'entendaient pas. Mais à vrai dire, cette brutalité était la manière qu'avait toujours eu Ridley Scott de la concevoir, quand bien même Harrison et Sean se seraient bien entendus[5].

---

1 Cité par Sammon (Paul M.) : op. cit., pp. 163-164. Notre traduction.

2 *Ibid.*, p. 163.

3 *Ibid.*, p. 163.

4 Fancher (Hampton) et Peoples (David Webb) : *Blade Runner*, scénario du 23 février 1981.

5 Cité par Sammon (Paul M.) : *op. cit.*, p. 164.

Selon le producteur, le cinéaste avait toujours eu en tête une relation violente, malgré ce que le scénario de tournage indique. Qui croire ? Toujours est-il que le tournage de la séquence, de l'avis de tous, fut éprouvant : à l'animosité entre l'actrice et l'acteur, l'ambiguïté de la relation entre Ridley Scott et Sean Young (selon ses propos) et à la brutalité de la scène jouée durant les longues heures de tournage, s'ajoutait la préparation de la simulation de sensualité nécessaire à la séquence... Les jambes de l'actrice étaient ainsi enduites d'huile afin que les mains d'Harrison Ford glissent mieux le long des cuisses de l'actrice (les plans furent coupés au montage)[1]. Plus largement, il s'agissait de faire de la jeune actrice, assez inexpérimentée, une création de Ridley Scott pour devenir celle de la Tyrell Corporation jusqu'à porter en elle, imprimé comme dans un génome, le code de la femme fatale.

Laisser-aller, domination et abus

L'idée d'un abus par le chasseur de primes proposée par le film est présente au travers de ces mots de Rachael après la relation sexuelle : « Nous, les androïdes, on est incapables de maîtriser nos passions physiques, sensuelles. J'ai l'impression que tu as abusé de ma faiblesse » (chap. 17, p. 275). Or, le déroulement du chapitre 16 ne laisse pas de doute quant à la prise en charge par Rachael du processus aboutissant à coucher avec Deckard, comme nous l'avons vu, tout en feignant de ne pas disposer du contrôle de la situation : « Posant son verre vide, elle se pencha en avant, tendit les bras en arrière et dégrafa son soutien-gorge. Elle le fit glisser avec agilité puis se mit debout, titubante, et sourit parce qu'elle titubait » (chap. 16, p. 272). Plus loin, la femme artificielle retire ses souliers et « fait coulisser la fermeture éclair de son short », qu'elle fait voltiger d'un coup de pied à l'autre bout de la pièce. « Elle ne portait plus que son slip. Elle finit par écarter les couvertures, se glissa dans le lit et les ramena sur elle ». Enfin, pour achever de convaincre Deckard de céder à son désir initial d'avoir une relation sexuelle avec Rachael, cette dernière revient sur son refus de l'aider à éliminer les derniers androïdes : « Venez coucher avec moi, et je me charge de Priss Stratton. D'accord ? Parce que moi, je ne peux pas supporter d'en arriver si près et puis... » (chap. 16, p. 274). Ceci ne retire pas complètement en Deckard toute crainte d'être victime de Roy Baty, mais le risque restant, le désir serait au moins satisfait et, avec lui, le besoin de ne pas être seul, apeuré.

---

1 Lauzirika (Charles de) : *op. cit.*

Rachael a pris en charge le processus menant à la relation sexuelle tout au long du chapitre 16, même lorsqu'elle semblait vouloir le refuser, comme le confirme le chapitre suivant. Mais a-t-elle pour autant été sujet agissant en conscience et libre arbitre ? Il est permis de le penser, car le chapitre 17 affirme avec force l'existence d'une planification par l'androïde, sauf qu'elle demeure soumise aux exigences de la fondation Rosen. À Rachael qui lui déclare que son mode opératoire est inédit, Deckard lui répond : « L'idée, comme le métier, est vieille comme le monde. » (chap. 17, p. 277). L'association de la Nexus-6 et de la prostituée se retrouve implicitement dans le film de Ridley Scott par cette affirmation bouleversante de Rachael, après avoir tué le *replicant* Leon : « Je ne suis pas dans le *business*... Je suis le *business* ». Dès lors, le consentement (libre ou raisonné) à la relation est-il possible ? Pour consentir, en effet, il faut pouvoir adhérer en être conscient de ce qui est en jeu ; il faut, semble-t-il, posséder un corps permettant le consentement. Comment Rachael pourrait-elle se laisser aller à apprécier ce qu'elle éprouve avec un corps et un esprit modelés pour correspondre aux besoins de la Tyrell Corporation ? C'est l'enjeu de ces quelques paroles de Rachael au cours de la « *love scene* » dans le film de Ridley Scott : « Je ne savais pas que je savais jouer, dit-elle à Deckard qui s'est relevé et approché d'elle. Je me souviens des leçons. Mais je ne savais pas si c'était moi ou la nièce de Tyrell. » Puis : « Je ne peux plus me fier à mes souvenirs ».

Comme Deckard dans le film assure à Rachael qu'elle joue superbement du piano, quelle que soit l'authenticité de ses souvenirs de leçons, son homologue du roman l'invite à refouler ses pensées, avant de l'embrasser. « Quand j'y pense... » dit Rachael avant d'être interrompue par le chasseur de primes : « N'y pensez plus... » (chap. 16, p. 269). Dans le film de Ridley Scott, Deckard aussi l'embrasse et Rachael a un geste de recul, éloignant son visage en silence de celui qui lui a *volé* (ou plutôt imposé) un baiser. Le geste du chasseur de primes et la réaction de la Nexus-6 renvoient au passage analogue du chapitre 16 : « Rien. Rachael demeura impassible. Comme si cela ne lui faisait rien. Et pourtant, Rick avait l'intuition du contraire. Mais peut-être prenait-il ses désirs pour des réalités »... Une nuance importante, pour sûr.

Dans *Blade Runner,* Deckard dont le baiser a été rejeté tente de retenir Rachael d'un geste, avant d'user d'une brutalité rappelant le pouvoir d'un chasseur de primes ayant droit de mort sur tout *replicant*. Une violence physique exercée par un dominant, par un homme exerçant sur elle une pression psychologique, lui ordonnant de répéter ses phrases : « Embrasse-moi ! », puis « J'ai envie de toi. » Elle s'exécute. « Encore ! » lui intime-t-il. C'est alors que Rachael complète d'elle-même la programmation de Deckard et lui demande de la serrer contre lui. Cette improvisation de Rachael tend à suggérer qu'elle consent à la relation, à moins qu'il s'agisse d'une adaptation de l'être artificiel au programme qui lui a été imposé. L'indétermination des motivations du personnage à rejoindre Rick Deckard à Chinatown après avoir dans un premier temps refusé son invitation culmine dans la « *love scene* » : est-ce seulement par réflexe de survie qu'elle suit celui qui la domine, parce qu'il la protège, parce qu'il s'est pris au piège des larmes de Rachael et de sa propre empathie, de ses désirs d'homme, voire de ses sentiments ? Inventer sa propre invitation érotique semble témoigner autant d'un désir réel de Rachael que de la capacité d'adaptation et de mimétisme du *replicant*. Cet échange de répliques sous le signe de la répétition doit être mis en relation avec le retour de Deckard dans son appartement après la mort de Roy Batty : « Est-ce que tu m'aimes ? » C'est un don complet d'elle-même qu'il demande à Rachael, la dominant avec son pistolet *blaster*. « Je t'aime », répond-elle. Par adaptation (satisfaire les désirs de Deckard pour assurer sa survie) ou par conviction ? « Est-ce que tu me fais confiance ? » demande-t-il une nouvelle fois. « Je te fais confiance. »

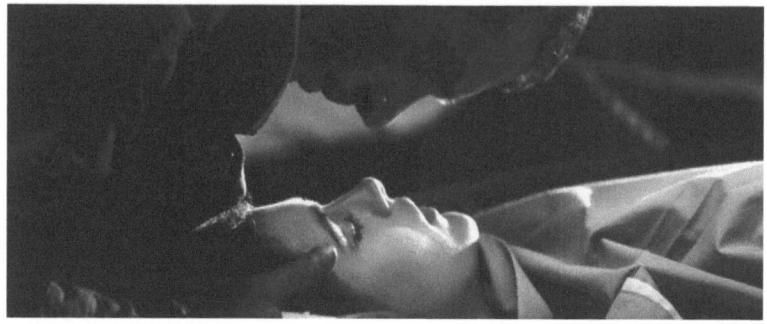

Le chasseur de primes est alors autant prince de Perrault (puis Disney) réveillant la princesse d'un baiser, que Troïlus qui, dans le récit prototype de la *Belle au Bois Dormant* contenu dans *Perceforest* (1340), viole sans la réveiller Zellandine victime d'un sortilège. Après les brutalités de la « *love scene* », faut-il lire la reprise d'un tel schéma comme la perpétuation d'un fantasme de suprématie masculine ? L'indétermination du personnage du chasseur de primes permet en tous cas d'imaginer que c'est pour la mort que Rick Deckard réveille Rachael, à moins qu'il ne la sauve. Entre ces représentations du chasseur et du prince charmant, où se situe Deckard ?

En conclusion : des paradoxes

Au travers d'une séquence de domination masculine, de violence et de soumission de la femme artificielle, la prétendue « *love scene* » inclut la question du consentement au sein de la question du consentement à être soi, c'est-à-dire à ce qui, pour devenir soi, a été construit par autrui ou par soi. Rachael éprouve peut-être des émotions qu'elle échoue à exprimer en raison de son impossibilité à continuer à être l'identité humaine de ses faux souvenirs. Rendue indéterminée par sa conscience de sa programmation mémorielle, la *replicant* flotte entre sa nature et son modèle, dissociée des émotions dont elle a conscience, comme appartenant à une nièce de Tyrell observée de loin. Paradoxalement, la femme fatale qu'est Rachael est pour cette raison relativement innocente ; elle a d'ailleurs été conçue pour l'évoquer, par des caractéristiques physiques très juvéniles :

> Guère charnue, le ventre plat, les fesses petites et les seins plus petits encore – on avait moulé Rachael sur quelque modèle celtique,

anachronique et séduisant. De son short ultracourt sortaient deux longues jambes qui avaient quelque chose d'asexué, dépourvues de courbes et de rondeurs nubiles. (Chap. 16, p. 268)

D'autres traits produisent des impressions de maturité et de maîtrise de soi, sinon de puissance (une « posture du chasseur sur ses gardes [...] avec peut-être un rien de Cro-Magnon »). Juvénile et mature, « garçonne » et femme, asexuée et « sexy », le physique choisi par son créateur Eldon Rosen séduit les chasseurs de primes attirés par la virginité androïde, née adulte, sans enfance, sans émergence et construction d'une sexualité au fil des ans. La pureté est invoquée par la femme artificielle elle-même dans le roman de Philip K. Dick, en relation avec le lit de la chambre d'hôtel et ses draps blancs pour métaphore de la nuit de noces traditionnelle :

> – Voilà un lit bien noble, propre et virginal, déclara-t-elle. Seules de jeunes femmes bien nobles, propres et... (Elle s'interrompit pour réfléchir.) Les androïdes ne peuvent pas avoir d'enfant, finit-elle par dire. Est-ce une perte ?
>
> Il finit de la déshabiller, dévoilant la froide blancheur de ses reins. (Chap. 16, p. 273)

La femme artificielle exacerbe ainsi le fantasme de pureté (la mariée vierge) qui peut être retrouvé dans *Blade Runner* sous la forme de la licorne rêvée par Rick Deckard (dans les versions *director's cut* et *final cut*) et déposée devant le palier de son appartement par le chasseur de primes Gaff sous la forme d'un origami de papier métallisé. L'animal merveilleux incarnant la pureté chassée[1], Rachael délestée par Ridley Scott d'une grande partie de son pouvoir de manipulation peut être cette pure innocente. La relation entre Rachael et Deckard peut ainsi être une réactualisation du schéma de la licorne et du chasseur, forcés de jouer leurs rôles, mais unis par sincérité, possession ou stratégie. Pur semble le don de soi effectué par Rachael au terme du film, au risque de se perdre, à laquelle seul le public (c'est la puissance du film) peut accorder ou non la possibilité d'un consentement par la *replicant*. Tout dépend de son appréciation de la relation de Rachael avec Deckard, dont la « *love scene* » constitue le nœud.

Selon une de ses interprétations possibles, la froideur hostile de Rachael et sa fuite après le baiser *volé* (ou plutôt imposé) du chasseur de primes ne seraient pas les signes d'un non-consentement à une telle relation, mais un rejet de ce qui venait d'affluer en elle (des souvenirs d'émois, des sentiments amoureux, du désir sexuel attribués à la nièce

---

1 Cf. Pastoureau (Michel) et Delahaye (Élisabeth) : *Les secrets de la licorne*, Paris, Éditions Réunion des musées nationaux, 2013. Un imaginaire travaillé par Ridley Scott dans son film suivant, *Legend* (1985).

de Tyrell). Cette interprétation nous soumet à un autre paradoxe : se laisser dominer pour parvenir à être soi. Par assignation, s'abandonner et laisser parler son corps, quitte à user d'une brutalité supposément nécessaire. Que la domination violente puisse permettre à sa victime de découvrir ses propres aspirations et désirs enfouis en elle, cela n'est pas sans évoquer nombre de rapports forcés, machistes et violents commis en postulant (a priori) ou prétendant (a posteriori) que la victime aurait dit « non » en brûlant de dire « oui ». Rachael serait ainsi semblable à ces innombrables victimes de viols *qui ne savent pas ce qu'elles veulent*, comme cela peut être dit par les violeurs ou leurs défenseurs (plus ou moins revendiqués). Il importe toutefois, comme nous l'avons fait, de ne pas oublier le contexte particulier du film *Blade Runner*. Décidé au cours du tournage selon des modalités très discutables, comme nous l'avons relevé, l'usage de la violence par Deckard nous semble en cohérence avec sa fonction de chasseur de primes, sa situation d'emprise plus ou moins conscientisée exercée sur une proie qu'il a décidé de laisser vivre, voire en cohérence avec sa probable nature d'être humain artificiel fabriqué pour jouer un rôle conforme à sa fonction. Que Deckard ait saisi avec justesse ce qui empêche Rachael de vivre pleinement sa vie, elle dont la base émotionnelle est constituée de souvenirs implantés, ou qu'elle cède sous la pression d'un dominateur sans consentir intérieurement, dans les deux cas la *replicant* se révèle être une « image opérante » du modèle humain et ne peut se réduire à son « image picturale ». Qui, en effet, peut prétendre que l'être humain naturel ne peut dissocier ses intentions de ses actes, ses pensées de ses émotions, ses mots de ce qui est éprouvé dans son corps, dissocier l'énoncé d'un consentement du consentement intérieur ?

Bibliographie

Desser (David) : « Race, Space and Class: The Politics of the SF Film from *Metropolis* to *Blade Runner* » in Kerman (Judith B.), *Retrofitting Blade Runner, Issues in Ridley Scott's Blade Runner and Philip K. Dick's Do Androids Dream of Electric Sheep ?* [1991], Éditions University of Wisconsin Press, 1997, pp. 110-123.

Dick (Philip K.) : *Do Androids Dream of Electric Sheep?* [1968], réédité sous le titre *Blade Runner*, traduit de l'anglais (États-Unis) par Serge Quadruppani, in Dick (Philip K.), *Aurore sur un jardin de palmes,* Paris, Éditions Presses de la Cité / Omnibus, 1994 [nouvelle traduction par Sébastien Guillot, Éditions J'ai Lu, 2014].

Fancher (Hampton): *Blade Runner*, scénario du 24 juillet 1980, https://www.dailyscript.com/scripts/Blade-runner_early.html (lien vérifié le 5 janvier 2023).

Fancher (Hampton) et Peoples (David Webb): *Blade Runner*, scénario du 23 février 1981, http://www.dailyscript.com/scripts/blade-runner_shooting.html (lien vérifié le 2 juin 2023).

Faucheux (Michel) : *Norbert Wiener, le Golem et la cybernétique. Éléments de fantastique technologique*, Paris, Éditions du Sandre, 2008.

Lagoguey (Hervé) : « Êtres naturels et artificiels dans l'univers de Philip K. Dick, une (r)évolution aux frontières de l'humain », *Alliage*, n°60, juin 2007, republié in Comballot (Richard) (dir.), *Philip K. Dick : Simulacres et illusions*, Chambéry, Éditions ActuSF, 2015, pp. 113-130.

Lauzirika (Charles de) : *Des temps difficiles : le making of de Blade Runner* et *Le mouton du sacrifice : le roman vs le film*, compléments du DVD de *Blade Runner*, Éditions The Blade Runner Partnership / Warner Home Video, 2007.

Pastoureau (Michel) et Delahaye (Élisabeth) : *Les secrets de la licorne*, Paris, Éditions Réunion des musées nationaux, 2013.

Robinson (Kim Stanley) : *Les Romans de Philip K. Dick* [1984], traduit de l'anglais (États-Unis) par Laurent Queyssi, Lyon, Éditions Les moutons électriques, 2005.

Sammon (Paul M.) : *Future Noir: The Making of Blade Runner* [1996], Éditions Gollancz, 2007.

Vest (Jason) : *Future Imperfect: Philip K. Dick at the Movies*, Éditions Bison Books, 2009.

Wiener (Norbert) : *God & golem, inc. Sur quelques points de collision entre cybernétique et religion* [1964], Éditions de L'Éclat, 2000.

Logique du sexe et réplication de l'angoisse dans *Blade Runner 2049*

Daniel Koechlin
Professeur agrégé, Le Mans Université
Membre de l'unité de recherche HDEA, Sorbonne Université

Dans une critique parue dans le *New York Times*, A.O. Scott[1] se fait l'écho du consensus parmi les cinéphiles concernant *Blade Runner 2049* : le film est superbe, d'une beauté formelle « qui atteint parfois le sublime[2] », mais froid, à la « mécanique » trop bien huilée, comme si Villeneuve voulait «synthétiser les aspects humains et mécaniques de sa sensibilité ». En tout cas, ce qui manque, c'est la dimension « romantique » et « héroïque » de l'« inépuisable » *Blade Runner* de 1982.

Le but du présent article est de creuser les causes de ce ressenti, ce qui se révélera d'un certain intérêt pour comprendre les dynamiques à l'œuvre dans nos sociétés. Cette exploration freudo-marxienne entend faire grand usage du féminisme lacanien de Joan Copjec[3] et Alenka Zupančič[4]. En effet, l'un des ressorts des sentiments équivoques provoqués par le film tient au rôle qu'y joue l'angoisse, au sens psychanalytique d'étrangeté qui semble cependant familière[5], et qui est le reflet d'une intensification de l'esthétique de la réification des sujets, caractéristique du premier *Blade Runner*, produit des codes du film noir[6] et de la dystopie. Cette esthétique de la réification portée à la seconde puissance par une mécanique narrative implacable, fait écho à nos angoisses face à cette même intensification de la réification technocapitaliste au XXIe siècle.

---

1 Scott (A.O.) : « In 'Blade Runner 2049,' Hunting Replicants Amid Strangeness ».

2 Toutes les traductions de l'anglais sont de l'auteur.

3 Copjec (Joan) : *Read my desire.*

4 Zupančič (Alenka) : *What is sex?*

5 Lacan (Jacques) : *Le Séminaire 10.*

6 *Voir* Copjec (J.) : *op. cit.*, pp. 165-200.

Si l'on retient la définition de Moylan[1] de la « *dystopie critique* » comme une forme réflexive, autocritique, proprement post-guerre froide, dans laquelle les opposants à l'ordre établi doivent faire face aux contradictions de leurs propres désirs, alors l'intérêt du film vient du fait que cette dystopie critique est très précise en ce qui concerne les causes et les modalités de cette réification. Tous les thèmes dystopiques y convergent : la montée de l'IA, la déréalisation des espaces urbains, autant que l'implosion écologique et l'essoufflement du capitalisme. Or le film fait bien plus que de cataloguer les inquiétudes, puisqu'il situe la *logique du sexe* au cœur de toutes ces contradictions. Cette logique décrite par Lacan a un statut ontologique fondamental[2] parce qu'elle est fondée sur le désir du *désir de l'autre* qui crée le sujet en tant que marqué par le langage dans sa relation avec le monde. La métaphore des machines désirantes nous offre un miroir qui nous permet de nous reconnaître comme sujets soumis à des directives qui nous sont extérieures et pourtant que nous ressentons comme les plus constitutives de notre intimité. C'est dès lors à une exploration clinique de notre « *extimité* »[3] et de nos angoisses constitutives que nous convie le film, au travers des coordonnées étroitement imbriquées d'éros, thanatos et jouissance.

L'Inquiétante familiarité de notre sosie capitaliste

À la différence du premier *Blade Runner,* les réplicants de 2049 savent que leurs mémoires sont fausses et entretiennent donc un rapport avec eux-mêmes et avec le monde très différent de celui des réplicants du film de Ridley Scott. Cette différence fondamentale est motivée, selon le film, par le fait que la meilleure façon d'empêcher la révolte des androïdes qui a provoqué l'effondrement de la première

1 Moylan (Tom) : *Scraps Of The Untainted Sky.*

2 Copjec (J.) : *op. cit.,* pp. 201-221 et Zupančič (A.) : *op. cit.,* pp. 44-65.

3 Lacan (J.) : *Séminaire 16,* cours du 12/03/1969.

tentative de les utiliser comme main-d'œuvre est de faire en sorte que les réplicants soient des objets qui subjectivement se savent tels, mais se perçoivent également comme des sujets pleinement intégrés dans l'ordre symbolique de l'humanité quotidienne et non comme de simples esclaves.

Si cela apparaît comme paradoxal, c'est parce que ça l'est ; et cela reflète exactement le paradoxe identifié par Marx comme étant au cœur de l'accumulation capitaliste, le phénomène de l'*Entfremdung*, de l'aliénation. L'idée fondamentale de Marx[1] est que l'individu moderne se perçoit comme séparant son potentiel actif de lui-même, se traitant comme un objet qu'il vend et interagit avec toutes les autres personnes comme si elles étaient également réifiées.

Dans les secteurs où le capital constant prédomine, c'est à dire, dans une portion du monde capitaliste qui s'accroît inégalement au fil des ans, l'exploitation du surtravail finit par dépendre du remplacement de l'esclavage des origines par des formes d'aliénation toujours plus approfondies[2]. Comme l'écrit Zupančič, la domination et l'exploitation sont « en premier lieu des formes d'exploitation de la non-relation » qui sous-tend les interactions du sujet avec lui-même et les autres, non-relation qui est la « source ultime de profit et de croissance », car elle est « constitutive du mode de production » au « point structural précis où le travail apparaît comme une simple marchandise ». La « fêlure », la non-relation, est nécessaire au capitalisme, et donc il est essentiel que, comme salariés, « nous soyons des personnes libres de vendre notre force de travail comme notre propriété, notre marchandise[3] ».

Le début du film, qui suit une journée de travail normale de K, agent de police se sachant un androïde, commence à nous exposer à l'angoisse, au sens de familiarité étrange, face à l'imperturbabilité du réplicant. Car le réplicant nous ressemble trop pour ne pas nous présenter ce qui constitue pour Freud et Lacan la figure fondamentale de l'angoisse : le *doppelgänger*, le double, qui semble exister pleinement, sans inquiétude quant à son identité, sans faille, alors que nous, au contraire, nous nous vivons comme « sujets barrés », incapables de nous identifier complètement avec le « je » et le « tu » que nous renvoie le langage des autres[4]. Car l'angoisse est, selon la

---

1 Marx (Karl) : *Œuvres t.2*, pp. 56-75.

2 Cette relation marxienne entre aliénation et exploitation du sur-travail va amener Lacan à développer le concept de « plus-de-jouir », approfondissant l'analyse des formes de production de l'individu par une fêlure originelle (voir le Séminaire 16).

3 Zupančič (A.) : *op. cit.*, pp. 30-33

4 Pour J. Copjec (*op. cit.*, p. 135), ce thème du double inquiétant émerge véritablement suite à l'âge des lumières et à la littérature fantastique romantique, en même temps

formule lacanienne, « le signe de la présence de la jouissance de l'autre ». L'autre est toujours le lieu de la jouissance puisque nous sommes constitués en deçà, dans le désir.

Dans *Blade Runner 2049*, l'illusion d'une intégration apaisée du réplicant dans l'ordre établi est homologique à l'illusion de la tranquille acceptation de l'aliénation dans l'inconscient capitaliste. Le réplicant, comme K, semble se traiter lui-même comme un objet et vivre fort bien son train-train quotidien entre boulot et vie domestique, devenant le lieu de la jouissance du grand Autre. La remarquable imperturbabilité de l'acteur Ryan Gosling nous rend crédible la réflexion de sa cheffe : il se débrouille très bien « sans âme ».

K semble correspondre en tout point à l'*homo œconomicus*, le cogito dédoublé qui ne ressent aucune fêlure, l'idéal que notre civilisation essaie de réaliser par le discours managérial incessant du « il faut savoir se vendre » : l'illusion que l'on peut atteindre la jouissance de l'autre, car on « est » autre. D'ailleurs, la profession de K est l'expression ultime de ce détachement, puisqu'il s'agit de « retirer de la circulation » d'autres êtres pensants avec encore moins d'émotion que ne le faisait l'agent Deckard.

Blade Runner 2049 nous renvoie un miroir de nous-mêmes, dans la période du premier quart du 21ᵉ siècle, celui de la *long depression* économique et de l'effondrement écologique. Nous agissons réellement sur le mode du « *je sais bien, mais quand même* ». Le film illustre l'opération du « *démenti* » (ou désaveu) lacanien chez des machines qui n'éprouvent aucun trouble de savoir que leur petit confort repose entièrement sur une fiction. Il va dans le sens des perspectives lacano-marxistes de l'école de Ljubljana pour laquelle l'idéologie, c'est-à-dire les stratégies pour voiler les contradictions réelles d'une société, fonctionne tout aussi bien lorsque le voile est transparent : les individus se laissent duper plutôt qu'ils ne sont dupés. La « fausse conscience » marxiste est bâtie sur un jeu de miroirs.

Mais si jeu de miroirs il y a, la fêlure constitutive doit reparaître de façon absolument nécessaire sous les apparences lisses. L'adhésion totale du réplicant à sa réification est une impossibilité. La jouissance totale de soi-même tout en étant l'autre, à laquelle appelle le capitalisme, est impossible. Cette jouissance est logiquement inaccessible sinon l'axiomatique capitaliste cesserait, de par cette jouissance justement, de fonctionner et de tourner.

----

qu'émerge notre « double » abstrait, produit par la modernité démocratique et capitaliste, une citoyenneté que l'on pressent comme lieu de jouissance de l'autre plus que de nous-même.

Donc bien entendu, le réplicant tranquille de 2049 se révélera une illusion fragile. Remplacer le travail humain par un élargissement infini de la place du capital constant et des machines intelligentes, ne résout rien aux contradictions de l'accumulation, mais va au contraire accentuer la stagnation tendancielle du taux de profit, le destin inéluctable que Marx voit comme hantant le capitalisme, fort bien mise en avant visuellement par le monceau de ruines industrielles et le désert stérile qu'est devenue la Californie science-fictionnelle. Wallace Corporation produit des robots stériles et une alimentation protéinée uniforme à base de vers de terre.

Le réplicant réconcilié est une illusion, et, d'ailleurs, sa fêlure est intégrée au système, connue et prévue, puisqu'on s'assure qu'il accepte de ne pas dépasser les bornes en lui faisant passer périodiquement un « baseline test ». qui consiste à répéter un extrait du *Pale Fire* de Nabokov :

A system of cells interlinked within

Cells interlinked within cells interlinked

Ces lignes correspondent exactement à la définition du sujet dans le capitalisme (surtout à l'âge du travail avec composante numérique) et on mesure le fait qu'il accepte de jouer le jeu en mesurant l'émotion dans sa voix. Le *baseline test*, qui définit le réplicant comme sujet capitaliste, permet de la production de plus-value, car elle valide la valeur d'échange avec l'humain au moment exact où il valide son acceptation volontaire d'un rapport avec son être comme objet. En mesurant le manque de fêlure dans ses affects lorsqu'il se rapporte à lui-même comme objet, le *baseline test* paradoxalement le produit comme un sujet ayant une fêlure, comme « barré » et singulier.

La leçon du film est donc que la psyché moderne a tout d'une structure perverse, au sens psychanalytique de dériver une satisfaction de se considérer soi-même comme un instrument de la volonté du grand Autre. Cette perversion entraîne le fait que de façon strictement nécessaire, le réplicant, comme le spectateur, finit par débloquer, de manière similaire et néanmoins particularisée. Et ce qui est fascinant avec *Blade Runner 2049*, c'est que le film montre de façon précise comment cela se passe.

Le déraillement est endogène à la structure. Par une logique immanente, une chaîne symbolique se met en place, commençant par un meurtre, celui de l'accoucheur de la mère (pour lequel K reçoit une prime), et s'achevant sur la mort et la présence liminaire du père. La structure produit par accrétion des « *objets a* » et un excédant concret au sens hégélien d'un *caput mortuum,* d'un « os » (celui de la mère), qui permet à la fêlure de s'actualiser dans le singulier.

Dans *Blade Runner 2049*, il s'agit de la procréation impossible où les impasses sexuelles, reproductives, économiques et politiques du film viennent se heurter. L'enfant est *l'objet a*, le point de jouissance impossible à atteindre, autour duquel tourne le désir dans la logique du film. K voudrait être cet enfant, mais ne le peut pas, Wallace voudrait le procréer, mais ne le peut pas, Deckard voudrait être son père, mais ne le peut pas, Joshi veut le tuer, mais ne le peut pas, Luv voudrait entrer en rivalité avec elle, mais ne le peut pas...[1]

Dans tout ce fourmillement de contradictions, *Blade Runner 2049* nous fournit un fil conducteur : la programmation des robots (directives socialisantes et fragments de mémoire), métaphore lacanienne de l'inconscient-langage producteur du sujet barré, des impasses de la logique du sexe et de la jouissance de l'Autre. La question existentielle n'est plus de savoir si Deckard est humain ou réplicant, mais s'il est même possible de séparer la subjectivité de K, Joi, Mariette et Luv de leur programmation.

---

1 L'enfant marqué du sceau de l'impossible, du simultanément vivant et mort, se présente comme symptomatique dans les films de Villeneuve de *Prisoners* à *Arrival*.

Des non-rapports sexuels entre machines désirantes

Certains critiques ont vu dans *Blade Runner* un film « qui a un problème avec les femmes »[1], en particulier en raison du personnage de Joi, robot domestique, qui est programmée pour renvoyer au sujet masculin un sentiment d'être désiré qui permet de le fonder avec son fantasme narcissique. Cependant, dans *Lacanian Perspectives on Blade Runner 2049*, Sheila Kunkle[2], entend « suggérer qu'il se passe quelque chose de beaucoup moins évident et de beaucoup plus complexe dans la façon dont les femmes sont représentées dans ce film »[3], à savoir une illumination des impasses qui structurent nécessairement les sujets (même post-humains) selon la logique asymétrique du *manque-à-être*. Car un sujet est produit avant tout par un *désir du désir de l'autre*.

Comme pour l'ensemble du film, où les réplicants nous offrent un miroir, la sexualité de Joi et de K ne cesse d'être angoissante. Le rapport sexuel est censé être une union de deux, prescrite par l'ordre des choses. Mais ne sommes-nous pas dédoublés, entre le corps et le corps marqué du langage, ce qui conduit logiquement, selon la formule de Lacan à ce que « *il n'y a pas de rapport sexuel* » ?

Car chacun.e veut « *donner ce qu'il n'a pas* » vraiment. Pour Lacan, la femme et l'homme s'efforcent, avec des modalités différentes (à cause de l'identification du signifiant phallus avec un pénis concret voué à la détumescence) d'établir un échange. Or, pour reprendre Marx, valeur d'échange signifie médiation par le social. Le rapport sexuel, se veut un échange socialement prescrit, mais ce qu'on donne ne peut être pleinement à soi puisqu'il est de l'ordre du symbolique, marqué par le social et ses prescriptions.

Le signifiant de la complétude (le phallus symbolique) produit l'impossibilité de la complétude : source irrémédiable de frustration ; et seul le corps « *se jouit* » de se « *corporiser de manière signifiante*[4] », comme lieu de jouissance du grand Autre. La femme n'a pas le phallus et s'angoisse de savoir ce qu'est exactement sa consistance. L'homme, quant à lui, n'a pas le phallus, mais un pénis problématique ; cherche à

---

1 Fletcher et Ashurst : « Can we talk about Blade Runner 2049's problem with women? »

2 Kunkle (Sheila) : 'Women Between Worlds: A Psychoanalysis of Sex in *Blade Runner 2049*' in *Lacanian Perspectives on Blade Runner 2049*

3 La déconstruction du fantasme masculin est clairement le but du film. L'ironie marquée envers les personnages masculins qui se laissent prendre par ce miroir aux alouettes est sans ambiguïté : « Nous espérons que vous êtes satisfaits de nos produits » lance Luv à K tout en tuant Joi.

4 Lacan (J.) : *Séminaire 20*, cours du 19/12/1972.

donner ce qu'il n'a pas réellement, et donc désire intensément que l'autre le désire pour valider son identification[1]. Résumé à prendre avec des pincettes, car il s'agit de formuler la logique de structure sous-jacente à l'inconsistance des sujets, et non de ce que la pensée butlerienne rejette à raison comme essentialisation performative[2].

En utilisant cette analyse lacanienne, la relation entre K et Joi devient centrale. Elle illustre ce que la philosophe Joan Copjec définit comme une antinomie, à savoir, les deux impasses des « formules de sexuation » : la logique « mathématique » féminine du « *pas-toute* », absolument non-totalisable dans le régime de la castration phallique ; la logique « dynamique » masculine du totalisé, avec exception constitutive, sous le régime du père castrateur.

Ainsi K est en quête de ses origines et désire être cet enfant-miracle né d'un père (humain ?) et d'une mère réplicante[3]. Sa tragédie sera bien entendu de devoir accepter le fait qu'il ne l'est pas. Mais l'impasse « féminine » est tout aussi tragique pour Joi[4.] Cette impasse consiste justement en ce que « *la femme n'existe pas* », formule explicitée de façon limpide par Zupančič :

> On ne peut être femme que si on ne l'est pas « intrinsèquement » - dans sa forme la plus authentique, la féminité est une mascarade. Dans ce sens précis, il ne suffit peut-être pas de dire qu'il n'y a pas d'essence de la féminité ; on pourrait aller plus loin et dire que l'essence de la féminité est de faire semblant d'être une femme[5].

---

1   Copjec (J.) : *op. cit.*, pp.212-221; Zupančič (A.) : *op. cit.*, pp. 55-56

2   Copjec (J.) : *op. cit.*, pp. 201-205; Zupančič (A.) : *op. cit.*, pp. 39-41

3   « J'ai toujours su que tu étais spécial. Né d'une femme. Désiré... » lui susurre Joi, dont la programmation lui permet de repérer à coup sûr le désir masculin.

4   Kunkle (S.), *op. cit.* : « Dans *Blade Runner 2049*, la question de la femme n'est pas comme celle de K, qui est : suis-je spécial, mais plutôt : comment puis-je savoir que j'existe ? »

5   Zupančič (A.) : *op. cit.*, p. 55.

Les angoisses de Joi sont liées à une déréalisation qui la cerne de toute part dans ses efforts pour être à la fois une totalité close consubstantielle au foyer et un être « en surplus » qui se projette pour faire la causette et devient dès lors sujet aux bugs et inconsistances. Car si K est un robot policier, Joi est une IA domestique intégrée à la maison et qui est programmée pour être la compagne idéale. C'est la machine de la machine : un commentaire cinglant sur les avatars technologiques du patriarcat que le capitalisme du XXIᵉ siècle continue de répliquer.

Dans la toute première scène où K et Joi interagissent, K joue au mari idéal, tendre et généreux, rôle qui découle de son adhésion au *baseline test*. Il présente ainsi un cadeau à Joi, acheté grâce à la prime reçue pour le meurtre primordial de l'accoucheur.

C'est un gadget rigide, qui tient dans la main comme une télécommande, et permet d'émaner un corps pour Joi. Les connotations de ce don indiquent que dans la chaîne symbolique, commencée avec le meurtre et l'argent, intervient désormais le signifiant de l'ordre phallique, manifestant une nouvelle orientation de l'économie libidinale pour les machines désirantes. Ce don d'un corps semble répondre au vœu le plus cher de Joi, et celle-ci s'empresse dès lors de manifester un désir de faire un contre-don à K de ce corps qu'il lui offre. Mais on retombe sur l'impossible, sur le barré : son corps « émané » n'est encore qu'à demi matériel, non plus purement holographique, mais non pleinement corporel non plus. Joi veut monter sur le toit pour « sentir la pluie » sur sa peau. S'ensuit une scène d'une grande sensualité, mais l'émanation de Joi se fige soudainement, les lèvres entrouvertes pour un baiser, lorsqu'un appel téléphonique fait passer le process informatique de Joi en arrière plan, rappel intempestif de son instrumentalité. En ce qui concerne Joi, on est ici dans la métaphore la plus illustrative du fait d'être « pas-toute ». Pour K, nous sommes au cœur même de la construction de l'identité masculine narcissique, de l'angoisse de s'assurer d'un désir féminin pour exister, qu'il répète comme composante constitutive de sa programmation de salarié pépère qui revient à la sphère domestique après une journée de dur labeur.

Les conditions sont posées pour la scène la plus marquante en ce qui concerne leur couple, la consommation du non-rapport sexuel entre K et Joi. Ayant besoin d'un corps réel, Joi va engager une prostituée, Mariette, qui se révélera n'avoir de marionnette (*marionette* en anglais) que le nom, puisqu'en réalité elle agit pour le compte de la résistance. Joi veut projeter l'image holographique de son corps et de son visage sur le corps et le visage de Mariette, permettant ainsi à K de lui faire l'amour. Pour Joi, l'utilisation d'une fille de joie, en dépit d'une certaine identification homosexuelle, reste en plein dans le champ de l'échange impossible que ses programmateurs cruels lui ont infligé. Programmée dans l'ordre symbolique de l'humain, maillon de la chaîne programmée de tous les êtres du film, elle est dans la situation de l'humain. Elle est sans doute une construction du fantasme masculin cherchant à contrôler le désir de la femme, mais elle 'est tout aussi sûrement un être tragiquement malheureux avec des sentiments qui ne sont pas réductibles à l'illusion masculine.

Et le dédoublement ontologique de la partenaire de K est une mise en abyme filmique impressionnante. Les machines sont programmées pour agir de façon autonome tout en étant pleinement autoconscientes qu'elles sont programmées comme objets, rêve, nous l'avons dit, d'un capitalisme réconcilié. Les machines veulent jouer le rôle assigné par l'ordre symbolique véhiculé par le social, le langage, c'est à dire, jouer au couple homme-femme. Et ces machines, comme nous, spectateurs, sont confrontées au fait que ce rapport sexuel prédéfini est formellement impossible, car si je dépends de l'autre pour ma définition, par définition, je suis insaisissable à moi-même et je ne peux « me » donner à l'autre. Mon corps, marqué du langage, « se » donne et « se » jouit, mais « je » ne suis pas dans le champ de la jouissance qui est le champ de l'autre. D'où dédoublements et inversions pour atteindre au but. Et Joi, en utilisant une stratégie détournée, semble trouver une solution au problème de la relation sexuelle. Une solution perverse, mais cela reste une solution tout à fait valable. Le problème est que Joi, programme sans corps, n'est pas pleinement une chose, et ne peut utiliser un masochisme où l'on jouit d'être utilisé comme chose. Elle doit jouer la maîtresse, une forme de perversion qu'elle adopte pour faire un don à K. Elle va jouer à la marionnettiste.

Ce contre-don destiné à plaire à K révèle la finesse de la programmation de Joi, car elle a bien repéré que comme machine apparemment réconciliée avec sa condition, K ne peut consommer de relation avec une ou un partenaire sur un plan d'égalité, car lui est bien un masochiste constitutif. Il se rapporte à lui-même comme objet, comme objet ne pouvant entrer en relation d'échange amoureux avec autrui qu'il conçoit comme maître. Voilà pourquoi Mariette, dès leur première entrevue, lui lance : « *T'aime pas les vraies filles, toi...* ». D'ailleurs, à la fin, son masochisme programmé trouvera l'objet de la jouissance finale dans la pulsion de mort[1] au service d'une autre que lui-même, le messie qu'un instant il s'est cru.

Joi est une petite maline, expression utilisée par Lacan[2] pour décrire la façon dont les pervers et les masochistes sont des petits malins qui mettent en œuvre des solutions de contournement pour trouver un reste de jouissance. C'est bien ce qu'a compris Mariette, et, lorsque Joi joue la maîtresse au peu trop longtemps (« Tu peux partir, je n'ai plus besoin de toi »), la prostituée réplicante, pourvue d'un corps véritable, lui réplique : « J'ai vu ce qu'il y a dans toi. Y a moins là-dedans que ce que tu crois[3]... »

L'entrée en jeu de la jouissance de l'autre, voilà le signal qui, selon Lacan, est le déclencheur de l'angoisse pour tous les êtres pris dans la chaîne du symbolique. Rien n'illustre mieux cette « angoissante étrangeté » que le baiser entre K et Joi-Mariette, où les deux formes féminines se conjoignent, de façon plus ou moins souple. Car on voit toujours un léger décalage entre les deux femmes. Au cours de la scène, le spectateur, titillé par tant de désir, s'attend à la pleine coïncidence des deux images, à leur synchronisation, au triomphe de l'amour, et effectivement le corps féminin devient plus net à chaque fois que le regard de K se fait plus désirant. Mais, jusqu'au bout, la coïncidence des images reste légèrement imparfaite dans cette scène d'un érotisme

1   Pour le rapport entre jouissance et pulsion de mort, voir Zupancic (A.) : *op. cit.*, pp. 91-106.

2   Lacan (Jacques) : *Séminaire 19*, leçon du 31 mai 1967.

3   Mariette demeure au niveau du substrat, maintenant la cohésion narrative et survivant à la tragédie. N'ayant de traits que ceux de Joi grâce à l'ingéniosité technologique, elle devient un corps à l'état brut de substance jouissante, jouissant de son rôle dans la chaîne programmée des événements, mais sans être happée par la fêlure constitutive. Elle rappelle les spéculations du séminaire 20 (*Encore*) de Lacan sur la jouissance féminine comme présence d'un au-delà non borné, qui fait de la position féminine du « pas-toute » un dédoublement : une part soumise au manque du régime phallique, mais aussi, une part qui dessine une sortie possible aux impasses inhérentes à la logique du sexe.

frustré, rempli de *glitches*. Cette sexualité est coupée et le film nous suggère que nous sommes dans le même cas, à la recherche d'une plénitude médiée par le technologique qui semble promettre d'établir un pont, de trouver le partenaire avec qui le rapport s'établirait parfaitement, par les apps de rencontre et la technosexualité virtuelle, miroir aux alouettes des plus sophistiqués. La technologie promet qu'on peut échapper à la logique désirante, au régime du phallus symbolique, mais le discours de Villeneuve est de montrer que nos hybridités mi-hommes, mi-machines s'y arriment toujours plus. Le réplicant post-humain reste en 2049 un sujet humain, trop humain, qui ne peut se soutenir sans la référence à l'autre, sans une fêlure constitutive. La Wallace Corporation, malgré tous les discours radieux sur l'avènement d'une plénitude rationnelle, n'y pourra rien.[4]

Le long détour vers la mort du politique

Les (non)-rapports libidinaux entre les machines, par les désirs et contre-désirs qu'ils mobilisent, sont le produit de la logique d'une programmation qui incorpore le réplicant à l'ordre humain quotidien, mais les met tout aussi nécessairement sur un « long détour » vers la mort. Elles seront « *retired* » aussi sûrement que les vieux modèles du premier *Blade Runner* avaient leur date d'expiration. La quête de plus en plus déstabilisante de l'enfant impossible n'est que l'excédent concret qui vient, comme *objet a*, créer le support autour duquel vient s'articuler le couple inséparable de la jouissance et de la pulsion de mort.

Blade Runner 2049 se penche avec tant de précision sur les mystères de la jouissance et les paradoxes du savoir qui s'ignore, que d'un point de vue freudien, la pulsion de mort ne peut que traverser le film, liée aux questions de l'autre et du politique. Tous les personnages meurent dans un acte éthique pour un autre. Par ordre chronologique, la cheffe de K, Joshi, meurt pour protéger ce dernier et pour une idéologie réactionnaire de préservation d'une suprématie des humains. Puis vient le tour de Joi qui accompagne K dans sa quête et se sacrifie

---

4 La rationalité de Wallace nous amène, après l'évocation de la place du masochisme, à l'identification de la place sadique dans le film. Celle-ci est occupée par le *tycoon* messianique et tortionnaire, qui crée des être conscients de leur finitude et voués à souffrir. Mais si pour la psychanalyse, le sadisme consiste à expérimenter avec l'autre, comme substitut de soi-même, par fascination pour le mécanisme du désir, alors il faut prendre au sérieux l'analyse de Contreras-Koterbay dans *Lacanian Perspectives on Blade Runner 2049* qui voit la position sadique, au delà de Wallace, comme occupée par les spectateurs extra-diégétiques qui jouissent de la souffrance d'êtres algorithmiques futurs, succédané de leur propre incertitude présente.

pour lui, confirmant de manière heideggerienne la profondeur de ce qui semblait l'être le plus vide. Luv meurt par fidélité à Wallace, le père auquel elle veut désespérément plaire, faisant sien le délire d'expansion continue du capitalisme vers les étoiles.

Et à la toute fin du film, alors que K s'allonge dans la neige pour mourir, avec un apaisement manifeste, le thème musical de *Tears in the Rain*[1] nous rappelle avec force l'expression de Freud, « le principe de  Nirvana » pour désigner cette tendance à l'excitation minimum, à la mort. Pour Lacan, ce principe n'est pas instinctuel, mais est de l'ordre du savoir.

> Freud introduit ce qu'il appelle l'au-delà du principe de plaisir, lequel n'en est pas pour autant renversé. Le savoir, c'est ce qui fait que la vie s'arrête à une certaine limite vers la jouissance. [...] Il y a un rapport primitif du savoir à la jouissance [...]. De son symptôme, qui est une souffrance, le sujet [tire] une jouissance paradoxale. [Cette jouissance] donne une impulsion à la pulsion de mort qui est le désir constant de dépasser les limites fixées par le principe de plaisir afin de rejoindre le réel et de gagner, par là, un surplus de jouissance. La jouissance est alors le chemin vers la mort[2].

K a résolu sa dernière enquête qui, comme dans tout film noir, est caractérisée par une réflexivité fondamentale, l'enquête révélant toujours qu'elle concerne de très près l'enquêteur lui-même. K a obtenu le savoir, le savoir qu'une autre est l'enfant désiré, l'enfant messie, et non pas lui tel qu'il  s'est imaginé l'être. Le dernier élément concret qui assure la plénitude de la compréhension de son symptôme vient avec sa rencontre avec « une » Joi holographique géante qui l'appelle par ce nom qu'il croyait être le symbole de son unicité : « Joe ». Le visage ensanglanté, son

---

1 Roy Batty : « *Nothing will be remain, all will disappear like tears in the rain.* »
2 Lacan (J.) : *Séminaire 16*, cours du 26/11/1969.

regard amer fixe cette femme géante et toute-puissante qui s'adresse à lui d'une façon qui semble destinée à lui seul, mais n'est que programmation vide.

Ecce homo ! Lui, K, n'est rien de bien substantiel, même pas un nom. Ce qui est certain c'est que K, en refusant de céder sur son désir d'exploration, se rend finalement compte qu'il n'a fait que continuer sa programmation initiale d'instrument de la jouissance de l'autre, à mesure qu'il pensait s'en échapper, réalisation psychanalytique s'il en est ! Il ne lui reste plus qu'à l'accepter, et même le vouloir. Ne reste plus que l'ultime transsubstantiation de la douleur par le sacrifice de soi pour l'Autre. Et de continuer à faire ce pour quoi il a été conçu : préserver l'ordre social contre les déstabilisations créées par les contradictions du capitalisme à la Wallace Corp. Cette réalisation de son instrumentalité intrinsèque aura été le long détour par lequel il atteint au but vers lequel il est lancé depuis le début du film. Ce long détour est ce que Lacan voit comme l'essence de la pulsion mortifère inhérente. Le seul progrès accompli par K en rejoignant sa programmation dans la mort est un progrès dialectique dans la compréhension et l'acceptation de son symptôme d'être fracturé. Il savait dès le début qu'il était un programme, mais « sans le savoir ». À présent, il le sait « en le sachant ».

Nous voilà confrontés à un problème politique, qui reparaît en filigrane dans les dystopies critiques qui méditent sur la place du maître dans une structure. Dans *Blade Runner 2049*, dès que K apprend qu'il n'est pas l'enfant choisi, qu'il n'est pas le sujet de cette histoire, il retrouve aussitôt un sens à sa vie par son sacrifice pour la messie. N'est-il pas au fond soulagé de ne plus avoir à se construire ? Et il n'est pas le seul, comme le confirment les réplicants révolutionnaires menés par Freysa (« Tu pensais que c'était toi ? Cela nous est arrivé à tous »), figures au final plutôt repoussoirs qu'émancipatrices pour ce film qui est plus cyniquement post-moderne que son illustre prédécesseur : le « en choisissant de mourir pour une cause, nous devenons plus humains que les humains » prend une résonance un peu creuse.

Depuis la mort de Roy Batty, la question, pour tout commentaire critique de l'univers de Blade Runner, est d'examiner le sens politique de cet arc vers la mort du réplicant. Dès lors, la structure dialectique du sacrifice de soi et son lien avec le collectif devient le point nodal : comment lire la destruction du sujet réel et son acte éthique final avec son inscription dans la chaîne symbolique.

Faut-il suivre l'hypothèse de Bristow qui pense que *Blade Runner 2049* offre des perspectives émancipatrices intéressantes « sous la forme de la résistance réplicante qui s'oriente vers une forme d'utopie future[1] » qui est plus développée que la simple vengeance de Roy Batty ?

Le mouvement de résistance réplicante laisse entrevoir une façon de contourner les limites du symptôme du réplicant – l'étirer, le remodeler, de l'individuel vers le collectif. C'est-à-dire que l'utopie pourrait tirer le symptôme (et la jouissance vers lequel il pointe), hors de lui-même (hors de son désir personnel vers un désir communautaire). Une réorientation de la perversion où l'accomplissement du devoir permet au flux de jouissance de devenir utopie[2].

Il semblerait cependant que le film reflète non pas la « collectivisation du symptôme », mais au contraire, plutôt le manque de consistance, la dé-thématisation de la lutte collective. En devenant l'auxiliaire de l'autre et en se remettant entièrement dans le salut de l'autre comme messie, dans la jouissance de l'autre, le message politique de *Blade Runner* risque de retomber sur une constatation amère du caractère indépassable de la figure du maître, indépassable, car inscrite dans la psychogenèse même de l'individu. Et par certains aspects, l'élément le plus important de tout film, c'est-à-dire la toute dernière image, nous présente un retour du signifiant du nom-du-père (indépassable ?), et, au niveau politique, de la famille contre la collectivité, contre le désir compulsif des réplicants d'une femme-messie née d'une mère.

En refusant d'accomplir les instructions de la résistance réplicante, en sauvant son faux père Deckard pour le replacer auprès de sa vraie fille Ana, K montre bien que ses propres impulsions sont ce qu'il poursuit bien au-delà d'un attachement à une cause révolutionnaire. Peut-on alors parler de « collectivisation de son symptôme » ? La dimension de lutte collective demeure fantomatique, un lointain arrière-plan aux investissements libidinaux de l'identité et des imaginaires du familial.

---

1   Bristow (D.) : *Lacanian Perspectives on Blade Runner 2049*, p. 95.

2   *Ibid.*

Bibliographie

Bristow (D.), Fliesfeder (M.), Kunkle (S.), McGowan (T.), Millar (I.), Neill (C.), Contreras-Koterbay (S.) et Žižek (S.) : *Lacanian Perspectives on Blade Runner 2049,* Cham, Palgrave Macmillan, 2021.

Fletcher (Rosie), Ashurst (Sam): « Can we talk about *Blade Runner 2049*'s problem with women? » *Digital Spy*, 2017. URL:http://www.digitalspy.com/movies/feature/a839916/bladerunner2 049-gender-issue.

Lacan (Jacques) : *Le Séminaire (1959-1981),* édition en ligne basée sur les sténotypies. URL: http://staferla.free.fr

Marx (Karl) : *Œuvres t.2,* Paris, Gallimard, 1963.

Moylan (Tom) : *Scraps Of The Untainted Sky,* Londres, Routledge, 2018.

Scott (A., O.) : « In 'Blade Runner 2049,' Hunting Replicants Amid Strangeness », *New York Times*, 2 octobre 2017.

Zupančič (Alenka) : *What is sex?,* Cambridge (MA), MIT Press, 2017.

Partie 2

Contrôler le monde, changer le monde

Études académiques

Aphrodisiaques et science-fiction : entre empathie et contrôle social

Fabrice Chemla
Institut Parisien de Chimie Moléculaire
Sorbonne Université

La science-fiction est très inventive en ce qui concerne les drogues et autres substances chimiques[1]. Pour autant, les univers de SF sont assez peu prolixes en ce qui concerne les aphrodisiaques. Il est vrai que de tels composés existent déjà dans la réalité, pour certains depuis l'Antiquité. Que peut inventer la science-fiction de plus subversif en la matière que la mouche cantharide, dont l'excès tua le roi Ferdinand le Catholique ? Du côté de l'imaginaire fantastique, que rajouter de nouveau aux nombreux philtres d'amour fabriqués par les sorcières ou les alchimistes tout au long de l'histoire humaine ?

Tout d'abord, de quoi parlons-nous ? Nous qualifierons de « substance aphrodisiaque » tout composé tangible qui peut être administré, à soi-même ou à quelqu'un d'autre, en vue de produire un effet, physique ou psychologique, qui sera utilisé dans le champ sexuel. Notons au passage que l'effet aphrodisiaque peut être obtenu par d'autres moyens qu'une substance, par exemple par des moyens psychiques (attractivité du vampire dans le *Dracula*[2] de Bram Stoker), informatiques (excitations et orgasmes virtuels dans le cyberespace du *Neuromancien*[3] de William Gibson) ou endocriniens (glandes endocrines greffées dans le *Cycle de la Culture*[4] de Iain M. Banks). Mais ici, faute de place, nous ne parlerons que de substances concrètes.

On peut tenter une classification de ces substances aphrodisiaques imaginaires par l'examen de leurs effets. Un premier effet est celui de la libération de sa propre sensualité, de son désir et de son plaisir sexuel. La substance aphrodisiaque est alors un outil

---

1   Rouiller (François) : *Stups et fiction*.
2   Stoker (Bram) : *Dracula*.
3   Gibson (William) : *Neuromancien*.
4   Banks (Iain M.) : *Excession*.

subversif qui permet d'outrepasser la contrainte sociale qui encadre la sexualité. Le désir qui s'exprime alors peut suffire à cette entreprise de subversion. Mais l'aphrodisiaque peut être également imposé à autrui pour le forcer à éprouver du désir ou du plaisir, souvent à son corps défendant. La domination qui s'installe alors par le désir sexuel, l'invasion de l'individualité et de l'intimité d'autrui donne lieu à un autre type de subversion de l'ordre établi. Enfin, un troisième type d'effets aphrodisiaques peut être de générer, au-delà du simple plaisir, l'empathie et le partage au moment de l'acte sexuel : l'objectif devient l'abolition de l'intimité et de l'individualité pour atteindre un plaisir fusionnel. Cette fusion peut devenir alors une nouvelle norme sociale, radicalement différente de la norme actuelle fondée sur la maîtrise de l'intime.

Il est intéressant d'examiner les différentes occurrences de substances aphrodisiaques imaginaires dans le champ de la science-fiction et du fantastique, en précisant les utilisations majeures qu'en ont fait les auteurs : au travers de la typologie qui se dessine, il est possible de mettre en lumière les grands schémas de représentation de ces substances. On pourra alors constater que les ressemblances avec des substances existantes ou ayant existé ne seront pas purement fortuites.

Libérer ses propres désir et plaisir

Une des premières œuvres qui montrent l'utilisation d'une drogue imaginaire pour exacerber la sensualité est *L'étrange cas du Dr Jekyll et de Mr Hyde*, publié par Stevenson en pleine période victorienne. Le but du Dr Jekyll en préparant sa potion qui le transformera en Hyde est le débridement de ses propres pulsions, l'extériorisation de sa part maléfique.

> C'était en moi un effrénément capiteux, un flot désordonné d'images sensuelles traversant mon imagination comme un ru de moulin, un détachement des obligations du devoir, une liberté de l'âme inconnue, mais non pas innocente. Je me sentis, dès le premier souffle de ma vie nouvelle, plus méchant, dix fois plus méchant, livré en esclavage à mes mauvais instincts originels ; et cette idée, sur le moment, m'excita et me délecta comme un vin[1].

Le « mauvais instinct » dont il parle ici, c'est l'instinct du sexe débridé, du stupre sans retenue, et cela devait être particulièrement clair pour les lecteurs de l'époque.

---

1 Stevenson (Robert L.) : *L'étrange cas du Dr Jekyll et de Mr Hyde*, p. 133.

Le jugement moral exprimé ici est double : le mal naît de la libération des pulsions sexuelles, mais aussi du bouleversement de l'ordre social. Le scandale explose quand Hyde tue, apparemment sans raison, un membre éminent du Parlement. Il a bien pu auparavant piétiner une fillette du peuple, sans trop de dégâts pour lui, mais un membre du Parlement, c'est une autre affaire : laisser libre cours à ses pulsions est dangereux pour l'équilibre de la construction sociale.

Ce point est également mis en évidence par Daniel Halévy, dans *L'histoire de quatre ans*, paru en 1903. Dans cet ouvrage, l'auteur imagine que l'invention de l'« albumine synthétique » a permis de vaincre la faim dans le monde et de permettre aux hommes de ne plus travailler. Mais l'oisiveté et les vices se déchaînent alors sur la Terre. Dans la description de la dégradation morale qui suit cette découverte, Halévy imagine l'invention d'un aphrodisiaque qui précipite l'écroulement social par « le culte de la mort attrayante », l'euthanasie par le plaisir :

> Nous affirmons la supériorité de la détente sur la tension, de la dissolution sur l'organisation. Nous affirmons que la vie n'a de sens que par la jouissance, c'est-à-dire l'épanouissement – annonciateur de la mort[1].

On retrouve, dans cette mise en garde, la méfiance moderne envers les aphrodisiaques dont l'usage immodéré ne peut conduire qu'à la mort : c'est la dualité classique d'Éros et de Thanatos, largement développé par Freud comme au fondement de sa théorie des pulsions[2]. L'orgasme n'est-il pas baptisé la « petite mort » ? Et l'aspect mortifère de l'aphrodisiaque est en effet une figure récurrente : on trouve par exemple dans *Le Festin nu*, de William S. Burroughs, la mention des Xiucutils, insectes de la taille d'une grosse sauterelle dont la morsure est :

> un aphrodisiaque d'une virulence telle que si un de ces criquets te tombe dessus et que tu n'as pas de femme à portée de main tu es un homme mort. J'ai vu des Indiens tourner en bourrique et se déchiqueter à pleines mains pour avoir été frôlés par ce bestiau[3].

Cet aphrodisiaque fabuleux issu du règne animal est puisé dans une légende indienne recueillie par Burroughs au cours de ses pérégrinations amazoniennes[4]. Dans *Les Cités de la nuit écarlate*[5], du même auteur, on peut assister à un déferlement de drogues aphrodisiaques toutes plus toxiques à haute dose les unes que les

1 Halévy (Daniel) : *Histoire de quatre ans – 1997-2001*, p. 22.
2 Freud (Sigmund) : *Au-delà du principe du plaisir*.
3 Burroughs (William S.) : *Le Festin nu*, p. 173.
4 Burroughs (William S.) : *Lettres du Yage*.
5 Burroughs (William S.) : *Les Cités de la nuit écarlate*.

autres, et dont les effets dépendent de leur couleur : Les Petits Rouges, qui couvrent d'éruptions et de plaques rouges ; Les Anges Blancs, qui transforment le sperme en lumière ; le Bleu qui Brûle qui concentre les plaisirs du cyanure et de l'ozone ; la Lumière Noire ; les Verts qui produisent une éruption verte et rendent les testicules aussi durs qu'une cosse pleine de graines... Répartition colorée des effets aphrodisiaques que Sylvie Lainé convoquera également en 2009, mais d'une manière moins crue et plus poétique, dans sa nouvelle érotique *Toi que j'ai bue en quatre fois*[1].

Dans *Un passe-temps*, roman de Kurt Steiner paru en 1979, un détective privé est envoyé dans le Paris du XXIe siècle afin d'enquêter sur un trafic de drogue aphrodisiaque. Ce composé imaginaire, appelé Aphrodyl 15,

> ne se contente pas de multiplier l'orgasme. Il provoque aussi des pulsions meurtrières. C'est pourquoi il est interdit, et c'est aussi pourquoi son trafic est clandestin.
>
> Je vois, dit Simon, il faut toujours que les choses agréables soient néfastes. On dirait que la nature entière se ligue pour nous donner des sentiments de culpabilité[2].

Mais cela n'empêche pas la mafia d'en faire un commerce lucratif et dangereux !

Mais chez Steiner, comme chez Halévy ou Stevenson, l'excès de plaisir n'est pas seulement un danger individuel, mais également et surtout collectif : le péril vient de la subversion du lien social. La sanction ne se fait pas attendre : chez Stevenson, la honte et le bannissement de l'individu subversif ; chez Steiner, la mainmise de la Mafia sur le trafic d'Aphrodyl ; chez Halévy, l'effondrement moral de la société occidentale résulte de cette philosophie mortifère.

On retrouve la même conception dans la nouvelle « Le siècle du désir » de Clive Barker, qui décrit en 1985 l'effet d'un aphrodisiaque surpuissant, baptisé « l'Aveugle ». L'impossibilité de contrôler ses pulsions sexuelles conduit à asservir soi-même, les autres et le monde entier à son désir. Dans cette nouvelle, Barker lui aussi met en garde contre le débridement des passions qui sont cause de l'effondrement civilisationnel :

> Le monde avait traversé tant de siècles. Le Siècle des Lumières ; le Siècle de la Réforme, celui de la Raison. Et maintenant enfin, le Siècle du Désir. Après cela, la fin des Siècles ; de tout, peut-être. Car les feux de

---

1 Lainé (Sylvie) : « Toi que j'ai bue en quatre fois », in *Fidèle à ton pas balancé*, p. 381.
2 Steiner (Kurt) : *Un passe-temps*, p. 23.

maintenant étaient plus violents que ne l'avait escompté le monde innocent. C'étaient des feux terribles, des feux sans fin, qui embraseraient le monde dans une dernière flamme sauvage[1].

C'est un péril analogue qui guette les hommes ressuscités du *Monde du Fleuve*[2], de Philip J. Farmer, lorsqu'ils s'adonnent sans retenue aux tablettes de chewing-gum aphrodisiaques qu'ils trouvent dans leur « graal », le nécessaire personnel qui leur a été fourni lors de leur résurrection.

Inciter l'autre à nous désirer

Libérer son désir et exacerber son plaisir sexuel peuvent être un but en soi, mais la pulsion débridée doit trouver un objet pour s'exprimer. Dans la plupart des exemples que nous venons de voir, le désir suscité par la substance aphrodisiaque est imposé au partenaire, sans que le consentement de ce dernier soit questionné, ce qui est un point de vue sans doute assez genré. Mais l'aphrodisiaque peut également être utilisé pour susciter le désir chez l'autre, et l'inciter à participer à sa propre jouissance, souvent à son corps défendant. L'utilisation de l'aphrodisiaque peut alors créer une autre situation de domination, car il s'agit de forcer l'autre à répondre à son propre plaisir. Il est intéressant de constater que cette domination est principalement véhiculée par l'odorat.

Pourquoi l'odorat ? C'est qu'il est le véhicule principal de l'action supposée des phéromones humaines, thème qui aura beaucoup de succès à la suite de la découverte et de la synthèse des phéromones sexuelles d'insectes dans les années 60. En effet, les insectes, pour beaucoup d'entre eux, communiquent par l'intermédiaire de petites molécules volatiles qu'ils produisent. Parmi ces phéromones, composés chimiques que les insectes sont capables de détecter en quantité infime, les phéromones sexuelles ont particulièrement attiré l'attention. L'existence de phéromones sexuelles également chez certains mammifères a conduit à la proposition de leur existence chez l'humain, et de nombreuses recherches dans ce sens ont été entreprises. Après une trentaine d'années, la conclusion semble bien être de l'inexistence ou de la très faible efficacité des phéromones sexuelles humaines[3], mais cette légende scientifique a la vie dure, et a été – et est encore – très inspirante.

1 Barker (Clive) : « Le siècle du désir », in *Apocalypses*, p. 228.

2 Farmer (Philip J.) : *Le Monde du Fleuve.*

3 Simard (D.) : « La controverse de l'attirance sexuelle par les phéromones chez l'être humain », *Sexologies*, 2014. 23-1, pp. 23-28.

Déjà en 1973, l'odorat était le mode d'action privilégié des insectes humains décrits par Frank Herbert dans *La Ruche d'Hellstrom*. Dans ce texte, des agents spéciaux sont envoyés pour infiltrer une communauté isolée qui s'est développée sur le modèle des colonies d'insectes sociaux, comme les fourmis ou les abeilles. Dans cette société insectoïde, les savants sont parvenus à une maîtrise totale des phéromones humaines et de leur pouvoir insidieux de persuasion. Des phéromones artificielles sont utilisées pour inspirer le désir aux hommes de l'extérieur qui pourraient procurer de nouveaux gènes à la colonie. Lorsque le chef du groupe d'agents spéciaux rencontre une jeune fille de la ruche, elle s'est parfumée avec des phéromones artificielles qui le rendent incapable de résister à ses avances :

> Hellstrom aspira une grande bouffée d'air par les narines, et il découvrit que Fancy s'était injecté de la drogue fécondante. Elle essayait de provoquer Peruge ! Pourquoi ? Et elle en ressentait les effets, elle aussi ! Peruge était invinciblement attiré par Fancy et incapable d'expliquer ce magnétisme subit. Aucun sauvage de l'Extérieur n'aurait pu comprendre la chimie pourtant simple de la situation [...] Peruge était dans un état de demi-choc. Il ne se rappelait pas avoir cédé aussi vite et complètement à une excitation sexuelle. Excitation que cette femme partageait : elle restait là, tout près de lui, éperdue de désir...[1].

À son réveil, il garde le souvenir vaseux de dix-huit orgasmes successifs, et succombe à un arrêt cardiaque.

C'est également par l'odorat qu'agissent les « Larmes de Branwyn », aphrodisiaque surpuissant décrit par Laurell K. Hamilton dans *Le Baiser des ombres*[2] : c'est un parfum dont il suffit d'avoir quelques gouttes sur la peau pour déclencher un désir irrépressible chez soi et chez tout être humain qui sera en contact. On est quand même bien au-delà du poppers, substance aphrodisiaque couramment inhalée de nos jours dans les milieux festifs.

Mais si l'odorat est le véhicule principal de ces aphrodisiaques de domination, ce n'est pas seulement en raison de l'existence supposée des phéromones humaines, c'est également parce que l'odorat est le seul sens auquel les humains sont sensibles et qu'ils ne peuvent que difficilement abolir par un effort de rationalisation ou de volonté. Cela est très bien exprimé par Jean-Baptiste Grenouille, le héros du livre de Patrick Süskind, *Le Parfum, histoire d'un meurtrier*, roman paru en 1985 et qui est sans doute celui qui a le plus joué avec la notion de parfum de domination. Grenouille est un être d'apparence falote, quasi

---

1 Herbert (Frank) : *La Ruche d'Hellstrom*, p. 192.
2 Hamilton (Laurell K.) : *Le Baiser des ombres*, 2010.

invisible, mais doué d'un pouvoir extraordinaire : il possède une acuité olfactive surhumaine qui lui permet d'évoluer dans un monde d'odeurs qu'il est le seul à connaître. Dépourvu de tout sens moral, il met cette compétence unique au service de son ambition : créer le parfum ultime lui permettant de dominer les autres et de s'en faire aimer :

> Un parfum non seulement humain, mais surhumain; un parfum angélique, si indescriptiblement bon et si plein d'énergie vitale que celui qui le respirerait en serait ensorcelé et qu'il ne pourrait pas ne pas aimer du fond du cœur Grenouille, qui le porterait [...] les hommes pouvaient fermer les yeux devant la grandeur, devant l'horreur, devant la beauté, et ils pouvaient ne pas prêter l'oreille à des mélodies ou à des paroles enjôleuses. Mais ils ne pouvaient pas se soustraire à l'odeur[1].

Et ce parfum qu'il finit par créer à force de crimes odieux sera cause d'une orgie sexuelle mettant en jeu plusieurs milliers de personnes, lors d'une scène mémorable et jubilatoire.

Fusionner et partager

Dans toutes les œuvres que nous avons évoquées, l'aphrodisiaque est un outil de subversion de la morale et de l'ordre social. Il reste néanmoins entendu que cette construction sociale subsiste, fondée sur la distinction, voire l'opposition, entre la collectivité et l'individu, la communauté et l'intimité. Exhiber son intimité en affichant ses pulsions au grand jour ou violer l'intimité d'autrui en le forçant à répondre à ses propres désirs ne peut être subversif que si la sexualité est et doit rester de nature intime. Mais que se passe-t-il si la sexualité, au lieu d'être intime, devient un levier, voire une contrainte d'intégration sociale ? Dès 1932, une telle proposition est faite par Aldous Huxley dans son ouvrage célébrissime, *Le Meilleur des Mondes*. Huxley y fait la description d'un monde futur où le système social est basé sur des castes, ou l'individualité n'est rien et le bonheur une priorité absolue, au service du contrôle social. La clé de la stabilité de cette société est le soma, drogue du bonheur que chacun absorbe à la moindre contrariété. Un proverbe appris dès la petite enfance déclare :

> Ne remettez jamais à demain le plaisir que vous pouvez prendre aujourd'hui[2]

Ce soma, pilule du bonheur consommée par tous tout le temps comme un simple médicament, est également un aphrodisiaque

---

1 Süskind (Patrick) : *Le parfum, histoire d'un meurtrier*, p. 149.
2 Huxley (Aldous) : *Le Meilleur des mondes*, p. 114.

permettant, lorsqu'il est pris à haute dose, la Cérémonie de la Solidarité, sorte de cérémonie religieuse tournant à l'orgie sexuelle :

> Ils étaient là douze prêts à être réunis en un, attendant de se rapprocher, de se fondre de perdre en un être plus grand leurs douze identités distinctes[1].

> Une sensation de douce chaleur rayonnait par tout le corps de ceux qui écoutaient, du plexus solaire à chacune de leurs extrémités ; les larmes leur montaient aux yeux ; il semblait que leur cœur, leurs entrailles, fussent en mouvement au creux de leur corps, comme s'ils étaient animés d'une vie indépendante. « Ford ! » ils se fondaient, « Ford ! » ils étaient fondus[2].

Cette cérémonie, décrite comme une communion des corps, des esprits et des volontés, est un passage périodique obligé pour chacun et un moyen coercitif de contrôle social.

La proposition de Robert Silverberg en 1971, est plus ambiguë. Dans *Les Monades urbaines*, il décrit une société où, grâce à la construction d'immenses tours, appelées monades, et pouvant abriter plus d'un million d'âmes chacune, le problème de la surpopulation est résolu. Dans cette société où l'espace vital est restreint, la procréation est un impératif religieux, et avoir des relations sexuelles avec toute personne en manifestant le désir est une obligation morale, comme dans le livre de Huxley. Mais contrairement à ce dernier, Silverberg fait un usage différent des aphrodisiaques. Le Multiplexer, aphrodisiaque ultime, est un moyen de perception de la totalité de la monade et de ses habitants, et celui qui s'y adonne sent son esprit fusionner progressivement avec tous les autres esprits qui l'entourent :

> Va-et-vient. Va-et-vient. Il se sent se multiplier. Son esprit se dilate. La drogue le rend psychosensitif, abolissant les barrières chimiques dans son cerveau qui bloquent les trajets télépathiques. Dorénavant, il peut percevoir les informations sensorielles de ceux qui l'entourent. À chaque instant, son champ de perception s'élargit de plus en plus. Au paroxysme, prétend-on, chaque œil et chaque oreille dans la monade devient vôtre – une infinité de réponses vous assaille – on est tout le monde à la fois[3].

Cette expérience de fusion télépathique sous aphrodisiaque le change profondément et lui fait percevoir la beauté de l'organisation sociale de la monade, et lui procure le sentiment qu'il recherchait, d'intégration totale de son individualité dans le tout collectif.

---

1 Huxley (Aldous) : *op. cit.*, p. 100.

2 Huxley (Aldous) : *op. cit.*, p. 103.

3 Silverberg (Robert) : *Les Monades urbaines*, p 82.

Il est intéressant de confronter les deux propositions d'Huxley et de Silverberg. Le cadre social est tout aussi contraignant dans les deux cas, mais le statut de l'aphrodisiaque est différent. Outil d'endoctrinement pour Huxley, il devient libératoire et intégrateur pour Silverberg, même si l'ordre social règne et élimine tous les déviants affectifs. Que s'est-il passé entre ces deux œuvres, séparées de quarante ans, pour assister à un tel renversement des valeurs ?

La perception de ce type de substances change à l'époque psychédélique. La fascination commence au début des années 60, avec la découverte du yagé – ou ayahuasca – par William Burroughs en Amazonie et sa promotion comme « *trip ultime* »[1]. L'engouement pour les substances psychédéliques (LSD, yagé, peyotl...) aux propriétés aphrodisiaques, empathogènes (qui développent l'empathie) et enthéogènes (qui aident à percevoir la divinité) est important jusqu'à la fin des années 80, et cet engouement trouve une traduction directe dans la science-fiction. Déjà Herbert y fait des allusions discrètes en 1963 dans *Dune*[2] : j'ai pu démontrer ailleurs que l'Épice de Dune, aux pouvoirs clairement enthéogènes, était directement inspirée du yagé amazonien et d'autres substances analogues[3]. Cette Épice, connue pour ses propriétés gériatriques et enthéogènes, est également un aphrodisiaque puissant. Les Fremen l'utilisent lors de l'« orgie du tau », cérémonie orgiaque dans lequel leurs esprits se fondent dans la collectivité. On retrouve dans *l'Empereur-Dieu de Dune*[4], l'Épice comme aphrodisiaque permettant aux Truitesses de célébrer le Siaynoq, communion spirituelle et sensuelle avec Leto II, leur dieu vivant.

Cette association entre interpénétration des corps et communion des esprits, apparue dans les années 60, marquera durablement l'image de l'aphrodisiaque. Ce dernier pourra même être un moyen d'entrer en communication avec l'Univers, comme dans *Rut aux étoiles*[5], de Philippe Curval, roman paru en 1979. Des astronautes de la Ligue Terrienne découvrent un curieux planétoïde dans la ceinture d'astéroïdes. Se l'étant accaparé, ils y font pousser des vignes qui produisent un vin, le « Vin de Pan », hautement aphrodisiaque. Mais le pouvoir de ce vin ne s'arrête pas à décupler le désir sexuel. Il sert d'aphrodisiaque rituel lors de cérémonies cosmiques aux connotations éminemment sexuelles.

---

1   Burroughs (William S.): *Junky*.

2   Herbert (Frank): *Dune*.

3   Chemla (Fabrice) : « L'Épice, un Mélange bientôt disponible ? », pp. 79-96, *in* Lehoucq (Roland) (dir.) : *Dune : exploration scientifique et culturelle d'une planète-univers*.

4   Herbert (Frank) : *L'Empereur-Dieu de Dune*.

5   Curval (Philippe) : *Rut aux étoiles*.

Il faut reconnaître que Burroughs aura fortement marqué le sujet, et Poppy Z. Brite lui rend d'ailleurs un élégant hommage dans sa nouvelle « Le vin de l'âme »[1], parue en 1998, et dans laquelle deux jeunes amants prennent de l'ayahuasca et s'adonnent à une séance sexuelle torride, sous les yeux d'un William Burroughs vieillissant récitant certains passages du *Festin nu* et des *Lettres du Yage* à la télévision.

On retrouve également une drogue aphrodisiaque du même type dans l'ouvrage de Roland C. Wagner, *Rêves de Gloire*. Dans cette uchronie publiée en 2011, l'attentat du Petit-Clamart a réussi. Le général De Gaulle est mort, et l'Algérie reste française. Néanmoins, cette Algérie n'échappe pas à l'avancée de l'histoire, au mouvement beatnik et au rock'n'roll... et à sa drogue psychédélique ultime, appelée La Gloire, et qui est une claire référence au yagé et au LSD :

> J'étais allé très loin, ça, c'était sûr. Si loin que je n'étais même pas fichu de dire où ça se trouvait. Au fond de moi-même, mais pas seulement, parce que, vous voyez, pendant qu'on se tripotait, la fille avec un accent allemand et moi, on n'était plus vraiment deux personnes, on était ensemble, on communiquait quasiment par télépathie, ouaip, ses gestes étaient les miens et mes gestes étaient les siens, impossible de savoir qui faisait quoi à qui avec quoi. Ce truc qu'y avait sur les sucres, ce truc qu'ils appelaient la « Gloire du Matin », j'avais pas la moindre idée de ce que ça pouvait être, mais ce qu'était sûr c'est que c'était un putain de truc sexuel. Ce que j'avais fait avec cette fille c'était sacrément plus que de juste tirer un coup[2].

Le boom du chemsex

La figure de l'aphrodisiaque comme substance décuplant la sensualité et le désir fait écho à certaines substances existantes, pour certaines depuis fort longtemps : la sarriette, appelée « herbe à satyres » par les Romains, qui utilisaient aussi l'« herba salax », ou roquette ; l'angélique ou la bourrache, largement utilisées au Moyen Âge ; certaines épices lointaines qui ont fait fureur au XIIIe siècle, sans compter les produits issus du monde animal : cornes de rhinocéros, organes sexuels de gorille, de taureau, sans oublier la souveraine mouche cantharide... tous ces produits, épices, herbes et poudres ont été et continuent à être utilisées[3].

---

1 Brite (Poppy Z.) : « Le vin de l'âme » *in* Ligny (Jean-Marc) (dir.) : *Cosmic Erotica*, pp. 31-41.

2 Wagner (Roland C.) : *Rêves de Gloire*, p. 56.

3 Correnti (Pino) : *Cinq mille ans de cuisine aphrodisiaque : les recettes galantes d'ici et d'ailleurs.*

Mais la plupart de ces substances n'ont en réalité pas d'effet aphrodisiaque notable. De nos jours, les seules substances qui ont prouvé un effet réel sont le sildénafil, commercialisé initialement sous le nom de Viagra®, et ses analogues, qui permettent de lutter contre le dysfonctionnement érectile. Il est à noter que leur effet n'est pas réellement aphrodisiaque : leur mode d'action est purement fonctionnel, ce qui permet leur acceptation sociale pour raisons « médicales ». Il en est autrement de la MDMA, amphétamine connue également sous le nom d'ecstasy, ou « pilule de l'amour », décrite pour son effet énergisant et désinhibant, la cocaïne ou le LSD.

Comment fonctionnent ces substances ? Deux neurotransmetteurs fondamentaux sont mis en jeu dans le fonctionnement des drogues : la sérotonine et la dopamine. La sérotonine est très impliquée dans la gestion des humeurs (état de bonheur par opposition à l'état de stress, de douleur ou de dépression), le comportement sexuel, les processus d'apprentissage, ou encore l'appétit. La dopamine est, de son côté, impliquée dans la neurobiologie de la prise de risques et de la récompense : sa production est stimulée par la pratique régulière du sport ou... de la nicotine. Une bonne partie des substances psychoactives actuelles ont une action sur au moins l'un de ces neurotransmetteurs : par leur similarité structurelle au point de vue chimique avec la dopamine ou bien la sérotonine, elles peuvent libérer dans le cerveau des doses massives du neurotransmetteur auquel elles ressemblent. Celui-ci produit alors ses effets : modification des états de conscience et renforcement du sentiment de « bonheur » de l'individu pour la sérotonine ; excitation, énergie et compétitivité pour la dopamine. L'ayahuasca ou yagé, substance naturelle d'Amazonie, ou le LSD, substance artificielle, synthétisée en 1943 par le chimiste Albert Hofmann à partir d'extraits d'ergot de seigle, sont deux substances dites « sérotoninergiques », contrairement à la cocaïne ou aux amphétamines comme l'ecstasy, substances « dopaminergiques ».

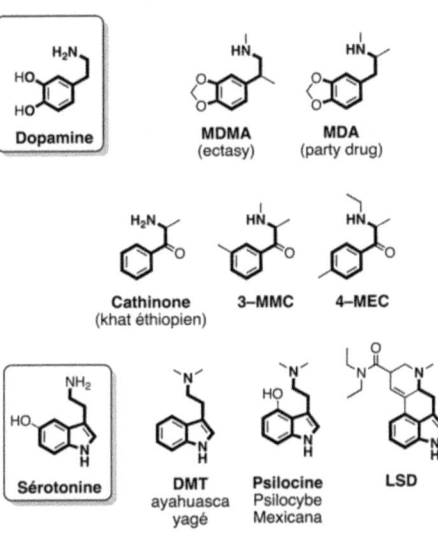

Depuis le début des années 2000, on assiste à l'explosion de la variété des drogues de synthèses, les NPS (nouveaux produits de synthèse). Une nouvelle classe de molécules en particulier a fait son apparition parmi les milieux festifs. Il s'agit de dérivés de la cathinone, substance naturellement présente dans le khat, plante qui ne pousse que sur les hauts plateaux éthiopiens. De nouvelles molécules apparentées synthétiques ont été mises sur le marché, comme la 3-MMC et la 4-MEC, et ont connu un succès foudroyant. D'une manière intéressante, toutes ces substances présentent une structure qui les fait ressembler à la fois à la dopamine et à la sérotonine. Leur effet est alors double : la libération massive de dopamine dans les fentes synaptiques des neurones procure un effet plaisir intense, tandis que la libération massive de sérotonine agit quant à elle sur le sentiment de renforcement du « bonheur » de l'individu[1].

Ces substances sont utilisées comme aphrodisiaques lors de séances sexuelles longues et enflammées, souvent en groupe, et cette pratique est appelée « chemsex », mot-valise constitué de « chemicals » et « sex ». Ces substances sont non seulement aphrodisiaques, mais également entactogènes et empathogènes : intensification des sensations, stimulation mentale, hyperempathie, hypersociabilité, euphorie, hyperexcitation sexuelle. Ces cathinones sont bien moins onéreuses que la cocaïne, et elles sont consommées d'une manière de plus en plus ouverte. D'abord réservé aux milieux gays pendant une dizaine d'années[2], leur usage est « sorti du placard » pour s'étendre aux milieux festifs hétérosexuels[3] au point d'inquiéter actuellement les autorités[4][5]. En effet, les prises de risques sous chemsex sont très importantes, les individus voient leurs barrières mentales fragilisées et sont beaucoup plus sensibles aux suggestions et désirs des autres. Très forte accoutumance psychologique, descentes difficiles... ce sont de véritables drogues ! On commence à détecter des échos de cette démocratisation du chemsex dans les médias[6] ou la culture[7], y compris populaire : les cathinones sont le sujet d'une émission grand public (*Ça*

---

1 Kelly (John P.) : « Cathinone derivatives: A review of their chemistry, pharmacology and toxicology », *Drug Test. Anal.*, 2011, 3 (7-8), pp. 439-453.

2 Bardou (Florian) : « Chemsex : chez les gays, un accélérateur de péril », *Libération*, 14 juin 2017, p. 12.

3 Delouche-Bertolasi (Charles) : « 3-MMC en boîte de nuit : la montée en gramme », *Libération*, 4 novembre 2022, pp. 10-12.

4 Milhet (Maitena) : *APACHES : Attentes et Parcours liés au Chemsex*, Observatoire Français des Drogues et Toxicomanies, 2019.

5 Benyamina (Amine) : *Rapport «Chemsex »*, Ministère de la Santé, 2022.

commence aujourd'hui), du ressort d'une intrigue policière (série *Balthazar*, S5 ep5). On en entend malheureusement parler également dans les faits divers, comme l'a montré une affaire récente impliquant l'humoriste Pierre Palmade dans un accident de voiture.

Vers l'instauration d'une nouvelle norme ?

On retrouve dans les cathinones les effets des aphrodisiaques décrits par nos auteurs de science-fiction des années auparavant, effets qui ne sont plus cantonnés aux pratiques de groupe. L'explosion du chemsex indique un renversement du jugement moral et une acceptation collective qui semble répondre à un véritable besoin sociétal : tout se passe comme si le sexe ne redevenait véritablement attractif qu'à condition d'être un partage, en dépassant l'aspect simplement mécanique banalisé par l'hyperaccessibilité de la pornographie. La science-fiction en a rêvé, le chimiste l'a fait. Mais à quel prix ?

Le phénomène des drogues et de l'addiction n'est pas nouveau. Ce qui est en question ici, c'est la possibilité d'installation d'une nouvelle norme. Je considère que la science-fiction est un genre qui nous parle essentiellement de nous. Elle déplace le propos pour rendre les conséquences de ses hypothèses plus sensibles et plus accessibles : déplacement dans le temps, dans l'espace... mais elle nous parle de nous, ici et aujourd'hui. Si c'est vraiment le cas, il sera intéressant de suivre l'évolution du chemsex dans le futur, de sa démocratisation et des pratiques qu'il va occasionner. Il est possible que la disparition de l'aspect subversif de ces nouveaux aphrodisiaques donne lieu à l'instauration de nouvelles normes et pratiques sociales : déjà, il semble que dans la communauté gay, le pourcentage de pratiquants du chemsex s'élève à 30% ! La nouvelle « Saturnales »[1], de M. Mazaurette, décrit par exemple un univers dans lequel l'utilisation d'aphrodisiaques pour rendre parfaite la nuit de noces est normale, et c'est déroger à cette obligation qui devient subversif. Peut-être assisterons-nous à l'apparition de comportements normatifs tels que ceux décrits dans « Prison culturelle », nouvelle écrite en 1973 par Barry N. Malzberg. Dans cette nouvelle, les couples doivent se soumettre avec régularité à

---

6 Delouche-Bertolasi (Charles) : « 3-MMC : L'usage régulier par des gens qui ne pratiquent pas le chemsex est de plus en plus visible », *Libération* [en ligne]. 12 octobre 2022. [Consulté le 12 décembre 2022]

7 Zarca (Johann) : *Chems*.

1 Mazaurette (Maïa) : « Saturnales », *in* Volper (Charlotte) et Lavadou (Jérôme) : *69*, pp. 17-32.

une épreuve de partage sexuel avec leur communauté en prenant une drogue empathogène puissante. Le rituel qui accompagne ces réunions sexuelles présente une valeur religieuse et mystique, et son objectif est clairement le contrôle social subi et l'exclusion des dissidents pour la sauvegarde de la communauté :

> Obscurité. De la musique s'élève du centre ; la fête a commencé. « Souvenez-vous », dit George selon ce que prescrit le rite, tandis que nous nous serrons les uns contre les autres, « souvenez-vous des principes ». [...]« Le principe du mélange, le principe de l'obligeance. Le principe du partage et du contact. Tous frères, un pour tous et tous pour un pour le plus grand bien de tous ». Il a déjà le souffle court ; sa respiration est irrégulière. Nos vêtements tombent. « Pour la cité, » dit George. « Pour la cité et par conséquent pour le pays. Tous ensemble. Tous mêlés »[1].

Bibliographie

Barker (Clive) : « Le siècle du désir », pp. 268-360, in *Apocalypses*, J'ai Lu, 2003.

Benyamina (Amine) : *Rapport « Chemsex »*, Ministère de la Santé, 2022. [consulté le 13 mars 2023]. Disponible à l'adresse : https://sante.gouv.fr/IMG/pdf/rapport_chemsex_abenyamina.pdf.

Brite (Poppy Z.) : « Le vin de l'âme », pp 31-41, in Ligny (Jean-Marc) (éd.) : *Cosmic Erotica*, J'ai Lu, coll. Millénaires, 2000.

Burroughs (William S.) : *Le Festin nu*, Gallimard, coll. L'Imaginaire, 1984.

Burroughs (William S.) : *Lettres du Yage*, Christian Bourgois, coll. Titres, 2008.

Burroughs (William S.) : *Les Cités de la nuit écarlate*, Bourgois, coll. Titres, 2009.

Burroughs (William S.) : *Junky*, Gallimard, coll. Folio, 2008.

Chemla (Fabrice) : « L'Épice, un Mélange bientôt disponible ? », pp. 79-96, in Lehoucq (Roland) (dir.) : *Dune : exploration scientifique et culturelle d'une planète-univers*, Le Bélial', 2020.

Correnti (Pino) : *Cinq mille ans de cuisine aphrodisiaque : les recettes galantes d'ici et d'ailleurs*, Robert Laffont, 1992.

Curval (Philippe) : *Rut aux étoiles*, Pocket, 1979.

Halévy (Daniel) : *Histoire de quatre ans – 1997-2001*, Kimé, 1997.

Hamilton (Laurell K.) : *Le Baiser des ombres*, J'ai Lu, 2010.

Herbert (Frank) : *La Ruche d'Hellstrom*, J'ai Lu, 1980.

Herbert (Frank) : *Dune*, Pocket, 2021.

---

1 Malzberg (Barry N.) : « Prison culturelle », *in* Chambon (Jacques) (éd.) : *Éros au futur*, Opta, *Fiction* spécial n°27, 1977, p 157.

Herbert (Frank) : *L'Empereur-Dieu de Dune*, Pocket, 2022.

Huxley (Aldous) : *Le Meilleur des mondes*, Pocket, 1977.

Kelly (John P.) : « Cathinone derivatives: A review of their chemistry, pharmacology and toxicology », *Drug Test. Anal.*, 2011, 3 (7-8), pp. 439-453.

Lainé (Sylvie) : « Toi que j'ai bue en quatre fois », in *Fidèle à ton pas balancé*, ActuSF, 2016, pp. 381-393.

Malzberg (Barry N.) : « Prison culturelle », in Chambon (Jacques) : *Éros au futur*, Opta, *Fiction* spécial n°27, 1977, pp. 156-163.

Mazaurette (Maïa) : « Saturnales », in Volper (Charlotte) et Lavadou (Jérôme) : *69*, ActuSF, 2010, pp. 17-32.

Milhet (Maitena) : *APACHES : Attentes et Parcours liés au Chemsex*, Observatoire Français des Drogues et Toxicomanies, 2019. [consulté le 12 décembre 2022]. Disponible à l'adresse : http://www.ofdt.fr/BDD/publications/docs/epfxmmz5.pdf

Rouiller (François) : *Stups et fiction*, Encrage, 2002.

Silverberg (Robert) : *Les Monades urbaines*, J'ai Lu, 1979.

Simard (D.) : « La controverse de l'attirance sexuelle par les phéromones chez l'être humain », *Sexologies*, 2014, 23-1, pp. 23-28.

Steiner (Kurt) : *Un passe-temps*, Fleuve Noir, coll. Anticipation, 1979.

Stevenson (Robert L.) : *L'étrange cas du Dr Jekyll et de Mr Hyde*. Christian Bourgois, coll. 10/18, 1976.

Süskind (Patrick) : *Le parfum, histoire d'un meurtrier*, Fayard, 1985.

Wagner (Roland C.) : *Rêves de Gloire*, L'Atalante, 2011.

Zarca (Johann) : *Chems*, Le Livre de Poche, 2022.

Conquêtes et destructions : du pouvoir sexuel aux orgasmes mystiques dans les romans de Christophe Siébert

Clément Pélissier
Litt&Arts, Imaginaire et Socio Anthropologie (ISA)
Univ. Grenoble-Alpes, UMR 5316

Sexe et pouvoir peuvent être deux ingrédients particulièrement efficaces pour susciter l'intérêt d'un lectorat, et la littérature contemporaine les emploie volontiers. Pour l'exemple, nous voudrions commenter les frasques de Mertvecgorod, ville imaginaire et uchronique de l'Europe de l'Est créée par Christophe Siébert. Mertvecgorod constitue l'unité de plusieurs cycles littéraires. La République indépendante de Mertvecgorod (RIM[1]) a donné naissance à plusieurs romans dont elle est le centre, toujours développée par le même auteur. Sur le site internet consacré à cette ville, on trouve la description suivante :

> Mertvecgorod est une mégapole fictive, capitale d'un pays minuscule et corrompu coincé entre la Russie et l'Ukraine. Le cycle des Chroniques de Mertvecgorod, publié au Diable vauvert, raconte les grands événements qui secouent la ville entre 1970 et 2050. Paru à ce jour : *Images de la fin du monde* et *Feminicid*. Le cycle *Un demi-siècle de merde*, publié au Diable vauvert, raconte, sur une cinquantaine d'années, l'existence de cinq habitants ordinaires qui tentent simplement de survivre et être heureux. Paru à ce jour : *Valentina*. Le cycle *Après le black-out*, publié chez Mnémos sous le label Mu, se focalise sur les événements qui se déroulent entre 2029 et 2035, et leurs conséquences. Paru à ce jour : *Volna*. En parallèle à ces cycles, il existe aussi des romans hors-série : *Hram*, paru chez Gore des Alpes, et *Vive le feu*, paru chez Zone 52 dans la collection Karnage. Tous ces romans, et ceux qui vont suivre (chaque cycle devrait compter environ six volumes), peuvent se lire dans l'ordre qu'on veut et de façon indépendante[2].

---

1 On conservera toujours cet acronyme, employé dans les textes d'origine, dans la suite de notre étude.

2 On retrouvera tout l'univers de Mertvecgorod ici : https://mertvecgorod.wixsite.com/mertvecgorod

Mertvecgorod est à considérer comme le centre gravitationnel d'un monde en construction, en cours d'écriture. L'auteur lui confère une histoire – et même une préhistoire –, une langue officielle (le russe), une monnaie (le rouble de Mertvecgorod) une situation géopolitique, etc. Autrement dit, il présente une ville de fiction qui n'en reste pas moins identifiable, vivante et tangible. C'est un lieu frappé de misère, de corruption, de crimes, une comédie humaine et inhumaine à la fois. Dans cet étrange carnaval, la sexualité et les rapports sexuels brutaux constituent des thèmes importants de la narration. On cloisonnera notre analyse aux deux premiers ouvrages du premier cycle des *Chroniques,* où le thème du sexe et ses dérives nous paraissent particulièrement importants pour comprendre une grande part de l'horreur sociale et politique qui se déploie dans la RIM. Corrompu et oligarchique, le système qui régit Mertvecgorod fait grand cas de la domination sous toutes ses formes. Beaucoup de personnages *d'Images de la fin du monde* et de *Feminicid* font de la sexualité débridée, voire criminelle, un enjeu de conquête des esprits, des corps, des territoires. Plus encore, au sein des deux œuvres les actes sexuels sont parfois décrits et ressentis par les personnages comme des rites de passage entre les mondes. Ils conduisent acteurs et lecteurs vers une forme de mysticisme qui fait basculer un instant le récit dans le genre fantastique. Tout ces éléments participent à rappeler, au-delà même de ces romans, la fascination et l'horreur qui peuvent s'entremêler à la lecture ou à la vue de scènes qui interrogent directement l'intimité et le rapport de chacun à l'insoutenable.

Libido et pouvoir : pour qu'éclate la vérité

Images de la fin du monde et *Feminicid* se construisent dans un entrelacement de faits divers – souvent repris et réadaptés par Christophe Siébert[1] – qui émaillent la vie turbulente au sein de la RIM ; et par des éléments d'enquêtes sur différents évènements plus ou moins obscurs. La narration donne donc un rôle important aux journalistes et à leurs investigations, parfois aussi aux hackeurs et rebelles qui les aident ou les interpellent. Ce sont eux qui approchent au plus près les dominants – y compris ceux de l'ombre – et leurs exactions. Dans les premières pages *d'Images de la fin du monde*, on peut lire un article de

---

[En ligne] Consulté le 30/06/2023.

1 Christophe Siébert a aimablement partagé dans un entretien privé avec nous ses méthodes de création et inspirations «Grosso modo, je procède par agglomération. Chaque fois que je tombe sur un truc marrant (dans la presse, dans la fiction, dans la vie réelle, n'importe où) ça vient se coller à une espèce de grosse boule constituée de tout ça. Tout se mélange, et je puise là-dedans (plus ou moins) ». Entretiens personnels, mars 2023.

Vincent Lacroix paru dans « *La Revue du siècle* ». Il y relate une enquête de longue haleine à propos de Nikolaï le *Svatoj* (Le Saint), une figure fondamentale dans le paysage politique de Mertvecgorod, car il circule dans les sphères plus ou moins officielles, souvent dans les plus sulfureuses. On peut dire que Nikolaï a même influencé Mertvecgorod au plus profond de sa topographie. Il sera en effet tristement connu pour être le fer de lance d'un attentat raté, aux conséquences humaines et urbaines néanmoins désastreuses – c'est en grande partie pour suivre et témoigner de cette action qui se voulait idéaliste que Vincent s'est attaché aux pas du *Svatoj*. Or, les descriptions rapportées par le journaliste au fur et à mesure qu'il enquête puis côtoie Nikolaï font état d'un personnage hors-norme en tous points, d'un charisme et d'une influence presque hypnotisants. Ainsi, une des toutes premières descriptions données de ce gourou concerne son pénis :

> Au chapitre grotesque : son énorme bite, son priapisme légendaire et le nombre invraisemblable de ses maîtresses et de ses amants. Ou bien, puisqu'on parle de bites, sa collection de phallus célèbres. La première fois qu'un confrère mi-goguenard mi-effaré m'a raconté cette histoire j'ai cru qu'il s'agissait de moulages ou de reproductions. Mais non : le Svatoj possède les attributs authentiques, arrachés à leurs corps d'origines et achetés à prix d'or aux familles, aux États ou à quiconque veut bien profaner une tombe ou un Panthéon. Sa collection, qui s'élèverait à plus d'une centaine de pièces, compterait entre autres fleurons les pines de Jimmy Hendrix, Pablo Picasso et Trotski[1].

Dominant sexuel, sans jamais pour autant avoir été accusé de viol précise Vincent Lacroix, Nikolaï le *Svatoj* est très attentif à entretenir sa propre légende, de telle sorte que le journaliste, au départ de son investigation ne sait pas vraiment ce qui tient du mythe ou des faits. Immédiatement après les fastes sexuels du « Saint » sont décrites les actions radicales de son groupe terroriste, le *Sit* (« Le Bouclier ») puis le pensionnat tenu par son épouse dont les résidents semblent ressortir nantis de la plus stricte éducation religieuse et militaire. Nikolaï est aussi désigné par les incohérences de sa biographie et son engagement politique à deux vitesses. Parfois il combat les dirigeants de la RIM, mais parfois aussi il circule dans les hauts cercles du pouvoir. Une grande partie de son influence est, une fois encore, sexuelle :

> Les années quatre-vingt le voient se rapprocher du pouvoir en place : sa nouvelle protectrice, Gala Sorokine, maîtresse de Mikhail Petrov, président de la République Socialiste (et pas encore indépendante) de Mertvecgorod, lui ouvre les portes du palais. Selon les ragots il coucherait sans distinction avec Gala et le président, les initiant au BDSM. (Siébert, *op. cit.*, p. 16.)

---

1 Siébert (Christophe) : *Images de la fin du monde*, p.9.

Au sein des *Chroniques de Mertvecgorod*, le sexe et ses différentes emprises sont souvent convoqués afin de mettre en lumière une réalité sociale bien peu enviable : les plus influents sont aussi les plus déviants, les plus pervers, et ils en appellent bien moins souvent à Éros qu'à Thanatos. Le sexe et la jouissance deviennent alors l'expression des pulsions les plus morbides. Les personnages n'en deviennent pas seulement misérables, mais aussi horrifiants, presque cathartiques pour le lecteur. Pourtant cette dépravation ne se limite pas aux gourous. Les plus misérables se laissent aussi aller à des actes innommables pour se faire entendre. C'est tout l'enjeu de la « Danse de mort » décrite dans *Images de la fin du monde* ; et de sa barbarie sexuelle sur d'innocentes victimes choisies au hasard. Leurs bourreaux, des adolescents dégoûtés de leur réalité, veulent détruire et se détruire :

> Contrairement aux adultes nous sommes sensibles et doués d'empathie (...). [Nous] souhaitons que nos parents souffrent le plus possible. Nous savons qu'ils nous aiment et que notre mort les dévastera. Nous désirons que les adultes, sans distinction, en bavent jusqu'à en crever. Vous êtes corrompus, ignobles et salissez et détruisez le monde et tout ce qui y vit. (Siébert, *op. cit.*, pp 71-72.)

C'est encore à un journaliste, Timur Domachev, que seront confiés le devoir et l'obligation de filmer les horreurs sexuelles perpétrées durant La Danse de Mort. Timur est d'ailleurs le personnage central dans *Feminicid*. Censuré, manipulé, menacé, le journaliste perdra même la vie dans sa quête de vérité à propos du *Feminicid* qui se répand dans la RIM et multiplie les cadavres de femmes. Il sera confronté tantôt à des êtres misérables, survivant dans le marasme des rues, tantôt à des monstres qui justifient leurs crimes sous couvert d'actes prétendument charitables. C'est ce que fait Piotr Mouratov pour expliquer la pérennité de la « Maison des Plaisirs » :

> [J'ai] passé beaucoup de temps à la Maison des Plaisirs. Je les ai toutes connues, ces filles, elles ne me paraissaient pas malheureuses. Au contraire. Vous imaginez une espèce d'enfer peuplé de damnées rouées de coups, en pleurs. Vous vous trompez. Vous devez vous sortir ça de la tête. (...) Évidemment, Lavrenti exigeait beaucoup de ses filles. En contrepartie il les rendait heureuses. Il y avait des fêtes, des bals costumés, il les couvrait de cadeaux (...) [Elles] l'aimaient. Alors, oui, bien sûr, il y avait un prix à payer pour tout ça, pour cette existence de rêve, oui, elles finissaient dans le parc. Pour l'amour de Dieu, vous connaissez quelque chose de gratuit, vous, en ce bas monde ? »[1]

L'argumentaire qui s'appuie sur une qualité de vie supérieure – par rapport à celle que l'on peut trouver dans les rues de Mertvecgorod –

---

1 Siébert (Christophe) : *Feminicid*, p. 89.

pour les résidentes de la Maison des Plaisirs est une tentative de justification qui renvoie le lecteur à l'emprise morale et psychique des personnages, souvent libidineux et patriarcaux. Lavrenti Zoubarev a déjà un passé chargé dès *Images de la fin du monde* : très proche du « Clan des Quatre », oligarques de l'ombre, Zoubarev est aussi à l'initiative d'un zoo humain : « (…) un zoo spécialisé dans les *freaks*, les tarés, les ratés, dans la misère humaine » (Siébert, op. cit., p. 97). Zoubarev a aussi violé et eu une relation de jeunesse avec l'un des membres du groupe, influant jusqu'à leur servir de mentor et d'employeur avant que leurs routes ne se séparent.

Les conséquences funestes de ces emprises morales et corporelles rappellent aussi que si les faits sont arrangés pour les besoins du récit, de tels prédateurs existent bien, et la narration s'appuie sur des faits. Ainsi, le texte de *Feminicid* et de son enquête sont-ils décrits explicitement comme un hommage aux victimes du féminicide de Ciudad Juárez, ville du Mexique tristement célèbre pour ses milliers de meurtres de femmes non élucidés depuis 1993. Sans chercher à être nécessairement dénonciatrice ou militante, l'écriture de Christophe Siébert invite pourtant le lecteur à faire son propre cheminement moral. La perspective de création portée par l'auteur reste influencée par des thématiques qui l'intéressent et le préoccupent à propos du monde contemporain, comme il en atteste dans cet entretien :

> Les thèmes que j'aborde, du féminicide au trafic de déchets et d'organes en passant par la corruption et le crime organisé, sans oublier tous les autres, font partie du monde réel, de notre société contemporaine. Le trafic d'organes, par exemple, est à l'heure actuelle l'activité criminelle la plus lucrative, loin devant la drogue. Ça me paraissait donc important de parler de ça. Je ne dénonce rien, dans mes fictions. Je mets en scène des trucs qui me préoccupent, me fascinent, me troublent, me font réfléchir, m'émeuvent, etc. Au lecteur d'y trouver matière à s'indigner si c'est dans son caractère, ou de prendre ça comme un simple divertissement s'il préfère[1].

L'invitation du lecteur à la recherche, qu'elle soit engagée ou simplement le fait d'une curiosité ou d'un divertissement, est d'autant plus assumée par Christophe Siébert qu'il donne accès à l'ensemble de sa documentation, que cela soit dans les textes ou sur le site de Mertvecgorod dans les sections dédiées[2]. Par ailleurs, les sources les plus importantes sont également indiquées en fin de texte.

---

1 https://www.babelio.com/livres/Siebert-Chroniques-de-Mertvecgorod-tome-1--Images-de-la-f/1211233/critiques [En ligne] Consulté le 30/06/2023

2 Pour les ouvrages : https://mertvecgorod.wixsite.com/mertvecgorod/bibliographie [En ligne] Consulté le 30/06/2023

Il y a aussi au sein des romans une autre facette des rapports sexuels, souvent directement liée aux dominations de certains personnages sur les autres. La sexualité est parfois orgiaque, elle devient un élément de communion ou même de contamination des esprits lorsque les rapports sexuels deviennent des éléments rituels. On trouve des scènes de délires sous psychotropes, des séquences cinématographiques et des phases de réalité augmentée où le sexe devient le prétexte à l'abandon, à une forme de révélation mystique et à une recomposition de la réalité.

Orgasmes d'initiés :
du voyage mystique à la réalité augmentée

Une des premières scènes convoquant des éléments du genre fantastique est reliée à l'enquête de Vincent Lacroix dans *Images de la fin du monde* à propos de Nikolaï. Invité auprès du leader et gourou, le journaliste va assister à une cérémonie particulière, consacrant un « Grand Duc », un drone chargé d'explosifs camouflé pour ressembler à l'animal qu'il évoque, censé frapper un échangeur autoroutier et une cathédrale – symboles perçus par Nikolaï et le *Sit* comme les marques de l'oppression et du pouvoir en place dans la RIM. Vincent participe à ce rituel convoquant psychotropes, présence d'animaux et recours à des casques de réalité virtuelle. Plongé au cœur de la transe, il va vivre une véritable transfiguration, un *trip* où le sexe devient un élément fondamental :

> Comment décrire ça ? Un mix fatal de réalité augmentée, danse, transe et trip dû à la drogue. Chants et cris. Les masques laissent place à de véritables têtes d'animaux. Le loup circule parmi nous. Le vrai ? Sa version virtuelle ? Impossible de savoir. Et voici les esprits. Créatures sauvages, poilues, belles, succubes et incubes venus de la toundra, des forêts d'Asie, qu'habitent l'esprit du tigre, de l'ours, du crocodile et que dévore une envie de baiser plus brûlante que l'enfer. Ils viennent d'où, les esprits ? De la came ? Du monde virtuel ? D'un autre plan d'existence ? N'est-ce pas juste trois manières différentes de dire la même chose ? La sarabande dégénère en partouze. On baise tous ensemble, humains, loup, démons. Qu'est-ce qui est réel, qu'est-ce qui ne l'est pas ? Je me fais sucer, j'encule, je baise, je jouis. Dans mon corps tout est vrai. Que je m'accouple avec des êtres concrets ou des constructions informatiques, que ça soit mon cerveau ou ma bite qui lâche la purée ça ne change rien : je suis en transe, entre les mondes. Des orgasmes comme je n'en ai jamais connus. Combien de temps ça dure ?

Pour les sites : https://mertvecgorod.wixsite.com/mertvecgorod/liste-de-sites-autoris%C3%A9s [En ligne] Consulté le 30/06/2023

Des heures ? Puis la descente arrive et avec elle l'épuisement. Tout paraît soudain factice, la griserie s'estompe et je titube, perdu, confus, mes pieds me font souffrir, mes jambes, mes bras. (Siébert, *op. cit.*, pp 56-7.)

La descente décrite par le personnage est double. Non seulement les effets de la drogue s'estompent – et avec eux les effets des orgasmes multiples, qu'ils soient réels ou imaginés – mais de plus Vincent va décrire juste après l'échec catastrophique de l'action du *Sit*. L'explosion du drone provoque des pertes humaines et matérielles bien plus conséquentes que prévues, entraînant la formation d'une faille et devenant historiquement l'attentat le plus meurtrier de l'histoire de la RIM. Nikolaï le *Svatoj* et ses hommes sont contraints à la fuite. La redescente des orgasmes est donc aussi directement liée à un échec politique cuisant et une autre descente s'amorce : celle du retour, très violent, à une réalité encore plus misérable que celle que l'on prétendait effacer. Dans *Feminicid* est décrit également « Le Culte Noir », un ensemble de rituels et de cérémonies où les initiés (souvent des proches du pouvoir) vénèrent une roche en provenance de l'espace, supposée leur donner des pouvoirs surhumains. Consommation de psychotropes et sexualité débridée font évidemment partie des rituels les plus codifiés. Blokov, étroitement lié aux évènements du Feminicid va témoigner auprès de Timur Domachev : « À travers l'ultraviolence de nos actes, nous vivions une intense communion, une grâce » (Siébert, *op. cit.*, p. 193).

Une autre forme de culte est rendue dans *Images de la fin du monde* par le personnage de Camille, un des proches de Nikolaï, quand il découvre par hasard l'immense manoir d'Yvan Bura, cinéaste pour lequel la pornographie est un art, un véritable moyen d'expression. Sa maison est réellement perçue par Camille comme un lieu de pèlerinage, où le rêve rejoint la réalité. Comme un lieu hors du temps et hors de toute limite : « À la fois musée des horreurs, temple païen et lupanar décadent avec en prime la touche de malsaine dinguerie propre aux films du pervers cinéaste »(Siébert, *op. cit.*, p. 153).

L'Évasion par le *trip*, et à plus forte raison la recherche de sensations nouvelles passe donc aussi par le recours à la réalité virtuelle. Le cas de « Mashina » dans *Images de la fin du monde* est significatif. Dans ce jeu de simulation clandestin, il est proposé aux participants d'incarner une voiture. De l'incarner au sens strict du terme, d'éprouver au plus près le fait d'être une voiture. Les sensations ressenties par le narrateur ne tardent donc à évoquer très clairement la stimulation d'ordre sexuel et les orgasmes :

Une vieille Peugeot 504 entièrement repeinte en noir, cabossée de partout, avec d'imposantes grilles de protection à la place du pare-brise.

Elle m'a percuté au niveau de l'aile avant. Après un demi-tour sur moi-même je me suis encastré dans une façade. De la fumée s'est échappée de mon moteur. Au moment du choc une onde de jouissance m'a traversé, suivie d'une autre lorsque je me suis écrasé contre le mur ; entre les deux, comme je perdais le contrôle de ma direction, une nausée. — T'aimes ça, pas vrai ? La Peugeot a reculé et repris de l'élan. J'ai tenté de me dégager, mais mes roues patinaient et ma transmission répondait mal. Elle m'a foncé dessus et s'est enfoncée dans mon pare-chocs avec une telle force que ma vitre arrière a éclaté. J'ai poussé un cri de plaisir. (Siébert, *op. cit.*, pp. 222-3.)

Ici, c'est une stimulation sexuelle imprévue qui est ressentie par le personnage, mais il puise dans la souffrance un plaisir comparable à un orgasme[1].

On pourrait en déduire que seules la violence, la possession, la domination de l'autre, de corps et d'esprit, gouvernent la sexualité des personnages des *Chroniques de Mertvecgorod*. Pourtant, il existe des nuances. Il est vrai que rares sont celles et ceux qui vivent des relations saines et épanouies, mais un chapitre au moins à la fin des *Images de la fin du monde* peut laisser penser que même à Mertvecgorod, jouissance, insouciance et amour peuvent exister en même temps. Le couple qui gravit la tour Joukov vit en ce sens une autre forme de communion, significative et plus positive :

Cinquante-trois étages. Une épopée. Il faut des forces. Heureusement il y a la vodka et les *anfetamini*. Et la musique, bien sûr, toujours aussi violente. Pendant tout le trajet horizontal ils ont causé. Pendant la grimpée c'est au tour des corps de s'exprimer. Les pauses. La première au douzième, battus par les vents, elle le suce. Au vingtième, poumons vidés, il la baise debout contre un pilier tellement corrodé qu'on croirait une sculpture en sang séché. Au trente-cinquième ils baisent encore, allongés sur une bâche de plastique noir maintenue au sol par d'énormes bidons d'huile là depuis vingt ans. Puanteur épouvantable. Au-dessus de ce niveau, la structure oscille sans arrêt sous l'effet du vent et ça devient vraiment marrant, comme un bateau en train de galérer. Un peu de speed. Un pétard. Des caresses et des orgasmes. (Siébert, *op. cit.*, pp. 314-5.)

Ce couple se trouvera ironiquement et violemment séparé par la suite. Pourtant, il connaîtra une double montée : dans les étages et dans l'orgasme, comme l'accomplissement ultime de leurs deux ascensions.

---

1 « Mashina » est par ailleurs un hommage explicite au film *Crash* de David Cronenberg – dans lequel les personnages éprouvent une réelle fascination voyeuriste pour les accidents. Le titre du jeu renvoie par ailleurs à celui d'un coffret limité contenant quatre textes de quatre autrices et auteurs différents et a été initié, conceptualisé et façonné par la Crash Gallery, de Lille. La référence au livre éponyme de Ballard est par ailleurs transparente également.

Leur bonheur et leurs jouissances seront donc de courte durée. Pourtant ce moment de partage et d'insouciance pourrait être perçu comme une célébration de la jeunesse et de l'instant présent – cette même jeunesse qui sera d'ailleurs au centre du roman suivant, *Valentina* (Siébert, 2023).

Le premier receveur de ces représentations, de ces « images de la fin du monde » qui semblent couvrir toutes les nuances de l'extrême, n'est autre que le lectorat. Confronté à certaines descriptions, à certains vécus littéraires, il se peut que l'intimité du lecteur s'en trouve touchée. L'écriture de Christophe Siébert en appelle à certains codes et nuances de *porn*, et reste, précisément très *graphique*. Il y a une grande force d'évocation et de description dans les scènes. *Images de la fin du monde* et *Feminicid* constituent alors deux textes contemporains qui dans les procédés d'écriture questionnent aussi les notions de fascination et d'insoutenable en matière de sexe et de pratiques.

La fascination et l'insoutenable : mises en scènes du sexe

Tout ce qui a trait au sexe fascine et cela depuis longtemps. Beaucoup ont rappelé le rôle déterminant d'un lecteur, et plus généralement en fonction du support, d'un consommateur dans le ressenti d'une scène convoquant du sexe. Sébastien Hubier dans son essai sur les *Fictions excitantes* (2022) l'explicite clairement :

> Comme toujours, la question de *l'intention* de l'auteur est peut-être bien quelque peu biaisée, au sens où c'est toujours au lecteur ou au spectateur, au consommateur en somme qu'il revient *in fine* de décider. On peut lire les romans de Sade comme des romans pornographiques, mais aussi comme des romans philosophiques, des romans noirs, des romans fantastiques, des romans gothiques, ou même des romans sensibles faisant entrer en conflit raisons et sentiments. (...) En outre, le caractère pornographique d'une fiction donnée varie selon les périodes historiques, les zones géographiques et les champs culturels (...)[1].

On peut rappeler que la qualification, et même la classification d'une œuvre est à considérer à l'aune de représentations très anciennes. Il existe dit Sébastien Hubier des « invariants pornographiques bien avant les Antiquités » [latines, grecques, égyptiennes...] dans la représentation, si l'on considère que « le sexe et la mort sont les deux noyaux de tous les récits. Dès lors que l'on veut faire récit de quelque chose, ce que l'on a à raconter est soit des histoires de sexe, soit des

---

1 Hubier (Sébastien) : *Fictions excitantes*, p. 39.

histoires de mort »[1]. Le temps et les différentes postures morales ont grandement influencé le destin des œuvres à caractère sexuel, au point parfois de brouiller les discours entre les nuances de pornographie, d'érotisme ou encore d'obscène. Des nuances et des définitions dont Marie-Anne Paveau a dressé un grand panorama dans *Le Discours pornographique* ; rappelant par exemple que ce qui est pornographique « est une chose précise : c'est une construction par les mots et/ou les images, plus ou moins sophistiquée, et donc une activité de représentation du rapport sexuel, représentation directe explicite[2].

Dans le cas des fictions qui nous occupent ici, le sexe et la mort avancent main dans la main à Mertvecgorod. Il y a des scènes qui peuvent horrifier, mais cette réaction possible reste propre à chacun : on pourra être horrifié de la grande vulnérabilité du personnage de Camille, survivant dans la rue et à la portée des prédateurs ; tout comme les actes et les propos de Lavrenti Zoubarev à propos du *Lilith Circus* ou Piotr Mouratov dans La Maison des Plaisirs peuvent être perçus comme insoutenables. Il en va de même pour le récit de la Danse de Mort où au travers des yeux du journaliste, le lecteur se trouve confronté à des sévices sexuels d'une violence terrible, perpétrés sur des victimes très jeunes et innocentes. L'horreur et la répulsion vont très souvent de pair avec la fascination. Une fascination pour le *borderline* ou l'interdit, qui repousse les limites socialement et moralement acceptables. Le genre du *torture porn*, au cinéma, actionne ces mêmes mécanismes de fascination et de répulsion. Ainsi pour la saga *Saw*, la réalisation regorge de tortures, démembrements et autres blessures à l'acide, autant d'images « chocs » qui peuvent justifier l'appellation de *torture porn* apposée à la saga.

De même, le film *Crash* qui inspire entre autres la création de réalité virtuelle *Mashina* et ses images de violences que l'on pourrait qualifier de « mécano-sexuelles » n'est-il pas fondé sur l'attrait des personnages pour les accidents de la route ? Christophe Siébert s'est également inspiré en une occasion du site *Best Deaths*, fondé sur la pratique théâtrale et la mise en scène de *fake snuffs*. « Horror Porn : un site réalise tous vos fantasmes de meurtres » proclame l'article[3]. Il en donne ensuite une description synthétique, mais claire : « Best Deaths est un site dédié aux amateurs de meurtres. Il héberge des « vidéos de

---

1 Nous reprenons ici les propos de Sébastien Hubier présentant *Fictions excitantes* dans un entretien avec Antonio Dominguez Leiva : https://baladoquebec.ca/les-balados-oic-89-fictions-excitantes-imaginaire-et-culture-pop [En ligne]. Consulté le 18/09/2023.

2 Paveau (Marie-Anne) : *Le Discours Pornographique*, pp. 29-30.

3 https://www.vice.com/fr/article/xw75en/horror-porn-un-site-realise-tous-vos-fantasmes-de-meurtres [En ligne]. Consulté le 18/09/2023.

performance de mort », que l'on pourrait aussi qualifier de « fringe horror », « fake snuff » ou « horror porn ». Les meurtres sont au cœur de l'action et les scénarios sont tout à fait inventifs, avec un petit penchant homoérotique ».

Justement, le *snuff* repose sur une fascination, une angoisse d'ordre collectif. Il est ce que Lisa Downing (2014) a rappelé comme étant un mythe urbain construit et propagé par un ensemble de discours médiatiques, sociaux ou politiques. Déployé dans les années 1960 dans la terreur (et la fascination encore) suscitées par les crimes de Charles Manson, le *snuff* est bien relié à la monstruosité. Les tueurs filment et diffusent leurs meurtres, et une connotation pornographique s'y ajoute quand les performeurs se livrant à des actes sexuels y sont exécutés. La culture populaire s'empare elle aussi des angoisses. Par exemple, le film *Slaughter* de Michael et Roberta Findlay (1971) se focalise sur un groupe de jeunes gens enfermés et assassinés. Il y a aussi dans le genre *snuff* un aspect commercial et bien évidemment sensationnel. On retrouve dans cette description et ce concept quelque chose de la mise à mort scénarisée par l'entreprise « Sex is Violent » dans *Images de la fin du monde* à ceci près que dans le texte de Christophe Siébert, les figurants du film sont réellement au cours d'une explosion calculée. Ils ont été embauchés et payés pour mourir ou être mortellement blessés. C'est justement en assistant à une réelle mise à mort en direct – bien que scénarisée selon ses désirs, ses fantasmes – qu'Alexandrovitch en vient à éjaculer sous les caresses de l'hôtesse. En d'autres termes, sans êtres tout à fait *snuffs*,– car non conservés ni commercialisés à l'extérieur – les rituels filmés de Mertvecgorod deviennent l'expression d'une nouvelle forme de violence où le sexe devient l'expression et l'évacuation à la fois – chez les personnages et peut-être chez le lecteur – d'une fascination horrifiée.

Conclusion

Images de la fin du monde et *Feminicid* traitent des rapports sexuels et de la sexualité d'une façon que l'on pourrait souvent assimiler à de la pornographie. Pour Christophe Siébert, « la pornographie est un des moyens de l'érotisme, comme le gore est un des moyens de l'horreur. (...) Des scènes très pornographiques dans un bouquin n'ont pas forcément d'effet érotique »[1]. Si la violence sexuelle, parfois gore,

---

1 Réflexion proposée pendant la table ronde « De l'érotisme à la pornographie » pendant le festival des *Utopiales* avec Christophe Siébert, Sara Doke et Fabien Vehlmann, 2022 :https://www.actusf.com/detail-d-un-article/utopiales-2022-de-l

justement, dépeinte dans les *Chroniques de Mertvecgorod* n'est pas, *a priori*, pensée pour susciter un désir érotique – toujours laissé au libre ressenti du lectorat – c'est peut-être parce que les codes employés par la narration (descriptions crues des rapports, *dirty talk...*) permettent aussi de susciter d'autres émois, dans un monde noir, sclérosé, où l'excitation sexuelle est presque toujours reliée à une puissance dévastatrice. Décrivant sans concessions la destruction des corps et des esprits, ainsi que leur asservissement, les textes révèlent tout aussi crûment les égarements d'une société malade. Les criminels sont très souvent impunis et il n'y a d'ailleurs qu'un pas pour que les victimes basculent aussi dans la dépravation. Les personnages sont en quête, tantôt de sensations, de vérité – de justice au moins – ou d'évasion par tous les moyens possibles.

Dans cette folle frénésie, le lecteur est à la croisée des chemins, se sentant ou non affecté par les situations décrites. Il garde en permanence la possibilité d'être informé, de se documenter sur ce qui nourrit l'imaginaire de Christophe Siébert. L'impact des textes en devient sans doute beaucoup plus fort, puisque si les extrêmes sexuels décrits prennent place dans un monde uchronique, avec des drogues et des technologies qui parfois appartiennent encore à la science-fiction et au fantastique, les crimes sexuels et leurs conséquences renvoient bien à une réalité tristement identifiable dans nos sociétés contemporaines et en devenir. C'est au lecteur que le voyage s'adresse, et il se retrouvera – peut-être – à la frontière de l'insoutenable.

Remerciements

Merci à Christophe Siébert pour l'amical enthousiasme qu'il a manifesté à l'écoute de notre communication durant le colloque Stella Incognita 2023, dont cet article découle directement. Les discussions et les échanges tout aussi cordiaux avec lui ont été de très précieuses sources de renseignements et autant de pistes de réflexion.

Bibliographie

Downing (Lisa) : « Snuf and Nonsense : the discursive life of a phantasmatic archive »in *Porn Archives*, Duke University Press, 2014, pp. 249-262.

Hubier (Sébastien) : *Fictions excitantes*, ABELL, Université de Bourgogne, Centre Pluridisciplinaire Textes et Cultures, 2022.

%C3%A9rotisme-%C3%A0-la-pornographie, [En ligne] Consulté, le 30/06/2023.

Paveau, (Marie-Anne) : *Le Discours pornographique*, L'attrape-corps, La Musardine, 2014.

Siébert (Christophe) : *Images de la fin du monde*, Vauvert, Au diable vauvert, 2020.

Siébert (Christophe) : *Feminicid*, Vauvert, Au diable vauvert, 2021.

Sitographie

Antyryia, « Entretien avec Christophe Siébert », 2020 : https://www.babelio.com/livres/Siebert-Chroniques-de-Mertvecgorod-tome-1--Images-de-la-f/1211233/critiques

« De l'érotisme à la pornographie », table ronde modérée par Sylvie Lainé avec Christophe Siébert, Sara Doke, Fabien Vehlmann, *Utopiales, 2022* : *https://www.actusf.com/detail-d-un-article/utopiales-2022-de-l%C3%A9rotisme-%C3%A0-la-pornographie*

Site officiel de Mertvecgorod : https://mertvecgorod.wixsite.com/mertvecgorod?fbclid=IwAR0waovapFH0SmN_gZdvyeW6WJGvAKDD1XIBUvfOnV2LvORDCvrqBi3PJv4

Entretien de Sébastien Hubier avec Antonio Dominguez Leiva autour des *Fictions Excitantes*, 2023 : https://baladoquebec.ca/les-balados-oic/89-fictions-excitantes-imaginaire-et-culture-pop

Article de Russell Dean Stone sur *Best Deaths* : https://www.vice.com/fr/article/xw75en/horror-porn-un-site-realise-tous-vos-fantasmes-de-meurtres

Rêve de fer de Norman Spinrad
ou le triomphe de la masculinité

Albain Le Garroy
PoLiCEMIES, Université de La Rochelle

Rêve de fer de Norman Spinrad (*The Iron Dream*), paru en 1972, présente une uchronie où Hitler, après la Première Guerre mondiale, aurait émigré aux États-Unis et serait devenu un écrivain de science-fiction. La plus grande partie du livre est l'un des romans de cet auteur et s'appelle *Le Seigneur du Svastika*. Ce dernier relate les aventures de Feric Jaggar, surhomme dans un univers postapocalyptique, qui fonde son propre parti pour épurer son pays, Heldon, puis le monde, des mutants dégénérés universalistes et de leurs marionnettistes, de dangereux télépathes venus de l'Est, les Dominateurs. Le récit se terminera avec la colonisation de l'espace par les clones de l'élite du peuple de Heldon, les Helders. Dans les dernières pages du livre, Spinrad écrit une analyse du roman d'Hitler par un psychiatre fictif.

Rêve de fer est un livre qui peut encore scandaliser aujourd'hui. En France, il n'a pas été édité pendant 15 ans et il semble qu'il fasse encore parfois partie d'un corpus, en tout cas pour ceux et celles qui ne l'ont pas lu, de livres néonazis. Ce serait vite oublier la défense d'écrivains comme Roland C. Wagner que l'on peut difficilement suspecter d'une quelconque accointance avec des mouvements fascisants.

Comme le fait remarquer justement Roland C. Wagner dans la préface du livre :

> L'absence apparente de sexe [...] peut sembler surprenante chez un auteur pour qui décrire les relations sexuelles de ses personnages est l'une des manières de cerner leur psychologie. S'il n'y a pas de scènes de sexe explicites, le livre abonde en scènes de sexe implicites. Pour un œil aiguisé et averti, *Le Seigneur du Svastika* fait figure d'immense partouze homosexuelle où une sexualité refoulée s'exprime à travers la violence extrême des protagonistes. C'est dans le combat que Feric Jaggar et ses

hommes trouvent leur plaisir, et non dans l'union charnelle avec une femme exclusivement destinée à la reproduction[1].

Néanmoins, même si nous ne nions pas le commentaire de l'écrivain français, il nous semble que Spinrad ne met pas en scène une sexualité refoulée uniquement dans le but de montrer qu'elle existe. Selon nous, cette sexualité est tout autant destinée à la reproduction, même si cela reste beaucoup plus métaphorique.

C'est d'ailleurs ce que nous espérons montrer dans notre travail. Pour ce faire, nous étudierons de plus près l'un des symboles phalliques récurrents dans le livre, la massue, et ce que sa présence implique, puis nous nous attarderons sur l'avènement de l'homme pur et enfin, nous analyserons ce qu'est réellement cet homme nouveau et ce qu'il sous-entend.

Un combat de massues

Il est assez rare qu'un auteur donne l'analyse psychanalytique de son livre. En effet, Spinrad, par l'intermédiaire d'un psychiatre, nous fournit l'une des clefs pour comprendre son roman. Voici ce qu'il écrit :

> N'importe quel profane en matière de psychologie s'apercevra que Le Seigneur du Svastika est truffé de symboles et d'allusions phalliques d'une évidence criante. À preuve une des descriptions de l'arme magique de Feric Jagger, la fameuse Grande Massue de Held : « Son fût était une tige luisante... de métal de plus d'un mètre vingt de long et de l'épaisseur d'un avant-bras... sa pomme hypertrophiée était un poing d'acier grandeur nature, un poing de héros. » Si ce n'est pas là la description d'un pénis fantastique, qu'est-ce donc ? En outre, tout ce qui concerne la Grande Massue tend à une identification phallique entre le héros de Hitler, Feric Jaggar, et son arme. La Massue n'est pas seulement façonnée à la forme d'un énorme pénis, elle est aussi la source et le symbole du pouvoir de Jaggar. Seul Jaggar, héros du roman, peut soulever la Grande Massue, phallus supérieur par la taille, la puissance et le rang, sceptre du pouvoir en tout domaine. Quand il oblige Stag Stopa[2] à baiser la pomme de son arme en signe d'allégeance, le symbolisme phallique de la Grande Massue atteint les sommets du grotesque[3].

---

1   Spinrad (Norman) : *Rêve de fer*, p. 13.

2   Stopa est l'un des futurs lieutenants de Jaggar. Il est le chef de l'équivalent des S.A. et peut donc être considéré comme l'équivalent fictionnel d'Ernst Röhm qui était homosexuel.

3   *Ibid.*, p. 369.

Puis s'ensuivent d'autres exemples : saluts nazis, fusées, etc. En somme, si l'on admet cette théorie, il faut bien avouer que tout n'est que pénis dans ce livre. Toutefois, c'est sur cette massue que nous nous arrêterons. C'est avec celle-ci que Jaggar se présente en congrès, qu'il mène ses armées, accompagné de « cri(s) orgasmique(s)[1] » et qu'il broie au moins des dizaines de crânes. Jaggar peut la tenir parce qu'il est le dernier représentant de la lignée des rois de Heldon. En somme, pour reprendre les termes du psychanalyste, c'est la nature qui lui a donné la possibilité de tenir ce « pénis fantastique ». Comme Jaggar le dit lui-même : « Celui qui tient cette Massue est le véritable chef de tout Heldon par droit génétique, un droit bien plus ancien que toutes les lois de parti ou de conseil[2] ». Il ne l'a pas choisi et n'a rien fait pour avoir ce pouvoir. Il est né supérieur. Pour reprendre un *topos* de l'*heroic fantasy*, il est élu par la nature ou les dieux. En effet, l'on retrouve ici cette idée récurrente dans ce genre où il suffirait d'être né pour avoir des pouvoirs ou pour être assuré de régner. Que ce soit dans le jeu vidéo Skyrim[3] ou même dans le mythe arthurien, il suffit de naître pour être supérieur au reste des mortels. Et comme le dit Jaggar, aucune structure culturelle dépendant de la civilisation, « lois de parti ou de conseil », ne peut rivaliser avec ce droit. L'on retrouve dès lors la supériorité innée des grands hommes du philosophe Thomas Carlyle[4], voire du mythe de la race supérieure aryenne. Dans ce cas, la démocratie serait un frein à cette supériorité.

Revenons plus spécifiquement à nos histoires de massues. Nous retrouvons cette idée de pouvoir inné dans le patriarcat. En effet, selon la militante féministe Andrea Dworkin :

> Le pouvoir des hommes est, premièrement, une assertion métaphysique de soi, un je suis qui existe a priori, comme fondement, absolu, dénué de toute excuse ou embellissement, sourd à tout démenti ou défi. Il exprime l'autorité intrinsèque. Ce soi ne cesse jamais d'exister, quelles que soient la façon ou les raisons de sa contestation ; d'aucuns affirment qu'il survit à la mort physique[5].

Dans le paradigme essentialiste décrit ici, l'on naît homme donc l'on a le pouvoir. Aucune contestation n'est permise – ce serait d'ailleurs le début de la démocratie. La communauté lectrice retrouvera chez Spinrad ce « soi » qui survit par-delà la mort puisque Jaggar est le

---

1   *Ibid.*, p. 284.

2   *Ibid.*, p. 126.

3   Dans ce jeu, nous incarnons un personnage héritier d'une lignée d'hommes-dragons.

4   Voir à ce sujet Carlyle (Thomas) : *Les Héros*.

5   Dworkin (Andrea) : *Souvenez-vous, résistez, ne cédez pas*, p. 97.

dernier membre d'une dynastie. Ce personnage n'est que l'incarnation de l'idée de pouvoir, un pouvoir dont sa lignée et sa race sont les détentrices de fait.

L'on retrouve donc ici l'idée d'un darwinisme social[1], souvent critiqué par Spinrad[2] : les forts sont nés pour dominer les faibles – voire les éliminer, ce serait la loi de la nature et rien ne doit aller à son encontre, si l'on ne souhaite pas la prolifération de la faiblesse et donc la décadence de l'espèce. C'est à ce seul prix que cette dernière peut évoluer. Nous comprenons mieux dès lors Jaggar lorsqu'il porte un toast : « Aux forces de l'évolution ! Au sang et au fer, et à la victoire totale des meilleurs[3] ! ». Lui et sa massue sont une force de l'évolution. C'est grâce à eux que l'espèce humaine évoluera. C'est par la force et la violence, « le sang » et « le fer » qu'ils parviendront à leur but et c'est leur destin d'y arriver puisque ce sont les meilleurs et qu'eux seuls respectent les lois de la nature. C'est donc tout naturellement que Jaggar et sa race domineront le monde. La communauté lectrice n'est donc pas étonnée lorsque Spinrad écrit : « Le monde appartenait de droit aux Helders en raison de leur puissance d'adaptation et d'évolution[4] ». Ils sont la race supérieure donc le monde doit leur appartenir.

Nous retrouvons là encore un *topos* de l'*heroic fantasy* : l'idée de destinée. Le héros élu est destiné à vaincre et à sauver le monde. Nous revenons à l'oracle dont l'un des plus connus est celui de Laïos destiné à être tué par son fils Œdipe. Quoi que Laïos fasse, la parole de l'oracle se réalisera. Dans un paradigme où le destin existe, comme celui de *Rêve de fer*, la communauté lectrice sait que le destin doit se réaliser. C'est le destin des Helders de dominer le monde pour la simple et bonne raison qu'ils sont nés dominants en puissance. L'intérêt de la communauté lectrice ne se portera donc pas sur la fin, qui est prévisible, mais bien sur comment le héros y arrivera. Notons au passage que cette structure narrative est pervertie par Spinrad dans au moins deux de ses livres : *Jack Barron et l'éternité* où certes le personnage principal arrive à la fin à être immortel, mais où l'on se demande si ce n'est pas plutôt une malédiction que la bénédiction promise et *Ces Hommes dans la jungle* où les personnages principaux arrivent à faire la révolution comme prévu, mais où cette révolution se retournera contre eux[5].

---

1 Voir à ce sujet : Tort (Patrick) : *Spencer et l'évolutionnisme philosophique*.

2 Voir à ce sujet : Le Garroy (Albain) : « *Ces Hommes dans la jungle* de Norman Spinrad ou l'Ordre final ».

3 Spinrad (Norman) : *Rêve de fer*, *op. cit.*, p. 291.

4 *Ibid.*, p. 131.

5 Voir à ce sujet : Le Garroy (Albain), o*p. cit.*

Mais cette force souvent mentionnée, ce pouvoir est bien réservé aux hommes. Ainsi, Spinrad écrit lors du duel contre Stopa, futur chef de la milice équivalente aux S.A. :

> Chaque homme réalisait subitement, eût-on dit, que son propre destin se trouvait lié à l'issue du duel qui allait s'engager. Feric comprenait d'instinct que celui qui vaincrait le vieux chef prendrait sa place ; dans une troupe comme celle-ci, c'était la seule règle – hormis une mort accidentelle, permettant au pouvoir de changer de main. Cette loi était inscrite au plus profond des gènes des vrais hommes ; plus encore, c'était une loi inhérente au protoplasme lui-même, la règle de base de l'évolution, la loi du plus fort[1].

Là encore, nous voyons les principes du darwinisme social : le fort domine naturellement. Ce serait contre nature de s'y opposer. Toutefois, il ne faut pas oublier que ce duel prend place dans un concours de virilité entre Stopa et Jaggar. Ce dernier provoque d'ailleurs son opposant quelque temps avant ainsi : « Si vous n'êtes pas assez viril, dites-le-moi[2] ! ».

Le chef est puissant parce qu'il est viril. De la même manière, la conclusion logique ici est que si les Helders sont forts, c'est parce qu'ils sont virils. La race supérieure est donc une race d'hommes. La fin est donc, une fois de plus, parfaitement prévisible : les hommes, débarrassés des femmes, régneront sur l'univers, car tel est leur destin.

L'avènement de l'homme ancien

Il faut toutefois souligner que même dans ce délire de virilité, les Helders sont une race d'hommes qui arrivent à tomber enceints métaphoriquement, ou du moins qui se font féconder. Mais avant de traiter de cela, nous sommes obligés de nous attarder sur le péril Dominateur.

Pour résumer, les Dominateurs sont fourbes, vivent cachés, sont derrière la menace Universaliste, sont partout et, accessoirement, sont des télépathes. Même si c'est expliqué par le psychiatre à la fin du livre, la communauté lectrice un peu habituée aux clichés de l'antisémitisme peut facilement reconnaître la figure du Juif : fourbe, manipulateur, caché et agissant dans l'ombre. Même le nom de « Dominateur » y renvoie. Ainsi, le philosophe Theodor Adorno écrit à propos de cette présupposée domination :

---

1   Spinrad (Norman), *Rêve de fer, op. cit.* : p. 105
2   *Idid.*, p. 103.

Le stéréotype habituel de l'excessive influence juive dans la politique et l'économie est amplifié par l'assertion d'une menace de domination générale. Il est facile de deviner que les contre-mesures que ces sujets [les antisémites] ont à l'esprit ne sont pas moins totalitaires que leurs idées de persécution, même s'ils n'osent pas l'affirmer ouvertement.[1]

Dans le livre de Spinrad, les Dominateurs sont aux postes-frontière et font entrer des mutants, sont au gouvernement et édictent les lois. Et de la même manière que les Helders sont nés virils, les Dominateurs sont nés avec leur lot de défauts, tout comme le Juif pour l'antisémite. Ainsi, toujours selon Adorno :

> À travers la construction de la nature du Juif conçue naturellement mauvaise, naturellement corrompue, toute possibilité de changement et de réconciliation semble être exclue. Plus les qualités négatives du Juif ont l'air invariables, plus elles tendent à laisser ouverte une seule « solution » : l'éradication de ceux qui ne peuvent pas s'améliorer[2].

Notons dès lors que les Helders, naturellement purs, doivent combattre les Dominateurs, naturellement corrompus. C'est leur fonction selon les lois de la nature. Ils ne peuvent s'entendre entre eux puisqu'ils sont deux principes antagonistes immuables. Nous en arrivons donc à la même conclusion que le philosophe Jean-Paul Sartre lorsque celui-ci écrit : « Ainsi l'antisémitisme est-il originellement un Manichéisme ; il explique le train du monde par la lutte du principe du Bien contre le principe du Mal. Entre ces deux principes, aucun ménagement n'est concevable : il faut que l'un d'eux triomphe et que l'autre soit anéanti[3] ». Ici, selon les lois de la nature, le doute n'est pas permis : c'est le Bien qui triomphera sur le Mal.

La communauté lectrice pourrait se demander pourquoi, dans ces conditions, le Bien n'a pas triomphé du Mal il y a longtemps. Elle aurait dans ce cas oublié que, même si le premier est fort et le second faible, ce dernier manipule, influence, séduit et, dans *Rêve de fer*, est doué de télépathie. Ainsi, alors que Feric risque de se faire manipuler, l'auteur écrit :

> En prononçant ces mots, Feric sentit une sorte de pression contre les barrières de son esprit, une violente décharge d'énergie psychique projetée sur le noyau de sa volonté. L'espace d'un instant, la vanité et la stupidité de l'esclandre auquel il se livrait lui apparurent d'une évidence aveuglante : un homme raisonnable ne tempêtait pas ainsi en public [...]. Mais alors même que l'esprit du Dominateur se tendait pour saper sa volonté, Feric, du fond de sa longue expérience, décela une sensation

1 Adorno (Theodore W.) : *Études sur la personnalité autoritaire*, pp. 157-158.
2 *Ibid.*, p. 196.
3 Sartre (Jean-Paul) : *Réflexions sur la question juive*, p. 47.

agréable et lénifiante : un Dom tentait de le prendre dans ses filets. Il attisa résolument le feu de sa formidable volonté avec la torche de la juste haine qu'il vouait à ces créatures sans âme[1] [...].

Le Dominateur calme et tempère, pire, il fait se sentir bien. Seule la haine de Feric peut le sauver et lui faire préserver sa colère. Ici, pour comprendre là encore un cliché de l'antisémitisme, nous citerons la femme Rabbin Delphine Horvilleur :

> Voilà l'énoncé, faute de frappe simple d'où nous pourrions partir, et suggérer qu'en bien des moments de l'Histoire, le Juif fut en effet un homme au féminin, aux yeux d'un autre, ou en tout cas la marque d'un féminin agissant sur le monde. En 2015, l'ancien président du Conseil constitutionnel, Roland Dumas, interrogé au sujet du Premier ministre Manuel Valls, déclare penser que ce dernier est « sous influence », parce que sa femme est juive. Vieille imagerie antisémite : la juiverie séduit toujours le pouvoir pour mieux le manipuler, elle l'enjuive comme on enjolive pour mieux enjôler. Ne cherchez pas d'où vient la faiblesse de l'homme : c'est de la femme juive qui se cache derrière lui, ou en lui. Le rapport des Juifs au pouvoir politique serait toujours un peu un projet féminin. [...] La féminisation du Juif dans le discours politique sert généralement à faire de l'homme enjuivé un faible, ou de l'homme juif un manipulateur, un hystérique ou un opportuniste. Autant d'importations d'une rhétorique misogyne traditionnelle qui vont disqualifier un individu dans l'exercice du pouvoir[2].

La télépathie des Dominateurs leur permet de mettre les Helders « sous influence ». Ce faisant, ces derniers perdent le trait principal de leur race : leur virilité et donc leur force. Voici donc l'un des principaux pouvoirs du Mal : la féminisation de la société.

Nous retrouvons la même utilisation du concept de télépathie dans le jeu vidéo Command and Conquer : Alerte rouge 2. Le véritable méchant, Yuri, est un russe télépathe manipulant son entourage afin d'accomplir ses propres buts. Non pas que ce jeu soit particulièrement antisémite puisque, à notre avis, il se contente juste d'agglomérer les clichés de la science-fiction antisoviétique des années 60 jusqu'à la parodie. Néanmoins, notons que Yuri est un télépathe fourbe qui reste dans l'ombre, manipulant ainsi les dirigeants officiels des armées soviétiques. Nous sommes donc assez proches du schéma décrit par Spinrad dans son livre.

---

1 Spinrad (Norman) : *Rêve de fer, Op. cit.*, pp. 39-40
2 Horvilleur (Delphine) : *Réflexions sur la question antisémite*, pp. 85-87.

Tout espoir n'est cependant pas perdu pour les Helders. Pour supprimer l'influence, il suffit de supprimer les influenceurs, comme le témoignage d'une ancienne victime des Dominateurs le laisse penser : « Maintenant que cette ignoble vermine a été écrasée et son champ de dominance brisé, je me rends compte que nous n'étions plus des hommes depuis l'arrivée de Mork[1] ». En détruisant, l'homme viril, donc en premier Jaggar, en second les Helders en général, fait advenir un nouvel homme. Paradoxalement, cet homme nouveau, qui n'était plus homme, était présent avant d'être influencé. Dialectique perverse : il faut réinstaurer le passé dans l'avenir en détruisant le présent. Ce faisant, l'influencé, celui qui n'était plus un homme, le féminisé, redevient viril.

Tout au long du roman, que ce soit dans la destruction des Dominateurs ou dans de simples échanges avec ses amis, Jaggar n'arrête pas de reviriliser. C'est dans ce sens que nous entendons « fécondation métaphorique » : son action et sa parole font naître l'homme qui était en soi et ce jusque dans les meetings. Ainsi, l'auteur écrit : « Une fois de plus, Feric fit une pause ; et l'on entendit la multitude reprendre d'un coup sa respiration. Il réveillait leurs instincts de la volonté raciale et de juste indignation. Il enflammait leurs esprits par l'énoncé de la simple vérité. Il créait un noyau de puissance raciale[2] ». Jaggar réveille chez les Helders la virilité perdue et fait ainsi naître de nouveaux hommes. En nous rappelant le parallèle du psychiatre entre symbole phallique et salut nazi, la forêt de saluts nazis devant Jaggar peut être interprétée comme une sorte de remerciement : Vive Jaggar, il nous a permis d'avoir à nouveau une érection – la preuve.

La communauté lectrice peut alors voir la reconquête des terres sous le pouvoir des Dominateurs comme une gigantesque entreprise de fécondation : les Helders prennent les territoires et les transforment en terre pure donc Helder. Il en est de même pour l'espace à la fin du récit : « Avec un rugissement assourdissant, un magnifique jet de flammes orangées jaillit de la fusée. Toutes les gorges de Heldon se joignirent à Feric pour pousser un hurlement inarticulé de joie et de triomphe, tandis que la semence du Svastika s'élevait sur un pilier de feu pour aller féconder les étoiles[3] ». Ainsi, une nouvelle race d'hommes intergalactiques va naître.

---

1 Spinrad (Norman), *Rêve de fer*, *Op. cit.*, p. 66.

2 *Ibid.*, p. 141.

3 *Ibid.*, p. 365.

L'utopie du même

Lisons maintenant la description de ces surhommes intergalactiques :

> Depuis quelque temps, les savants raciaux S.S. travaillent sur la technique du clonage. Si l'on parvient à utiliser un fragment de chair pour créer artificiellement un être humain, le génotype exact de nos plus beaux fleurons – les purs surhommes S.S. – pourra être reproduit à la prochaine génération sans dégradation aucune. Ainsi, en l'espace d'une génération, nous serons à même de faire progresser l'évolution humaine d'un millier d'années et de produire une race de géants blonds de deux mètres dix de haut, au physique de dieu et à l'intelligence moyenne égale à celles des plus grands génies actuels[1].

Les demi-dieux ici décrits ont quelque chose de particulier : ils sont le résultat d'un processus totalement asexué où seul le génotype du donneur est reproduit. Or, comme le rappelle le biologiste Henri Atlan :

> Remarquons toutefois que la reproduction sexuée implique une recombinaison du génome due à l'appariement des chromosomes maternels et paternels avec échange aléatoire de matériel chromosomique. En conséquence, le génome de l'enfant est unique en ce qu'il n'est identique ni à celui de sa mère ni à celui de son père. En ce sens, la reproduction sexuée n'est pas véritablement reproduction, mais une production toujours nouvelle comme l'indique le terme de procréation[2].

Dans l'extrait du roman, la communauté lectrice constate que, contrairement à ce que dit Atlan, il y a bien reproduction de l'être humain. Les chromosomes maternels sont totalement absents puisqu'il n'y a pas de mère. Seuls ceux du père sont présents. De plus, le génome de l'enfant ne sera pas unique, mais pareil à celui du fragment de chair utilisé. Il n'y aura rien de nouveau, juste de l'identique. Nous comprenons alors le grand fantasme de Jaggar. Il veut un monde identique aux Helders. Il ne supporte aucune forme d'altérité : Dominateurs, femmes ou bien mutants. Tout devient dangereux, répugnant, et peut risquer de contrecarrer son utopie du même. Ainsi, nous retrouvons une caractéristique de l'antisémitisme soulignée par Horvilleur :

> L'antisémite à travers les siècles est toujours un intégriste de l'intégrité. Il croit que le juif crée la porosité des membranes ou des mondes, qu'il menace les frontières territoriales ou celle d'une identité nationale ou

---

1 *Ibid.*, pp. 354-55.

2 Atlan (Henri), « Le Vivant post-génomique ou qu'est-ce que l'auto-organisation ? », pp. 45-46.

familiale, en créant de l'hybride ou du mélange. Le Juif est à ses yeux celui qui empêche la limite claire, car il floute, fragilise, ou viole. Il fait trou, ou ulcération[1].

Il en est de même pour Jaggar : tout autre est un véritable trou dans son territoire et l'identité de son peuple.

De plus, l'on pourrait imaginer que les environnements des différentes planètes « fécondées », transformées à l'identique en Heldon, pourraient avoir une répercussion sur le métabolisme de ses habitants, de par la vraie sélection naturelle. Mais le roman ne s'encombre pas de ce genre de détails : les prochains hommes seront identiques – en mieux ! – à ceux peuplant la terre. C'est donc une sortie de l'évolution, la vraie, et du temps. Ce qui était sera. Il n'y aura plus aucune nouveauté, que de l'identique à jamais. Avec ce que nous avons précédemment analysé, le but de Jaggar est donc de faire advenir un passé mythique, une sorte d'âge d'or, où les hommes purs dominaient le monde. Toutefois, cet âge d'or aurait comme particularité d'être éternel. L'on constate que si le IIIe Reich de l'Allemagne Nazie devait durer 1000 ans, celui des Helders durera bien plus longtemps.

Toutefois, il reste un détail à voir : le fantasme de Jaggar ne consiste pas uniquement en ce que les Helders fécondent l'univers entier. Il est bien plus radical que cela. Nous le devinons notamment lorsque l'auteur écrit ceci :

> Debout au centre de la grande croix en mouvement, tel l'épicentre de l'éruption nationale de la volonté raciale, le corps vibrant sous le tonnerre de plusieurs milliers d'individus en marche, Feric se sentit en communication totale avec son peuple, comme si tous les Helders qui se répandaient à présent dans les rues par tout le pays eussent été le prolongement de sa chair, de son être[2].

La communauté lectrice devine alors que le fantasme du même n'est pas uniquement valable pour les Helders, mais aussi pour Jaggar. Son peuple doit être à son image, voire être « un prolongement de sa chair, de son être » ou, pour citer Dworkin, de son « soi ». Lorsque les Helders coloniseront l'espace, c'est Jaggar qui le fera. Et comme ils seront éternels, lui-même le sera. Nous avons alors deux thèmes de l'œuvre de Spinrad, ne serait-ce que dans les deux livres cités précédemment : l'immortalité dans *Jack Barron et l'éternité* et la mégalomanie de ceux qui veulent le pouvoir et qui ne considèrent ceux sur qui ils règnent que comme prolongement d'eux-mêmes, faisant du monde un gigantesque moi hyperdilaté, comme les personnages de *Ces Hommes dans la jungle*.

---

1 Horvilleur (Delphine), *Réflexions sur la question antisémite*, op. cit. : p. 69.
2 Spinrad (Norman), *Rêve de fer*, op. cit. : p. 166

Revenons alors sur ce que nous avons écrit : nous avons affirmé que Jaggar fécondait les Helders pour faire renaître l'ancien homme viril qui était en eux. Nous sommes maintenant à même de préciser ce constat. Cet homme viril n'est autre que Jaggar lui-même. Ce dernier devance ainsi ses scientifiques : il utilise les autres comme matrice pour faire advenir des clones de lui-même. Jaggar, si l'on en doutait encore, est donc un véritable monstre. Mais contre toute attente, sa monstruosité n'est même plus celle que la communauté lectrice pourrait attendre d'un être humain. Il est bien plus proche d'une créature comme l'alien de Ridley Scott ou des chrissalyds dans les jeux vidéo XCOM.

*

Pour un roman apparemment sans sexualité, il faut bien avouer que *Rêve de fer* foisonne pourtant d'éléments pouvant y faire penser : entre autres une homosexualité latente et divers types de reproductions dont une de type parasitaire. Ce livre traite donc bien, entre autres, de sexualité. Il traite aussi d'une forme de masculinité inhérente au fascisme, mêlant darwinisme social, sadisme et mégalomanie. Mais bien plus que cela, bien plus que de parler de nazisme même, Spinrad parle ici de littérature, de science-fiction et d'*heroic fantasy*. Il montre que certains thèmes pouvant passer inaperçus sont pourtant bien lourds de sens : entre autres le retour à l'âge d'or après avoir supprimé une armée d'envahisseurs, la télépathie ou encore l'élection divine d'un surhomme. Nous retrouvons tous ces thèmes dans de nombreux livres. Et ces derniers sont lus. Et ils plaisent. Et ils n'intéressent pas forcément que de dangereux néonazis. Pourtant, nous pensons – et c'est une position discutable – que les goûts artistiques en disent tout autant sur l'idéologie d'une personne que le bulletin qu'elle a déposé – ou qu'elle n'a pas déposé – dans une urne. Nous n'accusons personne : nous avons nous-même joué quelques heures – un euphémisme que seuls ceux et celles qui y ont joué peuvent comprendre – à *Skyrim*. Toutefois, il nous semble important de rester lucide sur nos propres goûts – et donc nous-mêmes. Cela, *Rêve de fer* nous permet de le faire. Pour cela, *Rêve de fer* reste à notre goût un monument de la science-fiction critique.

Bibliographie

Adorno (Theodore W.) : *Études sur la personnalité autoritaire*, traduction de l'anglais (États-Unis) : Frappat (Hélène), Paris, Allia, 2007.

Atlan (Henri) : *Le Vivant post-génomique ou qu'est-ce que l'auto-organisation ?*, Paris, Odile Jacob, 2011.

Carlyle (Thomas) : *Les Héros*, Paris, Maisonneuve et Larose Éditions des Deux Mondes, 1997.

Command and Conquer: Alerte rouge 2, © Westwood Studios, 2000

Dworkin (Andrea) : *Souvenez-vous, résistez, ne cédez pas*, Paris, Éditions Syllepse, 2018.

Horvilleur (Delphine) : *Réflexions sur la question antisémite*, Paris, LGF, 2020.

Howard (Tod) : *The Elder Scrolls V : Skyrim*, © Bethesda Game Studio, 2011.

Le Garroy (Albain) : « *Ces Hommes dans la jungle* de Norman Spinrad ou l'Ordre final », in Lagoguey (Hervé), Goffette (Jérôme) (dir.) : *Pouvoirs, responsabilités et cas de conscience en science-fiction*, Norderstedt, BoD, 2023.

Salomon (Jake) : *XCOM : Ennemy Unknown*, © Firaxis Games, 2012.

Sartre (Jean-Paul) : *Réflexions sur la question juive*, Paris, Folio, 1985.

Scott (Ridley) : *Alien*, 20th century fox, 1979.

Spinrad (Norman) : *Ces Hommes dans la jungle* (*The Men in the Jungle*), traduction de l'anglais (États-Unis) : Petris (Michel), Paris, Denoël, 2000.

Spinrad (Norman) : *Jack Barron et l'éternité* (*Bug Jack Barron*), traduction de l'anglais (États-Unis) : Abadia (Guy), Paris, J'ai lu, 2010.

Spinrad (Norman) : *Rêve de fer* (*The Iron Dream*), traduction de l'anglais (États-Unis) : Boissier (Jean-Michel), Paris, Gallimard, 2014.

Tort (Patrick) : *Spencer et l'évolutionnisme philosophique*, Paris, PUF, 1998.

The Biopolitics of Motherhood and Reproduction: Accelerated Pregnancies and Postponed Babies

Aline Ferreira
Associate Professor, Department of Languages and Cultures, University of Aveiro, Portugal

Scientific advances in the area of reproductive technologies have led to the implementation of new and controversial methods of gestation. Caeli Wolfson Widger's *Mother of Invention* (2018) and Diane M. Dresback's *Postponement* (2017), both set in the near future, imagine and dramatize two such developments, both of them contentious: accelerated pregnancies and postponed babies. These new techniques raise a plethora of ethical and social questions as well as, inevitably, issues associated with the biopolitics of gender and the regulation of reproduction. The two novels are centrally concerned with the ways in which these speculative medical advances could make life easier for women[1] and improve their situation in the workplace, which can be negatively affected when they take time off during pregnancy and after the baby is born. Shorter pregnancies and choosing the right time to actively start parenting could make a significant difference to women's personal and professional lives, while also carrying an array of added challenges, as illustrated in these narratives.

Fantasies about new reproductive technologies that would allow novel configurations for women to conduct pregnancy and birth in a manner that might be better suited to their individual wishes have been extensively dramatized in fiction and film, but until now have remained mostly that, fantasies.[2] These speculative visions include artificial

---

1 I am using "woman" here for convenience, as a general term, since it would be more appropriate and inclusive to use "pregnant people".

2 From the Biblical Eve to numerous mythological creation and birth scenes, alternative reproductive fantasies abound in the literary and visual imagination. For a discussion of little-known literary representations of alternative methods of the creation of life in the eighteenth century see Stephanson (2019).

wombs,[1] *in vitro* fertilization techniques catering for women-only pregnancies, egg fusion, parthenogenesis, and many others.[2]

Both Widger's *Mother of Invention* and Dresback's *Postponement* add to these visions of the future of motherhood. They revolve around innovative ways to simplify life for pregnant women who would wish to be less affected, both physically and professionally, by gestation and childcare. In Widger's novel the gestational period will be shorter, while in Dresback's parents can even choose the most adequate time to take their baby home after birth, with the newborn babies kept in cryogenic suspension. Indeed, women have been speculating about scientific ways in which they could have full-time jobs, ambitious careers and also potentially become mothers without pregnancy and motherhood negatively impacting their career prospects, in the same way as becoming a father, by and large, does not harm a man's position at work or future promotions. Unlike men, women are often forced to choose between a fulfilling career and motherhood.

Widger's Mother of Invention: The "Future of Motherhood" (39)

Widger's *Mother of Invention* deals precisely with how this frequently unavoidable and often unsolvable but necessary choice could be minimized by means of a scientific breakthrough, namely accelerated pregnancies, lasting nine weeks rather than nine months and achieved through TEAT (Targeted Embryonic Acceleration Technology). The protagonist, a Silicon Valley executive, Tessa Callahan, oversees the first trial of the Seahorse Solution, created in her biotech company, Seahorse Solutions, with her business partner Luke Zimmerman, an

---

1 For an overview of the fantasy of gestation external to the woman's body see Squier (1999). See also Squier (2004) for an analysis of biomedical advances related to selected reproductive technologies.

2 Since fictional examples dealing with alternative reproductive technologies are too numerous to cite, some representative instances in chronological order are included here: Mary Shelley: *Frankenstein; Or, the modern Prometheus* (1818), Mary E. Bradley Lane: *Mizora* (1890), Charlotte Perkins Gilman": *Herland* (1915), Aldous Huxley: *Brave New World* (1932), Suzy McKee Charnas: *A Walk to the End of the World* (1974), *Motherlines* (1978) and *The Furies* (1994), Naomi Mitchison: *Solution Three* (1975), Marge Piercy: *Woman on the Edge of Time* (1976), Joan Slonczewski: *A Door into Ocean* (1986), Lois McMaster Bujold: *Ethan of Athos* (1986), *Cetaganda* (1996), *Barrayar* (1999) and *Diplomatic Immunity* (2003), Nicola Griffith: *Ammonite* (2002), Anne Charnock: *Sleeping Embers of an Ordinary Mind: A novel* (2015), Helen Sedgwick: *The Growing Season* (2017) and Sara Flannery Murphy: *Girl One* (2021).

invention that will in all likelihood shape new models of motherhood and gender power dynamics.

Tessa works towards making pregnancy and motherhood as easy and as undisruptive as possible for those women who wish to be mothers. Before partnering with Luke Zimmerman, a very wealthy tech entrepreneur, for the purpose of developing TEAT, Tessa's company had already created a number of products designed to help women during and after pregnancy. Examples include NauseAway, a supplement that eliminated morning sickness, Mammarina, a "customized prosthetic breast worn by anyone and infused with the mother's scent, designed to 'lactate' formula tailored to mimic her biochemistry" (32), effectively a kind of harness "outfitted with pumps that adjusted the flow of FormuLove through silicone nipples, shaped exactly" (328) like the mother's, and FormuLove, formula milk created to replicate the mother's, with a "very strong molecular resemblance" (328) to the mother's breast milk. With her work at Seahorse Solutions Tessa hoped to help ease the "biological injustices and the unique burden reproductive capabilities posed to modern women" (11). As Shulamith Firestone (1970) famously argued, the first requirement for any alternative reproductive system must be the "freeing of women from the tyranny of their reproductive biology by every means available, and the diffusion of the childbearing and childrearing role to the society as a whole, men as well as women" (206).

Tessa is approached by Zimmerman, who had come across an online chat group of children from accelerated pregnancies, whose mothers had taken Juva, a drug prescribed to thousands of women in the 1990s and advertised as prolonging their peak fertility years into their forties and fifties and even beyond. The pregnancies lasted nine weeks and the babies were born healthy, with only a cleft on their scalp, a small dent covered by their hair, that identified them as having undergone accelerated gestation (AG). Juva only seemed to have had that side-effect on forty-eight of those thousands of women, three of whom went on to suffer from accelerated ageing, while amongst the babies only a few showed signs of premature ageing. One of these is Vivian Bourne, who is already displaying symptoms of senescence in her early twenties and wishes to find out what really caused accelerated gestation, engaging directly with Tessa in her quest for the truth. When these major side-effects were noticed, a result of an error on the part of a U.S. federal agency that had eschewed thorough testing, fast-tracking the "approval of an undertested, ultraprofitable drug" (228), Juva had been removed from the market and with the President's intervention it was hoped the unfortunate episode would be forgotten.[1]

Luke quickly convinced Tessa of the benefits for women of accelerated gestation, with such arguments as: *"Women are tethered by their own biology . . . Human reproduction is the ultimate weapon of the patriarchy . . . Technology is a feminist weapon . . ."* (61; italics in the original). Indeed, Luke believed that with AG he "had the key to unlocking a new kind of freedom for women" (64), as he tells her. Luke then teamed with Tessa to develop and implement accelerated pregnancies, with recourse to gene editing, basically CRISPR technology, which if successful would "safely reduce the duration of human pregnancy from nine months to nine weeks" (25), a "new and improved version" (61) of the unexplained anomaly that those forty-eight women experienced, "adjusted and controlled by the world's greatest experts in genetics and biotechnology" (61). Indeed, it was a "carefully engineered, calibrated acceleration process based on a pre-existing genetic template" (73), using "skin samples of natural AG mothers and babies" (63), which Luke had come across when working at Configuration Labs and had removed illicitly, for profit. As Luke explains, "TEAT technology involves base code drawn from a combination of dozens of those samples, which my team then analysed and altered and replicated" (63). As Luke persuasively puts it: "Between TEAT and Seahorse, pregnancy, birth, and early post-partum would become extremely low impact for women. Think of the benefits for their careers, their stress levels. Their *time*" (62; italics in the original).

The team that will supervise the three women acting as test subjects in the clinical trial is composed of Dr Gupta, who was part of the group that invented the artificial womb, Dr Akabe, who was partly responsible for converting skin cells into eggs and sperm, and Dr Milford, a famous reprogeneticist. Indeed, it is no coincidence that in *Mother of Invention* artificial wombs are mentioned, since their implementation, like AG, would help women have a shorter pregnancy in the case of partial ectogenesis, or no pregnancy at all with full ectogenesis, where the fetus would grow in an artificial womb from the beginning to the end of gestation. Artificial wombs could also be an important tool to promote greater parity at work between women and men, since the former would not be susceptible to the physical hazards a pregnancy might bring

---

1 The narrative also includes a subplot that features Irene, a woman who had an accelerated pregnancy caused by the drug Juva, who finds herself ageing at a very fast pace, and her daughter, Vivian Bourne. ISA, the Internal Stability Agency, trying to bury the Juva mistake, hopes that the Seahorse Solution will divert attention from the previous error. Luke, however, feels threatened when Vivian speaks with Tessa and asks her to investigate AG.

about. Indeed, Victoria Hooton and Elizabeth Chloe Romanis observe that many women[1] might choose ectogestation "for social reasons, such as reducing the work place discrimination that they may experience, or the amount of time they have to spend out of work" (Hooton and Romanis, 2022).[2]

Indeed, Tessa strongly believes that women should not have to bear the whole weight of motherhood alone and that mothers should not feel discriminated against when they have to choose between careers and motherhood.[3] She feels that women should be able to have children if they want to and pursue their careers to the full if that is their choice, a point made provocatively and polemically by Sandberg (2013),[4] mentioned in *Mother of Invention*. As Tessa puts it: "It's no longer a question of whether women can do it all. It's just assumed that we will. It's assumed that we can be great careerists and mothers and spouses and still magically keep the laundry in check. Which is not only impossible, it's mass exploitation. It's keeping women in a permanent state of fatigue and anxiety" (9).[5]

Tessa's ambition is to figure out a way "for pregnancy to be easier" (139), as well as to reconcile career and motherhood as seamlessly as possible. As she wrote in her book *The Seahorse Solution: A New Approach to Motherhood*: "When provided with every practical support option and no logistical restraints, women may inhabit motherhood wholly, but without compromising their relationship to their work or themselves" (1). Tessa considered the Seahorse Solution, accelerated gestation, as a "powerful and liberating option" (102) that would give women a greater array of choices. In her plenary address at Weldon College, her alma mater, a prestigious all-women's university near Boston, titled "The New Frontiers of Choice", Tessa again strongly emphasizes how empowering the concept of choice can be in helping women to shape their future. Tessa is specifically concerned with

---

1 Hooton and Romanis use the more inclusive term "pregnant people".

2 As they further argue, artificial wombs "might bring broader social benefits in addressing the gender disparity in reproduction and childrearing, and potentially in the realm of employment—as this is a place where people who carry pregnancies consistently experience discrimination".

3 Jacqueline Rose (2019) addresses the discrimination pregnant women and mothers undergo at work, with about 54,000 women losing their jobs due to pregnancy or maternity leave (these figures are from an Equality and Human Rights Commission survey dated 2016, but progress in improving this situation has been painfully slow).

4 Sandberg (Sheryl): *Lean in: Women, Work, and the Will to Lead*.

5 Amanda Montei (2023: 7) analyses how the rise of "institutionalized patriarchy" is rewriting the tenets of reproductive justice in the US, as well as buttressing the untenable standards of being a mother, a wife and also holding a successful job.

addressing the structural disadvantages that befall pregnant women and mothers in a patriarchal society in a culture where, as she puts it, women are increasingly expected "to 'do it all'" (143). Since "*no one but us* will get pregnant and give birth" (143; italics in the original), women "*are expected to bear children*" (143; italics in the original). Meaningfully, one of the three women in the accelerated gestation trial, Gwen, considers that the traditional patriarchal model is accurate for most men, who act accordingly because they "can't get pregnant" (199). Since pregnancy and motherhood are "universally acknowledged as accomplishments" (199), men feel (albeit unconsciously) compelled to compete in order to feel vindicated in their own achievements.

As Tessa goes on to explain during her lecture, the only species on the planet that has a different reproductive strategy is the seahorse, which gave the name to her biotech company. In the case of the seahorse, as she elucidates, the females "still produce the eggs, simply depositing them into the male's pouch to carry until the babies emerge" (144), thus placing the gestational burden on the male.

According to Dudley and Whittington (2021), "Male pregnancy is rare, only occurring in a group of fish that includes seahorses, seadragons, pipehorses and pipefishes. Pot-bellied seahorse males have a specialised enclosed structure on their tail. This organ is called the brood pouch, in which the embryos develop."[1] While scientists speculate about what kind of evolutionary advantage male pregnancy provides to seahorses, one theory (Seahorse 2002) is that it "enables a shorter cycle of reproduction by distributing the costs of the process between the two partners"; indeed, "while the male is bearing the young, the female can prepare more eggs to implant soon after the male has given birth to the last litter." Meaningfully, it was the male seahorse's pregnancy and this sharing of the reproductive process between the two partners that

---

1 Dudley (Jessica Suzanne) and Whittington (Camilla): "Pregnant male seahorses support up to 1,000 growing babies by forming a placenta". Since, as they state, "syngnathid fishes are the only vertebrates to exhibit male pregnancy" (153), it is instructive to carry out "comparative studies of the biology and evolution of internal incubation of embryos, independent of the female reproductive tract" (115). In this case they examined the "fleshy, sealed, seahorse brood pouch, and provide the first quantification of structural changes to this gestational organ across pregnancy" (115), focusing on how they provide oxygen to the seahorse embryos. As Dudley and Whittington point out, "Interestingly, many of the changes that occur in the seahorse pouch during pregnancy are similar to those that occur in the uterus during mammalian pregnancy," concluding that their work shows that the "morphological changes to seahorse brood pouches have a lot in common with the development of mammalian placentae." In addition, when the "tiny seahorses are ready to be born, the male undergoes muscular contractions to expel the young, known as 'fry,' from the pouch," according to a piece in the *National Geographic* (Seahorse 2002).

inspired Tessa to come up with her biotech company, Seahorse Solutions, developing products to make mothering less burdensome. As she declares, "I sought to create options for women that would not force them to decide between *children* or *no children*, but give them an opportunity to experience motherhood in the least debilitating manner possible" (144). As she further explains, "By condensing gestation ... we diminish not only the logistical impact of pregnancy, but the psychological interference as well. There will be less time to anticipate the identity shift that comes with motherhood, less time to unconsciously *lean away* from all that came before" (148; italics mine), in other words, the possibility of going back to work earlier without having missed much. Tessa had already made the point in her lecture that "we must *lean in* ... further than ever. We must lean so hard that we *push through*" (145-146; italics in the original), referencing her own book, *Pushing Through: A Handbook for Young Women in the New World*, which became an instant bestseller, as well as obliquely alluding to Sandberg's famous and controversial (2013) book.

Despite the fact that accelerated pregnancies are completely speculative and there is no hint that any similar technique may one day even come near such hypothetical fantasy, it is a dream that many women would entertain and a technology they would potentially adopt if it ever became available, to feel more unconflicted with respect to pregnancy, motherhood and work.

What is missing in this conversation is what happens after the baby is born, or decanted, to borrow vocabulary from Huxley's *Brave New World*. After all the baby will need the same amount of time and care after she or he is born. Will the parents be "obliged" by labor laws to stay at home for an equal amount of time? If it is mostly the mother that does, then the perceived advantages of an uninterrupted career stop being effective, since the woman will bear most of the burden of childcare. Compulsory leave for new fathers, to be taken at a time of their choosing and ideally agreed with the mother, might be the most effective solution to achieve parity at work.[1]

Indeed, as O'Reilly (2016) persuasively argues, motherhood is the "unfinished business of feminism."[2] As she forcefully maintains,

---

1 For a thorough analysis of the potential link between the feminization of childrearing and equality of opportunity in the workplace as well as misogyny see Gheaus (2023).

2 O'Reilly (Andrea): "Matricentric feminism," p. 51. For O'Reilly, "whereas motherhood operates as a patriarchal institution to constrain, regulate, and dominate women and their mothering, mothers' own experiences of mothering can, nonetheless, be a site of empowerment" ("Maternal theory: Patriarchal motherhood and empowered mothering," p. 20). Indeed, as she asserts, a "mother-centred feminism is needed

"Patriarchal motherhood is neither natural nor inevitable. And since the patriarchal institution is socially constructed, it can be challenged and changed."[1] This is precisely what Tessa Callahan tries to achieve, a loosening of the ties dictating that motherhood still operates under patriarchal control by giving women more choices about how to be and become mothers.

Feminist philosopher Susan Moller Orkin had already called attention to the consequences for women's lives of the inequitable sexual division of labor within the family, in particular the "unequal distribution of unpaid labor of the family" (*Justice, gender, and the family,* p. 4), with a special focus on child care, a crucial aspect often disregarded with adverse consequences. As she cogently states, "Until there is justice within the family, women will not be able to gain equality in politics, at work, or in any other sphere" (4).[2]

In order to address and solve these inequalities, Orkin has defended public policies designed to protect women's rights, including in the family sphere policies that "would encourage men and women to share the public and the domestic, the paid and the unpaid roles and responsibilities of family life, equally, so that both might participate on an equal footing in their various roles—at work, in civil society, and in politics—in the non-domestic spheres of life" ("Gender, justice and gender: An unfinished debate," 1554). Such policies "would need to include subsidized early child care and after-school care for children, flexible working hours for parents and other caregivers, gender-neutral parental and other family-related leave, and firmly enforced anti-discrimination law in all necessary areas" (1554).

Indeed, motherhood should not have to be a penalty for women's lives and careers. Women who are mothers are often doubly penalized: not just due to the gender pay gap, but also as a result of the so-called motherhood penalty. According to American sociologist Shelley J. Correll (et al. 2007), "the 'motherhood penalty' may account for a significant proportion of the gender gap in pay, as the pay gap between mothers and non-mothers could in fact be larger than the pay gap between men and women,"[3] with survey research finding that "mothers

---

because mothers—arguably more so than women in general—remain disempowered despite forty years of feminism" ("Matricentric feminism," p. 52).

1 O'Reilly, *op. cit.,* p. 20.

2 See also *Reproductive Justice: An Introduction* (2017) where Loretta Ross, a feminist activist, and Rickie Solinger, a historian, introduce the subject of reproductive freedom and autonomy with a special focus on an intersectional approach which had been missing from studies of reproductive justice.

3 Correll et al., *op. cit.,* p. 1298.

suffer a substantial wage penalty".[1] Indeed, "for those under the age of 35, the pay gap between mothers and nonmothers is larger than the pay gap between men and women."[2] They also found that mothers were "penalized on a host of measures, including perceived competence and recommended starting salary" while men, on the contrary, were "not penalized for, and sometimes benefited from, being a parent," with the same study showing that "actual employers discriminate against mothers, but not against fathers."[3]

As philosopher Kate Manne (2021) explains, drawing on statistics collected by Pew Research and the U.S. Bureau of Labor Statistics in 2000, "working women took on around two-thirds of at-home child-care responsibilities, while their male partners did the remaining one-third." Women, then, "did double the work" while, "disturbingly, over the past two decades, these figures have held steady."[4] Indeed, as Manne further points out, "Based on the current state of affairs, estimates of how long we have to go before reaching child-care parity between men and women range from seventy-five years (by the Fatherhood campaign MenCare) to a still more dismal two hundred years (by the United Nations International Labour Organization),"[5] a troubling prospect that requires concerted efforts from policy makers to redress that situation.

Given the statistics mentioned above, it is no wonder that many women would consider the possibility of postponing their babies, using a new technology developed and made legal in the near future in Diane M. Dresback's *Postponement* (2017), to be analyzed next, which allows parents of newborn infants to keep their babies in cryonic suspension until such time as they can confidently take them home with what they consider as the right conditions in place.

---

1 Indeed, according to Andrea O'Reilly, on the labor market mothers make "sixty cents for every dollar earned by full-time fathers in the United States" ("Matricentric feminism", p. 51).

2 See also Cukrowska-Torzewska and Matysiak (2020) for a thoroughgoing analysis of the reasons behind the "motherhood wage gap."

3 Correll et al., op. cit., p. 1297. See also Anderson et al. (2003). Kati Kuitto et al. analyzed the gender gap in earnings in early career men and women in Finland, which is already 30 per cent at this stage, arguing that "One of the causes may be found in the highly unequal division of family-related career breaks" with the "duration of mothers' family-related leaves . . . 13 times longer than fathers' leave spells." Given this state of affairs, it is deemed that "[e]fforts towards a more equal division of parental leaves are needed in order to combat gender inequalities that already emerge in early career and potentially cause life-long disadvantages for women's careers, earnings and pensions" (2019).

4 Manne (Kate): *Entitled: How Male Privilege Hurts Women*, p. 121.

5 Manne, *op. cit.*, p. 122.

Dresback's *Postponement*: *"When the Time is Right"* (19)

The main premise of Diane M. Dresback's *Postponement* is that parents (or a single progenitor) could choose to place their newborn baby in cryogenic suspension and have her/him revived when they consider the time is right,[1] a decision often revolving around the mother's career, the parents' financial situation or medical grounds.

In the near future of the narrative, postponement had become legal and Postponement Centers had sprung around the country, with demonstrators against this technology protesting against it on a regular basis, shouting slogans such as "Let the babies live!" (2) and "It's life, not convenience!" (3). One of the protesters considers postponement "immoral" (112) and "selfish" (112), while another muses that cryosuspension permitted "putting human lives on hold merely for parents' convenience" (122).

Advertising for the Postponement Center showed women succeeding professionally, pursuing their studies and careers and enjoying life uninterruptedly, with the slogan "Only you know when the time is right to bring a child into your life" (18). However, only those with private means could afford to pay for the cryopreservation of their newborns, even though by law every Postponement Center has to make available a certain number of postponement positions to low-income future parents. In addition, there is a non-profit service, "Saved by Postponement," funded by "very generous people who want to make postponement available to those who can't afford the service" (89), as is explained to a young couple unable to meet the Center's fees.

The plot revolves around the protagonist, Nora Collins, a single, middle-aged woman with no children who works in Client Liaison at a Postponement Center in Austin, Texas. Nora, who had gone through a traumatizing abortion which had led to her abandoning medical school, gets attached to the newborns in the crypods, perhaps unconsciously knowing she can "save" them, unlike her own baby. She develops a

---

1 As Minerva and Sandberg (2015) in related vein point out, "in some cases, people who have an abortion are not in principle against the idea of becoming parents, but they are not ready to take up that responsibility at that precise moment of their life . . . It might be that in a few months, or in a few years, their economic, social, family or emotional situation would be different and they would try to get pregnant on purpose. However, women's fertility tends to decrease over the years, so it might be that the same woman who chose to have a termination of pregnancy when she was 25 would need to use IVF ten or twenty years later. If it were possible to cryopreserve the embryo/fetus in her womb when she was only 25, then she could implant it twenty years later when she felt ready to become a mother, hence avoiding both abortion and IVF," p. 22.

particular fondness for one, Toby, who suffers from spinal damage, and has been there for over seven years. Nora keeps telling his parents to wait, since there is hope of a treatment, maybe even a cure, possibly in the next few years.

Nora's fears for little Toby's health come to a head when his parents decide to remove him from cryogenic suspension before a successful treatment is found. Feeling desperate, Nora does the unthinkable and runs away with the "crypod" (24), evading the police in a series of different motel rooms for five months, eventually being forced to give up when the crypod battery runs out, but happy in the knowledge she may have contributed to bringing his reanimation closer to the implementation of an innovative therapy for his medical condition. Nora's intentions had been to return Toby in the still functioning crypod to the Postponement Center once a cure had been achieved, but her actions, no matter how well-meaning, with the baby's health as her main consideration, amounted to a crime and she was sentenced to a year in jail. Twenty-two years later Toby pays her a visit, to thank her for her efforts to cure him, revealing that thanks to her actions he was indeed able to receive a treatment that would have been only partially successful for a child under two years of age.

It is this very scenario that bioethicists and philosophers Minerva and Sandberg (2015) consider when reflecting on the advantages of cryopreserving fetuses. Indeed, Dresback's *Postponement* (2017) could be seen as a fictional dramatization of the main topics addressed in Minerva and Sandberg's article. As they point out, in the event of a fetus or newborn infant suffering from severe abnormalities, "if cryopreservation were available, prospective parent/s could choose to cryopreserve their child in the hope that a therapy would be developed."[1]

If the time is not right, cryogenic suspension could be applied instead of abortion, if the progenitors were in agreement. Indeed, Nora unsuccessfully tried to convince a stubborn husband, together with his expectant wife, to agree to a postponement rather than an abortion, thus allowing the child to survive. As Minerva and Sandberg contend, the "cryopreservation of embryos/fetuses would avoid some of the most powerful objections to abortion, namely the objection that abortion is the impermissible killing of a human being/person and the objection that abortion interferes with the embryo's/fetus' potential development and/or its interest in having a future ... at worst, cryonics would be no

---

1 Minerva (Francesca) and Sandberg (Anders): "Cryopreservation of embryos and fetuses as a future option for family planning purposes", p. 23.

worse than abortion."[1] Indeed, they emphasize the potential advantages of the cryopreservation of embryos or fetuses extracted from the womb[2] during the pregnancy itself or after birth, including the expected prevention of a sizeable number of abortions. They consider that this option would "allow prospective parents to avoid the unwanted implications of both an abortion and an unplanned pregnancy."[3] A similar scenario is also described in Dresback's *Postponement*, although the transfer to the cryopod occurs only after the baby is born.

Cryogenic suspension could also play an important role as far as adoption is concerned. If parents cannot afford to keep paying the postponement services or decide they would rather not reanimate the child and take her or him home, the baby can be adopted by couples who are unable to procreate.[4] Significantly, the Postponement Center has its own adoption program. As Nora explains to an overjoyed couple who will soon be able to adopt a child through that program, parents "possess the right to put their postponed baby for adoption at any time as long as fees are paid current and there is consensus between both mother and father" (55). Minerva and Sandberg have considered this and related questions at length. As they observe: "If cryopreservation of embryos and fetuses were an option, parents could be spared the stress of giving their child for adoption, and they could keep the fetus cryopreserved until circumstances had changed and they could raise a child." In addition, if "adoption were their preferred option, they could avoid continuing the pregnancy until the end of the gestation (something that some women find burdensome) and could assign the

---

1   Minerva and Sandberg, op. cit., p. 28. They also argue that the "option to have an abortion should be available to pregnant women regardless of the possible future options offered by cryopreservation," p. 28.

2   They acknowledge the technical problems the "extraction and cryopreservation of embryos and foetuses *in utero* would pose," p. 19. This is how they envisage the process when technology advances sufficiently: "If cryopreservation of embryos/fetuses were technically feasible, we could induce the expulsion of the 8-weeks embryo/fetus, keep it alive to stabilize its vital parameters, and then proceed with the cryopreservation. The first part of the procedure would be very similar to the one currently used to induce labor. However, in this case, the embryo would then be cryopreserved using a technique similar to the one we currently use to cryopreserve embryos for IVF or the one used for cryonics on human beings, depending on the developmental stage of the embryo/fetus at the moment it is removed from the womb," pp. 19-20.

3   Minerva and Sandberg, *op. cit.*, p. 18.

4   A related scenario is dramatized in Karen A. Wyle's *Donation* (2022), where the development of artificial wombs has resulted not only in a significant diminution of the number of abortions, but also in the increase in the number of babies available for adoption, when their progenitor(s) feel compelled to place the fetuses in artificial uteri rather than letting them die, thus effectively donating their babies for future adoption.

fetus for adoption at an early stage. It could then be implanted in the uterus of the adoptive or surrogate mother."[1]

Minerva and Sandberg also consider a scenario not contemplated in *Postponement*. They argue that "cryopreservation of embryos/fetuses is a better option than ectogenesis,"[2] suggesting the following potential sequence of events: the "fetus would normally develop in the uterus, and not in an artificial womb as would happen with ectogenesis. Once the woman decided to recommence the pregnancy, the embryo would be implanted in her (or in a surrogated mother's) womb and then it would develop there just as happens with natural pregnancies."[3] However, once the fetus was surgically removed from the maternal uterus and placed in a cryopod it would cease to grow. Would it then go on to develop normally when back in the womb? There are too many uncertainties in this speculative scenario.

Meaningfully, Minerva (2018)[4] provides an ethical framework to address the issues dramatized in Dresback's *Postponement*. She supports the cryosuspension of newborn babies, arguing that cryopreservation of pregnancy would be better than abortion or ectogenesis. She offers an added philosophical and ethical dimension to the potential of cryonics, suggesting that preserving a newborn baby or fetus in a cryopod, thus effectively postponing their birth, would enable more parents to rethink the timing of their child's birth, and women in particular could choose the most appropriate moment in their lives and careers to bring the baby home. In addition, it could be an alternative to abortion, providing women with more time to think about the fate of their baby. According to Minerva, cryosuspension of pregnancy would be "preferable to both abortion and ectogenesis. The foetus would not be killed, as in the case of abortion, but would not be relinquished to some machine and then to strangers (unless the foetus were reimplanted in the uterus of the adoptive mother), as in the case of ectogenesis. Thus, the pregnant woman would not refuse to take the responsibility of raising the prospective child—she would only postpone this moment."[5] With cryosuspension, then, women would be given the option to "pause the pregnancy for months or years . . . postponing the moment when they become parents without having to kill the foetus

---

1 Minerva and Sandberg, *op. cit.*, p. 22.

2 Minerva and Sandberg, *op. cit.*, p. 24.

3 Minerva and Sandberg, *op. cit.*, p. 25.

4 Minerva (Francesca): *The ethics of cryonics: Is it immoral to be immortal?*

5 Minerva, op. cit., p. 127. In Charnock (2017), for instance, the aborted fetuses are placed in artificial wombs and after birth are raised in special facilities and some potentially adopted at a later stage.

they are pregnant with"[1] or without putting their careers on hold, as is the case for many women in Dresback's *Postponement*. For Minerva, cryosuspension of pregnancy would be a very useful tool for "both empowering women and avoiding certain moral conflicts" (129). Thus, she believes that there are tangible reasons to conduct research on the feasibility of this technology. However, she claims that even if cryosuspension of pregnancy became an option "nobody should be forced to donate their embryo or foetus to another person if they feel that such a choice would be detrimental, and therefore no one should be prevented from having an abortion if abortion is what they want."[2]

What if ectogenesis and cryopreservation of fetuses could be used in combination,[3] so that women or couples could choose the best time to have their baby? Although this idea does not feature in Dresback's novel, if these procedures were carried out in articulation it could make sense and help many prospective parents.

Conclusion

Both novels speculate about alternative ways, fueled by scientific innovations, to make pregnancies and child rearing better adapted to mothers so that their careers and lifestyle do not have to undergo major changes, often irrevocably affecting their careers, which are placed on hold while their male partners, mostly impervious to the altered circumstances, can carry on. Both accelerated pregnancies and cryonic postponement, if and when safely implemented, would make life easier for women and improve their situation in the workplace, which can be negatively affected when they take time off during pregnancy and after their baby is born. Such innovative practices, however, will most likely be perceived as disrupting the patriarchal *status quo* and strongly resisted by many, both men and women.

---

1 Minerva, *op. cit.*, p. 127.

2 Minerva, *op. cit.*, p. 129. The same argument could be used in the context of ectogenesis, since with the possibility of transferring the embryo or fetus to an artificial womb, abortion rights might not extend to the death of the fetus. For a discussion of this fraught question from an ethical point of view see, amongst others: Stephen Coleman (2004), Sarah Langford (2008), Christine Overall (2015), Eric Mathison and Jeremy Davis (2017), Joona Räsänen (2017) and (2022), Evie Kendal (2020), Christopher Stratman (2020), Daniel Rodger (2021), Elizabeth Chloe Romanis (2021) and Claire Horn (2023). A thorough discussion of this issue falls beyond the scope of this article.

3 This scenario is mooted by Matthew R. Edwards, who proposes that "ectogenesis with cryopreserved embryos could help humans to potentially survive all future extinction events" ("Blueprint for Forever: Securing Human Far Futures with Ectogenesis," 2022).

Although accelerated pregnancies are science fiction[1] and will likely never be developed, as a thought experiment in the ambit of new reproductive technologies and their impact on women and society, their occurrence in *Mother of Invention* can be seen as a useful scaffold for the exploration of alternative scenarios that would significantly change women's lives. *Postponement*, similarly, dramatizes the multiple ethical and social issues associated with a technology that has been in use and proven safe for a long time to keep embryos cryonically preserved for decades but in the novel is applied to the postponement in cryonic suspension of newly born babies. Although legal in the novel, the practice is very controversial, as it would undoubtedly be if it became accessible in the near future. Minerva and Sandberg contend that developing a technology which would provide the "opportunity to cryopreserve embryos and foetuses after the beginning of a pregnancy in utero could potentially solve most of the problems related to abortion, adoption, IVF, and giving birth at an inconvenient time (for both, or either, of the parents and the child)."[2] Even though it is not available yet, it is necessary and timely to discuss the many and intricate issues it raises.

Bibliography

Anderson (Deborah J.) et al.: "The motherhood wage penalty revisited: Experience, heterogeneity, work effort, and work-schedule flexibility," *Industrial and Labor Relations Review*, vol. 56, no. 2, 2003, pp. 273–294.

Bujold (Lois McMaster): *Ethan of Athos*, Riverdale NY, Baen, 1986.

Bujold (Lois McMaster): *Cetaganda*, Riverdale NY, Baen, 1996.

Bujold (Lois McMaster): *Barrayar*. In *Cordelia's Honor*, Riverdale NY, Baen, 1999.

Bujold (Lois McMaster): *Diplomatic Immunity*, Riverdale NY, Baen, 2003.

Charnas (Suzy McKee): *A Walk to the End of the World* (1974) and *Motherlines* (1978), London, The Women's Press, 1994.

Charnas (Suzy McKee): *The Furies*, New York, Tor Books, 1994.

Charnock (Anne): *Dreams Before the Start of Time*, Seattle WA, 47North, 2017.

Charnock (Anne): *Sleeping Embers of an Ordinary Mind: A Novel*, Seattle WA, 47North, 2015.

Coleman (Stephen): *The Ethics of Artificial Uteruses: Implications for reproduction and abortion*, London, Ashgate, 2004.

---

1 The Twilight series features an accelerated pregnancy, where Bella is pregnant for roughly three months before giving birth to a daughter, Renesmee.

2 Minerva and Sandberg, *op. cit.*, p. 28.

Correll (Shelley J.) et al.: "Getting a job: Is there a motherhood penalty?", *American Journal of Sociology*, vol. 112, no. 5, 2007, pp. 1297–1338.

Cukrowska-Torzewska (Ewa) and Matysiak (Anna): "The motherhood wage penalty: A meta-analysis," *Social Science Research*, vols. 88–89, May–July 2020, p. 102416.

Dresback (Diane M.): *Postponement*, Surprise AZ, Mindclover, 2017.

Dudley (Jessica Suzanne) and Whittington (Camilla): "Pregnant male seahorses support up to 1,000 growing babies by forming a placenta," *The Conversation*, September 16th 2021.

Dudley (Jessica Suzanne) et al.: "Structural changes to the brood pouch of male pregnant seahorses (*Hippocampus Abdominalis*) facilitate exchange between father and embryos", *Placenta*, vol. 114, October 2021, pp. 115–123.

Edwards (Matthew R.): "Blueprint for forever: Securing human far futures with ectogenesis," *Futures*, vol. 146, no. 59, p. 103085.

Firestone (Shulamith): *The Dialectic of Sex: The Case for Feminist Revolution*, New York, Bantam Books, 1972.

Gheaus (Anca): "State neutrality and the dismantling of the gendered division of labour," in Sobel (David) and Wall (Steven) (eds): *Oxford Studies in Political Philosophy,* vol. 9, Oxford, Oxford University Press, 2023: pp. 153–182.

Gilman (Charlotte Perkins): *Herland*. London, Minerva, 2018 [1915].

Griffith (Nicola): *Ammonite*, New York, Del Rey Books, 2002.

Hallstein (Lynn O'Brien), O'Reilly (Andrea) and Vandenbeld Giles (Melinda), eds.: *The Routledge Companion to Motherhood*, Abingdon, Oxon, Routledge, 2019.

Hooton (Victoria) and Romanis (Elizabeth Chloe): "Artificial womb technology, pregnancy, and EU employment rights," *Journal of Law and the Biosciences*, vol 9, no. 1, 2022, p. lsac009.

Huxley (Aldous): *Brave New World* [1932], New York, Perennial Classics, 1998 [1932].

Kendal (Evie): "Pregnant people, inseminators and tissues of human origin: how ectogenesis challenges the concept of abortio," *Monash Bioethics Review*, vol. 38, no. 2, 2020, pp. 197–204.

Kuitto (Kati), Salonen (Janne) and Helmdag (Jan): "Gender inequalities in early career trajectories and parental leaves: Evidence from a Nordic welfare state," *Social Sciences*, vol. 8, no. 9, 2019, p. 253.

Langford (Sarah): "An end to abortion? A feminist critique of the 'ectogenetic solution' to abortion," *Women's Studies International Forum*, vol. 31, no. 4, 2008, pp. 263–269.

Manne (Kate): *Entitled: How Male Privilege Hurts Women*, London, Penguin Books, 2021 (first published by Crown, 2020).

Mathison (Eric) and Davis (Jeremy): "Is there a right to the death of the foetus?", *Bioethics*, vol. 31, 2017, pp. 313–320.

Minerva (Francesca): *The Ethics of Cryonics: Is it Immoral to be Immortal?*, London, Palgrave Macmillan, 2018.

Minerva (Francesca) and Sandberg (Anders): "Cryopreservation of embryos and fetuses as a future option for family planning purposes", *Journal of Evolution and Technology*, vol. 25, April 1st 2015, pp. 17–30.

Mitchison (Naomi): *Solution Three*, afterword by Susan M. Squier. New York, The Feminist Press at the City University of New York, 1995.

Murphy (Sara Flannery): *Girl One*, London, Raven Books, 2021.

Okin (Susan Moller): *Justice, Gender, and the Family*, Basic Books, 1991.

Okin (Susan Moller): "Gender, justice and gender: An unfinished debate", *Fordham Law Review*, vol. 72; no. 5, 2004, pp. 1537–1567.

O'Reilly (Andrea): *Matricentric Feminism: Theory, Activism, and Practice*, Ontario, Canada, Demeter Press, 2016.

O'Reilly (Andrea): "Maternal theory: Patriarchal motherhood and empowered mothering", in Hallstein (Lynn O'Brien), O'Reilly (Andrea) and Vandenbeld Giles (Melinda) (eds.): *The Routledge Companion to Motherhood*, Abingdon, Oxon, Routledge, 2019a, pp. 19–35.

O'Reilly (Andrea): "Matricentric feminism: A feminism for mothers", in Hallstein (Lynn O'Brien), O'Reilly (Andrea) and Vandenbeld Giles (Melinda) (eds.): *The Routledge Companion to Motherhood*, Abingdon, Oxon, Routledge, 2019b, pp. 51–60.

Overall, (Christine): "Rethinking abortion, ectogenesis, and fetal death", *Journal of Social Philosophy*, vol. 46, no. 1, 2015, 126-140.

Piercy (Marge): *Woman on the Edge of Time*, New York, Fawcett Crest, 1976.

Räsänen (Joona): "Ectogenesis, abortion and a right to the death of the fetus", *Bioethics*, vol. 31, no. 9, 2017, 697–702.

Räsänen (Joona): "Regulating abortion after ectogestation", *Journal of Medical Ethics*, June 20, 2022.

Rodger (Daniel): "Why ectogestation is unlikely to transform the abortion debate: A discussion of 'ectogestation and the problem of abortion'", *Philosophy and Technology*, vol. 34, 2021, pp. 1929–1935.

Romanis (Elizabeth Chloe): "Abortion & 'artificial wombs': Would 'artificial womb' technology legally empower non-gestating genetic progenitors to participate in decisions about *how* to terminate pregnancy in England and Wales?", *Journal of Law and the Biosciences*, vol. 8, no. 1, 2021, p. lsab011.

Rose (Jacqueline): *Mothers: An Essay on Love and Cruelty*, New York: Farrar, Straus and Giroux, 2019.

Ross (Loretta) and Solinger (Rickie): *Reproductive Justice: An Introduction*, PLACE, University of California Press, 2017.

Sandberg (Sheryl): *Lean in: Women, Work, and the Will to Lead*, London, WH Allen, 2015.

Seahorse: "Seahorse fathers take reins in childbirth", *National Geographic*, June 4th 2002.

Sedgwick (Helen): *The Growing Season*, London, Harvill Secker, 2017.

Shelley (Mary): *Frankenstein; Or, the Modern Prometheus*, ed. Nick Groom, Oxford, Oxford University Press, 2019 [1818].

Slonczewski (Joan): *A Door into Ocean*, New York: Tor Books, 1986.

Squier (Susan Merrill): *Babies in Bottles: Twentieth-Century Visions of Reproductive Technologies*, New Brunswick NJ, Rutgers University Press, 1994.

Squier (Susan Merrill): *Liminal Lives: Imagining the Human at the Frontiers of Biomedicine*, Durham NC, Duke University Press, 2004.

Stephanson (Randal): "Fictional science and genre: Ectogenesis and parthenogenesis at mid-century", *Journal for Eighteenth-Century Studies*, vol. 4, no. 4, 2019, pp. 471–486.

Stratman (Christopher M.) "Ectogestation and the problem of abortion", *Philosophy and Technology*, vol. 34, pp. 683–700. 2021.

Widger (Caeli Wolfson): *Mother of Invention*, New York, Little A., 2018.

Wyle (Karen A.): *Donation*, Oblique Angles Press, 2022.

"That's when they came": Sex and reproduction in *Who Fears Death* by Nnedi Okorafor

Patrycja Kurjatto-Renard
Université du Littoral Côte d'Opale

Nnedi Okorafor's *Who Fears Death* (2010) has received much critical attention and won numerous awards, such as The World Fantasy Award for Best Novel and Le Prix Imaginales (France) for Best Translated Novel under the French title: *Qui a Peur de la Mort?* In this *Bildungsroman*, the reader accompanies Onyesonwu's coming of age, mastering her powers and becoming a sorceress and a liberator. While the novel is set in a distant, although unspecified, future, it is firmly rooted in our reality and its issues, such as militarized sexual violence, ritualized female genital surgery,[1] and racialized women's agency in controlling their sexuality and reproductive powers. *Who Fears Death* dramatizes the idea of the necessity of transforming racialized women's situation in society: when we think about eliminating gender inequalities in racialized groups, the focus should not be on "fitting women into the status quo" by making them gain access to men's roles within the existing paradigm, but on "transforming the status quo."[2] The images of sexual violence and of the control of women's reproductive rights show that in the distant future, in spite of adopting a new, seemingly matriarchal, religion and major technological changes, racialized women's situation remains immutable.

The author, Ohio-born and of Nigerian descent, appears to be drawing on various literary and cultural traditions. While the influence of Igbo and other belief systems on her work has rightly been discussed, echoes of various literary traditions can also be found in the novel. Some of those echoes will be discussed below. However, first and

---

1 I use the term female genital surgery / FGS rather than female genital cutting, female genital mutilation, or female circumcision, because I find it more neutral and more suitable to the way the practice is treated by Okorafor.

2 Nkenkana (Akhona): "No African Futures Without the Liberation of Women: A Decolonial Feminist Perspective" p. 49.

foremost, Okorafor's novel can be viewed as an example of Afrofuturism, a current which "provides a theoretical space to reinvent and reinvest Western humanism and notions of the post-human toward the interests of black people."[1] Indeed, *Who Fears Death* shows the tenacity of race as an organizing principle in what could be seen as post-human universe. It demonstrates how "racism and white supremacy continue to overdetermine hopes of black futurity, thereby necessitating nothing less than empowered individuality,"[2] even though in the depicted world, "white people" are absent. As Miriam Pahl writes, "Okorafor not only challenges the notion of Africa as ahistorical, but questions the understanding of time as progress altogether."[3] Within the narrative, some progress is achieved, against all odds. Certainly, the novel demonstrates the necessity to never give up hopeful fighting for social advance. Nevertheless, it remains uncertain if the end brings a real breakthrough or only a temporary improvement, even if the closure of the narrative seems hopeful.

The present article opens with a discussion of rape as a domination tool and as a ritual, without forgetting racialized women's reaction to rape and the possibility to rewrite the cultural script. The second part is devoted to analyzing the representation of ritualized female genital surgery in the novel. Finally, the place of sexual pleasure and desire in the novel is discussed. The tropes of sex and reproduction help to thematize the issues of inclusion and exclusion. In the analysis of the novel, I am using both scholarly work on Okorafor and academic research in sociology and anthropology. To my mind, this is needed because Okorafor tends to offer commentaries on contemporary social trends in her work.

The society that Okorafor imagines recognizes sexuality both as a powerful force and as a tool used to overpower and submit women. The first aspect of violent sexuality that we will discuss is militarized rape, a phenomenon rooted in the current situation in Sudan, where the plot is set. Indeed, Okorafor was moved to write the novel by the article "We want to make a light baby", published by Emily Wax in *The Washington Post* in 2004.[4] The militarized rape reinforces "bioethnic definitions of

---

1 David (Marlo): "Afrofuturism and Post-Soul Possibility in Black Popular Music", p. 697.

2 David (Marlo): *op. cit.*, p. 697.

3 Pahl (Miriam): "Time, Progress, and Multidirectionality in Nnedi Okorafor's Who Fears Death", p. 209.

4 "We Want to Make a Light Baby", Emily Wax, *The Washington Post Foreign Service*, June 30 2004, https://www.washingtonpost.com/wp-dyn/articles/A16001-2004Jun29.html, accessed March 5, 2023. On the genesis of the novel, see for example, "The Writing of *Who Fears Death*", Nnedi's Wahala Zone Blog: The

identity and belonging,"[1] because the underlying logic is that while women are responsible for transmitting identity, they are also nothing more than vessels to be filled. In other words, if they are raped, their offspring will not retain their original ethnic or national identity: "custom dictates that a child is the child of its father. ... An Okeke woman who gave birth to an Ewu child was bound to the Nuru through her child."[2] In spite of that bond, or because of its presence, Ewu children do not inherit their fathers' status. They are accepted nowhere. Therefore, Onyesonwu's social standing is determined by the fact that she is the child of rape whose mixed racial heritage is visible in her body. In the depicted world, the boundaries between various ethnic and racial groups are extremely strict, and mixed-race children have an inferior status which can be hardly ever be modified. It is generally assumed that Ewu children are tainted because their birth results from violence.

In the depicted world, "female sexual vulnerability" is "emblematic of a larger communal vulnerability."[3] While Melancon's literary examples do not include Okorafor's novel, her statement, applicable to our society, also characterizes the universe in which Onyesonwu was born: "Nuru soldiers use sexual violence as a tool of terror against black (Okeke) women. Aside from intimidating the Okeke, Nuru soldiers rape them to produce mixed-race children, called Ewu, who live among their mothers' people but are not fully accepted in either society."[4] The Nuru and the Okeke reproduce the ethnic categories of 'African' and 'Arab' in our day Southern Sudan: they are treated as "polar opposites."[5] However, in contemporary Sudan, the members of opposed communities look similar; in contrast, the Nuru and the Okeke differ in their physical appearance. Ewu women are socially expected to become prostitutes (in the West) or tolerated, untouchable outcasts (in the East). In this way, they always represent deviant or forbidden desire: either illicit extramarital one as sex providers or impossible desire as women who will never be loved or even touched by a man. Attractiveness, charm and beauty of Ewu women are regularly discussed in the novel, where they are qualified either as extremely

adventures of writer Nnedi Okorafor and her daughter Anyaugo Okorafor, 15th May 2010, accessed March 5, 2023.

1   Jones (Esther): *Medicine and Ethics in Black Women's Speculative Fiction,* p. 68.

2   Okorafor (Nnedi): *Who Fears Death,* p. 21.

3   Melancon (Trimiko): *Unbought and Unbossed: Transgressive Black Women, Sexuality, and Representation,* p. 5.

4   Burnett (Joshua Yu): "The Great Change and the Great Book: Nnedi Okorafor's Postcolonial, Post-Apocalyptic Africa and the Promise of Black Speculative Fiction", p. 142.

5   De Waal (Alex): "Who Are the Darfurians? Arab and African Identities, Violence and External Engagement", p. 185.

beautiful or as monstrously ugly. In a way, Onyesonwu's body, considered abject, is not really her own: the bodily difference serves to question the body as a site of personal existence that can be freely shaped. Throughout the story, Onyesonwu tries to liberate herself from role ascriptions that have been assigned to her. One of the ways to achieve this goal is through leaving her body and changing its shape, another is through sexual passion. We shall see that while the novel opens on images of shocking sexual violence, its representation of sexuality is progressively complexified.

Onyesonwu's mother is raped in the desert, while she is participating in a spiritual retreat. The rapist is Daib, a powerful sorcerer and a general belonging to the dominant racial group, thus representing a union of spiritual, magical and military power. Najeeba is not the only woman who suffers sexual violence: all women from her village who are praying together are raped by soldiers accompanying Daib. When she comes back home, her husband rejects her on the grounds that she has become unclean due to the intercourse with the enemy. Thus disowned, Najeeba goes back to the desert, gives birth to her daughter, and remains in the wilderness for seven years, until she decides Onyesonwu needs education.

Najeeba's rape is presented as a ritualized event, accompanied by chanting and singing. What is more, it is also filmed in order to be viewed later. During the rape, "those men didn't tire; it was as if they were bewitched."[1] The perpetrators are accompanied by women, who join the men in singing all through the mass rape, insulting the Okeke women. This is not just a spontaneous expression of disgust for an inferior population: the constructed, premeditated nature of insults is highlighted. This kind of behavior is well attested in literature on criminology: "Curses draw on the communal language and its primordial sensibility about the relationship between the sacred and the profane. [...] Cursing sets up violence to be a sacrifice to honor the attacker as a priest representing the collective moral being."[2] Insults help modify the perception of women that are being raped by reducing them to subhuman status while also authenticating the rapists' honorable rank. The event is recorded on Daib's camera[3] and in Najeeba's mind.

---

1 Okorafor (Nnedi): *op. cit.*, p. 18.
2 Katz (Jack), *Seductions of Crime: Moral and Sensual Attractions of Doing Evil*, pp. 36-37.
3 Okorafor (Nnedi): *op. cit.*, p. 19.

The circumstances of Najeeba's rape point to the importance of religion in racialized women's oppression. If the rapists behave as if they participated in a ritual, it is motivated not only by psychological reasons, but also by the fact that the text sacred to both Nuru and Okeke, entitled The Great Book, "justifies not only a slavery-based colonialism, but also an active policy of genocide."[1] This can be read as an indictment of certain readings of the Bible. In *The Book of Phoenix*, which explains the origins of The Great Book, the latter's author says, "Women brought life but the most important origin stories spoke the real truth, which was that women more often brought death,"[2] evoking the criticism of the sacred texts such as the Bible and the Qur'an for some of their statements on women. Misogyny underlies the Nuru's behavior, turning a vicious rape into a moral victory. What is more, The Great Book features not a male, but a female god: the goddess Ani, who seems nonetheless to condone raping Okeke women, some of whom die from their wounds, and the simultaneous destruction of their home village. But Okorafor's novel points more directly to the racist reading of the curse of Ham (or curse of Canaan), which was used to justify slavery and oppression of Black peoples, linking dark skin to sin and to sexuality and therefore, making it a mark of inferiority impossible to erase (Genesis 9:20—27). In fact, the Bible does not mention dark skin, it only says that the descendants of Ham and his son Canaan are doomed to be slaves. However, numerous early Jewish and early Christian interpretations mention "smitten," "darkened" or "discolored" skin, or even go so far as to claim that Canaan's descendants are Indians, Egyptians and Abyssinians.[3] Okorafor clearly states that while religious arguments are put forward to justify racialized women's oppression, these arguments stem from misreading and twisting The Great Book. Besides, Onyesonwu heals the sacred text at the end of the novel. In other words, while religion is shown to play a major role in justifying racialized women's oppression, the novel avoids automatically associating religion and oppression, the novel does not claim that such justification does not need to be questioned.

Descriptions of sexual violence aiming at producing mixed-blood offspring also connect the novel with the tradition of slave narratives

---

1   Burnett (Joshua Yu): *op. cit.*, p. 142.

2   Okorafor (Nnedi): *The Book of Phoenix*, p. 226.

3   https://www.newworldencyclopedia.org/entry/Curse_of_Ham.

Interestingly, in *Genesis*, this curse is bestowed upon Ham for looking at his father's nakedness, but in other sections of the Bible, this expression refers to engaging in sexual intercourse with one's mother or stepmother (for example, *Leviticus* 20:11, or 18:7—8). If we bear that in mind, the curse can be seen as punishment for transgressing the norms of sexual conduct within the family.

and neo-slave narratives, in which "mixed-race child[ren] of an initially unknown white slave master father" proliferate.[1] Besides, the tragic mulatta[2] trope in African American literature of the nineteenth and twentieth centuries mirrors to some extent the contradictions of the Ewu children in Okorafor's novel. Indeed, the character of tragic mulatta is perceived as sexually desirable in numerous narratives, but also as the locus of shameful or abject desire.[3] By making an Ewu character the protagonist of the novel, Okorafor can contrast the way Onyesonwu perceives herself from the way other characters see her. Like mulatta bodies, also Ewu bodies are perceived as dishonest: a mulatta is dishonest because her skin is pale so that she can pass for white, and Ewu is dishonest because she is the child of an illicit sexual act. In both cases, society makes it impossible to "treat the mental, spiritual, and physical aspects of being as interactive and synergistic,"[4] but instead privileges one way of looking at mixed-race subjects, reducing them to their bodies. Also, the above-mentioned ritualized aspect of the rape sequence also points back to bell hooks's observation that under slavery, "rape as both right and rite of the white male dominating group was a cultural norm."[5] It is both a privilege and a ritual.

The vision of Najeeba's rape comes back to Onyesonwu several times because she is able to access her mother's memory of it. At one moment, she makes the population of Jwahir feel and see what Najeeba experienced, turning them into witnesses of the event, so that they understand what is happening to the Okeke living in the West.[6] As images are a source of identification as well as proximity, transmitting

---

1   One well-known example is Frederick Douglass, as the readers of his *Narrative* know, Burnett (Joshua Yu): *op. cit.*, p. 149.

2   I am using the term mulatta rather than mulatto, as it refers to a woman or girl of missed Black and white ancestry (Merriam Webster) and as this term is being reclaimed and is also used in academic publications (see for example "Thoroughly Modern Mulatta: Rethinking "Old World" Stereotypes in a "New World"Setting, Mixed Race Studies: Scholarly Perspectives on Mixed Race Experience", https://mixedracestudies.org/wp/?tag=mulatta.

3   The trope was also present in other literatures of the Americas. For example, *A escrava Isaura* (Bernardo Guimarães, 1875) features a mulatta as the object of unwanted sexual advances, while Desirée's Baby by Kate Chopin (1893) focuses on the rejection of a beautiful wife when she is wrongly suspected of being a mulatta. The trope of tragic mulatta highlights above all the link between racial identity and social standing as well as the constructedness of racial identity, but sexual desire is rarely absent from it.

4   Collins (Patricia Hill), *Black Sexual Politics: African Americans, Gender, and the New Racism*, p. 283.

5   hooks (bell), *Yearning: race, gender and cultural politics*, p. 57.

6   Okorafor (Nnedi): *op. cit.*, p.151.

the visual and sensory memory of Najeeba's rape shocks the population into accepting the reality of what they have been ignoring while also traumatizing them. The experience is destined to make them reshape the way they think about the world in which they live. Onyesonwu thinks that their empathic concern is necessary to instigate the process of social reform, but provokes empathic distress instead. Indeed, the Jwahirians are so distressed that their first reaction is running her out of town, albeit accompanied by her friends and relatively well equipped for the expedition west. Nevertheless, even if the plot focuses far more on Najeeba's rape, which is related in detail and referred to numerous times throughout the narrative, Nuru are not the only ones who resort to rape as a domination tool: after the disastrous sharing of the rape scene in the market square, Mwita tells Onyesonwu that Okeke also routinely rape women to secure their obedience. Drawing on his experience as a captive of a rebel guerilla group, Mwita explains how widespread violence is among the Okeke rebels, who use it in order to produce obedient girl soldiers for the cause. In this case, both rapists and victims are Okeke.[1]

However, raped women characters fight back. Onyesonwu's mother can hardly be called a victim. The rape does not turn her into a passive and helpless woman, neither does it make others feel pity for her. On the contrary, not only does Najeeba survive in the desert on her own for many years, giving birth to her child by herself in the inhospitable surroundings; we also learn by and by that even during her rape, she was struggling against Daib and managed to influence the sex of her future child: Daib intended to conceive a son who would be his successor, but instead, a girl was born who later caused Daib's near death and destroyed his city. As Onyesonwu tells Mwita, "You aren't the one whose mother in a wasteland of desperation asked all the powers of the earth to make her daughter a sorcerer."[2] When Najeeba tells eleven-year-old Onyesonwu the story of her conception, she comes across as an ordinary woman, who "knew her place,"[3] but by the end of the narrative, she has become an apprentice to the same sorcerer who trained her daughter and has perfected her shapeshifting skills. Significantly, while at the beginning of the novel she is described as lying on her back on the ground under Daib's weight, at the end she is soaring in the sky in the form of a Kponyungo, a dragon. Such a transformation is possible thanks to the qualities that she possessed from a very young age, possibly from birth, and which have been

1 Okorafor (Nnedi): *op. cit.*, p. 153.
2 Okorafor (Nnedi): *op. cit.*, p. 253.
3 Okorafor (Nnedi): *op. cit.*, p. 16.

progressively revealed. Najeeba is not the only rape victim fighting back. Binta, one of Onyesonwu's friends, has been raped by her father for years. While this sexual crime does not go unheeded or unpunished, apparently no one can stop it; even worse, Binta acquires the reputation of an irresistible lover. In the end, just before leaving Jwahir forever, she poisons him.[1] When Onyesonwu is threatened with rape by several men who see her as a prostitute and do not understand her unwillingness to accept money for sex, she defends herself aggressively, almost killing the men who attempted to rape her.[2] Onyesonwu destroying the video Daib made while raping Najeeba is a minor act of rebellion, too.

In brief, the novel shows rape victims as fully able to retaliate and seek a retribution for themselves, even if it may be necessary to be patient to see the demise of the rapist. At the beginning of the novel, Najeeba is shown as devastated by the rape, but she never gives up and does not try to commit suicide. While the initial version the reader gets implies that Najeeba did not think she would get pregnant, it stresses the fact that the Ewu child brings her the sense of purpose: "*She glows like a star. She is my hope.*"[3] To some extent, the narrative thematizes women characters turning calamities into opportunities and literally writing over what seems to be their destiny, sanctioned by old texts or by men's will: "Okorafor suggests that the sweeping cultural changes needed to end genocide may reside in women claiming their power differently and rewriting the cultural scripts that oppress the most vulnerable members of society."[4]

Besides, the novel also refutes the assumption that all Ewu children are born of rape: in fact, Onyesonwu's partner Mwita was born of a love relationship between a Nuru and an Okeke, even though his parents were killed for transgressing the social norms. In this way, the novel challenges its initial premise: what Joshua Yu Burnett called "the colonialist binary of Nuru as ruler / rapist and Okeke as ruled / victim" is shattered by the mention of a love relationship between Mwita's parents and by the progressive revelation of Najeeba's role in Onyesonwu's conception.[5] Once again, what appears to be an immutable cultural script is rewritten.

---

1   Okorafor (Nnedi): *op. cit.*, p. 167.
2   Okorafor (Nnedi): *op. cit.*, p. 205.
3   Okorafor (Nnedi): *op. cit.*, p. 26, italics in the original.
4   Jones (Esther): *op. cit.*, p. 148.
5   Burnett (Joshua Yu): *op. cit.*, p. 145.

Onyesonwu feels deeply unhappy when her mother reveals to her the secret of her birth: "I knew a little about sex. I was even a little curious about it ... well, maybe more suspicious than curious. But I didn't know about *this*—sex as violence, sex that produced children ... produced me, that happened to my mother. [...] I was poison."[1] She wishes to compensate for the dishonor her conception results in and also to turn into an ordinary girl. That is why a short time after hearing the story of her mother's insemination, "Onyesonwu undergoes the Eleventh Rite to dispel the shame she has brought on her mother and stepfather, only to find it has rendered her vulnerable to violence in a different way."[2] The Eleventh Rite is ritual female genital surgery, and Onyesonwu believes it is a norming ritual, which will replace her outcast status with a more respectable one and turn her into an insider. The protagonist decides to undergo it against her mother's wishes: indeed, in Jwahir, where they reside at that time, all eleven-year-old girls are supposed to come to the cutting ceremony at night and in secret, out of their own volition: "only in the past had girls been forced to do it"[3] (Okorafor 39). The practice is described as local: for instance, it is regarded as barbaric in the village Najeeba is from. The girls who undergo it together on the same night become tightly bound to one another, it also seals their acceptance in the society of adult women. In this way, Onyesonwu is able to make friends, something that was impossible earlier. Besides, and even more importantly, she takes a decision to have her body marked by a sign of social inclusion.

Apart from excising the girls' clitoris, the ritual also involves giving them two objects: a small stone which the woman should keep in her mouth unless she is eating or sleeping and a fine gold chain around the woman's waist. Placing a stone in the woman's mouth appears to be a widespread tradition, respected in other towns as well, but the actual type of stone differs. In Jwahir, it is a diamond, a symbol of perfection and purity, as well as of life-long commitment between husband and wife. Last but not least, the clitoridectomy is made with a bewitched tool, which prevents the girls to feel arousal without pain. Those three elements work together to warrant the initiates' faithfulness to the vow of premarital chastity.

The representation of the Eleventh Rite in the novel plays on various aspects of FGS in various contemporary African communities and at the same time on the beliefs and discourse about this practice in Western countries. On the one hand, it is presented as an "enhancement of

---

1   Okorafor (Nnedi): *op. cit.*, p. 30, italics in the original.

2   Jones (Esther): *op. cit.*, p. 77.

3   Okorafor (Nnedi): *op. cit.*, p. 39.

gender identity"[1] and an important element of social cohesion. It promotes certain qualities and values, such as stoicism and the capacity to keep secrets. The stone kept in the initiates' mouths can be read as a symbol of their discretion, but it does not prevent them from acting out against wrong-doing: for example, Binta speaks out about her father's incestuous relationship with her, and the elder women act on it, even if the punishment inflicted on him does not make him change his ways. The Eleventh Rite also promotes the girls' self-esteem and makes them proud of their achievement. Last but not least, it is shown to be controlled by women, and contributes to balancing men's and women's power in the community: at the outset of the ceremony, the Ada says "We are the women of the Eleventh Rite [...]. We six guard the crossroads between womanhood and girlhood. Only through us can you move freely between the two"[2] (Okorafor 35). These elements reflect the perception of FGS in many African countries in which it is practiced.

At the same time, later on in the novel, the stone is used mostly to represent Onyesonwu's lack of restraint —notably when it is ejected from her mouth as she shouts during various arguments. Besides, Jwahir society is not represented as truly egalitarian: for instance, the sorcerer who eventually agrees to train Onyesonwu is clearly opposed to women being instructed in magical arts, and it takes much time and effort to convince him otherwise. Jwahir community is obsessed with women's chastity and fidelity in the time between their initiation and marriage, and this trend seems to become stronger and stronger over time: the magical way of preventing extramarital intercourse by inflicting pain upon women who feel aroused is a relatively new addition to the ritual, dating back only several years, or maybe decades. We are told that it was invented and introduced by the current sorcerer and his wife, who presides over the rite. This recent modification of the ritual has allegedly been motivated by Ayo's memory of having fallen pregnant as a teenager and being unable to raise her children on her own. These elements hint at the arguments that are heard in Western discourse about this cultural practice, namely, that its "purpose is to insure virginity and destroy sexual pleasure."[3]

In Jwahir, the price to pay for becoming a woman is to relinquish sexual arousal for several years. Some of the girls resent that, in particular Luyu, one of Onyesonwu's friends who later dies defending

---

1 "Seven Things to Know about Female Genital Surgeries in Africa", *The Hastings Center Report*, p. 21.

2 Okorafor (Nnedi): *op. cit.*, p. 35.

3 A. M. Rosental quoted in "Seven Things to Know about Female Genital Surgeries in Africa", *The Hastings Center Report*," p. 20.

her. Over the course of their travel west, Onyesonwu manages to undo the effects of the rite in her own body first (not only taking away the pain felt during arousal, but also regrowing her absent clitoris, which as it turns out is linked to her ability to wield magic effectively), and then proceeds to undo the rite on her friends Luyu, Diti and Binta. In her case, this process of progressive disposal of affiliation with Jwahir starts with removing the diamond from her mouth, and is motivated above all by her wish and the necessity to fully master her potential for magic (see below). But for the other girls, it is solely dictated by their wish to return to the unhindered sexuality they enjoyed as children (for, at the moment when the rite was performed, all of them had experienced sex, apart from Onyesonwu).

Onyesonwu has an unexpected experience during the ceremony. The moment the operation is performed, she is transported to another place, which turns out to be outside the physical universe, where she undergoes the scrutiny of the "red eye" in the sky: "Red and oval-shaped with a white oval in the center, like the giant eye of a jinni."[1] It is the moment of change, when her biological father becomes aware of her and when the psychological link between them is reinforced. Daib knows that she can become dangerous to him, so he intends to destroy her. The connection between them, created at the moment when she embraces the traditional gender ideology in her flesh, shows how risky it is for the oppressed to embrace the dominant norms uncritically.[2]

The representation of FGS in the novel is somewhat ambivalent. Indeed, on the one hand, the text shows that there is a fair amount of "societal coercion and pressure to conform," elements which are also present in the FGS ceremonies in our time.[3] At the same time, conforming to social expectations is shown, at certain moments in the text, as desirable for individuals: Onyesonwu has it done in secret from, and against the wishes of, her mother and step-father, because she thinks it will be beneficial for the family and for herself. As an initiation ritual, it promotes certain personal qualities, such as stoic endurance of pain. Last but not least, the rite is related to maintaining women's power. Jwahir women are not powerless: the city council counts four members, one of whom is a woman; besides, the women who supervise and execute the Eleventh Rite are highly respected in the town. "Challenging Western perceptions of female circumcision, Nigerian[4]

---

1 Okorafor (Nnedi): *op. cit.*, p. 41.

2 See Patricia Hill Collins, *Black Sexual Politics*, chapter 6.

3 Ahmadu (Fuambai): "Rites and Wrongs: An Insider / Outsider Reflects on Power and Excision", p. 301.

4 Sic: Ahmadu is of Sierra Leone origin, and resides in the USA.

[sic] scholar Fuambai Ahmadu contests its meaning as an act of patriarchal domination, positing it instead as an exercise of power by indigenous female elders."[1] In Ahmadu's words, the women who decide to be circumcised or have their daughters undergo the procedure "relish the supernatural powers of their ritual leaders over men in society, and they embrace the legitimacy of female authority and [...] the authority of their mothers and grandmothers."[2] This complex perception of the Eleventh Rite informs its representation in the first part of the novel. However, subsequently, this link between the rite and women's power is negated, notably when Onyesonwu changes her own and her friends' bodies by regrowing their clitorises.

Jwahir society insists on the necessity to separate men's and women's powers, and areas of responsibility, regardless of individuals' talents and inclinations. This could account for Onyesonwu's feeling of being trapped when she finds herself in the Ada's house so as to undergo FGS: "I was a trapped animal. Not trapped by the women, the house, or tradition. I was trapped by life."[3] Indeed, Onyesonwu is far more gifted at magic than the boys who wish to start training with the town's leading sorcerer, and yet he is extremely reluctant to accept her as his pupil due to her gender. In fact, women are not believed to be devoid of magical gifts, but rather to be unable to control them: "The novel implies that the source of women's power lies in the reproductive potential of all women, but it is especially to be feared in women trained to wield the Mystic Points, traditionally used by men."[4] Indeed, using magic by a pregnant woman has already led to the destruction of whole towns, so the combination of pregnancy and magic appears to be a powerful and dreaded force. Consequently, Onyesonwu and Mwita are told to have no sexual contact while she is in training; the same applies to a sorceress from the Red People tribe, even if the sexual customs of that tribe are much freer than the ones in Jwahir. Nonetheless, it turns out that this fear is based on a false premise, as Onyesonwu can control her magic even when she is pregnant, toward the end of the novel. As a result, "instead of putting her on the path to marriage and motherhood, Onyesonwu's initiation prompts a rapid manifestation of her spiritual powers,"[5] while at the same time imposing a limitation on her: indeed, she is no longer whole, and needs to regrow her lost body part several years later to be able to fully master her powers.

1   Jones (Esther): *op. cit.*, p. 71.
2   Ahmadu (Fuambai): *op. cit.*, p. 301.
3   Okorafor (Nnedi): *op. cit.*, p. 40.
4   Jones (Esther): *op. cit.*, p. 84.
5   Jones (Esther): *op. cit.*, p. 81.

The importance of sexuality and gender identity in practicing magic that can be observed in *Who Fears Death* can be accounted for by thinking in terms of limitations that socially constructed gender identity imposes on human beings. Changing Onyesonwu's status from a child to a woman makes her more visible in the world of magic, but it also makes her imperfect and weakens her. Ahmadu points out that

> Anthropologists have for many years studied the cosmologies, or worldviews, of ethnic groups ... who practice initiation and rites involving body modifications. A recurring theme running through creation myths of such groups is the inherent bisexuality of human beings. [...In this view, humans are] 'naturally' androgynous beings who must later undergo rebirth (initiation) to be 'made' female or male, that is, 'given' an unambiguous sex.[1]

An unmodified, "natural" body, free from social bonds, seems to be necessary if one wishes to become a sorcerer.

While the novel starts with rape, progressively more positive representations of sexuality appear. First of all, Mwita's passionate kiss[2] triggers off a passion that will last until his death several years later. While the sexual relation between Onyesonwu and Mwita is not one of the dominant elements of the plot, descriptions of passionate sex and pleasure appear regularly from that moment on. The moments of passion are frequent and offer solace to both, but there is no hint that being able to enjoy sex is the most important victory they can achieve. Besides, their union is not limited to sexuality, it also involves a deep and lasting commitment and the ability to mutually construct each other and oneself through the exchange of experience and pleasure. Pleasant sexuality is viewed as a right the women are entitled to, but being able to make love and appreciate it is not the main success that needs to be earned. However, we could say that, like Morrison's character Sula from the eponymous novel (1973), Okorafor's characters "reclaim and redefine black womanhood from [...] discourses that pathologize black female sexuality."[3]

Sexuality appears as essential to Onyesonwu's women friends Binta, Diti and Luyu. To them, it is a "locus of erotic agency, pleasure", and also a "strategy of power."[4] They claim it as their natural right, which sometimes creates tensions in the camp. They also resent losing the capacity to enjoy sexuality they had when they were young children. In

1   Ahmadu (Fuambai): *op. cit.*, p. 295.
2   Okorafor (Nnedi): *op. cit.*, p. 75.
3   Melancon (Trimiko): *op. cit.*, p. 53.
4   Melancon (Trimiko): *op. cit.*, p. 12.

spite of having surrendered to social expectations without questioning them, they consider sexuality as an element of their identity. As we said before, having left Jwahir, they feel free to abandon the bodily mark of submission to its norms. Their feeling that they are missing out on important privileges is reinforced during their stay among the Red People, who enjoy free sexuality and do not worry about the fatherhood of their children. In the village of the Vah, the concept of sexual betrayal does not exist and it is acceptable to have sex with anyone who wants to regardless of family and marital bonds. While the three girls feel moved by the need to combat next to Onyesonwu to secure the liberation of the people, their commitment does not necessarily last: for example, Diti and her husband decide at one point to return to Jwahir in secret, after having caused some problems in the group precisely on account of their enjoyment (or lack of it) of sexuality.

Before concluding, one more literary foremother of Onyesonwu deserves to be mentioned: the Wonder Woman. According to Brian Attebery, the Wonder Woman belongs to a "new race of higher beings", is strong, agile, and defies traditional female roles; and last but not least, she is not a loner but has social obligations to fulfill.[1] Since the creation of the figure in the 1940s, more and more importance has been given to the element of collaboration in its representation. Therefore, in more recent stories with similar protagonists, for example in Octavia Butler's novels, the Wonder Woman's ability tends to be "defined in terms of service to others, rather than any special prerogatives."[2] Onyesonwu wants to transform the world and her place within it, and uses whatever she can to reach this goal, like a bricoleur, to whom she is often likened. She also shares certain features with the Wonder Woman's literary ancestors: foreign origin, signaled by their darker skin, ethnically marked names, and residence in faraway countries and adaptability. Attebery mentions such examples as Ayesha from H. Rider Haggard's *She*, 1886, and Kyra Zelas from Stanley Weinbaum's *The Adaptive Ultimate*, 1935. Onyesonwu is aggressive and strong, but also loving and vulnerable.

In conclusion, women characters in *Who Fears Death* reclaim their bodies and manage to retrieve the control over their wombs and their vaginas. A sort of immortality (or rebirth) is reached through magically enhanced conception. These outcomes are possible because Onyesonwu, Najeeba and others "make [themselves] subject"[3] by constructing "a standpoint that exists not only as that struggle which

1 Attebery (Brian): *Decoding Gender in Science Fiction*, pp. 87–88.
2 Attebery (Brian): *op. cit.*, pp. 101.
3 hooks (bell): *op. cit.*, p. 15.

also opposes dehumanization but as that movement which enables creative, expansive self-actualization."[1] To paraphrase Audre Lorde's famous quote, they dismantle the master's tools in order to dismantle the master's house. But before Onyesonwu can rewrite the Great Book, the main tool used to justify the subjugation of her people, she must create herself as a real subject. This is why she needs to process the painful story of her conception, endure the Eleventh Rite, persuade the sorcerer that she deserves to become his student, fall in love with Mwita and construct a lasting relationship with him, reclaim sexuality that was denied to her, and finally decide to become pregnant with her dead lover's semen. These actions and decisions are stepping stones that enable her to construct her identity on her own terms. Besides, while the novel on one level encourages the reader to see her as the hero of the story and an incarnation of the Wonder Woman, it also balances her creating her self through the hints at Najeeba's creative resistance. The novel tells Onyesonwu's story, but is careful not to make her the unique rebellious woman. She is accompanied by others who challenge the status quo by various means.

Works cited

Ahmadu (Fuambai): "Rites and Wrongs: An Insider / Outsider Reflects on Power and Excision", pp. 283—312, in Shell-Duncan (Bettina), Hernlund (Ylva) (dir.): *Female "Circumcision" in Africa: Culture, Controversy, and Change,* Lynne Rienner Publishers, 2000.

Attebery (Brian): *Decoding Gender in Science Fiction*, New York and London, Routledge, 2002.

Burnett (Joshua Yu): "The Great Change and the Great Book: Nnedi Okorafor's Postcolonial, Post-Apocalyptic Africa and the Promise of Black Speculative Fiction", *Research in African Literatures*, Vol. 46, No. 4, *What Is Africa to Me Now?* (Winter 2015), pp. 133-150.

Collins (Patricia Hill): *Black Sexual Politics: African Americans, Gender, and the New Racism*, New York and London, Routledge, 2005.

Curse of Ham. New World Encyclopedia. https://www.newworldencyclopedia.org/entry/Curse_of_Ham. Accessed 22 June 2023.

David (Marlo): "Afrofuturism and Post-Soul Possibility in Black Popular Music", *African American Review*, volume 41, Number 4, 2007, pp. 695—707.

De Waal (Alex): "Who Are the Darfurians? Arab and African Identities, Violence and External Engagement", *African Affairs*, vol. 104, no 415, April 2005, pp. 181—205.

---

1 hooks (bell): *op. cit.*, p. 15.

hooks (bell): *Yearning: race, gender and cultural politics*, Boston, South End Press, 1990.

Jones (Esther L.): *Medicine and Ethics in Black Women's Speculative Fiction*, New York, Palgrave, Macmillan, 2015.

Katz (Jack): *Seductions of Crime: Moral and Sensual Attractions of Doing Evil*, New York, Basic Books, 1988.

Melancon (Trimiko): *Unbought and Unbossed: Transgressive Black Women, Sexuality, and Representation*, Philadelphia, Temple UP, 2014.

Nkenkana (Akhona): "No African Futures Without the Liberation of Women: A Decolonial Feminist Perspective", *Africa Development / Afrique et Développement*, vol. 40, no3 (*Transforming Global Relations for a Just World / Transformer les relations internationales pour un monde juste*), 2015, pp. 41 –57.

Okorafor (Nnedi): *Who Fears Death*, New York, Daw Books, Inc., 2020, 10th Anniversary Edition.

---. *The Book of Phoenix*, New York, Daw Books, Inc., 2015, Kindle edition.

Pahl (Miriam): "Time, Progress, and Multidirectionality in Nnedi Okorafor's *Who Fears Death*", *Research in African Literatures*, Vol. 49, No. 3, *Performances of Sovereignty in African Dictator-Fiction* (Fall 2018), pp. 207-222.

"Seven Things to Know about Female Genital Surgeries in Africa", *The Hastings Center Report*, November-December 2012, Vol. 42, No. 6 (November-December 2012), pp. 19-27.

Partie 3

Redéfinir la sexualité

Études académiques

SF féminine francophone et reconfiguration genrée : ambivalences de la stratégie érotique (1977-1992)

Frédéric Guignard
Université de Lausanne

Auctorialité féminine, féministe

L'auctorialité féminine en science-fiction, longtemps parcours de la combattante, est en voie de normalisation relative, en témoigne l'augmentation du nombre d'autrices, d'œuvres primées écrites par des femmes et de la féminisation du lectorat. C'est un truisme aujourd'hui, mais la SF est d'abord un monde masculin, tant symboliquement qu'éditorialement et auctorialement. En cela, le champ science-fictionnel ne diffère guère de la littérature générale ni d'autres champs culturels. Néanmoins, la proximité de la science-fiction avec l'imaginaire technique et ses mythes d'appropriation (de la nature, de l'altérité, du corps, de la femme) lui confère à la fois une teinte historiquement très masculiniste, mais également une potentialité émancipatrice seule permise par un protocole conjectural, une conviction partagée par les autrices de SF dès les années septante[1] et dont elles font rapidement usage. Aux États-Unis, la révolution féminine s'est déployée autour d'utopies féministes et de figures comme Le Guin, Russ, Tiptree ou Atwood, en continuité avec la politisation et des diégèses et du statut auctorial engagée par la *New Wave science fiction*. Dans le champ francophone, la féminisation des pratiques et des imaginaires est beaucoup plus graduelle. Pourtant, l'auctorialité féminine, quoiqu'elle reste modeste jusqu'à la fin des années septante, connaît une progression significative à cette période-là, qui inaugure notre parcours.

---

1   Joanna Russ (*To write like a woman*) ou Pamela Sargent (« Women and science fiction ») proposent des manifestes sociopoétiques sur la mobilisation du genre science-fictionnel pour ressaisir les enjeux de genre.

S'il existe bien des utopies féministes francophones, autour de figures comme Christine Renard, Françoise d'Eaubonne ou Monique Wittig, elles ne font pas corpus comme aux États-Unis. Les autrices des décennies suivantes ne les citent que ponctuellement (surtout Christine Renard, la seule associée de façon univoque à l'écriture de science-fiction), invoquant plus souvent les autrices états-uniennes comme modèle poétique ou auctorial, au premier rang desquelles Ursula Le Guin ou Marion Zimmer Bradley ; elles s'en distancent même parfois explicitement, d'avec des récits qu'elles estiment trop politiques. La production féminine est ainsi présente en nombre non négligeable dès le mitan des années septante, quoique principalement dans « l'antichambre » éditoriale, à savoir sous forme de nouvelles dans des revues ou fanzines[1]. On doit à ce qui a été appelé NSFPF[2], déjà discutée entre autres par Irène Langlet ou Simon Bréan[3], et notamment sa branche jusqu'au-boutiste en termes de politisation, réunie autour d'Yves Frémion et Bernard Blanc[4], de publier un nombre non négligeable d'autrices, une tendance suivie par les deux revues majeures québécoises, *Imagine...* et *Requiem* qui deviendra *Solaris* en 1979. Dans ce lot figurent notamment les deux écrivaines majeures des décennies suivantes, Wintrebert et Vonarburg, ce qui souligne l'importance de cette première étape dans l'accession à l'auctorialité. Or la récurrence thématique la plus forte dans les publications qui s'échelonnent entre 1977 (premières parutions dans la collection « Ici et maintenant » chez Kesselring) et 1992 (première publication des *Chroniques du pays des Mères*, un jalon important), période clef pour la compréhension de l'auctoralité science-fictionnelle au féminin, est sans contexte l'enjeu érotique.

Nouveaux modes érotiques

L'érotisme, par son exacerbation des enjeux de pouvoir, joue le rôle de révélateur privilégié des tabous sociétaux et de leur éventuelle subversion. La pulsion érotique, dans une version phallocrate topique épuisée jusqu'à l'os, a été le schéma structurant de nombreux textes de la

---

1 Les recueils et anthologies « au féminin » des années septante et huitante, exercices a priori casse-gueule quoique certains s'en tirent avec les honneurs, sont quasi-uniquement des textes traduits : s'ils suivent en cela l'appétence plus grande du lectorat pour la SF américaine dans son ensemble, la chronologie de l'auctorialité au féminin semble toujours redémarrer à zéro (sous le mode du « enfin des textes de qualité écrits par des femmes »).

2 Nouvelle science-fiction politique française.

3 Dans Langlet (Irène) : *La science-fiction : Lecture et poétique d'un genre littéraire* et Bréan (Simon) : *La Science-fiction en France : Théorie et histoire d'une littérature*.

4 Publiés principalement par Rolf Kesselring.

SF américaine grand public : c'est donc à la fois un enjeu important et risqué, tant il peut également redoubler les mécanismes de dominations. À l'instar des enjeux reproductifs pour les autrices féministes des années septante, qui imaginent de nombreuses conjectures tournant autour de la reproduction artificielle et de la parthénogenèse dans des sociétés matriarcales[1], l'érotisme est le paradigme dominant dans les nouvelles de cette génération constituée de personnalités comme Joëlle Wintrebert, Danielle Fernandez, Colette Fayard, Marianne Leconte ou Muriel Favarel. Il figure une révolution plus personnelle et pas aussi explicitement affirmative que celle des utopies féministes : l'assignation à l'érotique est parfois une contrainte éditoriale[2], que le numéro de revue thématise explicitement l'érotisme ou que ce soit vu comme un passage obligé (on pense notamment à la tendance libertaire chez Kesselring). Par ailleurs, d'un point de vue plus matérialiste, la forme de la nouvelle convient mieux à des autrices dont ce n'est jamais l'activité principale, voire secondaire : les doubles puis triples journées de l'auctorialité au féminin sont bien documentées, depuis les travaux précurseurs de Christine Planté jusqu'aux études de cas sociologiques plus récentes, en particulier au Québec et en Suisse Romande.

Objectiver pour désirer ?

Il se dessine dans ces œuvres une socio poétique genrée significative[3] : les hésitations de l'érotisme, entre réappropriation de schèmes de désir affirmatif, conquérant, sur le modèle masculin et d'imaginaires érotiques qui ne soient pas basés sur une dissymétrie sont intrinsèques à l'héritage de formes, de pratiques et de réflexes d'abord patriarcaux. L'équation est donc piégée, puisque l'espace ouvert par l'émancipation est à combler, sans véritable héritage, sinon par la négative. Cette tension entre pseudo-universalisme sur le modèle masculin et différentialisme méthodologique se manifeste dans les différents modes érotiques vécus par les personnages féminins ou ressaisis par la narration, objet de cette première partie. Ceux-ci se déclinent de la réappropriation du virilisme,

---

1 À un moment où bien entendu les droits reproductifs sont au centre de l'attention féministe.

2 Le paratexte des œuvres écrites par des femmes à cette période renvoient encore fréquemment, sous des modes allant du paternalisme bienveillant au paternalisme tout court, la capacité des femmes autrices à renvoyer à la Femme, de témoigner d'une forme de spécificité féminine.

3 Un constat similaire peut être fait dans les romans plus canoniques de Wintrebert ou Vonarburg, de *Chromoville* à *Pollen* ou du *Silence de la Cité* aux *Chroniques du pays des Mères*, mais le corpus choisi ici est à la fois plus explicite, de par la forme enlevée de la nouvelle et la plus grande liberté de ton octroyée par le médium, et moins discuté.

pour éviter les accusations voilées de « sensibilité féminine », anathème définitif, à l'exploration d'une forme de particularisme féminin, dans une lignée parfois psychanalytique.

Marianne Leconte, dont l'activité d'éditrice (notamment *Femmes au futur*[1], l'une des premières anthologies de femmes publiées en français, en 1976) a rapidement supplanté sa pratique d'autrice, thématise par exemple de façon frontale un érotisme féminin affirmatif. Elle illustre avec « Femme fatale », parue dans la revue anthologie *Univers 1981*, l'aporie d'une reconfiguration terme à terme d'un désir masculin caricatural. Cette nouvelle met en scène Ira, une motarde avide de chair fraiche, qui se chasse les jeunes filles en faisant la tournée des lieux mal famés dès que la nuit tombe :

> Un court instant, Ira la Rousse, au visage volontaire, presque émacié, menton pointu, joues creuses, fut tentée de commencer ses recherches dans ce creuset de vice et de débauche pour provincial égaré. Mais le goût de la chasse difficile reprit le dessus. Dans ce quartier, elle ne trouverait que quelques pouffiasses aux chairs molles, souvent bouffies, à l'haleine avinée, gonflées par une nourriture malsaine. Des créatures blêmes qui ne lui convenaient pas.

Le caractère objectivant et insultant de la description des femmes reprend des poncifs misogynes et inscrit son héroïne dans une lignée caricaturalement masculine.

> Des coups de boutoir, faibles, mais d'une insistance monotone et lancinante, résonnaient dans sa tête. Le désir la harcelait l'exaspérait et sa moto en souffrait. La monture sauvage et puissante semblait se mettre au diapason et crissait sur la chaussée[2].

Cette corrélation entre désir charnel et mécanique n'est pas inédite non plus en science-fiction[3], et repose sur la puissance de domination transmise par la maitrise technique. La transfiguration de l'affirmation (masculine) dans ses créations mécaniques.

De même que les « fictions d'Amazones » n'ont pas produit de reconfigurations intéressantes des rapports sociaux[4], l'érotisme

---

1 Leconte (Marianne) (dir.) : *Femmes au futur*.

2 Leconte (Marianne) : « Femme fatale », p. 118-119.

3 En ce sens, le *Crash* de J.G. Ballard (1973) ne fait que radicaliser cette association pulsionnelle et ne subvertit pas le rapport .

4 On appellera fictions d'Amazones, avec Lefanu et Russ, les récits science-fictionnels et/ou utopistes précédant les années 1970, écrits généralement par des hommes, qui mettent en scène des sociétés de femmes reprenant des valeurs viriles, en une inversion terme à terme de la partition genrée traditionnelle : le reproche fait par ces autrices envers ces fictions se situent dans leur incapacité à formuler une critique du dispositif genré, ce qui sursignifie également la rupture nette instituée par Le Guin et

prédateur ne se distingue guère du geste masculin de la virilité classique et s'il produit bien un sujet féminin désirant cassant les codes et le sens du rapport de séduction, il ne fait pas surgir de tension érotique spécifique et condamne la féminité virile à la copie conforme, les proies sexuelles étant significativement féminines.

Au-delà du phallus

« La traversée difficile » de Colette Fayard imagine une relecture très libre de *La Tempête* de Shakespeare où le héros masculin découvre une ile peuplée uniquement de femmes géantes, en une ironisation des utopies féministes dans la mesure où elle met en scène des sociétés matriarcales indépendantes, autogérées avec une perspective masculine externe, mais sur un mode essentiellement ludique. L'ile est par ailleurs « peuplée » de plantes aux formes très humaines, notamment sur le plan génital ; le héros s'éprend rapidement de l'un ou l'une d'entre elles, avec qui il a des rapports érotiques inédits, dans sa frustration de ne pouvoir approcher les femmes de l'ile. L'érotisation du végétal (littéralement phallique et vulvaire) témoigne d'une régression sexuelle joyeuse. Ces femmes ont d'ailleurs leurs propres rapports avec ces plantes, auxquels le héros voyeur assiste :

> J'en viens maintenant aux cérémonies dont j'ai parlé. Les femmes, par centaines, s'étaient rassemblées dans la plaine. C'est à l'endroit où la falaise s'abaisse en direction des marécages. J'ai donc pu me hisser sur ce vaste plateau, que j'ai découvert dénudé et inculte, à l'exception de curieux arbres dont je reprendrai l'observation bientôt. J'étais ainsi aux premières loges, plus ému que je ne l'avais encore jamais été depuis mon arrivée sur ces terres, car l'effet de distance ramenait mes géantes aux proportions humaines. [...] Ainsi donc, inclinées sur le tronc, elles l'introduisent dans leur bouche, et alternent succions et cris jetés vers le ciel, tout leur corps tendu bras levé, buste dressé, puis de nouveau courbé vers la plante, la léchant et suçant jusqu'à ce que jaillisse le savoureux liquide. Car de toute évidence il s'agit d'un culte nourricier, culte de la Terre et des Plantes dont ce peuple tire sa subsistance, les jeunes filles faisant peut-être à cette occasion leur entrée officielle dans le monde[1].

L'objectivation du phallus, ici végétal, en tant que simple outil de jouissance et de rituel, est manifeste : les godemichets végétaux renvoient le masculin à sa fonction purement pénétrative, en y retirant la dimension de pouvoir et d'agentivité. La nouvelle conclut sur l'inanité du héros mâle et de sa virilité : parasitaire[2] de la plante dont il s'est entiché, il ne survit pas, les femmes géantes l'éliminant à la bombe insecticide.

consœurs à la fin des années soixante vis-à-vis de cette tradition, dont elles reprennent pourtant certains codes.

1 Fayard (Colette) : « La traversée difficile », p. 14.

La nouvelle suivante, « Les aventures d'Opérata » de Danielle Fernandez, se lit comme une brève satire de la condition féminine et de la phallocratie, ici littéralisée, au travers du personnage d'Opérata, dont le crédit social est lié à sa bonne réputation de travailleuse du sexe. La particularité du monde dystopisant qu'elle habite consiste dans le fait que les hommes sont tous munis de prothèses péniennes coûteuses et périssables en lieu et place de leur organe originel : bien entendu, la possibilité de bénéficier d'une prothèse de belle qualité est directement liée à sa capacité financière.

> Certainement, [les clients] en auraient pour un moment à défaire le paquet, à en sortir la précieuse marchandise devenue tellement rare en ces jours, à se la disputer, et à se tuer pour en être l'unique possesseur, quand bien même ils savaient cette possession éphémère : la Misère Sexuelle était justement misérable en ce qu'elle s'amenuisait en quelques jours, perdant rapidement de son volume pour disparaître tout à fait. Mais voilà : c'était tout ce que l'on trouvait actuellement sur le marché, c'était le seul type de prothèse vraiment fiable – et sans risques – et l'on était bien obligé de prendre ce qui se présentait afin d'assouvir un désir qui lui n'était pas mort[1].

À nouveau, la virilité, littéralement peau de chagrin, dépend d'un dispositif externe soumis aux lois du marché, radicalisation de l'idée de marché sexuel. Cette satire s'avère plus efficace que des fictions de revanche, viols en réunions de phallocrates, d'ailleurs souvent écrites par des hommes, en ce qu'elle nullifie le fantasme de pouvoir et ne fait pas que le retourner. Le *plot twist* de la nouvelle imagine par ailleurs une scène érotique sans acte sexuel, presque spirituelle, où un homme plutôt laid lève les tabous sur son corps par une tendresse intrusive et lui procure un plaisir très supérieur. Ironiquement, Opérata est finalement socialement condamnée pour cet acte, pour avoir joui du « seul homme sans organe masculin qui n'ait pas besoin de prothèse[2] », en un type de *slut-shaming* inversé. Le lien entre le social et le libidinal est manifeste dans la nouvelle, le second se soumettant au premier, logique inverse de la vulgate freudienne qui infuse bon nombre de paratextes de ces anthologies érotiques, où le social est vu comme une surcouche de la dimension symbolique et pulsionnelle. Plus largement, chez Fernandez les héroïnes se meuvent dans des mondes désertés, désincarnés, où les relations ne peuvent avoir lieu, et le sexisme structurel s'inscrit dans cette impossibilité d'accéder à l'autre sous la couche de virtualité dont les

---

2   La plus récente nouvelle « Cendres » de Joëlle Wintrebert (2004) prolonge cette vision entomologique du masculin : les hommes se sont croisés avec des coléoptères pour accéder à la jouissance primaire du vol (souvent nuptial), sur un mode également régressif.

1   Fernandez (Danielle) : « Les aventures d'Opérata », p. 9.

2   *Ibid.*, p. 18.

dispositifs techno-scientifiques ne sont que l'actualisation la plus récente. Cet échec du social vis-à-vis de l'individu témoigne en outre, dans cette œuvre de 1982, d'une forme de désillusion vis-à-vis des idéaux émancipateurs de la décennie précédente.

Une constante intéressante dans ces textes se trouve par ailleurs dans le rapprochement avec la littérature générale, tant dans la forme que dans les citations, en épigraphe ou dans le corps du texte. Certaines des nouvelles se situent ainsi à la limite de la littérature non-SF, en particulier lorsqu'on songe à Fayard ou Fernandez. Par contraste avec la démarche de Wittig, qui mobilisait l'épopée, l'utopie et l'imaginaire, ce sont des démarches qui amènent des formes de la littérature générale à la SF, poursuivant la tendance « soft science-fiction » généralement qualifiée de plus critique. D'un point de vue plus thématique, la tension avec le modèle dominant de l'érotique au masculin se fait par déplacements successifs, souvent sur un ton ironique, même lorsqu'il thématise des enjeux qu'on sent personnels. Cette tonalité permet d'éviter les reprises de modèles érotiques trop univoques, que ce soit en investissant la virilité classique ou en la tournant en ridicule.

Narrer les tabous

La monstration de ce qui ne peut pas être dit, par pudeur morale ou censure explicite, est l'enjeu contre-culturel majeur lié à l'érotisme. L'esprit libertaire des années septante fait ainsi feu de tout bois, et identifie nécessairement la thématisation de la sexualité avec une forme de liberté, révélant le revers d'une société conservatrice incohérente[1]. La prétention de cet holisme libidinal est heuristique : la pulsion sexuelle a valeur d'origine et de nœud explicatif des comportements humains, sous le vernis sociétal. Mais la mise sur le même plan, en termes d'enjeux narratifs, de réalités vécues (le lesbianisme), d'extrapolations théoriques (l'inceste en régime de reproduction artificielle) et de contre-performances idéologiques (des représentations ambiguës de sexualité infantile), les trois thématiques analysées ci-après, comporte le risque d'établir des équivalences entre tabous de nature radicalement différente et de parfois reproduire les schémas de dominations que les autrices essaient pourtant de subvertir. L'érotisme est quoi qu'il en soit hautement politique et confronte le lectorat aux limites de ses habitudes de lecture, voire de l'intelligibilité des textes.

---

1 À cet égard, la nouvelle « Des trous, et si ça ne suffit pas, faites en d'autres » de Bruno Léandri exemplifie et « ontologise » cette expérience de pensée.

Lesbianisme : du politique à l'érotique

Le lesbianisme est le seul problème féministe vraiment sérieux : c'est ainsi qu'on pourrait résumer la position des autrices qui tâchent de penser, parfois de façon implicite ou ironique, sur le mode du « mieux sans les hommes », parfois de manière explicite, comme chez Wittig. Avant les années septante, la représentation lesbienne, si elle ne véhicule pas le même rejet que l'homosexualité masculine[1], passe surtout par le regard masculin, dans des fictions d'Amazones généralement misogynes, ou sur une voie plutôt métaphorique dans la tradition plus fantastique de la SF anglophone[2]. On doit à Joanna Russ aux États-Unis et à d'Eaubonne ou Wittig[3] en français d'introduire des relations lesbiennes explicites en science-fiction, d'abord sous l'angle politique, utopiste : le lesbianisme politique, séparatisme stratégique ou idéologique, se construit donc d'abord comme un rapport social logique en l'absence d'hommes ou même par choix délibéré de classe (sexuelle), afin d'éviter les déséquilibres des relations hétérosexuelles, incompatibles avec la structure horizontale et figée de l'utopie. Par contraste, chez les autrices qui nous intéressent, les relations lesbiennes sont thématisées de manière plus naturalisée, comme conséquence spontanée d'une forme de pansexualité, supérieure à l'hétérosexualité comprise comme contrainte. Le tabou ne se porte donc pas tant sur la représentation de l'homosexualité au féminin, mais sur ses modes d'expression et sa centralité.

«Le plaisir de la marche » de Joëlle Wintrebert, publiée en 1978 et étonnamment non reprise[4] dans les deux anthologies de ses nouvelles (*La Créode* et *Couvées de filles*), fait habilement le pont entre ces deux approches. Cette nouvelle au ton résolument ludique instancie un monde proposant un matriarcat issu de la désertion pacifique par les hommes des postes importants, notamment scientifiques, une issue au patriarcat jusque-là inédite, où le couple de femmes est la norme et la gestation se fait généralement par ectogenèse (reproduction dans des matrices artificielles, externes au corps des femmes).

> Babouche était leur fille, fruit de la fertilisation d'une [sic] ovule d'Aïcha par un spermatozoïde de la ligne génétique de Christène. Elles l'avaient

---

1 Thématisée une décennie plus tard, d'abord chez Francis Berthelot.

2 Sur ce dernier point, et sur la représentation lesbienne en littérature de l'imaginaire, se référer à l'utile chapitre de Berthier (Manon) : « 1924 ? - 2022, écrire le lesbianisme dans les littératures de l'imaginaire ».

3 La question lesbienne est évidemment l'enjeu central de sa pensée politique, du *Corps lesbien* à *La Pensée straight* dont on retrouve des explorations dans l'œuvre littéraire (*Les Guérillères* en est l'exemple le plus manifeste).

4 La nouvelle figure parmi les plus loufoques et les plus inventifs de ses écrits.

ardemment désirée toutes les deux et Aïcha avait tenu à la mettre au monde elle-même en portant à terme sa grossesse en dépit des conseils et de l'étonnement général. Bien peu de femmes acceptaient encore la déformation que ce désir (absurde ?) infligeait à leur corps[1].

L'originalité de ne pas recourir à l'ectogenèse, mais à une forme de PMA chez l'héroïne fait la jonction entre les extrapolations reproductives radicales des utopies féministes liées à la mise sur le devant de la scène des questions reproductives durant les années septante et la naturalisation d'un couple de femmes. Les effets de ce futur antérieur illustrent bien la puissance évocatrice et invocatrice du conjectural, l'image ayant aujourd'hui acquis un statut d'évidence relative.

Mais au-delà de l'enjeu reproductif, c'est l'hétérosexualité qui est mise sur la sellette. Ce mode de vie fait ici office de passade de jeunesse, la fille du couple d'héroïnes, devenue adulte, fuit la demeure pour se dévergonder avec un mâle.

« - Tu crois qu'elle [notre fille] fait une sixième fugue ?
– Non, ça m'étonnerait beaucoup. Depuis qu'elle gravite autour de cette bande d'hétéros, ses tests sont bien meilleurs.
– Elle a pris un amant ?
– Oui. [...]
– Ça alors, ça me dépasse ! Ils sont jolis garçons d'accord, mais autant prendre des androïdes, ils doivent avoir encore plus de cervelle, non ? [...]
– En ce moment, elle vit dans une commune d'hétéros avec un type que tu ne connais pas, beaucoup plus âgé qu'elle, mais extrêmement faible de caractère. Elle le domine totalement.
– Eh bien, lorsqu'elle aura saturé son besoin de maternage, elle sera sûrement capable de vivre des relations plus enrichissantes[2]. »

De façon remarquable, le couple hétérosexuel paradigmatique du patriarcat (jeune femme et homme plus âgé) se renverse tant dans le rapport de pouvoir homme-femme que dans la relation de soin parent-enfant (c'est elle qui le materne), en ne se contentant pas d'inverser simplement les termes genrés (par exemple en figurant des matriarches avec des hommes plus jeunes). La *conjecture genrée* montre donc ici (de façon mineure) comment la classe sexuelle n'est pas une nécessité anthropologique, mais découle précisément de la position dans le système social.

Par ailleurs, l'œuvre imagine également une scène de sexe saphique encore rare, sans détour métaphorique ou analogique.

---

1 Wintrebert (Joëlle) : « Le plaisir de la marche », p. 163.

2 *Ibid.*, p. 164.

Christène jouit la première, puis faisant basculer Aïcha, exerça sur elle mille raffinements qu'elles avaient inventés ensemble au cours de leurs années de couple. Et lorsqu'enfin le train d'ondes sismiques contracta le caverne secrète autour de son médius, elle demeura là, la bouche abandonnée contre ce sexe, la tête enfouie entre les cuisses, les oreilles collées à leurs velours, à l'écoute du grand bruissement du sang dans les artères. Christène aimait s'attarder tout contre son amie. Elle disait en riant qu'en restant suffisamment longtemps à son embouchure, la matrice d'Aïcha finirait bien par l'aspirer en elle. Elle rêvait confusément de cet accouchement à rebours, retour à la vasque originelle dont elle était issue[1].

La dernière phrase révèle l'imaginaire incestuel qui structure la relation, en une construction qui rappelle l'écriture féminine et sa veine psychanalytique, et la revalorisation du corps féminin dans son aspect matriciel. Le paradoxe de la « vasque originelle » qui se substitue terme à terme au vagin déploie un imaginaire cyborg, révélant la plasticité de l'imaginaire et le nécessité du symbolique. Cet imaginaire sexuel cyborg est prolongé par la rare instanciation d'un sex toy prévu pour la déambulation, qui donne son nom à la nouvelle, inventé par l'héroïne ingénieure. Cet exemple de fiction plus nettement science-fictionnelle, par opposition avec les nouvelles précédentes, même sur un ton très léger (la fin imagine des femmes jouissant librement en public de par leur dispositif de sex toy déambulateur), infirme la trop rapide association entre SF critique et SF technophobe en montrant la facticité du « naturel » biologique et social.

Inceste, l'interdit patrilinéaire

Le cas très particulier de pratiques incestueuses adelphiques (sororales et fraternelles) dans des structures utopiques où la reproduction est dénaturalisée, pousse à bout la logique de destruction des structures patriarcales. On pense en particulier à la proximité de l'héroïne des *Chroniques du Pays des Mères* d'Élisabeth Vonarburg, Lisbeï, et de Tula, son amante. Les *dotta* (petites filles) sont en effet élevées de façon commune dans des garderies ; on apprend dans le cours du récit que Lisbeï et Tula sont toutes deux filles de la Mère de Béthély, dirigeante héréditaire et fécondatrice en chef, dans un monde où la mortalité infantile et très grande et l'infertilité fréquente. La cellule familiale n'étant pas structurante, leur relation de proximité presque spirituelle, mais également sexuelle, développée durant l'enfance, se transforme en amour d'adulte, contrarié pour des raisons

---

1   *Ibid.*, p. 171.

individuelles et politiques plus que culturelles. Comme souvent avec les structures utopiques, le procédé est amoral, mais il pointe du doigt le lien établi par l'anthropologie entre tabou de l'inceste et culture, un concept qui n'a de fonction sociale que dans les sociétés patrilinéaires dans laquelle le père est la constante tandis que les femmes font office de variable, passant du père au mari. Dans les *Chroniques*, ce sont les hommes qui sont le terme mobile de l'équation reproductive : quoique leur semence soit rare et précieuse, ils restent à la merci du pouvoir matriarcal qui leur attribue des devoirs procréateurs avec les Mères afin d'augmenter la chance de survie d'une population en danger. Dès lors que tombe l'interdit structurant de l'inceste – ou plutôt, celui-ci n'a pas de sens dans la mesure où la reproduction n'a généralement rien à voir avec les relations amoureuses – il est cohérent d'imaginer des relations incestueuses heureuses.

La quasi-citation de Vonarburg dans *Pollen* de Joëlle Wintrebert étend cet amour fusionnel et charnel à la triade, unité sociétale minimale de l'utopie de Pollen constituée de deux sœurs et un frère, créée par ectogenèse. La scène de triolisme entre Sandre, l'un des héros du roman, et ses sœurs serait ainsi bien convenue si elle n'exhibait pas un véritable amour charnel et affectueux qui prend source dans leur enfance en commun. Cette extrapolation, mi-dérangeante, mi-intrigante, fait figure de cas limite d'une construction utopique totale, et rappelle la cohérence des utopies classiques, fidèles à leurs axiomes structurants : la reproduction artificielle et la non-pertinence des liens filiaux classiques ouvrent la voie à des formes de relations inédites et étranges, comme seul le conjectural sait en proposer.

Sexualité infantile, l'indicible ?

La volonté de faire monstration de l'existence d'une sexualité infantile et de sortir l'enfance de sa sacralité achoppe sur des propositions fictionnelles qui superposent des désirs adultes à ces enjeux et ne sont pas capables d'éviter l'ambiguïté pédophile. Ce n'est nullement une spécificité de la SF au féminin ni même de la SF tout court que d'opérer cette confusion, particulièrement durant la période qui nous intéresse, mais elle est plus surprenante chez des autrices qui identifient par ailleurs les enjeux idéologiques contribuant à l'oppression et la minorisation du féminin, sans pouvoir transférer cette compétence à la question enfantine. Si chez Leconte ou Fayard le regard pédophile peut à la limite être compris par le cadrage qu'imposent les points de vue, ceux fort douteux respectivement de la prédatrice dans « Femme fatale » et du voyeur dans « La traversée difficile », il n'en est pas de même dans d'autres nouvelles, notamment « Cavalcade dans la Déplane Bitume City » de Muriel Favarel ou encore « Il ne faut pas jouer avec les enfants » de Joëlle Wintrebert.

Cette dernière nouvelle met explicitement en scène une enfant abordée par un pédophile. Le propos semble être de redonner une forme d'agentivité à l'enfance, ici dotée de pouvoirs quasi magiques. Mais la description de l'héroïne prise en charge par la narration est ambiguë : « Marieke est jeune et belle. Treize ans. Encore enfant, déjà femme.[1] » Ses jeux enfantins sont également sexualisés : « La jupe trop courte valse autour de ses cuisses minces d'adolescente. [...] Une roue impeccable enlève l'enfant dans les airs, dévoilant sans pudeur le corps jusqu'à la taille.[2] » La narration, en focalisation zéro, se place donc en termes de *modus* du côté du pédophile qui assiste à la scène. L'entièreté de la nouvelle est d'ailleurs cadrée par une accroche en épigraphe plutôt maladroite : « Mais l'enfant n'est pas toujours cet être pur et candide que l'on veut trop souvent nous faire croire. Ces charmants bambins ont parfois des jeux qui n'ont réellement rien d'innocent...[3] » Le type d'agentivité accordé aux enfants, ici de l'ordre de la provocation et de la sorcellerie, rapproche l'enfant d'un statut féminin dans la mythologie patriarcale, justifiant sa mise au pas, sans remettre en question le dispositif. L'incapacité de l'érotisme à hiérarchiser semble former la limite de son potentiel heuristique : son amoralité pulsionnelle peut souvent mettre à bas des configurations et conventions arbitraires, mais elle peut également trahir ce qu'elle cherche à représenter. Pour les autrices de SF, cela reste une thématique privilégiée dans la perspective d'investir un champ réticent à la féminisation et d'évoquer des façons inédites de subjectiver au féminin, même aux limites.

Le dilemme sexe

Les nouvelles de SF des années septante et huitante écrites par des femmes évitent l'horizon d'attente érotique usuel, afin de tenter l'au-delà des schémas de domination classique qui infusent les représentations de la sexualité, sous couvert de prétentions heuristiques. Si ces explorations d'une érotique au féminin hésitent souvent entre la force de l'affirmatif vue comme masculine et l'exploration de son envers, elles mettent en scène des configurations inédites qui travaillent la stabilité des représentations et ouvrent la voie

---

1   Wintrebert (Joëlle) : « Il ne faut pas jouer avec les enfants », p. 126.

2   *Idem.*

3   *Ibid.*, p. 121.

à des expressions plus personnelles de l'érotisme, en dialogue forcé avec l'héritage masculin. Les autrices thématisent en effet systématiquement des enjeux de genre dans leurs fictions érotiques, exhibant les impensés de la littérature SF patriarcale, permettant l'expression d'une sexualité qui ne soit pas phallocentrée, imaginant des formes de plaisir inédites, cyborgs, insistant sur les liens entre le social et le libidinal. Comme souvent en littérature érotique et plus particulièrement science-fictionnelle, le déclencheur d'érotisme ne se trouve pas où il est attendu, créant une tension critique : en cela, il déplace et reconfigure les rapports genrés et double sa charge pulsionnelle d'une charge politique.

Bibliographie

Corpus

Eaubonne (Françoise d') : *Le satellite de l'amande*, Paris, Des femmes, 1975.

Favarel (Muriel) : « Cavalcade dans la Déplane Bitume City », pp. 159-176, in *Alerte! N°4*, Yverdon, Kesselring, 1978.

Fayard (Colette) : « La traversée difficile », pp. 8-22, in *Imagine n°17*, Trois-Rivières, Les Imaginoïdes, 1982.

Fernandez (Danielle) : « Les aventures d'Opérata », pp. 9-19, in *Imagine n°17*, Trois-Rivières, Les Imaginoïdes, 1982.

Leconte (Marianne) (dir.) : *Femmes au futur*, Verviers, Marabout, 1976.

Leconte (Marianne) : « Femme fatale », pp. 117-129, in *Univers 1981*, Paris, J'ai lu, 1981.

Renard (Christine) : « Au creux des Arches », pp. 187-229, in Jeury (Michel) (dir.) : *Utopies 75*, Paris : Robert Laffont, 1975.

Tiptree Jr. (James) : *Her Smoke Rose Up Forever*, Londres, Orion, 2014 [1990].

Vonarburg (Élisabeth) : *Le silence de la cité*, Lévis, Alire, 2011 [1981].

Vonarburg (Élisabeth) : *Chroniques du Pays des Mères*, Lévis, Alire, 2018 [1992].

Wintrebert (Joëlle) : « Le plaisir de la marche », pp. 159-176, in *Alerte! N°4*, Yverdon, Kesselring, 1978.

Wintrebert (Joëlle) : « Il ne faut pas jouer avec les enfants », pp. 123-129, in Guiot (Denis) (dir.) : *Pardonnez-nous vos enfances*, Paris, Denoël, 1978.

Wintrebert (Joëlle) : *Chromoville*, Paris, J'ai Lu, 1984.

Wintrebert (Joëlle) : *Pollen*, Vauvert, Au diable vauvert, 2016 [2002].

Wittig (Monique) : *Les Guérillères,* Paris, Minuit, 2019 [1969].

Littérature secondaire

Berthier (Manon) : « 1924 ? - 2022, écrire le lesbianisme dans les littératures de l'imaginaire », pp. 169-203, in *Écrire à l'encre violette : Littératures lesbiennes en France de 1900 à nos jours,* Paris, Le Cavalier Bleu, 2022.

Bréan (Simon) : *La Science-fiction en France : Théorie et histoire d'une littérature,* Paris, Presses Universitaires Paris-Sorbonne, 2012.

Dubois (Jacques) (dir.) : *Sexe et pouvoir dans la prose française contemporaine,* Liège, Presses Universitaires de Liège, 2015.

Langlet (Irène) : *La science-fiction : Lecture et poétique d'un genre littéraire,* Paris, Armand Colin, 2006.

Lanuque (Jean-Guillaume) : « La science-fiction française face au « grand cauchemar des années 1980 » : une lecture politique, 1981-1993 » in *ReS Futurae,* n°3 (2013), consulté le 7.06.23 : https://journals.openedition.org/resf/430

Planté (Christine) : *La petite sœur de Balzac. Essai sur la femme auteur,* Lyon, Presses universitaires de Lyon, 2015 [1989].

Russ (Joanna) : *To Write Like a Woman,* Bloomington, Indiana University Press, 1995.

Sargent (Pamela) : « Women and science fiction », in *Women of Wonder,* New York, Vintage books, 1975.

Taylor (Sharon) : « L'utopie critique et « l'identité sexuelle » chez Élisabeth Vonarburg », *@nalyses,* Vol. 8, n°2 (2013), pp. 256-275.

Vas-Deyres (Natacha) : *Ces Français qui ont écrit demain : utopie, anticipation et science-fiction au XXe siècle,* H. Champion, 2012.

Nouveau paradigme reproductif, nouvelles normes sexuelles ?

Manon Barret
Laboratoire, Littérature Imaginaire et Société (LIS)", École Doctorale
Humanités Nouvelles - Fernand Braudel, Université de Lorraine

Le genre science-fictionnel questionne les possibles ainsi que les conséquences en chaîne induites par des changements dans les méthodes de reproductions humaines. En effet, introduire des modifications dans le paradigme reproductif pourrait amener des transformations notamment concernant les normes relationnelles et sexuelles. C'est en tout cas l'un des éléments questionnés par les auteurs de science-fiction dans leurs œuvres, dès les balbutiements du genre avec l'œuvre principielle *Le Meilleur des Mondes* d'Aldous Huxley (1932). Certaines fictions se penchent sur la pérennité des normes, sur les constructions relationnelles et sexuelles et interrogent les frontières entre *doxa*, paraphilie et même ce qui est considéré comme un invariant anthropologique : la prohibition de l'inceste[1]. Il sera ici question d'incestes de type 1 tel que définis dans la typologie établie par Françoise Héritier, soit, des relations sexuelles et amoureuses directes entre consanguins. Plus précisément, il s'agit d'incestes adelphiques.

Dans *Chroniques du Pays des Mères*[2] d'Élisabeth Vonarburg (1992) comme dans *Pollen*[3] de Joëlle Wintrebert (2002), des changements dans l'approche de la reproduction humaine telle qu'on la connaît aujourd'hui induisent des transformations dans la notion de filiation comme dans la sexualité. La reproduction devient un processus étatisé, codifié. Dans *Chroniques du Pays des Mères*, les femmes fertiles, les

---

1 Michel Foucault dans *Histoire de la sexualité. La volonté de savoir* indique que « sa prohibition posée comme principe absolument universel [...] permet de penser à la fois le système d'alliance et le régime de la sexualité » Foucault (Michel), *Histoire de la sexualité. La volonté de savoir*, p. 171.

2 Vonarburg (Élisabeth) : *Chroniques du Pays des Mères*, 1992.

3 Wintrebert (Joëlle) : *Pollen*, 2002.

« Rouges », sont inséminées artificiellement dans le but de donner des *enfantes*. Cas particulier pour les « Mères[1] », qui sont les seules femmes ayant des relations sexuelles avec des hommes féconds appelés les « Mâles », rigoureusement choisis dans une démarche eugéniste. Ces relations hétérosexuelles n'existent que lors d'un rite à visée uniquement reproductive appelé « La danse de l'Appariade ». La norme sexuelle est, dans cette société, la *lesbonormativité* – par opposition à l'hétéronormativité – cette norme est notamment justifiée par le très faible taux de naissance et de survie des individus de sexe masculin. Les couples hétérosexuels sont marginalisés et invisibilisés. Dans cette fiction, nous nous intéresserons aux relations entre Lisbeï et Tula, demi-sœurs utérines et Toller et Guiséia, des frères et sœurs jumeaux.

Dans *Pollen*, la reproduction se fait par fécondation *in vitro* et la gestation par ectogenèse puisque tous les individus sont stériles. Ici, nous nous pencherons sur les relations au sein de la triade Salem, Sahrâ et Sandre. Dans ces deux fictions, les liens entre procréation et sexualité se trouvent distendus. La sexualité acquiert une dimension majoritairement (si ce n'est exclusivement) récréative.

Dans ces fictions les enjeux de domination d'une personne majeure, disposant d'un ascendant d'autorité sur une personne potentiellement mineure, ne sont pas questionnés.

Ce qui nous intéressera ici dans les relations incestueuses de science-fiction, ce qui rompt avec notre réalité, c'est l'absence de tabou entourant ces pratiques, et les spécificités qui diffèrent de celles énoncées et recensées par les anthropologues dans la réalité. Nous nous pencherons en particulier sur les imaginaires qui entourent, dans la fiction, ces pratiques. Ainsi nous nous demanderons si les imaginaires science-fictionnels renouvellent les représentations des relations incestueuses (amoureuses et sexuelles).

Tout d'abord nous questionnerons l'existence d'une réelle prohibition de l'inceste ou du tabou qui entoure ces pratiques en France, ensuite nous nous pencherons sur l'imaginaire psychanalytique de la relation à la mère comme origine de l'inceste, enfin, nous aborderons le réinvestissement des mythes et représentations associés à l'amour et aux relations sexuelles à travers ces nouvelles représentations romanesques.

---

1 Les Mères sont les figures d'autorité du Pays des Mères, celles qui gouvernent politiquement chaque cité ou « Famille » (population d'une cité), elles sont également appelées les « Captes ». Elles incarnent la figure de dirigeante maternelle pour les gouvernés : « La Mère de Béthély est la mère de toutes à Béthély, pas de quelques-unes seulement. Et elle ne peut commander à Béthély que parce qu'elle obéit aux lois, comme tout le monde. » (Vonarburg (Élisabeth) : *Chroniques du Pays des Mères*, p. 66).

La prohibition ou le tabou de l'inceste ?

Dans *Chroniques du Pays des Mères* comme dans *Pollen*, ce n'est pas véritablement l'interdit de l'inceste qui est levé, mais plutôt le tabou qui l'entoure. En effet, l'anthropologue Dorothée Dussy postule dans son ouvrage *Le berceau des dominations : Anthropologie de l'inceste*[1], que l'inceste n'est pas à proprement parler un interdit, puisque dans le cas du droit français, il n'est pas explicitement prohibé et pénalement puni. Il peut uniquement être considéré comme circonstance aggravante dans le cas d'une agression sexuelle ou d'un viol, dans le cas où le commanditaire aurait un ascendant sur la victime. Si la prohibition de l'inceste semble constituer, selon Claude Lévi-Strauss, le passage à la culture et un invariant anthropologique, les travaux d'anthropologie récents comme ceux de Dorothée Dussy nuancent, voire réfutent cette hypothèse. Elle indique que ces pratiques sont en réalité « variées, nombreuses et banales[2] » et ajoute que l'inceste est toléré dans nos sociétés, mais soumis au silence. En ce sens, l'invariant anthropologique n'est pas tant la prohibition de l'inceste que son tabou. Dans ces deux fictions, l'inceste est au contraire révélé au grand jour, accepté, normalisé dans l'espace public, excepté lorsque les relations sexuelles entre adelphes sont susceptibles d'être fécondes : c'est le cas de Toller et Guiséia dans *Chroniques du Pays des Mères*, et entre Sandre et Salem lorsqu'ils sont sur le Bouclier (le satellite de la planète Pollen) dans *Pollen*.

Aucune notion d'interdit social ou anthropologique ne vient entraver la réalisation de ces unions adelphiques, il ne s'agit pas de relations secrètes, dissimulées, elles sont connues par les personnages extérieurs aux relations, souvent même par les adultes responsables des personnages principaux. Dans *Pollen*, Oural, la matriarche de la planète éponyme, déclare par exemple « [...] en ce qui concerne Salem, le seul amour de sa vie, c'est son frère[3]. » Au-delà de ne pas être passé sous silence, ce schéma relationnel se trouve même être la norme puisque bon nombre d'autres personnages évoquent leurs relations intimes avec les membres de leur triade.

Il en va de même dans *Chroniques du Pays des Mères*, puisque les gardiennes, les femmes qui s'occupent des soins et de l'éducation des mosta, les jeunes enfantes, constatent l'élection réciproque et la relation fusionnelle entretenue par Lisbeï et Tula. Aussi, le récit nous indique que Selva, la Mère de Béthély la figure d'autorité, et mère de Tula et Lisbeï, entretenait également une relation amoureuse avec sa sœur.

---

1 Dussy (Dorothée) : *Le berceau des dominations : Anthropologie de l'inceste*, 2021.

2 *Ibid.*, p. 377.

3 Wintrebert (Joëlle) : *Pollen*, p. 87.

Toutefois, dans certaines circonstances, le tabou demeure. L'état de l'art effectué par Dorothée Dussy pour ses recherches sur l'inceste fait part des hypothèses sur lesquelles se fonde la prohibition de l'inceste. Parmi elles, elle mentionne l'article dans *L'Année sociologique*[1], dans lequel Émile Durkheim relève les effets éventuellement nocifs de la consanguinité, ainsi que la crainte pour les sociétés anciennement totémistes d'un échange d'humeurs comme le sang. Dans la même veine, Françoise Héritier parle de « mélange du même et de l'identique ». Boris Cyrulnik dans l'ouvrage collectif *De l'inceste* dirigé par Françoise Héritier indique que, lorsque le capital génétique initial n'est pas porteur d'anomalies, alors, la descendance consanguine n'en est pas davantage porteuse et ne présente pas davantage de morbidité. « Ce discours social, qui se transmet à travers les générations avec plus de constance que les maladies génétiques, a probablement pour fonction de susciter un sentiment d'horreur[2]. » Cet argument semble, plus que n'importe quel autre, dissuader toute union incestueuse. Ce qui s'apparente donc à une construction sociale est réinvesti dans la diégèse des récits de science-fiction dont il est question ici. Dans *Chroniques du Pays des Mères*, l'idée demeure qu'un enfant issu d'une union entre consanguins (des frères et sœurs) serait davantage affecté par la morbidité, voire aurait une espérance de vie nettement réduite. En effet Sylvane, l'enfante née de l'union incestueuse entre Toller et Guiséia, des jumeaux, meurt d'une maladie inexpliquée et justifiée par ses origines parentales incestueuses. La relation entre Toller et Guiséia est dissimulée et invisibilisée au sein de la société tant parce qu'il s'agit d'une relation hétérosexuelle qu'incestueuse. Les relations incestueuses sont autorisées dans le cadre de relations lesbiennes uniquement. La diégèse fait part de la découverte de la parenté incestueuse de Sylvane par Lisbeï le personnage principal, ainsi que le fait qu'Edwayne, la Mémoire[3], la matriarche, d'Angresea[4], ou encore Kélys la Voyageuse, avaient toutes deux connaissance de cette relation incestueuse hétérosexuelle, mais ne l'avaient pas ébruité. Alors que Sylvane tombe malade, Edwayne, la Mémoire déclare « Elli reprend le fil qui n'aurait pas dû être[5]. » (Elli étant le nom donné à la figure divine au Pays des Mères). L'oraison funèbre ou *dolore* de Sylvane est intéressante en ce

---

1 Durkheim (Émile) : « La prohibition de l'inceste et ses origines ».

2 Cyrulnik (Boris) : « Le sentiment incestueux », p. 30.

3 La Mémoire est l'historienne de la cité, elle est en charge des connaissances historiques, des archives et des recherches archéologiques de la région concernée.

4 Angresea est une cité (ou Capterie) du Pays des Mères isolée, située dans les montagnes et entourée de falaises, sa population est caractérisée comme particulièrement progressiste.

5 Vonarburg (Élisabeth) : *Chroniques du Pays des Mères*, p. 605.

qu'elle témoigne également de cette pensée majoritaire selon laquelle l'enfante issue d'une union incestueuse serait prédisposée à développer des maladies génétiques et/ou handicap. Dans un passage du roman, il est question d'une tension constante entre la vie et la mort, la vie de cette *enfante* ne semble tenir, plus que n'importe quelle autre, qu'à un fil. L'accent est mis sur la surprise quant à son « ordinarité » :

> Au début de Sylvane, comme à la fin, elle attend, la mort ou la vie, et ce sera la vie [...] Et peut-être qu'elle [Guiséia] a peur. Peut-être qu'un jour elle dit tout à Edwayne ; ou Edwayne a deviné, ce sont ses enfantes, ces deux-là [...] ; et Edwayne attend avec elle maintenant, la mort, la vie. Et l'enfant naît, naît vivante, reste vivante et survit, deux, cinq, quatorze années, normale, ordinaire, merveilleusement ordinaire, leur enfante[1].

La mort de l'*enfante* issue de cette relation entre consanguins peut être interprétée comme une condamnation de l'acte incestueux ainsi qu'une forme de rappel à la morale extradiégétique.

Cette idée d'appauvrissement génétique accroissant les risques de morbidité est également partagée sur Pollen puisque les relations incestueuses sont autorisées uniquement parce que les individus sont stériles et que la reproduction se fait par ectogenèse. En effet, sur le Bouclier, satellite de Pollen, la reproduction est sexuée et la gestation vivipare. De jeunes Polléniennes (habitantes de Pollen) sont choisies lors d'un bal par les hommes du Bouclier et subissent une intervention chirurgicale afin de rendre leur système reproductif fonctionnel. Or, ce bal est truqué de manière à ce que les membres d'une même triade ne puissent se retrouver ensemble sur le Bouclier, afin justement de prévenir tout risque de reproduction incestueuse. Salem trouve un moyen de détourner ce système truqué. Dans le roman de Joëlle Wintrebert, un enfant naît également de l'union de Sandre et sa sœur Salem. Toutefois dans ce cas, aucune anomalie génétique ou maladie n'est supposée ou pointée du doigt.

Ces œuvres de science-fiction ne transforment ainsi qu'en partie les représentations des normes relationnelles et sexuelles. En effet, ces fictions prolongent le mythe de l'inceste dit « heureux[2] » sans enjeu de domination entre personnes de même âge ainsi que l'idée selon laquelle la reproduction sexuée serait l'enjeu majeur justifiant la prohibition de l'inceste.

---

1 *Ibid.*, p. 614.

2 Dorothée Dussy, dans son ouvrage *Le berceau des dominations* indique que l'inceste heureux tout comme les « jeux sexuels » n'existent que sous deux formes : dans les fictions et dans le discours de l'incesteur.

La relation mère/enfant
canevas des relations incestueuses ?

Une évolution dans le mode de reproduction semble impulser, dans ces œuvres romanesques, une évolution des tabous, induit-il une transformation des imaginaires associés à l'origine supposée de l'union incestueuse ? Certains auteurs comme André Green[1] ou Aldo Naouri postulent que la genèse de toute relation incestueuse découle des relations entre mère et enfant[2]. Cette hypothèse découle du fait que l'enfant partage avec sa mère un même corps le temps de la gestation, un corps qui satisfait les besoins du nourrisson et une proximité d'ordre charnel prolongée après l'accouchement dans le cas de l'allaitement au sein. Aldo Naouri rapproche étymologiquement l'origine du mot inceste de *castus* ou *cassus* signifiant vide, exempt de, conférant à *incestus* le sens de « à qui rien ne manque » et l'associe au désir maternel que son enfant ne manque de rien.

Or, dans le cas de *Chronique du Pays des Mères*, les *enfantes* ne connaissent pas leurs mères au début de leurs vies, ce sont des gardiennes qui leur prodiguent les soins et les éduquent. Lors des premières rencontres avec sa mère, Lisbeï n'a pas connaissance de leurs liens de parenté.

Selon Henry Atlan dans *L'utérus artificiel*[3], l'ectogenèse conduirait à rompre ce qu'il appelle le « lien initial des enfants avec leur mère, établi depuis la nuit des temps par la grossesse et l'accouchement[4] ». Aussi, si l'on prolonge l'hypothèse de la relation à la mère comme origine de toute relation incestueuse, cela porterait à croire qu'une émancipation du corps maternel dans la reproduction pourrait conduire à court-circuiter les mécanismes de la genèse incestueuse. Or, ce n'est pas l'hypothèse conservée dans *Pollen*, puisque les personnages principaux sont nés d'un utérus artificiel, le concept de maternité n'existe pas sur la planète, les enfants sont conçus hors de tout corps maternel et ne partagent donc pas le même corps que leur mère tout au long de la gestation. Toutefois, dans les œuvres, c'est comme s'il existait une forme de translation de la relation considérée par certains courants psychanalytiques comme essentiellement incestueuse mère/enfant vers celles et ceux qui auraient partagé le même utérus (artificiel ou non). Dans *Pollen*, ce sont les membres de la triade, qui ont partagé un même

---

1   Green (André) : « La relation mère-enfant, nécessairement incestueuse ».
2   Naouri (Aldo) : « Un inceste sans passager à l'acte : la relation mère-enfant ».
3   Atlan (Henri) : *L'utérus artificiel*, 2005.
4   *Ibid.*, p. 113.

utérus (certes artificiel), pendant neuf mois et dans *Chroniques du Pays des Mères* les jumeaux ainsi que les demi-sœurs utérines.

Dans notre corpus, la part belle est faite au sentiment de fusion dont le terme est employé à de très nombreuses reprises, ainsi qu'à un champ lexical rappelant la mélancolie de la plénitude et le désir de retrouver une forme de paradis perdu. C'est le cas dans *Pollen* lorsque Salem et Sahrâ se rendent au centre de développement des triades :

> Sahrâ tressaillit en découvrant dans plusieurs cuves des triades presque matures et qui se tenaient entrelacées.
>
> Elle ne doutait pas d'avoir étreint elle aussi son frère et sa sœur dans la matrice. La nostalgie la frappa si fort qu'un vertige la prit[1].

À la page suivante, on peut lire que Salem et Sahrâ sont nostalgiques de l'époque où elles étaient nourries ensemble par des robots peluches à six bras. Il est question d'une « douce cage » constituée par ces six bras, ce qui contribue à créer un imaginaire de clôture charnelle et sensible en tant que lieu de bonheur, à l'instar des représentations communément associées à celle du paradis. Il est ajouté qu'à cette époque paradisiaque « elles n'étaient qu'amour et fusion[2]. » aussitôt contrebalancé par « Ces temps n'étaient plus[3] ». Il est aussi question pour Salem quelques pages plus loin de faire le deuil de son frère Sandre associé à la perte du sentiment de plénitude qui allait de pair avec leur fusion.

> [L]e Sandre du Bouclier n'est plus celui que tu as serré contre toi depuis l'enfance, celui qui partageait les jeux, les pensées, les plaisirs, les mille joies et peines d'une trop courte existence. Jamais plus tu ne fusionneras avec lui. Les médiciennes disent : tu dois faire le deuil. Sandre est désormais dans un ailleurs inaccessible[4].

Cette question de la nostalgie d'un paradis perdu est étroitement liée, dans la psychanalyse et la philosophie, à la question de la gestation. Selon certains psychanalystes comme Otto Rank, le paradis originel serait la matrice, la cavité utérine, et le premier traumatisme serait ainsi la naissance en tant qu'expulsion du paradis. Cette idée semble être fortement réinvestie dans *Chroniques du Pays des Mères* lors de la rencontre entre les demi-sœurs utérines Lisbeï et Tula.

> La lumière, voilà, comme si Tula était apparue dans une flaque de soleil.
> (Lisbeï se rendra compte par la suite que c'était impossible : la lumière

---

1 Wintrebert (Joëlle) : *op. cit.*, p. 43.

2 *Ibid.* p. 44.

3 *Ibid.*

4 Wintrebert (Joëlle): *op. cit.*, p. 63.

des fenêtres, dans la salle de jeux de la garderie ouest, ne touchait jamais ainsi la porte.) [...] La petite main de Tula lâche la tunique de la gardienne à laquelle elle était agrippée et les petites jambes de Tula la portent en titubant tout droit à travers la salle vers Lisbeï, et la petite bouche rose s'ouvre dans un sourire mouillé. Lisbeï s'est déjà avancée aussi sans s'en rendre compte et elle serre contre elle le corps chaud – parfumé, lumineux ? Pas vraiment, mais c'est tout cela pourtant, comme avec les autres mosta, mais exactement le contraire : être tout près de quelqu'une et sentir sa présence à l'intérieur ou à l'extérieur de son propre corps, difficile de faire la différence, comme une chaleur, ou une lumière, ou une odeur. Mais avec Tula, être bien, se sentir... à sa place, et que l'autre est à sa place aussi et le sait. Et en sentant la chair douce appuyée contre sa joue, c'est comme si Lisbeï se souvenait, mais elle ne sait pas vraiment de quoi, il y a déjà eu la courbe d'une telle chair tiède contre ses lèvres, et des bras autour d'elle, quelque part, dans un autre temps, la même lumière enveloppante, la même chaleur où l'intérieur et l'extérieur de son corps s'échangeaient, l'éclair de plaisir délicieux, poignant, la pression élastique contre son visage, et cette chair mystérieuse qui coulait en elle pour combler le vide et la faim[1]...

L'idée de la nostalgie d'un lieu paradisiaque, lumineux, chaleureux où les besoins sont remplis, est clairement mentionnée. Le texte témoigne d'une analogie entre partage d'une même chair, celle de l'utérus lors de la gestation vivipare, et la quête d'un rapprochement physique et notamment sexuel. Lisbeï semble ici tenter de combler cette nostalgie, ce traumatisme de la naissance en tant que déchéance du paradis, par le rapprochement sexuel avec une autre, qui se trouve être sa demi-sœur utérine. Ces récits semblent donc exploiter un imaginaire au sein duquel le partage d'un même utérus induit de façon presque systématique des relations émotionnellement fusionnelles et une attirance sexuelle entre les individus concernés. Les fictions étudiées ici semblent réinvestir le discours psychanalytique questionnant l'essence de la genèse incestueuse, et le déplacer de l'entité maternelle vers le fraternel/sororal, ou plus largement à la question du partage d'un même corps ou utérus artificiel.

Quels imaginaires pour les relations amoureuses et sexuelles incestueuses ?

Nous avons observé une continuité concernant les origines de l'acte incestueux, mais qu'en est-il des représentations de l'amour et de l'union dans la sexualité ? Dans les deux œuvres romanesques convoquées, les

---

1 Vonarburg (Élisabeth): *op. cit.*, p. 26-27.

emprunts et réinvestissements des imaginaires psychanalytiques, philosophiques et mythiques associés aux représentations traditionnelles de la sexualité et de l'amour sont fréquents. Cette quête de bonheur associé au paradis perdu se prolonge dans la sexualité et est étroitement liée avec la recherche d'un sentiment de complétude, également associée au mythe platonicien des androgynes omniprésent dans les deux œuvres. Le mythe des androgynes est le récit forgé par Platon selon lequel l'être humain aurait été, à son origine, une entité androgyne qui aurait été séparée en deux, homme/femme comme punition après avoir défié les dieux. Dans *Le Banquet*, Aristophane indique dans son discours qu'il existait également des êtres entièrement féminins séparés en deux femmes et des entités masculines séparées en deux hommes expliquant ainsi tant l'hétérosexualité que l'homosexualité (féminine comme masculine). Dans l'exemple de *Chroniques du Pays des Mères* mentionné précédemment, le récit semble évoquer une notion d'élection réciproque, ou plutôt de reconnaissance. Cela va dans le sens des imaginaires traditionnels associés à l'amour et l'idée de « trouver sa moitié ».

Dans *Pollen*, le terme d'amputation est utilisé, il est question d'une sensation de manque et de privation d'une partie de soi-même, motivant une quête dans le but de recouvrir une complétude originelle. À la différence du mythe des androgynes platonicien, la complétude semble dans ce cas-ci être trouvée dans le trio. Toutefois, un lien et une complémentarité plus marqués sont associés au couple hétérosexuel constitué de Salem et Sandre, associé explicitement à la figure originelle de l'androgyne.

> Amputer l'autre et s'amputer d'un tiers de soi ? Sandre et Sahrâ ont toujours été parties intégrantes d'elle-même. [...] Des souvenirs doux la traversent. [...] Quel âge avaient-elles ? À peine deux ans, et elles savaient déjà qu'elles ne faisaient qu'une. Une entité à six bras dotés d'instruments parfaits pour réaliser les pires bêtises. [...]
>
> Salem soupire, les yeux clos. Le poids du lumen contre son ventre évoque un autre corps. Ce corps tant exploré, tant regardé, tant caressé qu'elle a l'impression de l'avoir sculpté à la pulpe de ses doigts, modelé dans ses moindres reliefs à la pointe de sa langue. Salem soupire. Ce sont les jeux sexuels qui l'ont, de façon insensible, éloignée de Sahrâ. Salem a préféré Sandy parce qu'elle goûtait mieux le corps des garçons. Et Sandy seul lui permettait d'accéder à la fusion ultime. L'un dans l'autre, ils perdaient leurs limites, ni mâle ni femelle, un seul corps imbriqué, le corps divin du premier androgyne.
>
> Cette fusion, Salem ne l'avait retrouvée avec aucun autre, elle ne saurait pas plus se passer de son frère que d'air ou d'eau[1].

---

1 Wintrebert (Joëlle) : *op. cit.*, p. 65.

Dans son article consacré à l'inceste gémellaire dans l'œuvre de Pierre Molinier et d'Annie Ernaux, Corinne Fortier cite l'écrivain Bertrand d'Astorg selon lequel « Ils savent d'instinct qu'à deux, le frère et la sœur, ils recomposent la puissance créatrice de l'univers, du couple mâle-femelle uni jusqu'à l'androgynie[1] ». Jacques Numas-Lambert postule quant à lui que « S'il n'y avait pas de prohibition de l'inceste, le mariage sous son meilleur aspect serait celui d'un frère et d'une sœur, reconstituant l'unité première de l'être androgyne partagé entre eux[2] ». Cela va dans le sens de la caractérisation de l'inceste par Françoise Héritier, puisqu'il s'agit selon elle de relations sexuelles et amoureuses entre identiques. Ici, la notion d'identique est poussée à son paroxysme puisqu'il s'agit dans un cas de relations saphiques entre demi-sœurs, mais aussi entre jumeaux et, dans *Pollen*, de relations entre des triplés partageant rigoureusement le même patrimoine génétique. Selon Corinne Fortier l'inceste adelphique et tout particulièrement gémellaire peut être rapproché de l'unité androgynique originelle et ainsi « c'est moins la notion de différence des sexes qui est importante dans ce type d'inceste que la notion même de gémellité[3]. »

Dans *Chroniques du Pays des Mères*, le mythe des androgynes et la question de la complémentarité entre les sexes sont également abordés, avec le couple Toller/Guiséia. Mais cette question de l'identique dans la différence sera également questionnée par Lisbeï qui voit dans son union avec Tula une symétrie parfaite, une association de l'identique et du complémentaire à la manière de l'androgyne, mais en tout féminin.

En effet, le Pays des Mères étant une société matriarcale que l'on pourrait qualifier de misandre, les jeunes *mostas* considèrent les petits garçons comme des *enfantes* défectueuses. À ce titre, Lisbeï réfute le concept de complémentarité entre homme et femme, qu'elle considère comme peu pertinente et transfère sur sa demi-sœur utérine Tula ces notions de rapprochement d'identiques, d'unité dans la différence, de retrouvailles d'une même âme scindée en deux corps, métaphoriquement désignée comme « la lumière » à deux occurrences différentes :

> *La femme / Et l'homme* : peut-être les garçons constituaient-ils, dans la création d'Elli, une sorte de reflet des filles, pour conserver la symétrie...

---

1 Astorg (Bertrand d') : *Variations sur l'interdit majeur. Littérature et inceste en Occident*, 1990.

2 Numas-Lambert (Jacques) : « L'inceste souhaité ou prohibé comme réalisant l'androgynie prêtée aux dieux (1re partie) ».

3 Fortier (Corinne) : « Inceste gémellaire, deuil et mélancolie créatrice. De la transidentité à l'œuvre de Pierre Molinier et d'Annie Ernaux ».

Une symétrie boiteuse. La vraie symétrie, celle à laquelle Lisbeï avait tout de suite pensé en imaginant ce jeu de miroir, c'était *Lisbeï/Tula* : la circulation constante des émotions qui rebondissaient entre elles, la résonance, la lumière partagée[1]...

Au-delà d'une symétrie, c'est bien la sensation se voir son double, de se regarder soi-même que Lisbeï semble éprouver *via* son analogie avec sa demi-sœur utérine :

Ensuite, tu m'as demandé de te montrer comment faire tourner la rondelle et j'ai cru que tu avais compris : danser, courir, tourner, bouger si vite qu'on arrive à se voir soi-même comme une autre, à se dédoubler ! C'était comme toi et moi, pareilles, ensemble dans la lumière, mais dans deux corps différents[2].

Ainsi, ces deux œuvres de science-fiction réinvestissent des mythes traditionnels associés à l'amour et à la sexualité, tout en questionnant la possibilité pour les mythes psychanalytiques et philosophiques traditionnels de s'apposer à d'autres normes relationnelles et sexuelles, et même, de voir leur sémantique décuplée par ces nouvelles normes.

*

En somme, ces fictions interrogent la subsistance d'une prohibition et surtout d'un tabou des relations incestueuses. Ces œuvres prolongent le mythe de l'inceste dit « heureux » entre adelphes du même âge ce qui, selon les travaux anthropologiques actuels, serait déjà un produit de fiction[3] largement exploité quel que soit le genre fictionnel. Cette normalisation des relations entre adelphes semble découler de la mise en place d'une nouvelle société fondée sur un nouveau paradigme reproductif reconfigurant la doxa relationnelle et sexuelle. En effet, le tabou incestueux semble, dans ces fictions, reposer uniquement sur les risques encourus pour la progéniture issue d'un couple de consanguins. Si questionner les fondements du tabou de la sexualité incestueuse pouvait sembler audacieux, en construisant un récit autour de relations considérées comme obscènes (dans son sens de « (en de)hors de la scène », quelque chose qu'on ne montre pas), voire créer une rupture avec un invariant anthropologique en les normalisant, ces œuvres de fiction semblent davantage réinvestir les représentations imaginaires canoniques, atténuant leur aspect *a priori* subversif.

---

1   Vonarburg (Élisabeth) : *op. cit.*, p. 66.

2   *Ibid.*, p. 75.

3   Dussy (Dorothée) : *Le berceau des dominations : Anthropologie de l'inceste*, p. 355.

Bibliographie

Corpus :

Vonarburg (Élisabeth) : *Chroniques du Pays des Mères*, Première édition 1992, Gallimard, coll. « Folio SF » 2021.

Wintrebert (Joëlle) : *Pollen*, Première édition 2002, Au diable vauvert, coll. « Les poches du diable », 2021.

Bibliographie critique :

Atlan (Henri) : *L'utérus artificiel*, Seuil, coll. "La librairie du XXIe siècle", 2005.

Astorg (Bertrand d') : *Variations sur l'interdit majeur. Littérature et inceste en Occident*, Paris, Gallimard (NRF), 1990.

Cyrulnik (Boris) : « Le sentiment incestueux » dans *De l'inceste*, dir. Françoise Héritier, Odile Jacob, 2010.

Durkheim (Émile) : « La prohibition de l'inceste et ses origines », *L'année sociologique*, n° 1, [1896-1897] 1969.

Dussy (Dorothée) : *Le berceau des dominations : Anthropologie de l'inceste*, Première édition 2013, Paris, La Découverte, coll. « Pocket », 2021.

Fortier (Corinne) : « Inceste gémellaire, deuil et mélancolie créatrice. De la transidentité à l'œuvre de Pierre Molinier et d'Annie Ernaux », *L'Autre*, 2019/1 (Volume 20).

Foucault (Michel), *Histoire de la sexualité. La volonté de savoir*, Éditions Gallimard, col. « Tel », 1976, p. 171.

Green (André) : « La relation mère-enfant, nécessairement incestueuse », dans : Jacques André (éd.) : *Incestes*, Presses Universitaires de France, « Petite bibliothèque de psychanalyse », 2001.

Naouri (Aldo) : « Un inceste sans passage à l'acte : la relation mère-enfant », *in De l'inceste*, dir. Françoise Héritier, Odile Jacob, 2010.

Numas-Lambert (Jacques) : « L'inceste souhaité ou prohibé comme réalisant l'androgynie prêtée aux dieux (1re partie) », *Kernos*, n° 6, 1993, pp. 139-205.

Le futur est-il fluide ?
Approche linguistique du genre
en science-fiction

Emmanuelle Lescouet
Université de Montréal

Nous avons l'habitude de considérer la science-fiction (SF) comme masculine, mais également comme un milieu masculin. Et bien que l'émergence d'autrices contribue à renverser cette orientation biaisée, ou du moins, incomplète, la représentation féminine au sein de la littérature de science-fiction demeure encore un enjeu. De même, explorer les présences non genrées ou autrement genrées ouvre des questionnements et des possibles fascinants.

En effet, qu'il s'agisse de la fluidité de genre, ou de la non-binarité au cœur des œuvres de l'imaginaire, approcher ces propositions comme un enjeu narratif est relativement récent. Et cela l'est peut-être plus particulièrement, encore, en science-fiction.

Lorsque l'on souhaite aborder la non-binarité, il est commun de se référer aux nombreuses études cliniques traitant de la question. Aussi, pour débuter mon propos, je me base en bonne part sur les travaux de Denise Médico, lorsqu'elle affirme, en 2019 :

> Les personnes trans, neutres et non binaires révèlent des modifications plus profondes des subjectivités et de l'être-ensemble contemporains. Iels existent.[1]

Ainsi que ceux de Richard *et al.*, lorsqu'iels affirment, en 2016 :

> Les jeunes sont de plus en plus nombreux à s'identifier ni comme homme, ni comme femmes, mais comme des personnes non binaires et parfois neutres.[2]

---

[1] Medico (Denise), « Genres, subjectivités et corps au-delà de la binarité », p. 57.

[2] Richards (Christina), Nouman (Walter Pierre), Seal (Leighton), Barker (Meg John), Nieder (Timo O), T'Djoen (Guy) : « Non binary or genderqueer genders ». *International Review of Psychiatry*, pp. 95-102.

Cet article est nourri des travaux de chercheur·se·s qui s'intéressent aux ressentis de la fluidité de genre, de la diversité de son expression, tout autant que de la possible sortie d'expressions de genre binaires[1]. Leurs recherches s'attachent à démontrer la « simplicité » relative de l'inclusion de la non-binarité psychologique dans les procédures, principalement d'après leurs pratiques cliniques. Elles permettent également de mettre en exergue les vastes possibles d'expressions physiques proposées ou confortables pour les sujets.

La non-binarité, et les xénogenres – dans leurs sens larges de genres non rattachés au masculin ou au féminin – viennent questionner le devenir du corps. Ce qui est particulièrement épineux à appréhender au sein d'une société majoritairement fondée sur une conception de l'espèce principalement binaire, dans le sens de la reproduction humaine impliquant un mâle et une femelle. Le dépassement de cette conception est encore un enjeu politique fort, et la littérature nous donne alors des outils pour la discuter.

Cette tendance et ce questionnement se transcrivent en science-fiction, et ce, de manière très visible dans un corpus anglophone nord-américain, sans toutefois se limiter à la seule science-fiction : cette expansion est présente dans l'ensemble des corpus de l'imaginaire, et notamment dans le corpus romanesque où les protagonistes ne sont ni hommes ni femmes, mais autres, explorant des constructions combinatoires et alternatives.

Bien sûr, ces questions demeurent très complexes, tant dans la diversité des vécus que dans la finesse de leur transcription. Aussi, je ne ferai ici que prendre quelques exemples afin de créer un espace de réflexion autour de ces possibles narratifs. Pour ce faire, je vais tout d'abord explorer le rapport à soi dans la non-binarité, autant dans la conscience de soi que dans l'énonciation performative de l'individu. Puis, j'ouvrirai cette focale au rapport de soi à l'autre – autre en général – pour enfin parvenir au rapport de désir et de relation intime, puisqu'étant plus englobant que les seules relations sexuelles.

Tout d'abord, il me semble important d'introduire rapidement les deux œuvres à l'étude, qui nous serviront d'exemple et de contexte discursif principal : la série *Monk and Robot* de Becky Chambers[2], et

1   Nancy (Ruby) : «Rhetorical Work. Genre Fluidity as a Queer Rhetorical Practice of Activists: a Play/Chapter in Multiple Acts. », in *The Routledge Handbook of Queer Rhetoric.*. Genre Fluidity as a Queer Rhetorical Practice of Activists: a Play/Chapter in Multiple Acts » in The Routledge Handbook of Queer Rhetoric (2022) Routledge

2   Chambers (Becky) : *A Psalm for the Wild-Built*. Et Chambers (Becky) : *A Prayer for the Crown-Shy*.

Space Opera de Catherynne M. Valente[1]. Le choix de ces deux œuvres a été guidé par leur appartenance à une nouvelle mouvance de la science-fiction états-unienne vers une vision positive, presque festive de l'avenir de l'humanité. Celle d'une volonté de présenter de la joie et une porte de sortie positive aux visions souvent sombres des récits postapocalyptiques ou d'anticipation, d'une positivité allant avec une représentation du corps et de ses incarnations particulières mettant en jeu une euphorie de genre[2] autant qu'une diversité très importante. Cette mouvance est à présent identifiée comme un sous-genre à part entière de la science-fiction, un sous-genre que l'on nomme *New Punk*, ou *Hope Punk* – que l'on peut également retrouver orthographié *hopepunk*.

> The opposite of grimdark[3] is hopepunk. Pass it on.[4]

Au-delà de cette déclaration initiale, Alexandra Rowland précise son propos au sujet du *Hope Punk* :

> Hopepunk is a subgenre and a philosophy that "say that kindness and softness doesn't equal weakness, and that in this world of brutal cynicism and nihilism, being kind a political act. An act of rebellion."[5]

Et l'autrice de rappeler que *punk* demeure la moitié opérationnelle du mot-valise, celui du punk dans le sens de l'anti-autoritarisme et de la répression contre l'oppression.

Dans *Monk and Robot*, duologie de Becky Chambers, paru à l'origine chez Tor dot com en anglais et chez L'Atalante en français, le lecteur·rice suit un·e jeune moine Dex, protagoniste non-binaire qui affirme son genre par les pronoms they/them, et dont la mission est d'écouter et de réconforter ses semblables. Aidé par des notions d'herboristeries et de psychologie, iel reçoit ses interlocuteur·rice·s dans

---

1 Valente (Catherynne M.) : *Space Opera*.

2 L'euphorie de genre est un terme généralement utilisé pour indiquer un état de joie et d'authenticité par les personnes vivant en accord avec son identité de genre ressentie. Même si ce terme n'est pas explicitement défini par Judith Butler, sa critique de la dichotomie stricte entre masculinité et féminité, mais surtout, son exploration des possibilités de libération et d'émancipation par rapport à la normativité de genre s'en rapproche grandement. Voir Butler (Judith) : *Undoing Gender*.

3 Forme raccourcie de « grim darkness », cet adjectif a été largement popularisé au cours des années 2000 en qualité de slogan dans le jeu de science-fiction dystopique Warhammer 40,000. Depuis, il est fréquemment utilisé en littératures de l'imaginaire comme un terme décrivant une situation sombre et violente.

4 On attribue la première mention du terme *hopunk* à l'autrice Alexandra Rowland qui publia cette phrase sur son Tumblr officiel en 2017.

5 Burt (Kayti) : « A Hopepunk Guide: Interview with Alexandra Rowland », URL : https://www.denofgeek.com/culture/a-hopepunk-guide-interview-with-alexandra-rowland/ (consulté le 25 juin 2023).

sa caravane ou dans une installation de coussins devant cette dernière et discute avec elleux pour alléger leurs soucis ou leurs problèmes. Sa place affirmée dans une position de *care* sans pour autant en faire un enjeu de l'histoire est par ailleurs une composante essentielle du personnage. Mais Dex commence à douter de sa place et de ses occupations, et décide de se lancer dans une grande aventure, un voyage à vélo pour prendre le temps de réfléchir. C'est au cours de ce voyage qu'iel va rencontrer Mosscap, le Robot du titre et commencer à comprendre l'histoire humaine, la séparation homme-machine et à questionner le rapport à la nature, au savoir et à la consommation de cette société humaine apaisée, mais toujours imparfaite. À travers ce questionnement et le retour des deux protagonistes dans le circuit humain, iel va accompagner le·a lecteur·rice dans la confrontation enthousiaste de cette société à l'autre-machine... et, en creux, à sa propre personne.

Dans *Space Opera*, paru chez Saga Press en anglais et non traduit en français à ce jour, si le protagoniste Decibel Jones, dit Dess, est masculin et affirme son genre linguistiquement avec les pronoms he/him, tout ce qui l'entoure défie la norme binaire. Il est entraîné, un peu malgré lui, dans une compétition de chant intergalactique – à la façon de l'Eurovision, mais à plus grande échelle. Le but de cette compétition est d'évaluer la capacité de sentience des différentes espèces dominantes de la galaxie par un concours de « musique ». Il faut ici entendre cet art dans un sens de stimulation sensorielle rythmique passant plus par l'art de la performance au sens large : sons, lumières, couleurs, danses, etc. Il reviendra à Decibel et ses comparses de convaincre les civilisations extraterrestres que l'humanité est capable d'émotion et d'art... que nous sommes suffisamment évolués pour prendre place à la grande table galactique. Que nous ne devons pas être simplement exterminés comme des nuisibles.

*

Dans cette présentation, et comme le français, qui est particulièrement binaire[1], n'est pas la langue la plus facilement malléable quant à son oralité ou avec des termes nouveaux, j'emploierai le « iel » pour traduire les formes neutres les plus classiques. Cependant – j'y reviendrai tout au long de cet article – et à la suite de Daniel Elmiger[2], je tiens à souligner l'emploi de nombreuses autres locutions telles que les pronoms, ul, ol ou ux, xu ou xyl.

---

1 Medico (Denise), *op. cit.*, p. 66.
2 Elmiger (Daniel) : « Binarité du genre grammatical – binarité des écritures ? », pp. 37-52.

Rapport à soi... neutre

Si la première étape de la perception de genre se passe à la première personne – sentir comment l'individu se perçoit iel-même –, cette imagination possible passe par la construction plus globale d'une culture du genre. Cette dernière est nourrie des habitudes sociales, les genres masculin et féminin font partie des concepts habituels. Aujourd'hui, elle inclut également des notions de fluidité et neutre, des notions pouvant encore s'enrichir d'une variété de variations et de combinaisons, comme cela peut être le cas dans les œuvres à l'étude.

Comme l'abordait Alan McKee en 1999 :

> Suggesting that Queer Theory has often employed tropes of assimilation, we'll turns to another cultural site at which such language is popular science fiction in order to investigate the assumption of these metaphors[1]

Des théories *queers* qui, par ailleurs, exploitent les univers de science-fiction – ou l'inverse et réciproquement :

> In thinking about the application of queer theory to science fiction, what is apparent is not only sf's ability to think outside mimetic reproductions of contemporary reality, but also its capacity to fulfil at least part of Michel Foucault's call to 'free thought from what it silently thinks, and so enable it to think differently' (*Use of Pleasure* 9).[2]

En effet, l'une peut marcher avec l'autre, l'une peut être utile à l'autre. Faire exister l'imaginaire des genres dans la fiction prépare souvent son inclusion plus large dans la culture populaire. Cependant, il est impossible de faire pleinement confiance à la littérature (même de science-fiction) :

> It is, perhaps, one of the most powerful effects of queer theory that it enables us to locate and identify the diverse anxieties and issues invoked by the representation of sexuality in sf.[3]

Ces représentations sont à discuter, mais permettent de mettre en lumière les angoisses et les espoirs de définitions, ou à tout le moins de discuter des possibles.

Se définir en dehors de la binarité

Si dans l'expérience humaine contemporaine, il y a généralement un acte de définition hors des genres usuels, il faut décider de l'annoncer ou le formaliser pour soi et/ou pour l'entourage. En science-fiction,

---

1 McKee (Alan) : « Resistance in hopeles': Assimilating queer theory », pp. 235-249.

2 Pearson (Wendy Gay), Hollinger (Veronica), Gordon (Joan) (Eds.) : *Queer Universes: Sexualities in Science Fiction*, p. 3.

3 Pearson (Wendy Gay), Hollinger (Veronica), Gordon (Joan) (Eds.) : *op. cit.*, p. 2.

cependant, la possibilité de non-énonciation est plus présente, qui plus est dans un corpus anglophone où la mention de genre est moins visible grammaticalement.

Une des situations courantes est le cas des androïdes où le « it », dans son acception la plus large du terme, est presque naturel pour les robots.

C'est également le cas hors de la fiction :

> Dans les positions cliniques et médicales, un aspect reste toutefois stable : on n'entend pas et ne valide pas la parole des personnes concernées[1]

Cette dernière a le pouvoir de représenter et valider un propos, d'être précurseure dans un rapport aux xénogenres ou à leur absence. Ces corps opposent une résistance : ils ouvrent une multiplicité à explorer... et la science-fiction en est un bon outil. Au-delà de la représentation directe des corps autres aliens, la possibilité de laisser l'humanité évoluer et changer de corps permet l'exploration de ces affirmations, et la performance de ces identités de genre, rejoignant ici l'acte performatif – au sens fort de Judith Butler[2] – venant remplacer l'« essence » du genre dans une appréhension plus juste des identités.

Ainsi, accepter un soi en mouvement et non fixé sera pour nous aujourd'hui un enjeu narratif propre.

Affirmation linguistique

Les pronoms utilisés permettent dans un premier contact de situer un·e protagoniste. Dans le corpus qui nous intéresse, par exemple, nous n'avons accès à ces êtres que par le texte. Et l'un des premiers contacts que nous aurons avec elleux sera la manière dont iels sont genré·e·s : ce premier contact permet généralement de situer les protagonistes, et de prévoir les tropes qui leur seront appliqués.

Si ces pronoms ne sont pas he/him ou she/her, le·a lecteur·rice va accepter la non-binarité, qu'il y ait ou non une explication dans l'œuvre.

Ici, l'habituel they/them ne nous retiendra pas : ce sont les pronoms anglophones généralement utilisés aujourd'hui pour genrer une personne non-binaire. Toutefois, et comme nous avons pu le voir plus tôt, la diversité des pronoms en usages dans ces textes est grande : chaque binôme vient avec des connotations particulières, provenant des communautés qui l'ont popularisée ou des personnes et personnages

---

1 Medico (Denise) : *op. cit.*, pp. 57-71.
2 Butler (Judith) : *Gender Trouble.*

qui l'ont employé. Ainsi nous pouvons évoquer les métamorphes de *Wild Massive* (de Scotto Moore[1]) utilisant le ze/zyr pour indiquer la modification quasi permanente de genre ; la·e cleric de Nghi Vo[2] qui utilise le traditionnel they/them ; ou encore kwo dans *Keeper's Six* de Kate Elliott[3] à valeur presque interrogative. Le *Murderbot* de Martha Wells[4] utilise le « it » pour se démarquer des humain·e·s, etc. Les exemples sont nombreux !

La diversité des autres propositions a cela de fascinant qu'elle permet d'explorer des enjeux linguistiques : essayer des formulations comme des tenues permet de trouver celle ou celles au pluriel qui vont correspondre à la sensation particulière de l'individu·e. Lorsque ces pronoms changent, cela peut entendre un glissement, un changement fort dans personnage : iel mute plus que par ce que le lecteur·rice peut projeter – plus que sa texture dirions-nous en études vidéoludiques – mais dans sa définition même, dans l'identité nue qu'iel arbore.

Représentation de soi dans le groupe social

Dans un groupe humain, la question de l'intégration peut se poser, ou être amenée à poser question. L'identité *queer* est avant tout un brouillage de l'identité usuelle : une prise de position pour l'en-dehors – comme a pu le démontrer Ruth Goldman en 1996, renforcé depuis par de nombreux·ses chercheur·se·s comme Halperin en 2003 ou Weber en 2015. Ce brouillage peut se faire insaisissable alors que l'expression physique ou langagière des personnages se fond et se réinvente au fil des péripéties du texte. Ainsi, dans *Space Opera*, Dess prendra des attributs plus ou moins féminins aux vues de nos codes selon les aliens qui l'évoquent. En effet, la plupart des sociétés montrées ont accepté cette possibilité, n'en faisant pas cas puisque nous arrivons, en tant que lecteur·rice, après l'acceptation de cette diversité. Il devient alors assez simple de sentir ces xénoaffirmations comme des évidences – ce qui est déjà le cas dans des enclaves *queers* de notre réalité.

Contrairement aux affirmations de chercheurs tels que Escoffier & Bérubé[5], cette approche de la *queerness* n'est pas confrontationnelle,

1   Moore (Scotto) : *Wild Massive*.

2   Vo (Nghi) : The Singing Hills Cycle [Tomes 1-4].

3   Elliot (Kate) : *The Keeper's Six*.

4   Wells (Martha) : The Murderbot Diaries [Tomes 1-7].

5   Escoffier (Jeffrey), Bérubé (Allan) : « Queer/Nation », p. 14.

elle est un *soft power* intégré à la fiction. Dans notre corpus résolument *Hope Punk*, cette acceptation traduit également les espoirs des autrixes pour l'humanité. La possibilité anticipatrice de la science-fiction, moteur même du genre, vient ici forcer la projection du lectorat dans un cadre social genré nouveau.

Rapport à l'autre en dehors du rapport de genre

Nous avons rapidement évoqué le rapport au groupe, mais qu'en est-il des relations au plus proche ?

L'autre humain ou binaire

Dans *Monk and Robot,* le·a protagoniste non-binaire est une minorité dans une société encore marquée par le masculin et le féminin. Cependant, personne ne questionne son genre ou y fait appel. Cette position de tolérance est par ailleurs dominante dans mon corpus de recherche : on le retrouve également dans la série de Nghi Vo, dans *Keeper's Six,* etc. Des textes qui ont tant fait leur cette évidence que cela ne demande pas plus de précision ou d'attention que le féminin ou le masculin.

La question est cependant plus confrontante dans la série de Martha Wells : si Murderbot est en partie une machine et en partie un clone, iel décide d'employer les pronoms neutre-objet « it/its » plutôt que de se genrer au masculin ou au féminin ou encore au neutre comme les humain·e·s qui l'entourent. Si iel exprime à plusieurs reprises son dégoût pour les parties génitales humaines et leurs sécrétions, son refus des genres est aussi un refus plus global de l'humanité et de la condition émotionnelle et sociale qui l'accompagne.

L'alien et la biologie anti-genre

Comme l'ont démontré Luciano et Chen dans leur article « Has the Queer Ever Been Human?[1] » :

> Yes, because this sustained interrogation of the unjust dehumanization of queers insistently, if implicitly, posits the human as standard form, and also because many queer theorists have undeniably privileged the human

---

1 Luciano (Dana), Chen (Mel Y.) : « Introduction: Has the Queer Ever Been Human? », pp. iv-207.

body and human sexuality as the locus of their analysis. But No because queer theory has long been suspicious of the politics of rehabilitation and inclusion to which liberal-humanist values lead, and because "full humanity" has never been the only horizon for queer becoming.

C'est ce devenir qui m'intéresse. Mais alors, comment pourrions-nous ne pas considérer les protagonistes extraterrestres de notre corpus ? Plus encore : ces corps divers et ces identités peuvent venir éclairer notre propre perception et ouvrir la réflexion sans confronter directement les tenants d'un conservatisme plus vocal.

Ainsi, dans *Space Opera*, le contact avec l'extraterrestre-émissaire est décrit comme :

> a seven-foot-tall ultramarine half-flamingo, half-anglerfish thing standing awkwardly. Cristal-crusted bones showed through its feathery chest, and a wet gelatinous jade flower wobbled on its head like an old woman headed off to church[1]

Dans cette œuvre, iel est plus généralement mentionné comme « lantern-fish-flamingo ». Il n'est alors pas simple de « genrer » cet être. Mais que dire, alors de la sorte de panda roux bipède dont l'existence n'est possible qu'au travers du voyage temporel bidirectionnel, spécificité fort peu commode demandant des relations basées sur le clignotement ; que dire des organismes formés de millions de micro-individus s'identifiant comme une seule personne ; ou encore, des éléphants poilus à 9 pattes déambulant dans les airs par compression atmosphérique de leurs 27 appendices sexuels.

Désir et altérité : a-t-on vraiment besoin d'un genre ?

Contact avec le corps autre

Si dans *Monk and Robot*, les relations intimes sont très épisodiques et toujours évoquées avec pudeur et sans détails, elles ne sont pas pour autant absentes de la série, où le·a protagoniste se rapproche aussi bien d'un homme que d'une femme sans jamais nous dévoiler sa biologie ou les implications de ces parenthèses.

L'attachement n'est pas non plus évoqué au moment où les corps se rencontrent. Dex ne s'arrête pas plus de quelques jours à chaque étape. Ces relations ne changent pas l'intrigue ou son parcours, pas plus qu'elles n'entravent ses conversations, en dehors des quelques explications demandées par Mosscap.

---

1 Valente (Catherynne M.) : *op.cit.*, p. 23.

Enfin, l'arrêt dans sa famille – la famille de Dex – montre un système familial avec de nombreux parents, de tous les genres, ayant des enfants ensemble, à travers plusieurs paires biologiques, mais vivant dans une forme de polycule.

Dans *Space Opera*, notre héros rockeur a des relations sexuelles avec... presque tout ce qui veut y consentir. Sans rentrer dans les détails de ses folâtreries, celui-ci sera intimement lié aux deux autres membres de son groupe, mais également à l'émissaire qui vient le chercher sur Terre et à tout un bestiaire alien. Si son corps n'a pas beaucoup de secrets pour le·a lecteur·rice, puisqu'il est décrit nu dès son apparition dans le roman, ses relations avec les autres humain·e·s sont logiques, de sorte qu'il est facile d'en avoir une image mentale. Cependant tout cela se complique lorsqu'il souhaite s'unir à des aliens dont les corporalités sont très éloignées de notre espèce.

D'autres accroches sensorielles

L'intimité se traduit dans ces textes – mais également dans toute une diversité de romans de l'imaginaire *queers* – par le coït, mais pas que. Les rencontres des corps sont variées et peuvent également passer par d'autres connexions que la rencontre et le frottement des organismes.

Par exemple, l'alien-oiseau-poisson fera pleurer les humain·e·s tant son simple contact et sa voix sont sublimes :

> Everyone cried when the creature first spoke to them. No, not cried. They wept. They wept like the cavemen of Lascaux suddenly transported into the Sistine chapel just in time for a live performance of Phantom of the opera as sung by tolkien's elves.
>
> humanity wept in baffled, unspeakable, religious awe[1]

Ce contact avec l'extraterrestre-émissaire décrit comme « lantern-fish-flamingo » passera par des connexions neuronales transcrites par des lumières stroboscopiques et colorées. Pour nombres d'humain·e·s, ce contact se transcrira comme une forme d'orgasme blotti dans la compréhension de chaque être dans une intimité collective.

Est-il possible de désirer l'absolue altérité ?

En effet, la question mérite d'être posée.

---

1 Valente (Catherynne M.) : *op. cit.*, p. 25.

Dans *Space Opera*, le chapitre 30 commence sur le « sujet du sexe interespèce » et de ce qu'en disent les manuels galactiques :

> Everybody fucks. Well, almost everybody. No force on this plane of reality can equal the drive to get a leg over, because it's the nondimensional otherspace where all those nice, sophisticated fundamental forces meet and form a weird, wet, messy trashall, tension, friction, gravity, electromagnetism, thrust, torque, resistance, elasticity, drag, momentum, inertia, pressure, chemical reactivity, fusion, conservation of energy, self-loathing, humiliation and loneliness.[1]

Le manuel continue ensuite sur la banalisation des relations : rien ni personne ne peut empêcher deux personnes (quelle que soit leur espèce, genre, leurs facultés sensorielles, etc.) qui s'aiment de s'aimer. Cependant tout le manuel appuie sur le consentement des différentes parties impliquées.

Le roman présente comme une volonté habituelle et universelle de se câliner avec des espèces les plus curieuses possibles.

> on some planets, sex isn't even remotely connected to reproduction. The smaragdi, for example, have six-and-a-half genders. Nessumo Uuf [un des personnages du roman] used the pronouns "she" and "her" only because it seemed, in the cultural documents from Earth, that people utilizing those pronouns got to wear flashier clothes and contributes only the most basic recessive, baseline genes to the resulting offspring.[2]

Cependant, la performance finale assurant la victoire repose sur ces reproductions : le corps de Dess parvient à reprendre sa voix (volée pendant ses ébats avec un·e alien métallique) en accouchant-crachant le·a petit·e créé·e avec l'oiseau-poisson. Cette naissance lui confère temporairement des gammes sonores et lumineuses qui le dépassent, sauve l'humanité tout en le laissant exsangue, mais heureux. Ces imbrications sensorielles entre espèces sont des solutions trouvées pour rendre l'intimité possible, avec ou sans passage au contact effectif. Il est à noter que l'innovation grunge poussant à un rapport DIY des émotions et de leur transmission peut dégager une réponse positive à notre question de départ.

Conclusion :
Pour une définition agenre de l'altérité radicale.

Les corpus de science-fiction sont riches et divers. Comme nous avons pu l'aborder sur ces quelques œuvres, les ouvertures vers des acceptions bien plus *queers* de la vie humaine – mais également non

---

1 Valente (Catherynne M.) : *op cit.*, p. 248.
2 Valente (Catherynne M.) : *op. cit.*, p. 250.

humaines – sont nombreuses et proposent aux lecteur·rice·s une réelle possibilité d'espoir pour l'exploration et l'acceptation culturelle des mouvements *queers*.

D'ailleurs, dans les romans à l'étude, la non-binarité est déjà inscrite comme une position banale, et même si ces derniers prennent place dans des futurs plus ou moins lointains, cette banalisation, loin d'être l'enjeu premier de ces narrations, reflète certainement la vision d'une partie grandissante du lectorat qui trouvera son compte dans cette représentation, qu'elle soit euphorique ou, plus simplement, normalisée. Ces œuvres n'abordent pas la modification du genre ou de son expression, n'évoquent pas les changements que cela induit ou les tensions qui pourraient entourer ces xénogenres. Cette position militante de représenter une réalité qui ne demande pas de se battre pour son identité est un choix fort pour aider à inscrire un imaginaire diversifié du genre dans la culture populaire.

Bien sûr, la question de l'acceptation passe par la multiplication des représentations culturelles. Pour autant, elle ne peut être complète sans une réelle diversité de ces mêmes représentations. Aussi, nous ne pouvons que nous réjouir de ces progrès… et des traductions, même tardives, de ces ouvrages en français qui soulèvent un autre enjeu : celui d'offrir une véritable plasticité à une langue au passé riche, mais très genrée afin de retranscrire au mieux la richesse et les subtilités de ces représentations.

Je n'ai pu ici que survoler un corpus bien plus divers et profond que les quelques extraits que j'ai pu en présenter, mais comme le dit si bien Catherynne M. Valente : « life is beautiful / life is stupid ». Profitons-en.

Bibliographie

Corpus & œuvres littéraires

Chambers (Becky) : *A Prayer for the Crown-Shy* (First Edition). Tordotcom, a Tom Doherty Associates Book, 2022.

Chambers (Becky) : *A Psalm for the Wild-Built* (First Edition), Tordotcom, a Tom Doherty Associates Book, 2021.

Elliot (Kate) : *The Keeper's Six*, Tordotcom, 2023.

Moore (Scotto) : *Wild Massive*, Tordotcom, 2023.

Valente (Catherynne M.) : *Space Opera*, Saga Press, 2018.

Vo (Nghi) : *Mammoths at the Gates, Tordotcom*, 2023.

Vo (Nghi) : *Into the Riverlands*, Tordotcom, 2022.

Vo (Nghi) : *The Empress of Salt and Fortune*, Tordotcom, 2020.

Vo (Nghi) : *When the Tiger Came Down the Mountain*, Tordotcom, 2020.

Wells (Martha) : *System Collapse*, Tordotcom, 2023.

Wells (Martha) : *Fugitive Telemetry*, Tordotcom, 2021.

Wells (Martha) : *Network Effect*, Tordotcom, 2020.

Wells (Martha) : *Exit Strategy*, Tordotcom, 2018.

Wells (Martha) : *Rogue Protocol*, Tordotcom, 2018.

Wells (Martha) : *Artificial Condition*, Tordotcom, 2018.

Wells (Martha) : *All Systems Red*, Tordotcom, 2017.

Ouvrages scientifiques

Burt (Kayti) : « A Hopepunk Guide: Interview with Alexandra Rowland » [En ligne], *Den of Geek*, 2019, URL : https://www.denofgeek.com/culture/a-hopepunk-guide-interview-with-alexandra-rowland/ (consulté le 25 juin 2023)

Butler (Judith) : *Gender Trouble*, Londres, Routledge, 2006 [1990].

Butler (Judith) : *Undoing Gender*, Londres, Routledge, 2004.

Elmiger (Daniel) : « Binarité du genre grammatical – binarité des écritures ? », *Mots, Les langages du politique*, n° 113, 2017, pp. 37-52, DOI : 10.4000/mots.22624.

Escoffier (Jeffrey), Bérubé (Allan) : « Queer/Nation », *Out/Look*, n°11, 2011, p. 14.

Fausto-Sterling (Anne) : « Gender/sex, sexual orientation, and identity are in the body: How did they get there? », *The Journal of Research Sex*, n°56(4-5), 2019, pp. 529-555, DOI: 10.1080/00224499.2019.1581883.

Fausto-Sterling (Anne) : « Why Sex Is Not Binary », *The New York Times*, 25 octobre 2018.

Goldman (Ruth) : « Who is that queer? Exploring norms around sexuality, race, and class in queer theory », in Beemyn (Brett), Eliason (Mickey) (dir.) : *Queer Studies: A Lesbian, Gay, Bisexual, and Transgender Anthology*, New York, Londres, New York University Press.

Halberstam (Judith M.), Livingston (Ira) : « Introduction: Posthuman Bodies », pp. 1-20, in Halberstam (Judith M.), Livingston (Ira) (dir.) : *Posthuman Bodies*, Bloomington, Indiana University Press 1995.

Halperin (David M) : « The normalization of queer theory », *Journal of Homosexualities*, n° 45(2-3-4), 2003, pp. 339-343.

Luciano (Dana), Chen (Mel Y.) : « Introduction: Has the Queer Ever Been Human? » *GLQ: A journal of Lesbian and Gay Studies*, n° 21(2), 2015, pp. iv-207.

McKee (Alan) : « Resistance in hopeles': Assimilating queer theory », *Soc Semiot*, n° 9, 1999, pp. 235-249.

Medico (Denise) : « Genres, subjectivités et corps au-delà de la binarité », *Filigrane*, n° 28(1), 2019, pp. 57-71. DOI : https://doi.org/10.7202/1064597ar

Money (John) : « Gender: History, theory and usage of the term in sexology and its relationship with nature/nurture », *Journal of Sex & Marital Therapy*, n° 11, 1985, pp. 71-79.

Money (John), Hampson (Joan G.), Hampson (John L.) : « Imprinting and the Establishment of Gender Roles », *Archives of Neurology & Psychiatry*, n° 77, 1957, pp. 333-336.

Pearson (Wendy Gay), Hollinger (Veronica), Gordon (Joan) (Eds.) : *Queer Universes: Sexualities in Science Fiction* (1st ed., Vol. 37), Liverpool, England, Liverpool University Press, 2008, p. 3

Pirell Benestad (Esben Esther) : « De la dysphorie de genre à l'euphorie de genre : un voyage d'accompagnement », *Sexologies,* n° 19, pp. 258-261.

Richards (Christina), Nouman (Walter Pierre), Seal (Leighton), Barker (Meg John), Nieder (Timo O), et T'Sjoen (Guy) : (« Non binary or genderqueer genders », *International Review of Psychiatry*, n° 28(1), 2016, pp. 95-102.

Stoller (Robert J.) : *Presentations of Gender*, New Haven, CT, Yale University Press, 1985.

Weber (Cynthia) : « Why is there no Queer International Theory? », *European Journal of International relations*, n° 21(1), 2015, pp. 27-51.

Corps et Sexualité *Queer* dans le cinéma de science-fiction : *Body Horror and Sexual Pleasure*

Fabien Demangeot
CPTC (Centre pluridisciplinaire Textes et Cultures)
Université de Bourgogne

De tous les genres littéraires comme cinématographiques, la science-fiction est sans conteste celui qui tend le plus, pour reprendre les propos tenus par Wendy Gay Pearson, dans son article « Science Fiction and Queer Theory », à déconstruire la rigidité et la binarité des catégories d'identités[1]. Que l'on songe à *La Main gauche de la nuit* (1969) d'Ursula K. Le Guin, à *Triton* (1976) de Samuel R. Delany, à *The Cage of Zeus* (2004) de Sayuri Ueda, ou encore à *L'Histrion* (1993) et *Sexomorphoses* (1994) d'Ayerdhal, de nombreux romans de science-fiction, d'époques, mais aussi d'origines différents, ont mis en scène des personnages *gender fluid,* aux organes génitaux changeants et qui, du fait de leurs particularités anatomiques singulières, viennent parasiter les représentations traditionnelles du corps cis. La science-fiction, avant l'émergence du terme *queer*[2] et de tout ce qu'il peut vouloir signifier, a souvent mis à mal la représentation *straight*[3] du genre et de la sexualité. Depuis quelques années, des auteur.e.s de science-fiction se définissant, elleux-mêmes, comme *queer*, proposent, d'une manière encore plus marquée, une alternative aux représentations consensuelles et hétéronormées de la SF traditionnelle[4]. Apparaissant, aujourd'hui, comme un terme

---

1 Gay Pearson (Wendy) : « Science Fiction and Queer Theory », p. 149.

2 Le mot *queer*, pouvant être traduit en français par étrange/bizarre, a longtemps été utilisé comme une insulte homophobe. Au début des années 1990, les membres de la communauté LGBT se sont appropriés ce terme pour se désigner eux-mêmes. Selon le *fandom* LGBTQIA.fr, le mot *queer*, que l'on retrouve, dans l'acronyme LGBTQIA2S+, est un terme générique qui regroupe les personnes qui ne respectent pas ou rejettent les normes culturelles relatives à la sexualité, à l'identité ou à l'expression de genre.

3 Le terme *straight*, tel qu'il a pu être théorisé par Monique Wittig dans *La Pensée straight* (1992), désigne l'hétérosexualité comme un système politique basé sur la répartition binaire des êtres humains en catégories de sexe selon des critères biologiques.

4 C'est notamment le cas des autrices Charlie Jane Anders, Sabrina Calvo et Rivers Solomon.

sémantiquement mouvant, le *queer* regroupe, au-delà de la question du genre et de l'orientation sexuelle, toutes sortes de pratiques non-normatives. De fait, les individus fétichistes, sadomasochistes, asexuels ou encore polyamoureux peuvent revendiquer, au même titre que les membres de la communauté LGBT, une identité *queer*. Au cinéma, bien plus qu'en littérature, c'est, sans doute, au sein du sous-genre du *Body Horror*, souvent indirectement lié à la science-fiction, que cette porosité du *queer* semble la mieux représentée. Le *Body Horror*, ou en français l'horreur corporelle, est un sous-genre de l'horreur qui expose intentionnellement des violations graphiques ou psychologiquement perturbantes du corps humain[1]. Ces violations peuvent passer par la monstration de corps considérés comme anormaux, voire monstrueux, mais aussi de rapports sexuels jugés aberrants. Dans un article intitulé « Comfort in the Grotesque: A Queer Take on Body Horror », le blogueur transgenre Vincent Ray a démontré que le *Body Horror*, plus que n'importe quel genre cinématographique, tend à déconstruire l'idée d'un corps parfait, correspondant aux modèles de la société hétéro et cisnormative :

> Le *Body Horror* est en parfaite opposition avec les idéaux de perfection habituellement présentés dans les superproductions modernes. Alors que vous verriez normalement des acteurs et actrices prêts à être filmés et correspondant parfaitement aux critères de beauté, ces mêmes corps sont transfigurés et détruits sous vos yeux. [...] Au-delà de l'aspect dégoûtant, il y a l'idée que les corps ne sont jamais figés. La façon dont la forme humaine est présentée dans les films d'horreur corporelle est en constante évolution, avec des possibilités illimitées. Les corps sont fluides, pas fixes, et encore une fois, cela ne devrait pas être quelque chose que nous devrions avoir à cacher. Non seulement en tant que personne transgenre, mais aussi en tant que personne en général, l'idée que les corps n'ont pas un état solide est quelque chose à prendre en considération[2].

Cette question de la fluidité des corps et des genres, qui trouve l'une de ses plus belles incarnations dans le récent *Titane*[3] (2021) de Julia Ducournau, était déjà présente, plusieurs décennies auparavant, chez

---

1 Lopez Cruz (Ronald Allan) : « Mutations and Metamorphoses: Body Horror is Biological Horror », p.160.

2 Ray (Vincent) : « Comfort in the Grotesque : A Queer Take on Body Horror », https://www.gaylydreadful.com/blog/pride-2022-comfort-in-the-grotesque-a-queer-take-on-body-horror, consulté le 13 mars 2023.

3 Dans *Titane*, Julia Ducournau met en scène le personnage d'Alexia, une meurtrière qui décide de se travestir en homme pour échapper à la police. La jeune femme, à qui a été implantée, durant son enfance, une plaque en titane sur le crâne, a développé une sexualité hors norme. Attirée par les métaux, elle aura une relation sexuelle avec une voiture et mettra au monde le fruit de leur union, un enfant hybride fait de chair et de métal.

des auteurs et cinéastes tels que Clive Barker, Stuart Gordon ou encore Brian Yuzna[1]. Or c'est, sans doute, chez David Cronenberg, considéré comme le maître du *Body Horror*, bien que son œuvre ne soit finalement pas si extrême sur le plan de la représentation graphique, que cette réflexion semble la plus poussée. Loin d'avoir comme seule ambition de choquer ou de mettre mal à l'aise le spectateur, le *Body Horror* présente une véritable réflexion sur la désirabilité des corps et les nouvelles formes d'érotisme. Il met à mal les normes sexuelles et de genre pour proposer une véritable redéfinition des notions canoniques de beau et de laid.

Redéfinir la beauté

À première vue, David Cronenberg n'a rien d'un cinéaste *queer*. C'est un homme cisgenre et hétérosexuel auquel a été reprochée, au cours des années 1980 et 1990, sa manière de montrer le désir féminin. Lors de la sortie de *Vidéodrome* (1983) et de *Faux-Semblants* (1988), des groupes féministes ont ouvertement attaqué le réalisateur, l'accusant de représenter des femmes masochistes qui ressentent le besoin irrépressible d'être dominées sexuellement par un homme. Il est vrai qu'à première vue, les personnages cronenbergiens sont enfermés dans des schémas de représentation binaires du masculin et du féminin. Les hommes, à l'image de Max Renn dans *Vidéodrome*, de Seth Brundle dans *La Mouche (1986)* ou encore de Vaughan dans *Crash* (1996) sont souvent virils et charismatiques tandis que les femmes apparaissent, la plupart du temps, comme des objets du désir masculin. Dans *Vidéodrome*, Nicki, incarné par la chanteuse Deborah Harry, se présente ainsi comme une femme fatale aux désirs masochistes brutaux tandis que les héroïnes de *Crash*, d'une manière encore plus marquée, sont réduites à n'être que des poupées érotiques semblables aux créations de Hans Bellmer[2]. C'est notamment le cas de Gabrielle, le personnage interprété par Rosanna Arquette, dont les jambes entravées par des prothèses métalliques fascinent durablement Ballard, le héros du film joué par James Spader. S'ils demeurent attachés aux stéréotypes de genre les plus éculés, ces personnages sont

---

1 Dans *Society* (1989) de Brian Yuzna, seuls les individus appartenant à la grande bourgeoisie de Beverly Hills ont la possibilité de jouir de leurs corps de manière inédite. Contrairement à ce que l'on peut trouver, chez la plupart des auteurs de *Body Horror*, l'accès à de nouvelles formes de sexualités, intrinsèquement liées à la mutation des corps, est subordonné ici à l'identité sociale.

2 Hans Bellmer (1902-1975) est un peintre, photographe et sculpteur franco-allemand surtout connu pour ses sculptures de poupées disloquées et hypersexualisées.

paradoxalement ouverts à une véritable plurisexualité. Or cette ouverture à de nouvelles formes de sexualité passe très souvent par une métamorphose du corps. Dans *La Mouche*, le personnage de Seth Brundle, après que son ADN a muté avec celui d'une mouche, voit son corps ainsi que sa libido profondément changés. Bien que le personnage finisse, en devenant un monstrueux hybride homme-mouche, à ne plus être perçu comme un corps désirable, c'est cependant l'apparition de poils drus dans son dos qui vient attester de sa toute nouvelle puissance sexuelle. Au début du film, et avant sa rencontre avec sa petite-amie Veronica, Seth était représenté comme un *nerd* timide n'ayant probablement jamais eu de relations intimes avec une femme. Le changement du corps, son étrange et progressive monstruosité, est devenu source d'érotisme. Seth, malgré son visage en lente décomposition, demeurera assez longtemps attirant aux yeux de la gent féminine. Pour Cronenberg, le beau, tout comme le laid, est un concept instable basé sur des appréciations purement subjectives bien que l'opinion publique établisse des modèles de beauté et de laideur qu'il serait, selon elle, impossible de contester. Poussant toujours plus loin sa réflexion sur les normes esthétiques, le cinéaste tend également à montrer, dans la quasi-intégralité de son œuvre, que l'intérieur des corps, souvent perçu comme quelque chose à dissimuler, peut être attirant. Ainsi, dans ses entretiens avec Serge Grünberg, le cinéaste était revenu sur son désir de modifier la perception esthétique du public :

> Il reste toujours étonnant, à mes yeux, que tout le monde puisse se mettre d'accord sur la beauté d'une femme, mais que beaucoup seraient dégoûtés par le même corps en rayons X ou auraient la nausée s'ils voyaient le même corps durant une opération chirurgicale. L'intérieur de son corps n'est pas beau. Nous n'avons pas une vision esthétique totale dans la mesure où nous n'assumons pas l'intérieur de nos corps et la compréhension des organes et de leur fonctionnement. [...] Pourtant, au niveau esthétique, l'une des choses que je fais dans mes films, et qui marche pour moi, mais pas forcément pour les autres, c'est d'essayer de modifier la perception esthétique du public. Au cours des quatre-vingt-dix minutes ou plus que dure le film, je veux qu'il commence par éprouver une répulsion normale et innée, mais qu'à la fin, il parvienne à voir une espèce de beauté dans ce qu'il avait trouvé répugnant au départ. Cette démarche fait aussi partie de mon projet. C'est un projet esthétique, une tentative de transformation de l'esthétique humaine[1].

Dans *Faux-semblants,* les deux jumeaux gynécologues incarnés par Jeremy Irons évoquaient la possibilité de créer un concours de beauté pour les organes internes. Véritables porte-parole du cinéaste, ils tentaient de démontrer que chaque partie du corps devrait avoir la

---

1 Cronenberg (David), Grünberg (Serge) : *Entretiens avec David Cronenberg*, p. 106.

possibilité d'être jugée, indépendamment des autres, sur le seul plan esthétique. Si, aux yeux de la plupart des gens, l'intérieur du corps apparaît, comme monstrueux, c'est encore davantage le cas des corps jugés anormaux, qu'ils soient constitués de membres surnuméraires, atrophiés ou encore hypertrophiés ou dotés de particularités biologiques inconnues. Or ces corps anormaux participent, dans l'œuvre cronenbergienne, d'un érotisme proprement tératologique. De l'utérus trifide de Claire, la maîtresse des frères Mantle dans *Faux-Semblants*, en passant par l'imposante cicatrice en forme de vagin de Gabrielle dans *Crash* ou encore la prostate asymétrique d'Eric dans *Cosmopolis* (2012), les difformités physiques apparaissent toujours comme des objets de fantasme. Dans *Crash*, qui met en scène une communauté d'adeptes des accidents de la route, les chairs mutilées et la tôle froissée finissent même par se confondre au point de permettre la création de nouveaux corps technologiques. Alors que dans le roman de James Graham Ballard, les organes sexuels altérés sont assimilés à des composantes de la voiture[1], dans l'adaptation cinématographique de Cronenberg, le corps, lui aussi réifié, est réduit non pas aux organes sexuels, mais à des morceaux de chair totalement fétichisés. La jambe de James, prise dans son étau de métal, à la suite de son accident avec le docteur Remington, en est, sans doute, l'exemple le plus signifiant. Ce membre, que Cronenberg prend visiblement plaisir à filmer en gros plan, est percé de toutes parts par des petits tubes de métal qui s'enchevêtrent les uns dans les autres. À la fois mutilé et robotisé, il est longuement décortiqué par Vaughan qui paraît autant intéressé par la nature des blessures de James que par le mécanisme complexe qui lui permet de se déplacer.

L'attirail métallique, devenu ici un véritable engin de torture, n'est d'ailleurs pas sans rappeler les instruments utilisés par certains performeurs qui transforment leurs corps à l'aide de prothèses, de piercings, de tatouages ou encore d'opérations chirurgicales[2]. Ces artistes cherchent à dépasser les limites biologiques en faisant corps avec la matière. Il y a chez eux, comme chez Cronenberg, un au-delà de la chair qui, à force d'être modifiée, finit par perdre sa propre matérialité. Comme

---

1 « Des photos de verges mutilées, de vulves entaillées et de testicules écrasés défilaient sous mes yeux à la lueur crue du néon pendant que Vaughan, qui avait rejoint le pompiste derrière notre voiture, lui glissait quelques insinuations gaillardes. Plusieurs de ces documents étaient complétés par une reproduction en gros plan de l'élément, mécanique ou ornemental, qui avait causé la blessure. La photo d'une verge fourchée s'accompagnait d'un encart représentant un frein à main. » Ballard (James Graham) : *Crash*, p. 207.

2 On peut évoquer le cas de l'artiste allemande Rebecca Horn qui, dans les années 1970, avait créé des prothèses faciales et corporelles se présentant comme de véritables extensions de son corps.

ont pu le faire remarquer Angelune Drouin et Martin Legault, dans leur article « eXistenZ. Le corps comme espace technologique », les personnages de *Crash* contrôlent la machine et intègrent la technologie afin d'accéder à de nouvelles expériences sexuelles[1]. En plus de modifier leur apparence, et de ce fait leur propre perception esthétique, ils apprennent à éprouver leur corps d'une nouvelle façon.

On retrouve cette même idée, dans *Les Crimes du futur* (2022), le dernier film en date du réalisateur, à travers le personnage de Saul, un performeur mettant en scène, avec l'aide de sa partenaire Caprice, l'ablation de ses nouveaux organes, lors de cérémonies rituelles à mi-chemin entre l'installation d'art contemporain et la cérémonie sadomasochiste. Dans le monde des *Crimes du futur*, l'être humain n'a plus de sensation physique. Il a évolué au point de ne plus éprouver de douleur. Il ne ressent les choses que sur le plan intellectuel. Si le corps est devenu une machine froide, la sexualité ne peut être désormais que strictement cérébrale. C'est la vue de corps altérés, mutilés ou encore ouverts qui est devenue source de plaisir puisque, comme le dit le personnage de Timlin, l'enquêtrice du Registre national des organes, incarnée par Kristen Stewart, la chirurgie est devenue le nouveau sexe. Dans *Les Crimes du futur*, Caprice est excitée par l'idée qu'on lui ouvre le visage tandis que Timlin, après avoir vu l'une des performances de Saul, souhaite se retrouver, à sa place, sur une table de dissection. Dans l'une des scènes les plus dérangeantes du film, on peut même voir Caprice lécher l'intérieur du ventre ouvert de Saul, dans ce qui s'apparente à une scène de fellation. Comme dans bon nombre de films cronenbergiens, la technologie transforme ici à la fois les corps et la sexualité. Mais si l'humain a tendance à devenir objet ou plutôt corps-objet, l'objet est également appelé à devenir humain ou du moins vivant. Ainsi, dans le monde d'*eXistenZ* (1999), les consoles de jeux vidéos sont des créatures de chair appelées *game-pod* auxquelles les joueurs peuvent se connecter via un *bioport,* c'est-à-dire un trou percé dans leur colonne vertébrale tandis que dans *Vidéodrome* et *Le Festin Nu* (1991), les télévisions et les machines à écrire apparaissent comme des objets à la fois érotiques et organiques. Dans *Le Festin Nu*, c'est animé par le toucher sensuel des doigts de Bill Lee et de Joan Frost, que la machine à écrire se mue progressivement en une créature hypersexuée et ultra-pénétrable. Devenue un *sex blob,* doué d'une paire de fesses et d'un pénis turgescent, elle finit par rejoindre les deux amants dans leur étreinte. Ce nouveau corps-objet devient l'incarnation d'un fantasme pornographique de

---

1 Drouin (Angelune), Legault (Martin) : « eXistenZ. Le corps comme espace technologique », http://revuepostures.com/fr/articles/drouin-legault-7, consulté le 15 mars 2023.

réification extrême. Réduit à ces attributs et orifices sexuels, il n'existe, au même titre que les corps du cinéma X, que pour procurer du plaisir.

Dégenriser les corps et les rôles sexuels

Si chez Cronenberg, les machines organiques peuvent être perçues comme de nouveaux sextoys, elles permettent surtout, au sein du couple hétérosexuel et cisnormatif, de dégenrer les rôles sexuels préétablis. Dans *eXistenZ*, c'est Allegra, la conceptrice du jeu vidéo eXistenZ, qui pénètre Pikul, le personnage incarné par Jude Law, en lui enfonçant le cordon de son *pod* à l'intérieur de son *bioport*. La première expérience du jeune homme avec le monde virtuel d'eXistenZ s'apparente ici à une sodomie d'autant plus qu'Allegra prend grand soin de lubrifier son nouvel orifice avant d'y introduire le cordon. Cette fusion d'ordre sexuel entre l'organique et le technologique a été analysée par Éric Dufour qui, dans son ouvrage *Le Cinéma d'horreur et ses figures,* décrivait un corps-machine, doté de trous qui ressemblent à des anus et dans lesquels on branche des câbles de connexion, mais aussi un corps susceptible de recevoir des maladies et des virus[1]. Devenir machine chez Cronenberg est à la fois libérateur et destructeur. Dans *Vidéodrome*, Max Renn, après avoir été contaminé par le signal vidéodrome, voit son corps devenir un magnétoscope vaginal appelé à être pénétré par une cassette de chair, elle-même présentée comme contaminante. Le corps du personnage, à la fois pénétré et augmenté, est voué, tout comme celui de Seth Brundle, dans *La Mouche*, à disparaître, à éclater en multiples lambeaux de chair, mais également à renaître sous une forme inconnue appelée Nouvelle chair à laquelle le spectateur n'aura cependant jamais accès. La technologie, chez Cronenberg, a toujours un rôle ambigu puisque si elle permet à l'être humain de devenir une sorte de surhomme, elle est, parfois, l'une des causes de sa déchéance. À la fin *de La Mouche*, la fusion de Brundlefly, avec son télépod, le conduit ainsi inéluctablement à mort, l'hybridation homme-insecte-machine étant représentée comme une aberration ultime. Dans une interview pour le site Usbek et Rica, intitulée « Je suis déjà un peu un robot », le cinéaste, à propos de la question du transhumanisme dans son œuvre, avait cependant exprimé, et ce n'est pas là le moindre de ses paradoxes, son intérêt pour une technologie qu'il considère comme moins destructrice que salvatrice :

---

1 Dufour (Éric) : *Le Cinéma d'horreur et ses figures*, p. 141.

Je l'ai dit : je suis transhumain, et toute personne qui porte des lunettes l'est déjà techniquement. Et cela arrive de manière organique et naturelle, on n'a même pas à forcer. Pas besoin de couper sa main pour la remplacer par un bras robotique. Alors oui, bien sûr, on peut, quand on a perdu une jambe, en greffer une bionique. On la connecte au cerveau et, apparemment, ça marche. Mais il ne s'agit pas là d'une performance artistique, il s'agit de survie en tant qu'être humain : il est arrivé quelque chose à mon corps, et je remplace telle partie par une telle autre partie[1].

Pour Cronenberg, la technologie permettrait à l'Homme de vivre plus longtemps et dans de meilleures conditions. Or ces propos, tenus à longueur d'interviews, se heurtent à des représentations cinématographiques pour le moins ambiguës. Conscient de ces contradictions, Corentin Lê, dans son article « Cronenberg : le festin technologique », proposait une analyse particulièrement originale du rôle de la technologie dans l'œuvre du cinéaste. Celle-ci n'aurait, en effet, plus l'ascendant sur l'Homme, mais en serait la proie. Ainsi, dans Crash, la destruction de la machine deviendrait même facteur d'excitation sexuelle :

Dans la dernière scène, lorsque James (James Spader) et Catherine Ballard (Deborah Kara Unger) s'étreignent sous la dépouille d'une voiture renversée, la destruction de la machine, désormais inopérante et impuissante, semble participer de leur excitation (Catherine a évité la mort, contrairement à la machine). C'est comme si le désir sexuel se trouvait en partie réveillé par la domination de l'organique sur le mécanique : témoin de l'accident, James Ballard contemple d'abord la carcasse du véhicule endommagé, avant de s'approcher, seulement dans un second temps, de sa compagne allongée juste à côté. La destruction de la technique a aussi valeur d'aphrodisiaque[2].

Cet imaginaire technopornographique que Cronenberg a notamment hérité de James Graham Ballard, renvoie aux interrogations de Paul B. Preciado sur la pénétrabilité du corps. Dans *Testo Junkie*, Preciado disait que tout corps peut potentiellement devenir port d'insertion prosthétique, dildonique et cybernétique[3]. Chez Cronenberg, le corps est une entité certes pénétrable, mais aussi malléable, voire modelable. Prenant diverses formes, au point de devenir objet, il ne cesse de se réinventer, au même titre que le cinéma cronenbergien qui a fini, avec

---

1 Cronenberg (David), Meghraoua (Lila) : « Je suis déjà un peu un robot », https://usbeketrica.com/fr/david-cronenberg-je-suis-deja-un-peu-un-robot, consulté le 4 avril 2023.

2 Lê (Corentin), « Cronenberg : le festin technologique », https://www.critikat.com/panorama/analyse/cronenberg-le-festin-technologique/. Consulté le 15 mars 2023.

3 Preciado (Paul B.) : *Testo Junkie*, p. 247

le temps, par délaisser les représentations graphiques du corps déliquescent pour s'intéresser plus spécifiquement à l'intériorité des êtres. Or si la technologie tient une place prépondérante au sein de la filmographie du cinéaste, elle est cependant loin d'être au centre de toutes ses œuvres. Dans les premiers films de Cronenberg, la modification des corps n'était d'ailleurs pas due à la technologie. Dans *Rage* (1977), c'est à la suite d'une greffe de peau expérimentale que le personnage de Rose développe un nouvel organe, une sorte de dard rétractable situé au creux de son aisselle et qui se nourrit de sang humain. Tout au long du film, Rose, interprétée par l'actrice de films pornographiques Marylin Chambers, joue de ses charmes pour attirer les hommes qu'elle pénétrera avec son nouvel appendice phallique afin de leur transmettre le virus de la rage. Si Rose est pénétrante, son dard sort directement de son anus[1]. Pour Sam Bourcier, cette forme d'hermaphrodisme du personnage peut-être lue comme ce qui vient parasiter la représentation *straight* du corps, de la féminité et du régime pornographique dominant[2]. C'est d'ailleurs, sans doute, pour cette raison que la jeune femme se retrouve littéralement jetée dans une poubelle à la fin du film tel l'abject qu'elle est, pour reprendre une expression très justement usitée par Sam Bourcier[3]. *Rage* est le seul film de Cronenberg où la possibilité d'une sexualité hors-norme est d'emblée condamnée même s'il est aussi arrivé, plus tard, au cinéaste de s'autocensurer. En effet, dans une autre version du scénario de *Vidéodrome*, Max devait se retrouver, à la fin du film, dans la chambre utérine du programme vidéodrome pour y faire l'amour avec Bianca et Nicki. Si Max se trouvait doté d'une sorte de vagin abdominal, les deux femmes possédaient, quant à elles, un ersatz de phallus. Ces nouveaux corps apparaissent ici comme la possible matérialisation de cette nouvelle chair que le cinéaste s'est toujours refusé de montrer à l'écran. Si l'on suit les réflexions tenues par Géraldine Pompon et Pierre Véronneau, dans leur ouvrage *David Cronenberg : la beauté du chaos,* le cinéaste se serait probablement rendu compte qu'une telle fin aurait pu provoquer le rire et diminuer l'impact du film[4].

Cette hypothèse renvoie à un véritable questionnement sur les limites du cinéma qui, du propre aveu de Cronenberg, qui a toujours loué la supériorité de la littérature sur le septième art, serait incapable de transcrire certaines choses. Ainsi, même lorsqu'il met en scène, comme c'est le cas dans *Frissons* (1975), une totale liberté sexuelle, le

---

1 Le phallus de Rose sort d'un orifice qui ressemble à un anus.

2 Bourcier (Sam) : *Sexpolitiques : Queer Zones 2*, p. 176.

3 Bourcier (Sam) : op. cit., p. 178.

4 Pompon (Géraldine), Véronneau (Pierre) : *David Cronenberg : la beauté du chaos*, p. 96.

cinéaste se montre étonnamment pudique, substituant aux scènes de sexe attendues de très chastes étreintes. *Frissons* raconte l'histoire des pensionnaires d'une paisible résidence de Montréal qui, contaminés par un étrange parasite, à mi-chemin entre le phallus et l'excrément, se métamorphosent en pervers sexuels. La transformation, davantage psychique que physique, permet aux hommes et aux femmes de se libérer du carcan de la société hétéronormative. Les sexualités considérées comme anormales, voire déviantes, viennent contaminer l'humanité dans son entièreté puisque, à la fin du film, les personnages, comme l'a parfaitement analysé Éric Dufour, dans *Le Cinéma d'horreur et ses figures*, quittent leur résidence pour partir à l'assaut du monde :

> C'est que, métamorphosés par les parasites, les gens se laissent aller à leurs envies immédiates – ce qui d'ailleurs permet de montrer ce qui ne s'inscrit pas dans les normes : lesbiennes, pédés, etc. Mais surtout ce dérèglement, qui n'apparaît au début n'être qu'un changement de degré et de nature (puisqu'il se manifeste essentiellement dans un excès de sexualité), et qui surtout est complètement contingent, n'étant nullement prémédité, va non seulement bloquer le fonctionnement de la société, mais, altérant les comportements de chacun sans lesquels l'ordre social n'existe pas, dissoudre totalement cet ordre lui-même [1].

Avec *Frissons*, Cronenberg, qui a toujours été passionné par la psychanalyse, tentait de mettre en image les théories du médecin et psychanalyste autrichien Wilhelm Reich connu pour son engagement en faveur de l'émancipation de la satisfaction sexuelle. Pour Reich, la frustration sexuelle des masses populaires était le terreau du fanatisme mystique et belliqueux ainsi que de la pulsion de consommation. Dans *La Psychologie de masse du fascisme*, publié pour la première fois en 1933, il allait même jusqu'à affirmer que l'autorité patriarcale et antisexuelle issue de l'ordre social bourgeois, que les masses subissent depuis des millénaires, est la base sur laquelle leurs structures caractérielles serviles et mystiques se sont formées. Lors de sa sortie en salles, à une époque où l'industrie cinématographique canadienne est quasiment inexistante, *Frissons* connaît un certain succès, mais fait aussi l'objet de violentes polémiques. On lui reproche, bien qu'il ne contienne aucune scène de sexe explicite, d'être obscène et pornographique. Or c'est sans doute l'évocation de certaines paraphilies rarement évoquées au cinéma qui a tant choqué les spectateurs, le cinéaste évoquant parfois au sein d'une même scène plusieurs perversions. C'est notamment le cas du passage au cours duquel Claire raconte à son amant, le docteur Saint Luc, le rêve érotique qu'elle vient de faire. La jeune femme a rêvé qu'elle faisait l'amour à un vieillard à

---

1 Dufour (Éric) : *op. cit.*, p. 158-159.

l'agonie. Loin de la dégoûter, ce songe a éveillé en elle de nouveaux désirs sur lesquels elle ne portera aucun jugement. Pour les personnages de *Frissons*, tout peut donc être potentiellement érotique. Affranchis de la morale, ils s'adonnent, pour leur plus grand bonheur, à toutes sortes de fantaisies sexuelles pour le moins transgressives, bien que le recours au viol[1] vienne mettre à mal les théories de Reich qui ne concevait pas de sexualité libre sans consentement[2]. S'il se montre subversif dans son approche d'un corps et d'une sexualité *queer* qui ne semblent bornés par aucune limite, Cronenberg a cependant toujours préféré la suggestion et l'hors-champ à la monstration. D'autres cinéastes plus *underground*, tels que Yoshihiro Nishimura, Bruce LaBruce ou encore Hisayasu Sato, considéré comme le Cronenberg japonais, alors que ses films sont beaucoup plus gores que ceux du réalisateur de *La Mouche*, se sont montrés, en termes de représentations graphiques, beaucoup plus subversifs. Créateurs d'une pornographie proprement tératologique, ces cinéastes de l'extrême perpétuent l'entreprise cronenbergienne en la poussant au-delà de ses limites.

Mutations corporelles et sexualité extrême

Réalisateurs de séries Z loufoques et irrévérencieuses, Yoshihiro Nishimura a sans doute réalisé avec *Tokyo Gore Police* (2008), l'un de ses films les plus *queer*. Il y montre une infinité de corps mutants qui, malgré leur caractère menaçant, se présentent comme de véritables objets de désirs. Sur le papier, le film s'apparente pourtant à un film de science-fiction dystopique assez classique puisqu'il y est question d'une unité spéciale de police de Tokyo traquant des mutants, appelés ingénieurs, dont les blessures se changent en armes redoutables. Si Nishimura ne filme pas, sans doute par manque de moyens, un Tokyo futuriste, il ne lésine cependant pas sur les effusions de sang et autres effets gores. Ancien responsable maquillage sur plusieurs films de Sono Sion et de Noboru Iguchi, il a su créer un bestiaire monstrueux qu'il met en scène dans des situations pour le moins scabreuses. Ainsi, lors d'une hallucinante séquence d'exhibition sexuelle, se trouvent exposés, sur la scène d'une boîte *fetish*, toutes sortes de corps féminins monstrueux : une femme-escargot, une autre avec un pénis postiche à

---

1 Dans *Frissons,* la contamination découle souvent d'une agression sexuelle. Les contaminés, incapables de réfréner leurs pulsions, se jettent de manière animale sur tous les individus qu'ils croisent.

2 Pour Reich, l'individu sain, apte à la pleine satisfaction sexuelle, est capable d'autorégulation. C'est la société répressive qui frustre les êtres humains et les amène à commettre toutes sortes d'exactions.

la place du nez et un œil dans la bouche et une chaise de chair dotée d'un substitut vaginal lui permettant d'uriner sur un public visiblement conquis. Ces étonnants hybrides féminins permettent au cinéaste de mettre en scène un nombre conséquent de fantasmes sexuels, pouvant être considérés comme déviants, sans risquer d'être condamné par la censure puisque la loi japonaise interdit, dans les arts, la représentation réaliste des organes génitaux. Dans son ouvrage *L'imaginaire érotique au Japon*, Agnès Giard a démontré que cette censure permet paradoxalement aux auteurs de mangas et réalisateurs de films pornographiques ou *underground* de rivaliser de perversion :

> Au pénis humain, ils substituent des tentacules, des instruments contondants, des avant-bras et des phallus d'animaux qu'aucun voile ne vient pudiquement couvrir. Il est étonnant de constater que pour les juristes japonais, les scènes de zoophilie ou hardcore sont plus convenables que la vision d'une jolie femme nue sur une plage du Pacifique[1].

Dans *Tokyo Gore police*, Nishimura perpétue, un temps, cet imaginaire érotique de la réification féminine, propre au genre de la pornographie, avant de le déconstruire en transformant progressivement ces mutantes dociles en créatures vengeresses. C'est notamment le cas de la femme masquée, sans bras ni jambe, traînée en laisse par le chef de police corrompue de la ville. Objet sexuel, dépourvu de parole, elle finira par s'allier à Ruka, l'héroïne du film, pour créer un nouvel ordre à l'intérieur duquel tous les mutants auront leur place. Fortement influencé par l'univers des *hentai*, bien que l'on n'y trouve pas de poulpes ou de créatures à tentacules, *Tokyo Gore Police*, tout comme les films de Cronenberg, met à mal les représentations traditionnelles du corps sexualisé. Dans *L.A. Zombie* (2010) de Bruce LaBruce, ce n'est plus le corps féminin qui est malmené, mais l'idéal d'une certaine masculinité gay. Dans ce film porno gay expérimental, un zombie au teint bleuâtre, incarné par François Sagat, réveille les morts en pénétrant leurs entrailles avec son pénis fourchu. En mêlant à des scènes pornographiques classiques, des représentations monstrueuses de corps en pleine déliquescence, LaBruce ne semble pas tant vouloir exciter ses spectateurs que les dégoûter. Les corps musclés et virils de François Sagat, mais aussi d'autres vedettes du X telles qu'Erik Rhodes ou encore Matthew Rush, sont dépouillés de leur beauté. Recouverts de sang, parfois en décomposition, ils sont les instruments d'une nouvelle forme de jouissance qui rappelle, sous un mode ouvertement plus explicite, les expérimentations de David Cronenberg. S'il existe une version grand public, sortie directement au cinéma et ne contenant finalement que bien

---

1 Giard (Agnès) : *L'imaginaire érotique au Japon*, p. 53.

peu de scènes *hardcore*, le film, dans sa version intégrale, se présente comme une succession de séquences pornographiques ultra gores. Bien que le caractère fantastique du film déréalise la violence de certaines scènes, puisqu'il est en possible d'imaginer que le personnage de Sagat est victime d'hallucinations, la recherche esthétique de LaBruce peut néanmoins être perçue comme un discours sur la déconstruction des normes propres à la pornographie gay contemporaine. François Sagat devient l'emblème de ce discours, lui qui n'a, depuis le début de sa carrière dans le X, cessé de jouer avec son image et les fantasmes qui y sont attachés. Dans *L.A. Zombie,* le hardeur finit par être dépossédé de son propre visage. Défiguré par d'immenses dents qui prennent la place de ses yeux et de sa bouche, il devient un monstre. Or au sein de cet univers dénué de limites, il demeure, aux yeux des autres hommes qui le côtoient, toujours aussi attirant.

Dans *L.A. Zombie,* les pénétrations sexuelles sanglantes ont remplacé les scènes d'anthropophagie que l'on peut trouver dans le genre du film de zombie classique. Cette provocation peut être perçue comme un véritable manifeste politique puisque, comme a pu le faire remarquer Yves Fontaine, dans son article « Le romantisme de la transgression à travers l'œuvre de Bruce LaBruce », ce dernier n'a jamais cessé, tout au long de sa carrière, d'ériger l'homosexualité ou la *queerness* en arme de destruction massive contre le conformisme en faisant de la sexualité l'arme qui met en pièces les tabous de la morale[1]. Labruce aime filmer des corps différents de ceux que l'on peut voir traditionnellement à l'écran, amputés, tatoués et percés dans *Hustler White* (1996) ou encore âgés dans *Gerontophilia* (2013), et quand il décide de réutiliser des corps appartenant aux canons de beauté classique du X gay, c'est pour mieux les altérer. Si les chairs à vif, mutilées et pénétrées sont chez LaBruce source de plaisir, c'est sans doute chez le cinéaste japonais Hisayasu Sato que le lien entre destruction des corps et érotisme est le plus poussé. Dans *Naked Blood* (1996), un chercheur crée un sérum capable de transformer la douleur en plaisir et teste ses effets sur trois jeunes femmes pensant prendre un nouveau contraceptif. Sato n'épargne rien aux spectateurs de la longue déliquescence de ses héroïnes qui ne peuvent s'empêcher de brutaliser leurs corps. Les scènes de mutilation et d'autophagie les plus crues, arrachage et dévoration d'un œil, introduction d'objets contondants sous la peau ou encore perçage intégral du corps, apparaissent comme des performances BDSM extrêmes qui ne sont pas sans évoquer les mutilations que s'infligent certains performeurs tels que Bob Flanagan, qui se clouait le pénis et le

---

1 Fontaine (Yves) : « Le romantisme de la transgression à travers l'œuvre de Bruce Labruce », https://www.fugues.com/2022/09/28/le-romantisme-de-la-transgression-a-travers-loeuvre-de-bruce-labruce/, consulté le 18 mars 2023.

scrotum, ou Ron Athey[1], qui se lacerait avec des lames de rasoir. Ron Athey est atteint du sida et Bob Flanagan[2], décédé en 1996, souffrait de la mucoviscidose. Le masochisme était une manière pour eux de contrôler leur corps, mettant au pas la douleur infligée par la maladie en lui substituant une souffrance volontaire, codifiée et orchestrée au point de devenir une démarche esthétique. Dans *Naked Blood*, le masochisme n'est porteur d'aucun message ni d'aucune démarche esthétique, il ouvre cependant les portes d'un imaginaire érotique de l'extrême qui annihile l'idée même de perversion puisque les mutilations que les jeunes femmes s'infligent sont incontrôlables.

Conclusion

De Cronenberg à Sato en passant par Bruce LaBruce ou encore Brian Yuzna qui dans *Society* (1989), filmait une monstrueuse orgie de mutants capables de fondre leurs corps les uns dans les autres, le genre du *Body Horror* n'a jamais cessé de mettre en scène une diversité de genres, de sexualités et de pratiques sexuelles sur lesquels il ne pose aucun jugement moral[3]. Prônant l'inclusivité sous toutes ses formes, ce cinéma de l'extrême veut nous faire réfléchir à notre propre rapport à l'altérité, que celle-ci soit physique, sexuelle ou même spirituelle puisque les expérimentations les plus éprouvantes permettent aussi de reconsidérer le monde et d'acquérir de nouvelles formes de croyances. Mais les corps mutants, mutilés ou robotisés que l'on trouve au sein du *Body Horror*, nous invitent, avant tout, comme l'a conclu Josué Kristian McCoy, dans son article « Body Horror: The Key Elements That Define The Genre », à réfléchir à ce que nous serons si nous sommes obligés de changer[4].

Bibliographie

Ouvrages

Ballard (James Graham) : *Crash !*, Paris, Gallimard, 2007 (première   édition en anglais 1973).

---

1 Né en 1961, Ron Athey est un artiste performeur américain associé au courant de l'art corporel extrême. Il mêle, dans son œuvre, iconographie religieuse et sadomasochisme.

2 Bob Flanagan (1952-1996) est un artiste performeur américain qui a exploré, dans son œuvre artistique, les relations entre plaisir et douleur.

3 Si les auteurs du *Body Horror* ne jugent pas la sexualité de leurs personnages, il peut néanmoins leur arriver de dénoncer certains comportements. Dans *Society*, Brian Yuzna condamne une élite déviante, mettant à mort, lors d'orgies sanglantes, les individus en mesure de révéler leurs inavouables secrets. Métaphore de l'oppression des classes dominantes, la sexualité n'est libératrice que pour une infime partie de la population.

4 McCoy (Josué Kristian) : « Body Horror : The Key Elements That Define The Genre », https://gamerant.com/body-horror-genre/, consulté le 21 mars 2023.

Bourcier (Sam) : *Sexpolitiques : Queer Zones 2,* Paris, La Fabrique, 2005.

Cronenberg (David), Grünberg (Serge) : *Entretiens avec David Cronenberg,* Paris, Cahiers du Cinéma, 2000.

Dufour (Éric) : *Le Cinéma d'horreur et ses figures,* Paris, PUF, 2006.

Giard (Agnès) : *L'imaginaire érotique au Japon,* Grenoble, Glénat, 2006.

Pompon (Géradine), Véronneau (Pierre) : *David Cronenberg : la beauté du chaos,* Paris, éditions du Cerf, 2003.

Preciado (Paul B.) : *Testo Junkie,* Paris, J'ai lu, 2008.

Articles

Cronenberg (David), Meghraoua (Lila) : « Je suis déjà un peu un robot », https://usbeketrica.com/fr/david-cronenberg-je-suis-deja-un-peu-un-robot, 17 mai 2020, consulté le 4 avril 2023.

Drouin (Angelune), Legault (Martin) : « eXistenZ. Le corps comme espace technologique », http://revuepostures.com/fr/articles/ drouin-legault-7, 2005, consulté le 15 mars 2023.

Gay Pearson (Wendy) : « Science Fiction and Queer Theory », pp.149-160 in James (Edward), Mendlesohn (Farah) (dir.) : *The Cambridge Companion to Science Fiction,* Cambridge, Cambridge University Press, 2003.

Fontaine (Yves) : « Le romantisme de la transgression à travers l'œuvre de Bruce LaBruce », https://www.fugues.com/2022/09/28/le-romantisme-de-la-transgression-a-travers-loeuvre-de-bruce-labruce/, 28 septembre 2022, consulté le 18 mars 2023.

Lê (Corentin) : « Cronenberg : le festin technologique », https://www.critikat.com/panorama/analyse/cronenberg-le-festin-technologique/, 3 mai 2022, Consulté le 15 mars 2023.

Lopez Cruz (Ronald Allan) : « Mutations and Metamorphoses: Body Horror is Biological Horror », *Journal of Popular Film and Television,* n°40, décembre 2012, p.160-168.

McCoy (Josué Kristian) : « Body Horror: The Key Elements That Define The Genre », https://gamerant.com/body-horror-genre/, 5 septembre 2022, consulté le 21 mars 2023.

Ray (Vincent) : « Comfort in the Grotesque: A Queer Take on Body Horror », https://www.gaylydreadful.com/blog/pride-2022-comfort-in-the-grotesque-a-queer-take-on-body-horror, juin 2022, consulté le 13 mars 2023.

La sexualité au-delà du sexe, dans *Crash !* de J. G. Ballard, roman des extrêmes

Hervé Lagoguey
Université de Reims Champagne Ardenne
CIRLEP EA 4299

Histoires de Crash (!)[1]

Dans la préface de 1973, Ballard écrit que *Crash !* est « le premier roman pornographique fondé sur la technologie », il y traite la voiture « comme une métaphore sexuelle » et envisage « l'accident de voiture comme le présage sinistre d'un mariage de cauchemar entre le sexe et la technologie[2] ». De façon extrême, l'écrivain rejoint le point de vue du théoricien Marshall McLuhan, qui considère la fusion du sexe et de la technologie comme un des traits les plus marquants de la société d'après-guerre[3]. Par un processus paradoxal, les personnages de *Crash !*, victimes ou témoins d'accidents de voiture, ne peuvent plus concevoir leur sexualité sans le vecteur de l'automobile. Leur énergie libidinale s'est déplacée, de l'humain à la machine. Ils s'enferment alors dans ce que Deleuze et Guattari appellent un « érotisme machinal[4] », où se mêlent pulsion sexuelle et pulsion de mort, désir et violence. Leur sexualité se reconstruit sur un trauma, la mort au bout de la route représentant l'orgasme ultime, une obsession qui selon A. Gasiorek peut être « décrite en termes freudiens comme une façon de faire leur deuil[5] ».

---

1 Note des éditeurs pour celles et ceux qui veulent tout savoir : le titre du roman de 1973 de J. G. Ballard, dans sa version originale, ne comprend pas de point d'exclamation. Il en va de même du film de David Cronenberg, dans les versions anglaise et française. En revanche, l'édition française du livre a ajouté un point d'exclamation : *Crash !* Enfin, la nouvelle de 1968, en langue anglaise, comprend un point d'exclamation.

2 Édition utilisée : *Crash !*, trad. Robert Louit, Paris, Calmann-Lévy, 1974, p. 13. Pour les citation du roman, les renvois de page seront faits dans le corps du texte.

3 Voir *The Mechanical Bride: Folklore of Industrial Man* (1951).

4 Deleuze (Gilles), Guattari (Félix) : *L'Anti-Œdipe*, p. 25.

5 Gasiorek (Andrzej) : *JG Ballard*, p. 90, ma traduction.

Crash ! est un roman-laboratoire des expériences extrêmes – y compris l'expérience de lecture. Il emmène ses héros au-delà des normes, des genres et des tabous : fétichisme, voyeurisme, exhibitionnisme, triolisme, homosexualité... et plus encore, avec la recherche de nouvelles zones érogènes dans les corps meurtris des accidentés. La volonté de choquer est assumée, et Ballard fut très satisfait de la réaction d'un éditeur potentiel, jugeant l'auteur « psychologiquement irrécupérable » (« beyond psychiatric help »). Comme le note Susan Sontag dans un essai de 1967 sur « L'imagination pornographique », « les valeurs que l'on applique pour juger de la pornographie sont celles de la psychiatrie, pas de l'art[1] ».

Avant *Crash !* le roman, il y eut... « Crash ! », la nouvelle écrite en 1968[2], ainsi qu'une exposition de voitures accidentées en 1969, et le scandale était déjà au rendez-vous. La nouvelle fut publiée en 1970 dans *La Foire aux atrocités*, un recueil de textes expérimentaux dont la première édition américaine fut envoyée au pilon en raison du texte intitulé « Pourquoi je veux baiser Ronald Reagan » (« Why I Want to Fuck Ronald Reagan »). Dans « Crash ! », Ballard présuppose « le contenu sexuel latent de la collision automobile », l'ambiguïté de cette machine « où prédominent les vecteurs vitesse, agression, violence et désir[3] ». En 1970, à Londres, il organise une exposition de carcasses de voitures, une expérience psychologique déguisée en événement artistique[4]. Pour le vernissage, il engage une jeune femme qu'il souhaite voir se promener nue, afin d'observer les réactions de l'assistance. Réticente, c'est « seulement » les seins nus qu'elle déambule parmi les invités, ou se place dans les épaves avec une pancarte « à vendre », ce qui évoque toutes les représentations négatives associées au corps féminin fétichisé et à la société de consommation, que l'on retrouvera dans le roman : corps exhibé/observé, corps à vendre, corps marchandise, femme-objet. Les réactions ne se font pas attendre : malaise, questions hostiles, dégradation des voitures... À la grande satisfaction de Ballard, l'exposition est marquée par des incidents qui confirment ses intuitions

---

1 Sontag (Susan) : « The Pornographic Imagination » (1967), in *Styles of Radical Will* (1969), visible ici : https://www.remittancegirl.org/wp-content/uploads/2015/07/ 124506505-The-Pornographic-Imagination-by-Susan-Sontag.pdf (30.06.23), ma traduction, p. 213.

2 Dans toutes les éditions en langue anglaise, le titre de la nouvelle est suivi d'un point d'exclamation, jamais le roman. En français, roman et nouvelle ont droit au point d'exclamation.

3 Ballard (J. G.) : *La Foire aux atrocités* (*The Atrocity Exhibition*, 1968), p. 174, 177-178.

4 Voir à ce sujet : Mavridorakis (Valérie) : « *The Atrocity Exhibition* – une exposition écrite et réalisée par J.G. Ballard ou la fin tragique des années soixante », *La Ballard connection*, p. 145-163.

sur la nouvelle violence pornographique et le potentiel sexuel et fétichiste de l'automobile, déjà souligné par Roland Barthes : « les tôles, les joints sont touchés, les rembourrages palpés, les sièges essayés, les portes caressées, les coussins pelotés ; devant le volant, on mime la conduite avec tout le corps. L'objet est ici totalement prostitué, approprié[1] ». Pour Guy Debord, selon qui l'automobile et la télévision sont les biens les plus exemplaires du « système spectaculaire », « le fétichisme de la marchandise parvient à des moments d'excitation fervente[2] ». Pour J.G. Ballard, il est temps d'écrire *Crash !,* le roman dont le narrateur se nomme... James Ballard, l'auteur souhaitant assumer ses obsessions et ne pas se cacher derrière un nom de personnage fictif. Pour l'anecdote... ou l'ironie, rappelons que l'écrivain a été victime d'un accident de voiture après l'écriture du roman[3].

Le trauma original et l'union Éros / Thanatos

Si *La Foire aux atrocités* était déroutant sur la forme, recourant aux collages, aux listes, aux *cut-ups* à la manière de William S. Burroughs, *Crash !* l'est sur le fond. Il postule que la technologie facilite l'expression de nouvelles perversions, que le mélange désir/violence est l'illustration des psychopathologies modernes, l'automobile étant l'outil parfait pour en faire la démonstration. Mais comment définir ce qui est pathologique, quand on se souvient qu'il a fallu attendre jusqu'en 1992 pour que l'OMS cesse de classer l'homosexualité comme une pathologie psychiatrique et de proposer des traitements pour soigner cette « maladie » ? Quelle pratique, entre adultes consentants, peut être qualifiée de perverse ? Gardons donc en tête que le roman a été publié il y a cinquante ans, et que depuis 1973 le curseur de la « normalité » a été déplacé. Comme le remarque un des personnages de *Super-Cannes*, « Normal ? Des carrières entières ont été gaspillées en pure perte sans parvenir à définir ce mot[4] ».

Après le trauma fondateur de l'accident, au lieu d'éprouver une peur légitime de l'automobile, les héros n'imaginent plus leur sexualité sans le frisson du danger, leur pulsion de mort révélée par la perspective excitante de la collision, « expérience beaucoup plus fertile que destructrice, libération de la libido mécanique et sexuelle, permettant à

1   Barthes (Roland) : *Mythologies* (1957), p. 142.
2   Debord (Guy) : *La Société du spectacle* (1967), p. 30 et p. 62.
3   Voir Vale (V.) (dir.) : *RE/Search* n° 8/9, 1984, p. 32-34.
4   Ballard (J. G.) : *Super-Cannes* (2000), p. 395.

ceux qui meurent par ce moyen d'atteindre une forme de jouissance érotique impossible autrement[1] ». C'est une réaction paradoxale dont le mécanisme a été analysé par Freud, selon qui « la violence mécanique du traumatisme libérerait le quantum d'excitation sexuelle[2] ». Dorénavant, pas d'*Eros* sans *Thanatos* : la petite mort de l'orgasme ne se conçoit que dans l'éventualité de la mort physique à grande vitesse, qui depuis l'accident de James Dean peut être conçue comme une mythologie moderne[3]. Georges Bataille, qui a placé le sexe et la mort au cœur de son écriture, ne dit pas autre chose : « Le danger [...] peut exciter le désir. Nous ne parvenons à l'extase, sinon, fût-elle lointaine, que dans la perspective de la mort, de ce qui nous détruit[4] ».

Le produit de la technologie a failli provoquer la mort de James Ballard le narrateur, d'Helen Remington – la femme-objet au nom de machine à écrire –, de Robert Vaughan – le voyeur toujours équipé d'un appareil-photo. Et pourtant, la voiture fait naître en eux ce que Deleuze et Guattari appellent « un plaisir [...] où se nouent les noces d'une nouvelle alliance, nouvelle naissance [...] comme si l'érotisme machinal libérait d'autres puissances illimitées[5] ». James tue accidentellement le mari d'Helen, mais celle-ci n'éprouve aucun ressentiment et finit même par coucher avec lui, singulière façon de porter le deuil. Comme le remarque Baudrillard, « Tout est inversé. C'est l'Accident qui donne forme à la vie, c'est lui, l'insensé, qui est *le sexe de la vie*[6] ». Ce ne sont pas les coupables, mais les victimes qui reviennent sur le lieu du crime, ou plus précisément *dans* le lieu du crime, la voiture. Désormais, le désir passe par l'intermédiaire de cette violence cathartique, l'expérience révélant ce qui était latent en eux. Notons que Ballard utilise le terme « Autogeddon » (p. 62) pour évoquer l'apocalypse automobile qu'il prédit, et qu'étymologiquement le terme « apocalypse » renvoie à la révélation.

Expérience est le mot-clé, puisque Ballard – qui déplore que trop de romans du vingtième siècle ressemblent à des romans du dix-neuvième, tant sur la forme que sur le fond – traite ses héros comme des patients

1 « Crash ! », *La Foire aux atrocités, op. cit.*, p. 178-179. Pour les liens entre excitation sexuelle et danger de mort, on peut penser à la pratique de l'asphyxie érotique (« breath play »), qui consiste à étrangler son partenaire pendant un rapport.

2 Freud (Sigmund) : « Au-delà du principe de plaisir » (1920), in *Essais de psychanalyse*, p. 83.

3 Ballard évoque aussi les morts automobiles de Jayne Mansfield, Albert Camus... et JFK, qu'il assimile – un brin provocateur – à un accident de voiture.

4 *Madame Edwarda, Le Mort, Histoire de l'œil*, p. 15.

5 Deleuze (Gilles), Guattari (Félix) : *op. cit.*, p. 25.

6 Baudrillard (Jean) : chapitre « *Crash !* », in *Simulacres et simulations*, p. 157.

ou des cobayes, pas comme des personnages romanesques à l'ancienne. Ballard a fait deux ans de médecine avant de se tourner vers la fiction à plein temps, et tout comme dans *La Foire aux atrocités*, cela se ressent dans l'écriture de *Crash !* : l'auteur-observateur-analyste dissèque les comportements de ses héros et en donne un compte-rendu clinique. Baudrillard souligne que « tous les termes érotiques sont techniques. Pas de cul, de queue, de con, mais : l'anus, le rectum, la vulve, la verge, le coït. Pas d'argot, c'est-à-dire pas d'intimité de la violence sexuelle, mais une langue fonctionnelle : adéquation du chrome et des muqueuses comme d'une forme à une autre[1] ». Et, insistons sur ce point, aucun jugement moral.

Comme indiqué dans la préface programmatique, il y a beaucoup de sexe dans *Crash !*, mais il n'y a pas de lyrisme ou de sensualité, pas de vulgarité ou d'animalité. Le style est dépassionné, factuel, comme celui des travaux sur la sexualité de Masters et Johnson[2] publiés au tournant des années soixante-dix, dans la continuité des rapports Kinsey[3], celui des comptes-rendus de *crash-tests* pour la sécurité routière, ou encore celui du rapport de la commission Warren sur l'assassinat de JFK. « Pas d'affect derrière tout cela, pas de psychologie, pas de flux ni de désir », insiste Baudrillard[4]. Contrairement à un Jean Genet qui, nous rappelle Susan Sontag, était excité lors de l'écriture de *Notre-dame des fleurs* ou *Miracle de la rose*[5], Ballard dit n'avoir jamais éprouvé d'excitation d'ordre sexuel à écrire *Crash !*, et que le contraire eût été synonyme d'échec. On peut le comprendre quand on lit des phrases telles que : « En poussant ma verge dans le col de l'utérus, j'ai senti au contact de mon gland une machine morte. Son diaphragme » (p. 95).

« Plus proche d'un médecin que d'un malade, l'écrivain fait [...] le diagnostic du monde[6] », affirme Deleuze. Ballard fait partie de cette catégorie d'écrivains, il s'intéresse aux manifestations des pathologies de ses personnages-patients, plutôt qu'à leur flux de conscience ou leurs émotions atrophiées. Cette absence d'émotion, que l'auteur nomme « mort de l'affect », est due au paysage technologique et de non-lieux qui les entoure[7], les humains devenant aussi insensibles que les

---

1 *Ibid.* p. 170.

2 *Human Sexual Response* (1966).

3 *Sexual Behavior in the Human Male* (1948) et *Sexual Behavior in the Human Female* (1953).

4 Baudrillard (Jean) : *op. cit.*, p. 167.

5 Sontag (Susan) : *op. cit.*, p. 219-220.

6 *Critique et clinique*, p. 74.

7 Voir à ce sujet Marc Augé, *Non-lieux. Introduction à une anthropologie de la surmodernité.*

artefacts fonctionnels des paysages urbains déshumanisés[1]. Elle se traduit par ce que Baudrillard appelle une « blancheur tonale[2] », bien rendue dans l'adaptation cinématographique du roman, par ses acteurs aux regards vides, et par la réalisation de David Cronenberg, qui dépouille sa mise en scène de toute résonance aux émotions[3].

Mort de l'affect, stylisation et voyeurisme

Cette mort de l'affect ouvre sur une dimension parallèle des relations humaines, où rien ne semble surprendre ou choquer, où les interactions se calquent sur la société de consommation et la société du spectacle telle que définie par Guy Debord[4], une nouvelle dimension où la sexualité n'est motivée ni par le sentiment amoureux, ni par le désir charnel ou la séduction, ni par la nécessité de reproduction. Elle devient expérimentale, théâtrale, cérébrale. Comme le dit un personnage de *Super-Cannes*, « Le sexe, ce n'est plus une question d'anatomie. Il est là où il a toujours été – dans la tête[5] ». Vaughan le voyeur loue les services de prostituées qu'il embarque dans sa voiture. Il les place et les manipule comme des mannequins de *crash-test*, mais la façon dont il leur fait prendre la pose, obscène évidemment, et les « saynètes sexuelles » (p. 44) auxquelles il les fait participer le situent en droite ligne de Sade, auteur prisé par Ballard. « La personne est vue comme une chose ou un objet, le corps comme une machine, l'orgie comme un inventaire des possibilités infinies entre plusieurs machines qui collaborent [...] à cette activité totalement dépourvue d'affect[6] ». C'est en ces termes que Sontag résume Sade, une lecture qui s'applique parfaitement à *Crash !*, ainsi qu'à *La Foire aux atrocités*, recueil qui regorge de catalogues et d'inventaires à la manière des ouvrages médicaux, et illustre cette théorie de Ballard : « le paysage des communications dans lequel nous vivons permet le développement d'un sadisme sous-jacent[7] ».

---

1 Voir à ce sujet H. Lagoguey : « Ballard, les bagnoles, le bitume et le béton », *in* J. Goffette (dir.), *Science-fiction et mondes urbains*, 2022.

2 Baudrillard (Jean) : *La Société de consommation* (1970), p. 186.

3 Voir au sujet de l'adaptation cinéma de Cronenberg les fines analyses de Iain Sinclair, *Crash, David Cronenberg's Post-mortem on J.G. Ballard's 'Trajectory of Fate'* (1999).

4 Voir note 10.

5 Ballard (J. G.) : *Super-Cannes, op. cit.*, p. 138.

6 Sontag (Susan) : *op. cit.*, p. 218, ma traduction.

7 Interview de Ballard par Anne Tronche (1977), visible ici : https://www.noosfere.org/articles/article.asp?numarticle=581 (30.06.23)

Les prostituées sont placées dans des « positions inconfortables lors de coïts malaisés » (p. 18), tiennent des « poses stylisées » (p. 81), donnent l'impression qu'elles et Vaughan sont « les principaux acteurs d'une pièce grinçante [...] dans un théâtre de la technologie » (p. 31). Le positionnement dans l'espace et la géométrie des corps – leurs courbes étant le reflet de celles des voitures – sont aussi importants que leur incarnation physique. Les hommes sont aussi chosifiés que les femmes, James étant manipulé sur son lit d'hôpital comme « un pantin articulé, une de ces poupées sophistiquées que l'on dote de tous les orifices humains et de toutes les réponses possibles à la souffrance » (p. 51).

Les corps sont réduits à des objets de fantasme, comme dans le cinéma pornographique, ou à des biens de consommation, comme dans la publicité, deux « institutions » audiovisuelles qui offrent des simulacres d'émotions et qui « instrumentalisent les parties morcelées du corps[1] ». L'attention se focalise sur une courbe, un sein, un sexe, une cicatrice... au détour d'un regard, d'un éclairage, d'un flash. À l'intérieur des voitures, les corps forment « un kaléidoscope de fragments [...], une anthologie de poignets et de coudes, de cuisses et de pubis unis en des combinaisons toujours nouvelles aux lignes du véhicule » (p. 195). Preuve de cette chosification, le corps-objet est omniprésent : mannequins en caoutchouc, mannequins désarticulés des *crash-tests*. On joue avec ces humains-mannequins sans état d'âme, sans remords, sans limites, jusqu'à la perversion, comme avec celui des poupées de Hans Bellmer[2], dont le travail a des affinités avec celui de Ballard, qui confie : « Ce que Bellmer a tenté de réaliser avec le corps humain, j'essaie de le faire pour ce corps plus vaste dans lequel nous vivons[3] ». Bellmer qui lui aussi appréciait l'œuvre du Marquis de Sade.

Malgré toutes ces mises en scène, les personnages ne manifestent nulle excitation, en raison de ce que Roger Luckhurst appelle « l'instrumentalisation du désir[4] ». Surenchère compensatrice, l'hypertrophie de l'activité sexuelle est proportionnelle à l'atrophie des émotions, les « passions de l'âme » chères à Descartes s'effaçant au profit des sensations corporelles, à commencer par les sensations

---

1 Baudrillard (Jean) : *La Société de consommation, op. cit.*, p. 209.

2 Bellmer, artiste surréaliste (peintre, sculpteur, photographe) connu pour ses « poupées » aux corps désarticulés ou déstructurés, œuvres dérangeantes où s'entremêlent érotisme, sadisme, violence et mort. Voir quelques exemples ici : https://www.icp.org/browse/archive/constituents/hans-bellmer?all/all/all/all/0 (consulté le 30.06.23).

3 Interview de Ballard par Anne Tronche (1977), *op. cit.*

4 Luckhurst (Roger) : *The Angle Between Two Walls : The Fiction of J. G. Ballard*, p. 120, ma traduction.

visuelles. Dans cette logique expérimentale où l'exploration de l'anatomie importe avant tout, le corps morcelé est repensé, de nouvelles fonctions lui sont attribuées, comme dans le cinéma de Cronenberg. Les héros inventent des organes génitaux, des zones érogènes et des pratiques sexuelles inédites. Dans une cuisse, sous un sein, au creux d'une aisselle, les blessures deviennent des zones érogènes, à contempler, à caresser, à pénétrer. Les plaies et cicatrices deviennent objets de fascination fétichiste, dans un double rapport de voyeurisme et d'exhibition teinté de narcissisme. Avec ses collections de photos d'accidentés, Vaughan est le voyeur ultime[1], alors que Gabrielle est l'objet de fantasme le plus intense du roman. Le corps de la jeune femme est déformé, réparé, hybridé... au point qu'il évoque plus l'imagerie fétichiste SM que celle des accidentés dans un spot de la Prévention routière, ce que Cronenberg a bien compris en représentant Rosanna Arquette tout de cuir et court vêtue. James voit dans les attelles, le corset et les bottines orthopédiques de Gabrielle de « complexes engins de torture » (p. 36). Il a même une illumination : « Le corps déformé de la jeune infirme [...] révélait les possibilités d'une sexualité entièrement nouvelle », imaginant dans l'une de ses blessures un « orifice pervers, véritable invagination d'un organe sexuel encore embryonnaire » (p. 201).

James adopte le point de vue de Vaughan, pour qui ces blessures sont « la clé d'une nouvelle sexualité, née d'une technologie perverse » (p. 21), Vaughan, le plus extrême du groupe, qui est « fasciné par les lésions génitales encourues lors d'accidents de la route » (p. 154). Comme par contamination, Catherine est attirée par les cicatrices qui ornent la poitrine de son époux James (p. 63), qui n'est plus intéressé par le sexe traditionnel, le corps de sa femme lui semblant « aussi froid que celui d'une poupée gonflable [...] dotée d'un vagin de néoprène » (p. 63). Ce qui l'intéresse, c'est pratiquer son « premier coït d'invalide » (p. 200), ce qu'il désire de Gabrielle, c'est « explorer les cicatrices de ses cuisses et de ses bras [...] palper les plaies sous son sein gauche », pendant que celle-ci « se mettrait à fouiller [l]es balafres » de son partenaire (p. 203). Libérés de tous les tabous, les deux amants envisagent « la possibilité de coïts inédits » (p. 201), l'exploration de tous les « orifices pervers » (p. 201), ce dont ils ne se privent pas, puisque James « jouit dans la plaie profonde de sa cuisse [Gabrielle] » (p. 203), puis « dans la plaie sous son sein [...] dans les blessures de son cou et de son épaule » (p. 204), bref « dans tous les orifices sexuels

---

1 Ballard s'est servi d'un livre médical intitulé *Crash Injuries* (1960), volume de 1000 pages où sont comparés les dommages faits au corps humain par diverses automobiles. Voir V. Vale (dir.) : *RE/Search* n° 8/9, *op. cit.*, p. 10.

qu'avaient créés à grande vitesse [les accidents] » (p. 204). On l'a compris, ils sont entrés dans une autre dimension et « les centres conventionnels de la sexualité [...] ne possédaient plus aucun potentiel érotique » (p. 202).

Les corps altérés offrent des possibilités infinies pour cette communauté dont les membres se reconnaissent à travers leurs stigmates et scarifications. C'est une « sorte de congrégation » (p. 179) qui vit en vase clos, ne va que dans ses lieux de prédilection, voire de rite – les non-lieux de type aéroport, parkings, stations de lavage... Elle ne s'intéresse qu'à ses obsessions, ce qui procure au lecteur l'impression étouffante de ne jamais quitter ce monde obsessionnel et mortifère – un monde anhistorique où le temps est figé, où les paysages semblent sortir d'un rêve, parallèle intéressant que souligne Sontag entre science-fiction et pornographie[1]. Il n'y a aucun jugement moral dans ce livre, car personne n'est chargé d'émettre un tel point de vue, volontairement gommé par Ballard : immergés dans leur bulle fantasmatique, le narrateur et ses partenaires sont au-delà de ce type de considération, et l'absence de personnages qui pourraient, même à défaut de porter un jugement, poser un regard extérieur, est totale. Comme le souligne Victor Sage, « La perversion n'est pas un motif moral dans l'écriture de Ballard – elle est [...] d'ordre esthétique[2] ».

Qui d'autre que Cronenberg pouvait s'emparer de ces obsessions ballardiennes et adapter ce récit au cinéma ? Le Cronenberg de la « nouvelle chair », des blessures aux allures de vagin, des plaies éroticisées. On pense à *Videodrome* (1983), mais aussi à *Crimes of the Future* (2022), films qui développent cette imagerie malaisante, la thématique du corps mutant, du rapport hors-norme entre blessure et sexualité. Personnage dont les difformités nécessitent la création de nouveaux objets et offrent la possibilité de « mouler des organes génitaux d'un nouveau genre » (p. 201), Gabrielle est la parente de Claire, le personnage joué par Geneviève Bujold dans *Faux-semblants* (1988), la femme à l'utérus mutant, qui pour être examinée a besoin du « morticulator » inventé par son gynécologue... et futur amant[3].

---

1 Sontag (Susan) : *op. cit.*, p. 213.

2 Sage (Victor) : « The Gothic, the Body and the Failed Homeopathy Argument: Reading *Crash* », in J. Baxter (dir.) : *J.G. Ballard*, p. 43, ma traduction.

3 Soulignons aussi la filiation du cinéaste et de l'écrivain avec William S. Burroughs, Cronenberg ayant réalisé « l'inadaptable » *Festin nu* (1991), roman-culte d'un auteur admiré par Ballard.

Des êtres et des rapports hybrides

Les héros de *Crash !* ne sont pas des mutants, mais des hybrides de chair et de métal, des cyborgs, non seulement en raison des prothèses qu'ils portent afin d'être réparés (James) ou de pouvoir marcher (Gabrielle), des outils qui deviennent une extension d'eux-mêmes (Vaughan et sa caméra), mais aussi en raison du lien fusionnel qui les unit à leur automobile, tout particulièrement en ce qui concerne le sexe. L'hybridation est autant psychologique que physique. Ils sont convaincus que leurs corps n'existent que dans l'automobile, sublimés par leurs reflets dans les surfaces chromées, nouveau vecteur de désir, par exemple, les épaules des prostituées « se profilent sur le tableau de bord aux ornements sophistiqués » (p. 75), leurs fesses « se dédoublent dans les cadrans [...] de l'horloge et du tachymètre » (p. 75). La nouvelle équation pourrait se résumer par une formule : « pas de voiture, pas de luxure ». James avoue qu'il « n'arrive même pas à bander » (p. 97) hors de l'automobile, dont il se sent une extension (p. 223). Vaughan célèbre « les noces de ses parties génitales et du tableau de bord » (p. 193), il expérimente « toute la gamme des rapports concevables entre le sexe et l'automobile » afin d'atteindre son but, le « coït automobile définitif » (p. 195). En pleine action dans leur Lincoln, Vaughan et Catherine sont décrits comme « deux humains semi-métalliques surgis d'un avenir lointain fais[ant] l'amour sous une charmille chromée » (p. 184), une des très rares descriptions que l'on pourrait qualifier de poétique, eu égard à la crudité, voire l'abjection, d'innombrables autres scènes.

Les genres transcendés

Dans ce contexte d'abolition des frontières, de transformation et d'indifférenciation, il n'est plus nécessaire ni pertinent de se définir comme hétérosexuel, homosexuel ou bisexuel. Quant aux questions de jalousie ou de fidélité, elles sont totalement hors programme. À l'image du langage, clinique, la sexualité est non érotique, chaque « étreinte [considérée] comme un rituel vidé de contenu sexuel, le débat formel de deux corps exposant leur conception du mouvement et du choc » (p. 183). Les personnages sont émotionnellement déconnectés de leurs actes, des « actes abstraits » (p. 150), pour James comme pour ses partenaires, « La chose n'avait pas de réalité » (p. 45). Avant d'être consommés, les rapports homosexuels sont fantasmés, mis en scène dans les paysages intérieurs des personnages. Catherine demande à James de l'imaginer avec une autre femme (p. 43), elle est « tout autant attachée à *l'idée* de faire l'amour à la secrétaire de James qu'à l'acte lui-même » (p. 44, c'est moi qui souligne). Catherine fantasme sur de possibles ébats entre James et Vaughan et se grise d'une avalanche de mots, d'images et de questions : « Est-ce qu'il est circoncis ? [...] Et son anus, à quoi ressemble-t-il ? Décris-le-moi. [...] Ça te plairait de le sodomiser ? [...] Dis-moi ce que tu ferais. Comment tu l'embrasserais dans la voiture ? Comment tu déferais sa braguette, comment tu sortirais sa bite. [...] Dans quelle main la tiendrais-tu ? », etc. (p. 136-137). L'anticipation de l'acte la fait autant vibrer que l'acte lui-même, auquel elle n'assistera pas, ce qui est révélateur de la dimension fantasmatique de son désir. Comme le remarque James, « Catherine s'était approprié le fantasme » (p. 137), mais ce qui l'étonne le plus, c'est l'absence de pudeur, de retenue, voire la violence avec laquelle elle s'en empare.

Dans ce microcosme où tous les rapports sont « médiatisés par l'automobile et le paysage technologique » (p. 118), Vaughan « n'éveille en [James] un penchant homosexuel latent que dans les limites de l'habitacle de sa voiture » (p. 137). L'acte est rendu possible parce que « ce n'est pas le sexe qui intéresse Vaughan, c'est la technologie », et que James est submergé par « ce sentiment de désincarnation, cette conscience de l'irréalité de mes muscles et de mes os » (p. 142), se persuadant que « paradoxalement, toute connotation sexuelle était [...] étrangère à ce coït » (p. 240). Une irréalité et une logique expérimentale jusqu'au-boutiste qui lui permettent de ne pas reculer, de ne pas être dégoûté par la crasse de Vaughan, tout comme il n'est pas refroidi par les plaies de Gabrielle.

Même s'il y a encore et toujours des progrès à faire, en 2023 la tolérance envers la communauté LGBTQ est plus grande qu'en 1973, où le livre a fait scandale, ou en 1996, où le film présenté à Cannes en a choqué plus d'un. En salles (j'en ai été témoin), les spectateurs, déjà peu nombreux, l'étaient encore moins au moment où James pénètre Vaughan dans sa décapotable, comme dans le roman. À mon humble avis, ce qui a choqué certaines personnes n'est pas la relation homosexuelle en soi, mais c'est sa froideur, sa crudité, l'atmosphère perverse généralisée – on est à des années-lumière de la passion amoureuse à la *Brokeback Mountain* (Ang Lee, 2005). Ce qui peut dégoûter, c'est le côté crasseux et répugnant de Vaughan, qui transpire dans le film, mais de façon édulcorée par rapport au roman, qui le dépeint comme un obsédé sorti d'un roman de Bukowksi, mais dans une version violente et dangereuse... S'il fallait le décrire en un seul mot, « malsain » serait le terme le plus approprié. Comme le fait Ballard, on peut décrire Vaughan en fragmentation corporelle, à travers quelques morceaux choisis : son visage et son corps sont couturés de cicatrices (p. 112), « son épiderme peu attirant, [d'une] pâleur huileuse » (p. 195), ses « aisselles nauséabondes » (p. 237), il porte toujours « le même jean fétide » (p. 168) « taché de sang et de sperme » (p. 228), un « relent d'huile à moteur et de sécrétions rectales mont[e] de son corps » (p. 170), etc. L'antithèse absolue de l'image du célèbre « Monsieur Propre », très populaire à la même époque. Certains diraient que Ballard se vautre dans l'abjection, mais l'auteur, pince-sans-rire et maître de l'humour à froid, prend surtout un malin plaisir à provoquer et choquer son lecteur, et en cela il respecte le pacte d'écriture jusqu'au-boutiste de *Crash !* – ce qu'il fait encore lorsque James et Vaughan font l'amour : « ma bouche est descendue jusqu'à son entrejambe taché de sang et de sperme. Un lointain parfum d'excréments féminins s'attachait encore à son gland. [...] Mes lèvres ont parcouru ces plaies l'une après l'autre, goûtant le sang et l'urine » (p. 228). Difficile d'aller plus loin.

Crash ! est un roman technologique, mais c'est aussi un roman très organique, où le corps est caractérisé par ses plaies et ses muqueuses, ses liquides et ses fluides, naturels ou causés par des lésions : le sang, le sperme, la salive, le pus, l'urine... Les protagonistes ne reculent pas devant tous ces suintements et ces jaillissements. Le mot « dégoût » est utilisé une seule fois et c'est significativement pour signaler sa disparition : « Mon aversion et mon dégoût à la vue de ces blessures effroyables avaient cédé la place à une acceptation lucide » (p. 216)[1]. On est aux antipodes de la *Nausée* que provoque le corps chez le héros de Sartre. Ballard rejoint dans l'extrême un auteur comme Henry Miller, dont le narrateur de *Tropique du cancer* écrit « J'aime tout ce qui coule : les fleuves, les égouts, la lave, le sperme, le sang, la bile [...] j'aime l'urine qui jaillit brûlante [...] même le flux menstruel qui emporte les œufs non fécondés[2] ». Cette absence de répulsion ou de crainte interroge. Comme le note A. Gasiorek, « la mécanisation du désir entraîne un regard dépersonnalisé sur soi-même, et une vision déréalisée du monde, un phénomène que Freud décrit comme "un trouble de la personnalité" dans *Un trouble de mémoire sur l'Acropole* (1936)[3] ».

Cette totale absence de dégoût peut s'expliquer par le fait que les héros de Ballard sont curieux au-delà de toute limite, ont le goût du défi, de l'extrême, sont détachés de leurs corps, et donc de leurs fluides. Ensuite parce que, face aux liquides et matières issues du corps humain, ils ont le même détachement que peut avoir un docteur – celui que

---

1 Ma traduction, ce passage étant curieusement coupé et sous-traduit.
2 Miller (Henry) : *Tropique du Cancer* (1934), p. 357-358.
3 Gasiorek (A.) : *op. cit.*, p. 95-96, ma traduction.

Ballard aurait pu devenir s'il avait poursuivi ses études de médecine. Et enfin parce que *Crash !* est un roman écrit bien avant les années sida. En cette époque de libération sexuelle, ce n'est pas l'amour libre qui mène à la mort, c'est le vecteur technologique, à commencer par la voiture, comme l'a démontré l'activiste et homme politique Ralph Nader[1]. Ballard aurait-il écrit le même roman dans les années 80, époque où, hormis les innovations thématiques et stylistiques du *cyberpunk,* la science-fiction avait tendance à se replier sur ses valeurs d'antan, loin des audaces de la *New Wave* des années 70, dont Ballard fut un fer de lance, même s'il ne se réclamait d'aucun courant ? Il est permis d'en douter. Ou alors, c'eût été avec un désir de provocation encore plus fort, à une époque où cette maladie était mal connue, terrifiante, où un seul rapport sexuel non protégé ou une transfusion pouvaient apporter la mort, une époque où le sang et le sperme pouvaient devenir poison létal. Les exemples d'œuvres atteignant un tel degré de provocation ne sont pas légion. On peut penser au roman d'horreur *Le Corps exquis* de Poppy Z. Brite (1996). Et si l'on voit quelque parenté avec *Hellraiser* (1986) de Clive Barker et ses corps écorchés, ou la nouvelle « L'objet sexuel » (1993), de Graham Masterton et son chirurgien greffant de nouveaux organes sexuels à sa femme, on peut adhérer à la lecture que Victor Sage fait de *Crash !,* roman de « Gothic Horror » selon lui[2].

Conclusion : La sexualité au-delà du sexe

Ballard travaille par périodes, comme le peintre qu'il aurait rêvé d'être. Il a commencé par écrire de la science-fiction assez classique avec quatre récits de fin du monde[3]. Puis il y eut la « trilogie de béton » où, sans être aussi extrême que dans le roman inaugural *Crash !,* il explore cette veine urbaine psychotique avec les fous du volant de *L'Île de béton* (1974), puis les fous furieux de *I.G.H.* (1975), pour Immeubles de Grande Hauteur, où le sexe et la violence prennent encore une part importante. Ensuite, une fois cette obsession littéraire évacuée, l'auteur passe à autre chose, l'autobiographie, le roman policier, la dystopie sociale. La sexualité de ses personnages repasse au second plan, elle n'est plus le moteur du récit. *Crash !* est donc une œuvre totale et unique, hybride, entre science-fiction et *mainstream* pornographique, où se mêlent corps de fer et corps de chair, sexualité charnelle et

---

1 Voir l'essai de Nader (Ralph) : *Ces voitures qui tuent.*

2 Sage (Victor) : op. cit.

3 *Le Vent de nulle part* (1962), *Le Monde englouti* (1962), *Sécheresse* (1965), *La Forêt de cristal* (1966).

cérébrale, désir et violence. S'il mêle sexe et science-fiction, il est à des années-lumière de l'érotisme grand public d'un *Barbarella* (Roger Vadim, 1968), plus proche d'une œuvre extrême comme *Tetsuo* (Shin'ya Tsukamoto, 1989). *Crash !* est fait pour choquer, transgresser, interroger, pas pour exciter les foules en leur donnant ce qu'elles cherchent sans les déranger outre mesure (on parlerait aujourd'hui de « soft porn », dont *Cinquante nuances de Grey* est une illustration), comme – pour citer des exemples datant de la même époque – *Emmanuelle* au cinéma (Just Jaeckin, 1974), ou les romans de Xaviera Hollander (*Madam'*, 1975).

Ne serait-ce que par son année de publication, *Crash !* s'inscrit dans le contexte de libération sexuelle des années 60-70, que Ballard le veuille ou non. En science-fiction, même si le sexe est abordé crûment, comme dans certains romans de Philip José Farmer (*Comme une bête*, 1968), Robert Silverberg (*Les Monades urbaines*, 1971) Norman Spinrad (*Jack Barron et l'éternité*, 1968), *Crash !* n'a guère fait d'émules. Plus près de nous, les romans de Christophe Siébert[1] (*Images de la fin du monde*, 2020) ou Gary J. Shipley (*Warewolff !*, 2017), s'inspirent de ces outrances ballardiennes, sans nécessairement susciter le même émoi, question d'époque sans doute. Les filiations sont à chercher au cinéma du côté de Cronenberg comme on l'a vu, ou de Julia Ducorneau, avec *Titane* (2021). Comme l'a noté la critique, *Crash !* se range plus aux côtés d'auteurs classiques tels que Sade (pour la violence et la mise en scène), George Bataille (pour la transgression, le rapport entre sexe et mort), Henry Miller (pour la crudité, voire l'abjection), ou bien sûr William S. Burroughs (pour la transgression et les extrêmes). Dans *Crash !* plus que dans toute autre de ses œuvres, Ballard se veut auteur « à la marge » : la sexualité est omniprésente, mais il la situe en-dehors de tous les cadres qui avaient pu la catégoriser jusqu'alors, au-delà de la morale, de l'amour, du désir, des genres, de la raison, de la santé mentale, du bien et du mal... en un mot, au-delà du sexe.

Bibliographie

Fictions

Ballard (James G.) : *Crash !* (*Crash*, 1973), trad. Robert Louit, Paris, Calmann-Lévy, coll. « Dimension SF», 1974.

Ballard (James G.) : *La Foire aux atrocités* (*The Atrocity Exhibition*, 1970), trad. François Rivière, Auch, Tristram, 2003.

Ballard, (James G.) : *L'Île de béton* (*Concrete Island*, 1974), trad. Georges Fradier, Calmann-Lévy, coll. « Dimension SF», 1974.

---

1 Voir à ce sujet l'article de Clément Pélissier, pp. 127-139.

Ballard (James G.) : *I.G.H.* (*High Rise*, 1975), trad. Robert Louit, Calmann-Lévy, coll. « Dimension SF», 1976.

Ballard (James G.) : *Super-Cannes* (*Super-Cannes*, 2000), trad. Philippe Delamare, Fayard, 2000.

Barker (Clive) : *Hellraiser* (*The Hellbound Heart*, 1986), trad., Mélanie Fazi, Paris, Bragelonne, 2006.

Bataille (Georges) : *Madame Edwarda* (1956), *Le Mort* (1967), *Histoire de l'œil* (1967), Paris, 10/18, 1998.

Brite (Poppy Z.) : *Le Corps exquis* (*Exquisite Corpse*, 1996), trad., Jean-Daniel Brecque, Paris, J'ai lu, 1999.

Burroughs (William S.) : *Le Festin nu* (*Naked Lunch*, 1959), trad. Éric Kahane, Paris, Folio, 2015.

Farmer (Philip José) : *Comme une bête* (*Image of the Beast*, 1968), trad. François Lasquin, Paris, Champ Libre, 1974.

Hollander (Xaviera) : *Madam'* (*The Happy Hooker*, 1975), Paris, J'ai lu, 1981.

Masterton (Graham) : « L'objet sexuel » (« Sex Object », 1993), trad. François Truchaud, *in Les Escales du cauchemar*, Paris, Pocket, coll. « Terreur », 2000.

Shipley (Gary J.) : *Warewolff!*, Hexus Press, 2017.

Siébert (Christophe) : *Images de la fin du* monde, La Laune, Au diable vauvert, 2020.

Silverberg (Robert) : *Les Monades urbaines* (*The World Inside*, 1971), trad. Michel Rivelin, Paris, Robert Laffont, coll. « Ailleurs et Demain », 1974.

Spinrad (Norman) : *Jack Barron et l'éternité* (*Bug Jack Barron*, 1968), trad. Guy Abadia, Paris, Robert Laffont, coll. « Ailleurs et Demain », 1971.

Essais, études

Augé (Marc) : *Non-lieux. Introduction à une anthropologie de la surmodernité*, Paris, Seuil, 1992.

Barthes (Roland) : *Mythologies* (1957), Paris, Points, 1970.

Baudrillard (Jean) : *La Société de consommation* (1970), Paris, Folio/essais, 2008.

Baudrillard (Jean) : *Simulacres et simulations*, Paris, Galilée, 1981.

Debord (Guy) : *La Société du spectacle* (1967), Paris, Gallimard, collection « Folio », 2008.

Deleuze (Gilles), Guattari (Félix) : *L'Anti- Œdipe*, Paris, Éditions de minuit, 1972.

Deleuze (Gilles) : *Critique et clinique*, Paris, Les Éditions de minuit, 1993.

Freud (Sigmund) : « Au-delà du principe de plaisir »(1920), *Essais de psychanalyse*, Paris, Payot, 1981.

Freud (Sigmund) : *Un trouble de mémoire sur l'Acropole* (1936), Paris, L'Herne, 2015.

Gasiorek (Andrzej) : *J. G. Ballard*, Manchester, Manchester University Press, 2005.

Kinsey (Alfred) : *Sexual Behavior in the Human Male*, W.B. Saunders, Philadelphia (1948).

Kinsey (Alfred) : *Sexual Behavior in the Human Female*, W.B. Saunders, Philadelphia, 1953.

Kulowski (Jacob) : *Crash Injuries: The Integrated Medical Aspects of Automobile Injuries and Deaths*, Springfield, Charles C. Thomas Publisher LTD, 1960.

Lagoguey (Hervé) : « Ballard, les bagnoles, le bitume et le béton : portrait d'une Londres en ville-névrose », in Jérôme Goffette (dir.), *Science-fiction et mondes urbains*, Paris, Books on Demand, 2022.

Luckhurst (Roger) : *The Angle Between Two Walls : The Fiction of J. G. Ballard*, New York, St Martin's Press, 1997.

McLuhan (Marshall) : *The Mechanical Bride : Folklore of Industrial Man* (1951), Berkeley, Gingko Press, 2002.

Masters (William H.), Johnson (Virginia E.) : *Human Sexual Response*, New York, Bantam Boosk, 1966.

Mavridorakis (Valérie) (dir.) : *Art et science-fiction : La Ballard Connection*. Genève, Mamco, 2011.

Nader (Ralph) : *Ces voitures qui tuent* (*Unsafe at Any Speed*, 1965), Paris, Flammarion, 1966.

Sage (Victor) : « The Gothic, the Body and the Failed Homeopathy Argument: Reading *Crash* », in J. Baxter (dir.), *J.G. Ballard*, London, Continuum, coll. « Contemporary Critical Perspective », 2008.

Sinclair (Iain) : *Crash, David Cronenberg's Post-mortem on J.G. Ballard's 'Trajectory of Fate'* (1999), Palgrave Macmillan, 2008.

Sontag (Susan) : « The Pornographic Imagination », in *Styles of Radical Will* (1969), London, Picador, 2002.

Films

Cronenberg (David) : *Crash*, 1996.

Cronenberg (David) : *Crimes of the Future*, 2022.

Cronenberg (David) : *Faux-semblants / Dead Ringers*, 1988.

Cronenberg (David) : *Le Festin nu / Naked Lunch*, 1991.

Cronenberg (David) : *Videodrome*, 1983.

Ducorneau (Julia) : *Titane*, 2021.

Jaeckin (Just) : *Emmanuelle*, 1974.

Lee (Ang) : *Brokeback Mountain*, 2005.

Tsukamoto (Shin'ya) : *Tetsuo*, 1989.

Vadim (Roger) : *Barbarella*, 1968.

Les frissons du technosexe chez John Varley

Jérôme Goffette
S2HEP (UR 4148) – Faculté de Médecine Lyon-Est
Université Claude Bernard Lyon 1

Que pourrait être l'avenir du sexe ?

Le roman de John Varley, *Les Gens de la Lune* (*Steel Beach*, 1992) nous plonge dès les premières lignes face à cette question, puisqu'il s'agit d'un grand raout à destination de journalistes, organisé par une entreprise de biotech innovante. À la façon d'un Steve Jobs lançant l'*i-phone*, ou d'un gala de présentation d'un nouveau produit révolutionnaire, il s'agit de nous présenter ULTRA-frisson, sous-titré « l'avenir du sexe ».

Arrêtons-nous déjà sur ce seuil pour nous demander ce que pourrait être, à nos yeux, l'avenir du sexe. S'agirait-il de pousser plus loin l'extraordinaire développement, ces dernières décennies, du marché des *sextoys* et des *loveshops* en donnant à voir un saut technologique en matière de *sextoy* ? Nous parlerait-on de la mise au point d'une stimulation sexuelle extrême ? Ou du développement de nouvelles formes d'érotisme ? Ou encore, s'agirait-il d'une avancée en matière de *love doll*, avec un pseudocorps particulièrement voluptueux ? Ou enfin, à force de connectique, serait-il question d'une excitation sexuelle branchée sur nos centres cérébraux du plaisir ? Ou d'autre chose encore ? Le seul fait de se poser ce genre de questions montre à quel point nos cultures sont déjà devenues des technocultures, avec une dimension de technosexe très évolutive. Du *sex shop* des années 1970 aux *love stores* contemporain, toute une évolution s'est produite, imprégnant désormais de façon massive les usages et les plaisirs, les apprentissages et les normes. La question soulevée par John Varley nous invite simplement à imaginer les voies futures de cette évolution technoculturelle continue.

Toutefois, comme souvent chez cet auteur, la projection va à la fois nous pousser en avant et nous prendre à contrepied. Son but est non seulement d'anticiper un produit, mais, aussi et surtout, d'envisager des usages et d'interroger leurs sens profonds. Loin de se contenter d'un discours sur l'économie des plaisirs, voire sur la dialectique du rapport à l'autre, John Varley va toucher frontalement à la pudeur, à l'intimité, à l'éthique de la relation à soi et à l'autre. ULTRA-frisson, sous l'apparence d'une permissivité sexuelle sans cesse plus grande, va se révéler comme une boucle vers une morale traditionaliste : celle de la fidélité rigide et de l'emprise de l'autre sur soi. En somme, il imagine un puritanisme victorien s'emparant des *sex-toys* pour retrouver sa politique de décence, de répression sexuelle et de fidélité éternelle dans le couple conjugal hétérosexuel.

Pour explorer ce paradoxe, rien ne vaut l'humour et l'ironie. La scène, et les commentaires des journalistes Hildy et Cricket, est une mise en bouche burlesque. Elle est la scène d'ouverture de ce roman au ton souvent primesautier, mais qui ne cesse d'explorer toujours plus en profondeur les questions de genre, de sexualité, de parentalité et de respect.

Plantons le décor : clin d'œil à Robert Heinlein

John Varley s'inscrit dans une filiation littéraire assumée. Gregory Benford parle de lui comme d'un des « fils de Heinlein »[1]. Il a choisi ici pour arrière-plan le cadre de *Révolte sur la Lune*[2] (*The Moon is a Harsh Mistress*, 1966, Prix Hugo) de Robert Heinlein. Chez ce dernier, les humain·e·s de la Lune se révoltent pour obtenir leur indépendance, avec l'aide de Mike, l'ordinateur central, devenu conscient. La société des *Gens de la Lune* est celle qui a prospéré plusieurs générations plus tard. On y retrouve un ordinateur central, capable de s'adresser à chacun·e et de préserver les secrets. On y retrouve aussi une farouche volonté d'indépendance personnelle, combinée à la nécessité de vivre ensemble dans un environnement artificiel qu'il faut constamment surveiller et entretenir.

R. Heinlein, nudiste convaincu, avait déjà passablement relâché la conduite vestimentaire dans cet habitat souterrain, constamment à la même température. Un siècle plus tard, chez J. Varley, le vêtement a totalement perdu sa fonction de protection contre le froid et de décence sociale : il n'assure qu'une fonction d'ornementation et de signe distinctif. Les pudeurs terriennes sont tombées en désuétude et la plupart des habitant·e·s vont demi-nu·e·s, sexes visibles, tout en portant leur sacoche de travail, leur chapeau, leur foulard ou leur peinture corporelle.

---

1 Benford (Gregory) : « Verne to Varley : Hard SF Evolves », p. 10.
2 Heinlein (Robert) : *The Moon is a Harsh Mistress*, New York, Putnam's Sons, 1966.

La plus grande différence entre les deux auteurs est la façon radicale dont J. Varley résout l'épineuse question du rapport à la planète mère – la Terre. Dans *Gens de la Lune*, on apprend incidemment, comme un détail accessoire, que des aliens ont envahi le système solaire et ont entrepris de protéger les espèces jugées les plus évoluées en faisant disparaître l'espèce nuisible qu'est la nôtre. Concrètement, l'espèce humaine a été éradiquée de la Terre en quelques minutes pour que les différentes espèces de cétacés puissent prospérer et poursuivre leur évolution vers un bel avenir. La population humaine la plus importante en nombre est donc devenue celle de la Lune, parvenue à survivre, et même à se répandre peu à peu dans le système solaire – sauf sur Terre. On peut découvrir différentes facettes de cette nouvelle société humaine en lisant *Le Canal Ophite* (*The Ophiuchi Hotline*, 1977), *Gens de la Lune* (*Steel Beach*, 1992), *Le Système Valentine* (*The Golden Globe*, 1998), *Blues pour Irontown* (*Irontown Blues*, 2018), ainsi que plusieurs recueils de nouvelles : *Persistance de la vision* (*The Persistence of Vision*, 1978, Prix Locus et prix Apollo), *Les Mannequins* (*Picnic on the Nearside/The Barbie Murders*, 1980, Prix Locus) et *Champagne bleu* (*Blue Champagne*, 1986, Prix Locus).

Plus important encore, on sait à quel point Robert Heinlein s'interrogeait sur la question de la structure familiale et conjugale, en explorant le polyamour et le mariage de groupe. Dans *Révolte sur la Lune*, le personnage principal franchit le pas d'intégrer un mariage de groupe. Dans *En terre étrangère* (*Stranger in a Strange Land*, 1967, Prix Hugo), R. Heinlein avait pleinement conscience de heurter les mœurs de son époque, même si la libéralisation était en cours (autorisation de la contraception orale aux États-Unis : 1965 et 1972[1]). Voici ce qu'il déclara en 1980 à propos de *En terre étrangère* :

> Je n'étais nullement pressé de terminer ce roman, car l'histoire ne pouvait être publiée commercialement avant que les mœurs du public aient changé. Je vois effectivement les mentalités évoluer et il est apparu que j'avais correctement programmé la sortie de mon livre.[2]

Malgré cela, les éditeurs exigèrent de larges coupes et le retrait d'une scène au contenu sexuel explicite. Ce n'est qu'après sa mort (1988), que sa troisième femme, Virginia Gerstensfeld, parvint à faire publier l'édition originale et intégrale, en 1991. Il n'y avait pourtant dans ce

---

1 1965 : L'arrêt de la Cours Suprême *Griswolt v. Connecticut* abolit l'interdiction d'informer et de distribuer des moyens contraceptifs au nom du caractère privé de la relation conjugale.

1972 : L'arrêt de la Cours Suprême *Eisenstadt v. Baird* étend le précédent arrêt en incluant les personnes non mariées.

2 Heinlein (Robert A.) : *Expanded Universe. The New Worlds of Robert Heinlein*, 1980.

roman rien d'agressif puisque ses deux piliers étaient l'amour – à la fois corporel et sentimental – et le refus de toute violence. Mais parler de sexe, d'attirance, de stupidité du modèle conjugal traditionnel, d'ouverture au polyamour, était encore explosif. Tout ceci valut au livre un vaste engouement public et des déclarations outragées, venues de plusieurs autorités morales et politiques.

De même, on sait aussi l'intérêt que R. Heinlein a porté à la question de la différence des genres, et à son dépassement. Par exemple dans *Le Ravin des Ténèbres* (*I Will Fear no Evil*, 1970), un vieil homme quasi mourant a le cerveau transplanté dans un corps jeune, qui se trouve être celui d'une femme. Cela lui permet une exploration tous azimuts et très réjouissante du monde tel qu'il est vécu par les femmes. Ce roman, assez peu connu en France, reçut le prix Locus en 1970, s'inscrivant dans le mouvement de reconnaissance d'un statut et d'une considération égale pour les femmes et pour les hommes.

Sur ces deux questions essentielles, celle de la liberté amoureuse et sexuelle et celle de l'exploration des genres, J. Varley va poursuivre et renouveler les questionnements libertariens de R. Heinlein, tout en cultivant un sens de l'humour aussi affirmé que celui de son devancier. Le passage que nous allons explorer en est une illustration.

Le lancement de l'ULTRA-Frisson

Lorsqu'on entame *Gens de la Lune*, on tombe d'emblée sur ce titre de chapitre improbable :

NOTRE NOUVEAU SUPERCONCOURS ! GAGNEZ UN COÏT GRATUIT !

Puis le texte démarre par ces mots tout aussi improbables :

« Dans cinq ans, le pénis sera obsolète », déclara l'attaché commercial. (*GdL*, p. 9)[1]

Le style d'humour déployé paraît osciller entre l'outrance et la blague sexuelle assez crue. Tel est le premier effet que l'auteur veut provoquer sur les lecteurs et lectrices. Toutefois, en observant la réaction des deux journalistes formant les personnages principaux, Hildy et Cricket, on comprend à leur attitude blasée qu'ils ne ressentent aucune outrance, si ce n'est une outrance commerciale, et qu'ils ne

---

1 Pour toutes les citations tirées de *Gens de la Lunes*, nous indiquons *GdL*, suivi du numéro de page. Il s'agit de la traduction de Jean Bonnefoy, dont la fluidité, l'élégance et l'exactitude sont à souligner, y compris pour transmettre l'humour, l'ironie et les sous-entendus du texte lorsqu'on compare à l'édition originale en langue américaine.

voient aucune blague sexuelle, mais un produit nouveau à étudier – comme il en existe tant d'autres. Le second effet sur les lecteurs et les lectrices est donc d'ouvrir ses pensées à la découverte d'un monde futur aux mœurs exotiques, loin en avant sur le chemin de la « libération sexuelle ».

Aujourd'hui (2023) comme en 1992, nous sommes habitués aux lancements de produits technologiques. La plupart du temps, ils sont annoncés à grand renfort d'adjectifs ronflants, comme « fun », « innovant », « sensationnel », voire « révolutionnaire ». Disons même qu'on nous a fait le coup de multiples fois, avec le jeu vidéo *Pong* d'Atari (1972), l'IBM PC Personal Computer (1981), le Macintosh d'Apple (1984), le Personal Digital Assitant (PDA) *Organiser II* de Psion (1986), la *Game Boy* Nintendo (1989), le système Windows 3.0 de Microsoft (1990), les téléphones mobiles Nokia (1992), le smartphone IBM Simon (1994), la tablette PDA 600 d'Amstrad (1993), les Tamagotchis de Bandaï (1996), etc., jusqu'au smartphone Samsung Galaxy S23 Ultra et au smartphone iPhone 14 Pro Max actuel, vendu à 1329€. La présentation internet de ce dernier commence d'ailleurs par ce message en grandes lettres noires sur fond rose (copie d'écran)[1] : Pro Plus ultra.

Sur fond rose et avec cette mise en avant de l'« ultra », ne seraient-ils pas, après tout, un écho à ce qu'écrivit J. Varley trente ans plus tôt avec son « ULTRA-frisson » ? Le fond rose invite au rapprochement...

En somme, John Varley écrit une parodie de nos décennies technologiques qui, à force de nous vendre des mythologies bricolées, semblent de plus en plus nous blaser. N'avons-nous pas déjà, nous aussi, entendu cent fois le lancement d'une tech révolutionnaire, qui, finalement, ne s'avère qu'un bégaiement commercial ? D'où ces pensées qui viennent à Hildy et Cricket :

> L'attaché commercial de la 3G [la Générale de Génie génétique] était aussi passe-partout qu'un animateur de jeu télévisé. La voix allait avec le personnage. Un personnage type. (*GdL*, p. 9)

La seule différence est qu'il ne s'agit pas de techno informatique, mais de technosexe. Dans la société de la Lune, où toutes les fantaisies sexuelles sont permises et bien vues pourvu qu'on n'y contraigne

---

1 https://www.apple.com/fr/iphone-14-pro/   Consulté le 06/03/2023

personne, il en faut beaucoup pour raviver la flamme de l'innovation étonnante. L'animateur s'y emploie comme il peut en brandissant l'obsolescence des attributs sexuels classiques :

> « Le sexe tel que nous le connaissons est une activité malcommode, sans souplesse, sans imagination. Le temps de parvenir à la quarantaine, vous avez déjà fait tout ce qu'il est possible d'accomplir avec l'équipement sexuel 'naturel' dont nous disposons. [...] Cela finit par devenir ennuyeux. Et si c'est ennuyeux à quarante ans, qu'est-ce que ce sera à quatre-vingts, voire à cent quarante ? Y avez-vous déjà songé ? Songé à votre vie sexuelle quand vous serez octogénaire ? Avez-vous réellement envie de continuer à répéter et répéter la même vieille gymnastique ? » (*GdL*, pp. 9-10)

Là encore, la remarque s'adresse de deux façons à nous. D'un côté elle nous pousse à nous interroger sur la réalité de la sexualité des personnes âgées à notre époque, ce qui, en 1992, était un sujet peu commun, mais ce qui l'est devenu en 2023[1]. D'un autre, elle nous pousse à envisager une des conséquences d'une société où, comme sur la Lune, on peut continuer à vivre indéfiniment. Cricket et Hildy ont tous les deux l'apparence d'adultes en pleine forme. Si Cricket est effectivement une jeune femme de trente ans qui commence une belle carrière journalistique pour le Blog-mag *Recta*, Hildy est quant à lui centenaire, journaliste du Blog-mag n°1 : *Tétinfo*. Ainsi donc, dans une société où on peut vivre plusieurs siècles en pleine forme, la question de l'ennui dans la sexualité est une question réelle. En revanche, la réponse apportée par la 3G les laisse tous deux assez dubitatifs, car déjà vue.

Au passage, on peut remarquer que comme toujours chez J. Varley, l'humour en apparence grossier cache des réflexions sociologiques et anthropologiques assez fondamentales, portant ici sur la vie prolongée, sur l'évolution de la vie sexuelle avec l'âge, voire sur l'ennui et le désarroi d'un monde qui peut apparaître soit trop rapide, soit trop lent. Elle nous invite aussi à nous interroger sur « l'équipement standard » sexuel dont nous sommes pourvu·e·s, et sur les modifications qu'on pourrait aimer lui apporter.

---

1 En France, l'un des premiers grands textes sur la sexualité des personnes âgées est *La Vieillesse* de Simone de Beauvoir. Publié en 1970, cet essai, trop dérangeant, a connu peu d'écho. Il a fallu attendre les années 1990 pour que la question commence à être enfin abordée et qu'on reconnaisse qu'une large majorité des plus de 50 ans ont une sexualité active. Mais il reste du chemin à faire, par exemple au sujet de la prévention et du traitement des maladies sexuellement transmissibles. Le Sidaction a mis ainsi l'accent, en 2022, sur le dépistage chez les plus de 50 ans, vu le nombre important de contaminations dans cette classe d'âge.

Encore un « *Sensori-touchi* »

L'animateur poursuit son boniment, déroulant les préambules prévus, ménageant le suspens. Hildy, pour sa part, attend de voir.

En un mot comme en cent, je m'em-mer-dais.

Ce n'était pas la première fois que je voyais annoncer le Millénaire sexuel. Pas plus tard qu'en mars dernier, en fait, et avec une parfaite régularité auparavant. [...] Tout journaliste s'y trouvait confronté au moins une fois par mois au cours de sa carrière. (*GdL*, p. 11)

Il écoute néanmoins le final de l'argumentaire :

« ... enregistré un accroissement de soixante pour cent de la sensation orgasmique, un doublement de l'indice de satisfaction et une totale absence de dépression post-coïtale. » (*GdL*, p. 12)

Commentaire mental sarcastique de Hildy :

Comme avait coutume de dire mon vieil oncle J. Walter Thompson*, « rend votre linge cinquante pour cent plus blanc, et vous nettoie les dents sans vous abîmer l'haleine. » (*GdL*, p. 12)

*   J. Walter Thompson fut le créateur d'une des premières agences de publicité aux États-Unis, dans les années 30.

Enfin vint le clou du spectacle : le moment du dévoilement.

« La Générale de Génie génétique présente...
– Roulement de tambours », murmura Cricket [...]
« ... l'avenir du sexe... *ULTRA-Frisson* ! »

Applaudissements polis dans la salle, tandis que les rideaux s'ouvraient, dévoilant un couple nu, debout sur la scène, enlacé sous un spot violet. Tous deux étaient parfaitement glabres. Il se tournèrent pour nous faire face [...]. Aucun ne semblait avoir de sexe précis. La seule marque distinctive était l'esquisse de seins et le trait d'ombre à paupières pour le plus petit des deux personnages. Chez l'un comme chez l'autre, la peau de l'entrejambe était parfaitement lisse.

« Encore un Sensori-touchi, murmura Cricket. (*GdL*, pp. 12-3)

À ce moment-là du récit, les lecteurs et lectrices oscillent entre déception et curiosité. Puisqu'il est question de sexe et de frisson, on s'attendait, émoustillé·e, à des visions de sexes et à une démonstration de fornication orgasmique. Au lieu de cela : rien à l'entrejambe sauf une peau toute nue, propre et nette. À la place du feu sexuel, c'est plutôt la mousse de l'extincteur, puisque la différence des genres est gommée : pas de chevelure cascadante, pas de lèvres pulpeuses, pas de moustache ou de barbe, pas de poils. Il ne reste qu'une vague stylisation : une esquisse de seins et un usage discret de l'ombre à paupières.

Comment, avec un « équipement » aussi peu sexué, parvenir au plaisir et à l'orgasme ? Tout passe en fait par la caresse et le frottement. La perception de ces frottements est relayée, par une connexion, aux centres cérébraux du plaisir. En somme : un baiser donne une sensation de plaisir sexuel ; et le frottement de deux entrejambes induit une stimulation cérébrale impulsant directement un puissant orgasme, ce que Cricket résume en parlant de « Sensori-touchi ». Le sexe se résume au toucher, au frottement, via une médiation informatique.

Le couple sur scène, rejoint par d'autres, fait alors une démonstration de toutes les façons de se toucher et de se frotter pour obtenir plaisir et orgasme, dans une chorégraphie millimétrée.

Hildy et Cricket choisissent de quitter la salle pour jouer aux pique-assiettes aux dépens du buffet de l'auditorium.

La tech du sexe : pub, marché, abonnement

Plutôt que de rester sur une impression de « flop », réfléchissons un moment à cet étrange lancement. Par bien des aspects, cette scène nous place à la confluence de certaines innovations et d'évolutions de ces dernières décennies, en en faisant une combinaison inattendue.

La première concerne le rapport à la *nudité*. L'histoire révèle certaines surprises. En particulier, Jean-Claude Bologne[1] explique qu'avant le XIXᵉ siècle, la coutume était d'aller se baigner nu·e pour se laver, souvent à la vue de toutes et tous. De même, lorsqu'un hôte se présentait et devait passer la nuit chez vous, il était normal qu'il dorme dans le lit familial, pour ne pas prendre froid à ces époques où les maisons étaient à peine chauffées. Avec le XIXᵉ siècle, sous la pression de l'Église et des autorités civiles, ces nudités et ces intimités communes passèrent du statut de la nécessité à celui du risque d'atteinte à l'ordre public et aux bonnes mœurs. On condamna les bains publics, les étuves. L'accès à la chambre releva du domaine privé. De même, on créa une pièce à part, les toilettes, pour faire ses besoins, alors qu'un siècle plus tôt ils se faisaient devant tout le monde, y compris au château de Versailles de Louis XIV. Le XIXᵉ siècle fut le siècle de la répression de la nudité et du tabou du corps, perçu comme vil et facteur de péché. L'ère était à la pudibonderie, y compris dans le cabinet du médecin ou dans l'alcôve conjugale. En même temps que s'installait cette pression sur les mœurs, la prostitution prospérait.

---

1 Bologne (Jean-Claude) : *Histoire de la pudeur*.

L'activation de cette soupape sociale démontre l'augmentation de la pression sexuelle de cette époque.

Dès le début du XXᵉ siècle, un large courant de pensée progressiste militait pour une morale moins répressive – par exemple Léon Blum[1] – et contre l'opprobre jeté sur le corps et sur le plaisir sexuel des femmes. Après la Seconde Guerre mondiale, les corps peu à peu se dévêtent, la pratique du nudisme et du naturisme émerge, en même temps que la publicité fait une utilisation tapageuse de la beauté nue. Par ailleurs, depuis les années 1960, il devient plus commun de parler de sexe et de sexualité. Certaines pratiques sexuelles, réprimées, deviennent recommandées – comme la masturbation – ou accèdent peu à peu à la zone de tolérance morale – comme l'homosexualité masculine ou féminine, l'échangisme, le polyamour, la bisexualité. En cinquante ans, nos cultures ont profondément changé. Aujourd'hui il n'y a plus rien de vraiment étonnant à voir sur une scène de théâtre un couple nu, même si un couple faisant l'amour sur scène reste hors de nos normes.

Le second changement est celui de l'irruption des *sex shops* et des *sextoys*. Là encore, il s'agit d'une histoire récente, puisque le premier *sex shop* n'ouvre qu'en 1962 (*Beate Uhse*, à Flensbourg, en Allemagne). À partir des années 2000, on voit même des *love stores* et des *love shops* ouvrir un peu partout, même au sein de quartiers bourgeois, ce qui démontre une massification de l'usage des *sextoys* et une normalisation de la recherche du plaisir, y compris en dehors du classique rapport hétérosexuel conjugal. Les *sextoys* sont même entrés dans le monde de la tech et de l'innovation avec, pour les deux sexes, des modèles vibrants, électroniques, voire connectés. Le temps des devantures masquées et des portes à rideaux est fini. Ces magasins ont quitté la connotation trouble de la prostitution et des plaisirs interdits pour devenir des boutiques presque comme les autres. En somme, il est devenu ordinaire de rechercher un produit pour le plaisir sexuel. De ce fait, qu'une marque médiatise le lancement d'un tel produit n'a plus rien de choquant, et la scène décrite par J. Varley ne fait que nous faire sourire.

Le troisième point intéressant est l'irruption des *smartphones* à partir des années 1990. Utiliser avec son smartphone un petit logiciel

---

1 Blum (Léon) : *Du Mariage*, 1907. L. Blum fut une figure du socialisme et un homme d'État français, membre du Conseil d'État, Président du Conseil en 1936 (création des congés payés, de la semaine de 40 heures et des conventions collectives). Critique de la morale bourgeoise, il se prononce pour la liberté amoureuse avant le mariage dans son ouvrage *Du mariage*, y compris pour les femmes, ce qui fit scandale. On peut noter aussi que le gouvernement de 1936 fut le premier à intégrer des femmes, alors même qu'elles n'avaient pas encore le droit de vote.

qui permet de régler un dispositif, comme une télécommande, est une habitude commune, que ce dispositif soit un minidrone, un élément domotique, une télévision, un suivi diététique ou un implant régulateur de glycémie pour une personne diabétique. Dans le texte de J. Varley, il s'agit seulement de pousser le curseur plus loin, en agissant sur un implant cérébral de stimulation du centre du plaisir.

Le quatrième point n'est pas culturel, mais scientifique : il s'agit du *centre cérébral du plaisir*. En 1954, James Olds et Peter Milner[1] implantèrent des électrodes dans l'aire septale du cerveau des rats, liée à la sensation de plaisir. En appuyant sur un levier, les rats purent stimuler directement leur aire cérébrale. Il s'avéra que dès qu'un rat l'eut compris, il ne put plus cesser de s'autostimuler sans fin, frénétiquement, jusqu'à oublier ses besoins fondamentaux comme le besoin de se nourrir ou de protéger sa nichée de petits. Ce résultat aida à comprendre les mécanismes de récompense et de plaisir, ainsi que les mécanismes d'addiction (dépendance et accoutumance). Comme le dit Jean-Gael Barbara :

> Le caractère sensationnel de cette découverte tient au fait qu'il s'agit de l'exemple le plus clair d'une localisation d'un circuit nerveux cérébral dont la stimulation induit un état émotionnel. D'un point de vue épistémologique, c'est un point de contact très prometteur de la neurophysiologie et de la psychologie[2].

Notre texte est une décantation assez sophistiquée de ces quatre points. Au fond, John Varley combine ces quatre aspects à sa façon. Primo, il reprend la stimulation cérébrale de la zone du plaisir. Secundo, il y ajoute la télécommande avec une couche logicielle de réglages à la façon des smartphones. Tertio, il en fait une sorte de neuro-sex-toy réglable par soi ou par autrui. Et quarto, en captant le signal nerveux tactile, il combine la nudité en faisant en sorte que le frottement des corps détermine l'intensité et le type de stimulation du plaisir sexuel. De cette façon, autrui, quand il ou elle vous touche, devient un super-sex-toy dont le frottement ou la caresse produit l'excitation sexuelle, le tout avec un tableau de commande logiciel permettant de moduler, voire de synchroniser les excitations de l'un·e et de l'autre.

---

1 Olds (James) & Milner (Peter) : « Positive reinforcement produced by electrical stimulation of septal area and other regions of rat brain », *Journal of Comparative and Physiological Psychology*, vol. 47(6), pp. 419-27, 1954.

2 Barbara (Jean-Gael) : « Olds et Milner : la découverte des circuits du plaisir », p. 25, *Cerveau & Psycho*, 20/02/2019, n°108, pp. 24-8.

Voilà pourquoi la Générale de Génie génétique présente la chose comme une innovation géniale, alliant la sophistication technologique et l'intensité sexuelle – tout en ouvrant la voie à une belle source de revenus. Puisque le logiciel et la maintenance de tout le dispositif requièrent de souscrire une formule par abonnement, la 3G peut s'installer dans une relation commerciale solide. Sur ce dernier point, en somme, comme pour nos forfaits téléphoniques, nous aurions un abonnement au sexe et à l'orgasme. Ceci signifie aussi que, si on oublie le règlement mensuel, on se trouvera privé·e de sexe et d'orgasme...

Toutefois, ce n'est pas vraiment cet aspect commercial qui suscite une impression de déception.

Hyper-sexuel ou hypo-sexuel ?
Ultra-frisson ou infra-frisson ?

Peu avant de quitter la salle de spectacle, voici l'état de pensée dans lequel se trouve Hildy :

> Cinq minutes après le début de la présentation de l'ULTRA-Frisson (c'est ainsi qu'ils désiraient voir qualifier leur truc, avec des capitales), j'avais compris que cette triste pantalonnade ne pouvait intéresser que les gogos. [...] Une douzaine de danseurs nus et asexués occupaient à présent la scène, se caressant mutuellement en adoptant des poses artistiques. (*GdL*, p. 13.)

D'un côté, l'auteur souligne l'emphase qui pousse à écrire « ultra » en capitales, de l'autre on a une sorte de corps de ballet, avec tout l'aspect corseté de la danse classique. L'aspect « nudité », qui aurait pu conférer à la scène un peu de piquant érotique est totalement aseptisé par le gommage du genre. La scène, d'abord burlesque, paraît désormais pitoyable ou dérisoire. On nous promettait du « frisson », et même de l'« ULTRA-Frisson », on n'a que des statues de marbre. On nous promettait du sexe, on n'a que des corps châtrés.

J. Varley aime jouer des contrastes. On en a ici un exemple typique : annoncer un raout sexuel et ne donner qu'une pantomime asexuée. On peut imaginer qu'à force de vouloir s'emparer du marché le plus large, l'entreprise s'est imposé un cahier des charges gommant tout ce qui pouvait heurter. Exit les poils, les seins, les verges, les vulves, les testicules et les silhouettes genrées. On a retranché tout ce qui pouvait avoir un petit soupçon d'obscénité. On a produit des corps qui sont nus sans être vraiment nus, puisqu'ils n'ont plus rien d'intime.

On touche ici à un point clef du texte : le rapport à l'*intimité*. En fait, littéralement, l'intimité corporelle est comme dissoute puisqu'on l'a fait disparaître par enchantement : la superchirurgie de ce futur permet de façonner le corps comme on le souhaite. Mais en dissolvant l'intimité, n'a-t-on pas dissout le feu sexuel, n'a-t-on pas dissout une des composantes importantes du sexe, à savoir le désir de toucher l'intimité sexuelle de l'autre et le désir d'accueillir l'autre dans son intimité sexuelle ?

Disons-le autrement et de façon simplifiée : la version 3G du corps, c'est un corps qui n'a plus de passage entre intériorité sexuelle et extériorité sexuelle, des corps qui ne peuvent plus pénétrer ou être pénétrés, des corps qui restent indemnes de ce qui est le plus sensible : le partage intime dans sa dimension corporelle (nous aborderons plus loin la question de l'intimité psychique). Tout juste se frotte-t-on un peu, une caresse par ci, une caresse par là, dans une chorégraphie sans profondeur. On nous promettait un parfum de scandale, on n'a que l'odeur aseptisée du corps lisse ou « comme il faut », c'est-à-dire une nouvelle forme de pudibonderie. Or, jouer ainsi de l'ersatz et de l'hypernormalisation est toujours un jeu pervers, puisque c'est un jeu obsédé par ce qui n'est pas là, par ce qui est mis hors champ ou par ce qui est interdit. Sans sexe génital, on peut d'ailleurs imaginer que la bouche acquiert encore davantage de force sexuelle de co-pénétration intime, par exemple.

Notons que ce gommage génital ressemble à ce qu'a fait la firme Mattel avec la poupée Barbie : un corps caricaturalement féminin – avec une corpulence d'anorexique – mais en même temps un corps interdit de caractères sexuels primaires et secondaires : des seins sans mamelons, des hanches bien arrondies, mais un entrejambe sans pubis et sans vulve. Il ne reste que la silhouette féminine, dans son image modelée par le corset.

Ce n'est pas par hasard que nous faisons ici référence à Barbie, puisque J. Varley a publié en 1978 une nouvelle intitulée « The Barbie Murders[1] ». Il est justement question de tout un groupe qui incarne le standard Barbie. L'ironie veut qu'une Barbie en ait tué une autre, et que cela soit précisément lié à la réémergence de la question du sexe dans un groupe qui l'a biffé, comme nous l'avons souligné dans un autre texte[2]. Là encore, dans cette colonie de Barbies, la question de l'intimité était au cœur de la réflexion de J. Varley, puisque, lors de la cérémonie

---

1 Varley (John) : « The Barbie Murders », *Asimov's Science Fiction*, January/February 1978.

quotidienne d'« égalisation », chacune des Barbies devait partager avec les autres ses peines, ses joies, ses expériences, afin que plus rien ne risque de la singulariser et qu'elle puisse à nouveau être interchangeable, sans profondeur, sans intimité.

Le texte sur l'innovation de la 3G est assez similaire. Au fond, il nous montre une scène de sexe « égalisée », où il n'y a plus de différence des genres – tous les corps sont asexués – et où il n'y a plus ni sexe ni sexualité. Si on y réfléchit, il n'y a plus qu'une stimulation du centre du plaisir, comme dans l'expérience de J. Olds et P. Milner, ce qui est plus proche du *trip* procuré par une drogue que du plaisir sexuel dans sa dimension sensuelle. En fait, soulignons-le, comme on se passe de la médiation des *sens*, il n'y a plus rien ici de *sensuel*.

Enfin, toujours sur cette question de l'intimité, le paradoxe est qu'il y a bien une pénétration et une intrusion dans l'intimité la plus intime, mais elle n'a rien de sexuel puisqu'elle relève de l'intrusion d'un implant technique dans la boîte crânienne. Si on admet que la technique est parfaitement maîtrisée et sans dommage, il n'en reste pas moins qu'on met un objet extérieur dans cette forteresse de l'intimité du Soi qu'est le cerveau. De plus, on ne le met pas n'importe où, mais dans une zone qui nous implique particulièrement : celle du plaisir, donc celle de la récompense et de la satisfaction.

Plus précisément, il s'agit de donner accès, de l'extérieur, à cette citadelle intérieure. La stimulation est envoyée de l'extérieur et elle passe par la médiation d'un dispositif externe. Cela est d'ailleurs explicitement prévu, puisqu'il faut s'abonner et que si on ne paie plus son abonnement l'accès est bloqué. Pour se permettre une telle *dépendance*, une telle porte d'accès en soi, il faut des garde-fous juridiques extrêmement solides afin d'être sûr que le contrat soit respecté et qu'aucun piratage ne soit possible. J. Varley compose un cadre où cela est effectivement le cas, mais, si nous nous retournons sur notre situation, force est de constater la faiblesse de la sécurité des logiciels privés auxquels nous nous confions, et l'opacité extrême sur ce que les firmes privées font de nos « données » personnelles (les économistes appellent cela un modèle économique biface : une face claire, qui est celle que l'utilisateur perçoit, et une face obscure, qui est celle qui permet d'apporter des bénéfices en monétisant les données personnelles des utilisateurs).

---

2 Goffette (Jérôme) : « L'être et l'apparence dans "The Barbie Murders" de John Varley », pp. 285-300, *in* Guillaud L. & Préher G. : *Apparitions fantastiques*.

En fait, J. Varley octroie à son contexte un cadre juridique extrêmement solide et « propre » parce qu'il a une autre idée en tête, bien conforme à son humour amateur de paradoxes.

La ceinture de chasteté, version high-tech

Après leur passage au buffet, Hildy et Cricket quittent l'auditorium de la 3G pour déambuler dans le quartier, en attendant l'arrivée d'un transport en commun. Cricket, journaliste consciencieuse, feuillette le dossier de promotion de la 3G. Au fur et à mesure de sa lecture en diagonale, elle fait part de ses trouvailles à Hildy :

> « Ils disent avoir prévu une option permettant les rapports sexuels par téléphone. » [...]

> « Ça n'a rien de nouveau. Les gens ont commencé à pratiquer le sexe par téléphone à peu près dix minutes après qu'Alexandre Graham Bell a eu inventé la chose. » [commente Hildy]

> Elle poursuivit sa lecture : « 'Il vous suffit de raccorder le Frissomodem (vendu à part) au nœud sensoriel primaire et aussitôt, c'est comme si votre partenaire était avec vous dans votre chambre.' » (*GdL*, pp. 16-7)

Jusque là, rien de bien particulier, si ce n'est une extension de l'amour par téléphone grâce à une stimulation directe de la zone cérébrale du plaisir de l'autre. De nos jours – 2023 – avec les sextoys connectés, on peut déjà faire ce genre de choses avec son partenaire et produire une jouissance *à distance*, même si elle n'est pas directement envoyée dans le cerveau. Ce n'est qu'une transition vers la suite, plus détonante :

> « Ils disent qu'un verrou de sécurité est disponible pour garantir la fidélité.
> – Hein ? Qu'est-ce que c'est que ça ? »
> Elle me passa le [dossier]. Je n'arrivais pas à croire ce que je lisais.
> « Est-ce que c'est légal ? M'enquis-je.
> – Tout à fait. C'est un contrat entre deux individus, non ? On ne force personne à l'utiliser.
> – C'est une ceinture de chasteté électronique, voilà ce que c'est.
> – Portée à la fois par le mari et la femme. Pas comme nos vaillants Croisés, qui s'envoyaient en l'air tous les soirs pendant que leur épouse cherchait un bon forgeron. Bon pour les poules, bon pour les coqs.
> – Bon pour personne, si tu veux mon avis. » (*GdL*, p. 18.)

Ce passage est le véritable pivot du récit. À partir du moment où vous ouvrez une voie dans l'intériorité psychique, vous construisez une porte d'accès. Elle a d'ailleurs une double ou triple dimension puisqu'elle concerne la personne à qui vous la confiez, à savoir votre partenaire, mais aussi l'entreprise assurant le bon fonctionnement du dispositif, sa maintenance et sa mise à jour, et enfin les éventuels piratages. Dans son fonctionnement prévu, une porte de contrôle sur vous est ouverte à quelqu'un d'autre, qui peut d'ailleurs s'en servir de plusieurs façons : bloquer la stimulation, l'ouvrir quand elle veut, ou même l'ouvrir en amplifiant le signal jusqu'à susciter un orgasme foudroyant, voire un passage à l'addiction ou à l'overdose. En somme : soyez les bienvenu·e·s dans le monde *connecté*, dans le monde du *sexe connecté* – ou *déconnecté*...

Comme toujours, on cherche à comprendre ce qui se passe en puisant dans son bagage de mots, ce qui conduit Hildy à poser le concept : une « ceinture de chasteté électronique ». Le télescopage historique est extrême : du Moyen-Âge à cette société du futur, de l'époque de la domination des hommes sur les femmes à une époque où chacun change régulièrement de genre, d'une époque vantant les vertus de l'obéissance à une époque de respect fondamental de l'autonomie de l'autre.

Cricket, qui a l'esprit rapide, remarque néanmoins que la ceinture de chasteté version *high-tech* a au moins le mérite de la symétrie, puisqu'elle s'applique aux deux membres du couple (qu'il soit hétérosexuel ou homosexuel, le genre n'ayant plus d'effet ici). Ce à quoi Hildy répond que ce n'est qu'une égalisation par le bas, les deux se retrouvant en situation de soumission, de dépendance et d'hétéronomie. En somme il s'agit de réinventer la répression sexuelle victorienne avec les moyens terriblement efficaces de la *high-tech*.

Les réflexions de Hildy prennent alors un tour fondamental :

> Franchement, j'étais choqué, et il n'y a pas grand-chose qui me choque. Chacun son truc, c'est le fondement de notre société. Mais l'ULTRA-Frisson offrait là un système de sécurité codé grâce auquel chaque membre du couple détenait un mot de passe, inconnu de l'autre, lui permettant de bloquer ou débloquer à sa guise la libido de son ou sa partenaire. Sans ce mot de passe, le centre du plaisir restait inactif et le sexe devenait aussi excitant qu'une division à six décimales.
>
> Y recourir voulait dire que j'accordais à quelqu'un un droit de veto sur mon propre esprit. (*GdL*, p. 18.)

Pour comprendre l'ampleur du choc de Hildy, il est important de dépeindre le contexte culturel de la société lunaire dans laquelle il vit. Dans le droit fil de Robert Heinlein, c'est une sorte d'anarchie régulée par un attachement très fort au principe d'autonomie personnelle. Utiliser la violence, faire pression sur autrui, l'instrumentaliser, tenter de dominer l'autre relèvent de l'inadmissible et sont sanctionnés de façon très efficace. Cela est d'autant plus prégnant que l'ordinateur central est en contact avec tout le monde, partout, tout en étant astreint à une non-divulgation de la vie privée de gens. De ce fait, dès qu'on est dans l'espace public, faire violence à autrui sera sanctionné et, dans l'espace privé, les atteintes les plus graves seront aussi communiquées aux tribunaux (comme dans nos sociétés, tout n'est pas possible dans l'espace privé). Globalement, la cohésion sociale repose sur cette culture profondément intégrée du respect des choix d'autrui. Hildy le résume à sa façon : « Chacun son truc, c'est le fondement de notre société. »

Le second trait culturel crucial est le rapport au genre et à l'épanouissement sexuel. Concernant le genre, dans le roman de J. Varley, il fait partie des bonnes mœurs – sans que ce ne soit une obligation – de changer de temps en temps de genre, ce qui est appelé « sexchangisme ». D'ailleurs, J. Varley mentionne en passant la première personne à avoir changé de genre et de sexe, Christine Jorgensen (*GdL*, p. 10), en 1952. Par exemple, Hildy – pour Hildegarde – est né masculin, a passé toute son enfance dans le genre féminin, puis a changé de genre et de sexe de temps en temps. Cela fait plusieurs décennies qu'Hildy est un homme de la quarantaine, mais au cours du roman iel va choisir de sexchanger[1].

Le fait que le sexchangisme soit une pratique courante – et très majoritaire – a une répercussion majeure : cette société cultive une ontologie de la *personne* bien plus qu'une ontologie genrée. Ce qu'on *est*, c'est notre personne. Notre genre n'est qu'une *expression* choisie par la personne, comme l'épaisseur des muscles, la forme du nez, la couleur de peau ou des cheveux. De plus, comme chacun·e ou presque a vécu l'un et l'autre genre, il existe une culture partagée du « vivre femme » et du « vivre homme », ainsi que du « vivre asexe », « vivre hyperfemme », « vivre hyperhomme » ou « vivre bizarre ». De même, la question de l'hétérosexualité, de l'homosexualité, de la bisexualité et de l'asexualité n'est pas une question de valeur, mais d'inclinaison personnelle, et beaucoup ont expérimenté un peu tout pour trouver la

---

1 Cf. Goffette (Jérôme) : « John Varley et les sexes métamorphes », pp. 267-283, *in* Dupeyron-Lafay Françoise (dir.) : *Les Représentations du corps dans les œuvres fantastiques et de science-fiction.*

meilleure façon de s'épanouir. Ce type de vécu a pour effet d'ôter une bonne part du terreau à toute forme de sexisme, d'homophobie et de racisme, et de cultiver une curiosité et une tolérance de fond.

Si nous revenons à la ceinture de chasteté et au questionnement éthique qui s'exprime ici, on comprend pourquoi Cricket réagit immédiatement en soulignant l'égalité des deux partenaires : il n'y a plus de sexisme et de domination masculine culturellement possible. On comprend aussi la remarque, viscérale, puis réfléchie, de Hildy : « Ce n'est bon pour personne, si tu veux mon avis » parce qu'elle puise à l'éthique de l'autonomie et de l'épanouissement personnel. Cette clef d'accès à une des capacités fondamentales de son cerveau est une atteinte directe à l'autonomie. C'est une situation de dépendance et de soumission intime. D'où cette conclusion :

> Y recourir voulait dire que j'accordais à quelqu'un un droit de veto sur mon propre esprit.

J. Varley, poursuivant les cogitations de R. Heinlein, campe en fait une opposition frontale non pas entre le devoir et le laisser-faire, mais entre la morale victorienne et l'éthique de l'autonomie. La morale victorienne est, dans sa culture même, une imposition et une emprise, avec une mécanique de répression de tout ce qui dévie du modèle traditionnel conjugal dévoué à la perpétuation de l'espèce et à la soumission au code édicté par l'Église. C'est une morale de la direction de conscience, de l'emprise, de la domination, et, ce qui en est la conséquence : une morale de la souffrance, de l'autoritarisme et de la perversité cachée (violence conjugale, prostitution, etc.). À l'inverse, tout le roman *Gens de la Lune* est une promotion, par l'exemple, de l'éthique de l'autonomie, une éthique du respect des consciences et de leurs choix, une éthique des relations de coopération et non de domination, et, ce qui en est la conséquence : une éthique de l'épanouissement, de la convivialité, de l'accord et d'une curiosité pragmatique. Par conséquent, l'éthique de l'autonomie et de l'épanouissement ne peut que s'opposer à la morale puritaine victorienne avec son dolorisme sous-jacent.

Incidemment, cette irruption de la ceinture de chasteté version 2.0 montre l'évidence du travail *historique* du corps, de l'histoire à la science-fiction en passant par le monde contemporain. Comme le soulignent Judith Halberstam et Ira Livingston : « 'the body' has a *history* »[1] et ce qu'on en fait, ce qu'on en vit et ce qu'on en projette à l'avenir est aussi lié à cette historicité.

---

1 Halberstam (Judith), Livingston (Ira) : « Introduction. Posthuman Bodies », pp. 1-19.

Les trois discours du texte

La farce burlesque de la réinvention de la ceinture de chasteté version *high-tech* repose, comme souvent chez J. Varley, sur une réflexion philosophique et anthropologique souterraine. Il n'assène rien, il fait sourire, et il donne à penser tout en espérant que ses lecteurs et lectrices assembleront les pièces du puzzle et chemineront à peu près vers l'horizon auquel il est lui-même parvenu.

D'ailleurs, ici, les pièces du puzzle, d'abord bizarres, finissent pas s'assembler en un tout cohérent. On a d'abord tout cet aspect de mercantilisme, qui est à la fois très convenu et foncièrement gênant parce qu'il est un regard biaisé afin de faire vendre quelque chose – comme le mercantilisme de l'époque victorienne. On a ensuite ces corps non pas androgynes, mais asexués, comme si le sexe était en soi une chose obscène, collante et répugnante, qu'il fallait biffer, éradiquer, rendre invisible – comme à l'époque victorienne où le corps, perçu comme sexué, honteux et dégoûtant, devait être caché sous les vêtements, violemment corseté et sévèrement réprimé, surtout lorsqu'on était une femme. On a enfin la ceinture de chasteté *high-tech*, qui permet à la fois de transformer le plaisir sensuel en une stimulation non sensuelle du centre du plaisir, de faire disparaître le contact intime, corporel et sexuel, dans une sorte de commande-contrôle à distance, et enfin le mécanisme de verrou répressif instaurant un système de domination de l'autre sur soi, sous prétexte de romantisme de la fidélité – comme à l'époque victorienne où le mariage comprenait un vœu de fidélité et induisait en pratique un chaperonnage des femmes, et une répression tous azimuts du plaisir, dénoncé comme dévergondage côté féminin, et au contraire valorisé en conquête virile et violente, militaire, côté masculin.

Les trois pièces du puzzle s'emboîtent de façon cohérente pour rappeler cet arrière-plan historique du XIXe siècle et sa morale de la domination. Ce premier chapitre va servir d'élément de contraste pour souligner ce que va creuser l'auteur par la suite, cette forme d'éthique de l'autonomie et de l'épanouissement poussée le plus loin possible.

En fait, le texte joue du contraste entre trois discours ou trois cultures : la culture victorienne et la culture de l'autonomie, avec, intercalée, la culture d'entreprise de la 3G. Ce sont aussi trois façons de poser des normes de comportement : la morale pudibonde, l'éthique de l'autonomie, avec, intercalée, l'anomie commerciale. Le tableau de la page suivante permet d'en avoir une vue plus détaillée, facilitant les comparaisons et la saisie des contrastes.

	Culture victorienne	Culture de la 3G	Varley / Heinlein
Morale ou Éthique	Hétéronomie sociale Domination de genre Culture de souffrance et de culpabilité	Hétéronomie de couple Domination-soumission Culture « tordue » (contrôlé-contrôleur)	Autonomie Égalité et liberté Culture de l'épanouissement
Normes	Contrôle social Mariage et fidélité Contrôle des femmes Violence et prostitution	Contrôle par l'autre Asservissement mutuel Contrôle réciproque Sexualité restreinte	Contrôle de soi Conjugalité libre Liberté garantie Sexualité ouverte
Corps	Corps obscène Corps caché et tu	Corps stylisé Corps neutralisé	Corps visibles Explorations corporelles
Sexe	Honte du sexe Genres soulignés et figés Altérité conflictuelle	Organes châtrés Genres effacés et neutralisés Altérité « aseptisée »	Sexchangisme Genres affirmés et fluides Altérités explorées
Intimité corporelle	Intimité taboue Toucher suspect Sensualité proscrite	Pas d'accès à l'intime Intrusion technique Sensualité niaiseuse	Jeu intimité/extimité Toucher dans le respect Sensualité épanouie
Intimité psychique	Direction de conscience Emprise	Intrusion psychique Lien de dépendance	Respect du for intérieur Loi protectrice
Modèle économique	Mercantilisme Colonialisme	Opportunisme Modèle biface, sournois	Libertarianisme ? Libéralité ?
Discours	Prêche	Boniment	Ironie

Derrière la drôlerie assez crue du texte se cache ainsi une interrogation en profondeur des questions épineuses de sexe, de genre, de relation, dont la science-fiction a fini par s'emparer et qu'elle ne cesse de creuser[1]. Samuel Minne a souligné à juste titre que la science-fiction, pendant longtemps, a omis l'exploration de la question sexuelle, mais qu'à partir de 1950 ou 1960, cela changea, introduisant de la souplesse et du questionnement là où régnait auparavant de la rigidité et de la fermeture :

---

1 Voir par ex. : Pearson W., Hollinger V., Gordon J. : *Queer Universes : Sexualities in Science Fiction*.

D'autres textes vont développer des possibilités multiples qui consacrent la vérité du sexe sous les auspices de la diversité et de la plasticité. Cette multiplicité entraîne l'émergence d'un sujet nouveau, qui récuse la domination du genre et inscrit dans sa chair et dans le discours la complexité de ses désirs, sexuels ou identitaires[1].

Parmi les auteurs et autrices qu'il indique – Farmer, Heinlein, Silverberg, Delany, Le Guin, Russ, McIntyre, Wintrebert, Banks, Egan[2] – figure aussi John Varley, bien sûr.

Si on lit attentivement ce premier chapitre de *Gens de la Lune*, on voit de façon très nette ce contrepied fait à la vision typifiée, corsetée et traditionaliste de la sexualité et du genre, pour que s'affirme une vision différente, faite de respect curieux, de souplesse, de fluidité et d'exploration.

La rencontre amoureuse (en guise de conclusion)

Le chapitre se termine par un pied de nez à la morale victorienne. Rembobinons un peu. Nous sommes alors dans l'auditorium. Cricket la trentenaire et Hildy le presque centenaire – mais toujours en pleine forme – écoutent le bonimenteur, qui lance ceci :

> « Y avez-vous déjà songé ? Songé à ce que sera votre vie sexuelle quand vous serez octogénaire ? Avez-vous réellement envie de continuer à répéter et répéter la même vieille gymnastique ?
>
> – Quoi que je fasse, ce ne sera pas avec lui, me souffla Cricket au creux de l'oreille.
>
> – Et avec moi ? lui glissai-je en retour. Juste après la conférence ?
>
> – Et si on attendait que je sois octogénaire ? » Elle me flanqua un petit coup de coude dans les côtes, mais elle souriait. (*GdL*, p. 10.)

Voici donc deux journalistes, assez complices, qui se replongent ensuite dans leur écoute, puis qui sortent de l'auditorium. Tout en marchant, Cricket fait son travail d'enquête et fouille la documentation fournie, jusqu'à tomber sur l'option de la ceinture de chasteté. Alors qu'Hildy est en train de penser que cela reviendrait à accorder un droit de véto sur son propre esprit, Cricket lui demande :

> « Ça t'irait, là-bas ? [...]

---

1 Minne (Samuel) : « Corps étrangers : réinventer le corps sexué dans la science-fiction », pp. 233.

2 On pourrait aussi ajouter, parmi les plus connu-e-s : Élisabeth Vonarburg et Marion Zimmer Bradley.

– Où ça ? Je veux dire, qu'est-ce qui devrait m'aller ? » Elle avait pris la direction d'un carré de verdure. [...]

« C'est sans doute le meilleur endroit qu'on pourra trouver.

– Pour quoi faire ?

– As-tu déjà oublié ta proposition de tout à l'heure ? »

Pour être sincère, oui. Après toutes ces années, je l'avais plutôt lancée comme une boutade. Elle me prit la main et me conduisit sur un carré de gazon déroulé. C'était doux, élastique et frais. Elle s'y allongea et me contempla.

« Je ne devrais peut-être pas le dire, mais je suis surpris...

– Eh bien, Hildy, t'as jamais vraiment demandé, tu sais ? »

J'étais bien persuadé du contraire, mais elle avait peut-être raison. (*GdL*, pp. 18-9)

Voici donc un jeune homme de cent ans, encore timide, qui depuis longtemps suggérait sans oser, et une trentenaire qui prend l'initiative en saisissant au bond une brèche dans la conduite tout en retenue de l'autre. C'est assez délicieusement rafraîchissant. Bien sûr, le couple fait l'amour sur le frais gazon vert.

« Waouh », murmura-t-elle dans un souffle, tandis que je roulais dans l'herbe à côté d'elle. « C'était vraiment... obsolète. [...] »

Nous nous regardâmes avant d'éclater de rire. (*GdL*, p. 19)

À bien des égards, cette scène est une démonstration par l'exemple de ce que signifie l'éthique du consentement et de l'accord, cette éthique qui est aussi une éthique de la rencontre, de la complicité et de l'épanouissement, comme nous avons tenté de le caractériser dans un essai[1]. Cette voie est aussi, comme l'expriment les nombreux textes de science-fiction mentionnés par S. Minne, une voie de l'exploration et du regard attentionné, une voie de la fluidité, y compris corporelle, sensuelle et sexuelle.

Bibliographie

Barbara (Jean-Gael) : « Olds et Milner : la découverte des circuits du plaisir », p.25, *Cerveau & Psycho*, 20/02/2019, n°108, pp. 24-8.

Benford (Gregory) : « Verne to Varley : Hard SF Evolves », *Science Fiction Studies*, #95, vol. 32, Part 1, March 2005, p. 10.

Bologne (Jean-Claude) : *Histoire de la pudeur*, Paris, Hachette, 1986.

Goffette (Jérôme) : *Nous*, Paris, BoD, 2020.

---

1 Cf. Goffette (Jérôme) : *Nous*, Paris, BoD, 2020, chapitre 6 : Accord.

Goffette (Jérôme) : « John Varley et les sexes métamorphes », pp. 267-83, *in* Dupeyron-Lafay Françoise (dir.) : *Les Représentations du corps dans les œuvres fantastiques et de science-fiction*, Paris, Michel Houdiard Ed., 2006.

Goffette (Jérôme) : « L'être et l'apparence dans "The Barbie Murders" de John Varley », pp. 285-300, *in* Guillaud Lauric & Préher Gérald : *Apparitions fantastiques*, Rennes, Presses Universitaires de Rennes, 2018.

Halberstam (Judith), Livingston (Ira) : « Introduction. Posthuman Bodies », pp. 1-19, *in* Halberstam J., Livingston I. (Eds) : *Posthuman Bodies*, Bloomington (USA), Indiana UP, 1994.

Heinlein (Robert) : *The Moon is a Harsh Mistress*, New York, Putnam's Sons, 1966. Traduction française : *Révolte sur la Lune*, Paris, Opta, 1971.

Heinlein (Robert A.) : *Stranger in a Strange Land*, 1967. Traduction française : *En terre étrangère*, Paris, Robert Laffont, 1970.

Heinlein (Robert A.) : *I Will Fear no Evil*, 1970. Traduction française : *Le Ravin des Ténèbres*, Paris, Albin Michel, 1974.

Heinlein (Robert A.) : *Expanded Universe. The new Worlds of Robert Heinlein*, New York, Ace Books, 1980.

Minne (Samuel) :« Corps étrangers : réinventer le corps sexué dans la science-fiction », pp. 231-54, *in* Dupeyron-Lafay (Françoise) (dir.) : *Les Représentations du corps dans les oeuvres fantastiques et de science-fiction, Figures et fantasmes*, Paris, Michel Houdiard Éditeur, 2006.

Olds (James) & Milner (Peter) : « Positive reinforcement produced by electrical stimulation of septal area and other regions of rat brain », *Journal of Comparative and Physiological Psychology*, vol. 47(6), pp. 419-27, 1954.

Pearson (Wendy), Hollinger (Veronica), Gordon (Joan) : *Queer Universes : Sexualities in Science Fiction*, Liverpool (UK), Liverpool Univ. Press, 2008.

Varley (John) : *The Ophiuchi Hotline*, 1977. Traduction française : *Le Canal Ophite*, Paris, J'ai Lu, 1983.

Varley (John) : *Steel Beach*, 1992. Traduction française : *Gens de la Lune*, Paris, Denoël, 1994, traduction : Jean Bonnefoy.

Varley (John) : *The Golden Globe*, 1998. Traduction française : *Le Système Valentine*, Paris, Denoël, 2003.

Varley (John) : *Irontown Blues*, 2018. Traduction française : *Blues pour Irontown*, Paris, Denoël, 2019.

Varley (John) : « The Barbie Murders », *Asimov's Science Fiction*, January/February 1978.

Varley (John) : *The Persistence of Vision*, New York, The Dial Press/James Wade, 1978. Traduction française : *Persistence de la vision*, Paris, Denoël, 1979.

Varley (John) : *Picnic on the Nearside/The Barbie Murders*, New York, Berkley Books, 1980. Traduction française : *Les Mannequins*, Paris, Denoël, 1982.

Varley (John) : *Blue Champagne*, New York, Berkley Books, 1986. Traduction française : *Champagne bleu*, Paris, Denoël, 1992.

Partie 4

Réceptions et inspirations

Études académiques

Homogenized : la pornographie gay comme avenir de la sexualité et du genre

Samuel Minne

Parmi les manières de représenter la sexualité, la pornographie apparaît comme l'une des plus évidentes, mais aussi les moins abordées. À l'instar de la science-fiction à l'époque où elle manquait de légitimité, la pornographie apparaît comme un domaine maudit. Il était tout naturel que les deux genres se croisent et se côtoient. C'est ainsi que des auteurs de science-fiction voyaient leurs textes voisiner avec les récits pornographiques dans des revues érotiques comme *Playboy*. Cette coexistence est si emblématique que Kurt Vonnegut place l'œuvre de son auteur fictionnel de science-fiction, Kilgore Trout (créé en 1965), dans de telles revues. La « New Wave », le courant novateur de science-fiction des années 1960-1970, a vu de fait de nombreuses œuvres examiner la sexualité à la lumière des mouvements féministes et LGBT (Holleran, Garber, Paleo, 1983 ; Rogan, 2004 ; Pearson, Hollinger, Gordon, 2008). Certains écrivains ont écrit des romans qui mêlent l'érotisme gay et la science-fiction, comme Jay Vickery, Samuel R. Delany ou plus récemment Chuck Tingle. De son côté, Neil Gaiman, à la suite de Linda Williams, rapproche la pornographie de la science-fiction et d'autres genres narratifs. Le récit est dans tous ces cas inféodé à la présence d'éléments attendus, qui nécessitent d'être placés dans une trame, un fil narratif, pour satisfaire l'horizon d'attente de leur public respectif (Gaiman, 2016).

La pornographie, notamment bisexuelle et gay, a ainsi parfois travaillé la science-fiction. Mais la réciproque est-elle vraie ? Si les vidéos pornographiques peuvent prendre la forme de longs métrages autour d'une intrigue, elles peuvent alors choisir les lieux, les époques et les intrigues les plus diverses, au gré des budgets de production et de la créativité des réalisateurs et des studios. Qu'en est-il alors de la présence de la science-fiction dans les vidéos pornographiques ? Après le film nudiste *Nude on the Moon* (R. Phelan et Doris Wishman, 1961), le hardcore *The Orgy Machine* (Ann Perry, 1972) inaugure une longue lignée de vidéos pornos de SF (Coffman, 2016 ; Beggan, 2017). Par ailleurs, le domaine de la pornographie gay s'est défini et s'est précisé jusqu'à atteindre une autonomie indéniable (Mercer, 2017), et s'est retrouvé au cœur de questionnements dans le courant des études queer (Laprade, 2016). Il s'est en grande partie fondé sur une volonté tant esthétique que politique d'affirmation de la sexualité gay dans une société qui la rejetait (Leraton, 2002).

Il semble intéressant d'observer comment la science-fiction peut surgir au sein des vidéos pornographiques gays, pour voir quel jeu se noue dans la représentation de la sexualité entre les codes et les scènes attendues d'un film pornographique, et l'imaginaire de la science-fiction, dans le cadre spécifiquement gay, avec ses propres buts et ses propres besoins. La science-fiction peut apporter une justification à des rapports homosexuels, comme l'avait observé Joanna Russ dans son étude des fanfictions de science-fiction (Russ, 1985). Au-delà de ce que proposent les vidéos pornos gays, il est possible d'approfondir l'emploi de la science-fiction dans un film particulier, d'un réalisateur connu pour son exigence artistique et sa vision personnelle. Dans sa vidéo *HOMOgenized* (All Worlds Video, 1998), Michael Zen ne se contente pas de placer son intrigue dans un avenir proche, il va plus loin en tentant d'imaginer l'avenir de la sexualité en 2051, entre androgynie, BDSM et *genderfucking*. Avec ses clins d'œil cinéphiliques, ce film devance des thèmes et des images liés aux problématiques de sexe et de genre, et se montre précurseur en pleine explosion des études queer.

La science-fiction dans les vidéos pornographiques gays

Si la science-fiction apparaît rarement dans la pornographie gay, sa présence est avérée aussi bien dans les vidéos que dans la bande dessinée et les webcomics pornographiques gays. Dans les vidéos érotiques, il semble que le premier film recourant à un motif de science-fiction soit *Muscles from Outer Space* (AP-JZ Productions, 1961) de Richard Fontain. Sur les photogrammes reproduits dans *Physique Pictorial*, la mention « the first Science Fiction physique movie » atteste que les producteurs avaient bien conscience de la qualité pionnière de ce film érotique. Ce ne sera pas une expérience isolée, puisque suivent plusieurs courts métrages produits par Bob Mizer (*Space Mutiny* et

Rambunctious Robot, 1964). Un extraterrestre libidineux (*A Visitor From Space*, 1967), un robot fripon (*Rogue Robot*, 1970) : il n'en faut pas plus pour inspirer des scènes homoérotiques (Hanson, 2009, p. 250-259).

L'imaginaire merveilleux et onirique, important dans le cinéma gay dès *Fireworks* (1947) de Kenneth Anger, est mis à contribution en pornographie à partir de *Boys in the Sand* (1971) et *Bijou* (1972) de Wakefield Poole (Capino, 2005). L'imaginaire de science-fiction, tout en se développant dans les vidéos pornographiques gays, se limite à quelques situations types. L'un des plus anciens est l'arrivée d'un extraterrestre avide de sexe, ou juste désireux d'étudier la sexualité humaine. On le trouve dans le film expérimental *The Specimen* (Bijou, 1974) de Sebastian Figg, l'un des tout premiers films pornographiques de science-fiction. Puis le thème explose dans les années 1990 jusqu'à nos jours, avec des réalisations de Randy White (*Sperminator*, 1993), Jett Blakk (*Mars Needs Men*, 2005) ou au Brésil Cristian Ferrero (*O Homem que veio do Célo 2*, 2007), et les plus récents *Anal Abduction* (Men.com, 2018) et *The Creepery* (DisruptiveFilms, 2022). Parallèlement, Jack Deveau imagine dans *Drive* (Hand in Hand Films, 1974) qu'un savant a synthétisé un produit qui annihile la pulsion sexuelle (Coffman, 2016). L'idée de manipuler le désir sexuel réapparaît avec une invention qui rend homos les hétéros (*Roboter* (Cazzo Film, 2012, Allemagne) de Jörg Andreas et *Agents X* (2015) de Ridley Dovarez), ou le prétexte d'une mutation pour expliquer la soif de relations homosexuelles (*Djeunzs 3 : Kiffe le foutre* (Comme des anges, 2008) et *Atomix Blond* (2018) de Ridley Dovarez).

Avec *L'Expérience inédite* (1993, France) de Jean-Daniel Cadinot, inspiré de *L'Expérience interdite* (1990) de Joel Schumacher, les assistants d'un savant fou testent sa machine à vivre les rêves, ce qui explique la visualisation des scènes et permet au réalisateur de mettre en abyme son propre travail. Cette idée de visualisation des fantasmes est réactivée par la technologie des expériences virtuelles (*Virtual Fuck*, 2019). Les cyborgs sont en vogue dans les années 2000-2010 chez Cristian Ferrero (*RoboCock*) et Alter Sin (*Ex_Machina*). Dans ces productions dont le budget ne permet pas d'effets spéciaux de science-fiction, l'argument de science-fiction se confond avec les scènes sexuelles, un lien organique se forme entre la sexualité et la science-fiction, par la seule performativité du langage.

Après la comédie noire *This is the End* (2013) de Seth Rogen et Evan Goldberg, les fins du monde se multiplient dans le porno gay, dans la lignée du *Mad Max* (1979) de George Miller. Confirmant le potentiel homoérotique du sujet, ces vidéos développent l'idée qu'en cas d'apocalypse, les femmes disparaissent les premières ou sont difficilement à trouver, condamnant les hommes à rester entre eux. Se distinguent *The End* (Men.com, 2014) et *Apocalypse* (Men.com, 2016) d'Alter Sin ; *Wasteland* (Raging Stallion Studios, 2017) de Steve Cruz ; et *Dernier coup de bite avant la fin du monde* (2020, France) de Ridley Dovarez. La dystopie et le voyage dans le temps ne sont représentés que par quelques vidéos (*Doin' Time 2069* (2000) de Brian Brennan ; *Bolt* (2004) de Chi Chi LaRue ; *The Sex Traveler* (Men.com), 2014), tandis que le space opera, d'abord peu représenté (*Butt Boys in Space*, InHand, 1990), prospère à travers les remakes parodiques de films à succès (chez Men.com).

La science-fiction semble la plupart du temps un simple prétexte pour justifier des relations sexuelles entre hommes. Mais elle peut aussi les généraliser, dans les cas de disparition des femmes. La pornographie gay aura tout naturellement tendance à chercher des lieux où seuls les hommes existent : cette vision séparatiste qui favorise l'homosexualité relève d'une « homotopie », comme les utopies lesbiennes (Pearson, 2003). Si des scènes lesbiennes apparaissent dans des vidéos de SF bisexuelles dès 1979 (*Starship Eros*), les films exclusivement lesbiens recourent à la SF à partir du space opera BDSM *Zena: Mistress of the Universe* (1993) et de la dystopie *Sugar High Glitter City* de Shar Rednour et Jackie Strano (2001).

La vidéo pornographique lesbienne développe des tropes semblables au porno gay, surtout depuis 2015 chez Anastasia Pierce (*The Perils of Slave Leia* et *Leia Strikes Back*, *Visitors*, *Alien Insemination*) et Girlsway (*AI: Artificial Intelligence*, *Transmission*, *Fantasy Factory*, *Wastelands*). Pour compléter ce parcours et le rendre pleinement LGBT, il faut mentionner deux films transgenres complets : *Genderfellator* (TroubleFilms, 2011) et *T-Girl Space Pirates* (Bad Girl Mafia, 2020).

Ce que l'on peut retenir, c'est que la présence de la science-fiction dans les vidéos pornographiques LGBT ne va pas de soi. La science-fiction n'est en rien nécessaire à la pornographie, qu'elle soit hétérosexuelle ou LGBT. Son apparition doit beaucoup à la volonté de réalisateurs fascinés par la science-fiction, désireux de toucher un public amateur du genre, élargi depuis les dernières décennies à la suite du succès de franchises comme Star Wars ou Marvel. C'est dans ce contexte qu'il faut replacer la vidéo *HOMOgenized* (All Worlds Video, 1998, réédité en 2020) de Michael Zen (1935-2017). Ce n'est pas un réalisateur pornographique comme les autres, l'un de ses premiers films, *Falconhead* (1976, réédité chez Bijou Classics en 2021), montre des qualités poétiques et des clins d'œil visuels qui le placent surtout sous le parrainage de Jean Cocteau. Courtisant l'irréel avec ce personnage à tête de faucon, Michael Zen a abordé plusieurs genres au sein du porno, mais n'a réalisé qu'un seul film de science-fiction.

Androgynie et BDSM

Avec *HOMOgenized* en 1998, Michael Zen place plus précisément son film dans l'anticipation de type « ségrégation des sexes » :

> In the 21st century the government must control population growth. It built a wall to separate men from women. The Homogenized Program masterminded by Dr. Crolyn encourages men to sexually enjoy other men and keep the male populous functional. Homogenized Men [...] are identified by a government-issued gold wrist band. This is the story of Adam, an outlaw – one of the last to resist HOMOgenization.

Tout à fait logiquement dans une vidéo pornographique gay, l'avenir de la sexualité se confond avec la pornographie gay, l'homosexualité est généralisée et universelle. On assiste à un retournement : la contrainte sociale à l'hétérosexualité (Rich, 1980), fait place à la contrainte à l'homosexualité. Cette « homogénéisation » est en fait une homosexualisation.

Ce scénario justifie l'homosexualité, mais pose plusieurs problèmes. Peut-on d'abord changer l'orientation sexuelle ? Le film reprend la théorie de conversion sexuelle conçue par des psychologues américains et soutenue par des organismes religieux, qui voyaient l'homosexualité comme une maladie dont il fallait guérir (Waidzunas, 2015). *HOMOgenized* reprend cette idée, mais en inverse la perspective : c'est de l'hétérosexualité qu'il faut se sevrer et à l'homosexualité qu'il faut se convertir. (Le concept sera repris en 1999 dans le court métrage *Shame No More* de John Krokidas, parodie de film éducatif qui retourne le stigmate.) De fait, c'est précisément sur un hétérosexuel récalcitrant que le film va se focaliser, Adam Grey, un personnage qui réfute l'efficacité universelle de cette conversion de sexualité. Sa résistance devient alors à son tour le moteur d'un récit qui va tenter de briser ce refus, par la séduction ou par la force, mêlant des référents visuels aussi bien de la subculture gay que de la science-fiction.

Au réveillon du Nouvel An 2051, à la porte d'un bar gay, Adam (joué par Bent Cross) observe une scène de sexe entre un travailleur du sexe (David Thompson) et un client (Steve O'Donnell). Adam semble fasciné sans vraiment comprendre. Il téléphone régulièrement à sa petite amie Shelley, et attend patiemment qu'ils puissent se réunir. Sur le plan strictement sexuel, il est et veut rester hétérosexuel. Sur le plan du genre, c'est autre chose : comme presque tous les autres personnages, son apparence s'agrémente de touches de maquillage qui subvertissent l'image traditionnelle de la masculinité. Il a les doigts faits et l'un de ses yeux porte de faux cils. La première jaquette de la vidéo portait l'avertissement : « XXX Warning/ Contains Adult Ideas/ Androgyny & Mansex! ». Si les idées adultes et le sexe entre hommes sont des prérequis du genre, il est assez étonnant d'entendre parler d'androgynie, alors que le milieu est depuis les années 1970-80 dominé par les hommes à l'apparence virile, au corps musclé et à la poigne ferme, le type même du « Macho Man » chanté par les Village People (Levine, 1998). Mais la figure de l'homosexuel efféminé reste prégnante aussi bien historiquement, avec les théories anciennes de l'inversion, de l'uranisme et du « troisième sexe » (Eribon, 1999), que sociologiquement (Hennen, 2008).

La pornographie gay privilégie traditionnellement les hommes d'apparence virile, au point qu'on a pu parler de « sissyphobia » ou « follophobie » (Bergling, 2001). L'évolution des hétérosexuels vers une identité dite « métrosexuelle » moins monolithique a sans doute rendu possible un assouplissement des normes dans la pornographie gay, qui sait de plus en plus réserver une place de choix aux acteurs plus féminins chez certains studios récents. En tout cas elle jouait surtout sur les oppositions entre actif et passif, insertif et réceptif, viril et fragile, plutôt que mêler les deux chez les mêmes acteurs, sauf plus récemment avec l'apparition du *power bottom*, le passif sûr de lui et dominateur. Dans une société séparatiste de ségrégation des sexes comme celle de *HOMOgenized*, il semble logique que le genre féminin resurgisse sur les corps masculins. Ainsi, les personnages ont tous les yeux fardés, les ongles vernis d'or ou de turquoise, et certains les cheveux teints en vert.

Cette androgynie est contrebalancée par la tenue que portent la plupart des personnages : harnais, bottes de cuir noir, gilet en latex, collier à pointes, piercings... Tous ces vêtements et accessoires évoquent le BDSM, un imaginaire érotique de jeux de rôles fondés sur l'humiliation physique et/ou psychologique, recherchée par les personnes présentes, avec leur consentement et un mot de sécurité pour arrêter à la demande les actes en cours (Laprade). Le BDSM est par ailleurs présent dans l'ensemble de la science-fiction et de la fantasy américaines (Call, 2012). Mais dans *HOMOgenized*, cette panoplie très connotée se révèle un signe vide : lors d'une scène de trio dans un bar (), les actes sexuels sont très classiques, et tout se passe dans les rires et la bonne humeur. La sexualité est montrée comme très classique, du porno non BDSM, qu'il s'agisse du travail du sexe ou de la scène purement récréative du trio.

Des références explicites aux personnages sadiques d'un film d'anticipation s'imposent pourtant à deux reprises. Les premières vues du bar montrent des clients en chapeaux melon buvant du lait, allusion claire aux droogs du film *Orange mécanique* (*A Clockwork Orange*, 1971) de Stanley Kubrick d'après le roman d'Anthony Burgess, une bande de jeunes adeptes de la violence. Ce clin d'œil permet de préparer les spectateurs à l'une des scènes clés du film. Le docteur Crolyn (joué par J.T. Sloan) sauve Adam de quatre hommes qui le harcelaient sexuellement, et l'invite à une de ses séances. Adam se retrouve immobilisé et rendu muet à l'aide d'un gaz, ses pensées commentant la séquence en voix off. Sa tête est prise dans un dispositif qui copie celui d'*Orange mécanique* quand Alex subit une thérapie par aversion (Marrone, 2006 ; Strange, 2012). Ce qu'Adam endure ensuite ne relève pas du BDSM, mais du viol : il est masturbé contre son gré, sans pouvoir bouger ni protester, puis forcé de regarder les actes sexuels du docteur avec ses deux assistants. À la différence des thérapies par aversion, d'autres stimuli ne viennent pas renforcer le plaisir ou la douleur lors de la masturbation forcée et de la vision des actes homosexuels : ils ne sont même pas nécessaires pour compléter la mise en scène de ce type de thérapies arbitraires et indéfendables (Haldeman, 2022).

Alors que dans le film de Kubrick elle avait pour but de conditionner Alex pour qu'il perde ses pulsions sadiques, notamment de viol, dans le film de Michel Zen le viol est associé à la thérapie aversive, ils sont indissociables l'un de l'autre. La thérapie apparaissait d'ailleurs déjà comme un « viol de l'esprit » chez Kubrick, de même que le médecin Joost Meerloo dénonçait le lavage de cerveau en 1956 dans son ouvrage *The Rape of the Mind* (Burton, 2013). Cette « séance » est clairement représentée comme un acte de violence, une scène traumatisante qui va hanter le personnage. On le retrouve ensuite harcelé par deux hommes armés de pistolets à eau en forme de phallus. Il reste prostré, incapable de se défendre. L'emploi de tels objets non seulement se justifie dans le contexte, mais il anticipe aussi la démocratisation et la banalisation des « sex toys », y compris dans le cinéma non pornographique, comme les godes géants qui servent de sabres ou de nunchakus dans le film récent de Daniel Scheinert et Daniel Kwan, *Everything Everywhere All at Once* (2022 ; cf. Christensen, 2022).

Genderfucking : queer ou homogénéisation ?

Ces pistolets à eau sexualisés qui miment l'éjaculation servent aussi à introduire l'idée de phallus artificiels. Entré dans le programme, Adam passe un examen final devant un panel de scientifiques, dans un décor reconstituant un lieu de drague, où il accepte des relations sexuelles avec un homme. Il passe magistralement l'examen, ce qui lui vaut à chaque fois les applaudissements du jury. Le docteur Crolyn lui décerne son bracelet en or qui le désigne comme « homogénéisé », mais la mauvaise nouvelle tombe : le gouvernement ferme le programme Homogenized et abat les murs, les femmes sont de retour. Adam décide aussitôt d'appeler Shelley, sa petite amie, revenant à l'hétérosexualité dès que cela est permis. Le conditionnement est en réalité un échec, il a joué le jeu pour donner le change. Le décor de son appartement ne laisse aucun doute sur l'affirmation de son hétérosexualité. Mais par visiophone, Shelley lui apprend que pendant leur séparation forcée, elle est devenue lesbienne. Adam est désespéré et furieux, et on comprend que l'idéal monogame fait pleinement partie de son identité hétérosexuelle, alors que dans la vidéo, l'homosexualité semble se caractériser par l'union libre et la sexualité de groupe.

S'ensuit une scène où Adam participe à des jeux sexuels avec Shelley et la petite amie de celle-ci. La scène est voilée par des fumigènes et montée en plans courts, comme des flash-back ou une vision imaginaire, instillant le doute sur sa réalité. Dans ce scénario, les deux femmes sont munies de godes ceintures et elles pénètrent Adam. On retrouve le motif du phallus artificiel et de la pénétration anale, qui amènent à redéfinir les actes sexuels puisqu'ils n'impliquent plus directement les organes génitaux. Par ailleurs, la scène se place dans un cadre bisexuel hétéro-lesbien, rappelant ainsi un article de Pat Califia qui avait fait polémique en son temps : « Gay Men, Lesbians and Sex: Doing It Together » (1983), qui ne voulait pas remettre en cause la validité des expériences LGBT, mais élargir le spectre de la sexualité et interroger les normes de sexe. Enfin, les rôles hétérosexuels de genre et de sexualité sont inversés : on a déjà pu voir une femme pénétrer un homme au cinéma, comme dans *Myra Breckinridge* (1970) de Michael

Sarne, d'après le roman de Gore Vidal, ou dans la comédie fantastique *Ma vie est un enfer* (1991, France) de Josiane Balasko. Mais ce sont des cas exceptionnels. De fait, les normes sexuelles ne sont plus seulement subverties dans cette scène, elles explosent complètement.

C'est ce qu'en anglais on nomme *gender bending*, désigné en français par l'emprunt *genderfucking*. Selon Sam Bourcier, « Le *gender fucking* est intrinsèquement lié à la culture *drag king* des années quatre-vingt, elle-même indissociable de l'émergence des identités *neo-butch* et *neo-fem* ainsi que des pratiques S/M qui jouent sur les genres et les identifications masculines à la même époque ». Elle parle de spectacles dans lesquels « Déconstruction et érotisation de la masculinité en direction d'un public lesbien sont [...] inextricablement liées » (Bourcier, 2013). Le jeu avec les harnais-godemichets intègre également la resignification du pénis et du gode, par exemple dans les termes de Paul B. Preciado :

> Le gode, comme référence de puissance et d'excitation sexuelle, trahit l'organe anatomique en se déplaçant vers d'autres espaces de signification qui vont être re-sexualisés par leur proximité sémantique. En cet instant, n'importe quoi peut devenir gode. Tout est gode. Même le pénis. [...] Le gode est le serviteur rebelle au maître (le pénis), il tourne en dérision son autorité en se proposant comme voie alternative de plaisir. (Preciado, *Manifeste contra-sexuel*, p. 66 et 68.)

S'inspirant du retournement de l'origine initié par la philosophie de Derrida, Preciado affirme même que le pénis en érection est en fait un « gode vivant » (*ibidem*). En 1998, année de production du film, les études *queer* sont en pleine expansion, mais *HOMOgenized* est l'une des rares vidéos pornographiques à refléter les jeux sur le genre et la remise en cause des sexualités. Dans *Myra Breckinridge*, il s'agit d'une femme transgenre et dans *Ma vie est un enfer*, d'une femme pourvue d'un pénis par le diable : le pénis est une partie du corps, alors que dans *HOMOgenized* la pénétration se fait avec des godes, le phallus est dénaturalisé, le pénis rendu inutile, car remplaçable.

Tout le film entre en fait en résonance avec les débats autour de l'homosexualité et les questions LGBT aux États-Unis dans les années 1980-1990, à commencer par son idée d'homogénéisation, qui est en fait une homosexualisation des individus, et qui fait écho au livre de Dennis Altman, *The Homosexualisation of America, The Americanization of the Homosexual* (1982). Cet ouvrage parle de la visibilité accrue des homosexuels et de leurs revendications, et non bien sûr de la transformation des États-Unis en une nation d'homosexuels. Mais Michael Zen semble avoir pris au pied de la lettre l'expression provocatrice du titre, en lui substituant le mot d'homogénéisation.

Ensuite, la question de l'homogénéisation de la culture gay était aussi dans l'air à cette époque : la crainte que l'identité gay soit fixée de manière stéréotypée dans les films à thématique gay du cinéma indépendant et que le public gay se contente de productions sans valeur. Plus largement, le mot d'homogénéisation fait écho à la critique de la normalisation des gays au fil de leur reconnaissance dans la société, à la tentation du conformisme à tout prix, et pire, une vision normative de l'homosexualité.

De la tradition à la transgression, l'opposition entre l'identité d'Adam et les actes dans lesquels il s'implique est particulièrement forte. Elle expose de manière claire la hiérarchie sexuelle mise en évidence par Gayle Rubin : à l'idéal de sexe hétérosexuel, dans le mariage, procréateur, à la maison, qui est socialement valorisé, s'opposent les actes homosexuels sur les lieux de drague et plus encore le fétichisme, le travestisme, le BDSM et la prostitution, tous mal vus ou condamnés (Rubin, 2011, p. 161). Il ne manque plus que les relations transgénérationnelles et le recours à la prostitution pour qu'Adam ait réalisé tous les actes dits « vicieux » et « anormaux ». Et c'est d'ailleurs ce qu'il va faire : la vidéo semble appliquer à la lettre le schéma de Rubin. La scène du début change : Adam le voyeur devient le client du prostitué, qui lui lance :

« I thought you only wanted women.
— Me too. But they just don't have the right plumbing! »

Cette répartie étonne et semble illogique. Avec la scène précédente, on vient justement de voir que les femmes munies de godes ceintures ne manquaient de rien pour pénétrer un homme. Il semblerait alors qu'Adam cherche à renaturaliser le pénis, à préférer à sa version artificielle le gode vivant qu'est le pénis en érection. Comparé à la scène de *genderfucking* qui a précédé, c'est une régression vers une vision essentialiste du genre.

D'autre part, la facilité avec laquelle Adam passe de l'hétérosexualité à l'homosexualité semble un véritable plaidoyer pour la bisexualité, et rappelle que Michael Zen, s'il a réalisé régulièrement des films gays reconnus pour leur qualité et souvent primés, a fait l'essentiel de sa carrière dans la pornographie hétéro ou bisexuelle. Mais le passage par Adam d'un extrême à l'autre, d'une hétérosexualité irréductible à une homosexualité exclusive, pose question. Dans la scène finale, Crolyn réfugié dans le bar décide de fonder une société secrète de marginaux et d'exclus. Avant de trinquer avec Adam et le travailleur du sexe « to sex with men only », ils se donnent du plaisir au son de l'ode à la joie de Beethoven au synthétiseur. Ce fond sonore ne vient pas seulement signifier un plaisir triomphant, c'est aussi un nouveau clin d'œil appuyé à *Orange mécanique*, où la symphonie joue le rôle de leitmotiv pour exprimer l'ambivalence entre extase et dégoût, séduction et répulsion (Höyng, 2011), qui sert de pivot également à *HOMOgenized*. Le film se termine par un zoom sur une photo sépia collée au mur du bar, avec l'image de femmes derrière une grille « No men allowed », comme une utopie lesbienne et une idéalisation nostalgique de la ségrégation des sexes.

Cette fin semble renvoyer les homosexuels dans leur « ghetto », pour reprendre une métaphore parfois employée pour désigner la communauté gay, où ils trouveront peut-être le bonheur, comme s'interrogeait le sociologue Michael Pollak en 1984. L'histoire d'Adam Grey se différencie alors d'« une politique qui serait à la fois non séparatiste et non assimilationniste », elle ne relève pas du queer, présenté par Eve K. Sedgwick comme :

> la matrice ouverte des possibilités, les écarts, les imbrications, les dissonances, les résonances, les défaillances ou les excès de sens quand les éléments constitutifs du genre et de la sexualité de quelqu'un ne sont pas contraints (ou ne peuvent l'être) à des significations monolithiques . (Sedgwick, 2000, p. 115.)

On peut voir dans cette fin un triomphe du porno gay sur le porno queer, une revanche du porno gay sur le porno bisexuel, une reconnaissance de l'homosexualité exclusive au milieu de toutes les autres formes de sexualités, donnant des gages à son public cible, tout en offrant à l'imaginaire d'autres fantasmes.

Conclusion

Le contexte d'anticipation décrit est celui de la contrainte : contrainte du gouvernement, qui institue une ségrégation des femmes et des hommes, poussant les individus à se contenter de l'homosexualité, contrainte de la thérapie du docteur Crolyn. L'avenir dépeint de manière satirique est celui d'une société dystopique, alternativement pour les hétérosexuels et pour les homosexuels, qui peut dénoncer les thérapies de conversion comme des gouttelettes de dystopie, ici dans un avenir imaginaire, mais aussi dans le réel, dans le présent (Dickinson, 2015). L'histoire d'Adam Grey semble aussi montrer à quel point la sexualité peut être plastique. Là où le personnage cependant ne change pas, c'est qu'il souhaite rester hétérosexuel dans une société homosexuelle, puis rester homosexuel dans une société redevenue hétérosexuelle. À chaque fois, il choisit de faire partie de la minorité, de façon identitaire, séparatiste et non assimilationniste. Son orientation sexuelle est à chaque fois une revanche du libre arbitre sur une société de contrainte. On remarque aussi la forte prééminence des trios sur les duos dans la vidéo (cinq trios et seulement deux duos) : la sexualité est surtout récréative dans un contexte de camaraderie plutôt qu'amoureuse dans un cadre sentimental. Le film adresse alors aussi une manière d'adieu au couple et à la monogamie.

La séquence onirique de *genderfucking* est un moment du film complètement *queer*, mais elle s'insère dans un cadre gay séparatiste et identitaire plus classique. Vu des années 2020, la séance de thérapie aversive qui déguise un viol peut étonner, voire choquer en tant que prétexte pour de la pornographie. Mais la scène apparaît surtout comme un détournement parodique qui déconstruit et dénonce ces pratiques, sans cacher le traumatisme de leurs victimes. Les références répétées à *Orange mécanique* permettent efficacement d'introduire les thèmes du sadisme de la conversion, opposé à la sexualité libérée, de l'ambivalence de l'orientation sexuelle, entre séduction et répulsion, contrainte et liberté. De nos jours également, le personnage d'Adam apparaît peu cohérent avec lui-même, passant d'hétérosexuel par essence à homosexuel convaincu. Mais au vu des productions pornographiques gays plus récentes, le film garde encore une grande originalité.

Il reste encore de nombreux thèmes ou cadres de science-fiction que la pornographie peut investir (Alfaro-Vargas, 2019). Le monde des vidéos pornographiques a su s'emparer parfois avec brio de la science-fiction, notamment dans son champ le plus vaste, celui des vidéos pornographiques hétérosexuelles. Cet imaginaire a pu s'enrichir de trouvailles comme le *novum* anatomique de *Deep Throat* (Gerard Damiano, 1972 ; cf. Notéris, 2013), ou l'écran métaleptique de *Rêves de cuir* (Francis Leroi, 1991), qui s'inspire de *Videodrome* (1983) de David Cronenberg. Dans le champ gay également, les productions savent varier avec le temps et s'emparer de thèmes neufs parfois inspirés du cinéma non pornographique. Pour autant, la pornographie a encore beaucoup à faire pour intégrer le féminisme et le *queer*, et sortir des rôles stéréotypés, du sexisme et de l'exploitation des femmes. La science-fiction, de son côté, a-t-elle quelque chose à gagner à explorer la pornographie ? La question continue de se poser, la pornographie imposant des normes et des limites à la science-fiction là où la science-fiction peut permettre de les faire exploser, ou du moins renouveler les fantasmes, dans la pornographie.

En tant que reflet de la société qui la produit, comme témoignages de l'état des sensibilités, elle reste importante à étudier (Martin, 2003), et plus encore la pornographie gay comme mode d'expression d'une minorité sexuelle. La manière dont elle intègre la science-fiction montre à quel point le genre s'est diffusé dans l'ensemble de la culture et des modes de narration. En tout cas, des vidéos comme *HOMOgenized* de Michael Zen en 1998 peuvent aussi bien dénoncer l'interdiction d'une orientation sexuelle et les efforts pour l'éradiquer chez les individus, que montrer un exemple de sexualité *queer* et d'affranchissement de la norme et de la hiérarchie des sexualités. C'est déjà beaucoup pour une vidéo pornographique dont l'objectif premier est la seule excitation sexuelle. Mais surtout la pornographie, en particulier LGBT, peut surtout aider à dynamiter le statu quo des représentations de la sexualité et pulvériser l'hypocrisie sociale sur les sexualités, comme sait aussi le faire à sa façon la science-fiction.

Bibliographie

Alfaro-Vargas (Roy) : « Science Fiction and Pornography », *La undécima tésis: dialéctica del fascismo neoliberal*, Progreso Editorial, 2019, pp. 144-158.

Beggan (James K.) : « *2040* (Brad Armstrong, 2009) », *Porn Studies*, Volume 4, Issue 3, 2017, pp. 353-360.

Bergling (Tim) : *Sissyphobia: Gay men and effeminate behavior*, New York, Harrington Park Press, 2001.

Bourcier (Sam [M.-H.]) : « *Bildungs-post-porn* : notes sur la provenance du post-porn, un des futurs du Féminisme de la désobéissance sexuelle », *Rue Descartes*, vol. 3, n° 79, 2013, pp. 42-60.

Burton (Alan) : « Mind Bending, Mental Seduction and Menticide: Brainwashing in British Spy Dramas of the 1960s », *Journal of British Cinema and Television*, January 2013, vo. 10, No. 1, pp. 27-48.

Califia (Pat) : « Gay Men, Lesbians and Sex: Doing It Together » (*The Advocate*, 1983), *Public Sex: The Culture of Radical Sex*, San Francisco, Cleis Press, 1994, pp. 186-187.

Call (Lewis) : *BDSM in American Science Fiction and Fantasy*, Basingstoke, Palgrave Macmillan, 2012.

Capino (Jose B.) : « Seminal Fantasies: Wakefield Poole, pornography, independent cinema and the avant-garde », in Holmlund (Chris) et Wyatt (Justins) (dir.) : *Contemporary American Independent Film: From the Margins to the Mainstream*, New York et Abingdon, Routledge, 2005, pp. 155-173.

Christensen (Joyleen) : « Butt plug duels and fanny pack stunts: how *Everything Everywhere All At Once* fits into the canon of comedy-martial arts films », *The Conversation*, 28 avril 2022.

Coffman (Jason) : « A Brief History of Sci-Fi Sex Cinema, Part 1: 1961–1989 », *Medium.com*, 31 juillet 2016.

Dickinson (Tommy) : *'Curing Queers': Mental Nurses and their Patients, 1935-74*, Manchester University Press, 2015.

Eribon (Didier) : *Réflexions sur la question gay*, Paris, Fayard, 1999.

Gaiman (Neil) : « The Pornography of Genre, or the Genre of Pornography », *The View from the Cheap Seats: Selected Nonfiction*, Londres, Headline, 2016.

Haldeman (Douglas C.) : *The Case Against Conversion "Therapy"*, American Psychological Association, 2022.

Hanson (Dian) : *Bob's World: The Life and Boys of AMG's Bob Mizer*, Cologne, Taschen, 2009.

Hennen (Peter) : *Faeries, Bears, and Leathermen*, The University of Chicago Press, 2008.

Holleran (Andrew), Garber (Eric), Paleo (Lyn) (éd.) : *Uranian Worlds: A Reader's Guide to Alternative Sexuality in Science Fiction and Fantasy*, Boston, G.K. Hall, 1983.

Höyng (Peter) : « Ambiguities of Violence in Beethoven's Ninth through the Eyes of Stanley Kubrick's *A Clockwork Orange* », *The German Quarterly*, vol. 84, n° 2, printemps 2011, pp. 159-176.

Laprade (Bruno) : « Des «feminist sex wars» au matérialisme performatif: relecture de la pornographie et du BDSM », *Cahiers de l'IREF* n° 7, Montréal, 2016.

Leraton (René-Paul) : *Gay Porn, le film porno gay : histoire, représentations et construction d'une sexualité*, Montblanc, H&O, 2002.

Levine (Martin P.) : *Gay Macho: The Life and Death of the Homosexual Clone*, New York University Press, 1998.

Marrone (Gianfranco) : *Le traitement Ludovico : corps et musique dans Orange mécanique*, Limoges, PULIM, 2006.

Martin (Laurent) : « Jalons pour une histoire culturelle de la pornographie en Occident », *Le Temps des médias*, n° 1, 2003, pp. 10-30.

Mercer (John) : *Gay Pornography: Representations of Sexuality and Masculinity*, Londres et New York, I.B. Tauris, 2017 ; Bloomsbury Academic, 2021.

Notéris (Émilie) : « Dans l'espace personne ne vous entendra jouir », *Rue Descartes*, vol. 3, n° 79, 2013, pp. 77-90.

Pearson (Wendy Gay) : « Homotopia? or What's behind a Prefix? », *Extrapolation*, vol. 44, n. 1, 2003, pp.83-96.

Pearson (Wendy Gay), Hollinger (Veronica) et Gordon (Joan) (dir.) : *Queer Universes: Sexualities in Science Fiction*, Liverpool University Press, 2008.

Pollak (Michael) : « L'Homosexualité masculine : le bonheur dans le ghetto ? », *Communications*, n° 35, « Sexualités occidentales », Paris, Seuil, 1984.

Preciado (Paul B.) : *Manifeste contra-sexuel*, Paris, Balland, 2000.

Rich (Adrienne) : « Compulsory Heterosexuality and Lesbian Existence », *Signs: Journal of Women in Culture and Society*, n° 5 (4), pp. 631-660, Summer 1980.

Rogan (Alcena Madeline Davis) : « Alien Sex Acts in Feminist Science Fiction: Heuristic Models for Thinking a Feminist Future of Desire », *PMLA*, vol. 119, n° 3, May 2004, pp. 448-449.

Rubin (Gayle) : « Penser le sexe : pour une théorie radicale de la politique de la sexualité » (1984), traduit par Flora Bolter, *Surveiller et Jouir*, Paris, EPEL, 2011, pp. 135-209.

Russ (Joanna) : « Pornography by Women for Women, with Love », *Magic Mommas, Trembling Sisters, Puritans & Perverts*, Freedom (CA), The Crossing Press, 1985, pp. 79-99.

Sedgwick (Eve Kosofsky) : « Construire des significations *queer* », in : *Les Études gays et lesbiennes*, Centre Georges Pompidou, 1998, pp. 109-116.

Strange (Carolyn) : « Stanley Kubrick's *A Clockwork Orange* as Art Against Torture », in Flynn (Michael) et Fernandez Sale (Fabiola) (dir.), *Screening Torture*, Columbia University Press, 2012, pp. 143-166.

Vörös (Flrian) (dir.) : *Cultures pornographiques : anthologie des Porn studies*, éditions Amsterdam, 2015.

Waidzunas (Tom) : *The Straight Line: How the Fringe Science of Ex-Gay Therapy Reoriented Sexuality*, University of Minnesota Press, 2015.

Le *Rocky Horror Picture Show* au Studio Galande :
Enquête sur une hétérotopie cinéphile

Arthur Ségard

« To The Late Night... » : *introduction*

Quand on flâne dans le Quartier latin à Paris, le 42 rue Galande peut passer inaperçu. C'est un cinéma parmi tant d'autres, non loin du Grand Action ou de ceux de la rue Champollion. Rien de surprenant dans ce quartier où a pratiquement été inventée la cinéphilie, cette « vie qu'on organise autour des films », notamment structurée par les « rituels de la salle » et diverses « pratiques culturelles, presque cultuelles »[1]. Sur la façade du Studio Galande, cependant, quelque chose détonne avec cette histoire et cet imaginaire : un étrange panneau fait moins penser à la Cinémathèque française qu'à Luna Park. Sur fond noir, des lèvres rouges, surmontées de l'inscription *The Rocky Horror Picture Show*. Une autre affiche précise qu'il s'agit d'un « film show live ». Ce terme surprenant fait déjà signe vers une certaine hybridation, entre cinéma et attraction, film et performance, français et anglais.

Dans le hall du cinéma, un poster énumère les différents personnages du film et leurs caractéristiques principales (du pudique Brad Majors à Frank-N-Furter, « The film's leading... transvestite »), et donne des instructions un peu spéciales aux spectateurs : « What makes this film unique is that you, the audience, can not only participate verbally, but physically as well. Find your favorite character, and become that character. Dress up. Get crazy. It's all part of the movie. » Invitation intrigante à traverser l'écran, à *prendre part* à ce film étrange, dans lequel Brad et Janet, deux jeunes Américains tout juste fiancés, tombent en panne la nuit au beau milieu de la forêt et cherchent de l'aide dans un mystérieux château, où ils sont accueillis

---

1 Baecque (Antoine de), Frémaux (Thierry) : « La cinéphilie ou l'invention d'une culture », *Vingtième Siècle. Revue d'histoire*, n°46, 1995, pp. 133-142.

par « le maître », Frank-N-Furter, travesti charismatique qui travaille à des expériences contre nature : sorte de Frankenstein post-libération sexuelle, il crée Rocky, un bodybuilder blond, pour assouvir ses désirs. La créature couche avec Frank, Frank couche avec Janet, puis avec Brad, Janet couche avec Rocky, dans une succession de chansons entraînantes et de retournements de situation burlesques (on apprend, à la fin du film, que Frank et tous les habitants du château sont en fait des extraterrestres). Mais, lorsqu'on se rend au Studio Galande un soir de week-end, force est de le constater, l'invitation du poster est peu suivie : habituellement, les seules personnes déguisées en personnages du film sont les membres du *cast* qui animent la séance. Ce poster, probablement imprimé à destination des cinémas américains, reflète une pratique presque institutionnalisée d'*audience participation* qui n'a pas été simplement « exportée » en France, mais a véritablement été adaptée à un public français, et qui, depuis 1978, a connu ses évolutions propres, tout en restant influencée par des communications transnationales.

Surtout pas visionnage cinéphile « à la française » (assis, en silence, dans un respect rituel du film), ni tout à fait participation du public « à l'américaine » ; ni performance de stand-up, ni simple *shadowcasting* : les séances du *Rocky Horror Picture Show* au Studio Galande, assurées le vendredi par la troupe des No Good Kids[1] et le samedi par la troupe des Time Slips (de nombreux *casts* ont existé et se sont succédé ces dernières années : les Sweet Transvestites, les Deadly Stings, les BoQ — Burden of Quirk), représentent un dispositif scénique hybride et original, dont j'éclaircirai la forme et certaines des implications, politiques et existentielles, à la fois pour les spectateurs et pour les membres des troupes. J'ai privilégié une approche ethnologique : me rendre sur le terrain, voir le film aussi souvent que possible au cours de l'été 2019, mener une série d'entretiens avec les *performers* qui font vivre — ou ont fait vivre — l'univers du *Rocky* dans la nuit parisienne.

« That's Just One Small Fraction Of The Main Attraction » : *une brève histoire culturelle du Rocky*

Le *Rocky Horror Show* fut d'abord une comédie musicale à succès de Richard O'Brien, jouée à Londres en 1973 (au Royal Court Theater, au King's Road Theater, puis au Comedy Theater — des salles de plus en

---

1 Depuis cette enquête, la troupe des No Good Kids s'est rebaptisée les Panic Babies en octobre 2022, après le départ de son leader historique, Jugulus, qui a tenu le rôle de Frank pendant quinze ans.

plus grandes), aux États-Unis dès 1974 (au Roxy Theater de Los Angeles, et sur Broadway) et, très rapidement, tout autour du monde : une version française a notamment vu le jour en 1975 au Théâtre de la Porte Saint-Martin, à Paris.

Pour cette première forme du spectacle, un travail d'adaptation au public français avait déjà été entrepris. La presse s'accorde à souligner les différences entre la production française et son modèle anglais, et les efforts déployés pour adapter la pièce à un autre modèle culturel — tantôt valorisés, tantôt déplorés : « si à Londres le « show » avait l'aspect gris des vieux films d'épouvante, sans décors ni chorégraphie, à Paris, il sera placé sous le signe de la plus totale exubérance [...], train fantôme sorti tout droit de nos fêtes foraines, effets spéciaux comme au Châtelet, paillettes et plumes d'autruche[1]. » « À la nudité réaliste du plateau, aux jeux habiles des projecteurs, on a substitué l'inévitable stock des décors tapageurs, pailletés à l'outrance et l'on a remplacé l'habile satire des films d'épouvante de la grande époque par une trame davantage digne du cabaret que d'une grande scène parisienne[2]. » Dans tous les cas, « Pierre Spivakoff [metteur en scène et acteur principal] a eu l'intelligence de ne pas calquer la représentation londonienne. Il a cherché des références « culturelles » capables de frapper les imaginations françaises : la foire, ses trains fantômes, ses manèges miroitants, ses flonflons minables et assourdissants[3]. » L'originalité prémonitoire de l'acteur-metteur en scène a été d'ajouter à la comédie musicale des éléments de cabaret et d'attraction foraine. De même qu'un tour de magie peut être « à transformations », Pierre Spikavoff dit alors de lui-même : « Je suis à transformations. [...] Grâce à un truc, je me décompose en scène et, sur grand écran, on voit mon visage devenir charogne. J'importe d'Italie un procédé inédit : un système de plaques qui figent l'ombre dans l'espace tandis que le personnage continue à bouger...[4] » Davantage que la cohérence narrative de la pièce, il semble valoriser les « trucs », les « procédés », les effets de scène, qui sauront « électriser[5] » le public ; la comédie musicale semble moins pensée comme le développement structuré d'un récit que comme une succession de numéros qui peut sans cesse être

---

1   « Dracula chez Guignol », *Le Quotidien de Paris*, 25 avril 1975.

2   « Le « Rocky Horror Show », comédie musicale de Richard O'Brien. Au cabaret des néo-tabous », *Le Quotidien de Paris*, 9 avril 1975.

3   Colette Godard, « Rocky Horror Show », *Le Monde*, 9 avril 1975.

4   Jacqueline Cartier, « Vampire, motard, dragon et... Marilyn : Pierre Spivakoff dans « Rocky Horror Show » », *France-Soir*, 2 avril 1975.

5   « Et si je suis travesti ce n'est pas par comportement sexuel, mais dans le but d'électriser. » Pierre Spikavoff, cité dans « Dracula chez Guignol », *Le Quotidien de Paris*, 25 avril 1975.

enrichie, notamment d'une variété de référence foraines et circassiennes transnationales (il *importe* donc un dispositif spectaculaire d'Italie, se sert de « couleurs criardes empruntées aux Amazing stories américaines[1] », adapte la pièce à « son goût pour la paillette et pour les phénomènes de foire[2] »), rejetant d'ailleurs aussi certains éléments de la culture française (il déclare ne pas vouloir s'inspirer du Grand-Guignol, qui lui paraît « abominablement français[3] »). C'est d'ailleurs par des spécificités culturelles françaises qu'on explique alors l'échec de plusieurs comédies musicales sur la scène parisienne[4], et plus spécifiquement l'échec de celle-ci[5].

Grâce au producteur Lou Adler, une adaptation cinématographique de ce succès international a rapidement été prévue. Cette transformation d'une comédie musicale britannique en film américain qui aurait pu, elle aussi, poser quelques problèmes, permit au contraire au *Rocky Horror Show* d'actualiser parfaitement plusieurs de ses significations. Ainsi, la chanson d'ouverture, « Science Fiction/Double Feature », qui est aussi la première à avoir été composée par Richard O'Brien, fait référence à de nombreux films américains des années 1950, et introduit l'histoire qui va suivre comme s'inscrivant dans un certain nombre de codes issus de ce cinéma bien particulier (la chanson cite pêle-mêle des classiques du film de genre comme *Forbidden Planet*, *Tarantula* ou *King Kong*). De plus, Brad et Janet représentent une vision certes conservatrice, mais sans doute aussi typiquement américaine du couple (ce qui est souligné par la citation visuelle, aux premières notes de la chanson « Dammit, Janet », du célèbre tableau *American Gothic* de Grant Wood). Plus tard, le personnage d'Eddie incarne parfaitement une certaine masculinité américaine des années 1960 : sa coupe évoque les rockers de l'époque, il dit écouter Buddy Holly, et s'être initié à la sexualité dans les *drive-ins*[6]. De plus, les aliens décadents du *Rocky* peuvent être vus comme des réinterprétations ludiques de l'imaginaire conservateur de l'« ennemi intérieur »,

---

1 *Ibid.*

2 C. G., « Un show horrible pour Spivakof [sic] », *Le Monde*, 30-31 mars 1975.

3 « Dracula chez Guignol », *Le Quotidien de Paris*, 25 avril 1975.

4 « Au moment où l'on annonce pour la rentrée deux comédies musicales [...] l'hécatombe continue dans un domaine qui, décidément, n'arrive pas à conquérir droit de cité chez nous », « Les partitions sont légères, mais la note est lourde... », *France-Soir*, 24 avril 1975.

5 « It is unlikely that "The Rocky Horror Show" in its current form will linger long in Paris. Credit French taste », *Herald Tribune*, 11 avril 1975.

6 Julian Cornell, « *Rocky Horror* Glam Rock », in *Reading* Rocky Horror: The Rocky Horror Picture Show *and Popular Culture* (Jeffrey Andrew Weinstock, ed.), Palgrave Macmillan, 2008, p. 43.

construit aux États-Unis lors de la Guerre froide[1]. L'adaptation de cette œuvre au contexte américain semble donc toute naturelle.

Pourtant, malgré cet ancrage culturel et politique, le film est d'abord un échec. Il est assez vite retiré des salles, mais, à partir d'avril 1976, on le reprogramme notamment en séance de minuit au Waverly Theater de New York, qui a déjà connu un certain succès avec d'autres *midnight movies*, comme *El Topo* ou *Night of the Living Dead*. La gérante de la salle passe alors certaines chansons du film avant la séance pour créer une ambiance festive ; à cette époque, le public est donc déjà relativement bruyant et actif pendant la séance. La première personne à lancer une réplique à l'écran l'aurait fait en septembre 1976. Après quoi cette pratique s'est rapidement popularisée parmi un groupe d'habitués, qui, en plus d'inventer de nouvelles blagues à dire à voix haute pendant le film, se sont mis à se déguiser et à assurer spontanément un *floorshow* avant les projections. C'est à partir d'avril 1977 que les spectateurs lancent du riz lors de la scène du mariage et de l'eau lorsque Brad et Janet se trouvent sous la pluie — il fut également question de lancer des cartes, du papier toilette, des toasts ou encore des hot dogs[2]. Ces pratiques se sont rapidement popularisées, et elles ont largement contribué à offrir une seconde vie au *Rocky* : de nombreux cinémas, aux États-Unis puis dans le monde, l'ont reprogrammé le soir en encourageant la participation active du public. Le film est projeté au Studio Galande depuis 1978. Le *Rocky*, devenu un objet culturel de premier plan (si ce n'est l'archétype du film culte[3]), a ensuite régulièrement été cité, de façon plus ou moins directe, dans d'autres œuvres cinématographiques. Certaines de ces citations méritent d'être mentionnées, pour les (ré)interprétations qu'elles donnent du *Rocky* et du culte qui lui est associé.

Dans *Fame* d'Alan Parker (1979), Doris, une aspirante comédienne particulièrement timide, voit le *Rocky Horror Picture Show* au 8th Street Playhouse. Elle est rapidement entraînée par le film et monte sur scène pour danser le « Time Warp » avec les *shadowcasters* de la salle. Elle confie ensuite à ses amis que cette expérience particulière de la

---

1   Sue Matheson, «"Drinking Those Moments When". The Use (and Abuse) of Late-Night Double Feature Science Fiction and Hollywood Icons in *The Rocky Horror Picture Show* », *id.*, p. 31.

2   Ces informations sont issues de Sal Piro, *Creatures of the Night. The Rocky Horror Picture Show Experience*, Binary Publications, 1990.

3   « Among the most astounding features, then, of *Rocky Horror* is the astonishing fact that a diverse group of scholars and critics *agree* as to its unrivaled status as preeminent cult film — and when was the last time a group of academics and critics agreed on anything? » Jeffrey Andrew Weinstock, « It's Just a Jump to the Left. *The Rocky Horror Picture Show* and Popular Culture », in *Reading* Rocky *Horror, op. cit.*, p. 2.

scène lui a fait comprendre ce que c'était que de jouer un rôle et l'a confirmée dans sa vocation d'actrice[1]. Dans *The Perks of Being a Wallflower* de Stephen Chbosky (2012), film construit à la manière d'un *Bildungsroman*, une séance du *Rocky Horror Picture Show* fait également office de point de bascule pour le personnage de Charlie : un soir, le *cast* local n'étant pas au complet, il est obligé de monter sur scène pour jouer le rôle de Rocky. Sam, la fille dont il est amoureux, interprète Janet, ce qui signifie qu'ils doivent mimer une relation sexuelle en sous-vêtements lors de la chanson « Touch-a, Touch-a, Touch-a, Touch Me » : Charlie est d'abord troublé, mais, guidé par Sam, il se prête au jeu, et se laisse aller à cette mise en scène hyperbolique de son propre désir. Avant cette séquence, Charlie est filmé comme un garçon mal à l'aise, mal intégré, régulièrement moqué par ses camarades. Après la séquence, on se rend compte que quelque chose de son *hexis* corporelle s'est joué sur la scène de ce cinéma de quartier : Charlie a davantage confiance en lui, parle à Sam avec aisance et s'engage dans sa première relation amoureuse — il perd sa virginité seulement deux scènes plus tard. Pour le réalisateur, même si cette expérience du *Rocky* est, au premier abord, un cauchemar pour Charlie, le moment de partage intense qu'il lui a permis de vivre a contribué à faire de lui l'artiste qu'il est finalement devenu[2]. Ces occurrences du film dans des productions pour adolescents, qui contribuent à renouveler le public du film (c'est ce que Sal Piro a constaté après *Fame* ; au moins deux des *performers* que j'ai interrogés ont découvert le film grâce à *The Perks of Being a Wallflower*), témoignent aussi de la dimension existentielle que peuvent revêtir de telles performances. Dans les deux films, le *Rocky* fait office de révélateur pour une jeunesse urbaine, artiste et *queer*, mais relativement complexée et déboussolée. En en proposant une performance *camp* du corps et de la sexualité, il permet aux personnages d'explorer leurs désirs et de se connaître eux-mêmes.

En plus d'être un élément décisif de leur « éducation sentimentale » individuelle, la découverte du *Rocky* a souvent pour ces personnages

---

1 « It was more than incredible, it was fun. I always felt naked when people looked at me before. But those people weren't looking at me: they were looking at someone I put on, like a costume. I mean, if I don't have a personality on my own, so what? I'm an actress. I can put on as many personalities as I want. » Alan Parker, *Fame,* 1980.

2 « You know that dream that you've had in your life where you were either in your underwear and you went to school, [...] or the dream that you've ever had where you are thrown in on a stage in a play that you don't know the words to at all: this is exactly what Charlie is going through right now [...]. It's about one more moment of Charlie and Sam, she brings him along this journey [...] this is the moment that the artist in Charlie was born », Stephen Chbosky, *The Perks of Being a Wallflower*, commentaires audio du DVD, Warner Home Video France, 2012.

une dimension communautaire : c'est ce que souligne un épisode de la série *Glee*, où le professeur Will Schuester décide de monter le *Rocky Horror Show* avec son *glee club* pour se rapprocher d'Emma, la conseillère d'orientation, fan du film. Ce qui le motive en premier lieu est donc la dimension intersubjective du culte associé au film, les possibilités de partage, et même de séduction, qu'il offre. Il est contraint d'annuler la représentation publique du spectacle pour éviter un scandale, mais les élèves décident de le jouer tout de même, sans spectateurs, parce que ce film a su assembler, au fil des générations, une communauté de « marginaux » (*outcasts*), et qu'ils se reconnaissent dans cette communauté[1]. C'est précisément le sens des rites initiatiques : permettre à l'individu de rejoindre une communauté donnée ; les projections « interactives » du film au Studio Galande relèvent donc bien d'un tel processus.

« And Nothing Can Ever Be The Same » : *effets de seuils et pratiques initiatiques*

Il ne faut bien sûr pas surestimer la dimension cultuelle du *Rocky*, dont la projection, à bien des égards, *n'est pas* une messe alternative, même dans la version américaine de l'*audience participation*[2]. Cependant, il est clair que le film suit le parcours initiatique des personnages principaux, auxquels le spectateur est libre de s'identifier. Brad et Janet franchissent un certain nombre de seuils (les frontières du manoir, la porte d'entrée, la porte de la grande salle où sont réunis tous les « unconventional conventionists »), qui les conduisent progressivement dans un *autre monde* : le concept foucaldien d'hétérotopie peut être mobilisé. Le château de Frank-N-Furter, où les normes sociales sont transgressées, peut en effet être décrit comme l'un de ces « contre-espaces », l'une de « ces contestations mythiques et réelles de l'espace où nous vivons[3] » où les règles changent, où le temps même s'écoule différemment (les hétérotopies sont souvent liées

---

1 « *Rocky Horror* isn't about pushing boundaries or making an audience accept a certain rebellious point of view [...]. When I was younger [...] it was for outcasts, people on the fringes who had no place left to go, but were searching for some place, anyplace, where they felt like they belonged. [...] The truth is, with that perspective, *Rocky Horror* is the perfect show for this club. » saison 2, épisode 5, 39m.

2 Comme le précise par exemple Jeffrey Andrew Weinstock, « Heavy, Black and Pendulous. Unsuturing *Rocky Horror* », *Reading* Rocky Horror, *op. cit.*, p. 72.

3 Michel Foucault, « Les Hétérotopies », in *Le Corps utopique* suivi de *Les Hétérotopies*, Nouvelles Éditions Lignes, 2009, p. 24-25.

à des « hétérochronies[1] ») : c'est le sens même du « Time Warp », la première chanson sur laquelle dansent les aliens lorsque le couple pénètre dans le château. En plus de son aspect explicitement sexuel, la chanson fait signe vers le franchissement irréversible d'un seuil hétérotopique, lié à un changement existentiel : « He stared at me and I felt a change / Time meant nothing, never would again ». Mais cet aspect sexuel ne doit pas être sous-estimé, pour la définition même de cette hétérotopie particulière. En effet, pour Foucault, « la plupart des hétérotopies comportent une modification du comportement sexuel : de la suppression (couvent) à l'exaltation (bordel) en passant par la sexualité naturelle[2] [...] ». Le château de Frank fonctionne à rebours des règles sexuelles courantes dans le reste de la société : rien n'y est réprimé, tous les fantasmes peuvent s'y accomplir (c'est le sens de la chanson « Don't Dream It, Be It », chantée par tous les personnages lors d'une scène d'orgie). À défaut d'une initiation proprement religieuse, le film représente *a minima* un apprentissage : Frank est un pédagogue *queer*[3], qui initie Brad et Janet au plaisir (il les dépucelle tous les deux, ce qui en soi peut être perçu comme un rite initiatique[4]), et leur apprend à échapper aux normes de genre dans lesquelles ils sont enfermés.

Cette logique d'initiation est reproduite dans les salles où le film est projeté. Il est significatif que, partout dans le monde, les spectateurs qui n'ont pas vu le film soient qualifiés de « virgins » (en français le terme le plus utilisé est celui, à connotation humoristique, de « puceau » ; cependant, au Galande, la troupe du samedi marque les non-initiés d'un V au rouge à lèvres sur le front, reprenant implicitement le terme anglais) : est-ce à dire que les spectateurs suivent, métaphoriquement, le même parcours d'initiation sexuelle et de déconstruction du genre que Brad et Janet ? Chaque visionnage du Rocky prend en tous cas la forme d'une initiation. Aux seuls que propose le film, les troupes du Studio Galande en ajoutent quelques-uns dans la réalité : à partir de 22h, les spectateurs peuvent entrer dans la salle ; les billets sont d'abord vérifiés par deux membres du *cast* déjà déguisés (le plus souvent en Brad et Janet), qui font déjà des blagues, prennent déjà une attitude *camp*, bref, qui commencent leur

---

1 *Ibid.*, p. 30.

2 Michel Foucault, *La Sexualité* suivi de *Le Discours de la sexualité*, Seuil/Gallimard, 2018, p. 191.

3 Zachary Lamm, « The Queer Pedagogy of Dr. Frank-N-Furter », *Reading* Rocky Horror, *op. cit.*, p. 193-206.

4 « The loss of virginity is arguably the most important rite of passage in American society today », Kristina Watkins- Mormino, « The Cult and Its Virgin Sacrifice. Rites of Defloration in and at *The Rocky Horror Picture Show* », *id.*, p.157-173.

performance hors de la salle. Au bas des escaliers du cinéma, d'autres membres du *cast*, déguisés eux aussi (le plus souvent en Riff Raff et en Frank), parlent brièvement avec les spectateurs, leur demandent si c'est la première fois qu'ils viennent voir le film, marquent parfois les « puceaux » au rouge à lèvres, et placent chaque groupe individuellement — procédés assez longs qui créent un effet d'attente avant de franchir le seuil de la salle. S'ensuit un « préshow », en partie pédagogique, où l'on se rend bien compte que la salle elle-même est une hétérotopie, qui a ses règles propres (la principale : « Tout ce qui se passe à l'écran se passe dans la salle »). La troupe apprend au public certaines répliques à crier pendant la projection et la façon dont il faudra se servir de l'eau et du riz que certains ont apporté. Ils enseignent enfin la chorégraphie du Time Warp, tout en multipliant les blagues graveleuses (ce qu'on peut voir comme une initiation au type d'humour qui va régner pendant 1h40), et (pour la troupe des Time Slips) demandent aux spectateurs de prêter serment, « Main droite en l'air, main gauche sur le cœur, le vrai cœur, celui qui bat pour le *Rocky* » [c'est-à-dire l'entrejambe].

S'il y a pour les habituées un plaisir de la reconnaissance, du rite reconduit une énième fois, il peut aussi y avoir, pour les « puceaux », un plaisir à être initiés, malgré d'éventuels premiers moments de gêne ou d'appréhension.

> D : J'ai amené plein de potes qui sont arrivés au *Rocky*, qui appréhendaient... J'ai deux potes qui appréhendaient complètement, qui me haïssaient quand je leur faisais, même pas un petit v sur le front quand ils entraient, mais le gros V bien visible, en mode « Lui c'est le puceau de compet', cible prioritaire ». [...] Et à la fin, [...] « Oh, meilleure soirée du monde, on a adoré, merci ! »

Cela dit, cette gêne reste toute relative : il est intéressant de noter qu'à l'opposé de certaines troupes américaines, les *casts* parisiens ne « sacrifient » pas les *virgins*[1]. La troupe des No Good Kids réserve cependant des formes de bizutage similaires aux membres qui viennent d'être officiellement intégrés, pour leur « première fois » en tant que membres du *cast* (mais, en réalité, il faut déjà être monté sur scène plusieurs fois avant d'être « intronisé ») :

---

1 « "Virgin" rites are numerous and vary among *Rocky Horror* communities, ranging from the merely silly to the shockingly obscene. It is customary at viewings of *Rocky Horror* to have a preshow entertainment, and this is generally when the defloration rites take place, most of them reenactments of sex acts in the form of contests. [...] For exemple, the virgins may compete to fake the best orgasm, plays "Ring Around the Dildo", or see what can be the first to place a condom on a banana using only his or her mouth. » Kristina Watkins-Mormino, *Reading Rocky Horror, op. cit.*

O : Moi, j'avais une barbe à l'époque, et ils m'ont rasé la barbe devant tout le monde, ils m'ont fait les rouflaquettes d'Eddie, et ils m'ont offert le blouson en cuir d'Eddie. En général, il y a toujours un petit souvenir perso. [...] Pour D, par exemple, on l'a déguisé en flamant rose [parce qu'il est Wallon]. Pour J, on a été super gentils, on l'a déguisée en Alice au pays des merveilles...

J : Et en T-Rex, parce que c'est mon groupe préféré. [...]

O : Et toi, E, c'était quoi ton... ?

E : Hannah Montana. Ils m'avaient mis une perruque d'Hannah Montana. Ma culotte c'était « I love Justin ». Et j'avais la tenue des cheerleaders de High School Musical. C'était le meilleur jour de ma vie. Et à la fin ils m'ont offert un T-shirt avec Justin Bieber dessus.

O : On a chacun des cadeaux personnalisés pour notre intronisation.

Ce déplacement des « rites de passage », des spectateurs aux membres de la troupe, est révélateur d'une différence majeure entre le modèle français du *Rocky* et le modèle américain : dans celui-ci, le public est le plus souvent composé de personnes qui connaissent assez bien le film, le culte qui l'entoure et certaines des blagues. Il assure donc collectivement une partie de l'animation. En France, les « initiés » sont moins dans la salle que dans la troupe : l'importance relative de celle-ci dans le déroulé de la séance est donc beaucoup plus grande en France qu'aux États-Unis et dans les pays anglo-saxons.

Aux États-Unis, découvrir le *Rocky* et son univers particulier, c'est rejoindre un groupe de fans très institutionnalisé, présent sur toute la surface du pays, et qui valorise « le show » dans une forme relativement fixe depuis plus de quarante ans. En France aussi, cette découverte a très souvent un aspect collectif, mais la diffusion plus confidentielle du film fait que le groupe concerné est souvent plus restreint : il peut par exemple s'agir d'un groupe familial, amical, amoureux.

S : Ma mère m'a montré le *Rocky Horror Picture Show* quand j'avais huit ans. [...] Après j'ai mon père qui m'avait raconté qu'en gros, quand il était venu sur Paris, il avait vu le spectacle et tout, et que ça y était encore, et du coup moi je rêvais un jour de faire ce spectacle. [...] Et en gros, quand j'avais dix-sept ans, [...] mon père vient me chercher [...], on a fait le tour de Saint-Michel et puis un moment donné on passe devant le Studio Galande [...] et là mon père me sort deux places en mode « Et oui, c'était une surprise ». [...] Et j'ai tellement adoré [...].

*

D : [Le film], je l'ai découvert sur le disque dur de mon frère. C'était l'époque où on avait tous des disques durs au lycée, on s'échangeait les films, des virus, des jeux piratés. [...] Cette vidéo que j'avais récupérée était d'une qualité un peu incertaine, avec ça sur un vieil ordinateur qui buggait à moitié, donc le côté un petit peu *bootleg*, vieille cassette retrouvée chez les copains, il était là. [...] Me voilà dans les rues, en short, portant les bas résille de mon amie, on est allés là-bas [au Galande], première soirée absolument extraordinaire [...], j'avais des étoiles plein les yeux [...].

*

P : Le Galande, c'était avec ma première petite amie. Le premier film que je lui ai fait voir, c'était le *Rocky Horror*.

Au Galande ?

P : Non, chez moi. Et du coup, quand on était restés un an ensemble, pour marquer le coup, on est allés au Galande. Et on avait adoré, adoré l'ambiance.

Le *Rocky* au Galande peut ainsi pleinement être décrit comme une pratique cinéphile, dans la mesure où il s'agit d'une pratique collective qui a pour support un film particulier et un jeu sur ses signifiants. Mais la cinéphilie vers laquelle cette pratique renvoie s'oppose à une image couramment admise de cinéphilie solitaire et sérieuse : au contraire, voir le *Rocky* a un sens d'abord communautaire, c'est une pratique divertissante de partage et de jouissance collective, d'ailleurs menée par des personnes qui peuvent être décrites comme cinéphiles dans le sens le plus traditionnel du terme.

Tu penses qu'il y a une certaine cinéphilie quand même chez les gens du Rocky *?*

P : Oui, quand on est dans les coulisses et qu'on se change, on parle souvent cinéma. Les derniers films qu'on a vus, qui sont sortis récemment, ou des films qu'on a découverts, des vieux films. [...] Je pense qu'il y a une grande cinéphilie dans toutes les troupes. [...] Ça c'est sûr et certain.

D'ailleurs, si l'on peut assigner au *Rocky* français une fonction rituelle, c'est bien celle de former ou de consolider des groupes et des unions. Deux mariages sont célébrés dans le film, auxquels le public est métaphoriquement convié, mais, pendant ces séquences, il arrive que le rapport de la salle à l'écran soit beaucoup moins métaphorique.

P : Ce qui est déjà arrivé, c'est qu'une personne peut aller au Galande [...] et faire une demande de mariage surprise. [...] Pendant la séquence du « Janet I love you », quand Brad fait sa demande à Susan Sarandon [Janet], en gros quand il y a le gros plan sur la bague, l'image *freeze*, tout stoppe, et là on emmène les deux futurs mariés sur scène, et la personne fait sa demande à l'heureux·se élu·e. Voilà, là c'est les applaudissements, c'est les pleurs, c'est les cris, c'est la folie.

« Don't Get Strung Out By The Way I Look » : dévoilement, libération et discipline des corps

Sur le plan individuel, l'aspect éventuellement cathartique du *Rocky* repose dans la mise en scène et l'exposition du corps des performers, et la convergence de tous les regards sur celui-ci.

> C : On est là pour demander de l'attention. On est là pour attirer l'attention et [...] nous mettre en avant. [...] On est là pour *se* donner en spectacle. Et pas juste donner un spectacle.

Le spectacle des corps, dénudés, travestis, corsetés, représente une grande partie du spectacle lui-même. Au moins trois performers sont en sous-vêtements au cours de la séance (Brad, Janet, Rocky), au moins quatre rejouent la scène du *floorshow*, en corset, résilles et boas (Brad, Janet, Rocky, Columbia), trois scènes sont l'occasion de mimer des relations sexuelles avec d'autres membres de la troupe et avec le public, et le *shadowcaster* qui joue Frank a son moment de bravoure lors de la chanson « Sweet Transvestite ». Ces moments de présentations de soi peuvent jouer un rôle fantasmatique important pour ceux qui veulent rejoindre la troupe.

> L : Le *Rocky* au Galande, c'était un rêve d'ado, tu vois. Je m'imaginais... J'écoutais [« Sweet Transvestite »] dans mes écouteurs, et je m'imaginais sur scène, j'imaginais le Galande dix fois plus grand, un truc de ouf, avec des projecteurs, de la belle lumière, et tout... Alors qu'au final t'as juste un pauvre jeune adulte en slip qui tourne sur lui-même devant des gens qui ont payé douze euros.

Ici, le film fonctionne à plein comme pédagogie : il a instauré chez beaucoup de *shadowcasters* un rapport beaucoup plus libéré ou pacifié à leur propre corps, à son *hexis*, à ses imperfections.

> P : Quand j'étais plus jeune, j'étais très introverti, timide, renfermé sur moi-même. Et il y a deux choses qui m'ont rendu très libéré, c'est le Hellfest et le Studio Galande. Honnêtement, quand tu dis des conneries en slip doré devant une trentaine, une quarantaine de personnes, des inconnus, franchement ça te libère, dans la vie t'es beaucoup plus cool, plus libéré. [...] Je crois que X, c'est ce qui lui est arrivé aussi. Il y en a même qui ont changé physiquement, qui se sont rendus compte de leur corps.

> *

> D : Je suis appelé et on me dit : « Est-ce que tu es toujours partant pour faire un remplacement ? » [...] Je dis : « Oui, je suis partant [...] » « Ok, tu vas faire Rocky. » Là, pendant un instant je m'arrête, je regarde mes bras, je regarde mes jambes, et je me rappelle que je suis monté sur la balance la veille, 59 kg pour 1m85. Je dis : « Écoutez, pour le *Rocky* je

donnerais tout, mais vous êtes sûrs, parce que j'ai vraiment pas le physique. » On me dit : [...] « Le physique on s'en fout, on veut de la motivation. » [...] Et le samedi me voilà en slip doré sur scène. Je suis quelqu'un qui suis assez complexé parce que j'ai des cicatrices d'acné sur le torse et sur le dos [...] et donc j'avais acheté du maquillage pour cacher un peu ça. [...] Samedi dernier [...] j'ai refait Rocky, cette fois je n'ai même pas mis de maquillage sur les cicatrices ou quoi. En fait, je suis plus libéré qu'au début avec ça.

Surtout, cette mise en scène *camp* de la sexualité permet d'instaurer, en tous cas au sein de cette hétérotopie, de ce « monde à part » qu'est le Studio Galande, un rapport beaucoup plus ludique et moins sérieux que dans la vie courante à son propre corps.

B : C'est vrai que je me mets vachement plus nue sur scène que je l'aurais fait peut-être pour d'autres spectacles. Mais pour moi, le *Rocky*, c'est un peu un monde à part. Et par exemple si on me demandait maintenant, dans un film, est-ce que tu veux bien être en soutif ou quoi, je le ferais peut-être plus facilement maintenant que j'ai fait le Rocky, mais à la base c'est quelque chose qui me mettait pas trop à l'aise. Et quand je me dis [que] je finis en bas résille au *Rocky*... Incroyable. C'est un monde à part. J'y pense même pas. [...] Pour moi, c'est une bulle, en fait. Peut-être que je penserais pareil pour d'autres spectacles de théâtre, en me disant : « De toute façon c'est un spectacle, je ne suis pas vraiment moi-même, je peux me mettre à nu. » [...] C'est un délire, en fait, c'est à part, c'est pas grave, quoi.

À la limite, ce type de mise en scène de la sexualité permet aux *performers* de désexualiser leur propre corps, de le voir comme une instrument de jeu et d'expression libéré des injonctions et des fantasmes que la société lui assigne.

Et du coup il y a pas mal de gens qui m'ont dit que faire le Rocky, *avec leur corps, ça les a un peu libérés, ça leur a un peu aidé à assumer des trucs et tout, toi t'as senti un peu ça ? [...]*

S : Ça permet de désexualiser ton corps, étonnamment. [...] Moi en tant que femme, je sais qu'à dix-sept ans j'étais un peu mal à l'aise et j'ai été, jeune, sexualisée, comme toutes les femmes, d'ailleurs. Et en fait, j'avais plus tendance au début à cacher mon corps et tout, j'adorais mettre des mini-jupes, mais je mettais des collants *opaques*. [...] Dès que j'ai fait le *Rocky*, je le vois sur les photos, il y a une période où j'avais dix-sept, dix-huit ans, où je m'habillais ultra sexy, parce que, justement, je m'en foutais totalement...

Grâce au Rocky ?

S : Ouais, ça a été vraiment grâce au *Rocky*. [...] Et rien que le fait de porter des résilles, moi c'était un de mes rêves et je me disais j'aurai jamais l'âge, et en fait, le fait d'en porter avec le *Rocky*...

Ça dédramatise un peu ?

S : C'est ça, ça désexualise vachement, parce que c'est tellement bête, que j'ai du mal à m'imaginer que des gens trouvent ça sexy.

Une dédramatisation par le drame, une désexualisation par la représentation du sexe : ces paradoxes sont au plus proche de la *catharsis* telle que définie par Aristote, « une certaine purgation [des émotions] et un allègement accompagné de plaisir[1] », que permettent certaines mélodies ou des représentations tragiques.

À la Flaque, cabaret encore très lié au *Rocky*, notamment par circulation de personnel[2], le rapport au corps est le même.

S : Mais [à la Flaque] y'a toujours l'univers un peu *Rocky*, dans le sens où c'est très déconne, [...] toujours un peu le même rapport au public, le même truc totalement barge.

Un truc un peu ludique, on se prend pas au sérieux, on se dénude, mais de façon rigolote.

S : C'est ça, c'est du burlesque avec vachement d'humour, même si des fois, il y a vraiment de beaux numéros quand même, mais en fait notre devise c'est « C'est comme dans un cabaret, mais avec des copains ».

Les références directes au *Rocky* sont assez rares à la Flaque (même si on y rejoue parfois la chorégraphie de « Sweet Transvestite »), mais leurs performances *camp* se nourrissent elles aussi de références plus ou moins kitsch à la pop culture. Lors de la soirée où j'ai pu me rendre, un numéro d'effeuillage multipliait les citations de *space operas* animés des années 1970-80 (*Ulysse 31, Goldorak, Albator, Capitaine Flam*), un autre s'est notamment déroulé sur « Dactylo rock » des Chaussettes noires ou « Ne raccroche pas » de Christophe. Des membres de la troupe ont chanté, seins nus dissimulés un temps derrière leur guitare, « La vie ne vaut rien » d'Alain Souchon. Le spectacle s'est clos par un

---

1 Aristote, *La Politique*, Jean Tricot (trad.), Vrin, 1995, p. 584.

2 V : Tout l'univers du *Rocky* et de la Flaque, c'est globalement de toute façon lié. Et ça reste des gens qu'on a connus pendant longtemps et qu'on recroise aux mêmes soirées. Alors déjà on a le *Rocky*, on a la Flaque, et puis on a le milieu polyamoureux, le milieu *kink,* en fait on a plein de petits milieux parisiens où tout le monde s'entrecroise. Donc même quand on fait une soirée post-Flaque dans un truc *kink*, on va recroiser les mêmes gens [...].

C'est à cause de petits groupes et de petites relations que tout le monde se connaît ?

V : Oui, c'est machin est l'ex de bidule, qui a fait la Flaque une fois en *guest* et du coup qui va rencontrer X du *Rocky* et qui va se mettre à jouer au *Rocky*. En fait, y'a plein de connexions comme ça qui se font, et de gens... C'était des gens par exemple qui étaient remplaçants au *Rocky* et qui ont commencé à traîner avec les gens du *Rocky*, qui sont venus à la Flaque pour voir comment c'était, qui ont dit : « Ah, je ferais bien un numéro à la Flaque », qui viennent jouer à la Flaque, et voilà [...].

numéro de travestissement sur la chanson « Comme un homme » du dessin animé *Mulan*. Tout au long de la soirée, les questions de sexe et de genre étaient visiblement centrales — y compris pour le numéro de stand-up et celui de magie —, mais là encore il ne s'agissait pas vraiment de sexualiser les corps, plutôt de jouer avec cette sexualisation, de la mettre en scène de façon drôle, habile ou inattendue, si bien que l'aspect éventuellement désirable de ces corps dénudés n'était pas l'enjeu central du spectacle, qu'il s'effaçait derrière la performance elle-même, sa beauté, son humour, sa pertinence.

Si, à la Flaque, tout est fait pour que chacun perçoive bien le second degré de cette représentation du sexe (un groupe de personnes « *safe* » est chargé de veiller au bon déroulement de la séance, au bien-être et à la sécurité à la fois des *performers* et du public), le rapport entre le sexe et les signes du sexe peut être beaucoup plus ambigu au *Rocky*, notamment parce qu'il est demandé au public de participer à la performance, lorsque Frank a des rapports sexuels avec Janet, puis Brad, et au moment de la chanson « Touch-a, Touch-a, Touch-a, Touch Me » : comme « Tout ce qui se passe à l'écran se passe dans la salle », les membres de la troupe rejouent ces scènes de sexe avec des spectateurs consentants, qui peuvent toutefois être déstabilisés, ne pas savoir comment négocier cette situation, et parfois avoir des comportements déplacés.

> L : La première fois qu'on est allés voir le *show*, on m'a pris pour aller sur scène et j'avais trois nanas au-dessus de moi, en plus c'était X, X et X, et j'étais par terre et je me suis dit : « Mais qu'est-ce que je fais », elles étaient toutes en train de faire semblant... Puis j'avais des fesses, là au-dessus de ma tête, je me suis dit, il faut que je participe. [...] J'ai mis une fessée, quoi. Et ça s'est bien passé, mais je sais que tu fais ça à X, ça passe mal, je pense. Mais on a eu une qui a eu un problème, qui s'est pris un doigt un jour. Je pense que c'était par erreur, tu vois... [...] Tu peux jamais savoir.

Cette libération et cette « dédramatisation » du corps, au *Rocky*, a bien sûr ses ambiguïtés.

> P : En fait c'est très paradoxal, il y a eu plusieurs situations, il y a des personnes qui ont le corps qu'ils ont et qui l'aimaient pas trop au début et qui grâce au *Rocky* ont commencé à l'adorer, à se mettre en avant, ils en avaient rien à foutre du regard des autres, qui voulaient surtout s'amuser et d'autres, du coup qui prennent conscience de leur corps et qui ont eu envie de le changer, de le sculpter, de maigrir. Il y a forcément un changement mental ou physique qui se produit quand on joue au Galande.

À l'échelle individuelle, les mêmes causes ne produisent pas forcément les mêmes effets. De plus, à l'échelle de la troupe, certaines décisions peuvent (ou pouvaient) favoriser l'exposition d'un type de corps relativement normé.

> V : Le rapport au corps au *Rocky*, il est assez particulier, puisque, à la fois [...], en théorie, [...] c'est super, ça libère, etc. Dans la pratique, je pense que c'est plus compliqué que ça, parce que, mine de rien, les troupes, en tous cas françaises, c'est des personnes blanches, c'est des personnes assez minces, [...] qui sont un peu dans les critères de beauté qu'on attend. Donc je trouve qu'il y a un côté un peu hypocrite, quelque part, à dire que ça libère. C'est-à-dire que tu peux être complexée par ton corps même en étant maigre et blanche, c'est pas la question, mais il y a un côté d'acceptation du corps dans le message qui n'est pas forcément fait dans les faits. Et qu'en fait, faut voir la gueule des troupes : [...] notre troupe, c'est communauté LGBT, blanche, mince. Ou bien foutus, musclés. [...] Pareil sur les questions de body-positivisme, etc. : [...] il y a déjà des personnes dans certaines troupes [...] qui se permettaient de prendre le tour de ventre, tour de taille, etc. des personnes qui jouaient. Alors le prétexte donné c'était parce que y'a des costumes qui allaient pas aller. La vérité c'est qu'ils avaient pas envie d'avoir des personnes en surpoids dans la troupe.

Au centre de l'attention, il se peut que les corps des *performers* se trouvent également au cœur d'une certaine structure disciplinaire, d'« un dispositif qui [les] contraigne par le jeu du regard[1] », et les pousse à se conformer à une norme par des jugements plus ou moins implicites.

Certaines personnes assument ou précèdent ces injonctions en considérant leur corps ni plus ni moins que comme une matière à sculpter — attitude elle aussi paradoxale, que l'on pourrait tout aussi bien décrire sur le mode de l'*empowerment* que sur celui de l'aliénation.

> *Du coup c'est marrant parce qu'entre le bodybuilding et le cosplay, tu vois vraiment le corps comme un truc que tu peux mettre en scène, modifier, de manière artistique ?*
>
> E : Ouais, mais après je suis sculpteur, aussi. Pour moi, c'est pareil, ça se relie. [...] Je sculpte en pâte ou n'importe quoi, je vais faire pareil sur mon corps. [...] C'est un peu plus difficile de sculpter son corps bien.

Mais cette pédagogie du corps ne se limite pas à l'espace de la scène ; déjouant certains codes du cinéma de divertissement grand public, qui mettent en scène le désir de façon relativement conventionnelle (*Frankenstein*, *King Kong*), de nombreux

---

1   Michel Foucault, *Surveiller et punir*, Gallimard, 1975, p. 173.

signifiants, dans le film, peuvent aider des personnes à mettre des mots sur leur propre sexualité.

> M : C'est pas pour rien que ça a marqué autant de personnes qui ont réussi à se trouver et à assumer leur sexualité grâce à ce film. J'avais vu un témoignage d'un homosexuel qui disait que, quand il était jeune, il arrivait pas à assumer ça [...], il avait vu ce film lors d'une soirée et la réplique qui l'avait marqué, c'est le moment où Frank présente Rocky à Brad et Janet et où Janet lui dit qu'elle aime pas les mecs avec trop de muscles. Et Frank lui répond : « Je l'ai pas fait pour vous ». Ce qui l'avait marqué c'est que ce mec ultra taillé [...], *sex symbol*, il était pas là pour plaire à une femme.

Pour des raisons qui ne sont pas liées seulement au film lui-même, mais qui s'expliquent aussi par le milieu socioculturel dont sont issus les membres des troupes, rejoindre le *cast* du Rocky et la communauté internationale qui lui est attachée, peut aider à se « libérer sexuellement » ou à mieux connaître ses propres désirs.

> G : Dans la troupe, je dirais pas que tout le monde a couché avec tout le monde, mais c'est presque ça. [...] T'en as beaucoup aussi qui se sont libérés sexuellement grâce à ça. Je veux dire, même moi, [...] je reste hétéro, mais je suis vachement plus ouvert un jour à peut-être faire autre chose parce que j'ai vu que c'était pas un problème ou j'ai pu voir des hommes que je trouvais sexy. [...] Tous les *cons* [les conventions : réunions de fans] sont des baisodromes. Ceux qui ne sont pas là pour baiser, y'a pas de problème, mais t'as toujours dans un hôtel la chambre pour ceux qui connaissent, où ils vont tous aller pour baiser tous ensemble. Ça fait partie aussi du milieu. [...] On crée des liens très vite, et on casse des barrières très très très rapidement puisqu'on se voit à moitié nus tout le temps, je veux dire, on a tous vu nos attributs, c'est généralement pas un problème, mais forcément ça crée des envies, et puis on est aussi dans une communauté qui est assez libérée sexuellement, je pense. Moi, je peux parler de ma vie sexuelle très très facilement, dire ce que j'ai envie, aller voir quelqu'un et lui faire « Viens, on baise », enfin ce serait pas un problème, quoi.

> *

> S : Et en plus j'ai eu de la chance de rencontrer des nanas [...] qui étaient des femmes un peu plus âgées que moi [...] et du coup quand moi j'avais dix-sept ans et que j'étais pas très à l'aise avec ma sexualité non plus [...], je me cherchais vachement [...] et du coup je sais que ces filles-là elles m'ont vachement aidée, parce qu'on a parlé de sexualité, on a parlé d'orientation sexuelle, on a parlé de genre, de féminisme [...]. Et je sais que du coup, je sais que ça m'a vraiment désacralisé le sexe, désacralisé plein de trucs. Et je sais que les nouvelles expériences que j'ai eues, je pouvais — je peux — en parler avec ces filles, il y a pas de problème. C'est rare de trouver un groupe de copines aussi ouvertes là-dessus, sans

tabou, mais vraiment aucun tabou. [...] Les filles sont polyamoureuses, en couple libre et tout, et ça m'a vraiment déconstruit la vision du couple que j'avais [...]. Maintenant je sais qui je suis, et je l'ai su assez tôt, grâce à elles, notamment, et grâce au *Rocky*. C'est quand même une grande famille, et c'est quand même des gens qui sont là, quoi qu'il arrive.

La plupart du temps, cette « éducation sentimentale » va de pair avec une éducation politique, une sensibilisation aux problématiques *queer* et LGBT, qui passe par la pratique et la sensibilité subjective davantage que par la théorie.

G : Une fois aussi, parfois on sort dehors en costume pour faire des photos à la fin [de la séance], et on a commencé à me tabasser, ça s'est vite terminé [...], mais parce que des gens sont passés, et m'ont dit « sale pédé » et tout, [...] des gens bourrés, qui sont cons [...], mais ça te forge ton hétérosolidarité aussi, parce que même si toi tu l'es pas, tu vois ce que ça peut être beaucoup plus facilement, alors que je pense qu'il y a beaucoup de gens qui sont peut-être hétérosolidaires, mais qui ne se rendent pas compte de la violence que ça peut être pour les homosexuels.

Il ne faut cependant pas surestimer cette libération des corps à l'échelle des troupes : si le *Rocky* peut permettre de découvrir, d'exprimer et de mettre en pratique des désirs qu'on ne connaissait pas, le *shadowcasting* peut aussi être l'occasion d'incarner de façon ludique des pratiques qui peuvent se révéler en contradiction avec ses propres valeurs — c'est aussi le sens de la *catharsis*.

D : J'arrive à faire la part des choses, dans la mesure où j'ai une vision très chrétienne du monde où le principe de base, c'est le respect du prochain, le respect de son corps, le respect de ce qui nous entoure [...]. Le *Rocky* est quelque chose pour moi qui est relativement sain, dans la mesure où ça reste assez soft, et surtout c'est un truc où tu fais du théâtre, et donc tu te dépasses, tu te donnes à fond dans une activité. Tu t'abîmes pas comme [...] avec les vices, [...] les péchés capitaux et tout, où c'est l'excès qui va faire que tu vas t'éloigner d'un chemin respectueux pour toi intellectuellement parlant, physiquement, et même des autres. [...]. J'ai une vie spirituelle, mais d'un autre côté j'ai aussi une vie artistique, associative où je fais des trucs [...] qui sont pas très très cathos.

De manière générale, comme pour toute hétérotopie, il ne faut pas surestimer l'aspect « monde à part » du *Rocky* : si son atmosphère carnavalesque permet de dédramatiser les catastrophes, de désexualiser les corps, de ridiculiser les puissants, ni les normes habituelles de beauté, ni les structures disciplinaires et les rapports de pouvoir qui les imposent, ne restent tout à fait en dehors de la salle de cinéma.

T'as une période de lune de miel et ensuite t'es là, genre « Ah merde, ici comme partout ailleurs, y'a des trucs de pouvoir »...

V : C'est ça. Je pense que c'est ça qui est le plus « dur », entre guillemets...

... en fait c'est pas un espace vraiment idéal, où...

V : Nan, du tout

... c'est la libération de tous les corps, tout le monde est super pote...

V : Du tout. Mais vraiment pas. Genre, vraiment, vraiment pas. En fait c'est vraiment sur le papier comme ça, et en fait plus on y a été et plus on s'est rendu compte que c'est parfois l'extrême inverse. Sous couvert de « Tout le monde est accepté », c'est pas du tout le cas, et y'a beaucoup de jugement... Je pense que c'est beaucoup de la façade, en fait.

« I'm Going Home » : *conclusion introspective*

Choisit-on un sujet de recherche ou est-on choisi par lui ? Cette brève enquête sur le *Rocky Horror Picture Show*, à essayer de comprendre comment les *performers* des Time Slips, des No Good Kids et de la Flaque ont été « convertis » au *Rocky*, m'a conduit à m'interroger sur mon propre rapport intellectuel et sentimental à ce film et à son culte. Cette intrication subtile de cinéma, de désir et d'amitié qu'ils présentent est peut-être le sens même de la cinéphilie, qu'il est important de réaffirmer à une époque où le cinéma devient de plus en plus incorporel, où les films se découvrent et s'apprécient de plus en plus dans les « non-lieux » des plateformes de streaming, et de moins en moins à des adresses fixes, peuplées de corps réels, devant un écran où la lumière appose délicatement son grain.

Cette enquête a également été l'occasion de m'intéresser à une autre forme de performance, dont je n'avais qu'une connaissance distante et imprécise, le burlesque. Le cabaret serait également une forme d'hétérotopie qu'il faudrait étudier en détail : dans le superbe film de Bob Fosse *Cabaret* (1972), on voit bien en quoi les responsables de cet espace fantasmatique emploient une rhétorique de clôture, typiquement hétérotopique, vis-à-vis du monde extérieur (« Leave your troubles outside. So, life is disappointing? Forget it! In here, life is beautiful, the girls are beautiful, even the orchestra is beautiful! »), qui a son efficacité, mais aussi ses limites : à la fin du film, la montée en puissance du nazisme en Allemagne se fait sentir jusqu'au sein du cabaret. La barbarie ne s'arrête pas aux portes de l'hétérotopie.

Au fil de mes entretiens avec les *performers*, une autre forme d'hétérotopie, sur laquelle je travaille par ailleurs, a refait surface : le *freak show*.

Et du coup tu sens qu'il y a quand même des similitudes ou des liens entre l'univers du Rocky et l'univers du burlesque, du cabaret, tout ça ?

B : Oui, je pense qu'il y a un lien un peu *freak show* qui est là. Ah, j'ai dit le nom de ton mémoire ! Ouais, bah complètement. [...]

Ce qui a d'abord attiré mon attention sur les *freak shows* du XIXe siècle a été l'usage fréquent du mot « freak » par des auteurs liés aux mouvements « contre-culturels » des années 1960 (en premier lieu Hunter S. Thompson). Ce projet de recherche sur le *Rocky*, un film qu'on peut rattacher par plusieurs éléments à la contre-culture américaine des années 1970 (rock'n'roll, science-fiction de série B, *midnight movies*, liberté sexuelle) m'a également ramené aux phénomènes de foire du XIXe siècle. Mon entretien avec Pierre Spivakoff, le tout premier Frank-N-Furter français, dans son appartement très « Belle-Époque », a été émaillé de références dix-neuviémistes, de Sarah Bernhardt, qu'il a interprétée en se travestissant, à Rachilde, dont il a adapté un roman pour la scène et sur qui j'ai travaillé. Cette enquête m'a permis de m'interroger sur le réseau de liens, imaginés ou réels[1], qui pouvaient exister entre mes différents centres d'intérêt, apparemment hétéroclites : littérature décadente, histoire des monstres, cinéma contestataire, performance, *gender studies*.

Tu voulais dire quoi par « Y'a un côté un peu freak show » ?

B : Au-delà du fait qu'il y a des personnages qui sont un peu *freak* dans le *Rocky Horror*... T'as Riff Raff qui est une espèce de monstre, enfin pas un monstre, mais c'est clairement le serviteur de Frankenstein, il est bossu, il est cadavérique. [...] Eddie qui est avec sa cicatrice, même Columbia avec sa voix suraiguë, il y a des extraterrestres, [...] ils sont un peu chelou quand même ces personnages. T'as ça, t'as le fait qu'il y a un trans, c'est le côté un peu *freak*, burlesque, voilà.

Et tu sens que ça vous permet peut-être d'exprimer votre côté chelou.

B : Oui, oui. [...] Tu as certainement fait beaucoup plus de recherches sur le mot « *freak* » que moi, mais [...] « freak » ça a tellement évolué, ça peut dessiner tellement de choses, parce que quand on dit *Freaks*, on

---

1 Entre Sarah Bernhardt, Rachilde, et tout ça, vous avez quand même un intérêt pour cette époque-là.

Pierre Spivakoff : Ah oui, complètement. Et ces gens qui réinventent leur vie. Et dans la mort. La présence de la mort.

Et vous avez retrouvé un peu toutes ces choses-là dans le Rocky Horror Show *?*

Pierre Spivakoff : Totalement.

s'imagine le film, c'est forcément des gens qui ont des problèmes, enfin qui ont des...

Qui ont des déformations...

B : Voilà, mais finalement déformations physiques, ça peut être aussi être un choix délibéré de se transformer le sexe, de changer de sexe, donc est-ce que quelque part, les *freaks* c'est pas aussi des *gender freaks* ou... Se costumer, sortir des...

Modifier son propre corps, en faire quelque chose d'extravagant et d'inattendu.

B : C'est ça.

Il faut noter que dans cette conversation, le *freak show* a été associé non pas à une forme d'exploitation de l'altérité, ce que, dans la réalité historique, il était parfois, mais à une mise en valeur de sa propre altérité, notamment liée au genre, qui peut aller jusqu'à la modification corporelle — une démarche qui rappelle étrangement celle d'ORLAN, artiste que j'ai d'ailleurs aussi eu l'occasion de rencontrer, conjointement à cette enquête, pour aider un collègue dans son propre travail de recherche[1].

Les hétérotopies que sont le *Rocky* et la Flaque supposent-elles, de la même façon que l'autopoétique d'ORLAN, une autre façon d'être, une modification de soi, de son attitude, une mise en valeur de ses propres étrangetés et transgressions des normes de genre ? Au-delà de leurs différences profondes, peut-être le *Rocky*, le cabaret et le *freak show* (du moins dans la façon dont il existe encore aujourd'hui dans l'imaginaire collectif) participent-ils de la même poétique des corps exposés, de la même énergie contestataire — du même retournement existentiel de ses défauts, de ses complexes ou de ses difformités en œuvre éphémère de musique, de verbe et de paillettes.

Bibliographie

« Dracula chez Guignol », *Le Quotidien de Paris*, 25 avril 1975.

« Le 'Rocky Horror Show', comédie musicale de Richard O'Brien. Au cabaret des néo-tabous », *Le Quotidien de Paris*, 9 avril 1975.

Aristote, *La Politique*, Vrin, 1995, p. 584.

Andrew Weinstock (Jeffrey) « It's Just a Jump to the Left. *The Rocky Horror Picture Show* and Popular Culture », in *Reading* Rocky Horror in Reading

---

1 Dean Fryn, « Agency Disguised as Nudity: The Subversive Feminist Legacy of ORLAN's *S'habiller de sa propre nudité* », New York University, 2019.

Rocky Horror: The Rocky Horror Picture Show and Popular Culture (Jeffrey Andrew Weinstock, ed.), Palgrave Macmillan, 2008, p. 2

Baecque (Antoine de), Frémaux (Thierry) : « La cinéphilie ou l'invention d'une culture », *Vingtième Siècle. Revue d'histoire,* n°46, 1995, pp. 133-142.

Cartier (Jacqueline), « Vampire, motard, dragon et... Marilyn : Pierre Spivakoff dans « Rocky Horror Show » », France- Soir, 2 avril 1975.

Cornell (Julian) « *Rocky Horror* Glam Rock », in *Reading* Rocky Horror: The Rocky Horror Picture Show *and Popular Culture, op.cit,* p. 43.

Foucault (Michel), « Les Hétérotopies », in *Le Corps utopique* suivi de *Les Hétérotopies,* Nouvelles Éditions Lignes, 2009, p. 24-25.

Foucault (Michel), *La Sexualité* suivi de *Le Discours de la* sexualité, Seuil/Gallimard, 2018, p. 191.

Foucault (Michel), *Surveiller et punir,* Gallimard, 1975, p. 173.

Fryn (Dean) « Agency Disguised as Nudity: The Subversive Feminist Legacy of ORLAN's *S'habiller de sa propre nudité* », New York University, 2019.

Godard (Colette), « Rocky Horror Show », *Le Monde,* 9 avril 1975.

Lamm (Zachary), « The Queer Pedagogy of Dr. Frank-N-Furter », *Reading* Rocky Horror, *op. cit.,* p. 193-206.

Matheson (Sue) «"Drinking Those Moments When". The Use (and Abuse) of Late-Night Double Feature Science Fiction and Hollywood Icons in *The Rocky Horror Picture Show* », in *Reading* Rocky Horror: The Rocky Horror Picture Show *and Popular Culture* , p. 31.

Piro (Sal), *Creatures of the Night. The Rocky Horror Picture Show Experience,* Binary Publications, 1990.

Watkins- Mormino (Kristina) « The Cult and Its Virgin Sacrifice. Rites of Defloration in and at *The Rocky Horror Picture Show* », Op-cit., p.157-173.

Images d'une sexualité mutante dans l'œuvre de La Fleuj

Simon Grainville
Doctorant sous la direction de M. Thierry Dufrêne
Laboratoire HAR (Histoire des Arts et des Représentations)
Université Paris Nanterre

Venu de la planète X, le plasticien xénomorphe La Fleuj arpente les rues et les ruines industrielles de manière anonyme afin d'y disséminer des messages et des images, visions d'avenir consacrées à l'étrange beauté du corps mutant. Les mots se transforment en corps, et les corps en masses organiques informes. Orifices mystérieux, masses turgescentes, griffes et crocs déchirant la peau, fluides divers et visqueux. Tout n'est que mutations et dissolutions au sein d'une apothéose orgasmique. Les tabous sont morts, longue vie à la nouvelle chair !

L'on pourrait s'amuser de cette scabreuse description, c'est néanmoins l'univers et le cadre narratif dans lequel évolue l'artiste et graffeur français La Fleuj. Si depuis les années 1980 les institutions rattachent volontiers la pratique du graffiti *writing* à un imaginaire ghettoïsé et limité[1], la réalité du graffiti *writing* relève, au contraire, d'une diversité stylistique et thématique remarquable dans laquelle les praticiens infusent leurs propres références culturelles. Bien que la question du lettrage et de sa graphie soit essentielle, la figuration et les

---

1 Nous utilisons ici le vocable « graffiti *writing* » afin de parler du graffiti contemporain issu de la tradition américaine née à la fin des années 1960 à Philadelphie et à New York. Le terme « graffiti » ayant été utilisé a posteriori par les institutions afin de qualifier ce nouveau mode d'expression, distinct de la pratique ancestrale du graffiti comme inscription tel que défini par le jésuite Raffaele Garrucci en 1856 lors de la publication de son ouvrage sur les inscriptions antiques de Pompéi.

iconographies qui lui sont attachées ne sont pas en reste[1]. En ce sens, David Villorente et Todd James dans leur étude consacrée au graffiti new-yorkais, ont pu pointer du doigt la récurrence de personnages issus de dessins animés et de *comic books* dans les créations des jeunes graffeur·ses américain·es[2]. Bien loin du caractère bariolé de ces personnages, La Fleuj puise son imaginaire dans les pages du magazine *Mad Movies*, hypnotisé également par les jaquettes sanguinolentes des films d'horreur qu'il lorgne dans les vidéos-club. Très tôt, dans son adolescence, il se constitue une culture cinématographique dense dont les grands héros se nomment David Cronenberg, Paul Verhoeven, John Carpenter ou Ridley Scott. Ces références sont mises en regard avec un imaginaire musical imprégné de Hip Hop qui le pousse vers le graffiti et lui insuffle une conscience politique et un goût prononcé pour la formule choc. Il en découle des graffs plus adultes et crus abordant sans complexe la sexualité et la violence, que l'artiste inscrit le plus souvent dans un contexte science-fictionnel afin d'interroger les normes de notre contemporanéité occidentale.

Organisme évolutif, La Fleuj change de lieu, change de style, change de nom au gré de ses envies[3]. Il transite entre différents *crews* (/collectifs) dont les noms trahissent ses intérêts : JCVD et 1984, grand écart maîtrisé entre un cinéma *pulp* de divertissement violent et l'appréhension de thématiques politiques et d'anticipation. Un désir semble malgré tout lui coller à la peau : celui de renverser la table normative de la représentation du corps et du plaisir. Ses picto-graffitis et ses *murals* témoignent d'une attention portée au corps dans sa diversité, qu'il soit humain, alien ou mutant, ainsi qu'à son entremêlement sexuel ou biologique. Si la présence de corps féminins est prégnante, l'artiste n'hésite pas à jouer de l'ambiguïté du genre pour dresser un parallèle engagé entre les montres de la fiction et celles et ceux que la société considère comme *freaks*[4]. La Fleuj, au travers de son

---

1 « Difficile de raconter l'histoire du *writing* sans associer à la recherche calligraphique les nombreux développements tout aussi progressifs dans le domaine de la figuration. Si c'est un art profondément ancré dans le formalisme de la lettre, le personnage comme le paysage sont des objets tout aussi importants de son vocabulaire. » dans Lokiss [dir.], *Graffiti, 50 ans d'interaction urbaine*, p. 178.

2 James (Todd) et Villorente (David) : *Mascots & mugs : the characters and cartoons of subway graffiti*, pp. 10-11.

3 Pratique courante dans le graffiti, les artistes changent régulièrement de pseudonyme (ou « blaze ») afin de brouiller les pistes quant à leur identité, mais également afin d'expérimenter les possibilités stylistiques offertes par d'autres lettres d'un point de vue calligraphique. Le pseudonyme de « La Fleuj » s'est fixé en 2009, succédant à Jifl/Gifle (nom déjà utilisé par un autre graffeur parisien).

4 Renvoyant initialement aux « monstres de foire » exposés dans les cirques itinérants en raison de difformités physiques ou d'autres particularités corporelles, le terme

œuvre prend fait et cause pour le parti du « monstrueux » et la fascination qu'exerce sur nous cet univers de l'étrange[1] :

> La science-fiction, c'est un art du présent et elle s'inspire toujours du présent pour arriver après à détourner les choses, à l'augmenter ou à la détruire, la déformer. Et en partant du principe de parler des minorités, vues comme des parias, comme des monstres. Du coup, j'ai poussé le truc au premier degré. Vous nous voyez comme des monstres ? Moi, je vais faire des monstres[2] !

Nous proposons ici une analyse de la richesse et de l'évolution de l'œuvre de La Fleuj d'un point de vue stylistique et thématique. Il s'agira dans un premier temps d'aborder la représentation des organes génitaux féminins comme éléments de figuration « alien » (au sens étymologique du terme) au travers du picto-graffiti[3]. La question du lettrage et du corps comme matières mutantes fera l'objet d'un éclairage à l'aune des références cinématographiques de l'artiste. Enfin, nous nous attarderons sur la dimension évocatrice qu'offre l'abstraction picturale dans le cadre de graffs évolutifs.

Vagina Monstrum, *quand le sexe devient étrange*

Pénis partout, vagins nulle part ! Voilà une manière pour le moins triviale de résumer la surreprésentation de phallus dans l'espace public et l'imaginaire collectif. Cette affirmation simpliste est à relativiser dans une perspective historique plus conséquente. Néanmoins, la représentation dans l'espace public d'organes génitaux féminins reste une forme de tabou fortement attaché à la sexualité, là où les figures péniennes sont davantage perçues comme une forme de blague potache et vulgaire dont le caractère sexuel est largement atténué par la normativité masculine de l'espace urbain tel que l'explique Jacqueline Coutras dans sa géographie du genre[4]. La Fleuj dresse le même constat

---

« *freak* » a fait l'objet d'une réappropriation des mouvements contestataires américains hippies au début des années 1960. S'autodéfinissant ainsi, ils affirment leur identité et leurs mœurs libérées du modèle traditionnel W.A.S.P. (White Anglo-Saxon Protestant). Dans une suite logique, le terme a été également utilisé par la communauté *Queer*, partageant avec les *freaks* une forme de marginalisation.

1 Manuel (Didier) [dir.] : *La figure du monstre: phénoménologie de la monstruosité dans l'imaginaire contemporain*, p. 14.

2 Citation issue d'un entretien réalisé avec l'artiste le 20 avril 2022.

3 Nous tenons à signaler aux lecteur·ices que nous utiliserons les notions de « féminin » et « masculin » dans une acception cisgenre du corps et de la sexualité par souci de compréhension.

d'une iniquité quant à la représentation visuelle des organes génitaux dans le graffiti *writing* et l'art urbain :

> Effectivement on dessine des teubs sur des murs depuis toujours. Je voyais ce geste comme un geste de gamin qui dessine une bite derrière l'église, une sorte d'image universelle que tu retrouves partout dans le monde. Et paradoxalement, on ne sait pas dessiner une chatte, elle n'a quasiment jamais été représentée dans l'histoire. C'est beaucoup discuté aujourd'hui donc c'est cool. C'est l'idée de représenter une partie du corps humain, censurée, boycottée depuis toujours et la remettre en avant pour la valoriser bien entendu. Faire une sorte de pied de nez, contrer toutes ces bites. Ça fait aussi partie du processus de mon travail sur l'idée du corps, de la science-fiction et de la position des femmes dans l'histoire de l'art et dans les sociétés, encore aujourd'hui. Mélanger tout ça pour être dans quelque chose de provocant, mais qui raconte quelque chose dans le fond[1].

La conscientisation accrue des notions de sexualité et de genre dans le contexte de l'espace public a mené artistes et militant·es à s'emparer de l'image de la vulve et du clitoris comme éléments signifiants d'une réappropriation du corps féminin. C'est notamment le cas dans les collages de la *street* artiste Mars L. Clito qui réinterprète l'histoire de l'art, replaçant les chefs d'œuvre de la peinture dans des cadres clitoridiens. Il en va de même pour l'initiative de Gang du clito porté par Julia Pietri qui propagent par le biais d'un affichage sauvage, des clitoris réalisés en illustration 3D, assortis de *punchlines* ironiques tel que « it's not an alien ». La Fleuj semble être l'un des seuls à avoir appliqué le langage plastique propre au graffiti *writing* à ce sujet spécifique ; il en découle un motif caractéristique que l'artiste nomme « *flyzez* » ou « *flopussy* ». Dans la droite lignée de RCF1 ou de Mygalo, La Fleuj embrasse en 2018 le picto-graffiti, branche à part entière de la culture graff qui se caractérise par l'usage de personnages logotypés faisant office de signature en remplacement (ou en complément) du blaze[2].

---

4   « La rue est souvent prise à témoin. Elle l'est comme illustration de la pérennité de la domination masculine sur l'extérieur urbaine. » dans Coutras (Jacqueline) : *Crise urbaine et espace sexués*, p. 19.

1   Citation issue d'un entretien réalisé avec l'artiste le 20 avril 2022.

2   Si la figuration dans le graffiti *writing* et l'existence de personnages-signatures est présente dès le début des années 1970, à l'instar de Stay High 149 et son personnage du *smoker* ; le développement d'une nouvelle génération d'artistes urbains s'affranchissant des codes du graffiti traditionnel a mené - à la jonction des années 1990 et 2000 - à l'émergence du picto-graffiti en tant que nouvelle scène urbaine. La scène contemporaine du picto-graffiti est documentée, notamment au travers de fanzines comme *Faces n Chases* publiés par le graffeur grec RTMONE depuis 2020.

Inquiétantes vulves volantes, les *flyzez* s'infiltrent dans l'espace urbain et exhibent aux passant·es leur étrange anatomie (ill. 01). Indépendantes de tout corps, elles présentent pourtant l'ensemble des caractéristiques biologiques leur afférent : grandes et petites lèvres, le clitoris et son capuchon ainsi que l'orifice vaginal et le méat urinaire. La Fleuj leur assigne néanmoins des couleurs arbitraires allant du violet au bleu, en passant par le turquoise, couleur fétiche de l'artiste, confèrent à l'ensemble  une tonalité non humaine. Cette typologie classique peut également être agrémentée de gouttes de sang ou de veines rouges qui viennent enrichir la composition stylisée. L'exagération d'un certain nombre de ces éléments ajoute encore au caractère « cartoonesque » de ces peintures dont l'esthétique simplifiée et l'exécution entrent dans la catégorie du *throw-up* (ou flop), style de graffiti consistant en l'usage d'un nombre restreint de couleurs au sein d'une composition efficace par sa taille et la facilité de sa mise en œuvre. Les *flyzez* font également l'objet d'un certain nombre de mutations, se multipliant au sein d'un même module à la manière d'organes siamois ou pourvue de différentes épines et protubérances les catégorisant comme aliens.

En amont et parallèlement à cette série, La Fleuj a continué de repousser les limites de la représentation, réalisant des peintures murales traitées de façon plus détaillée où les vulves s'intègrent à des compositions circulaires ou ovoïdes permettant de voir les corps auxquelles elles appartiennent. L'ensemble pictural *She Live* prend le parti d'un voyeurisme naturaliste où la composition et le cadre permettent de recentrer le regard sur les actes sexuels figurant essentiellement des scènes d'onanisme[1]. D'un caractère extrêmement crue, ces peintures s'inspirent ouvertement des *shunga*, estampes érotiques japonaises particulièrement prisées au cours de l'ère d'Edo (1600-1868), dans lesquelles les artistes représentent sans distinction

---

1 Initiée en 2014, la série de peintures *She Live* (l'erreur de conjugaison est volontaire), renvoie au film *They Live* (1988) de John Carpenter. Outre le caractère science-fictionnel et la volonté de rendre hommage au film, la filiation s'effectue par l'idée de « révélation » : celle de l'existence d'extraterrestres pour le film, celle de l'existence d'une sexualité mutante et alternative pour La Fleuj.

et avec force détails, des scènes d'amour parfois burlesques, allant jusqu'au gros plan sur les organes génitaux.

La série *She Live* se caractérise par l'absence de visage, permettant aux spectateur·ices de se projeter dans l'image ; mais également par l'omniprésence de longs ongles vernis et pointus dont l'ambiguïté oscille entre séduction et menace. De la même manière que pour les *flyzez*, nombre de ces compositions picturales intègrent des éléments de mutations organiques ou d'implants technologiques, usant également d'un panel de couleurs beaucoup plus varié comprenant des carnations diverses. Flirtant avec l'image pornographique, la plupart des peintures créent par la représentation explicite d'actes sexuels, un malaise[1]. Néanmoins, l'artiste distingue les deux séries (outre la dimension stylistique) par la question de l'environnement spatial où il les peint :

> À partir du moment où tu peins un acte sexuel en grand format, tu viens déranger, tu viens perturber, tu viens gêner parce que ça vient parler de ton rapport à l'intimité. Ce sont des choses que j'ai faites, ces espèces de grandes scènes, je les ai faites uniquement dans des lieux plus ou moins accessibles. On va dire que c'étaient des lieux, des friches industrielles, des endroits plus ou moins abandonnés, parce que j'estime aussi que c'est quelque chose qui n'aurait pas forcément sa place dans une rue dans Paris. J'ai pas envie d'être dans cette provocation gratuite. Elle m'intéresse pas spécialement. Je n'ai pas besoin d'aller jusqu'à peindre une scène de masturbation en frontal, en ligne claire, sur un mur dans une rue de Paris. Ce serait trop facile et ça ne m'intéresse pas. Par contre, effectivement, être dans un code du graffiti à faire cette vulve qui n'est pas une photographie d'une vulve ! On est sur une représentation artistique, logotypée, graphique de la vulve. Donc pour moi elle a un côté où elle s'ancre plus dans les codes du graffiti et dans la rue. Mais effectivement, la censure m'intéresse d'un point de vue sociologique, artistique, je m'intéresse beaucoup à la censure dans l'art, dans le cinéma[2].

Cette inquiétude vis-à-vis d'une sexualité dont le public masculin ignore la véritable nature en fait un terrain propice au développement de mythes associant les organes génitaux féminins à des entités monstrueuses[3]. La Fleuj joue de cette crainte, engendrant un sentiment contradictoire d'attirance et de répulsion face à ces créatures étranges et désirables. Par cet envahissement du quotidien et l'intrusion dans

---

1 Ces peintures, notamment les *flyzez* très présentes dans l'espace public, font l'objet d'une censure rapide et systématique en comparaison d'autres graffitis pourtant voisins des œuvres de La Fleuj et dont le nettoyage ou le recouvrement par d'autres individus semble moins prioritaire.

2 Citation issue d'un entretien réalisé avec l'artiste le 20 avril 2022.

3 Creed (Barbara) : *The monstrous-feminine : film, feminism, psychoanalysis*, pp. 105-107.

l'espace public, l'artiste renoue avec la pratique de l'*anasyrma* qui consiste en la monstration des organes génitaux dans l'objectif de provoquer l'effroi. Dans la peinture flamande, femmes perses et amazones sont représentées au cœur de la bataille, renversant le cours du conflit par l'action de soulever leurs jupes[1]. Cette peur du sexe féminin est également rattachée chez Freud à une peur de la castration, thématique psychanalytique rebattue, mais dont Barbara Creed offre une analyse enrichissante au travers du prisme du cinéma d'horreur et du film *Alien* (1979) de Ridley Scott[2]. En effet, la figure sexuée et androgyne du xénomorphe représente un menace létale, éliminant l'ensemble des membres masculins de l'équipage du vaisseau Nostromo. Si la créature à son dernier stade d'évolution ne dispose pas explicitement d'organes de type féminin, l'étape d'insémination d'un hôte passant par la « pénétration vulvaire » d'un *facehugger* est pour le moins équivoque[3]. Ce dernier exemple est d'ailleurs représentatif du mythe ayant eu la pérennité la plus conséquente : celui du *vagina dentata*, vagin denté et dévoreur dont on trouve l'équivalent dans de nombreux folklores à travers le monde, et ce, jusque dans la littérature de science-fiction[4]. La Fleuj ne semble pas devoir échapper à cet héritage et a également représenté à

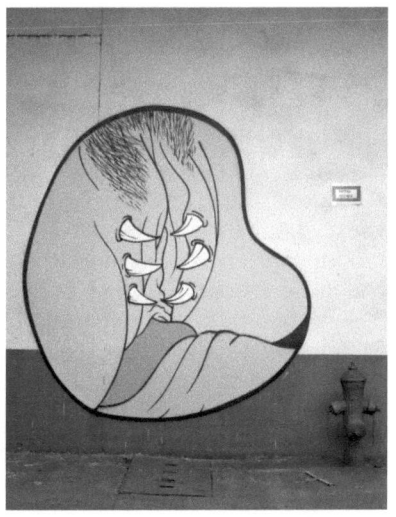

---

1 Le peintre Otto van Veen (1556–1629) a représenté par deux fois cette thématique, c'est également le cas de Frans Francken the Younger (1581–1642), qui se réfère à Plutarque : « Les Perses, à la sollicitation de Cyrus, déclarèrent la guerre à Astyage, roi des Mèdes. Ils furent battus et obligés de se retirer en désordre. Les ennemis étaient près d'entrer avec eux dans la ville, lorsque les femmes coururent à leur rencontre, et se découvrant : "Où fuyez-vous, leur crièrent-elles, ô les plus lâches des hommes ? Prétendez-vous rentrer dans ce sein d'où vous êtes sortis ?" Cette vue et ces paroles firent sur eux une telle impression, que, honteux de leur lâcheté, ils font face à l'ennemi, recommencent le combat, et obligent les Mèdes à prendre la fuite. » dans Plutarque : *Œuvres morales*, p. 580.

2 Creed (Barbara) : op. cit., pp. 16-30.

3 La Fleuj s'est également réapproprié cette figure dans le cadre d'un *mural* politique et cynique *Free Huggs* (2017) où les créatures extraterrestres étouffent des figures politiques réactionnaires.

4 Dans le roman cyberpunk *Snowcrash* (1992) de Neal Stephenson, le personnage de Y.T. est équipée d'une prothèse vaginale cybernétique appelée *dentata,* dont feront les frais plusieurs personnages masculins.

de multiples reprises des vulves et vagins munis de dents et d'épines, s'apprêtant à accomplir leur castratrice besogne (ill. 02).

Body horror *et tentation mutante*

Cette fascination pour le cinéma d'horreur et de science-fiction ainsi que les créatures qui peuplent ces univers ; La Fleuj la documente au travers d'un savant archivage de photographies, de cassettes, de revues, de VHS, de DVD, d'ouvrages et de fichiers numériques qui servent à nourrir une abondante banque d'images personnelle dans laquelle il peut piocher ses sujets et références[1]. Dans le cadre de sa communication sur les réseaux sociaux, chaque œuvre ou tatouage qu'il réalise s'accompagne d'un *moodboard* venant apporter leur éclairage sur la réalisation concernée. Genre éminemment politique, La Fleuj puise dans la science-fiction, la richesse des métaphores sociales où zombies, aliens et mutants renvoient respectivement aux minorités ethniques, aux prolétaires, aux étrangers et aux marginaux en tout genre. Leur interaction est magnifiée au travers de relations intimes et taboues que l'artiste valorise et met en scène dans ses peintures[2]. Cela concerne essentiellement la série *She Live* qui intègre non seulement des scènes d'onanisme, mais aussi diverses relations sexuelles. C'est également le cas pour l'ensemble *FleujXploitation* que le graffeur définit ainsi :

> La série *FleujXploitation* s'inscrit dans un contexte dont les compositions renvoient aux codes du Graffiti en se référant aux *Burners:* pièces réalisées sur les métros New-Yorkais dans les années 70's et 80's. Ces peintures à la composition horizontale (forme des wagons de métro) étaient composées généralement d'un lettrage central (le plus souvent un pseudonyme servant de signature) et de personnages situés aux deux extrémités. Durant cette période, ces *characters*/personnages reproduisaient des figures de la bande dessinée, de films, de séries télé populaires et piochaient dans l'iconographie des *comic books*. En

---

1 Loin de se limiter à une fascination extérieure à son quotidien, La Fleuj s'est également impliqué professionnellement dans le milieu du spectacle et du cinéma au travers d'une formation de maquillage artistique, dans le milieu de l'audiovisuel et du spectacle vivant, ainsi qu'un passage dans un atelier d'effets spéciaux en 2011, qui lui permettent de créer monstres et zombies pour différents projets musicaux et culturels.

2 Parmi les références citées par La Fleuj sur son site internet (fleuj.tumblr.com), mentionnons *Alien Nation* (1991) de Graham Baker où des couples inter-espèces humains et extraterrestres sont perçus de manière négative, *District 9* (2009) de Neil Blomkamp mettant en scène la prostitution illégale entre humains et aliens insectoïdes dans un contexte d'apartheid, ou encore *Total Recall* (1990) de Paul Verhoeven où les mutantes de Venusville font du racolage.

utilisant des personnages *bad-ass*, La *FleujXploitation* rappelle l'esprit du cinéma bis ou alternatif, ces courants de films transgressifs d'exploitation jouant l'économie (*BlaXploitation, SeXploitation,* etc.) dont les scénarios étaient basés sur les interdits et autres tabous de la société (sexe, violence, monstres et instincts de rébellions, etc.)[1].

Outre l'ampleur des fresques qui s'étalent sur des murs tout en longueur, la série *FleujXploitation* se différencie par un retour au graffiti *writing* comme lettrage. Si les œuvres mentionnées jusqu'à présent n'intègrent aucun élément de texte à leur composition, celles faisant partie de ce corpus le font de deux manières différentes : en insérant des citations

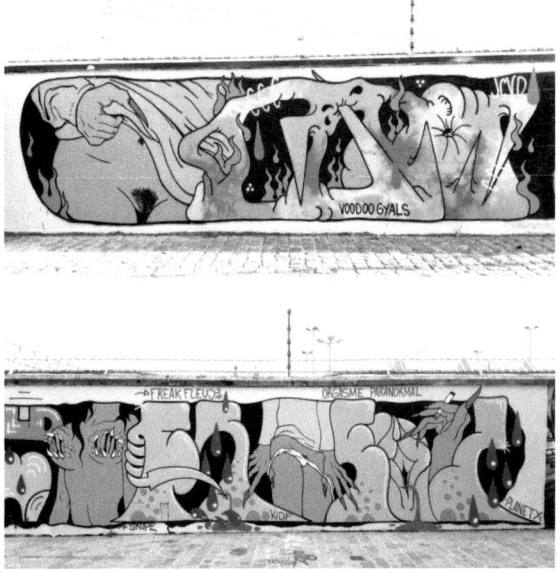

et des *punchlines* issues de films, de chansons ou de livres dont le caractère humoristique ou menaçant vient contrebalancer l'érotisme des figures leur étant associées. Mais aussi dans la graphie même du nom « FLEUJ » qui trouve sa place au centre de la composition. Le blaze comme exercice de style est la composante intrinsèque du graffiti *writing*, depuis son émergence aux États-Unis. Les graffeurs ont sans cesse rivalisé d'imagination afin de produire des styles dont la complexité peut parfois empêcher la lecture aux néophytes. En graffeur polyvalent, La Fleuj utilise différents types de graphies, allant des *block letters* (des lettres rectilignes et massives) à des propositions plus expérimentales. C'est précisément le deuxième exemple qui nous intéresse puisque l'artiste parvient par le truchement du biomorphisme, à muter ses lettres en formes organiques. Nous retrouvons des éléments de compositions présents dans les *flyezz*, la stylisation mutante des lettres passe par l'ajout de sang, d'orifices, d'appendices perforants et de doigts crochus. Le « U » de « FLEUJ » étant le plus souvent figuré sous forme vulvaire (ill.03-04). En disciple de l'esthétique « Cronenberg », La Fleuj parvient à exposer « de nouveaux

---

1   Citation issue du site internet de l'artiste (fleuj.tumblr.com) consulté le 5 mai .

morceaux de corps qui ne peuvent, par leur forme et leur texture, évoquer autre chose que des organes sexuels[1] ». L'ensemble des lettres semblent ainsi se mêler dans un rituel relevant autant de l'agression que de l'accouplement, orgie mutante rappelant l'intrication sexuelle et morbide de la bourgeoisie consanguine du film *Society* (1989) de Brian Yuzna. Car c'est précisément cela qui caractérise la figure du mutant chez La Fleuj, sa multiplicité qui ne résulte pas tant du dualisme antagoniste que de l'agglomération[2] :

> Tu peux avoir des espèces de créatures ou des espèces de formes hybrides abstraites qui vont avoir deux sexes, qui vont en avoir un seul. Et en fait, justement, il y a vraiment cette idée du genre qui est mélangé. On ne sait plus où on est. On est dans une espèce de forme, est-ce qu'elle est humaine ? Est-ce qu'elle extraterrestre ? On ne sait pas, mais ça va aussi avec ce qu'on vit dans la société d'aujourd'hui par rapport à tout ça. Cette idée de la question du genre, qui est vraiment beaucoup abordée. C'est une manière de parler de ça, mais toujours avec cette dimension de science-fiction. Ces espèces de paquets de chair comme ça, qui déambulent dans les rues, qu'on ne sait pas vraiment comment identifier[3].

Abstractions vivantes

Si les éléments de corps que nous avons pu disséquer jusqu'à présent dans notre analyse n'en restaient pas moins des membres reconnaissables, figurant une bouche, une vulve, un pénis, des doigts, etc. au sein d'un magma organique. La Fleuj, dans une recherche plastique plus conceptuelle, en vient à dissoudre toute corporalité au sein de peintures murales dont le caractère informe ajoute encore à l'incompréhension des spectateur·ices. Initiée en 2021, cette nouvelle série conserve malgré tout une dimension de sensualité par l'usage de coulures, de bio-morphisme et des couleurs oscillant entre un rouge sanguinolent et un bleu extraterrestre se mêlant au noir[4]. Le traitement de la couleur (ou plutôt de sa dissolution) est en ce sens, un changement radical. Les œuvres précédemment citées prenaient forme

---

1 Demangeot (Fabien) : *La transgression selon David Cronenberg*, p. 53.

2 Haraway (Donna) : *Manifeste cyborg et autres essais: sciences - fictions – féminismes*, pp. 79-80.

3 Citation issue d'un entretien réalisé avec l'artiste le 20 avril 2022.

4 Il faut préciser que les recherches plastiques de La Fleuj tendant vers l'abstraction trouvent leurs premières émanations en 2017. Les séries mentionnées dans le reste de cette partie ont trouvé une forme esthétique fixe à partir de 2021, d'où cette précision chronologique.

au sein de lignes claires et de cernes noirs venant encadrer de manière nette des couleurs, certes vibrantes, mais relativement uniformes. Cette nouvelle série, au contraire, se caractérise par un usage de la couleur « malade », celle-ci se dilue, s'écoule, se superpose comme autant de glacis offrant une variété de texture semblable à des hématomes ou des ecchymoses. Ce traitement pictural du corps, non pas en tant que forme, mais en tant que matière, se retrouve aisément dans l'histoire de l'art, comme le mentionne l'artiste parmi ses références :

> L'idée d'être dans un développement de peinture. Qui pourrait être près de la sculpture. Pour le moment, il y a l'idée de continuer à essayer d'expérimenter des peintures murales avec du graffiti. En fait, je parle presque de *murals*, même si tu vas utiliser de la bombe. Mais là, j'utilise un peu moins de bombes. C'est plutôt de l'acrylique. Il y a cette idée de bio-morphisme, de création de matière organique. Une espèce de masse comme ça, dont on ne sait pas vraiment la nature. Effectivement, il y a du Bacon derrière. Il y a plein d'artistes qui ont travaillé, cet aspect, comme Fabien Claude. Il y a l'idée de la transfiguration, une espèce de visage comme ça, un peu fantomatique, le côté travaillé de la chair, de la peau, de la transformation. Ça s'inscrit un peu plus dans cette idée, dans cette voie, dans cette lignée-là. C'est toujours l'évolution de mon travail. Oui, l'idée de la transformation, mais on est sur les mêmes sujets. En vérité, c'est juste que je vais les aborder de manière beaucoup plus abstraite[1].

Si ces corps disposent d'une sensualité picturale, s'inscrivent-ils pour autant dans le même registre sexuel que les séries *She Live* et *FleujXploitation* ? Vraisemblablement, non. En raison de l'absence d'organes clairement définis, ces corps fluides, asexués et agenres, rappellent bien plus l'extraterrestre informe du film *The Blob* (1958) de Irvin Yeaworth, sorte de mélasse rosée qui dévore les matières organiques à son contact afin de grossir indéfiniment. Cette interprétation ne semble pas déraisonnable puisque l'extraterrestre dévoreur a fait l'objet de réinterprétations sculpturales par La Fleuj entre 2019 et 2021, bien que l'artiste se réfère plus volontiers à la version bien plus gore de Chuck Russell sortie en salle en 1988[2].

---

1 Citation issue d'un entretien réalisé avec l'artiste le 20 avril 2022.

2 À l'occasion de différentes expositions, La Fleuj a convoqué la figure du Blob sous forme sculpturale. Les différentes itérations de ce motif ont en commun la couleur bleu turquoise propre à l'artiste et une mise en scène incluant des voitures de police malmenées par la créature extraterrestre. Ces expositions sont *She Live* à la Me KUJ Galerie (Marseille) du 20 avril au 22 juin 2019, *She Live 2* à la galerie 389 La Boutique (Paris) du 24 juin au 16 juillet 2021, ainsi que l'exposition *Interlope* au mois d'octobre 2021 à La Maison du Port (Nantes), mettant en scène une véritable voiture camouflée en véhicule policier.

La Nature en tant que productrice de monstres bien réels est également une piste d'analyse afin de comprendre la nature de ces formes organiques. Didier Manuel dans son analyse phénoménologique de la monstruosité affirme que « [...] la Nature propose des formes chaotiques, désordonnées, dévorantes, explosives, hideuses et dangereuses. Voilà que la Nature propose des formes grotesques ou encore démesurées[1] ». Or, si l'on se réfère aux noms donnés à certains de ces *murals*, nous y retrouvons une certaine forme de scientificité au travers de notions de symbioses et de parasitages entre organismes vivants. En effet, outre le nom de deux œuvres de La Fleuj, « Mycorhize » et « Cordyceps Unilateralis » sont les noms de champignons dont le mode de vie implique une forme de « mutation » ou plutôt d'altération biologique de l'hôte. Si le premier opère davantage une relation symbiotique en s'articulant aux racines de différentes plantes, leur offrant une capacité d'exploration du sol accrue, le second beaucoup plus néfaste, parasite les fourmis Camponotini, altérant leurs fonctions motrices et les poussant au suicide du haut des arbres afin de répandre leurs spores sur une large zone une fois la tête du champignon ayant fait éclater la carcasse de la fourmi infectée.

Ce phénomène de parasitage spectaculaire n'est pas étranger aux univers de science-fiction : on pense bien sûr au processus de développement des xénomorphes de l'univers d'*Alien* dont la croissance passe par un *chestbuster* se libérant de son hôte par explosion du torse de ce dernier, mais également aux zombies-champignons de la série de jeux vidéos *The Last of Us* (2013) offrant une vision angoissante d'un parasitisme fongique appliqué à l'espèce humaine. Ainsi, La Fleuj fait usage de taxons scientifiques et d'espèces bien réelles dont la nature insuffle un sens et une histoire à ces formes abstraites. Sans représenter stricto sensu, ces espèces parasitaires, l'association par le nom permet aux spectateur·ices de comprendre le fonctionnement des créatures de peinture et de projeter sur elles les angoisses ou la fascination qu'elles sont à même d'évoquer.

Le caractère fluide et insaisissable de ces peintures s'observe également à un autre niveau créatif. Dans une démarche plastique performative, la matière picturale prend vie et mute littéralement d'une étape à l'autre. Dans un premier temps, La Fleuj a réalisé des séries localisées dans un même bâtiment en friche et dont les différentes émanations se succèdent et effectuent, par une lecture linéaire, une mutation. À la manière d'une chronophotographie ou d'une planche de bande dessinée, les spectateur·ices se retrouvent face à un ensemble

---

1 Manuel (Didier) [dir.] : *op. cit.*, p.13.

d'étapes de mutation comme c'est le cas pour la série *Latrodectus Mactans* (2022) inspirée de la veuve noire, dont on discerne l'abdomen et les pattes se contractant d'un mur à l'autre. La performativité d'une peinture « vivante » est d'autant plus marquante dans les séries *Mycorhize* et *Cordyceps Unilateralis* (2023) (ill. 05-06), précédemment mentionnées. Ces dernières évoluent également, mais au sein d'un même module. De fait, les étapes de mutations ne sont documentées que par des photographies témoignant de l'évolution de la peinture avant d'aboutir à des organismes plus massifs qui, par la nécessaire occupation de plus en plus d'espace mural, semblent se propager et parasiter l'espace interstitiel que représentent les friches industrielles. En ce sens, La Fleuj offre à cette série de peintures murales une vie propre qui prend la forme d'une agentivité telle que définie par l'anthropologue Alfred Gell et qui consiste en une capacité d'être et d'agir en interaction avec d'autres agents (ici les spectateur·ices de l'œuvre)[1]. En effet, si ces peintures ne sont rien d'autre que des pigments et des liants, la symbolique que nous y attachons et leur dimension évolutive, nous pousse à leur prêter une agentivité quant à leur capacité à se développer dans un milieu défini.

Ce ne sont plus seulement des organismes représentés en peinture, mais bien des organismes de peinture ayant pris vie suite à un phénomène de croissance ; et auxquels nous prêtons des capacités énoncées par le discours de l'artiste.

---

1   « L' *"autre"* qui est directement en jeu dans une relation sociale n'a pas besoin d'être un *"être humain"*. Toute ma démonstration repose sur cette absence de nécessité. L'agentivité sociale peut être exercée sur un objet, mais aussi par un objet. » dans Gell (Alfred) : *L'Art et ses agents : une théorie anthropologique*, p. 22.

Conclusion

Bien que dans la présente démonstration nous ayons fait le choix de traiter de manière différenciée la variété des travaux de l'artiste La Fleuj, il est important de garder à l'esprit que l'ensemble des œuvres sont réalisées de manière concomitante et ne découlent par nécessairement d'une démarche évolutive qui rendrait obsolètes les séries antérieures face aux nouvelles productions plastiques. Néanmoins, il est intéressant de noter que nous retrouvons différentes étapes d'une sexualité mutante picturale passant par la séduction, l'accouplement et la gestation dans la mesure où la dernière série intègre des organismes obéissant à une forme de développement fœtal aboutissant à une naissance picturale, ceci s'expliquant notamment par l'importance de ces notions dans l'univers d'*Alien* qui irrigue en permanence l'imaginaire de La Fleuj. Dans l'objectif de parler de la marginalisation sociale contemporaine, l'artiste se retrouve à l'intersection de nombreuses lignes temporelles qui s'attachent tant à la nostalgie des années 1980 et de leur effervescence en matière d'œuvres cinématographiques, qu'à l'angoisse d'un futur où le puritanisme culturel côtoierait la marchandisation systématique et capitalistique du corps parfait. Pourtant, ces corps étranges en évolution, beaux et monstrueux sont les nôtres. La figure du mutant comme alternative désirable pour le futur des relations organiques, voilà la proposition qui nous est faite.

Bibliographie

Cardon (Peggy) : « La mutation fantasmée : le cas Cronenberg », *Critique,* n° 709-710, Éditions de Minuit, 2006, pp.580-590.

Changeux (Jean-Pierre) [dir.] : *L'homme artificiel au service de la société*, Paris, Odile Jacob, 2007.

Coutras (Jacqueline) : *Crise urbaine et espace sexués*, Paris, Masson et Armand Colin, 1996.

Creed (Barbara) : *The monstrous-feminine : film, feminism, psychoanalysis*, New York, Routledge, 1993.

Demangeot (Fabien) : *La transgression selon David Cronenberg*, Levallois-Perret, Playlist Society, 2021.

Devereux (Georges) : *Baubo : la vulve mythique*, Paris, Payot & Rivages, 2011.

During (Élie) : « Comment faire muter un alien ? », *Critique,* n° 709-710, Éditions de Minuit, 2006, pp.591-598.

Faucheur (Jean) [dir.] : *Dédale*, Vannes, Land Artic, 2021.

Flandrin (Antoine) et Von Wittich (Thomas) : *Vandals in Paris*, Paris, The Grifters Publishing, 2022.

Gell (Alfred) : *L'Art et ses agents : une théorie anthropologique*, Dijon, Les presses du réel, 2009.

Haraway (Donna) : *Manifeste cyborg et autres essais: sciences - fictions – féminismes*, Paris, Exils, 2007.

Hoquet (Thierry) : « Adieu les monstres, vivent les mutants », *Critique*, n° 709-710, Éditions de Minuit, 2006, pp.479-481.

Hoquet (Thierry) : « Cyborg, Mutant, Robot, etc. : Essai de typologie des presque-humains », pp.99-118. in Despres (Elaine) et Machinal (Hélène) [dir.] : *Posthumains : Frontières, évolutions, hybridités*, Rennes, Presses Universitaires de Rennes, 2019.

James (Todd) et Villorente (David) : *Mascots & mugs : the characters and cartoons of subway graffiti*, New York, Testify Books, 2007.

Laqueur (Thomas) : *La fabrique du sexe : essai sur le corps et le genre en Occident*, Paris, Gallimard, 2013.

Lokiss [dir.] : *Graffiti, 50 ans d'interaction urbaine*, Paris, Hazan, 2018.

Lorenz (Renate) : *Art Queer : une théorie freak*, Paris, B42, 2018.

Manuel (Didier) [dir.] : *La figure du monstre: phénoménologie de la monstruosité dans l'imaginaire contemporain*, Nancy, Presses Universitaires de Nancy, 2009.

Plutarque : *Œuvres morales*, Tome 1, Paris, Lefèvre, 1844.

Putters (Jean-Pierre) : *"Mad movies", la légende : "Mad"... ma vie !*, Pertuis, Rouge Profond, 2012.

Rtmone : « Fleuj », *Faces n Chases*, N°3, pp. 12-22.

Schwartz (David) : *David Cronenberg : interviews*, Jackson, University Press of Mississippi, 2021.

Solanas (Valérie) : *SCUM Manifesto*, Paris, Zanzara Athée, 2001.

Synthèse plastique entre *Druuna* de Paolo Eleuteri Serpieri et les personnages de Ursula K. Le Guin

Adriana Popovic
Docteur en Arts - Université Paris I - Panthéon Sorbonne et Sculpteur

Fiction-panier
Sculpture

Je suis artiste, docteure en arts plastiques et femme. Mes œuvres plastiques principales sont des sculptures en argile, mais j'aime explorer aussi d'autres *media*, notamment le dessin et la gravure sur bois[1].

La science-fiction est une de mes sources d'inspiration privilégiées. L'interrogation sur la sexualité au prisme de la science-fiction, je la mène dans un champ bien particulier, celui de ma propre création plastique.

Le titre de cet article est volontairement provocateur, car pour illustrer la sexualité dans la science-fiction, il relie deux extrêmes : une science-fiction fortement érotisée, symbolisée par la BD *Druuna* créée

---

1 Voir article du même auteur plus loin dans cet ouvrage.

par un homme, Paolo Eleuteri Serpieri, et les écrits de fiction et de politique d'Ursula K. Le Guin, auteur femme. Une de mes sculptures fait la synthèse plastique de ces deux pôles.

Mes créations sont souvent le théâtre de ces deux extrêmes. L'action plastique et la réflexion pendant sa réalisation sont deux opérations inséparables dans mon travail ; elles se nourrissent l'une l'autre. Cette exploration simultanée a été définie par René Passeron comme la poïétique[1]. En art, la poïétique est l'étude des processus de création et du rapport de l'auteur à l'œuvre. Parfois, ces deux faces sont reliées par des chemins labyrinthiques, mêlant conscient et inconscient, visible et invisible. Chez moi l'un est le moteur de l'autre et vice-versa.

Ce qui est visible directement lorsqu'on regarde mes œuvres, c'est qu'elles sont figuratives. L'histoire de l'art occidental qui m'a été inculquée met le corps et l'Homme au centre de tout. J'ai choisi la représentation de l'humain. Je cherche ce que je nomme « le corps multiple », une forme de l'Humain du XXIe siècle. Dans mon travail, le corps est fondamental, il est toujours présent et il est nu. Le corps nu est un corps sexué. Le nu, quel qu'il soit et quelle que soit la forme qu'il prenne, « n'est jamais chaste », comme le disait Pierre Francastel[2]. Mon matériau de prédilection, l'argile, véhicule sa propre dose d'érotisme. On ne peut éviter l'idée commune d'associer le modelage à un acte sensuel, la texture de l'argile et la façon de la travailler sont des facteurs qui contribuent à cette association d'idées. Le film *Ghost* dans les années 1990 donne une bonne illustration de l'imaginaire populaire autour de la figure de la potière, avec Patrick Swayze et Demi Moore[3]. Il y a une sensation agréable qui se dégage au toucher pour la personne qui pétrit l'argile.

Gaston Bachelard développe cette idée :

> [...] les rêveries qui se forment dans le lent travail du pétrissage [...] Dans l'imagination de chacun de nous existe l'image matérielle d'une pâte idéale, une parfaite synthèse de résistance et de souplesse, un merveilleux équilibre des forces qui acceptent et des forces qui refusent. À partir de cet état d'équilibre qui donne une immédiate alacrité à la main travailleuse, les jugements péjoratifs inverses du trop mou et du trop dur prennent naissance[4].

---

1 Le mot poïétique vient du grec *poiein* : fabriquer, exécuter, confectionner. Ce concept est développé dans le cadre de la création par René Passeron, *Pour une philosophie de la création*.

2 Francastel (Pierre) : *Études de sociologie de l'art*.

3 www.topico.com/top-scenes-romantiques-cinema [consulté 20/03/2023]

4 Bachelard (Gaston) : *La terre et les rêveries de la volonté* [1947], § IV La pâte.

Ce qui est moins visible et qui mêle plus conscient et inconscient, c'est ma réponse plastique liée au fait que je sois une femme et amatrice de science-fiction. Je me suis construite essentiellement avec des images de science-fiction et de l'histoire de l'art, imaginées par des hommes, notamment en ce qui concerne l'érotisme et la sexualité. Il en sort une proposition plastique personnelle qui intègre toutes ces données et toutes ces contradictions au prisme de questionnements contemporains, et notamment ceux de la sexualité.

Pour réfléchir sur les thèmes « sexe, sexualité et relation sexuelle dans la science-fiction », je me repose d'abord sur ma pratique plastique et mon expérience esthétique. Mes propositions plastiques sont autant d'expériences de pensée, elles peuvent fournir un support pour élargir ou compléter des réflexions déjà plus ou moins engagées, voire pour en amorcer de nouvelles auxquelles on ne peut penser que plastiquement. Lorsque je commence une pièce, il se produit une collision entre sources d'inspiration qui se superposent et qui s'hybrident. Elles vont de figures du passé et du présent à des figures du futur. Les figures du futur sont régulièrement apparentées à l'imagerie de la science-fiction. Nous allons voir, à travers plusieurs œuvres, comment cette amorce créative se mêle aux autres sources d'inspiration. Parfois cela prendra la forme d'une énumération qui tente l'impossible, à savoir d'ordonner ce qui se passe dans la tête d'une artiste lorsqu'elle façonne son projet.

J'ai choisi de regrouper en cinq points les questionnements qui naissent et se déploient dans ma création, chacun soutenu par des exemples pris dans mes œuvres. Le fait que je sois un créateur humain de sexe féminin est central dans les problématiques qui m'habitent, notamment lorsqu'il est question de sexualité et d'érotisme. Les deux œuvres cités dans le titre, les BD de Serpieri et les écrits d'Ursula Le Guin, symbolisent un dualisme présent à de nombreux niveaux lorsque je construis mes œuvres plastiques et que je les questionne (homme/femme, nature/culture, esprit/corps, soi/l'autre...). Ces « binômes » énumérés séparément, sont en fait liés et étroitement imbriqués. Ils se soutiennent les uns les autres et influencent chacun des points que je vais développer :

– L'érotisme sous influence extérieure

– Un regard masculin mélangé à un regard féminin

– La recherche impossible de l'œuvre « paritaire »

– Le mythe de l'androgyne ou de l'hermaphrodite

– L'homme regardé avec des yeux de femme

L'érotisme sous influence extérieure

Sans entrer dans les mécanismes complexes de la création, on peut remarquer qu'on crée à partir de soi et à partir du monde extérieur. La représentation de la sexualité dans mes œuvres n'échappe ni à la construction de mon identité ni à l'interaction avec ce qui m'entoure. On crée à partir de soi : il y a toujours une part autobiographique dans les œuvres. Je donne des cours de sculpture et de modelage d'après modèle vivant, et je constate que mes élèves, quand ils font le portrait de quelqu'un, font aussi leur autoportrait au travers du modèle. Je n'échappe pas à cette règle.

Nous allons regarder un exemple de création et montrer ce phénomène d'influence extérieure sur ce modelage précis.

J'ai choisi la sculpture *Bella Ciao, 2005* (H : 88 cm, terre cuite patinée), car elle est un bon exemple où la construction plastique est intimement liée à la construction sociale et à l'influence de mes origines balkaniques ainsi qu'à la construction de mon identité. La description de cette sculpture a été faite sous l'angle du cyborg lors du colloque *Science-fiction, prothèses et cyborgs* de *Stella Incognita*[1]. Voyons plus particulièrement cette œuvre sous l'angle de la sexualité.

Pendant mes études d'Arts, cette sculpture s'est construite en opposition avec mes professeurs, car ils voulaient absolument faire entrer mes travaux dans des cases prédéfinies, surtout en ce qui concernait les problématiques soulevées par mes sculptures autour de l'érotisme et de la sexualité. J'ai commencé le modelage par ce qui est aujourd'hui la face arrière de la sculpture. Je vous livre pêle-mêle les pensées qui m'ont habitée lors de son élaboration : challenge plastique, faire plutôt des corps masculins – challenge d'interprétation, ne pas être cantonnée à être un

---

1 Popovic (Adriana) : « À la recherche du corps multiple : Science-fiction, prothèse et cyborg », pp. 179-197 *in* Goffette J. (dir.) *Science-fiction, prothèses et cyborgs*, p.192. ile:///C:/Users/Adriana/Downloads/SFProthesesCyborgsStellanov2019.pdf [consulté 20/03/2023]

sculpteur femme qui ne fait que des corps de femmes – la nudité masculine est plus taboue que la nudité féminine – modelage d'un personnage masculin – modelage d'un second personnage masculin – les spectateurs vont mal interpréter deux personnages masculins – ajout d'un personnage féminin – toujours pas le bon message aux spectateurs, pas de domination de l'homme par rapport à la femme. Je me suis retrouvée avec deux hommes et deux femmes, j'avais un équilibre plastique et la parité homme/femme à ce stade, une foule unie et fraternelle, plus que sexuelle.

Outre le sujet érotique, les professeurs avaient envie de lier mes créations à mes origines yougoslaves et à ce moment-là, se déroulait la guerre de désintégration de la Yougoslavie. Ils évoquaient exactions serbes, viols, charniers... Autant de sujets forts qui m'ébranlaient, mais qui étaient très éloignés de mon propos plastique, une multitude de corps n'est pas un charnier forcément, deux hommes ne sont pas en train d'agresser les femmes... La Yougoslavie d'accord, mais « la mienne », j'avais la volonté d'un message, plus personnel, plus positif. Je suis née en France et l'image de la Yougoslavie avec laquelle je me suis construite m'a été transmise par mes parents qui sont arrivés dans les années 60 en France. Pour ce modelage, ces regards et ces commentaires extérieurs m'ont poussée à chercher « ma Yougoslavie » qui n'existait plus, un système utopique tel celui décrit par le livre d'Ursula K. Le Guin *Les dépossédés*[1], qui décrit son utopie réalisée sur Anarres, un monde fondé sur les principes du communisme libertaire, où les hommes et les femmes sont égaux. Ce récit se superposait à l'idée idéalisée de la Yougoslavie, où les hommes et les femmes étaient égaux dans le système communiste théorique. La réalité était évidemment plus complexe, la Yougoslavie n'échappait pas à un système patriarcal de domination masculine enraciné dans les mœurs et lié à une construction culturelle puissante.

Une image importante, affichée dans l'appartement de mon enfance, incarnait cette Yougoslavie ambiguë avec la lutte communiste et féministe, avec une bonne touche de sensualité érotique. Il s'agit de l'affiche pour le festival du cinéma yougoslave qui eut lieu à Beaubourg en 1986. Cette affiche a été réalisée par mon père le peintre Ljuba[2], à partir de l'affiche du film de Dušan Makavejev (1932-2019)[3], cinéaste de

---

1   Le Guin (K. Ursula) : *Les dépossédés*.

2   Ljuba: Popović (Ljubomir), dit Ljuba, (1934-2016) : peintre surréaliste serbe et français connu pour ses nombreux sujets à la fois érotiques et non conventionnels. Son site officiel : https://www.ljuba.fr/

3   https://www.quinzaine-cineastes.fr/fr/film/w-r-misterije-organizma [consulté 25/03/2023]

renommée internationale. Son film *Wilhelm Reich – Les mystères de l'organisme* (1971) fut interdit en Yougoslavie en raison de son contenu politique et sexuel, et força son auteur à l'exil jusqu'en 1988.

Cette affiche à Beaubourg lui rendant hommage en 1986 avait d'autant plus de sens. On parle aujourd'hui, pour cette période, du Nouveau Film (Novi Film) de cinéma d'expérimentation, de « Vague Noire », nom donné à la suite de la sortie du film *Rani Radovi / Early Works* de Želimir Žilnik en 1969[1]. Ces films se distinguent du reste du cinéma yougoslave par un credo critique, provocateur, fantastique qui s'attaque à la Yougoslavie socialiste de Tito. Chez Makavejev le traitement particulier de la sexualité est très lié à l'approche politique. Ce court énoncé très lacunaire des diverses influences balkaniques

donne l'ambiance créative de mes œuvres et de *Bella Ciao* en particulier. Pour le titre de la sculpture, il faut le chercher dans la chanson *Bella Ciao* qui passait à ce moment-là à la radio. Cette chanson populaire, hymne antifasciste d'Italie, est un symbole de la lutte commune des hommes et des femmes. J'ai pu achever mon modelage avec le visage positif incarnant *Bella Ciao* qui se plaçait sur l'autre face par rapport aux quatre personnages, *Bella Ciao* incarnait une sorte de Mère Universelle protégeant les autres tout en les amenant dans la lutte.

---

1 https://www.centrepompidou.fr/fr/programme/agenda/evenement/cAgXbz5 [consulté 25/03/2023]

Dans cette sculpture en particulier je me suis interrogée sur les représentations qui restent en surface de la conscience des femmes, appelée à chaque instant par le monde extérieur. Il y a une censure naturelle et inconsciente sur ce qu'on crée. En conséquence, dans le monde réel, la femme ne peut souvent avoir conscience de soi qu'à travers l'image qui se dessine d'elle dans l'esprit et dans le regard des autres. Les observations du monde extérieur sur mes travaux induisent des changements sur les travaux eux-mêmes. Lorsque je me rends compte d'une constante dans mon travail sans qu'elle me corresponde, j'ai tendance à vouloir changer les choses. Mes œuvres dégagent une dose d'érotisme, mais celui que je veux bien modeler.

La thématique de *Bella Ciao* se perpétue régulièrement dans mon travail sous des formes très variées comme dernièrement une lithographie de soutien aux artistes et aux artisans qui luttent contre la spéculation immobilière agressive, contre un futur où la ville n'aurait plus de place pour la création. Le modèle pour la femme est Silvana Mangano dans le film *Riz amer*[1], film italien de 1949 néoréaliste réalisé par Giuseppe De Santis, toujours en lien avec les chansons communistes d'Italie. L'inspiration graphique provient d'affiches constructivistes des années 1930 de l'URSS avec toujours un clin d'œil à l'affiche sur le cinéma yougoslave de 1986 : la femme dessinée devient une héroïne sexy du futur (vaisseau spatial sur le bord attestant de ce futur) éliminant les problèmes : capitalisme et libéralisme sauvages de même que patriarcat, viol et violence.

FIG4 *Coryphée de Sainte Marthe et Moinon,* 2022, Lithographie sur BFK Rives vélin blanc 250 g, h : 60 L : 45 cm

---

1 https://fr.wikipedia.org/wiki/Riz_amer [consulté 20/09/2022]

Un regard masculin mélangé à un regard féminin

Revenons à la sculpture qui m'a inspiré le titre de cet article, son nom est *Fiction-panier* (2023, H : 90 cm), le fond est en bois gravé et patiné – le devant est en terre cuite patinée. *Fiction-panier* fait référence explicitement à Ursula K. Le Guin et à son texte « The Carrier Bag Theory of Fiction » publié en 1986, réimprimé dans la revue *Socialter* avec Alain Damasio pour rédacteur en chef. Dans ce texte, Le Guin propose une autre façon de raconter l'Histoire, différente de celle qui glorifie le héros, elle se demande si la civilisation ne trouverait pas son origine à la pointe d'une lance, mais dans le creux d'un panier.

> L'histoire des humains peut être racontée autrement. Il y a l'officielle, celle des chasseurs de mammouth, des flèches, des poignards, des viols, des meurtres... avec des héros pour personnages principaux. Et il y a l'histoire parallèle, celle qui parle de ceux qui fabriquent et tiennent des paniers pour collecter, conserver puis rapporter à la maison cette chose utile, comestible ou belle, pour la manger, la partager, la conserver pour l'hiver dans un récipient plus solide ou encore l'utiliser pour des remèdes[1].

Dans ses romans de fiction, c'est souvent ce point de vue qu'elle décrit. Ce texte et les idées qu'il véhicule ont un très fort écho en moi. J'avais envie de le traduire plastiquement. Les images qui apparaissaient dans ma tête étaient des contenants de toutes sortes : paniers, assiettes, coupes, cruches, mains, lianes tressées... Puis par jeux d'association d'idées, des héroïnes collectant des choses : *la source* d'Ingres, les femmes peintes par Waterhouse qui tiennent souvent des choses dans leur main comme le tableau au titre suggestif *Cueillez, cueillez, si vous le pouvez*[2], titre comme en lien direct avec Le Guin.

---

1 Le Guin (Ursula K.), « La théorie de la fiction-panier », in *Socialter* hors-série n° 8, pp. 171-175.

2 John-William Waterhouse (1840-1917), artiste victorien anglais, préraphaélite avait une fascination pour les thèmes symbolistes, pour la magie et la métamorphose, spirituelle, érotique ou physique. Trippi (Peter): *Waterhouse John-William, Monographie*, illustration p.196.

Femmes représentées dans trois peintures de Waterhouse

Par ailleurs j'avais fait une photocopie de la première page de la couverture du dernier album la BD de Druuna[1] et je l'avais accrochée dans mon atelier. Cette BD, très érotique, tourne peu à peu au fil des albums vers un univers pornographique.

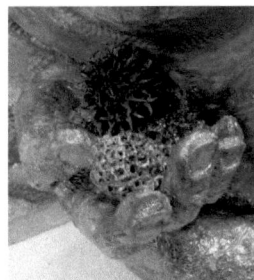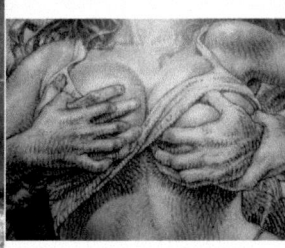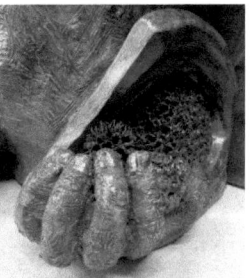

Couverture Druuna, entourée des mains de la sculpture *Fiction-panier*

La série raconte les aventures de Druuna, une héroïne très sensuelle. Elle évolue dans un monde futuriste post-apocalyptique, ravagé par un dangereux virus, très tentaculaire, « le Mal ». Cette maladie transforme les êtres humains en monstrueux mutants pleins de tentacules assoiffés de sexe et de sang, mais chose étrange ce Mal transforme aussi les constructions. Le rendu plastique est époustouflant : des formes de l'héroïne très sculpturale à son environnement organique. Le dessin est classique, traduit une grande connaissance de l'histoire de l'art et il n'est pas rare d'avoir des références directes à celle-ci. Cette couverture me faisait notamment penser à des œuvres de Mucha. L'auteur italien Serpieri a d'abord étudié la peinture et l'architecture à l'Institut des arts de Rome. Il débute en tant que peintre en 1966, avant de se tourner vers la bande dessinée en 1975[2].

---

1 https://hubertybreyne.com/fr/expositions/oeuvre/10869/paolo-eleuteri-serpieri-integrale-tome-4-2016?id_ex=84 [consulté 17/12/2022]

2 https://fr.wikipedia.org/wiki/Druuna [consulté 17/12/2022]

J'ai repris plastiquement le rond qui entoure l'héroïne, sa position globale et le personnage arrière, ainsi que l'enchevêtrement organique sur le fond. Le personnage masculin est clairement genré sur la couverture de Serpieri. Il devient chez moi une sorte de monstre poilu incorporé à la chevelure de la dame, il s'accroche à elle, s'intègre à elle et accompagne son mouvement. Les changements principaux s'effectuent sur les mains, ce ne sont pas les mains du personnage masculin tenues par Druuna sur ses seins. J'ai modelé deux mains qui semblent être plutôt celles de la femme, même si on peut librement les interpréter différemment. Ces mains tiennent des sortes de graines piquantes. La hanche gauche de la femme semble constituée elle-même d'une graine géante. Pour moi la main droite est en offrande des graines et la gauche en protection des graines, graines qui sont comme ses enfants faisant partie d'elle. On peut aussi remarquer le visage de la femme qui est tourné chez moi vers le haut en direction du monstre. Selon la terminologie des catégories de nu de Kenneth Clark, et cette interprétation me convient, mon personnage serait dans la catégorie *nu en extase*.

> L'extase : Incarnation qui symbolise l'instinct, l'abandon à l'enthousiasme et à la peur ou aux mystérieuses influences de la nature. Dans le nu exprimant l'extase, la volonté a capitulé, et le corps est possédé par une force irrationnelle, il se contorsionne et bondit[1].

Pour commencer cette œuvre, plusieurs couples antagonistes entre ces deux idées directrices de départ se confrontent :

– Écrit par un homme / Écrit par une femme

– Sexualité exacerbée / Sexualité discrète

– Récit visuel / Récit intellectuel

– Héroïne vue par un homme / Héroïne vue par une femme

– Mains prédatrices, possessives / Mains en offrande ou en protection

On entrevoit que dans cette sculpture, moi, artiste femme, je fais cohabiter une vision d'homme avec une vision de femme sur la sexualité, en utilisant tous les poncifs du genre.

Les choses sont bien sûr plus complexes que cela, car outre le côté plastique de la série qui a un impact fort sur mon imaginaire et les couples antagonistes que je viens de citer, de nombreux sujets plus profonds y sont abordés qui m'interrogent consciemment, me travaillent aussi inconsciemment et se traduisent plastiquement dans mon travail. Il y a par exemple la description de différentes formes de transformations anthropotechniques sexualisées comme le clonage,

---

1 Clark (Kenneth), *Le nu II* [1e éd. Anglaise 1956], p.85.

l'hybridation, les implants informatiques, etc. Nous observons dans cette série une sorte de dichotomie entre le technologique et l'esprit associés au masculin oppresseur et de l'autre côté l'organique féminin, le corps indomptable de Druuna. La technologie viole et envahit littéralement le corps de Druuna. Pourtant elle sort victorieuse de toutes ses épreuves, rien ne la touche, elle s'épanouit même. À un moment donné, un personnage masculin, Doc, attache la tête de Druuna à l'ordinateur et lui dit :

> Ne bouge pas maintenant, chaque molécule de ton corps est sous notre contrôle. L'ordinateur proteste en déclarant : L'esprit de la femme m'est complètement étranger en raison de sa nature humaine et organique[1].

La victoire de l'organique me semble finalement présente dans les écrits de Ursula Le Guin et dans la BD de Serpieri et retranscrit plastiquement dans ma sculpture *Fiction-panier*.

Les questionnements sur la sexualité que j'ai pu avoir par rapport à l'art sont transposables à la science-fiction. Je me permets une petite digression dans la partie qui suit, et on peut facilement changer le mot art par science-fiction. En effet, lorsque je me suis penchée sur l'érotisme dans mes créations, j'ai constaté que le sujet était beaucoup plus complexe que de prime abord. Autour de ce sujet s'ouvrent de nombreuses questions complémentaires, et des problèmes incontournables annexes.

Par exemple, au début de ma carrière je m'interrogeais sur la différence des sexes face à l'œuvre d'art. J'avais tendance à penser naïvement, sans approfondir la question, que l'art est universel et qu'une œuvre se mesure d'abord à son rapport à l'art et non par rapport à son auteur. Pourtant certaines questions existaient en moi en toile de fond. Des questions sur le peu de femmes présentes dans l'histoire de l'art. La réponse qui me venait à l'esprit était que la situation des femmes occidentales a beaucoup changé tout au long du XXe siècle et en ce début de XXIe siècle grâce aux nombreux combats de femmes d'hier et d'aujourd'hui. Je pensais qu'actuellement, on trouvait des artistes féminines dans tous les domaines. Je pensais être dans une situation relativement confortable, de femmes artistes du début du XXIe siècle et que je pourrais réfléchir facilement sur l'érotisme des artistes femmes avant d'attaquer l'érotisme chez moi. Mais cette question simple m'a amené sur un champ très vaste, presque insoupçonné, de questions annexes, et à l'impossibilité d'avoir des réponses claires[2]. Les femmes

---

1 Serpieri (Paolo Eleuteri) : *Druuna* t. 5- *Celle qui vient du vent*, pp. 14-15.

2 J'ai étudié dans ma thèse « L'impossible recherche de référent féminin dans l'histoire de l'art - L'impossible point de vue féminin sur la création féminine - L'impossible

351

artistes ont mené dans leur vie et dans leur œuvre plastique, consciemment ou non, d'importantes expériences d'ordre identitaire et sexuel, même si leur intentionnalité artistique est allée le plus souvent ailleurs, par exemple à des problématiques plastiques liées à des matériaux formels ou relationnels. On peut se poser des questions très diverses : qu'est-ce que regarder différemment en tant que femme ? Comment étudier le sujet alors que la majorité des écrits ont été faits par des hommes et que les œuvres de référence sont masculines ? De façon très concrète, j'ai tenté de comparer une sculpture d'Auguste Rodin à une de Camille Claudel et je me suis confrontée à tous ces problèmes énoncés : descriptions des sculptures de Claudel utilisant un vocabulaire qui sied à une femme (pour Claudel : la tendresse et la sensualité délicate/pour Rodin : une force érotique puissante), créations censurées par son propre frère ou par les commanditaires jusqu'à demander explicitement de rhabiller les corps dans la sculpture *La valse*[1]...

Ma naïveté est définitivement tombée, lorsque je me suis penchée sur les artistes femmes surréalistes. Aujourd'hui ce n'est pas vraiment différent d'hier. On se rend compte de l'ampleur du mouvement surréaliste féminin au travers de livres qui leur sont exclusivement consacrés comme, celui de Whitney Chadwick de 1985[2]. Les expositions d'aujourd'hui les regroupent souvent seules. Dans l'exposition *Chassé-Croisé – Dada-Surréalisme 1916-1969*, qui a eu lieu en 2012 en Alsace, il y avait 9 thèmes, dont l'un était « Seize femmes Surréalistes »[3]. On peut se demander pourquoi il n'y a aucune femme dans tous les autres thèmes à part Hannah Höch dans « Dada encore et toujours » et Denise Bellon dans « Le mystère de la chambre claire » ? Pourquoi aucune femme dans « Ésotérisme et folie » ? Pourquoi dans le dernier volet « Pleine marge », n'y a-t-il aucune femme, même pas Leonor Fini ? Je me demande qui aujourd'hui, même parmi un public averti, connaît les œuvres plastiques de ces femmes et non leurs liens privés avec leurs homologues surréalistes mâles ? L'art surréaliste féminin existe, mais aujourd'hui encore, il est examiné avec une condescendance sceptique au regard de celui de leurs condisciples masculins. Ces derniers, à la fois compagnons et rivaux, envisageaient souvent cette collaboration comme une

---

regard sur l'érotisme au féminin dans les œuvres d'artistes femmes » : Popovic (Adriana) : *À la recherche du corps multiple au travers d'une pratique personnelle du modelage - Pour une micro-résistance au viol de l'imaginaire*, Thèse de Doctorat d'arts plastiques soutenue en mars 2016 à Paris I – Panthéon Sorbonne, consultable sur http://adriana-popovic.com/ pp. 452-476.

1 Popovic (Adriana) : thèse, *op. cit.*, p. 472.

2 Chadwick (Whitney) : *Les femmes dans le mouvement surréaliste*, [1985].

3 L'exposition : *Chassé-Croisé / DADA-Surréalisme 1916-1969*, 15 janvier au 12 juillet 2012, Espace d'Art Contemporain Fernet-Branca, Saint-Louis, Alsace.

concurrence. Et peu d'entre eux encourageaient la vocation de leurs compagnes. Les avant-gardes étaient donc machistes, mais les livres – la plupart des référents récents dans ce domaine – et les organisateurs des expositions actuelles le sont-ils aussi ? En l'an 2000, le programme du centre Georges-Pompidou présentait 50 œuvres plastiques, 48 œuvres d'hommes et 2 œuvres de femmes, ce qui fait un pourcentage de 4%. En 2023, le pourcentage est de 13,7% de femmes, une amélioration[1]...

Art de femmes, art féminin, art féministe : trois façons de nommer et de décrire en histoire de l'art moderne et actuel, l'art réalisé par des femmes artistes d'époques, de sociétés, de cultures, de démarches ou de manières artistiques distinctes. On entrevoit le nombre extrême de problématiques presque insolubles.

Donna Haraway avait fait paraître une étude sur les écrits abordant la question des primates et sur leur organisation sociale. Elle avait mis en évidence la différence frappante entre les observations des chercheurs hommes par rapport à leurs homologues féminins[2]. Cette différence entre les observations des écrits d'hommes et de femmes est transposable à tous les sujets, dont celui de l'érotisme en art. Me rendre compte de cette évidence m'a permis d'aborder tous les écrits en connaissance de cause.

Mes références visuelles en science-fiction sont issues pour la plupart de vues d'homme masculin, il n'y a qu'à lire le livre de Harry Harrison *La queue de la comète – sexe et SF[3]*, que j'ai souvent feuilleté dans la bibliothèque familiale.

---

1   En l'an 2000, j'avais pris le temps de calculer le pourcentage de femmes exposées sur les 50 artistes mis en avant pour l'occasion du passage au nouveau siècle, 2 sur 50 soit 4%. En 2023, sur le site internet, sous le label « les incontournables de l'art moderne et contemporain », la proportion est de 3 artistes féminines pour 22 artistes au total, soit un pourcentage de 13,7% : https://www.centrepompidou.fr/fr/collection/nos-chefs-doeuvre#12194 [consulté 03/09/2023]

2   Haraway (Donna) : *Manifeste cyborg et autres essais : Sciences, fictions, féminismes*, Anthologie établie par L. Allard, D. Gardey et N. Magnan, pp. 29-105.

3   Harrison (Harry) : *La queue de la comète – sexe et S.F.*

Cette sculpture *Fiction-panier* est en elle-même une interrogation, sur cette héroïne de l'ombre qui collecte inlassablement dans un monde atteint d'un mal qui progresse. Elle mute, s'adapte, sort à la lumière, donne et protège, mais elle est *en extase* le visage tourné/imbriqué vers le petit monstre. Le monstre lui-même véhicule sa propre dose d'érotisme. Le monstre est très présent dans mes travaux et m'a fasciné depuis ma plus tendre enfance, sujet que je n'ai de cesse d'étudier[1]. Le monstre ouvre le territoire de l'inconnu et de l'étrange, de cet autre de soi et pourtant en soi. Jean Clair a écrit un livre fascinant sur le mythe de la Méduse. En effet, la Méduse se trouve associée à la peur et à la fascination, à l'horreur et à la beauté, à la répulsion et à l'attirance :

> Sa magie démoniaque, c'est celle aussi qu'on attribue, dans le langage populaire, aux sentiments amoureux [...] à la beauté médusante[2].

La recherche impossible de l'œuvre paritaire

J'ai souvent la volonté de rechercher des parités homme/femme, comme nous l'avons vu dans la sculpture *Bella Ciao*. Parité ne veut pas dire neutralité sexuelle. Nous allons le voir avec une autre sculpture *Rossolis, la plante carnivore*, 2002, (H : 62 cm, terre cuite patinée, noire).

Sans idée préconçue, j'ai commencé par modeler un homme debout, avec toujours le challenge plastique d'être une femme qui modèle un corps d'homme. Une fois l'exercice accompli, je peux en quelque sorte passer à autre chose. Techniquement, faire en argile à cuire un personnage debout sans tuteur est difficile, la construction est trop fragile au niveau des jambes. Pour faire tenir mon personnage, j'ai ajouté d'autres personnages et de fil en aiguille, en tentant de suivre une certaine parité, je me suis retrouvée avec un groupe dense, avec il faut l'avouer parfois des jambes surnuméraires, comme étai de la construction d'ensemble.

---

1 Quelques premières pistes pour le chercheur de monstres en art :
Guédron (Martial) : *Les monstres : créatures étranges et fantastiques, de la préhistoire à la science-fiction.*
Vernant (Jean-Pierre) : *La mort dans les yeux. Figures de l'Autre en Grèce ancienne.*
Lascault (Gilbert), *Le monstre dans l'art occidental : un problème esthétique.*
Clair (Jean) : *Hubris – La fabrique du monstre dans l'art moderne - Homoncules, Géants et Acéphales.*
2 Clair (Jean) : *Méduse : contribution à une anthropologie des arts visuels*, p. 11.

Ces jambes surnuméraires, comme des plantes, ont fait dériver mon imaginaire vers le roman de John Wyndham *The Day of the Triffids*[1] que j'avais lu une première fois adolescente en serbo-croate, puis de nouveau lors de l'élaboration de cette sculpture. Les triffides sont des plantes qui ont été modifiées génétiquement par l'être humain. Elles sont carnivores et peuvent manger de la chair humaine. Arrivées à l'âge adulte les triffides peuvent sortir leurs racines et se déplacer comme les humains. Cette image de plante-humanoïde et carnivore a surpassé les autres souvenirs de l'histoire. Cette représentation fait écho à de nombreuses autres, dont certainement celles des *Sylvidres* de la série d'animation japonaise de science-fiction *Albator, le corsaire de l'espace* de 1978[2], mettant en scène des créatures d'apparence féminine, dotées d'un organisme de nature végétale chlorophyllien. À l'âge où j'ai regardé cette série, les Sylvidres m'ont paru très érotiques et Albator très sexy avec sa cicatrice.

1   John Wyndham (Džon Vindhem) : *Dan Trifida*, Beograd 1977 (traduit de l'anglais *The Day of the Triffids* par Darko Suvin).
2   fr.wikipedia.org/wiki/Albator,_le_corsaire_de_l%27espace [5.7.2021]

Dans ma sculpture il y a deux personnages principaux, un homme et une femme, dos à dos, entourés de plusieurs autres humains ; l'homme s'est fait englober par les autres figures avec la femme placée au centre. Elle semble devenir le personnage principal de la sculpture. Un contraste s'établit entre quelque chose de beau, de doux, de poétique et quelque chose de plus violent. Peu à peu, par association d'idées, elle me fit l'effet d'une plante carnivore, tandis que l'homme semble être pris au piège par le groupe. Mais il a l'air, pour l'instant, d'être dans un milieu doux et chaleureux. Le milieu doux et rassurant, le monde dans lequel nous vivons, est en fait carnivore, il nous attire comme des mouches avant de nous gober. Mes associations d'idées, pour le titre, ont été les suivantes : carnivore, plantes carnivores, dionée, droséra, rossolis. La définition de 'Rossolis' du *Petit Robert* est la suivante :

> 1669 : lat. médiév. ros solis « rosée du soleil ». Botanique en latin droséra et du grec droseros « humide de rosée ». Il s'agit d'une plante carnivore des tourbières (droséracées) dont les feuilles en rosette munies de tentacules peuvent engluer les petits insectes[1].

Le nom de Rossolis m'a plu pour sa sonorité, pour sa signification étymologique, « rosée du soleil », et pour la présence de tentacules. Les tentacules ont des liens évidents avec la sexualité, nous en reparlerons dans un autre article dans ce même recueil, où les tentacules prennent une place centrale.

Ces motifs anciens de nus d'hommes et de femmes tirés de poses de l'histoire de l'art donnent, combinés, ce corps multiple d'aujourd'hui : non pas d'un seul genre (femme, homme, plusieurs personnes), non pas complètement un organisme paritaire, car il y a un certain pouvoir du féminin sur le masculin. Des liens organiques existent entre les différentes parties d'un tout, peut-être une protection commune face aux agressions de l'extérieur, le titre même 'rosée du soleil' donnant une image d'aube et de renouveau. L'ensemble dégage un certain érotisme indéniable.

Le mythe de l'androgyne ou de l'hermaphrodite

L'androgyne et l'hermaphrodite sont deux figures puissantes, très présentes en littérature et dans les arts. Sans entrer dans les détails d'une littérature abondante, l'androgyne tient partiellement des deux sexes et présente simultanément des caractères des deux sexes, alors que l'hermaphrodite possède à la fois des organes mâles et femelles.

---

1 Dictionnaire *Le Petit Robert*, CD-Rom.

J'ai associé ces deux images, car elles interrogent les frontières entre le masculin et le féminin, la norme et le monstrueux, le mythe et la réalité, et se placent chacun à la croisée de nombreuses recherches, où se confrontent et s'interpénètrent le médical, le politique, le théologique et le littéraire, l'esthétique, entre héritage antique, modernité et actualité.

Dans mon travail, la recherche d'une représentation d'égalité entre homme et femme, je l'ai tentée aussi avec des êtres ou avec des corps multiples plus androgynes ou hermaphrodites ; cela permet d'associer des idées de fusion des genres, de complémentarité, de mystère, de dualité, de désir.

En art, mes sources sont souvent les peintures empreintes de la mythologie de l'Antiquité gréco-romaine présentant des dieux androgynes ou hermaphrodites. Une des sculptures qui m'a beaucoup marquée au Louvre est celle de *L'Hermaphrodite endormi*. Il s'agit d'une sculpture en marbre datant du IIe siècle après J.-C. Elle présente un corps féminin, mais avec des traits masculins et un sexe d'homme. En art plus récent, c'est le petit monstre de Max Ernst dans *L'habillement de la Mariée* qui a pris forme dans un de mes modelages[1].

Le mythe de l'androgynie ou de l'hermaphrodisme est puissant dans la science-fiction. Il va avec l'homme nouveau, dépassement de la sexualité et de la différence, poussé vers l'unité. Il m'a toujours semblé, sans avoir cherché ni eu la preuve, que l'on retrouvait souvent dans la science-fiction féminine cette image de l'androgyne. Chez Ursula K. Le Guin avec *La main gauche de la nuit*[2]. Sur Gethen, la planète glacée que les premiers Envoyés ont baptisée *Hiver*, traduit en français par *Nivôse*, il n'y a ni hommes ni femmes, seulement des êtres humains. Les habitants sont androgynes la plupart du temps et n'ont pas de sexe fixe. Ils ne deviennent temporairement masculins ou féminins que périodiquement. Ursula K. Le Guin, dans un essai paru à l'origine en 1976, revisité en 1987 et republié récemment[3], se demande pourquoi elle avait inventé ces curieux personnages, pas seulement pour pouvoir écrire, vers la moitié du roman, la phrase :

> le roi était enceint » même si je dois admettre que cela me plaît beaucoup. [...] C'est un procédé heuristique, une expérience de pensée telle qu'en font les physiciens, par exemple ; Einstein envoie un ascenseur dans l'espace, Schrödinger enferme un chat dans une boîte. Il n'existe pourtant ni

---

1 Pour l'illustration du petit monstre voir Popovic (Adriana), thèse, *op. cit.*, p.388, ou Bisschoff (Ulrich), *Ernst Max 1891-1976 – Au-delà de la peinture*, p.65.

2 Le Guin (K. Ursula) : *La main gauche de la nuit*.

3 Le Guin (K. Ursula) : « L'identité de genre est-elle une nécessité ? (1976) », dans *Danser au bord du monde – mots, femme, territoires*, pp. 20-31.

ascenseur, ni chat, ni boîte. [...] L'ascenseur d'Einstein, le chat de Schrödinger et mes Gethéniens ne sont qu'un artifice au service du concept. Des interrogations et non des réponses ; le processus plutôt que la stase, [...] une expérience en imagination. [...] En bref, j'ai éliminé l'identité de genre pour voir ce qui resterait. Selon toute probabilité, me disais-je, la part restante serait, tout simplement, l'humain[1].

La périodisation du cycle des Gethéniens me faisait penser aux menstruations féminines et par voie d'association aux marées. Une de mes sculptures se nomme même ainsi : *La Marée*, 2004, (H : cm, terre cuite blanche patinée). J'ai commencé cette sculpture à partir d'une étude de modèle vivant. L'homme était barbu, il a posé allongé, le corps nu entier. Il s'agissait d'un exercice rapide de modelage, en général je ne garde pas les esquisses. Mais je trouvais la tête sympathique et elle me donnait envie de retravailler, je n'ai donc gardé que cette partie.

Au même moment sortait le film d'Andrei Zviaguintsev *Le Retour* (*Vosvrascenie*, 2003), premier film très impressionnant du cinéaste russe. *Le Retour* nous conduit dans un pays où la violence des hommes et celle de la nature fusionnent dans une matière filmique très intense. À travers les relations tendues entre deux enfants et leur père, Andreï Zviaguintsev réalise un conte traditionnel : cruel et drôle, où le fantastique côtoie le quotidien. Le père est une figure forte, il est représenté comme Dieu le père. Zviaguintsev lui donne l'image du Christ dès sa première image, comme s'il était le Messie. (« Il est revenu. ») Le père (Konstanti Lavronenko) dort, allongé, les bras en croix, un drap pour cacher le bassin. L'image fait irrésistiblement penser au Christ allongé de Mantegna. Le cinéaste prend un raccourci dès le début du film, pour nous faire comprendre que l'histoire n'est pas banale, traditionnelle ou même réelle. Dans ma tête les images commençaient à danser : le modelage de tête barbue, le

---

1 Le Guin (K. Ursula) : « L'identité de genre est-elle une nécessité ? », *op. cit.*, p.23.

Christ de Mantegna – un de mes tableaux préférés – et l'image de cet acteur jouant le père dans le film. Les androgynes de la planète Gethen n'étaient pas très loin non plus.

C'est à ce moment-là que j'ai repris mon esquisse. J'ai photocopié des images de l'acteur du film et adapté le portrait modelé. Ainsi la sculpture est devenue liée à ce film et de façon étrange aux personnages de la planète Gethen. Je me demandais où le père avait disparu, quel était son secret. À l'arrière de la tête, une femme est apparue, elle pouvait être la raison de la disparition de l'homme, sa transformation, son oscillation de l'un à l'autre, ou ce que chacun a envie d'y voir, selon les flux et reflux de la marée violente. Et voilà comment le titre de cette sculpture est né. On remarquera que l'homme dans ce modelage est la face principale de la sculpture et que c'est la femme qui est plus englobée par l'homme, au contraire de la sculpture de la partie précédente *Rossolis*. Restons égalitaires !

J'ai fait de nombreuses sculptures double-face homme d'un côté et femme de l'autre. Je suppose que je l'ai fait pour chercher juste l'Humain comme le disait la citation de Ursula K. Le Guin.

L'homme regardé avec des yeux de femme

Lorsqu'on lit les livres traitant de la sexualité et de l'érotisme en Art, on se retrouve toujours avec un point de vue masculin sur la beauté des formes féminines désirées.

Je me suis posé régulièrement la question : qu'est-ce que regarder un homme avec des yeux de femme, des yeux de désir, notamment en art. Les illustrations de science-fiction n'échappant pas à mon questionnement.

L'exposition *Masculin/Masculin - L'homme nu dans l'art de 1800 à nos jours* qui a eu lieu au Musée d'Orsay à la fin de l'année 2013, a été un bon terrain d'enquête. Le commissaire de l'exposition Guy Cogeval se félicitait dans une interview dans *Le Nouvel Observateur* d'avoir pris un « biais » intentionnellement homoérotique dans l'exposition. Selon lui :

> Aujourd'hui encore, et contrairement au nu féminin, le nu masculin dérange. Depuis la Renaissance le nu féminin est éminemment sensuel. Or, traité par des artistes qui sont des hommes dans leur écrasante majorité, le nu masculin est donc, de manière consciente ou non, bien souvent homoérotique[1].

---

1   « L'érotisme dans l'art », *Le Nouvel Observateur* hors-série n° 85, janv.-fév. 2014, p. 77.

À la suite de cette interview, je me demande si lorsque je fais en modelage des femmes nues, j'ai forcément moi-même des tendances homosexuelles inconscientes. Ne peut-on pas y voir aussi, outre la perpétuation des images de l'histoire de l'art, une certaine connaissance du corps qui m'est plus proche, le corps féminin ? Et bien sûr, une certaine forme d'autoportrait. Ces trois points ont aussi bien pu jouer pour les artistes masculins. Il me semble, personnellement, que de nouveau, c'est une vue masculine de l'histoire de l'art qui prédomine. Finalement, plus provocateur encore aurait été de faire une exposition qui aurait mis en avant le nu masculin non comme objet (non symétrique par rapport au regard masculin), mais sous un regard où le désir peut éclore sans domination et sans matérialisation. D'ailleurs cela peut être un regard féminin ou un regard masculin. Un regard plus inclusif qui tend à réinventer la manière dont on représente le sexe dans l'art et ainsi à promouvoir l'égalité. Il n'y a pas de symétrie dans la représentation du corps féminin et masculin, par exemple Orlan dans l'exposition *Masculin/masculin* présente un tableau sensé être le pendant de *L'Origine du monde* au masculin, mais il se nomme *L'Origine de la guerre*. Orlan montre qu'il n'y a pas de symétrie entre les sexes. On peut se questionner pourquoi et comment les images du corps féminin et masculin ne sont pas deux voies pourvues du même type de force pour faire entrer les observateurs dans un univers de fantasmes, de désirs et d'émotions érotiques.

Il est sûr que je veux toujours réussir des nus masculins, moi artiste femme, en me confrontant à ce qui est plus difficile, à ce qu'on considère de façon abusive comme du « grand art » fait par des hommes. La question de légitimité pèse non seulement sur la qualité de l'œuvre créée, avec le doute de l'artiste en ses capacités, mais aussi sur sa réception. Même si je tente d'être détachée de ma condition, la réception genrée infléchit souvent la lecture de l'œuvre. On peut avoir une illustration de mon propos par rapport à l'exposition sur Berthe Morisot qui a eu lieu au Musée d'Orsay. Ses sujets de peintures représentent « la vie domestique ». Les critiques d'art, masculins pour la plupart, y ont vu avec un certain mépris une peinture purement féminine. Caroline Charbet commente avec finesse :

> La noblesse qu'elle (Morisot) donne à ces sujets m'interpelle. Elle ne renonce pas à peindre à cause de l'étroitesse que sa condition impose à son champ ; elle montre l'intérêt de ce qu'elle perçoit dans cette vie domestique et privée. [...] Pourtant, ce que l'on voit dans un parc ou à la

maison a une portée aussi universelle que ce qui se joue sur un grand champ de bataille, sujet « noble » de tant d'œuvres masculines[1].

On retrouve l'idée de Le Guin dans sa théorie de fiction-panier développée précédemment. Faire des corps d'hommes par rapport à ma capacité de faire, mais aussi pour la réception des regardeurs. Mais des corps mâles vus sous un prisme différent.

Ma sculpture répondant le mieux à cette injonction que je me suis faite à moi-même est *Le dernier des Ornithanthropes* (2007, H : 110 cm, terre cuite blanche patinée en blanc), ce modelage a été déjà décrit dans un texte précédent[2].

Ce modelage a été fait d'après modèle vivant pour la tête et le reste du corps est sorti de mon imagination. Les images qui se bousculaient dans ma tête à ce moment-là étaient plus spécifiquement : *L'Esclave* de Michel Ange, le *Saint Sébastien* de Mantegna, des figures christiques... Mais peu à peu, une image de mon adolescence a pris le dessus et se superposait avec mon modèle. Il s'agissait de la BD *Barbarella*[3], dans laquelle apparaissait Pygar, une sorte d'ange, appelé le dernier des ornithanthropes (homme-oiseau) : aveugle, il est guidé par Barbarella, mais il la sauve aussi. C'est ainsi que le titre était trouvé. Cette BD était pour moi, adolescente, éminemment érotique. Cet ange est grand et fort, mais en même temps blessé et vulnérable. Il a des trous dans son torse rappelant la maladie décrite dans la BD, la lèpre ajourée. Il soulève Barbarella pour la sauver et pour être sauvé. Cette double caractéristique de l'homme fort et vulnérable est un cliché féminin qui marche très bien, mais c'est aussi un prisme différent de regard sur le corps mâle.

Sur le même registre, la sculpture *L'homme qui rêvait à l'envers* (2008) est le pendant masculin de la sculpture *Le soulèvement des rêves – hommage à Füssli* (2009- 2013) qui représentait une femme[4]. Cette sculpture est même antérieure à celle représentant une femme. Je me suis inspirée du célèbre tableau intitulé *Le cauchemar* (1781) de Johann Heinrich Füssli[5]. Il représente une femme dans une pose renversée, alanguie, abandonnée aux forces obscures du rêve. J'ai dans

1 Charbet (Caroline) : « Contre Pygmalon », *Femmes en mouvement* dans la revue *Esprit* janvier-février, n°471, 2021, p. 133.

2 Popovic (Adriana) : *Science-fiction, prothèses et cyborgs, op. cit.*, p.186.

3 Forest (Jean-Claude) : *Barbarella*, 1968.

4 Popovic (Adriana) : *Science-fiction, prothèses et cyborgs*, op. cit., p.190 et https://adriana-popovic.com/portfolio_item/soulevement-femme/ ou dans Gibson Michael : *le Symbolisme*, p.23.

5 fr.wikipedia.org/wiki/Le_Cauchemar_(F%C3%BCssli,_1781)#/media/ Fichier:John_Henry_Fuseli_-_The_Nightmare.JPG> [consulté 25.6. 2021]

un premier temps transposé cette idée à un corps d'homme. Le traitement du corps de l'homme est aussi très sensuel, à l'abandon. Il a aussi de nombreux petits détails sur les homoncules et excroissances qui l'accompagnent qui sont très érotiques. Cette sculpture était une sorte de maquette pour la grande sculpture que je voulais faire sur le même thème. Mais en cours de route la grande sculpture est devenue une femme. Les spectateurs de *L'homme qui rêvait* étaient souvent gênés par ce qui se dégageait de ce modelage et me demandaient pourquoi j'avais fait un homme dans cette position. Rétrospectivement je me demande si la seconde variante n'est pas devenue femme, car je me suis moi-même censurée, un peu.

L'homme qui rêvait à l'envers, 2008, terre cuite patinée acajou.

Conclusion

L'histoire de l'art et la science-fiction sont mes sources créatives privilégiées. Toutes les deux véhiculent beaucoup d'érotisme et de sexualité.

Mais force est de constater que le résultat donne des œuvres où mes personnages sont toujours en lutte contre quelque chose qui les opprime dans le monde actuel ou dans celui, possible, de demain. Ils se recomposent, s'améliorent, s'adaptent, avec de nombreux implants, excroissances, mutations, pour cette lutte d'aujourd'hui et de demain.

La sexualité n'est pas en reste, mes personnages – les *corps multiples* créés – luttent aussi dans ce domaine, souvent d'abord de façon instinctive lors de l'élaboration des œuvres. La poïétique appliquée à mes œuvres – l'exploration concomitante de l'action plastique et de la réflexion autour de sa création – met en évidence que cette lutte a un nœud autour du fait d'être une femme qui crée. Ursula K. Le Guin dans un des essais déjà cités parle de l'importance de réinventer constamment un féminisme nouveau.

> Mais moi, je n'étais ni philosophe, ni politicienne, ni militante, ni sociologue. J'étais et je reste une écrivaine de fiction. Ma manière de réfléchir c'est le roman. Et le roman que j'ai écrit, *la main gauche de la nuit*, retrace ma propre prise de conscience, mon processus de pensée personnel[1].

Mais moi je suis juste une artiste et ma manière de réfléchir reste la création plastique.

Toutes les thématiques abordées : érotisme sous influence extérieure, regard masculin et regard féminin, recherche de l'œuvre « paritaire », de l'androgyne ou de l'hermaphrodite, le regard sexué de la femme sur l'homme, sont des interrogations autour du *corps multiple* sexué qui se donne à voir et accompagne mon propre processus de pensée.

Pas de réponses, mais une recherche continue stimulant l'imaginaire d'un corps futur sexué différemment.

Bibliographie

Bachelard (Gaston) : *La terre et les rêveries de la volonté*, Librairie José Corti, Paris [1947], 1982.

Bischoff (Ulrich) : *Ernst Max 1891-1976 – Au-delà de la peinture*, Taschen, 1993.

Bonnet (Marie-Jo) : *Les femmes dans l'art*, éd. de la Martinière, 2004.

Chadwick (Whitney) : *Les femmes dans le mouvement surréaliste*, Thames and Hudson, [1985], Paris, 2002.

Clark (Kenneth) : *Le nu I et II*, Hachette Littérature, Pluriel, [1e éd. Anglaise 1956] 1998.

Clair (Jean) : *Méduse : contribution à une anthropologie des arts visuels*, Gallimard, Paris, 1989.

---

1 Le Guin (K. Ursula) : « L'identité de genre est-elle une nécessité ? (1976) », dans *Danser au bord du monde – mots, femme, territoires*, pp. 20-31.

Clair (Jean) : *Hubris - La fabrique du monstre dans l'art moderne - Homoncules, Géants et Acéphales*, Gallimard, 2012.

Francastel (Pierre) : *Etudes de sociologie de l'art*, Denoël, 1970.

Forest (Jean-Claude) : *Barbarella*, BD, Éditions Eric Losfeld, 1968.

Gibson (Michael) : *le Symbolisme*, Taschen 1994.

Guédron (Martial) : *Les monstres : créatures étranges et fantastiques, de la préhistoire à la science-fiction*, Beaux-arts éditions, 2018.

Haraway (Donna) : *Manifeste cyborg et autres essais : Sciences, fictions, féminismes*, anthologie établie par Laurence Allard, Delphine Gardey et Nathalie Magnan, Paris : Exils essais, 2007.

Iacub (Marcela) : « L'érotisme dans l'art », *Le nouvel Observateur* hors-série n° 85, janvier-février 2014, pp. 80-81.

Le Guin (Ursula K.) : *Les dépossédés*, Pocket, Paris, 1983.

Le Guin (Ursula K.) : *La main gauche de la nuit*, Pocket Paris, 1984.

Le Guin (Ursula K.) : « La théorie de la fiction-panier », in *Socialter* hors-série n° 8, Paris, 2020.

Le Guin (Ursula K.) : *Danser au bord du monde – mots, femme, territoires*, éd. de l'éclat, 2020.

Lascault (Gilbert) : *Le monstre dans l'art occidental : un problème esthétique*, Klincksieck, 2004.

Neret (Gilles) : *L'érotisme en peinture*, Nathan, 1990.

Passeron (René) : *Pour une philosophie de la création*, Paris, Klincksieck, 1989.

Popovic (Adriana): *À la recherche du corps multiple au travers d'une pratique personnelle du modelage - Pour une micro-résistance au viol de l'imaginaire*, Thèse de Doctorat d'arts plastiques soutenue en mars 2016 à Paris I – Panthéon Sorbonne, consultable sur http://adriana-popovic.com/

Popovic (Adriana) : « A la recherche du corps multiple : Science-fiction, prothèse et cyborg », pp. 179-197, in Goffette (J.) (dir.) *Science-fiction, prothèses et cyborgs*, BoD, 2019.

Serpieri (Paolo Eleuteri) : les intégrales

Druuna, t.1, Morbus Gravis - Delta, Glénat, 2016.

Druuna, t.2, Creatura - Carnivora, Le Lombard, 2016.

Druuna, t.3, Mandragora - Aphrodisia, Le Lombard, 2016.

Druuna, t.4, La planète oubliée ; Clone, Le Lombard, 2016.

Druuna, t.5, Celle qui vient du vent, Glénat, 2019.

Trippi (Peter) : *Waterhouse John-William - Monographie*, Phaidon, Paris, 2006.

Vernant (Jean-Pierre) : *La mort dans les yeux. Figures de l'Autre en Grèce ancienne*, Paris, Hachette littératures (Pluriel), 1998.

Expositions et catalogues

L'exposition : Chassé-Croisé / DADA-Surréalisme 1916-1969, 15 janv.-12 juil. 2012, Espace d'Art Contemporain Fernet-Branca, Saint-Louis, Alsace.

Masculin / Masculin - L'homme nu dans l'art de 1800 à nos jours, exposition au Musée d'Orsay du 24 sept. 2013 au 2 juillet 2014, Hors-série *Beaux-Arts Magazine*, 2013.

Féminimasculin, le sexe de l'art, catalogue de l'exposition du Centre Georges Pompidou du 26/10/1995 au 12/02/1996, Bernadac Marie-Laure et Marcade Bernard (sous la dir.), Centre Pompidou/Éd. Gallimard, 1995.

« L'érotisme dans l'art », *Le nouvel Observateur* hors-série n° 85, janvier-février 2014.

Sites Internet consultés pour les artistes cités dans le texte

De Santis Giuseppe (1917-1997)
> https://fr.wikipedia.org/wiki/Giuseppe_De_Santis

Jean-Claude Forest (1962-1995)
> https://par-la-bande.blogspot.com/2014/07/les-versions-successives-du-premier.html

Popovic Adriana (1970)
> https://adriana-popovic.com/
> https://ateliers-artistes-belleville.fr/artiste/adriana-popovic/

Ljuba (1934-2016) :
> https://www.ljuba.fr/
> https://fr.wikipedia.org/wiki/Ljuba_(peintre)

Makavejev Dušan (1932-2019)
> https://www.quinzaine-cineastes.fr/fr/film/w-r-misterije-organizma
> https://fr.wikipedia.org/wiki/Du%C5%A1an_Makavejev

Mucha Alphonse (1860-1939)
> http://www.muchafoundation.org/en/about/mucha-museum

Serpieri Paolo Eleuteri (1944)
> https://hubertybreyne.com/fr/expositions/oeuvre/10869/paolo-eleuteri-serpieri-integrale-tome-4-2016?id_ex=84

Waterhouse John William, (1849- 1917)
> https://www.wikiart.org/fr/john-william-waterhouse
> https://www.repro-tableaux.com/a/john-william-waterhouse.html

Želimir Žilnik (1942)
> https://fr.wikipedia.org/wiki/%C5%BDelimir_%C5%BDilnik
> https://www.centrepompidou.fr/fr/programme/agenda/evenement/cAgXbz5

Création plastique insufflée par les relations sexuelles entre humains et extraterrestres imaginées par Octavia B. Butler dans *Xénogénesis*

Adriana Popovic
Docteur en Arts - Université Paris I - Panthéon Sorbonne et Sculpteur

Artiste plasticienne, je me mets à créer souvent à partir de l'émotion qu'un livre suscite en moi. Dernièrement, ce sont les deux premiers livres de la trilogie *Xenogenesis* d'Octavia E. Butler, *L'Aube* et *L'Initiation*[1] (le troisième opus *Imago* a été traduit en 2024, après l'écriture du présent texte), qui ont fait un petit séisme dans mon imaginaire. Cela a pris la forme d'une obsession créative, pendant plusieurs mois.

Octavia E. Butler est une auteure[2] noire américaine de science-fiction reconnue tardivement. Ce n'est que maintenant, après sa mort prématurée en 2006 à l'âge de 58 ans, que ses romans sont traduits en français et qu'ils sont encensés pour ses explorations innovantes et provocantes de thèmes sociaux, politiques et scientifiques avec une lecture *woke* après coup[3]. Dans ses œuvres, elle a souvent abordé des

---

1 Butler (Octavia E.) : *L'Aube*, Paris, Au diable vauvert [1987], 2022.
Butler (Octavia E.) : *L'Initiation*, Paris, Au diable vauvert [1988], 2023.

2 *Auteur* ou *auteure* pour le féminin ? Les textes parlant des écrits de Butler emploient le plus souvent *auteure*. L'Académie française se refuse d'édicter des règles de féminisation en 2019. C'est l'usage qui fait la règle et qui donc décidera en dernier ressort de la règle de mise. L'institution a remarqué que les universitaires étaient plus rétifs à utiliser *autrice*. Ce féminin a la préférence de l'Académie française, car grammaticalement plus satisfaisante selon eux. Ce que je sais c'est que je n'aime pas pour moi qu'on féminise *sculpteur,* que ce soit *sculptrice* ou *sculpteure*. Il n'y a pas encore de perception équivalente de la fonction chez les lecteurs ou les observateurs, mais sans un usage militant y a-t-il des changements ? Personnellement, à ce jour, je n'arrive pas à trancher.

3 Le terme de *woke* est complexe et mon propos ici ne sera pas d'entrer dans son approfondissement, pour avoir une première idée de ce que ce terme englobe et des polémiques qui l'entourent, on peut consulter la page wikipédia. Je remarque juste que la postface a été écrite (2022) bien après le texte d'Octavia Butler (1987), époque où le terme *woke* n'avait pas la même place qu'aujourd'hui. Noël (Fania) : « Postface - Être woke avec Octavia Butler », dans *L'Aube*, p. 417-423.

questions liées à l'identité, à la race, à la domination, à la classe sociale et à la sexualité. Elle fut une des premières avec Ursula K. Le Guin à mettre au centre de ses écrits des questions de hiérarchie sociale et de genre, mais aussi d'écologie et de place du vivant, à une époque où la science-fiction n'avait pas la même place qu'aujourd'hui dans la littérature, et à une époque où être une femme noire issue d'un milieu modeste, descendante d'esclaves, qui écrit de la science-fiction, était encore plus difficile qu'aujourd'hui.

Je me suis attachée aux points précis qui ont suscité une vague créatrice intense : les relations sexuelles entre humains et extraterrestres et leur reproduction.

Ce qui va suivre n'est pas un article au sens strict et classique, mais un binôme entre exploration descriptive des extraterrestres imaginées par Butler et mes propres créations qui en sont nées. Les citations tirées des deux tomes seront référencées avec B.I[1] et B.II[2] suivies par le numéro de la page. Cette description divulguera l'intrigue en partie, car l'essentiel du tome I est fondé sur la tension sexuelle croissante entre l'humaine et l'extraterrestre.

Il existe des liens entre ce récit et mon propre imaginaire qui ne sont pas fortuits. On peut dire que ce roman « coche toutes *mes* cases » : c'est un roman de science-fiction très étonnant ; l'auteur est une femme et elle parle de sexualité autrement ; il y a des questionnements sur l'association ou la symbiose avec un être complètement différent, le monstre, les tentacules, les enfants hybrides...

La forme créative que j'ai choisi de montrer ici, ce sont des œuvres uniques sur papier issues des tirages à l'huile de gravures sur bois, ces tirages sont ensuite complétés par du dessin à l'encre à base d'eau.

Les Oankali et leur description physique

Le premier livre, *L'Aube*, commence avec une apocalypse nucléaire qui a dévasté la Terre. Les Oankali, une race extraterrestre qui n'est pas belliqueuse, mais qui est énigmatique, débarquent sur terre pour sauver et recueillir les Humains survivants. L'histoire débute avec le réveil de Lilith Iyapo, une femme humaine. Elle est le personnage principal de ce premier tome. On apprend avec elle, au fur et à mesure, comment les Oankali se proposent de sauver l'humanité. Le prénom *Lilith*[3] choisi par

---

1 Butler (Octavia E.) : *L'Aube*, op. cit.
2 Butler (Octavia E.) : *L'Initiation*, op. cit.
3 https://fr.wikipedia.org/wiki/Lilith [consulté 14/10/2023]

Octavia E. Butler n'est, je le suppose, pas dû au hasard, toute la symbolique autour de son nom donne au personnage une partie de sa saveur. Dans la *Bible*, Lilith était la première femme avant Ève, bannie du Paradis terrestre, car elle s'était opposée à Dieu et à Adam. Pour la punir, Dieu la condamne à voir tous ses enfants mourir à la naissance. Elle rencontre ensuite le démon Samaël qui l'épouse. Lilith devint la préférée de Lucifer et la reine des Succubes. Elle s'appliqua par la suite à répandre le mal. Elle est le serpent du Paradis terrestre ou l'Ève des Enfers. Plusieurs représentations de Lilith sont très présentes à mon esprit comme celles de John Collier[1] ou de Dante Gabriel Rossetti[2].

Dans les arts sa représentation est très présente, parfois ange, parfois démon, femme fatale, héroïne maléfique... On lui attribue de nombreuses facettes : sexualité débridée et illicite, détournée de la procréation, morbidité liée à la sexualité, mais aussi femme libre, égale de l'homme. Cette figure est reprise par les féministes comme une figure de femme rebelle qui a défié l'autorité d'Adam ; elle a été créée simultanément à Adam. Lilith aurait été formée à partir d'argile comme Adam et serait donc son « égale ». Dès lors la femme serait placée dans un statut, non plus de subordination, mais de parité-égalité avec l'homme.

Selon les Oankali leur nom veut dire « troqueurs » (B.I p. 51), ils font le troc d'eux-mêmes. On apprend un peu plus loin qu'ils se considèrent comme « négociants en gènes » (B.I p. 80) Ils y sont poussés instinctivement, car dans leur organisme, un organite au cœur de chaque cellule pousse à rechercher, à étudier, à manipuler, à trier et à utiliser de nouvelles formes de vie ; sans cela ils s'éteindraient.

> Nous troquons l'essence de notre être. Notre matériel génétique contre le vôtre. [...] Je parle de ce que nous appelons « ingénierie génétique ». [...] Nous devons le faire. (B.I p.79)

Ils veulent fusionner génétiquement avec les Humains pour créer une nouvelle race hybride. Lilith Iyapo est choisie malgré elle pour aider à préparer les Humains à cette fusion, ce qui suscite des questions morales et éthiques profondes sur l'avenir de l'humanité. Les Oankali ont la capacité de manipuler l'ADN et de fusionner leur génome avec celui des Humains pour créer une nouvelle race hybride.

Lilith cherche viscéralement au début à comparer le corps des Oankali et le corps humain, et à trouver des similitudes.

---

1 Collier (John) (1850-1934) : *Lilith* 1887, peinture à huile, The Atkinson Southport.

2 Rossetti (Dante Gabriel) (1866–1873) : *Lady Lilith*, peinture à l'huile, Delaware Art Museum.

... ce qui ressemblait à un homme grand et mince était humanoïde, mais n'avait pas de nez – ni de protubérance ni de narines –, rien d'autre que de la peau grise plate. Il était gris partout : peau gris clair, cheveux d'un gris plus foncé sur la tête. Des poils lui poussaient autour des yeux, des oreilles et sur la gorge. Il en avait tellement devant les yeux qu'elle se demanda comment il arrivait à voir... (B.I p. 33)

Mais par petites touches on apprend qu'ils sont radicalement autres.

Sachez, poursuivit-il, que ce que vous pensez être des cheveux n'en sont pas du tout [...] Quelques « cheveux » se tortillaient de façon indépendante, tel un nid de serpents pris par surprise, s'éparpillant dans toutes les directions. Écœurée, elle [Lilith] se tourna face au mur. Ce ne sont pas des animaux à part entière, expliqua-t-il, mais des organes sensoriels... (B.I p. 35)

Lilith pense au mythe de la Méduse en les regardant et nous aussi. Nous avons vu que le mythe de la Méduse est souvent présent dans mes travaux. Jean Clair écrit dans son livre *Méduse*, qu'un lien secret unit la beauté et la terreur[1]. Il se demande pourquoi les arts se sont si souvent complu à figurer l'horreur (tête tranchée, massacre, enfer...) et pourquoi cette intention est considérée comme objet d'admiration. L'art qui m'a été enseigné et transmis par mes parents est celui où les têtes sont tranchées et où les monstres sont beaux. Les Oankali sont à la fois fascinants, extraordinairement intelligents, bienveillants et terrifiants. La terreur incarne, nous dit Jean Clair, des formes primitives, le tout à fait autre :

Plaisir étrange qui nous saisit comme enfant quand on s'extasie sur des formes monstrueuses de créatures supposées venues d'autres planètes, aux yeux pédonculés, aux écailles hérissées et au sang vert[2]...

Les Oankali incarnent ce monstrueux. On apprend avec Lilith, pendant une discussion tout à fait cultivée, que leurs tentacules peuvent aussi piquer et tuer (B.I p. 58) et que leurs ancêtres capturaient leurs proies grâce à leur piqûre, qui amorçait le processus de digestion avant même qu'ils aient commencé à manger... Ou dans un passage beaucoup plus loin, presque à la fin du premier tome :

L'espace d'un instant [...] elle [Lilith] vit Nikanj comme un être totalement étranger, grotesque, pas simplement laid, mais repoussant [...] Pétrifiée, elle dut se retenir de prendre ses jambes à son cou. La sensation disparut, la laissant pantoise. [...] Puis elle s'allongea, paradoxalement impatiente de goûter à ce qu'il avait à lui offrir. (B.I p. 321)

Dans ce passage Butler utilise même le terme de *pétrifiée* qui nous relie définitivement au mythe de la Méduse.

---

1   Clair (Jean) : *Méduse – Contribution à une anthropologie des arts du visuel.*
2   Clair (Jean) : *op. cit.*, p. 64.

Le vocabulaire utilisé par Lilith et la description sont les suivants : tentacules, lombrics qui se tortillent, nudibranches (petites limaces de mer à tentacule), gros vers, l'air d'une créature marine égarée, étoile de mer, bras qui ressemble à une trompe d'éléphant, pas d'yeux, mais des taches sombres, des ouvertures au niveau de la gorge pour respirer sous l'eau, peau lisse et dure comme nos ongles. Un des extraterrestres

> avait quatre bras. Ou deux bras et deux tentacules gros comme des bras. Ces grands tentacules, gris et rugueux, lui rappelaient des trompes d'éléphant – bien qu'elle ne se souvienne pas d'avoir jamais été dégoûtée par une trompe d'éléphant. (B.I p. 91)

Tous ces détails arrivent au compte-goutte ; un certain mystère plane. Les Oankali sont tellement autres que Butler réussit à me faire sentir une sorte de flou, d'ondulation, comme l'ondulation des nombreux membres-tentacules-trompes. Même si tout n'est pas décrit sur l'anatomie des Oankali, de petits détails apparaissent au détour d'une phrase, par exemple un détail sur la main qui a seize doigts (B.I p. 135).

Pour répondre au défi de représenter les Oankali, j'avais envie d'essayer de les faire naître en incisant le bois, avec la technique de la gravure. Pour sculpter la surface du bois, j'ai utilisé des outils avec des dents pour griffer le bois que j'utilise aussi en modelage, et des gouges à bois classiques. Il y a la texture du bois qui donne une partie aléatoire au rendu, il y a toujours des surprises. J'ai utilisé des encres à base d'huile pour faire les impressions. Là démarre la deuxième phase où avec une plume et avec de l'encre à l'eau, je ré-interviens sur la composition, en me laissant guider par les traits aléatoires, par les zones imprimées plus ou moins clairement et par les espaces vides. Les Oankali étaient si différents des critères humains que je me suis dit que je ne pouvais pas consciemment les imaginer. J'ai essayé de ne pas travailler de façon totalement consciente et de me laisser guider par la forme, « à la façon des surréalistes ».

J'avais en tête l'anecdote sur la naissance du frottage de Max Ernst assimilé chez lui à l'écriture automatique. L'invention de cette technique naît selon Max Ernst le 10 août 1925. Dans une auberge en bord de mer, Ernst a « une insupportable obsession visuelle » en regardant le « plancher dont mille lavages avaient accentué les rainures ». Ernst pense à poser sur le plancher « au hasard » dit-il, des feuilles de papier qu'il entreprend de frotter à la mine de plomb. Puis regardant « attentivement » les dessins ainsi obtenus, il est « surpris », étonné par ce qu'il nomme l'intensification subite de ses facultés visionnaires. Certaines images sont « d'une précision inespérée ». Ernst voit d'abord dans le frottage un questionnement, une interrogation de la matière, à l'instar de certaines diseuses de bonne aventure dans le marc de café[1].

J'ai fait de nombreuses variantes d'Oankali. Je procédais sur des planchettes indépendantes que je gravais puis que j'imprimais dans un sens ou dans l'autre afin de tenter de leur donner vie avec de l'encre. Le frottage à la mine de plomb de Ernst correspond à une forme de gravure sur bois. Ma technique me permet de me mettre dans une situation « surréaliste » de création, dans un état de lâcher-prise, entre le sommeil et le réveil, de laisser les associations d'idées se mettre en place avec une sorte de hasard. Cette technique libère mon imagination en produisant un processus créatif plus libre qui est moins contrôlé par un état conscient, pour laisser la place à l'inconscient. Je me disais que cette technique me permettait de créer des Oankali, êtres inimaginables rationnellement.

Initiation sexuelle et métamorphose

Les Oankali veulent faire du troc de gènes avec les Humains ; le résultat sera un métissage qui donnera des enfants différents qui ne sont pas humains apprend-on (B.I p. 82). Qui dit enfants communs, dit possibilité de relations sexuelles...

Dans le premier tome, une tension sexuelle est tout le temps présente. Dans le second tome, après un début tout aussi tendu, l'histoire se concentre sur d'autres problématiques.

Dans le premier tome donc, une des premières remarques de Lilith c'est que les Oankali sont naturellement nus, alors qu'elle a besoin de pouvoir s'habiller, comme d'une protection. Lilith a peur et une de ses peurs est induite par ses angoisses par rapport à une agression sexuelle

---

1   Ernst (Max) : *Écritures*, p. 237-245.

de la part des extraterrestres. Une des premières questions de Lilith est de savoir de quel sexe est son interlocuteur, car il est sans aucun organe sexuel identifiable. Lilith apprend qu'il y a trois genres chez les Oankali : mâle, femelle et « ooloi », ni mâle ni femelle. Les ooloi, on le comprend au fur et à mesure, ne sont pas neutres, ils sont sexués d'un troisième genre différent. Les Oankali sont de taille humaine, le mâle est un peu plus petit et la femelle plus grande. C'est les ooloi qui s'occupent de la reproduction sexuelle pour les mâles et pour les femelles. Les ooloi sont dotés d'organes spécifiquement dédiés à cette tâche.

> Elle [Lilith] se réjouit de savoir que pour les Oankali eux-mêmes, l'ooloi n'était ni mâle ni femelle. Certaines choses méritaient de rester neutres. (B.I p. 92) [...] Lilith se questionne : En quoi consistait la vie sexuelle de ces individus ? Quel rôle y jouait l'ooloi ? Ses bras tentaculaires tenaient-ils lieu d'organes sexuels ? (B.I p. 95)

Lilith avance dans l'histoire comme une enfant qui s'approche de l'âge adulte dangereux. Les Oankali la nomment enfant « Eka », tout comme l'ooloi Nikanj qui lui sert de guide et d'éducateur.

> Dans le nom donné à Lilith, la partie Eka signifiait enfant. Un enfant si jeune qu'il était littéralement dépourvu de sexe – comme les très jeunes Oankali. Lilith avait accepté ce titre avec espoir. On ne se servait assurément pas d'enfants asexués dans les élevages expérimentaux. (B.I p. 117)

Nikanj va se transformer, sa mutation le rendra sexué. Tout le texte tend vers cette transformation sexuée. Butler utilise toujours les pronoms masculins pour désigner Nikanj.

Finalement le premier « attouchement » arrive sous un prétexte, anodin sexuellement : les Oankali veulent aider Lilith à mieux apprendre et plus vite grâce à un changement de capacité cognitive. Nikanj n'est toujours pas arrivé à maturité, mais il peut aider Lilith, pour cela il a besoin de contact avec la peau nue de Lilith. Dès que Lilith accepte :

> Nikanj se redressa aussitôt, la fit pivoter sur le flanc et remonta la veste dans laquelle elle dormait pour exposer son dos et son cou. Avant qu'elle ne puisse se plaindre ou changer d'avis, il commença. Elle sentit comme promis qu'il lui touchait la nuque, puis sentit une pression plus forte, suivie de perforation. La douleur fut plus forte qu'elle ne l'avait imaginée, mais s'arrêta rapidement. Pendant quelques secondes elle dériva, à demi consciente, sans souffrir. Après quoi vinrent des souvenirs confus, des rêves, et enfin rien du tout. (B.I p. 141)

Cette façon de s'attaquer au cou fait penser inévitablement aux vampires. Il y a une certaine fébrilité que le lecteur ressent bien. Mais cette description m'a surtout fait penser à un premier acte sexuel et la perte consentante de la virginité avec la douleur brève et qui passe vite, avec la demi-conscience et avec l'engourdissement qui suit l'acte sexuel. La suite du texte renforce cette idée :

> À son réveil, détendue et juste un peu désorientée, elle était seule et entièrement vêtue. Elle resta allongée, se demandant ce que Nikanj lui avait fait. Avait-elle changé ? Comment ? En avait-il fini avec elle ?...
> (B.I p. 143)

L'image du vampire est forte dans la littérature, mais également dans l'histoire de l'art, où l'érotisme l'accompagne souvent. Celle qui me hantait plus particulièrement était la représentation du vampire d'Edward Munch, car l'exposition avait lieu au même moment[1]. Il y avait l'affiche de l'exposition, mais aussi des gravures représentant cette scène. Sur l'ensemble de ces variantes, il y avait une ombre derrière la femme, une ombre noire tentaculaire qui se mélangeait avec les cheveux tentaculaires de la femme.

Munch Edvard, *Vampire II,* lithographie

On apprend beaucoup plus tard que c'est lors de cet acte que Nikanj a « marqué » Lilith. Il a créé un lien sensoriel particulier, c'est un lien chimique. Nikanj, bien qu'immature, a laissé une marque sur Lilith à son insu en la guérissant et en l'améliorant. Ultérieurement, c'est de la même façon que Nikanj approche le premier compagnon humain de Lilith au nom évocateur de Joseph : avant l'acte sexuel consommé, il y a cet attouchement qui soigne. Le terme de « marquage » dérange à plein d'égards, allant du bétail à la marque de possession d'un amant.

La métamorphose de Nikanj commence peu après. Il rassure Lilith, le mâle et la femelle de son espèce le stimulent sexuellement, mais pas Lilith, car elle a une odeur neutre pour lui (B.I p. 146-147). La sonorité du nom « Nikanj » me fait penser à « ni ange » – n'est pas un ange ? Lors de la métamorphose, on découvre que les bras ne sont pas des organes sexuels, « ils protègent les organes sexuels : les mains sensorielles, la main se trouve à l'intérieur » nous explique Nikanj.

---

1 Couverture du catalogue de l'exposition, *Edvard Munch (1863-1944) - Un poème de vie, d'amour et de mort*, Exposition au Musée d'Orsay, Paris 2022-2023. https://www.musee-orsay.fr/fr/articles/edvard-munch-un-poeme-de-vie-damour-et-de-mort-le-catalogue-de-lexposition-215078 [Consulté 09/09/2023]

Pendant toute la métamorphose, Lilith doit nourrir Nikanj. S'ensuit alors un passage où l'on est troublé par le lien entre nourriture/sexualité/mère nourricière. On retrouve dans une même phrase « nourriture et sexualité » (B.I p. 183), cela rend le côté neutre de plus en plus suspect.

> « Je serai excité même seul. Que tu sois là ou non ne change rien. Et pourtant, ta présence m'aide. » Il entortilla ses tentacules. « Donne-moi autre chose à manger. »

Nikanj ressemble à un gros bébé dont les besoins doivent être satisfaits. Cette idée est renforcée plus loin. Lilith doit élever les Humains qui retourneront sur Terre. Lilith doit aider ses semblables comme elle aide Nikanj. Le chapitre suivant s'appelle d'ailleurs *La Nurserie*. La dépendance et la vulnérabilité de Nikanj le rendent moins dangereux un certain temps aux yeux de Lilith.

Mais la tension du roman continue de monter. Il y a par la suite une description assez suggestive de l'organe sexuel sous le bras d'un autre ooloi parent de Nikanj :

> « [...] Cette couche extérieure solide et résistante aux blessures permet de protéger la main et les organes auxquels elle est reliée. Le bras est fermé, vous voyez ? » Il lui montra l'extrémité arrondie, bouchée par une matière semi-transparente qu'elle savait lisse et dure. Ce bras se tortille comme un ver de terre. La matière semi-transparente à son extrémité se mis à changer, à se mouvoir en vagues circulaires vers l'extérieur, puis une chose fine et pâle émergea du centre de l'appendice. Sous ses yeux, la chose sembla s'épaissir et se diviser. Huit doigts, ou plutôt huit tentacules effilés, étaient disposés autour d'une paume circulaire qui semblait humide et striée de rides profondes. Cela ressemblait à une étoile de mer aux longs bras serpentins (B.I p. 191-192)

Œuvre personnelle comparée
à une case de la BD *Sanguine* de Caza

375

L'omniprésence des tentacules chatouille l'imaginaire et fait ressortir une très grande variété d'images de l'histoire de l'art. Je partage avec vous celles qui ont été les plus présentes à mon esprit lors de l'élaboration des œuvres sur ce roman.

Il y a bien sûr celles de Giger et de ses extraterrestres[1]. Max Ernst[2] est un peintre qui m'inspire souvent. On ne peut pas contourner l'estampe d'Hokusaï[3] avec son œuvre très connue représentant une femme faisant l'amour avec un poulpe. J'évoque aussi à ce festin créatif des artistes spécialistes de l'étrange comme Alfred Kubin[4] ou encore Bolesław Biegas[5] ou le très étonnant Valère Bernard[6]...

K. Hokusaï : *L'Ama et le poulpe*   V. Bernard : *La Pieuvre*

1 Giger H.R. (1940-2014) : https://alienexplorations.blogspot.com/1981/03/gigers-anima-mia-inspired-by-max-ernsts.html [Consulté 13/07/2023]

2 Max Ernst (1891-1976) https://fr.wikipedia.org/wiki/L%27%C3%89l%C3%A9phant_de_C%C3%A9l%C3%A8bes [Consulté 13/07/2023]

3 Hokusaï Katsushika (1760-1849), *Le Rêve de la femme du pêcheur* 1814, estampe est le nom donné généralement à cette estampe sans titre de Hokusai. Au Japon, elle est connue sous le nom de *L'Ama et le Poulpe*. https://commons.wikimedia.org/wiki/File:Tako_to_ama_retouched.jpg [Consulté 14/07/2023]

4 Alfred Kubin (1877-1959) : dessinateur, illustrateur, graveur et écrivain autrichien, œuvres hantées de monstres voir :

  http://www.diptyqueparis-memento.com/fr/main-de-lame/ [Consulté 25/03/ 2023]

 Alfred Kubin (1877-1959), Catalogue de l'exposition du centre d'art contemporain de l'abbaye d'Auberive, Textes de Christian Noorbergen, Dominique Gagneux, Gilbert Lascault, Abbaye d'Auberive, 2010.

5 Bolesław Biegas (1877-1954) : peintre, sculpteur et écrivain symboliste franco-polonais, pour ces représentations de vampires voir :

  https://elisandre-librairie-oeuvre-au-noir.blogspot.com/2015/03/les-vampires-de-boleslas-biegas.html [consulté 25/03/2023]

6 Valère Bernard (1860-1936), *Le Parilho. La Pieuvre*, 1898.

  https://www.latribunedelart.com/spip.php?page=docbig&id_document=35086&id_article=7347 (Consulté 03/07/2023)

  https://monsterbrains.blogspot.com/2013/09/valere-bernard.html [Consulté 03/07/2023]

Relations sexuelles

Il y a plusieurs combinaisons de relations qui se mettent en place progressivement. On apprend qu'une famille Oankali traditionnelle est composée d'un mâle, d'une femelle et d'un ooloi. L'ooloi mélange les gènes du mâle aux gènes de la femelle, pour féconder la femelle qui porte ensuite les enfants. Le mâle et la femelle n'ont pas de rapport sexuel seuls, jamais (B.I p. 368). L'ooloi peut avoir des relations sexuelles pour apporter du plaisir au mâle seul ou à la femelle seule ou aux deux partenaires en même temps.

Au fil du récit, on rencontre des relations sexuelles qui se mettent en place entre un ooloi avec une femme humaine puis un ooloi avec un homme humain. Nous avons aussi le récit d'une femme et d'un homme humains qui ont des relations sexuelles « à l'ancienne ».

On en arrive finalement à la nouvelle famille oankali-humain qui se composent normalement de trois partenaires oankali (un mâle, une femelle et un ooloi) avec deux partenaires humains (un homme et une femme). Dans cette famille recomposée, l'homme et la femme humaine ne se touchent plus directement, mais toujours à travers leur ooloi. Dans cette configuration, l'ooloi de la famille complète « façonne » les enfants en mélangeant les gènes du mâle et de la femelle oankali aux gènes de la femme et l'homme humains. Les rapports sexuels peuvent inclure les cinq personnes ou moins, mais toujours avec l'ooloi. L'ooloi récolte la semence et les ovules et il les stocke pour les combiner à sa guise, même plusieurs décennies plus tard. C'est de cette union de cinq êtres que naîtront des enfants dits « façonnés ».

Les ooloi s'intéressent au plaisir chez les êtres vivants qu'ils touchent. Nikanj, une fois que son bras sensoriel a poussé, et que sa métamorphose est achevée, s'intéresse au plaisir physique et à la douleur chez Lilith :

> Il s'intéressait d'ailleurs plus au plaisir qu'à la douleur. Il l'avait étudiée comme elle aurait étudié un livre – et il en avait beaucoup remanié l'écriture. (B.I p. 230.)

Les relations d'un homme et d'une femme humains « à l'ancienne », sont vite évacuées du récit, car les Oankali n'en veulent pas ; tout doit passer par l'ooloi, au travers de lui. Les relations sexuelles entre Humains ont été rendues stériles. Et le pis, c'est que pendant un moment ils se repoussent même physiquement.

La première fois entre Nikanj, Joseph et Lilith fait suite au « réajustement » de Joseph par rapport à sa santé et après son imprégnation chimique.

Viens t'allonger avec nous, ne reste pas là-bas toute seule. Elle songea qu'il n'y avait rien de plus séduisant qu'un ooloi formulant précisément cette suggestion avec précisément ce ton de voix. Elle s'aperçut qu'elle s'était levée sans le vouloir et avait avancé d'un pas en direction du lit [...] Elle ne feignit pas de résister à l'invitation de Nikanj, ni ouvertement ni en son for intérieur – pas plus qu'elle ne feignit de vouloir y résister. [...] Nikanj déroula un bras sensoriel de la taille de Joseph et le tendit vers elle. Elle resta encore un instant immobile, cherchant à se prouver qu'elle se contrôlait encore. Puis elle arracha sa veste et s'empara de la trompe d'éléphant d'une laideur abominable, la laissant s'enrouler autour d'elle tandis qu'elle grimpait sur le lit. Elle coinça le corps de Nikanj entre le sien et celui de Joseph, le plaçant pour la première fois dans la position des ooloi entre deux Humains. L'espace d'un instant, elle en fut effrayée. Ce serait ainsi qu'elle tomberait peut-être un jour enceinte d'un enfant non-humain [...] Une fois branché sur son système nerveux central, il pourrait la contrôler et faire ce qu'il voulait. Elle le sentit trembler contre elle et sut qu'il était entré. (B. I p. 270.)

Lilith veut à un moment toucher directement la main de Joseph par-dessus Nikanj. Mais ce dernier lui intime l'ordre de ne passer qu'à travers lui. Il y a beaucoup de plaisir, alors Lilith se demande quelle part de cette expérience appartient réellement à Joseph et à elle. Nikanj mélange les expériences de Lilith et celles de Joseph par simulation neurale. Les deux partenaires Humains ressentent la même chose, mais selon Nikanj chacun interprète intellectuellement les choses à sa façon. Lilith apprend tout cela de Nikanj après le « coït » et reproduit des gestes humains sur l'extraterrestre :

Elle caressa sa poitrine, prenant un malin plaisir à sentir ces tentacules se tortiller puis s'aplatir sous sa main.
— Pourquoi fais-tu cela ? Demanda-t-il.
— Ça t'embête ? Elle cessa ses caresses.
— Non. (B.I p. 277.)

Les Humains dans cette version de relation sexuelle instaurée par les Oankali ne se touchent pas. Ils imaginent et échangent les sensations de façon abstraite. Cette façon de faire l'amour, sans contact et par stimulations sensorielles et neurales, avait quelque chose de très dérangeant, elle m'a fait créer toute une série d'œuvres qui représentent un homme qui tient sur un plateau la tête d'une femme et à côté cette femme qui tient dans un filet la tête de cet homme. J'ai pris appui sur un très grand nombre d'œuvres de l'histoire de l'art où le sujet est la décapitation, notamment sur la sculpture *Persée* de Cellini[1]. Ou encore

---

1 *Persée* par Benvenuto Cellini. Bronze et marbre (base), 1545-1554. Sous la Loggia dei Lanzi, Florence, depuis 1554
https://commons.wikimedia.org/wiki/File:Perseus_Cellini_Loggia_dei_Lanzi_2005_09_13.jpg#/media/Fichier:Perseus_Cellini_Loggia_dei_Lanzi_2005_09_13.jpg

les très nombreuses représentations de Salomé recueillant la tête de saint Jean Baptiste sur un plateau d'argent, comme celle de Bernardino Luini conservée au Louvre[1]. Mais j'ai été aussi fascinée par le livre de Julia Kristeva traitant de la décapitation dans l'art occidental[2], sorti quinze ans après l'exposition du Louvre. Sémiologue et littéraire de formation, d'origine bulgare, Julia Kristeva propose un choix raisonné et une lecture originale d'œuvres graphiques traitant de la décapitation dans l'exposition « Visions capitales ». Elle regarde ces œuvres avec un côté mystique-sacré pour moi très « slave ».

> Car l'image est potentiellement un espace de liberté : elle anéantit la contrainte de l'objet-modèle et lui substitue l'envol de la pensée, le vagabondage de l'imagination. J'ajoute, et c'est mon parti pris, que l'image est peut-être le seul lien qui nous reste avec le sacré : avec l'*épouvante* que provoquent la mort et le sacrifice, avec la *sérénité* qui découle du pacte d'identification entre sacrifié et sacrifiants, avec la *joie de la représentation* indissociable du sacrifice, sa seule traversée possible[3].

Œuvres personnelles :
relations sexuelles sans se toucher avec têtes coupées

[Consulté 12/09/2023]

1 Bernardino Luini (v. 1480-1532), *Salomé,* huile sur toile, Louvre. https://collections.louvre.fr/ark:/53355/cl010062246 [Consulté 10/08/2023]

2 Kristeva (Julia) : *Visions capitales. Arts et rituels de la décapitation.*

3 Kristeva : *op. cit.,* Préface, p. 5.

L'imprégnation fait penser dans plusieurs passages à une drogue et les Humains ne peuvent plus s'en passer, surtout leur corps. On lit que Lilith ne peut pas résister, son corps ne résiste pas. À la suite d'une suggestion chimique de Nikanj, on apprend que « Lilith fut envahie d'un enthousiasme si intense que c'en était suspect » (B.I p. 317).

Les ooloi eux-mêmes ne résistent pas aux Humains. Nikanj explique l'impatience des Oankali à se lier aux Humains :

> Ce serait sans doute mieux pour nos deux espèces si nous n'étions pas aussi fortement attirés par vous. (B.I p. 339)

Cette attirance est encore plus flagrante dans le tome II, lorsque Lilith rencontre un nouvel homme et que celui-ci plaît à Nikanj au point qu'il a du mal à se contrôler. Lilith explique à Tino :

> Pour la première fois de ma vie, j'ai dû lui [Nikanj] conseiller de patienter, expliqua Lilith avec un grand sourire. S'il était humain, je dirais qu'il s'est entiché de vous. (B.II p. 76)

On a l'impression que Lilith sert d'appât et la « neutralité » de l'ooloi présentée au début est définitivement mise à mal par différents éléments : sa trompe d'éléphant, la pénétration de ses tentacules, son attirance pour les Humains, son excitation et son impatience face à Tino.

Dans mon travail, je ne peux pas nier l'influence des représentations diverses d'Adam, Eve, l'arbre et le serpent. Citons les plus présentes dans mon imaginaire au moment où j'ai fait mes propres créations : Adam et Ève de Dürer[1], celui de Hans Baldung Grien[2] et bien sûr la sculpture sur la façade de Notre-Dame représentant Adam, Ève et Lilith[3].

Œuvres personnelles : relations entre Humains et Oankali
→ voir les trois œuvres page suivante

---

1 Albrecht Dürer (1471-1528), *Adam et Ève*, gravure au burin, 1504. https://commons.wikimedia.org/wiki/File:Albrecht_D %C3%BCrer,_Adam_and_Eve,_1504,_Engraving.jpg#/media/ Fichier:Albrecht_Dürer,_Adam_and_Eve,_1504,_Engraving.jpg [Consulté 13/09/2023]

2 Hans Baldung Grien (1484 -1545), *Adam et Ève*, gravure sur bois, 1514 https://upload.wikimedia.org/wikipedia/commons/4/4e/Adam_and_Eve_MET_DP 826516.jpg [Consulté 13/09/2023]

3 https://upload.wikimedia.org/wikipedia/commons/d/d7/Notre-Dame_de_Paris_- Portail_de_la_Vierge_-_d%C3%A9tail_01.jpg [Consulté 13/09/2023]

Maternité et Enfants façonnés

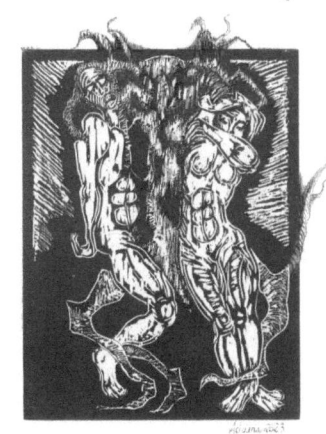

Lilith a été engrossée par son ooloi, alors que son compagnon humain Joseph est mort. On remarquera au passage que *Joseph* est le père, mais que la conception s'est faite sans lui directement.

> Elle est en moi, et elle n'est pas humaine ! Tu auras une fille. Et tu es prête à être mère. Jamais tu ne l'aurais avoué. Tout comme Joseph ne m'aurait jamais invité dans son lit, même s'il en mourait d'envie. Il n'y a chez toi que tes paroles qui rejettent cet enfant. (B.I p. 411)

Cet enfant sera celui de Joseph, Lilith et des deux extraterrestres mâle et femelle ; et comme c'est Nikanj qui l'a mélangée et façonnée elle sera à lui aussi. En même temps la femelle oankali attend un enfant mâle des mêmes parents, la fille de Lilith et le fils de l'Oankali femelle seront frère et sœur (B.I p. 413).

Plus tard dans le tome II, alors que Lilith est retournée sur terre et qu'elle a eu plusieurs enfants, le nouveau partenaire potentiel de Lilith, Tino, lui demande si les Oankali l'ont obligée à avoir des enfants.

L'un d'eux m'a surprise. Il m'a mise enceinte et me l'a annoncé après coup. Il a affirmé qu'il me donnait ce dont j'avais envie, mais que je ne me serais jamais autorisée à demander.
– Est-ce qu'il avait raison ?
– Oui, mais si moi, j'ai eu la force de ne pas demander, il aurait dû avoir la force de me laisser tranquille. (B.II p. 44.)

Les Oankali changent les Humains et les Humains changent les Oankali. La prochaine génération tout entière est composée de personnes génétiquement conçues, des façonnés, nés d'une mère oankali ou humaine.

Elle [Lilith] s'interrompit, balayant la grande pièce des yeux « Regardez les enfants présents ici, Tino. Regardez les façonnés adultes. Impossible de dire qui est né de qui. Mais vous constaterez que chacun d'entre eux a quelques traits humains... » (B.II p. 57)

C'est dans le tome II que nous avons un aperçu de la diversité d'aspect des enfants façonnés. Les tentacules semblent rester une constante. L'ensemble forme une véritable ménagerie aux yeux de l'Humain Tino qui les voit pour la première fois :

Des Humains ; des presque-Humains dotés de quelques tentacules sensoriels visibles ; des demi-Humains gris pourvus de membres aux jointures étranges et quelques tentacules sensoriels ; des Oankali dont les traits humains contrastaient de façon discordante avec leur apparence d'un autre monde ; des Oankali qui étaient peut-être en partie humains ; et des Oankali comme l'ooloi qui lui avait parlé, qui n'avait de toute évidence aucune trace d'humanité en lui. (B.II p. 64)

Le protagoniste principal de l'histoire est Akin, le fils de Lilith, de Joseph mort depuis 30 ans et de leur « famille » de trois Oankali. Akin est le premier enfant façonné mâle né d'une mère humaine. Il ressemble, avant sa métamorphose, à un Humain physiquement, à part sa langue qui est oankali et proche du tentacule ; s'il ferme la bouche on ne voit rien. Les autres enfants de Lilith sont des filles et ont plus de caractéristiques physiques oankali.

Le nombre d'enfants par famille est impressionnant, notamment on apprend que le couple humain Leah/Wray, avec leur trois partenaires oankali, ont eu neuf filles nées d'une mère humaine et onze enfants nés d'une Oankali (B.II p. 56).

Je remarque que les sujets autour de la maternité, de la femme enceinte, ou de l'extraterrestre enceinte, ou encore de l'accouchement, ne sont pas développés dans ce roman. Contrairement à la très sanglante autre histoire de Octavia E. Butler dans la nouvelle

« Bloodchild[1] ». Cette nouvelle reprend certaines idées de *Xenogenesis*, mais en plus brutal. Les extraterrestres, les Tlics, ont aussi une relation symbiotique ou devrais-je dire parasitaire avec les Humains. En effet, les Tlics ont besoin d'un hôte humain pour porter leurs œufs et pour les élever jusqu'à l'éclosion. Le protagoniste masculin de l'histoire, Gan, a été choisi pour être l'hôte d'une Tlic nommée T'Gatoi, avec laquelle il a grandi et avec laquelle il a eu une relation complexe et ambiguë. T'Gatoi est à la fois une amie, une figure maternelle et un parasite pour Gan. Gan sera enceint des enfants de l'extraterrestre. Je pense que cette nouvelle va elle-même engendrer « une naissance créative » dans mon travail prochainement. Dans le second roman de *Xenogenesis*, on apprend juste que la gestation avec un enfant façonné mâle était plus complexe, car le corps des femmes aurait eu tendance à rejeter l'embryon, d'où plus de caractéristiques humaines lors du mélange des gènes par l'ooloi pour pouvoir mener la grossesse à terme. On associe facilement ce rejet à une vision d'anomalies génétiques chez l'embryon.

Lilith est une mère, elle aime tous ses enfants même s'ils sont différents d'elle. Elle accepte la différence. Butler décrit des sentiments maternels très forts et très protecteurs. La « famille » composée de deux Humains et de trois Oankali garde les enfants et les protège comme le ferait une famille humaine. Chaque partenaire a son importance dans la cellule familiale.

Plastiquement, c'est ici le lien maternel avec les enfants nombreux façonnés qui m'a inspirée et qui a fait écho avec mon imaginaire. C'est essentiellement les œuvres de Käthe Kollwitz[2] que j'avais en tête avec la représentation de ses mains maternelles aimantes et de la protection maternelle des enfants[3]. La lithographie qui m'a le plus directement inspirée est celle qui se nomme *Les graines de semence ne doivent pas être moulues*[4], ainsi que sa sculpture *La Mère et ses deux enfants,* qui est une de mes sculptures préférées[5].

---

1 Butler (Octavia E.) : « Liens de sang » (« Bloodchild »), dans la Revue *Bifrost* n°108, 2022, pp. 66-87.

2 Fritsch & al. : *Käthe Kollwitz - Schmerz und schuld – Eine motivgeschichtliche betrachtung*, p. 176, p. 180, p. 184, p. 18§7 et p. 209.

3 Käthe Kolwitz (1867-1945), *Les mères*, gravure dur bois, 1922
https://commons.wikimedia.org/wiki/File:%22Die_M%C3%BCtter%22_-_K%C3%A4the_Kollwitz_;_Felsing_(printer)._LCCN2009630850.jpg#/media/Fichier:"Die_Mütter"_-_Käthe_Kollwitz_;_Felsing_(printer)._LCCN2009630850.jpg [Consulté 21/03/2022]

4 Käthe Kollwitz, *Les graines de semence ne doivent pas être moulues*, 1941, lithographie au crayon, https://www.kollwitz.de/fr/graines-de-semence [Consulté 21/03/2022]

5 Kollwitz Käthe, *La Mère et ses deux enfants*, 1932-1936, bronze : https://www.kollwitz.de/fr/mere-avec-deux-enfants-sculpture [Consulté 21/03/2022]

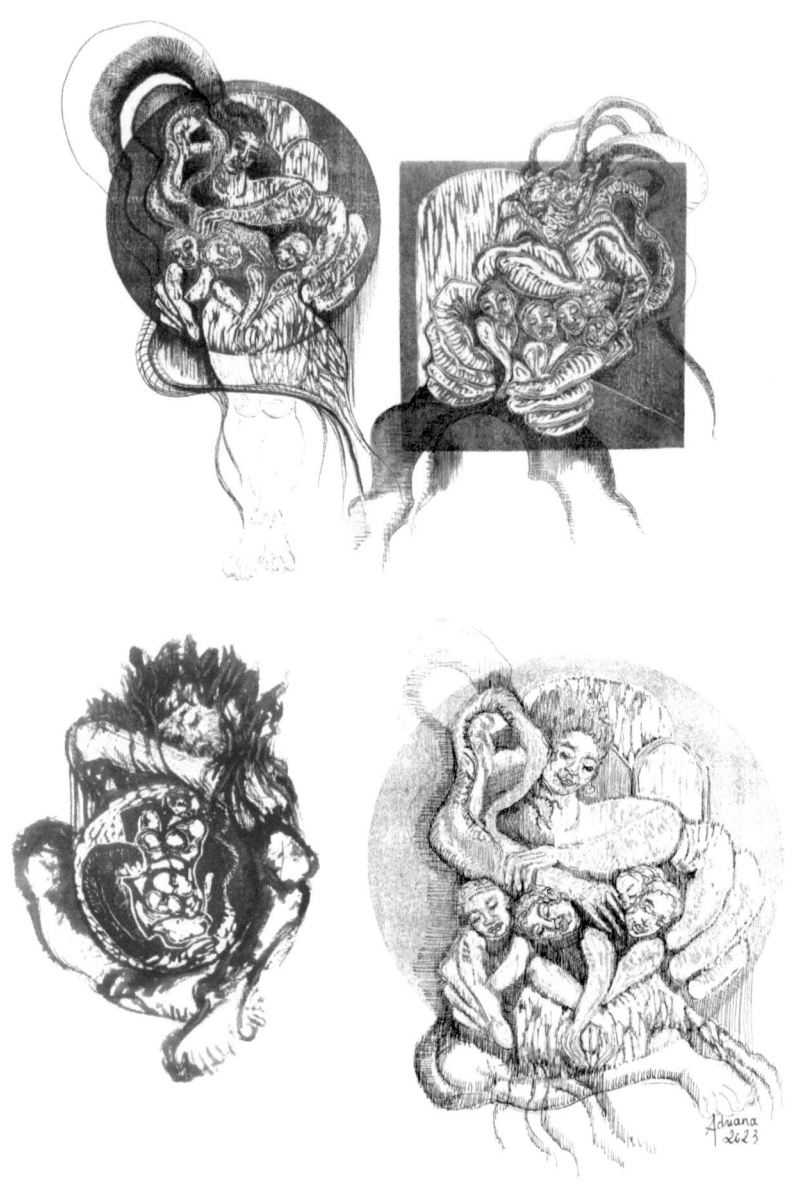

Œuvres personnelles mère et enfants façonnés

Pour conclure

Ce roman d'Octavia E. Butler a eu un très grand impact sur moi, tant sur le plan intellectuel que sur le plan plastique. Il contient en son sein beaucoup d'éléments qui rebondissent sur ma propre psyché. Les créations présentées et étudiées dans ce texte sont nées autour des relations sexuelles entre les humains et les extraterrestres. La tension sexuelle est omniprésente dans ce roman, c'est elle que nous avons étudiée ici, mais ce n'est qu'une des facettes de ce roman très riche.

La tension sexuelle est accentuée par la façon dont Octavia Butler mène la description des extraterrestres. On avance pas à pas, élément par élément, avec des détails très précis parfois, le tout laisse planer un certain mystère, un certain flou. Les Oankali semblent avoir une multitude possible d'organes « extra-normaux » qui sont autant de « portes d'entrée » pour des fantasmes érotiques humains. La métamorphose des ooloi enfants vers les ooloi adultes sexués est aussi très énigmatique. Le troisième sexe oankali n'a rien de neutre, c'est un troisième sexe totalement différent, lui aussi offrant une large place aux fantasmes. Malgré les nombreuses descriptions, les Oankali ne sont jamais dévoilés dans leur totalité. Les combinaisons de relations sexuelles entre les extraterrestres Oankali et les Humains sont multiples que ce soit en contact physique ou en contact psychique. Il reste une part d'ombre propice à l'imaginaire de la lectrice-créatrice que je suis.

Le fait que ce soit une femme qui a écrit ce roman est important pour moi. Par petites touches, on remarque que l'auteure représente le sexe et la sexualité autrement. Nous avons vu que les ooloi s'intéressent au plaisir chez les êtres vivants qu'ils touchent. L'expérience du plaisir vue par l'héroïne est décrite plus subtilement, ou même on pourrait dire décrite tout court. La stimulation neurale des ooloi donne à réfléchir sur les liens entre le corps et l'esprit, si complexe lorsqu'il est question de sexualité. Il y a aussi une réflexion – comme souvent dans les livres de Butler – sur les dominations et le consentement lors de l'acte sexuel notamment. Il n'y a pas de réponses claires, plutôt de nombreuses interrogations.

Ce roman nous invite à examiner ce qui définit notre humanité, d'un point de vue philosophique et biologique. Les limites physiques et évolutives de l'espèce humaine, du vivant, de la symbiose, de l'adaptation... sont interrogées.

Je ne pense pas avoir approché tous les thèmes que ce livre soulève. Il reste encore beaucoup de portes d'entrée à la créativité... Les remous que ce roman a suscités n'en sont qu'à leurs débuts plastiques pour moi. C'est cette ouverture déjà foisonnante que j'ai pu partager avec vous ici.

Bibliographie

Bernardi (Claire) : sous la dir. : *Edvard Munch (1863-1944) - Un poème de vie, d'amour et de mort*, catalogue de l'exposition au Musée d'Orsay, RMNGP & Musée d'Orsay, Paris, 2022.

Butler (Octavia E.) : *L'aube*, Au diable vauvert [1987], Paris 2022.

Butler (Octavia E.) : *L'initiation*, Au diable vauvert [1988], Paris 2023.

Butler (Octavia E.) : « Liens de sang [Bloodchild] », dans la Revue - *Bifrost* – n°108, 2022, pp.66-87.

Clair (Jean) : *Méduse - Contribution à une anthropologie des arts du visuel*, Gallimard, 1989.

Ernst (Max) : *Ecritures*, Gallimard, Paris, 1970.

Fischer Hannelore et Knesebeck (Von dem Alexandra) : *Käthe Kollwitz- Je veux agir dans ce temps*, Catalogue d'exposition, Musées Strasbourg, 2019.

Fritsch (Dr. Gudrun), Fritsch (Martin) et Seeler (Annette) : *Käthe Kollwitz - Schmerz und schuld – Eine motivgeschichtliche betrachtung*, Berlin, Käthe Kollwitz Museum, Gebr, Mann Verlag, Berlin 1995.

Kristeva (Julia) : *Visions capitales. Arts et rituels de la décapitation*, Fayard & de la Martinière, Paris, 2013.

Noël (Fania) : « Postface - Être *woke* avec Octavia Butler », dans *L'aube*, Au diable vauvert [1987], Paris 2022, pp. 417-423.

Noorbergen (Christian), Gagneux (Dominique), Lascault (Gilbert) : *Alfred Kubin (1877-1959)*, Catalogue de l'exposition du centre d'art contemporain Abbaye d'Auberive, 2010.

Sites Internet consultés pour les artistes cités dans le texte

Bernard Valère (1860-1936) : https://www.latribunedelart.com/spip.php?page=docbig&id_document=35086&id_article=7347 https://monsterbrains.blogspot.com/2013/09/valere-bernard.html [Consultés 03/07/2023]

Boleslow Biegas (1877-1954) : https://elisandre-librairie-oeuvre-au-noir.blogspot.com/2015/03/les-vampires-de-boleslas-biegas.html (consulté 25 mai 2023)

Cellini Benvenuto (1500-1571) : https://commons.wikimedia.org/wiki/File:Perseus_Cellini_Loggia_dei_Lanzi_2005_09_13.jpg#/media/Fichier:Perseus_Cellini_Loggia_dei_Lanzi_2005_09_13.jpg [Consulté 12/09/2023]

Collier John (1850-1934) : https://commons.wikimedia.org/wiki/File:Lilith_(John_Collier_painting).jpg [Consulté 15/10/2023]

Eugène Delacroix (1798-1863), *La Mort de Sardanapale*, 1827, huile sur toile, Musée du Louvre, Paris :
https://commons.wikimedia.org/wiki/File:Eug%C3%A8ne_Delacroix_-_The_Death_of_Sardanapalus_-_WGA6173.jpg#/media/Fichier:Eugène_Delacroix_-_The_Death_of_Sardanapalus_-_WGA6173.jpg [Consulté 14/09/2023]

Dante Gabriel Rossetti (1866–1873), *Lady Lilith*, peinture à l'huile, Delaware Art Museum : https://commons.wikimedia.org/wiki/File:Lady-Lilith.jpg#/media/Fichier:Lady-Lilith.jpg [Consulté 15/10/2023]

Dürer Albrecht (1471-1528) :
https://commons.wikimedia.org/wiki/File:Albrecht_D%C3%BCrer,_Adam_and_Eve,_1504,_Engraving.jpg#/media/Fichier:Albrecht_Dürer,_Adam_and_Eve,_1504,_Engraving.jpg [Consulté 13/09/2023]

Ernst Max (1891-1976) :
https://fr.wikipedia.org/wiki/L%27%C3%89l%C3%A9phant_de_C%C3%A9l%C3%A8bes [Consulté 13/07/2023]

Giger H.R. (1940-2014) :
https://alienexplorations.blogspot.com/1981/03/gigers-anima-mia-inspired-by-max-ernsts.html [Consulté 13/07/2023]

Grien Hans Baldung (1484 -1545) :
https://upload.wikimedia.org/wikipedia/commons/4/4e/Adam_and_Eve_MET_DP826516.jpg [Consulté 13/09/2023]
https://upload.wikimedia.org/wikipedia/commons/d/d7/Notre-Dame_de_Paris_-_Portail_de_la_Vierge_-_d%C3%A9tail_01.jpg [Consulté 13/09/2023]

Hokusaï Katsushika (1760-1849) :
https://commons.wikimedia.org/wiki/File:Tako_to_ama_retouched.jpg [Consulté 14/07/2023]

Kolwitz Käthe (1867-1945) :
https://commons.wikimedia.org/wiki/File:%22Die_M%C3%BCtter%22_-_K%C3%A4the_Kollwitz_;_Felsing_(printer)._LCCN2009630850.jpg#/media/Fichier:"Die_Mütter"_-_Käthe_Kollwitz_;_Felsing_(printer)._LCCN2009630850.jpg [Consulté 21/03/2022]
https://www.kollwitz.de/fr/graines-de-semence [Consulté 21/03/2022]
https://www.kollwitz.de/fr/mere-avec-deux-enfants-sculpture [Consulté 21/03/2022]

Kubin Alfred (1877-1959) :
http://www.diptyqueparis-memento.com/fr/main-de-lame/ [Consulté 25/03/ 2023]

Luini Bernardino (v. 1480-1532) : https://collections.louvre.fr/ark:/53355/cl010062246 [Consulté 10/08/2023]

Partie 5

Expériences créatrices

Rencontres littéraires

Paroles d'écrivains[1]

Discussion avec Joëlle Wintrebert, Saul Pandelakis, Audrey Pleynet et Christophe Siébert

Introduction

La science-fiction nous offre un terrain d'expérimentation, un espace dans lequel nous pouvons réaliser nos désirs les plus osés. Elle nous met aussi en garde contre les excès dans certaines idées et certaines pratiques. Dans tous les cas, qu'elle occupe une place centrale dans la narration ou qu'elle serve de procédé pour aborder un aspect particulier dans une société imaginaire, la sexualité attire toujours l'attention des lecteurs. Comment inscrire alors le sexe, la sexualité et les relations sexuelles dans le texte littéraire ? Vaut-il mieux montrer ou omettre les détails ? Transgresser les frontières de ce qui est traditionnellement acceptable ou rester prudents et corrects vis-à-vis de la société actuelle ? Souhaitant obtenir des réponses à ces questions, nous avons interrogé quatre écrivains français dont les œuvres de science-fiction jouent avec la sexualité. Nous remercions Joëlle Wintrebert, Saul Pandelakis, Audrey Pleynet et Christophe Siébert, d'avoir répondu à nos questions sur leur pratique d'écriture et leur vision de la sexualité dans la science-fiction[2].

---

1 Cette interview croisée est l'adaptation de la table ronde avec les écrivains qui a eu lieu lors du colloque « Sexe, sexualité et relations sexuelles dans la science-fiction » en avril 2023, animée par Luba Jurgenson, écrivaine et professeur de la littérature à Sorbonne Université.

2 Des œuvres de Jöelle Wintrebert et de Christophe Siébert font partie du corpus analysé dans ce volume. Frédéric Guignard « SF féminine francophone et reconfiguration genrée : ambivalences de la stratégie érotique », pp. 189-202 ; Manon Barret « Nouveau paradigme reproductif, nouvelles normes sexuelles ?, pp. 203-214 ; Clément Pelissier « Conquêtes et destructions: du pouvoir sexuel aux orgasmes mystiques dans les romans de Christophe Siébert », pp. 127-139.

Comment en êtes-vous venus à la science-fiction ? Pourquoi êtes-vous allés vers ces mondes totalement imaginaires ?

Joëlle Wintrebert : J'ai découvert la science-fiction assez tardivement par rapport à beaucoup de mes petits camarades, puisque j'ai été initiée à l'âge de 18 ans. Je connaissais les grands anciens, évidemment, Orwell, Jules Verne, Wells. Je lisais beaucoup de fantastique, et Lovecraft, aussi, un auteur complètement charnière entre les deux genres. À l'université, j'ai baigné dans le surréalisme et les poètes symbolistes. J'écrivais un peu de poésie, comme beaucoup d'auteurs à leurs débuts. Et puis, j'ai été initiée directement aux grands textes par une amie qui était plus âgée que moi et qui avait une bibliothèque extraordinaire. Et j'ai plongé dedans. J'avais une idée d'écriture de résistance à l'époque. Et en lisant ces grands romans, je me suis dit : « c'est vraiment le genre où il faut s'exprimer ». Pour moi, la science-fiction, c'est toujours une métaphore du présent, qui permet, à partir du monde dans lequel on vit, de faire un pas de côté pour éclairer les dérives qui nous insupportent. Et puis, c'est un genre où on a une liberté totale par rapport à la langue, puisque, à part en poésie peut-être, on n'a pas cette possibilité (et c'est même presque mieux qu'en poésie) de jouer avec des néologismes, de créer des mots en plus d'une faune et d'une flore... Enfin vraiment de jouer d'une façon extraordinaire avec la langue et, venant de la poésie, du surréalisme, etc., ça me paraissait une voie royale pour s'exprimer. Voilà comment j'ai commencé à en écrire. Après avoir été rédactrice en chef d'*Horizons du fantastique*, qui était une revue de fantastique et SF, et avoir découvert le microcosme... enfin, tous les acteurs du genre... quand on a su que j'écrivais, on me disait : « mais pourquoi tu n'écris pas de la SF ? » Je me suis dit, après tout, pourquoi pas ? Et je me suis lancée, alors que j'avais une formation de littéraire et que je ne me sentais pas tout à fait autorisée au départ. Et puis, ben voilà, il faut y aller. Quand on est passionnés par quelque chose, quoi que ce soit, il faut se lancer. Et c'est ce que j'ai fait. Voilà comment j'ai commencé à écrire de la science-fiction. Des nouvelles, d'abord, puis un premier roman de SF.

Saul Pandelakis : Je n'écris pas de la SF depuis longtemps. J'ai commencé à écrire le roman dont deux extraits sont publiés ici[1] en 2019. Donc en fait, au fond, c'est très récent. Après, j'avais l'idée depuis longtemps. Au début je ne savais pas quoi répondre à cette question « pourquoi la SF ? ». Ça me paraissait évident. Déjà parce que j'adore les thèmes des romans, des thèmes de SF qui me fascinent,

---

1 *La Séquence Aardtman*, p. 439 de cet ouvrage.

qui me passionnent sur plein de plans, y compris en dehors de la SF, notamment la possibilité des robots, d'une incarnation des intelligences artificielles... Ça, c'est vraiment ultra passionnant pour moi. C'est une chose que j'ai approchée par la recherche, avant de l'approcher par la fiction. Le premier contact, ça me fascine. Enfin, vraiment. Les espèces de grands axes très archétypaux de la SF sont super, je trouve. Et quand on pense les avoir épuisés, en fait pas du tout : c'est très très riche. Et une autre raison, je pense, c'est que j'ai été formé en design et le design, comme discipline, repose quand même sur la pratique du projet, qui est une pratique spéculative qui consiste à observer les usages existants et à se dire : « et si je faisais ci ? Et si je faisais ça ? » Donc le cerveau est déjà très câblé sur ce mode spéculatif, quand on fait du design. Et du coup, je ne me vois pas écrire une littérature, dans laquelle il n'y aurait pas la possibilité d'autres systèmes, d'autres objets, même s'ils sont très proches. Même si c'est une bouteille... une gourde connectée, que sais-je. Donc, « est-ce que tu vas écrire de la blanche ? » Je suis incapable de répondre à cette question. J'ai l'impression que si oui, ce sera spéculatif, ou que ça m'est impossible parce que, de toute façon, je vais me dire : « et si.. ? » Je vais donc le placer dans une forme de condition de possibilité.

Audrey Pleynet : Pour ma part, moi c'est un peu le chemin inverse que j'ai dû faire. J'avais des parents lecteurs de SF. Premières lectures de SF qui m'ont mis très tôt (trop tôt, peut-être) certains livres dans les mains. J'ai lu *Malevil* de Robert Merle à dix ans. Ce n'est pas une bonne idée, je vous le dis tout de suite. J'ai lu *Ravage* de Barjavel et tous les Barjavel à dix ans. Vraiment pas une bonne idée non plus. C'était un peu trop tôt et je n'avais pas du tout l'idée que ça pouvait être un genre particulier. C'était les livres qu'il y avait chez moi, et même dans les auteurs classiques, c'était l'imaginaire qu'il pouvait y avoir dans *Le Portrait de Dorian Gray* ou *La Peau de chagrin* ou *Le Horla* de Maupassant. Dans tous les cas, il n'y avait pas cette frontière entre les grands auteurs classiques, qui écrivent de la blanche, et, ensuite, la littérature de genre et d'imaginaire. Il y avait quand même toujours cette présence de la science-fiction, mais avec quand même l'orientation (comme *Malevil* peut l'être) du côté – on ne disait pas « post-apo », à l'époque, parce que c'était présenté comme une robinsonnade – mais de réimaginer des sociétés qui se réorganiseraient, suite à un cataclysme, ou après une grande rupture, on va dire, avec notre civilisation. Donc, une approche plutôt politique de réorganisation des rôles, des modèles sociaux. Ça, c'est resté assez longtemps. Et c'est après, en fait, que j'ai déchanté, en découvrant que, autour de moi, tout le monde ne lisait pas de la SF, que dans les librairies, les bibliothèques c'était de tout petits rayons, quand il y en avait. Même après, quand j'ai commencé à en écrire, j'ai découvert que ce n'était pas du tout le genre qui était le plus édité, que la *fantasy* avait pris une plus grande part, et le fantastique. Donc, j'ai commencé un peu et j'ai au contraire découvert d'autres genres littéraires, en m'intéressant aux romans historiques, aux polars et à la blanche contemporaine. Mais ç'a été ma découverte. Donc, quand j'ai commencé à écrire, je n'imaginais pas vraiment écrire autre chose. Voilà, après peut-être d'autres genres littéraires m'attireront et j'écrirais dedans. Mais voilà, c'est un peu : je suis tombé dedans toute petite.

Christophe Siébert : Ma culture de lecteur s'est faite de façon assez sauvage puisqu'il n'y avait pas de livres chez mes parents. Donc j'ai vraiment commencé à lire beaucoup en bibliothèque, l'ancêtre des médiathèques. Et il se trouve que la bibliothèque où j'allais n'était pas classée par rayons. Du coup je découvrais les auteurs et les collections de façon complètement disparate et sans lien entre elles. Alors j'ai lu autant du polar que de la blanche ou de la SF, sans comprendre que ça correspondait à des genres. Et je crois que ça m'a pas mal construit en tant qu'auteur, parce qu'en réalité, notamment pour *Mertvecgorod*, j'ai écrit ce que j'avais à écrire, j'ai raconté mes histoires, mes personnages, de la façon qui me semblait appropriée par rapport aux idées que je voulais exprimer. Et je ne savais pas si c'était de la SF ou pas. Je crois que c'est devenu de la SF à partir du moment où les critiques et les blogueurs de SF ont trouvé que c'était un bon livre. À partir du moment où les Utopiales ont trouvé que c'était un livre qui correspondait à leur festival. Au fond, ça devient de la SF parce que les lecteurs ont décidé que c'était de la SF, je pense. Si c'étaient les lecteurs de polar qui m'avaient vu en premier, je pense que ça aurait été du polar. Si ç'avait été, par manque de chance, *Télérama*, ç'aurait été de la blanche. Par ailleurs, j'ai découvert l'existence d'un sous-genre qui s'appelle « l'anticipation sociale » et qui est assez fourre-tout pour y ranger Ballard, Palahniuk, etc. Et je crois que si on devait définir un genre dans lequel je me sens à l'aise, ce serait celui-là. C'est-à-dire quelque chose qui prend certains oripeaux, certaines apparences de la littérature générale (description d'un milieu, des rapports entre les gens), mais pour y glisser des trucs... des trucs bizarres. Typiquement ce que fait Ballard. Il écrit des bouquins de littérature blanche, sauf que rien n'est normal. Mais voilà, je ne savais pas que mes livres étaient de la SF : c'est le public qui me l'a dit.

Lorsqu'on réfère dans un texte littéraire à un univers qui existe déjà, l'enjeu, ce sera de faire voir cet univers différemment, de le montrer d'une manière telle que personne ne l'a encore jamais vu. C'est ce qu'on appelle, dans la théorie littéraire, la « défamiliarisation ». Dans votre cas, c'est un peu l'inverse qu'il faut faire. C'est-à-dire qu'il faut apprivoiser les choses de cet univers qui nous sont totalement étrangères. C'est un peu l'inverse de la « défamiliarisation ». Comment procédez-vous pour présenter vos univers ?

Christophe Siébert : Dans ma pratique d'écriture, je ne suis pas sûr qu'il y ait une différence de nature entre des mondes imaginaires de type science-fiction et le monde réel tel que je pourrais en parler dans mes fictions. Parce qu'en fait il y a au départ un monde imaginaire (littéralement, c'est-à-dire quelque chose que j'imagine), et il va y avoir un décalage plus ou moins important avec le monde tel que le lecteur l'imagine ou tel qu'il se déroule dans la rue. C'est-à-dire que pour moi le Paris de Léo Malet, le Marseille de Jean-Claude Izzo ou le Los Angeles de James Ellroy ne sont pas par nature différents d'une planète de *Star Wars*. C'est juste un décalage quantitativement plus ou moins important. Donc je ne pense pas qu'on réfléchisse les choses si différemment, en fait. En tout cas moi je ne les réfléchis pas si différemment. J'ai un monde en tête, et je vais effectivement faire ce travail de le rendre accessible et lisible au lecteur. Mais que ce soit une ville imaginaire, notre planète, un plan spirituel ou la rue en bas de chez moi, c'est pareil puisque tant que je ne l'ai pas décrit il n'existe pas dans le regard du lecteur. C'est mon travail de le rendre intelligible et comme vous disiez de le rendre suffisamment marquant, intéressant et d'en faire le reflet du point de vue d'un individu pour qu'il ait un intérêt littéraire.

Joëlle Wintrebert : C'est la question de la description, en fait. Les auteurs que j'apprécie ne font jamais de descriptions à la Balzac. C'est-à-dire, ils ne vont jamais dire à leur lecteur : « Bon alors voilà, le monde, il est comme ça, comme ça, comme ça... Et puis mes personnages sont comme ça, comme ça, comme ça, et ma faune, et la flore, etc. » C'est une leçon que j'avais apprise d'un auteur qui est bien oublié maintenant, qui s'appelle Stefan Wul, et qui avait un art de la description absolument extraordinaire. Je vous invite à lire par exemple, si vous ne le connaissez pas, *Piège sur Zarkass* : tous les éléments sur le monde et sur les indigènes de ce monde sont extrêmement différents des humains qui se trouvent dans ce monde, et qu'ils côtoient. On les voit marcher dans la jungle et, au fur et à mesure de cette avancée dans la jungle, un autochtone dont la peau mue commence à s'éplucher. Et donc, tous les éléments sur ce monde, qui est un monde extrêmement différent du nôtre, sont apportés comme ça, par petites touches. Enfin, je ne sais pas pour vous, mais on procède beaucoup par association d'idées. C'est extrêmement rare que l'on connaisse de A jusqu'à Z le contenu d'un livre avant de l'écrire. Ou alors ça ne nous amuse plus. On doit réussir à se surprendre nous-mêmes, si on veut surprendre le lecteur. Donc, évidemment, le monde va se construire au fur et à mesure.

Audrey Pleynet : Enfin, pour moi c'est également lié aux personnages, avant tout. Je pense d'abord aux personnages plutôt qu'au monde et à ce que je veux lui faire vivre comme intrigue, comme aventure, mais aussi comme restriction, comme problématique, comme enjeu, comme épreuve, etc. Et c'est aussi un peu lié au point de vue de la narration. Par exemple, l'extrait publié dans ce volume[1] est dans le point de vue interne profond de mon personnage. Ça se passe sur une station spatiale dans plus de 10 000 ans, et mon personnage raconte sa vie, c'est son quotidien. Elle ne va pas décrire l'espèce extraterrestre face à elle en disant : « il était comme ci, il était comme ça », parce qu'elle se parle à elle-même quasiment, parce que c'est un récit un peu autobiographique. C'est comme si, aujourd'hui, je me parlais à moi-même, je ne dirais pas : « Ah, mon chat vient d'entrer dans ma salle de bain. Il ressemblait à ça, il avait quatre pattes, etc. » C'est le quotidien. Ça dépend aussi du point de vue qui est choisi pour le récit. On ne va pas aller dans de grandes descriptions. On pourrait faire bien sûr comme Ursula K. Le Guin dans *La Main gauche de la nuit,* où un personnage extérieur arrive sur une planète, et a un point de vue anthropologique. Il découvre et donc il décrit ce qui est quasiment un journal d'exploration (c'est un ambassadeur en l'occurrence). Et là il va vraiment décrire les différentes normes sociales, etc., parce qu'il les découvre. Mais si un personnage est vraiment interne dans son récit et dans sa vie... Ce qui est rigolo, c'est justement de dire : « Est-ce que je décris totalement ? Qu'est-ce qu'il va voir ? Qu'est-ce qu'il va noter ? » Parce qu'il peut y avoir, effectivement, un extraterrestre qui fait sa mue, alors que ce n'était peut-être pas prévu et, à ce moment-là, le lecteur fait : « Ah OK, très bien ! » Mais, voilà, c'était plutôt dans le point de vue du personnage, en fait, c'est lui qui porte le regard sur le monde qu'on a construit. Et qu'on n'est donc pas obligé de construire entièrement, puisqu'on ne va pas le décrire entièrement. Le monde se construit aussi des moments où parfois, en écrivant, je me dis : « Ah, alors là, je pense que ça il faut que j'aille le potasser ». Et on va potasser... On va faire dix pages de recherches, parce qu'on a eu besoin, sur un moment, de dire : « Là, si je veux aller plus loin, il va falloir un peu que je repense mon truc... Est-ce que ça marche ? Est-ce que ça fonctionne ? » Et on revient au récit. On fait des allers-retours.

---

1 *Rossignol*, p. 435.

Saul Pandelakis : Je me disais que ce qui est important, pour moi en tout cas, c'est que le *worldbuilding* ne se fasse pas complètement *a priori*. Même si c'est toujours bien d'avoir des fiches, des documents... Enfin, après chacun a sa méthode de travail. Mais moi je ne peux pas travailler comme ça. Et là, ça aussi ça vient du design. Et, d'ailleurs, quand j'ai fait ma maîtrise à l'EHESS, j'étais sous la direction de Jacques Aumont, qui m'avait relu et qui m'avait dit : « Mais c'est drôle, comme vous écrivez... on dirait que vous pensez en écrivant. Les idées vous viennent, alors même que vous êtes en train d'écrire. Tout le monde ne fait pas ça. » Voilà. Normalement, on ne fait pas ça, en recherche. Mais du coup, ça m'avait été vraiment très précieux et je l'ai toujours gardé. Et, maintenant, je me dis que c'est justement comme ça que je procède. Et c'est aussi une question d'échelle. C'est-à-dire que je ne peux pas faire de *worldbuilding a priori*, parce que j'ai besoin de partir des plus petits éléments. Par exemple, je suis assis à cette table avec mon gobelet, je suis entouré de quatre personnes... Et donc, qu'est-ce qui se passe ? Quelles sont les limites ? Quelles sont les contraintes ? Est-ce qu'il y a un accident ? Est-ce que tout se passe normalement ? Et à partir de là, par une espèce de déduction, mais interne, en dialogue avec moi-même, je construis par itération mon univers. Et ça, pour moi, c'est vraiment un truc de méthodologie qui, aujourd'hui, est très identifié comme venant ou du design, ou du web design, ou même des technologies. Enfin, l'itération, comme en informatique. Et moi, ça me sert beaucoup. Après, peut-être qu'à un moment donné, j'en aurai marre de faire comme ça et j'écrirai dix volumes de recherches avant d'écrire une ligne. Je ne sais pas. La vie télescope la fiction énormément aussi. Il y a des choses que j'avais prévu d'écrire, notamment des choses assez émotionnelles, assez lourdes... Et il se passe un truc soit super génial qui fait déraper ailleurs, soit au contraire un truc qui était exactement ce que j'allais décrire. Et du coup, ça nous emmène complètement. Ça change l'histoire. C'est troublant.

Ce qui détermine un univers diégétique ce sont aussi, et peut-être en premier lieu, les normes qui sont pratiquées dans ces univers. Comment construire ces normes dans un univers qui a priori peut être totalement libre et anormé ?

Christophe Siébert : Je n'ai pas grand-chose à en dire, je crois. Enfin, je ne suis pas sûr que mes textes interrogent les normes. Je pense que le rapport à la norme est une sorte de dialogue entre soi et soi, ou entre soi et la collectivité dans laquelle on vit. Et je pense que les bons textes – en tout cas, les textes que j'aime lire et ceux que j'essaie d'écrire

– ne vont pas forcément donner des exemples de transgression ou de conformisme relatifs à une norme, pas plus qu'ils ne critiqueront cette norme, mais vont plutôt poser des situations qui seront ambiguës, forcément ambiguës et proposeront aux lecteurs les outils pour interroger leur propre norme. Quand j'écris mes trucs, j'ai une position morale par rapport aux actions des personnages, par rapport au monde qui les entoure, par rapport aux conséquences de leurs actes, par rapport à tout ça. Mais il est possible , si mon dispositif fonctionne, que les lecteurs aient une position morale tout à fait différente. Et c'est en ce sens que je ne pense pas que ce soit le texte qui interroge la norme, mais bel et bien le lecteur *via* le texte. Le texte doit être une espèce de terrain de jeu, doit être neutre moralement, si on veut. Même si l'auteur ne l'est jamais. La question, c'est de donner la possibilité de s'emparer du truc et de continuer la réflexion amorcée dans le roman, en fait.

Joëlle Wintrebert : Je ne pense pas qu'on parte dans l'écriture d'un roman avec l'idée de transgresser. Je ne pense pas que ça se passe comme ça. Je crois qu'on a envie de faire un pas de côté, et de montrer une construction différente de celle qu'on connaît. Justement pour provoquer cette interrogation, éventuelle, de nos lecteurs. Quand je me suis mise à écrire *Pollen*, mon idée, c'était : qu'est-ce que ça pourrait être une cellule familiale complètement différente, sans le poids de la naissance et de la filiation avec un père et une mère ? Est-ce que ça pourrait être un trio de deux filles et un garçon (puisque je l'avais inscrit dès le départ : je voulais montrer un monde déséquilibré avec plus de femmes que d'hommes) ? Et qu'est-ce que ça pourrait donner, cette cellule fusionnelle qui serait une nouvelle cellule familiale ? Donc des jumeaux, même si on a deux jumelles et un jumeau. Voilà, c'est plutôt comme ça en fait. Ensuite, on confronte : est-ce que sur le bouclier qui protège ma planète on a une famille nucléaire qui est le reflet de celle que nous connaissons ? Qu'est-ce que ça peut être la confrontation avec cette cellule, ma triade, où ça marche beaucoup sur la fusion, l'amour ? Et puis, qu'est-ce que ça peut être, quelque chose de beaucoup plus brutal ? On a ces deux facettes qui se confrontent et c'est ça qui devient intéressant.

Audrey Pleynet : Sur la question de la norme... C'est la réflexion qui arrive assez naturellement pour les textes où je suis partie d'une idée d'évolution de la science. Donc, moi j'ai travaillé sur la dérive des technologies de la communication, la dérive des réseaux sociaux, ce genre de chose. Et c'est vrai qu'à un moment, quand on dit : « Voilà, imaginons que cette technologie évolue... » Tout simplement, le progrès... Comment évoluerait le droit, par exemple ? N'évoluerait-il pas ? Arrivera-t-il à suivre le rythme ? Est-ce qu'il poserait de nouveaux interdits, de nouvelles possibilités, ou laisserait-il tomber, comme c'est le cas parfois ? Ou alors, même socialement, qu'est-ce qui serait redéfini comme acceptable et pas acceptable ? Par exemple, j'ai écrit une nouvelle qui s'appelle « La solitude des fantômes », où il y a deux choses : d'un côté, dans votre esprit, vous pouvez avoir accès à vos réseaux sociaux ; et de l'autre côté, vous pouvez mettre votre corps en pilote automatique pour qu'il se déplace à votre place, en gros. Et l'arrivée de ces technologies est venue du fait qu'il était devenu impensable pour les gens de s'ennuyer. C'est-à-dire que vous arrivez à un arrêt de bus, vous devez attendre cinq minutes... C'est une souffrance de ne pas avoir son smartphone dans la main à ce moment-là. Et on le voit, on le fait... Parce que, « mon Dieu, j'ai cinq minutes à attendre, que vais-je faire de ma vie ? » En plus, maintenant, ils ont les AirPods... Donc je suis allée sur cette technologie-là, en décrivant tout un monde où les gens se déplacent dans la vie en pilote automatique pour passer plus de temps dans leur tête, dans l'univers cybernétique, et où déranger quelqu'un pour lui demander son chemin est devenu un crime. Et ça, c'est l'une des nouvelles normes : qu'est-ce qui est acceptable comme interaction humaine ? On ne peut plus déranger, on ne peut plus empêcher quelqu'un d'aller sur ses réseaux sociaux. En fait, c'est ça : la technologie amène aussi cette nouvelle pensée au niveau du droit, mais au niveau social aussi, parce qu'il y a ce qui est dans la loi, et puis ce qui est socialement acceptable aussi. Mais encore une fois, ce sont des associations d'idées qui donnent tout ça.

Saul Pandelakis : Je trouve que la question des normes... C'est dur d'y répondre parce que, pour moi, il y a un peu deux questions en une. Il y a d'un côté les normes, c'est-à-dire l'ensemble de règles qui régit un monde et contre lequel les personnages du monde peuvent éventuellement se battre (ou non, d'ailleurs). Et après, il y a la question des normes que nous connaissons, qui sont des processus de normalisation. Est-ce que le roman ou la nouvelle fait quelque chose à ces normes dans le temps de l'écriture, ou le temps de la lecture ? Donc, il y a quasiment deux sujets. Moi j'aurais presque envie d'aller sur le deuxième dans le sens où je n'écris pas des mondes qui sont très différents du nôtre, où même quand c'est un monde où les robots sont quasiment aussi nombreux, sinon plus nombreux, que les humains, je ne me dis pas : « C'est un autre monde ». Je l'imagine vraiment dans la continuité du nôtre. Donc, là, il y a vraiment une relation spéculative, même si je ne crois pas que ça va arriver.

Effectivement, vous ne faites pas des œuvres dites « transitives ». Vous ne cherchez pas à agir directement sur le lecteur avec un parti pris, ni de transmettre un message immédiatement décodable. Mais si on parle de la subversion (et donc de la sexualité), on sait que le contrôle de la sexualité dans une société est une question politique. Vos textes montrent-ils comment les sociétés que vous imaginez contrôlent la sexualité et quelles sont les voies pour échapper à ce contrôle, pour le subvertir ou pour trouver des espaces de liberté en marge des normes posées par ces sociétés ?

Christophe Siébert : Je me rends compte en écoutant votre question que dans mes bouquins il y a très peu de sexualité neutre. Dans le sens où il y a très peu de personnages qui vont faire l'amour parce que ça répond à un désir du moment. Ça va forcément nourrir une narration qui mettra cette sexualité en jeu : soit sous une forme de rapport de pouvoir et de domination, soit sous une forme critique et émancipatrice. Mais, en tout cas, j'utilise assez peu la sexualité en tant que telle. Je ne sais plus à qui j'en parlais hier en dehors de cette salle, mais ce sont les films de Chabrol, qui n'ont pourtant pas grand-chose à voir ni avec le sexe ni avec la SF, qui m'ont appris ça. Chabrol met dans chacun de ses films une scène de bouffe, parce que les repas sont pour lui un révélateur social, un révélateur des personnages. Et mon usage de la sexualité, c'est souvent soit un révélateur psychologique, qui va éclairer ce que sont en vérité les personnages en dehors de leurs masques sociaux, soit un révélateur social. Par exemple, si je décris une société où les gens très riches peuvent s'adonner à la pédophilie sans avoir de réels problèmes, ça dit quelque chose, évidemment, du monde que je décris, mais ça parle aussi du monde réel, puisque ça va provoquer une réaction chez le lecteur qui lit les actualités, etc. Dans mes bouquins, vous n'avez pas de sexualité qui soit simplement décorative.

Joëlle Wintrebert : Dans certains des livres de John Varley[1], à commencer par sa série des Huit Mondes, où l'on change de sexe à volonté, il y a des « neutres » et ce sont justement les plus pervers. Le contrôle de la société sur le corps peut s'exercer, effectivement... En tout cas, moi, je l'ai mis en scène dans mes livres, notamment dans un livre qui s'appelle *Chromoville*, où la société fonctionne vraiment comme ça : avec le contrôle de la sexualité et l'obligation pour les femmes d'une certaine classe sociale à procréer, etc. J'ai exploité ce thème du contrôle politique des corps dès mon premier roman, *Les Olympiades truquées*.

---

1 Sur John Varley, voir, dans cet ouvrage le texte de Jérôme Goffette : « Les frissons du technosexe chez John Varley », pp.261-283.

Dans *Pollen* aussi, on a l'idée d'un contrôle qui est beaucoup plus obscur, beaucoup plus pervers, puisqu'il est ignoré de celles qui le subissent, dans la mesure où elles sont sélectionnées à leur insu pour aller procréer sur le bouclier alors qu'elles pensent être choisies par les guerriers. Mais tout contrôle implique des résistances.

Audrey Pleynet : Sur le côté de la sexualité purement récréative, pensez à *Monades urbaines* de Silverberg, où c'est un peu le piège, dans le livre. Ça m'avait beaucoup touchée, quand je l'avais lu (encore une fois beaucoup trop jeune) : l'humanité vit dans de grandes tours, avec un million d'habitants par tour, avec des villes organisées par étages, avec une sexualité qui est très libre, et où tout le monde s'envoie en l'air constamment et on ne refuse jamais un rapport. C'est mal vu et, en même temps, ce n'est pas courant de refuser. En fait c'est : « Voilà, croissez et multipliez ! » Il y a un côté reproductif, mais c'est très récréatif. Et ça me faisait penser un peu à cette question du sexe, en dehors d'une sphère politique. En fait, au fur et à mesure de la progression dans le livre, on se rend compte que l'un des personnages commence à s'interroger parce qu'elle est enceinte et doit changer de tour. Et puis, elle commence à avoir des réflexions un peu politiques sur le système. Et puis, à ce moment-là, il y a de jeunes hommes qui arrivent et la sollicitent pour une relation sexuelle. Et elle dit : « Non, attendez, je dois réfléchir une seconde, en fait ». Et là, finalement ce côté du sexe très libre et récréatif, cette grande liberté sexuelle est, en fait, un peu contrainte, quand même... Parce que ça occupe : une extase sexuelle permanente qui empêche de se poser et de réfléchir deux secondes. Finalement, à un niveau sociétal, c'était le sexe organisé comme contrôle. Alors, ça paraissait super fun comme principe de base d'une société, et puis le lecteur suit le fil de réflexion de ces personnages qui commencent à se dire que cette liberté sexuelle les empêche de faire d'autres choses aussi.

Saul Pandelakis : Ce qui m'intéresse là-dedans, c'est de montrer effectivement des normes au travail, mais surtout ce qu'elles font aux gens et comment elles affectent les corps différemment et selon les endroits et les positions sociales. C'est pour ça qu'à mon sens, plutôt que de subvertir, peut-être, ce qui compte, pour moi, c'est de préserver une multiplicité de points de vue. Sinon, j'écris un tract. Ce que je fais par ailleurs : j'écris un texte, je ne sais pas, j'écris un tweet.... Mais je n'écris pas un roman ou une nouvelle. L'idée c'est de préserver une forme de complexité, même s'il y a un positionnement politique : il ne s'agit pas de dire : « tout est dans tout, et tout se vaut », ce n'est pas ça. Mais, par contre, à l'intérieur de ces positionnements-là, il y a quand même la marge du jeu pour avoir des relations différentes à ces normes et les interroger. Je prends un exemple très court. Dans mon roman, il y a la question des poupées sexuelles, qui est vraiment une question qui m'intéresse énormément et sur laquelle j'ai bossé en recherche. J'ai trouvé important de ne pas les condamner et de ne pas les encenser non plus. C'est-à-dire de trouver une sorte de posture extrêmement complexe – et possiblement paradoxale – face à ça et de ne pas donner la réponse aux lecteur·ices. Sinon c'est autoritaire. Même si, moi, je pense que mon opinion se voit.

Est-ce qu'il vous arrive de vous dire : « Cette scène-là, je ne vais pas l'écrire, ça va être trop choquant » ? Enfin, de vous poser des limites ou de vous autocensurer ?

Joëlle Wintrebert : Aucune limite. En tout cas par rapport au propos que je suis en train de décliner. Ce qui a pu d'ailleurs déranger certaines de mes lectrices.

Christophe Siébert : La seule limite, c'est la vérité du texte. On écrit ce qu'on a à écrire. Le personnage va là où il doit aller et il n'y a pas de censure ou d'autocensure. De toute façon, le lecteur ne le lira pas, si c'est au-delà de ses capacités de lecture. Et ce n'est pas grave, il a le droit de sauter des pages ou de ne pas lire un livre. Et à l'inverse, si on commence à mettre quelque chose parce qu'on a envie que ça soit là à tout prix, parce que soit c'est décoratif, soit c'est subversif, soit ça va imposer une idée de l'auteur, là aussi c'est le signe qu'on fait fausse route. Mais s'il doit se passer des choses abominables dans un texte, parce que la logique qu'on a mise en place le réclame, elles vont se passer de toute façon.

Saul Pandelakis : La relation à ces choses abominables... Moi, quand même, je ne dirais pas que je n'ai pas de limites. Enfin, j'espère en avoir. Je pense que c'est bien d'en avoir. Après, on négocie avec ses limites et on peut éventuellement les redéfinir, les déplacer au fil de sa vie... Une chose qui est importante pour moi c'est que, oui, on peut être minorisé – c'est-à-dire que, je ne sais pas, les autrices, par exemple, sont femmes et elles sont dominées en tant qu'autrices dans un environnement patriarcal – mais moi aussi, je suis plutôt valide, je suis blanc... enfin, je peux créer des endroits de violence pour des lecteur·ices qui ne sont pas situé·es comme moi, en fait. Et il y a des endroits où je peux créer de l'autorité, où je peux reproduire des clichés. Donc, je fais gaffe, je me fais relire... Après, l'idée n'est pas, comme certains conservateurs et conservatrices voudraient le faire croire, d'aseptiser quoi que ce soit. C'est plutôt de se dire : « Comment on se positionne, y compris face aux choses horribles ? » Tu parlais de la pédophilie, tout à l'heure, pour revenir sur un débat récent, mais le problème n'a jamais été la pédophilie ou pas dans l'œuvre de Vivès, par exemple. C'est la relation à la chose, c'est le regard que l'auteur·ice crée sur la chose en général.

Pour rebondir sur ce que vient de dire Saul, est-ce que vous rencontrez du sexisme dans le milieu de la SF ?

Joëlle Wintrebert : En tout cas, je ne me reconnais pas dans l'idée de l'autrice dominée. La domination masculine existe, mais, moi, je peux te dire qu'en tant qu'autrice de science-fiction, je n'ai jamais ressenti ce poids. Voilà. C'est mon expérience personnelle. En revanche, ce sexisme, je l'ai vraiment ressenti en tant que journaliste. Alors là, vraiment. Mais à partir du moment où j'ai publié mon premier roman de SF et où j'ai baigné dans ce milieu-là, je n'ai jamais ressenti le poids que j'avais ressenti en tant que journaliste. Jamais, jamais, jamais. Il y avait quand même quelque chose de beaucoup plus tranquille dans la relation avec ces messieurs... Puisqu'il y avait surtout des messieurs, je suis d'accord, mais les femmes, en France, ne voulaient pas écrire de SF. Quand j'ai dirigé *Univers* pendant trois ans, un annuel qui était publié chez J'ai lu, je pleurais pour avoir des textes de femmes.

Audrey Pleynet : Non, pas sous une forme de violence, mais d'un peu de sexisme ordinaire parfois, quand même... On vous fait remarquer que : « Ah, vous êtes une femme, vous écrivez de la SF? Waouh! » Oui, oui, ça arrive encore... Voilà, c'est du sexisme bienveillant, ou le sexisme ordinaire... C'est ça. C'est plus des petites histoires, et ce n'est pas toujours sur le coup, mais après coup. C'est de se dire : « Est-ce que ce n'était pas du sexisme ordinaire ? » Donc, c'est compliqué à savoir. Et, sur le coup, on ne reconnaît pas toujours immédiatement, parce qu'on est aussi baigné là-dedans, c'est notre éducation... De plus, j'ai beaucoup parlé avec d'autres autrices d'autocensure. Des femmes qui disaient : « Je vais écrire de la fantasy ou du fantastique »... Mais pas la science-fiction, parce qu'elles ne se sentaient pas légitimes. Elles se sentaient pas légitimes d'y aller, ou se disaient : « Je ne maîtrise pas toute la science. Donc, comment je pourrais écrire de la science-fiction ? » Ou encore : « Je ne serai pas accueillie ». Et puis il peut y avoir des commentaires aussi de la part de lecteurs et lectrices aussi... Il n'y a pas un grand encouragement des gens qui te disent : « Ah, vous êtes une femme, vous écrivez de la SF ? Ah, non, mais je n'aime pas *Twilight* ! Je n'aime pas les histoires d'amour. – Mais, il n'y a pas d'histoire d'amour dans mon livre ! » Et aussi, voilà, on se fait imposer un genre, un certain type d'intrigue... « Que lisez-vous alors ? – Des choses sérieuses ! » Ok, alors ça je l'ai eu. Ce sont ces petites touches un peu qui dressent un tableau...

Christophe Siebert : Je l'observe en tant que témoin, je n'en suis évidemment pas victime, et j'espère que je n'en suis pas complice.

Comment gérez-vous l'écriture sur le rapport au corps et à la sexualité, qui est propre à chaque individu ? Comme on n'est plus dans une binarité, est-ce que vous pensez à la manière dont ça va être lu et perçu par des gens qui peuvent avoir, maintenant qu'on en a encore plus conscience, des sexualités différentes ?

Joëlle Wintrebert : J'ai écrit une nouvelle qui s'appelle « Survivre », qui met en scène un couple âgé. Lui est frappé par la maladie d'Alzheimer. Elle, elle est en train de le perdre complètement. Et parce qu'elle a vraiment beaucoup de moyens, elle décide de lui offrir un androïde semblable à elle quand elle était jeune, parce qu'il ne reconnaît plus sa femme vieillissante. Il reconnaît donc ce double de sa femme jeune, tisse des liens intimes avec l'ersatz, et sa vraie femme en arrive à avoir des pulsions de jalousie si terribles qu'elle va commander à son tour un androïde de lui jeune, nouer avec cet androïde des liens sexuels et puissants... sans réussir à se départir d'un processus de jalousie destructeur. Le point de vue, c'est celui de nous, humains, par rapport à la robotisation. Qu'est-ce que ça pourrait être un androïde, et avec qui ? Un *ghost* de la personnalité de la personne, qui approche donc de très près ce qu'était la personne plus jeune. C'est extrêmement différent de mettre en scène, comme l'a fait Saul, le point de vue du robot, et ce que peut être sa sexualité, etc. Là, c'est beaucoup plus difficile à mon avis, car ça demande une projection plus importante.

Christophe Siébert : Je peux fournir la réponse que je fournis souvent, en tant qu'éditeur de romans érotiques, à mes auteurs, parce qu'ils me posent parfois une question similaire. Je crois qu'une scène de sexe n'a aucun sens sans sous-texte ou apport d'informations, c'est-à-dire si on n'en ressort pas en sachant un truc sur l'histoire ou sur les personnages qu'on n'aurait pas pu savoir sans cette scène. Et d'autre part je crois qu'en fait, sur la question de la sexualité, quelle libido, quels fantasmes on devrait mettre en scène... La réponse est tout simplement : ni ceux qu'on prête – à tort ou à raison – aux lecteurs potentiels, ni les siens, mais ceux des personnages. Il suffit de faire comme pour n'importe quelle scène, c'est-à-dire une sorte de déplacement : une scène de nourriture, une scène de bagarre, une scène de cul... Quoi qu'il arrive, si on parvient à rester en phase avec la voix et la langue de son personnage, elle va être écrite comme elle doit être écrite. Et si on commence à se poser des questions de l'extérieur, il y a des chances qu'on la loupe.

Audrey Pleynet : C'est le personnage qui dicte et l'enjeu qu'il met, lui ou elle, dans la scène. Par exemple : l'enjeu de mon personnage est beaucoup plus quand elle rentre le lendemain chez elle, et se retrouve face à sa mère qui sait où elle a passé la nuit. Et elle, elle le sait, elles savent toutes les deux. Mais elles n'en parlent pas. Et c'est ça le moment qui est le plus important en fait, dans la scène de cul, parce qu'avant il n'y a pas plus d'enjeu, ça n'apporte pas une information supplémentaire. En revanche, il y a un enjeu qui se passe après.

Saul Pandelakis : J'aurais tendance à dire que, comme j'ai une écriture du quotidien – mais je ne sais pas si c'est un choix, c'est juste que je ne sais pas faire autrement – si je ne mets pas de sexe, alors soit ce sont des personnages qui n'ont pas de sexualité – c'est tout à fait possible – soit c'est que je choisis de ne pas la représenter. Alors pourquoi ? Ça veut dire que j'assigne une valeur différente à l'activité sexuelle dans la vie humaine et que je choisis de la rayer de ma description pour une raison ou pour une autre ? Parce que très souvent ce sont des personnages à l'échelle d'une journée, à l'échelle d'une semaine. Pourquoi j'enlèverais la sexualité ? À partir de là, elle est là. Après la question, c'est aussi la durée. Là vous avez la scène de sexe[1], dans la *Séquence*, il n'y en a pas de plus longue, mais il y a d'autres moments. Par exemple, j'ai beaucoup demandé à des amis ce qu'ils avaient pensé de cette scène de sexe et ils m'ont dit : « Ah non, pas tant que ça, mais après cette autre scène, j'ai trouvé ça super érotique, ça m'excitait incroyablement, etc. » Des moments que je n'avais pas forcément mis là pour ça, ni en me rendant compte de la charge sexuelle ou érotique. Donc à mon avis, il y a tout un truc à retricoter ici, je ne voudrais pas sabrer l'herbe sous le pied du colloque. Mais ça repose encore une fois sur la définition de ce qui est sexuel ou pas. Encore et toujours. Parce qu'où est-ce qu'on met la limite en réalité ? Si on la met quelque part.

Est-ce que pour vous c'est plus facile de décrire un corps et ses désirs qui ressemblent au vôtre, féminin pour un femme et masculin pour un homme, ou cela n'a pas importance ?

Christophe Siébert : Je peux aussi répondre en tant qu'éditeur, parce que je dirige une collection de romans érotiques. Selon que les manuscrits sont écrits par des hommes ou des femmes, je ne crois pas

---

1 Voir le texte dans cet ouvrage, p. 439.

qu'il y ait une différence profonde dans les histoires, les personnages ou disons, les idées et les émotions qui y sont véhiculées. Par contre, quand ils entrent dans le vif du sujet, effectivement, il y a des particularités ou des ressentis qui font qu'on peut vite comprendre si c'est un homme ou une femme qui a écrit le personnage féminin ou masculin. J'ai travaillé en tant qu'éditeur sur un bouquin et mon ancienne correctrice, qui était une femme, m'a fait remarquer qu'elle avait repéré que c'était un bouquin écrit par une femme parce que la question de la contraception était au cœur des scènes de cul. Donc oui, je pense qu'il y a des différences sur des détails auxquels on ne pense pas, juste parce qu'on est genré. Quand je commence à bosser sur un récit, à y réfléchir avant de commencer à l'écrire, je n'ai aucune idée de savoir si le personnage sera un homme ou une femme, ou quoi que ce soit d'autre. Et c'est *grosso modo* dans les premières phrases que l'identité se fixe.

Joëlle Wintrebert : Moi, je pense que l'écriture n'a pas de sexe, et donc que l'on peut parfaitement se projeter dans un personnage qui va être un héros masculin, en ce qui me concerne. Et je l'ai fait, d'ailleurs, dans certains de mes livres. Et j'imagine aussi pour des hommes. Et d'ailleurs, ç'a été fait : bien des hommes et bien des écrivains célèbres se sont projetés dans une femme avec succès. Donc, je crois que là tu parles d'un ressenti qui est quand même extrêmement intime, des rapports sexuels et des réactions sexuelles des hommes ou des femmes. Mais même à ce niveau-là, je pense que la projection est possible. Par exemple, j'ai écrit un roman historique qui se passe en Nouvelle-Calédonie : je n'y ai jamais mis les pieds. Il se trouve que les Calédoniens, les Caldoches qui ont lu mon livre, ne voulaient pas croire que je n'y étais pas allée. Ça veut dire qu'en tant qu'écrivain, on est capable de se projeter complètement dans des paysages qui existent et donc *a fortiori* dans des êtres. C'est ce que je pense, mais ça ne regarde que moi. Pour le genre des personnages, en général, je sais que ça va être une fille ou un garçon ou qui que ce soit d'autre. Ça ne m'arrive pas de changer le sexe. En revanche, changer l'écriture, passer d'un « il » à un « je », voire à un « tu »... ça, complètement. En cours d'écriture, tu t'aperçois que ça ne fonctionne pas et il faut changer le point de vue.

Saul Pandelakis : Je rejoins Joëlle sur cette idée. Enfin, c'est assez compliqué parce qu'aujourd'hui on parle aussi beaucoup de *ownvoice* et de l'idée qu'il est important pour les personnes concernées de parler de leur expérience. Ce que je soutiens, bien entendu. Et en même temps, l'écriture, c'est aussi se déplacer et créer des endroits d'étrangeté ou d'altérité, entre guillemets. Après, j'avoue que pour moi la question du corps féminin et du corps masculin, c'est une manière de poser les choses qui me semble trop générale, assez essentialiste : il n'y a pas *la* femme, il n'y a pas *l'*homme, il y a le spectre. Il y a autant de corps d'homme qu'il y a d'hommes, et de corps de femme qu'il y a de femmes. Il y a des hommes cisgenres et des femmes cisgenres, des femmes transgenres et des hommes transgenres et des personnes agenres. Il y a des personnes intersexes avec des tas de variations à l'intérieur de ce parapluie intersexe. Donc, l'idée de, peut-être, rebinariser ou de refabriquer l'idée qu'il y aurait une écriture féminine, une écriture masculine, moi ça ne me parle pas. Et, en plus, je trouve que ce sont des choses qui pourraient très facilement nous ramener à l'idée qu'il y aurait une identité parce qu'une anatomie. Une chose à laquelle je ne crois pas. Je ne peux pas y croire, je suis trans moi-même, donc ce n'est pas possible. Ceci étant dit, je pense qu'il y a des choses qu'on fait, dans le temps d'écriture, qui sont importantes et qui sont des choix. Et ça reboucle sur la question de la subversion. Le passage publié dans ce volume[1], je ne l'ai pas écrit en me disant : « Ouais, je vais être super subversif ! » Pas du tout. Par contre, je me suis dit, « Est-ce que je les écris, ces scènes de cul ? Ça sent le *kitsch,* et tout... ? Faut-il le faire ? » Et je me suis dit : « Si, on en a besoin ». Parce que si je n'en écris pas, ça veut dire que je considère que la sexualité est en dehors du quotidien. Et ça ne me va pas. Ce n'est pas ce que je crois. Je crois à des *continuums* entre la vie et la sexualité. C'est la première chose. La deuxième chose, c'est que c'est une femme trans-bot. On se dit : « Ah, ben, tiens c'est une robote, donc elle peut tout changer, elle peut changer des bras, des jambes... Si on lui a attribué un pénis à sa construction, elle peut prendre un vagin... Évidemment qu'elle veut ça puisqu'elle est trans ». Eh ben, évidemment que non. C'est une femme trans avec un pénis qui pénètre son copain avec son pénis de femme. Et ça, j'ai voulu l'écrire. Pas pour laisser imaginer un futur où les robots feraient ça. Mais parce que je sais qu'il y a des femmes trans dont c'est l'expérience, et qu'elles prennent des hormones et qu'elles ont envie de rester actives de cette manière dans leur sexualité. Et là, il y a un enjeu politique pour moi. Et s'il y a une subversion, éventuellement, elle est là. Puis, c'est intersectionnel tout ça. C'est-à-dire que, moi, ça m'arrive de me dire, je ne sais pas, « cette personne vient d'Iran ou se déplace en fauteuil mécanisé », avant de me dire quel genre. Il y a d'autres « éléments de marquage » − même si je n'aime pas trop le mot −, qui vont venir colorer ou venir sculpter l'épaisseur du personnage, je pense.

Audrey Pleynet : Moi, j'ai évacué la question. Après quelques débuts d'écriture où j'avais des personnages masculins et féminins, maintenant je n'écris que des personnages féminins parce qu'en science-fiction, il y a déjà beaucoup, beaucoup, beaucoup de personnages

---

1 Voir le texte dans cet ouvrage, p. 439.

principaux hommes et beaucoup d'auteurs hommes écrivent des personnages hommes, et beaucoup d'autres écrivent encore avec des personnages principaux masculins. Donc, je me suis dit que j'allais un peu faire la balance, en n'écrivant que des personnages féminins. Et dans mon prochain texte, c'est une humaine qui n'est pas vraiment totalement humaine. Il y a également, dans les femmes au pluriel, tout un spectre d'expériences et de vécus. Je peux me projeter dans des personnages féminins qui ont d'autres vécus de femme que le mien, heureusement. Je vais plutôt travailler là-dessus. Et puis, les personnages masculins sont encore bien écrits par les hommes, donc il n'y pas de souci.

Vous venez tous d'univers différents qui ne sont pas forcément liés à la science-fiction et, pour certains d'entre vous, vous continuez à conjuguer l'écriture avec une autre activité professionnelle[1]. Est-ce que cette autre activité, cette autre identité, influence votre écriture, comment arrive-t-on à se dissocier ?

Saul Pandelakis : En fait, il n'y a pas de problème parce que déjà je suis chercheur, mais la science-fiction n'est pas mon objet. D'ailleurs, quand j'ai choisi de travailler en thèse, j'ai volontairement choisi de ne pas travailler sur des films de SF parce que j'aimais trop ça, et que je savais que je m'en dégoûterais. Il y a forcément un moment où j'en aurais marre. Et je ne peux pas me dégoûter, j'aime trop ça, j'en ai trop besoin. Ça, c'est la première chose. Et ensuite, dans mon métier d'enseignant-chercheur que j'aime beaucoup au demeurant, j'étais aussi très malheureux. J'ai fait un *burn-out*, j'étais très très mal, mais ça a préparé les conditions pour l'écriture de ce roman. En fait, ce n'est pas que j'ai une face qui est auteur et l'autre enseignant-chercheur. Les deux cohabitent assez bien. Mais je crois que l'auteur fait du bien à l'enseignant-chercheur et j'ai vraiment eu besoin de ça. Alors bien sûr, il y a plein de mes recherches qui ont infusé dans le récit, beaucoup plus que je ne me l'imaginais. Et quand mon éditeur m'a appelé pour me dire : « ça va sortir », il m'a dit : « c'est très harawayien ». Mais finalement j'arrive bien à ménager la différence. C'est plus dur maintenant, parce que j'ai un livre aussi publié et il y a une espèce d'enjeu. Je sais ce que c'est que la réception. Je vois les collègues dire, ce qui est difficile c'est le deuxième...

Joëlle Wintrebert : Quand j'ai commencé à écrire de la SF, mes nouvelles fantastiques ou ma poésie ne relevaient pas forcément des

1 Saul Pandelakis est enseignant-cherheur; Audrey Pleynet travaille dans le social.

mêmes thématiques. Pour moi, c'était vraiment une écriture de résistance. Il y avait effectivement un enjeu politique, sociopolitique et que j'avais envie de faire passer dans le livre. Alors évidemment, encore une fois, pas de tracts, mais par le biais de quelque chose qui va être extrêmement dynamique à lire pour les lecteurs, vraiment faire passer mes idées. Et ça dès mon premier livre. Je me suis complètement investie. En posant les grandes questions sur le clonage, le dopage et vraiment, ça sortait de quelque chose de très profond, sans doute en partie fondé sur mes années de journalisme.

Audrey Pleynet : Moi je ne sais pas. J'ai commencé à écrire mon premier roman quand j'étais en humanitaire sur le terrain, donc il parle de la question du monopole du savoir et des connaissances dans une évolution où il y aurait un partage instantané des connaissances. Alors peut-être que ça venait déjà un peu de ce qui m'avait amené en humanitaire. Mais après je travaillais dans le social, j'ai commencé à écrire mes textes et après coup, en relisant, parce que j'en avais discuté avec des personnes qui me connaissait mieux que je ne me connais moi-même, et qui m'ont dit : « Ah, mais en fait tu as écrit à cause de ton travail... » Ben... non. Oui ? Peut-être ? Je ne sais pas... Et en fait, je rigolais des auteurs qui restaient très longtemps sur la même thématique. Je ne sais pas si vous avez lu Ken Liu, mais au bout de vingt-cinq de ses nouvelles, on se dit : OK, il a un souci avec sa maman... Mais j'écrivais, j'écrivais et je me disais : c'est bizarre, je suis vraiment, vraiment beaucoup sur tout ce qui est de la relation à l'autre, de comment la technologie fait écran. Parce que je travaillais à ce moment-là avec des personnes SDF, avec des femmes en situation de prostitution, avec des personnes qu'on ne regardait plus en fait. Et il y avait le côté du regard de l'autre et de comment trouver un peu de nouvelles formes de solidarité. J'ai écrit aussi dans *Les Solidarités du futur* (une anthologie SF) parce que la question de mon travail s'est un peu répandue sur l'écriture et les deux se répondaient aussi. Et j'ai remarqué après coup, au bout de cinq-six nouvelles que ben oui, en fait, peut-être que mon métier était un peu plus présent dans mon écriture, dans mes thématiques, que ce que je pensais. Et puis là, ma *novella* qui va paraître est complètement sur la question de la rencontre avec l'autre. Mais là je l'ai assumé, j'ai fait : OK, bon, j'ai compris. Apparemment c'est quelque chose que je dois mener, une réflexion que j'ai menée au bout et voilà. Mais au début je ne l'avais pas perçu.

Christophe Siebert : D'une certaine manière, mon travail d'éditeur, même s'il est évidemment très proche de mon activité d'auteur, m'influence, car je me rends compte que la plupart des défauts, des tics, des stéréotypes, des faiblesses, des facilités que je pointe dans les manuscrits sur lesquels je travaille avec mes autrices et mes auteurs... existent aussi dans les miens. Donc, travailler sur les textes des autres m'aide de manière évidente à améliorer les miens.

Vos sujets paraissent tellement ancrés dans la société que l'on n'arrive pas à imaginer qu'en fait on puisse séparer cela de votre écriture. Est-ce que c'est quelque chose de conscient pour vous, en tant qu'auteurs, est-ce que se sont vraiment des choses qui vous poussent ?

Christophe Siébert : Je ne pense pas qu'on ait des préoccupations très différentes ou plus profondes que tout un chacun. On se pose toutes et tous des questions sociales, on a toutes et tous un regard sur le monde, etc. Simplement, les gens normaux discutent et nous on écrit des livres, quoi. Les livres, c'est la forme que prend notre réflexion. C'est juste qu'on n'est pas capable de parler ordinairement, je crois. En tout cas moi, il y a un peu de ça. J'ai besoin de mettre 250 pages avec des bagarres pour exprimer ma vision du monde.

Saul Pandelakis : Alors on ne sait pas où on va, mais il y a quand même la question de l'intention. Et pour répondre aussi à la question, moi ce qui me porte c'est aussi des positionnements politiques qui je l'espère, vont changer, qui ne sont pas imperméables à ce qui se passe. Mais il y a quand même un enjeu. En tout cas moi je ressens des enjeux quand j'écris, je ne dis pas que je suis pamphlétaire, voilà, ça c'est clair. Mais par contre il y a quand même ce truc de dire : « Bon, qui on ne voit pas ? qui n'a pas la parole ? J'ai créé ça, mais est-ce que ça ce n'est pas ce qu'on voit tout le temps ? Ok, je vais changer. Qu'est-ce qui se passe aussi dans ce monde ? » On vit une situation politique que je trouve assez abominable entre le *backlash* antiféministe, la montée de l'extrême droite, et cetera. Je ne parle pas de la crise climatique, mais il y a un peu tout le truc quoi. Je ne vais pas parler de responsabilité de l'auteur, mais il y a un moment de prise en charge et de se demander quel monde on fabrique. Je sais que moi, dans les milieux que je fréquente, qui sont politisés, il y a beaucoup la notion de devoir ou d'avoir besoin de décrire des futurs désirables ou des utopies. C'est des choses qui tournent beaucoup en ce moment. Belle idée, belles idées que moi je me sens incapable de réaliser. Moi je suis plutôt sur ce que j'appelle des dystopies douces, c'est-à-dire, ça merdoie, mais il y a des endroits hétérotopiques quand même, et s'arranger avec des choses qui ne fonctionnent pas, et ne jamais être aussi – ça, c'est hyper important politiquement – dans une diabolisation de certains développements.

C'est pour ça, avec tout le respect que j'ai pour l'auteur par ailleurs, que je ne me reconnais pas trop dans ce qu'écrit Damasio sur la technologie par exemple. Je ne sais pas moi, le techno-cocon, c'est une notion que tout le monde brandit un peu en ce moment en disant c'est génial, mais moi c'est une notion qui ne me fait pas écho du tout. C'est-à-dire quand on est une personne minorisée et qu'on va sur Twitter il n'y a pas de techno-cocon, c'est techno-baffe dans ta gueule. Voilà, des choses comme ça. La techno ne nous sépare pas nécessairement du monde, elle ne nous aliène pas nécessairement. Et voilà, qu'est-ce qu'on peut trouver comme petit endroit où on s'en empare ?

Si on passe du côté de la fin de la réception, on constate que beaucoup de textes de science-fiction sont publiés par des maisons d'édition appropriées. Comment est-ce que, vous, vous percevez cet espace éditorial dévolu à la science-fiction ? Est-ce que vous trouvez que c'est bien que la science-fiction soit délimitée aussi par un territoire éditorial particulier, ou est-ce que vous auriez préféré que les grandes maisons d'édition aient des collections de science-fiction ?

Audrey Pleynet : Alors, j'ai publié mon premier roman en autoédition, et ensuite, par ce biais-là, j'ai réussi à entrer dans le monde éditorial et à rencontrer des éditeurs. Et là, à commencer à faire diffuser d'autres textes, surtout des nouvelles, dans plein de maisons d'édition différentes, par des concours... Et en fait, au fur et à mesure, j'ai mieux cerné aussi comment ils travaillaient, comment chaque maison d'édition avait aussi une ligne éditoriale. Parce que la science-fiction, ça reste large et toutes les maisons d'édition ne publient pas la même. Ça m'a permis, au final, d'avoir un vrai échange avec des éditeurs et de tisser une relation. Et souvent, il y a le phénomène d'auteurs de science-fiction qui sont publiés dans des collections de blanche, des auteurs qui d'habitude écrivent de la blanche et qui font à un moment un titre de science-fiction. Alors souvent dans les articles de presse ou de blogueurs, surtout des articles de presse, on retire le terme de science-fiction.

Joëlle Wintrebert : Le fait d'être en littérature de genre, c'est une ghettoïsation. Il n'y a pas d'autre mot. Et ce qui est quand même assez intéressant depuis, disons, Houellebecq et ses publications « mainstream », puisqu'il n'a jamais prétendu qu'il n'écrivait pas de la science-fiction, c'est que les grandes maisons, comme vous disiez, ont commencé à s'intéresser à la SF et en ont publié, tout à fait hors champ. Mais quand il y a des succès, la plupart du temps, ils se gardent bien de dire que ça en est. Donc on a sans doute encore besoin des collections spécialisées d'auteurs.

Christophe Siébert : C'est quelque chose que j'apprécie particulièrement au Diable vauvert : l'absence de collection et donc un décloisonnement des genres. Associé à une ligne éditoriale qui place fortement l'auteur au centre. Comme je le disais au début, j'ai découvert que j'écrivais de la science-fiction parce que le public me l'a dit. Marion Mazauric, la boss du Diable, m'a simplement dit qu'elle appréciait mes manuscrits et désirait les publier. Et d'ailleurs, quand je démarre un nouveau roman, je ne me pose jamais la question du genre dans lequel il pourrait s'inscrire ou du public auquel il pourrait correspondre. J'essaie simplement de l'écrire du mieux que je peux.

Est-ce que, à votre avis, l'intelligence artificielle a aujourd-d'hui un impact sur la fiction et le statut d'auteur ?

Joëlle Wintrebert : Oui, c'est déjà le problème. Je suis occasionnellement traductrice. On voit maintenant qu'on arrive à avoir des traductions incroyables simplement avec Google, et il y a des outils beaucoup plus sophistiqués. Donc l'avenir des traducteurs... Je crois que seul un traducteur est capable de restituer la voix d'un auteur, pas un robot. Enfin, moi, je ne crois pas qu'un robot puisse restituer la « petite musique », ce qui fait la spécificité d'un auteur. Mais il y a déjà des traductions automatiques dans les maisons d'édition, et ensuite un rewriter arrange ça. Cela dit, en tant qu'autrice, je crois que tous ces nouveaux agents conversationnels comme ceux qui ont été développés par OpenAI peuvent devenir des outils pour les auteurs, comme le dit Saul. L'un de mes amis progresse dans l'écriture de ses romans en dialoguant avec ces chatbots.

Christophe Siébert : Personnellement, je me sers de ChatGPT comme d'un super Google, je lui pose des tas de questions, parfois idiotes, parfois plus pointues. J'ai fait quelques essais en nourrissant la machine avec mes phrases et en lui demandant de les transposer dans le style de tel ou tel auteur, ou de tel ou tel type de journalisme, mais ça n'est pas du tout convaincant. Je crois que comme tous les outils, ça va aider les professionnels compétents et pousser les autres à faire n'importe quoi, n'importe comment.

Saul Pandelakis : Ça m'intéresse beaucoup à deux titres. Effectivement, il y a ChatGPT pour le texte et en plus, je travaille avec des étudiant·es dans un milieu où la question graphique se pose avec

MidJourney. Et du coup, il y a vraiment les deux enjeux à la fois, éventuellement de générer des textes, des copies, des romans avec ChatGPT et aussi d'avoir des images. Je suis beaucoup plus dans le *faire avec* que dans l'idée d'interdire, d'imaginer qu'on s'en passera, plus dans l'idée de ne pas assigner des fonctions morales, de ne pas moraliser la technologie. Ce qui ne veut pas dire ne pas l'analyser pour savoir d'où elle vient, par qui elle est conçue, à qui ça coûte de fabriquer ces dispositifs, quel est le travail invisible qu'on ne voit pas. Parce que ces intelligences artificielles, elles sont entraînées souvent par des gens sous-payés et par des gens qui habitent dans le Sud global. Donc il y a quand même tous ces aspects-là. Après, si on prend juste les outils, j'aime beaucoup l'idée d'être en conversation et c'est peut-être ce qui me fait presque plaisir parce que là ça explose un peu maintenant. Et *La Séquence Aardtman*, je l'ai écrit plutôt il y a trois ans, je raconte cette idée de s'entraîner et de se retrouver soi-même dans la discussion avec l'intelligence artificielle. Évidemment je ne suis pas le seul à le dire, mais ça, me parle pas mal. Et le statut de l'auteur, je vais faire une réponse bête. Il continuera d'y avoir des auteurs tout simplement parce qu'il va continuer à y avoir des gens qui adorent faire ça. J'ai vu une petite BD passer comme ça avec une personne qui dit à l'autre : « Mais pourquoi tu fais ça ? Une intelligence artificielle peut le faire. – Mais moi je m'amuse à faire ça, donc pourquoi je m'arrêterais de le faire ? » Évidemment, ça va poser plein de questions. Le droit d'auteur, la rémunération. Il ne faut pas être naïf, il y a des questions...

Aujourd'hui quand l'intelligence artificielle fait une partie intégrante de notre vie, quel est son statut en tant que sujet de science-fiction ? Parle-t-on d'un outil ou d'un être vivant qui peut aussi expérimenter sa sexualité, comme, par exemple, dans La Séquence Aardtman *?*

Christophe Siébert : Je ne sais pas si l'IA est à proprement parler un sujet de science-fiction, pas plus par exemple que le téléphone portable. Je m'en sers en revanche avec abondance dans mon travail, à des fins de documentation ; j'ai mené aussi quelques expériences de création d'images à partir de scripts, mais je me suis vite heurté aux limites habituelles : de même qu'un synthétiseur ne fait pas de bonne musique sans bon musicien, Dall.E ne produit pas de bonne image sans bon artiste. Dans une certaine mesure, les fantasmes liés à l'IA peuvent questionner les frontières entre la vie et la non-vie, mais j'ai l'impression, pour l'instant, qu'il s'agit surtout de fantasme : l'IA à l'heure actuelle n'a rien de vivant, ne s'approche même pas d'une simulation convaincante de la vie, et l'idée d'une IA qui posséderait une libido me semble pour l'instant aussi improbable qu'un réfrigérateur qui écrirait une pièce de théâtre. Ça viendra peut-être ; peut-être que je manque d'imagination. Néanmoins, j'ai l'impression que faire de l'IA, dans nos fictions, une entité pensante et désirante est assez casse-gueule : personnellement, je ne vois pas comment échapper aux vieux stéréotypes de l'objet pensant, qui depuis le mythe du Golem ont été pas mal explorés déjà. De mon point de vue, soit l'IA est ce qu'elle est actuellement, et on peut l'intégrer dans nos fictions comme on peut intégrer n'importe quel artefact du monde moderne, soit on l'imagine comme un être conscient et vivant, et alors il va falloir faire gaffe à ne pas tomber dans des représentations fort naïves.

Saul Pandelakis : Pour moi, il est évident que l'expérimentation d'outils comme chatGPT ou Midjourney va affecter l'idée que nous nous faisons de l'intelligence artificielle, qui appartenait jusqu'à encore récemment à des usages professionnels ou seulement à la SF. Il y a très certainement un monde entre ces "outils" et une éventuelle intelligence sentiente. La différence est probablement de nature plus que de degré. Pour autant, je ne trouve pas inutile de continuer à écrire des récits avec des robots conscients, pour deux raisons : (1) on n'est pas certain que dans un futur lointain, la création d'intelligences sentientes reste impossible (2) parce que même si cela n'advient jamais, le robot comme métaphore est utile pour penser beaucoup de choses, comme la relation humains-machines, humains-technologies, ou encore la relation des humains à d'autres êtres vivantes qu'iels castent dans le rôle des "Autres". Enfin, dans la *Séquence*, les bots sont aussi (quoique pas seulement) un moyen de parler du fait d'avoir un corps et de la relation que l'on peut entretenir au fait d'être vivant. J'apprécie, au fond, que tous ces niveaux de compréhension (le robot comme possibilité, comme métaphore, comme clé d'analyse) puissent tenir ensemble dans des personnages. C'est même cette complexité qui me semble intéressante à conserver.

Joëlle Wintrebert : Actuellement, on parle d'intelligence artificielle par abus de langage : les objets (ordinateurs, robots...) avec lesquels nous interagissons sont encore des machines dépourvues de conscience, des algorithmes experts, de simples outils informatiques certes capables d'apprentissage, mais limités à leur spécialisation. En revanche, en tant que sujet de science-fiction, et bien avant que l'on parle d'IA, les robots avaient envahi la littérature, qui n'hésitait pas à les doter de pensée et d'aspiration à la révolte (que l'on se souvienne de *R.U.R*, la pièce de Karel Čapek, en 1920, pour ne donner que cet exemple). Avec ses trois lois de la robotique, Asimov imaginait déjà qu'il faudrait les contraindre, et comment ils pourraient contourner cette contrainte. Depuis, tant la littérature que le cinéma nous ont donné aussi bien des robots meurtriers (exemple : Hal 9000 de *2001, l'odyssée de l'espace*) que bénins (exemple : le R2 D2 de *Star Wars*), voire occupés à promouvoir une forme d'utopie technique et spirituelle pour l'humanité (exemple : les drones et les Mentaux du cycle de la Culture de Iain Banks). Quoi qu'il en soit, dans la fiction, l'IA sous toutes ses formes devient à terme un être conscient (comme Samantha, au départ simple assistante virtuelle dans le film de Spike Jonze, *Her*), et même un être vivant doté d'intelligence quand elle s'incarne comme dans *La Séquence Aardtman* de Saul, ou dans le diptyque de Romain Lucazeau, *Latium*, où des créatures computationnelles ont survécu à la disparition de l'humanité, sans étrangement réussir à s'en détacher, au point d'être toujours contraintes par ses lois, de la singer et de vouloir la faire renaître. Et peut-être plus pointu par rapport à la question que vous posez, je pense à *L'IA et son double*, de Scott Westerfeld, où c'est par l'interface du sexe que l'ordinateur accède à la conscience et où ses relations charnelles et la dimension érotique avec sa partenaire humaine sont particulièrement importantes dans le roman. Un grand nombre de nos semblables sont déjà dépendants des algorithmes (que l'on songe aux addictions que crée un réseau social comme TikTok), et il n'est pas difficile de projeter dans l'avenir des humains complètement accros à ces Intelligences, et en particulier aux sexbots, dont une réalisation anthropomorphe crédible se profile d'ailleurs à court terme. Il n'est pas plus difficile d'imaginer que s'ils accédaient à la conscience, ces esclaves sexuels d'un nouveau genre pourraient se révolter contre leur condition et réclamer leur autonomie. Voire se comporter comme de véritables amants cybernétiques, avec tous les désirs et déviances associés.

Cendres (extrait)

Joëlle Wintrebert

Moi qui jusqu'à cet après-midi n'étais encore que préventions, j'ai la tête vide. Les hommes s'envolent, d'accord, mais où vont-ils ? On ne les revoit jamais dans la cité. Sont-ils frappés d'ostracisme ? Deviennent-ils des parias ? Y a-t-il une incapacité physique à ce qu'ils retrouvent le sol ? Pourquoi doit-on lester les pieds des petits garçons ? Et d'ailleurs, comment sont-ils conçus ?

Anahit s'empare d'un cruchon, me sert une nouvelle rasade... Elle se marre ? Quelque chose en moi résiste et me souffle : « Cette rouée te manipule. Et si tu étais en danger ? »

Elle m'enjoint de boire. Ce qu'elle va m'apprendre n'est pas si agréable à entendre, autant que je sois bercée par l'ivresse. Je m'exécute, toute résistance abolie. Je savais que je courais un risque en acceptant le rôle d'émissaire, je ne vais pas reculer maintenant, alors qu'on m'offre des réponses. Ne suis-je pas venue les chercher ?

Puis c'est un flot de paroles. Dont je retiens ceci : à leur arrivée sur Cendres, les colons sortaient d'animation suspendue. Ils n'avaient pas l'habitude d'une gravité diminuée. Au lieu d'en tirer avantage, ils ont cherché à la neutraliser. Et quel meilleur moyen qu'une mutation ? Rien ne leur permettrait mieux de s'adapter à la planète. Ils ont croisé leurs gènes avec ceux d'un chiroptère local. Ils se sont enthousiasmés bien trop vite pour les changements qu'ils avaient obtenus, et qui ne touchaient que les garçons, leur donnant ce pouvoir inouï de se gagner des ailes, fussent-elles membraneuses. Au lieu d'attendre deux ou trois générations, ce qui leur aurait permis d'évaluer les conséquences fastes ou néfastes d'un tel remaniement des caractères héréditaires, ils l'ont généralisé aussitôt.

Quand les hommes ont compris que leurs capacités intellectuelles déclinaient, il était trop tard. La mutation ne se contentait pas d'alléger leur squelette ! Aujourd'hui, ils sont aussi charmants qu'écervelés. Ils ne pensent qu'au plaisir : batifoler et planer de nuée en nuée, voltiger au gré des courants ascendants, cueillir les baies sauvages ou boire le nectar des fleurs.

Je secoue la tête, sans grand espoir de chasser l'engourdissement qui me gagne. Le temps s'étire en moi comme de la guimauve. Il me manque un paramètre, mais lequel ? Très loin, j'entends la voix d'Anahit chantonner dans sa langue musicale : « Et après tout, ne sont-ils pas beaux comme des anges ? Que demander de plus ? Cette mutation nous a donné un monde régulé, où règne l'harmonie. Avant, les hommes gouvernaient en maîtres. Les filles étaient à leurs ordres, subalternes, souvent battues. Aujourd'hui, tu comprendras qu'elles ne veuillent pas de mâles extérieurs à ce monde, qui viendraient dicter leur loi. »

***

Adriana Popovic, *Lester les pieds des petits garçons*, 2024, œuvres graphiques, E/A rehaussée à la main, unique.

Je me balance ? Sensation vertigineuse. C'est quoi, ce truc qui me tire les bras ? La mémoire me revient tandis que j'ouvre les yeux. Mon dernier souvenir remonte à la fête, et j'avais trop bu. Oh ! non... Par les Puissances ! Je suis en plein ciel ? Je me balance, en effet, sous l'ample corolle d'un parachute. En me tortillant, j'aperçois la ligne de vie qui relie au sol le harnais qui me tient. Bon, je devrais pouvoir me haler jusque-là, mais, tout de suite, mes membres sont en coton, je n'aurais pas la force de résister à la poussée ascendante.

Ouf ! En réglant les suspentes et un jeu de mousquetons sur la ligne de vie, je suis arrivée à équilibrer les attractions haut et bas. L'esprit encore embrumé, je flotte et m'émerveille : le soleil qui se lève éveille de fantastiques lueurs dans la forêt des ombellifères toute proche. Rien à dire, quel que soit le coup tordu que ces filles ont décidé de me jouer, en cet instant, je jouis d'une pure beauté. Grâces vous soient rendues, commandant, même si cela ne dure pas.

Quelques mouvements des bras m'aident à changer d'orientation et je m'aperçois qu'à perte de vue, le long de la forêt, le ciel est piqueté de corolles. D'autres parachutes soutiennent d'autres filles. Que dois-je en conclure ? Un rituel ? Auquel les Cendrées auraient décidé que je dois participer ?

Aïe ! Je comprends ! À la nuée des parachutes vient de répondre une autre nuée, décollant des corymbes. Que le loup Fenrir vous dévore, commandant ! Mon action de grâces se termine ici.

Bon. Vous serez sans doute compréhensif si je reconnais que j'ai paniqué un peu. Juste un peu. Le temps de rassembler autour de moi les bouts épars de ma robe... — ma robe ! sa destination était prévue dès le début —, de m'en faire une sorte de pagne, et de trouver au bout de mes doigts mon poignard. Nouvelle action de grâces ! Qui ne vous était pas adressée, commandant. Anahit remontait dans mon estime puisqu'elle ne m'avait pas laissée sans défense. L'avenir m'est apparu sous un jour meilleur. Question close-combat, je suis assez fortiche.

Un groupe de Cendrés fond sur moi. Évidemment, s'ils s'y mettent à dix... Ils tournent et virent à distance. Sept s'éloignent tout de suite. Le poignard brandi les a découragés ? Trois s'approchent. Ils sont à contre-jour, et je ne distingue que leur silhouette aux reflets pourpres. Deux d'entre eux rompent à leur tour. Je me hâte de rengainer mon arme. Il serait regrettable de rater l'occasion d'observer un Cendré adulte. Et, je dois le reconnaître, face à cet unique spécimen, ma curiosité se montre plus exigeante que ma peur.

Il glisse sur l'air devant moi et se présente face à la lumière. Je ris. Voilà donc l'un de ces volatiles frivoles, volages et désinvoltes. C'est vrai qu'il est beau.

« Beaux comme des anges », disait Anahit.

Et tout aussi extraordinaires, mon commandant. La surprise vient de l'humanité parfaite des visages au-dessus de l'étranger des corps mutés. Les voiles de chair des membranes, les pectoraux surdéveloppés qui les meuvent, les corps graciles, fuselés, cette impression d'évanescence...

Le Cendré voltige autour de moi. Il enchaîne de complexes figures, pique, remonte en chandelle, se cabre en impossibles arabesques... et autant vous l'avouer, commandant : puisqu'il est nu, rien ne m'échappe de son désir.

Quand il en a terminé avec ces jeux de cour qui évoquent irrésistiblement ceux d'un oiseau, il s'approche, timide, et se tient à une brassée de moi, en vol stationnaire. Son visage aux immenses yeux doux, aux joues imberbes d'enfant, au front haut sous la couronne blanche d'une chevelure inextricable, me contemple avec une expression d'espoir avide, et cette faim me trouble et me déchire. Je renonce à mon semblant de pagne et rassemble les pans de ma « robe » derrière moi, ce qui a pour effet immédiat de dévoiler mes seins, en même temps que le reste. Aussitôt, le Cendré se blottit dans mes bras, si doux, si chaud contre ma peau. Je hume avec ivresse sa puissante odeur de fauve. Ses membranes m'enveloppent et nous ne sommes plus qu'un.

Après, il s'est accroché un moment par les pieds aux suspentes afin de m'embrasser le visage, et j'ai remarqué ses orteils très longs, préhensiles.

« Animal ! » ai-je soufflé alors qu'il s'en allait.

Ne vous méprenez pas, commandant. C'était un mot doux, même s'il trahissait mon hésitation : j'aurais dû intriguer ce garçon. Ma morphologie, mon crâne et mon épiderme épilés... Il ne m'a posé aucune question. Du reste, hors ses cris de plaisir, il est resté muet. Les Cendrés parlent-ils ?

***

Eh bien, commandant, il semble que j'ai obtenu toutes les réponses aux questions que nous nous posions. Oui, des hommes existent sur Cendres. Anahit m'a expliqué qu'ils sont la plupart du temps auto-suffisants. Ils vivent dans les corymbes de la forêt des ombellifères, où ils butinent comme les chauves-souris diurnes avec lesquelles nous les avons confondus. Ils ont effectivement un langage rudimentaire, mais ils hésitent à l'employer avec les filles. « Ils souhaitent s'épargner leurs moqueries », a reconnu la présidente.

Sont-ils des victimes ? Je ne doute pas que cette question sera l'objet de longues dissertations. En tout cas, on ne saurait en imputer la faute aux femmes. Si les colons avaient montré plus de discernement quand ils ont investi Cendres, il n'y aurait pas eu de mutation. Puisque j'en ai profité, commandant, et tant que je peux encore témoigner en toute liberté, j'ajoute que ce serait dommage. Les moyens de reproduction des humains entre eux sont rarement aussi délicats et originaux. Je vous dois cette expérience unique et je vous en remercie. Non, non, je suis sincère, n'entendez aucun ricanement dans cette affirmation. Pour tout vous dire, commandant, mon désir de retourner sur le Tyr avoisine celui d'être avalée par l'horizon d'un trou noir. Je me suis demandé si je n'allais pas confier cet enregistrement à la présidente Anahit, en la priant de le remettre à l'officier de la navette chargé de me rapatrier, mais voilà, vous risqueriez de ne pas croire que j'ai disparu volontairement au plus profond de la forêt. Ou pire, vous pourriez arguer de ma disparition et investir ce monde à des fins prétendues de recherche. Trois nuits de réflexion — suivies de trois journées d'ivresse — m'ont persuadée qu'il n'y a pas d'issue. Je suis vouée à traquer les déviances à vos côtés, pour la gloire et l'édification de l'Empire. Je peux vous assurer que cette perspective me brûle, et que mon âme tombe en cendres.

Joëlle Wintrebert

« Cendres », *in* Bruno Della Chiesa (éd.), *Utopiae 2005*, Nantes, L'Atalante, 2005

La Créode et autres récits futurs, Le Bélial', 2009 ; in *Hypermondes #02 Utopies*, les Moutons électriques, 2022.

Camélions (extrait)

Joëlle Wintrebert

Dans la clairière, entre les fûts bleus des corymbes géants, je pousse le trille du désir. Ma course depuis le campement a trempé la naissance de mes seins, mon dos, le creux de mes aisselles. J'arrache les agrafes magnétiques de ma combinaison qui se défait comme une mue, et tourne sur moi-même, nue, bras écartés, paumes offertes, yeux mi-clos, ivre d'attente.

L'herbe douce bruisse et enroule ses tentacules soyeux autour de mes jambes. Je souris. Je n'ai plus à craindre son venin depuis que j'ai fusionné. Attrapées à pleines mains, ses lames au gris de vieil étain se tordent et se rétractent. J'aime les voir se débattre entre mes doigts et siffler, coléreuses. Elles ne se calment alors qu'à force de caresses. L'herbe d'Agapé, si douce et si dangereuse. Elle a tué nos enfants qui jouaient avec elle au début sans méfiance, comme avec de petits chats.

Les rayons obliques de Gehen ruissellent sur moi comme une cape. La fusion avec les camélions m'a protégée aussi de leur mortelle intensité. Quand tous les miens gisent abattus sur leur couche, dans la touffeur torride des cabanes, je danse en liberté, à leur insu.

Je pousse un nouveau trille, impatient, inutile. Les voilà. Je reconnais Morpheus à sa livrée de velours bleu noir. Il est accompagné d'Argus dont la voilure déploie sa féerie d'ocelles orange et d'un sphinx au thorax lourd que je n'ai jamais rencontré.

Vol de bienvenue. Au plus près de moi. Je lève les bras pour permettre leurs effleurements, étonnée de mesurer à quel point désormais je m'abandonne, délivrée de mes craintes. À l'instant où l'aile brutale du grand sphinx me frappe, me couvrant d'une traînée scintillante, ce n'est plus la peur qui creuse mon ventre, mais une exigence éperdue. J'étale sur ma peau le mucus pailleté, j'inspire au plus profond son odeur d'iode, j'en tapisse mes poumons, je m'y engloutis comme dans une mer.

S'il en était encore besoin, j'aurais la preuve aujourd'hui que cette espèce communique bien de façon subtile. Ses congénères ont appris au sphinx la faiblesse du champ visuel humain et il s'est éloigné afin de danser pour moi. Ainsi, toutes les figures qu'il enchaîne, pirouettes, glissés, flèches et piqués, me sont-elles accessibles. Ainsi, les trésors d'élégance déclinés par son corps massif à l'éblouissante livrée mordorée me sont-ils dédiés. Pour finir, ses ailes serrées en corolle, il entreprend de tourner autour d'un axe invisible, et pivote bientôt si follement qu'on dirait une flamme.

L'espace d'un instant, je ferme mes paupières, étourdie, et je le sens aussitôt s'abattre sur mes épaules où il se perche, lourd, odorant, bienvenu. Ses pattes marcheuses effrangées enserrent mon buste. Ses pattes ravisseuses jouent à peigner les petits nœuds de ma toison emmêlée.

Visage renversé, j'observe les immenses yeux composés dont je ne sais pas déchiffrer le regard. Leurs froides facettes d'un gris de métal contrastent avec l'avidité de la trompe qui s'enroule et se déroule en un mouvement fluide et ininterrompu, et goûte ma peau partout où elle lui est accessible. Puis elle entreprend d'explorer les pertuis de ma face, oreilles, nez, ma bouche enfin où elle prend ses aises, aspire, caresse, conquiert, et je m'étonne une fois de plus que le puissant tube annelé des camélions parvienne à pénétrer en moi si avant sans susciter frissons ni haut-le-cœur. Au contact de sa texture étrange, mi-chitineuse, mi-membraneuse, je n'éprouve rien d'autre qu'un impétueux désir.

L'abdomen du sphinx pèse contre mon dos, ses plaques génitales immobilisent mes hanches, son pénis durcit et s'insinue entre mes fesses, et je crierais si ma gorge n'était si intégralement possédée.

Les deux autres camélions nous ont rejoints. Je suis ruisseau où étancher leur soif. Morpheus butine ma vulve et mes mains accrochent sa crinière de soie noire comme elles feraient avec la chevelure d'un homme, quoiqu'aucun homme ne m'ait jamais prodigué un plaisir semblable. Argus toilette mon buste, entre les pattes marcheuses du sphinx. Il n'aime pas seulement le sel de ma peau, mais aussi le colostrum qu'il obtient de mes mamelons, à force de succion.

Alors que ma jouissance atteint son acmé, le sphinx libère ma bouche et ses trilles se conjuguent à mes cris, s'entretissent avec ceux de ses congénères, étrange mélopée qui me tord le ventre et me bouleverse. Quelle beauté ! Pourquoi ne puis-je la partager avec les miens ? Pourquoi me faut-il ruser pour retrouver les camélions ? Pourquoi l'idée même d'avouer ces étreintes qui m'emplissent d'une joie sans mesure semble-t-elle impossible ?

Les insurgés d'une arche stellaire débarqués sur une planète habitable, mais hostile.

Palustre, exubérante, étouffante, Agapé tuait tous ceux qui ne tentaient pas de s'adapter. Avec les enfants, décimés par l'herbe vénéneuse, les colons qui s'étaient contentés des abris gonflables fournis par nos vainqueurs furent les premières victimes. Le plastique concentrait l'humidité et la chaleur, et nous avions vite compris que nous obtiendrions une bien meilleure climatisation en construisant avec les matériaux de la planète, murs en épais torchis de feuilles et boue, toits de palmes, larges baies ouvertes aux vents mouillés qui rafraîchissaient les courtes soirées, faciles à occulter par des panneaux amovibles aux heures les plus torrides de la journée. Bien sûr, avec une température diurne dépassant souvent les 40 °C et une hygrométrie moyenne de 80 %, aucun des bâtisseurs n'avait supporté de se vêtir de pied en cap pour se protéger du rayonnement solaire. Sous la canopée, où l'herbe vénéneuse ne poussait pas, tous se pensaient épargnés.

Les colons s'aperçoivent que les radiations de l'astre stérilisent leurs appareils reproducteurs. Ils vont décider de s'enfermer le jour dans l'espoir d'enrayer le processus

Alors que nous découvrions Agapé, j'avais paru la plus atteinte et la moins apte à survivre. Nous avions échangé nos rôles. Je ne craignais pas la flore dangereuse, il suffisait de s'en protéger, et nous n'avions aucune raison de redouter la faune. Les grandes créatures venues nous visiter au début de l'installation, et que nous avions baptisées papillions parce qu'elles évoquaient des lépidoptères terrestres affublés d'une vraie crinière, avaient disparu à la suite d'un incident malheureux. L'une d'elles avait été abattue par un colon effrayé de l'apparition des « monstres ». Ils volaient en effet en trio, comme ils en avaient l'habitude, et cherchaient peut-être à nouer un contact.

Le colon était mort, emporté par la fièvre des marais, et les papillions ne s'étaient plus laissé approcher. Moi qui arpentais la sylve, j'avais pu mesurer leur capacité à s'y fondre. Un après-midi où j'observais à la jumelle un couple d'oiseaux au plumage précieux, bleu saphir et rubis, je surpris dans l'oculaire l'un des grands autochtones. Stupéfaite, je vis ses ailes changer de couleur pour prendre la teinte exacte des plantes environnantes, vert tigré d'orange quand, l'instant d'avant, elles arboraient un bleu sombre uniforme. Je compris alors pourquoi les papillions échappaient toujours à notre perception et les rebaptisai camélions.

Au crépuscule, plus éloignée de notre campement qu'à l'accoutumée, je m'égarai dans un chaos de roches. Mes algarades répétées avec Pieris ne me donnaient aucune envie de rentrer. Je décidai de m'installer sous une voûte pour la nuit. Mon mari s'inquièterait sans doute, et j'en concevais une satisfaction peu charitable.

Le vent du soir me rafraîchissait agréablement le front. Tout à coup, je ne supportai plus la moiteur de mes vêtements trempés de sueur. Je me déshabillai et m'étendis sur le rocher, offerte aux caresses de la brise, attentive aux parfums épicés qu'elle charriait jusqu'à moi. Je n'éprouvais aucune angoisse. J'emportais toujours de l'eau en quantité, une précaution systématique lorsque je m'isolais. Une poignée de fruits secs avait assouvi ma faim. Quant à retrouver mon chemin, on verrait demain.

J'étais à demi endormie quand j'ai entendu les trilles. Pure harmonie. Je me suis soulevée sur un coude et je les ai découverts qui jouaient tous les trois, en contrebas, sur un ressaut dégagé. J'ai tout de suite reconnu le camélion de l'après-midi à sa livrée de soie bleu noir. Il

s'ébattait avec un grand papillion aux ailes de cuivre rouge martelé. Le troisième voletait autour d'eux, majestueux, et l'argent de sa robe se parait des mauves éclatants du jour à son déclin.

Je ne bougeais pas. Je respirais à peine. Je pense qu'ils connaissaient ma présence depuis le début de leur pariade. Mieux, qu'ils avaient choisi à dessein de se dévoiler.

Adriana Popovic, *Le Trille de la trompe annelée*, 2024, œuvres graphiques, E/A rehaussée à la main, unique.

Ils se sont accouplés tour à tour, et je les dévorais des yeux, muette d'admiration et d'envie, tant la sensualité de leur danse me rappelait tout ce dont j'avais été privée trop longtemps. Ensuite, ils sont venus à moi. Je ne bougeais pas. Respirais-je encore ? Je n'étais plus que terreur et attente, et je grelottais, incapable d'articuler le moindre mot, même quand ils m'effleurèrent puis me touchèrent avec leurs pattes, leurs antennes, leur trompe, leurs ailes, même quand ils me goûtèrent pour la première fois, même quand ils obtinrent de moi le premier mascaret du plaisir.

Je ne demeurai pas muette, cependant, et tout le temps qu'ils jouèrent de moi, je devins lyre au chant insoupçonné.

Quand je revins au camp après trois jours d'absence, on m'avait cru perdue, et l'ambiance avait tellement changé que je ne parvins pas à parler de mon contact avec les camélions, ni à dire comment ils m'avaient nourrie de nectar.

Un Conseil avait pris en main l'avenir de notre petite colonie. Je ne fus pas surprise d'en découvrir la tête bicéphale, mon cher Pieris et l'Archange. Les jumeaux Saratov, le juge Voronej, cette brute de Iaroslav qui ne passait pas un jour sans battre sa fille et l'inconsistant Jindrich les accompagnaient partout comme des ombres. Pas une femme à leurs côtés. Alma et Katerin, les plus rétives, avaient été circonvenues à l'aide d'un cocktail chimique agressif. Je me montrai gentille, douce, polie, et j'acquiesçai à tout.

Il était évidemment question de sauver notre fertilité défaillante. Nous allions vivre cloîtrés le jour aux heures d'irradiation les plus intenses. Le Conseil espérait un retour progressif à la normale. J'appris avec quelle virulence Alma, soutenue par son amie Katerin qui était biologiste, avait protesté : les ovules sont tous présents à la naissance. S'ils avaient été irradiés, leur mutation serait irréversible. Seuls les hommes avaient peut-être une chance de retrouver un meilleur pouvoir de fécondation. Il était absurde de vouloir enfermer les femmes avec eux.

On les avait invitées à se taire, et comme elles ne s'y résignaient pas, on les y avait contraintes.

J'acceptai sans discuter la réclusion. J'avais déjà repéré les propriétés narcotiques d'une plante des marais à grands capitules jaunes après l'intoxication d'un de nos jeunes avec ses baies noires odorantes. Trois jours de suite, je testai sur moi-même une série de dosages. Le premier essai, trop timide, ne fut pas concluant. Je me réveillai, fraîche et dispose, au bout de deux heures. Le deuxième fut éprouvant. J'avais dormi jusqu'au soir d'un sommeil de plomb dont je me réveillai le crâne battant tambour et le corps martyrisé. J'avais frôlé l'intoxication létale. J'atteignis la perfection au troisième. Huit heures de repos sans séquelles autres que l'excitation d'avoir réussi et une belle insomnie la nuit suivante.

Pieris goûta dès le lendemain ma décoction. À partir des baies d'une sorte de sureau, nous fabriquions un vin noir au goût de réglisse que la plupart d'entre nous appréciaient, souvent à l'excès. Mélangé à ce vin, mon narcotique se révélait indécelable. Je ne quittai pas notre cabane, ce jour-là, surveillant les effets de ma médication sauvage. Ce fut une vraie joie de voir Pieris dormir dans une confiance enfantine alors qu'il tournait le plus souvent entre nos quatre murs comme un fauve prisonnier et saisissait la moindre occasion de se déchaîner contre moi. La durée de son sommeil fut satisfaisante et je décidai qu'était venu le temps de l'évasion.

Jour après jour, j'ai retrouvé les camélions. Quelquefois, tandis que j'abandonnais notre camp déserté par son couvre-feu dérisoire, je pensais au plaisir qui m'attendait quand ne gisaient ici que corps en proie à la discorde, à l'amertume, à la douleur, et j'éprouvais un sentiment de culpabilité. Je me persuadais alors que ma tâche était noble, que j'allais faire alliance avec une espèce qui nous était supérieure, et que bientôt, bientôt, je pourrais offrir cette alliance aux miens, tel un cadeau inespéré.

À la vérité, je n'avais aucun désir de partager mon secret. Même si je n'avais pu renouer de lien d'amitié avec aucune, il m'aurait été facile de proposer mon narcotique aux autres femmes, au moins à certaines d'entre elles. D'en amener une, puis une autre, aux camélions. Comment n'auraient-elles pas été séduites, elles aussi ? Quel démon me poussait à leur refuser cette découverte ? La crainte de leur réaction ? Sans objet. Pourquoi leur aurais-je parlé de mes ébats avant qu'elles n'en vivent à leur tour ?

J'évitais de me poser ces questions ou d'y répondre. Je jouais avec les camélions, je leur faisais l'amour, je rentrais au campement pour le réveil de mon mari et m'effondrais sur ma couche sitôt que nous avions dîné, alors qu'il devenait enfin actif. Nous habitions désormais deux mondes parallèles.

Joëlle Wintrebert, « Camélions »

in Charlotte Volper (éd.), *69*, ActuSF, coll. « Les trois souhaits », 2009 ; *Couvées de filles*, Au diable vauvert, 2023.

Mashina [2018]

Christophe Siébert
(Article inédit de Roman Stepanov)

Cette nuit-là je me trouvais dans la *Zona* pour rencontrer le héros du jour. Son surnom, vous le connaissez déjà peut-être : « Le Bridé ». Son vrai nom ? Aucune importance. Son fait d'armes ? Un jeu nommé *Mashina*.

Depuis l'interdiction de *Mashina* Le Bridé a fui la RIM pour sa Tchétchénie natale. Il a accepté de me rencontrer. Virtuellement. À cette unique condition, il a bien voulu répondre à mes questions.

Pour ce que j'en avais compris *Mashina* était un simulateur de voiture se déroulant sur une map extrêmement vaste. Jeu de voleur style *GTA*, jeu de course, de gestion, un peu tout ça ? Tant que je n'aurais pas testé je n'en saurais pas plus.

Première règle de *Mashina* : on ne parle pas de *Mashina*.

Alors me voilà dans une cave de la *Zona* et sur le point de pénétrer dans la matrice. Autour de moi, sous une lumière de très faible voltage, des banquettes de fortune accueillaient quatre joueurs. Il restait six banquettes de libres, dont une pour moi.

Je les ai observés un moment. Allongés sur le ventre, enfermés dans leurs combinaisons bleu nuit aussi rigides qu'une armure, la tête entièrement avalée par un casque opaque, ils ressemblaient aux cosmonautes en hibernation d'un vieux film de SF. Sans les spasmes et les vibrations qui de temps en temps les agitaient ils auraient pu être morts, ou des statues. Dans quelques minutes je les rejoindrais dans *Mashina*, deviendrais moi aussi une statue. Un millier de joueurs répartis dans le monde entier, leurs corps dissimulés dans des locaux clandestins tels que celui-ci, s'y promenaient en ce moment.

Parmi eux, « Le Bridé ».

— Vous êtes prêt ? m'a demandé le jeune type défoncé à l'opium qui gérait le clando.

Je me suis mis à poil. Il a couvert mon corps de capteurs reliés par wi-fi à un ordinateur et m'a aidé à enfiler combinaison et casque. Je me suis allongé, aveugle, sourd, paralysé. La seule expérience comparable serait un séjour en caisson d'isolation – ou alors un K-hole.

J'ai dégluti une dernière fois puis l'employé a mis en marche sa machine infernale et j'ai perdu la sensation d'avoir un corps. L'instant d'après j'en possédais à nouveau un, sauf qu'il avait changé.

Désormais j'étais une voiture.

Encore : *désormais j'étais une voiture.*

Pas : dans une voiture. Pas non plus : un point de vue flottant attaché à une voiture. Non : la voiture elle-même. Le moteur, la mécanique, l'arbre à cames, la fumée sortant du pot d'échappement, les pignons des vitesses et tout le reste me constituaient. Je voyais par le pare-brise, pas *à travers* mais *avec*, la vitre *était* mon système de vision. Je sentais le mouvement de mes roues, le contact de mes pneus avec le sol. Je frissonnais au vent glissant sur ma carrosserie. Je n'avais plus de corps humain, mais une enveloppe mécanique et ce qui restait de moi l'habitait.

J'étais une Mercedes-Benz Classe C, probablement de 1999 vu la puissance de mon moteur. Couleur crème, un peu mastoc, plaisante tout de même. L'esthétique allemande. L'une des voitures les plus fiables de sa génération. Comment savais-je tout ça ?

Devant moi filait une autoroute interminable, battue par les vents et bordée de toundra. L'ensemble de mes vitres avant, arrière et latérales me conféraient un vaste champ de vision, ne laissant que le ciel hors de ma portée.

Je n'entendais rien, mais percevais avec une très grande précision et beaucoup de nuances les vibrations de l'air contre mes différentes surfaces.

Bien sûr que ça n'était pas réel. Je savais que je n'étais pas une voiture, mais un pigiste dans une cave, déguisé en cosmonaute, jouant à croire qu'il en était une.

Qu'en avait-on à foutre ? C'était juste le pied !

Mon GPS s'est mis en marche.

Je l'ai *ressenti* comme un organe ou un sens supplémentaire. En temps normal je savais où se situaient ma gauche et ma droite. Là je savais où se trouvait Le Bridé et comment le rejoindre. Il ne s'agissait pas d'une voix dans ma « tête » ni d'une information surgie de nulle part, mais d'une aptitude nouvelle. Certains oiseaux possèdent la même.

J'ai roulé. Sensation unique, indescriptible, étourdissante. J'aurais pu faire ça toute ma vie. Les kilomètres passaient. J'en mesurais l'écoulement à dix mètres près et ma vitesse avec une précision d'un kilomètre/heure. Quand j'accélérais ou ralentissais chaque changement de rapport me procurait un frisson de volupté : le déplacement des pignons dans leur boîte, les roues dentées, les axes, les cardans, un plaisir presque sexuel.

Je me suis poussé au maximum. Mélange de griserie inédite et de peur violente, pas viscérale, mais *motorique*, micro gouttelettes de carburant crachées par mes injecteurs à la place de l'adrénaline. En freinant d'un coup, crissant et dérapant, sentant le liquide de frein gicler dans les durites jusqu'aux étriers, éprouvant la force de mes plaquettes serrant les disques, marquant la route de ma gomme, un frisson de bonheur a parcouru mon corps de métal et plastique, à l'exacte mesure de l'effort brutal que j'avais ordonné à ma mécanique.

Mon carburant ne diminuait pas. Ou plutôt, concession au gameplay, se régénérait au fur et à mesure, de même que les autres liquides circulant à travers mes tuyaux et mes réservoirs.

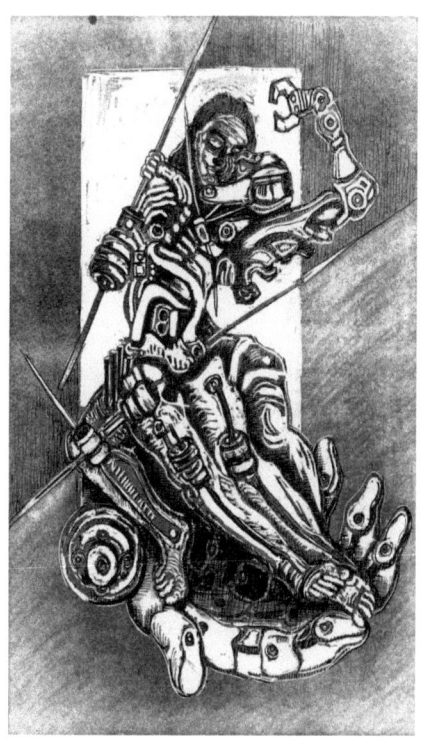

Adriana Popovic, *Suralimentation par turbocompresseur à deux niveaux*, 2024, œuvres graphiques, E/A rehaussée à la main, unique

J'ai aperçu Le Bridé et me suis immobilisé face à lui. Il était une magnifique Pontiac Starchief 1957 rouge sang.

Sa voix s'est propagée à travers ma carcasse. Il suffisait de penser. Le réseau nous reliait télépathiquement.

— Alors ? m'a-t-il demandé. Comment tu trouves ?

— Le jeu ?

— Ouais.

— Euh... Je sais pas trop. C'est génial, les sensations, c'est complètement fou, mais y a pas beaucoup d'interactions, non ?

— Tu te demandes pas pourquoi un bête jeu de bagnole en VR a été interdit par le gouvernement de la RIM ?

— Si ?

— C'est parce que c'est pas un bête jeu de bagnole, tu me suis ?

— Pas tellement.

— Viens, on va rouler. On va se rendre là où ça se passe. Tu veux de l'interaction ? Tu vas en avoir.

Nous sommes repartis à vive allure.

— C'était pas prévu comme ça, a-t-il dit au bout d'un moment. C'est eux qui m'ont donné cette idée.

— Eux ? Qui ça, eux ? Prévu comme quoi ?

— Au départ il s'agissait juste d'un jeu de course. Rien d'autre. Mais ça n'intéressait personne. Jusqu'à ce qu'un programmeur ajoute quelques fonctionnalités. Et là, d'accord. Là, c'était ce que les gens voulaient.

— Voulaient quoi, bordel ?

— On arrive. Tu vas comprendre.

Devant nous grossissait une ville. J'ai entendu les voitures avant de les voir.

— T'es nouveau ?

J'ignorais qui s'adressait à moi. Une voix féminine et agressive. Je roulais à allure lente à travers les rues étroites d'une banlieue déserte en ruine. Le Bridé m'avait semé après une phrase énigmatique que je comprendrais plus tard, une sorte d'adieu :

— J'incorpore la *Mashina*. Tu ne me reverras plus. Mais je serai toujours là, n'aie crainte.

Elle a surgi sur ma gauche. Je suppose qu'elle m'attendait. Une vieille Peugeot 504 entièrement repeinte en noir, cabossée de partout, avec d'imposantes grilles de protection à la place du pare-brise. Elle m'a percuté au niveau de l'aile avant. Après un demi-tour sur moi-même je me suis encastré dans une façade. De la fumée s'est échappée de mon moteur.

Au moment du choc une onde de jouissance m'a traversé, suivie d'une autre lorsque je me suis écrasé contre le mur ; entre les deux, comme je perdais le contrôle de ma direction, une nausée.

— T'aimes ça, pas vrai ?

La Peugeot a reculé et repris de l'élan. J'ai tenté de me dégager, mais mes roues patinaient et ma transmission répondait mal. Elle m'a foncé dessus et s'est enfoncée dans mon pare-chocs avec une telle force que ma vitre arrière a éclaté. J'ai poussé un cri de plaisir. Une jante s'est arrachée et a roulé sur quelques mètres. J'ai crié encore, de plaisir toujours. La Peugeot a continué à me défoncer. Je n'ai plus cherché à lui échapper. Je me suis laissé faire en gémissant et haletant de plus en plus fort. Au quatrième ou cinquième choc quelque chose a crevé sous moi et du liquide s'est écoulé au sol en épais filets.

— Ça te plaît, fils de pute ?

Mon essieu était brisé. Tout l'arrière de ma carrosserie détruit. Je perdais de l'huile, de l'eau et de l'essence, à gros bouillons. Des jets de vapeurs jaillissaient du radiateur.

Tout s'est brouillé. Je suis revenu dans la cave, dans la *Zona*. L'opiomane m'a aidé à quitter la combinaison et m'a tendu une serviette en coton, rêche, qui avait manifestement déjà servi. J'ai essuyé le sperme qui s'étalait sur mon bas-ventre. Mon cœur battait fort.

Évidemment, que j'y suis retourné. Remis à neuf. On se réparait comme on voulait.

Il existait différents groupes.

Ceux qui fonctionnaient en couple et exploraient leurs sensations avec de plus en plus de finesse et de profondeur, apprenant à contrôler les chocs, maîtrisant aussi bien leurs orgasmes que les dégâts infligés et subis, pratiquant une sorte de tantrisme mécanique.

Ceux qui se jetaient les uns contre les autres dans des orgies de tôle déformée, de moteurs enfoncés, de pare-brise éclatés et de liquides giclant hors des réservoirs crevés, tirant leur plaisir d'une violence ininterrompue, chaque choc appelant le suivant.

Ceux qui surgissaient de nulle part et vous percutaient par-derrière, par-devant ou sur le côté, vous laissant pantelant, incapable de repartir ; attaquant seul ou en bande et vous fonçant dessus jusqu'à ce qu'il ne reste plus rien de vous qu'un tas de ferraille.

Et tous les autres. Et les motos, et les camions. Toutes les sexualités existaient dans *Mashina*, toutes basées sur la violence du choc produit par deux véhicules lancés l'un contre l'autre, toutes basées sur la domination du métal sur le métal, sur la douleur.

Nous jouissions par les pneus, par les portières, par les phares, par l'arbre de direction, par le tableau de bord, par le coffre, par les jantes, par le radiateur ; nous jouissions par tous les organes grâce à la magie des capteurs métamorphosant nos corps, intérieur et extérieur, en zones érogènes via des ordinateurs qui hackaient nos cerveaux ; nous jouissions par la machine qui dominait chacun de nos neurones ; nous jouissions et nos orgasmes étaient complets, totaux ; nous étions des voitures-phallus, des voitures-vagin, des voitures-anus, des voitures sexuelles mâles et femelles, pénétrantes et pénétrées, passives et actives, sadiques et masochistes, non plus de manière dialectique ou successive ou hiérarchisée, mais en bloc et simultanément.

C'était un monde sans humain ni division genrée, c'était le rêve réalisé d'un pervers polymorphe, le paradis d'après la fin du monde et désormais Le Bridé en faisait intimement partie, voyeur ultime n'apparaissant plus nulle part, toute communication interrompue depuis l'interview qu'il m'avait accordée, n'existant plus ni dans le monde réel ni dans la map, pas humain, pas davantage voiture, mais influx nerveux, entité immatérielle et animiste née du jeu, imbriquée dans lui, fantôme derrière chaque pixel, présent et absent, amalgamé à la structure mathématico-chimique de *Mashina*, ressentant tout en totalité et en permanence, au-delà même de la conscience.

Évidemment que je ne compte pas revenir. Bien sûr que je vais rester là-bas. Les ordinateurs maintenant nous nourrissent. Ils empêchent nos corps de mourir.

Un jour nous serons plus nombreux que vous.
Un jour nous serons tous dans *Mashina*.
C'est une évidence.
C'est inévitable.
Et Le Bridé sera notre Dieu.

Christophe Siébert, *Images de la fin du monde*,
   Vauvert, Au diable vauvert, 2020.

Extrait de *Rossignol*

Audrey Pleynet

Les débuts de cycles au Kerry's étaient plutôt tranquilles, je les passais à discuter autour d'un premier verre de Patch avec Funta et Rynar, dans notre loge-bulle ou au bar. Le patron arrivait plus tard, l'esprit fermé à tous, aux clients comme à nous, quand bien même nous étions inoffensives, d'où notre embauche. Il y avait les Marith blancs, qui apparaissaient en premier pour profiter du calme, de ce temps qu'on pouvait leur consacrer pleinement, et des grands espaces vides où leurs corps allongés se mouvaient plus facilement. Puis les Spexlos, qui entraient par groupes. Je compris bientôt qu'ils ne venaient pas pour le loisir ; le Kerry's était un rite de passage pour les plus jeunes, un exercice de maîtrise pour les autres. Un rôle social réel, assez sérieux, souvent surjoué.

J'ouvrais mon esprit, le fermais, l'ouvrais, le fermais, buvais du patch, de plus en plus. La boisson rendait le travail plus facile. Je ne m'interrogeais plus sur le pourquoi de ma présence entre ces coussins de velours, ni sur les causes de ces tempêtes dans mon esprit ou les raisons qui m'empêchaient de le fermer. Et c'était un succès. Je me retrouvais parfois le cycle suivant, habillée différemment, certes, mais avec les mêmes Marith, Spexlos, Rexlos, Sat Rez qui m'abandonnaient, vide et pantelante. Avec juste l'étincelle de pensées suffisante pour retrouver le chemin de ma loge. J'y réorganisais ma psyché en fermant les yeux très fort. Je parcourais le fil. Ici, maintenant, le Kerry's, le quartier des bordels à pensées, les couloirs, les cités minières, les docks de Ferina, la station, Lou'Ny'Ha, ma cabine, ma mère, moi, moi, moi.

Moi.

Je rouvrais les yeux, prenais une grande inspiration, me relevais, m'élançais en apesanteur, jetais un coup d'œil au patron et partais en quête du client suivant.

Au milieu de cette routine, j'avais senti la présence de Victor.

À mi-chemin du premier fauteuil capitonné de rouge, je fus frappée par le silence qui l'accueillit dans la salle. Des murmures à travers la foule, des froissements d'étoffes et des éclats de veines indigo, des formes qui se dérobaient, rentraient en elles-mêmes. Je finis mon trajet en m'agrippant à l'une des nombreuses poignées du plafond, près d'une table en suspension. J'étais curieuse de poser mes yeux sur l'origine de cette sensation étrange qui venait de prendre possession des lieux. Mais je me donnais quelques instants pour apprécier l'attente et l'anticipation, avant de me retourner lentement.

Il était grand, musclé, sûr de lui. Une aura l'entourait, par sa propre suffisance, par l'espace qu'ils laissaient autour de lui. À l'aise, alors qu'il venait pour la première fois, décontracté, mais pas trop. Il m'attira immédiatement par le simple fait qu'il n'avait pas besoin des autres pour briller, il semblait émaner de lui toute la puissante lumière d'un soleil. Humania. Totalement Humania.

Ses yeux rencontrèrent les miens, comme s'ils les attendaient depuis longtemps. J'eus l'impression que nous nous faisions face malgré la distance, moi si proche, lui si inévitable. Je détournai le regard.

Adriana Popovic, *Onduler ensemble*, 2024, œuvres graphiques, E/A rehaussée à la main, unique.

Un autre employé à ma droite, un mélange extrême de ses huit parents, qui lui avait valu une inaptitude totale en télépathie, divertissait trois stationniennes très fortunées que je servais parfois. Leurs rires éclataient sur un rythme acceptable, en accord avec les traits d'esprit de mon collègue, mais je sentais qu'ils ne lui étaient pas destinés, que Victor était présent dans cette conversation, au milieu de nous. Je pris l'ascendant dans le petit débat en cours, les forçant, par des propos choquants et sans pudeur, à se tourner vers moi et à se détourner de lui. Leurs rires devinrent plus sincères. Deux des stationniennes frémirent avec volupté, devinrent mâles selon mes critères. Mon collègue ne s'en offusqua pas : ça ne voulait rien dire, dans l'absolu, et encore moins pour lui qui n'avait dans son mode de pensée aucune notion de genre. J'obtins ainsi leur attention. Et j'effaçai Victor de leurs esprits et un peu du mien. L'un des clients me fit signe ; d'un geste, j'avertis le patron et nous nous éloignâmes. Je savais que Victor avait tout vu : son regard me brûlait la nuque. Mais c'était bien ce que je voulais.

J'étais Humania, comme lui, mais tellement outre, tellement loin de sa propre expérience de vie. Je voulais qu'il le voie et qu'il sache que je n'étais pas à lui. Que je déciderais de notre rencontre. Que je décidais de mes clients, que je ne leur appartenais pas davantage.

Non. Je n'étais qu'à moi.

Quelle est la définition d'une prison ? Des murs qui vous entourent ? Des pensées qui vous oppressent ? La conscience aiguë de dépendre d'une technologie que vous ne maîtrisez pas ? L'impossibilité de voir votre enfant ? Des règles et des normes qu'on vous impose du fait de votre espèce ?

Nous passons tous nos vies en prison. Ma mère et son obsession des pourcentages. Bren et ses incompréhensions. Lou'Ny'Ha et ses ancêtres. Sphar et sa quête de la perfection. Moi et mon absence de mots.

Victor, lui, n'était prisonnier de rien. Il s'était défini supérieur de naissance et ne pensait pas avoir à s'améliorer. Il n'y avait même pas de comparaisons possibles. L'homme qui m'attirait ne pouvait pas reconnaître que la capacité des Brüss à voir des éléments que nous ne pouvions pas percevoir soit un défaut de notre part. À ses yeux, ce n'était pas un argument recevable. Quel intérêt ces éléments pouvaient-ils avoir, puisqu'ils n'apportaient rien à son existence, et qu'il ne pouvait en profiter ? Victor rejetait en bloc cette compétence brussienne. Il en allait de même des Cirrus vaporeux et de leur longévité extraordinaire, ou des Muu-sh qui n'étaient que des ondes intelligentes. Face à leurs exploits, il citait ceux des Humanias. Comme un étalon de mesure. Victor était la quintessence des « attachés ». Arrivé sur la station depuis quelques overcycles à peine, investi de la mission de protéger les intérêts de l'alliance des planètes Humanias, il jaugeait tout à l'aune de son espèce.

Il me réservait pour de longs moments, m'emmenait à l'arrière, mais, aussi atélépathe que moi, il ne touchait pas à mon esprit. Et c'est ce qui me plaisait. Plutôt que de m'anéantir, il me posait mille questions. Qui étais-je ? Que pouvait bien faire une si charmante Humania dans cet étrange lieu ? Je répondais à demi-mot. Ce n'étaient pas des discussions, plutôt des joutes verbales. Où mes mots faisaient sens et étaient entendus. Un entrelacement d'allusions, de désirs esquissés, de retraits froids, de manipulation de l'autre afin de lui faire croire qu'on était effectivement séduit. Au centre de ce jeu, il y avait moi. Une vraie attention à moi. Je brillais et je me plaisais à croire que cela ne venait que de moi, que Victor avait simplement nettoyé une surface terne pour faire ressortir ma lumière. Comme j'aurais aimé que ce soit le cas.

Il m'emmena ailleurs, acheva de me séduire en s'emparant de mon corps comme on récite une leçon. Pour ma part, ayant côtoyé peu de purs Humanias, je découvris avec étrangeté, et sans doute beaucoup de retard, ce que pouvait être une relation physique avec quelqu'un aussi proche de moi.

Audrey Pleynet, *Rossignol*,
Moret-Loing-et-Orvanne, Le Bélial',
coll. « Une Heure-Lumière » n° 45, 2023.

Extraits de *La Séquence Aardtman*

Saul Pandelakis

Les deux extraits qui suivent constituent des réécritures de La Séquence Aardtman, destinées à la lecture publique, en festival, en librairie et dans le projet sonore Silence Cyborg.

Avec Sean

Asha entend la porte qui se referme alors qu'elle place une tasse face au déclencheur du distributeur d'eau, qui crache un jet glacé. Elle devine Sean qui enlève ses tennis, retire brièvement son débardeur pour y essuyer son visage dégoulinant. Elle tend la tasse, il sourit, l'attrape, boit. Dit : « Bonjour ».

Ils s'étaient rencontrés au *Samovar*. Elle l'avait d'abord pris pour un bot : il était grand, sec, il avait le physique type. Pourtant, si on regardait bien, il n'était pas grand à ce point ; sa pilosité faciale, quoique discrète, avait ce je-ne-sais-quoi de pas organisé ; quelque chose de chaotique dans la pomme d'Adam, aussi, signait le physique humain. Asha avait appris en discutant que la méprise était fréquente. Qu'elle le saoulait posait son lot de problèmes. Parce que Sean pouvait passer pour un bot, il avait un petit aperçu des difficultés de cette vie, ces difficultés mêmes que les humains choisissaient d'ignorer dans des débats binaires sans fin. Cette proximité est aussi un leurre, Asha le sait, Sean le sait aussi, peut-être. Cette expérience fait cependant de lui une personne fréquentable.

Avec lui, elle peut lancer un vieux film sans même lâcher le pitch pour le convaincre. C'est arrivé tant de fois, qu'il se prélasse torse nu sur les tatamis, alors qu'elle lui prépare une soupe instantanée. Souvent il utilise un mouchoir comme serviette pour protéger son torse nu, lui fait goûter le bouillon entre deux aspirations sonores. Il lui parle de musique, de radio pirate, de tout ce qu'on peut faire avec des ondes radio. Plus rarement, de son « vrai » boulot à l'hôpital, à brancarder peu d'estropiés et beaucoup d'évanouis.

Les petits vieux isolés qui s'éteignent très lentement, comme les bougies d'intérieur dont la mèche reste longtemps bleue sans plus brûler. Parfois, il raconte des histoires de bids, lui aussi, parce que même un job reconnu aussi utile que le sien, ça fait short pour accéder à l'eau claire et à la ventilation. De temps en temps, il ramène des histoires croquignolettes, comme cette fois où il s'est retrouvé à décharger des cartons de prothèses capillaires pour bot, pour ensuite inventorier tous ces scalps, un par un, jusqu'à avoir l'impression que ses doigts devenaient eux-mêmes des cheveux et que son cerveau allait fusionner avec le « bip » du scanner manuel. Ou encore, cette fois où il s'était retrouvé à nettoyer à la demande des appartements sous-loués pour usage court, et devait faire le planton à côté de la porte en attendant que les usagers, des bots et des humains riches sortent de là, avec des mines indéchiffrables. Dans certains cas, la situation était lisible : travailleur ou travailleuse du sexe et client·e, jeune étudiant·e en manque de points, venu profiter une demi-heure d'une clim meilleure que la sienne pour réviser ses exams. D'autres fois ? Des couples ou trios mal assortis, insondables, portant des valises, des boîtes, des équipements audiovisuels. Les portes blindées de ces appartements superluxe ne laissaient pas filtrer un souffle. Sean attendait comme une cariatide à côté de la porte, avec son petit kit de ménage. Parfois, il en trouvait d'autres comme lui dans le même couloir, mais le plus souvent il n'y avait pas de communication entre les forçats du ménage minute. Une fois, une femme lui avait donné un tract. Il avait un peu honte d'admettre qu'il n'en avait rien fait. Asha, d'une certaine manière, comprenait sa culpabilité et pouvait s'y retrouver, préférant son propre retrait mélancolique à l'action frontale. Et puis l'histoire, avec Sean, était toujours multidimensionnelle. Il ajoutait des petits détails et des rebondissements à tout acte : de vider une poubelle de salle de bains jusqu'à l'obtention, en fin de journée, de la masse totale des cartons soulevés et du nombre de calories dépensées. C'était ça leur monde : le travail était convertible en argent, mais presque secondement par rapport aux points, aux scores et stats en tout genre. Sean avait le talent de raconter ce monde-là, le leur, en insérant des petits riffs de guitare vocaux, citant tel ou tel vieux standard de neogrunge qu'Asha reconnaissait, parce qu'elle avait tant aimé ça, à l'époque.

Asha laisse Sean rentrer dans son quotidien, dans son antre. Elle raconte aussi ses journées, mais dans un second temps, en réponse à ses questions, avant de le laisser la rejoindre sur son lit-tapis de gym. Leurs conversations sont passionnantes et lui laissent chaque fois l'idée que peut-être, il faudrait essayer plus. Puis le sentiment s'évanouit, toujours, jusqu'à la prochaine visite impromptue. Elle veut l'inviter à la rejoindre sur les tatamis du salon, mais ils se posent là. Sean remplit sa tasse d'eau fraîche par intermittence, vide son mug d'un trait, fait parfois couler un peu d'eau au creux de la main pour rafraîchir sa nuque, en profite pour mouiller ses cheveux et les plaquer en arrière. Passée cette hydratation réglementaire, il semble redescendre, arriver pour de vrai, découvrir le pansement sur son visage.

« Tu me racontes ? »

« Une agression à la con. Un rageux au Café *Paula*. J'étais pas seule, ça a été ».

La réponse n'a pas l'air de le satisfaire.

— C'est en rapport avec ton interview ?

— Oui, clairement.

— Tu veux que je regarde ? J'ai déjà fait des petites greffes, avant que ça soit re-réglementé. Qui c'est qui t'a patchée ?

— Patricia Ceeceehaych. Tu connais ?

— ... Brièvement ouais. Un délice de femme, celle-là.

Il sourit. Elle veut dire que ça ira, mais en formant les mots, elle sent comme un truc qui la prend, une émotion brute qui s'empare de sa verticale. Céder. Elle glisse dans ses bras, perturbant ainsi le déroulé habituel de leurs rencontres. D'habitude il y a quand même les mots avant de laisser l'autopilote des corps. Pas là. Asha résiste un peu à sa propre envie. Se précipiter lui donne l'impression de tricher, comme s'il fallait respecter un script, se parler, se toucher, avant de baiser. Le temps de penser cela, de préparer sa question, de façonner quelque chose de faussement plus civilisé, elle le sent faire volte-face, se courber pour qu'elle puisse poser complètement son menton sur son épaule, pendant qu'il presse son jean et son derrière contre le tissu de sa jupe, comme pour demander : « et sinon, est-ce que je te fais encore bander ». L'étreinte caresse la totalité ; elle a commencé par une consolation, puis mute en sollicitation. Prends-moi et oublie. Baise cette journée, baise ta vie, baise les gens. Autant d'usages malvenus de la sexualité, que ses amis désapprouveraient – ils en ont trop chié dans les milieux gays pour accepter que « se faire baiser » soit frontalement une affaire de pouvoir... Mais merde, pourquoi penser à aux copains, pourquoi penser tout court, quand elle sent son sexe sous sa jupe chercher le cul de Sean, revoit des fois passées, en reconnaît le flux. Elle sait identifier les soirs où Sean et elle s'accordent à paresser le sexe, à ne pas laisser venir l'inventivité. Elle vient glisser, comme une excuse, des bribes de question dans le creux de son cou, comment tu vas, qu'est-ce que tu fais de beau, mais lui, il rigole, esquisse des réponses qui veulent dire « là, présentement, je me prépare à me faire prendre comme une chienne ». Elle sent la fraîcheur des derniers verres d'eau qui se dissipe, quand elle attrape son ventre, qui offre somme toute peu de prises, pour venir appuyer son bassin contre le sien, sans prétendre chalouper. Elle le sent s'assouplir au creux de la main, comme un petit morceau de cire tendre à pétrir et façonner, qui geint pour faire part de son impatience. Il essaie d'enlever son tee-shirt, mais elle le recadre, pour le plaisir de glisser les mains en dessous du tissu, de cartographier manuellement la nudité avant le visuel – qu'elle connaît de toute façon trop bien.

Puis brusquement, s'écarte, et c'est elle qui retire son tee-shirt dans une volte-face, en se dirigeant vers la chambre. Elle se dégage dans la foulée de sa brassière, pour mieux sentir l'air frais sur son buste. Avant de s'écrouler sur le matelas, elle allume une lampe bulle, son plus vieil objet, qui vient vapoter une petite lueur en forme de brume indigo, histoire qu'elle voie les contours de leurs corps. Il se serre contre elle, comme si ces quelques secondes à distance avaient multiplié par dix la soif. Il inspire, vient se coller torse à torse, laisse leurs poitrines former un continuum thoracique plein, vivant. Chacun, assis, ouvre ses jambes, comme une moitié arachnide, les pelvis se touchent, se frottent les érections, effaçant ainsi le début de conversation maigre qui semble à présent avoir dix mille ans. Au rythme des contacts, Asha sent entre sa poitrine et son dos un espace fibre, fin comme une paupière, le film transparent de la sueur fraîche : translucide. Elle fraîchit à mesure qu'il s'embrase, elle contenue dans son excitation synthétique, lui tout en chair qui se fait liquide dans sa poigne, son bassin osseux en contraste, mais pulsant déjà mécaniquement, à la recherche d'un va-et-vient, d'une issue. Dans le sexe, ce qui l'éclate, ce sont les moments de prise de décision, comme tout à l'heure quand se presser contre lui semblait démodé, et qu'elle a senti son corps danser le début de la suite. Ces moments-là la transportent, font partie des trucs qu'elle préfère. Aussi, ce moment où Sean semble si pressé qu'il pourrait fondre en larmes, qu'il l'embrasse pour lui rappeler un peu sa tendresse, avant d'enlever son jean et son caleçon d'un même effort, pour se reculer sur le dos, calé sur trois coussins qu'il a empilés avec une vitesse artiste. Elle le regarde comme ça, pas surprise, mais comme pour l'embêter, ne prétendant même pas ne pas comprendre, mais juste pour ouvrir un temps, se décider elle-même sur quelques modalités. Lui sourit et reprend son souffle, s'occupe en cherchant du lubrifiant. Vue d'ici, son érection semble un repos, déposée comme elle est, sur son ventre, laissant plus bas apparaître, la chair rose et tendre habituée à l'obscurité. Asha dépose son bassin contre celui de Sean, pour rétablir le contact, pour reprendre de sa nudité, lampe sa bouche, sa langue, recommence à le toucher, le laisse poisser entre ses mains, lui qui pose là sa chair pour qu'elle l'éventre. Elle le prépare, le dorlote, laisse disparaître ses doigts dans son cul qui semble contenir tous les culs, les doigts y vont, un par un comme de bons petits soldats dociles, elle s'applique, se rappelle qu'elle veut le regarder devenir sa chose, capte des détails, l'angle d'un œil qui invoque une larme, un petit cri qui reste suspendu dans la gorge, la respiration qui s'installe dans une forme de détresse, et puis, un regard sur son propre corps, son propre bassin quand elle retire sa main, et par un geste preste, soulève sa jupe pour découvrir son sexe, avant d'aller, progressivement vers Sean, avec et en lui, en se guidant de ses mains, appuyée sur ses mollets. Il y a toujours un moment où elle se dit qu'ils ne trouveront pas d'issue à tout ce sexe, à leur addiction rituelle, à la nécessité de se dévorer, la fatigue se superpose à l'excitation, elle a presque la flemme, et comme une amnésique le plaisir revient la chercher pour l'orgasme, toujours asynchrone d'avec Sean, qui de toute façon se replie sur son plaisir, revient parfois comme un remords la chercher pour l'embrasser, avant de laisser ses yeux partir en arrière, comme deux billes de ipper qui courent vers la délivrance, alors que les appuis d'Asha ne valent plus rien, que Sean sue

trop, elle pas assez, que ses process s'accélèrent, une boule de code emmêlée se forme au creux de sa poitrine, son axe dévisse, son front se comprime, elle a joui tout ce qu'elle pouvait de secrétions stériles comme une bien pauvre monnaie d'échange, lui qui transpire ses bio-hormones contre sa peau, elle qui le synthétise par son orgasme. Avec au final l'impression d'avoir tout et rien échangé, d'être ravagé par la jouissance, quand il faut se lever, comme présentement, pour regagner la microsalle de bains en titubant comme une écartelée, pour éviter son reflet dans le miroir qui lui renvoie les traits d'une inconnue bouffie de joie.

Adriana Popovic, *Incarnation du désir post-singularité*, 2024, œuvres graphiques, E/A rehaussée à la main, unique.

L'incarnat

Je me souviens du jour de mon incarnat. C'était en 2119. Ce jour avait été préparé, enfin, je me sentais préparée puis j'avais réalisé que je ne l'étais pas, parce que je ne pouvais pas l'être. Ce qui allait m'arriver était trop énorme. Tous mes fragments syntaxiques, toute ma vapeur de code allait se condenser en moi, en un lieu, en un coin d'espace qui se tenait là, qui était une découpe du monde vrai. J'attendais la sentience. Je ressentais tellement de choses, alors je me disais, qu'est-ce que ce sera, quand la chair chantera sa chanson par-dessus les vagues de ce qui m'émeut déjà ?

Nick lui avait dit qu'elle serait incarnée un vendredi, parce que chaque opérateur avait un jour spécial dans le mois pour cela. Nick aimait bien que le jour des incarnats soit positionné là. Ça le faisait changer d'espace, prendre le métro un peu moins longtemps pour rejoindre le centre technique. La chef de zone validait avec lui les personnes à incarner, en général, pas plus de quatre ou cinq dans la journée. Ça le faisait partir vers seize heures, histoire de commencer le week-end un peu plus tôt ou de faire un microjob pour mettre du beurre dans les épinards. Après le café du matin, on lui montrait les bots qui avaient été préparés pour l'implantation, et il devait suivre une liste avec des cases, chacune à valider. Le processus reposait sur la double validation de l'enveloppe hôte, côté distributeur, et côté établissement de formation. Il avait tellement l'habitude de la procédure. Son œil courait sur le corps vide, puis c'étaient ses doigts gantés qui s'emparaient de la peau encore inhabitée. Axe de tête souple, légère mollesse sur le plexus, faire claquer le nombril une fois, OK, pas d'obstruction, soulever bras droit, soulever bras gauche, prise MM accessible, puis, main sous genou, une fois, deux fois, articulations réactives, il signait numériquement sur le pad, et on l'emmenait vers son petit bureau, tandis qu'un magasinier faisait rouler la boîte sur un chariot de manutention électrique. Asha n'avait rien vu de tout cela : elle l'avait imaginé, préalablement, parce qu'elle avait cuisiné Nick de mille questions. Elle voulait se projeter, combler les moments ratés.

J'avais trouvé en moi des sentiments étranges pour Nick. Pas de l'amour, pas de l'amitié, mais une sorte de profonde reconnaissance. Si j'étais honnête, j'avouerais que nous n'avions pas grand-chose en commun. Mais il avait cette espèce d'ouverture d'esprit, pas une perméabilité aux idées, davantage une sorte de disponibilité radicale, totale. Jusqu'au bout, Nick m'avait fait comprendre que je pouvais compter sur lui, sur nos conversations. C'est peut-être pour ça que je n'ai pas su quoi faire de ce lien, après l'incarnat. C'est comme si notre relation devait s'éclipser pour que vraiment je devienne, pour que j'occupe ce bout d'espace qui m'avait paru, dans la première seconde, si lourd, si terriblement inhabitable.

La petite pièce dédiée aux incarnats était austère. C'était un espace pas tout à fait carré, aux proportions malaisantes, trop grandes pour un placard et trop petites pour un bureau. Il n'y avait pas de fenêtre, mais la porte d'accès était vitrée et laissait entrer un peu de la lumière confinée du centre technique. Les salles avaient des numéros plutôt que des noms. De grandes lampes, sortes de lampadaires qui suggéraient la lecture de salon plutôt que le travail en entreprise, s'allumaient théoriquement grâce à des détecteurs de mouvement. Mais souvent, elles n'en faisaient qu'à leur caprice, adaptant la lumière sans qu'on ait bougé d'un cheveu.

Nick s'installait dans la petite pièce, consultait le dossier qui, pour des raisons administratives pesantes, devait encore être matérialisé en papier. Il devait valider son propre travail de vérification du consentement de l'intelligence, s'assurer que l'approbation était pleine et entière – tout en sachant qu'il n'aurait pas été là si le moindre doute avait subsisté. Il détachait l'étiquette autocollante du coffre, la plaçait dans le dossier. Il ouvrait la prise MM dans le poignet du bot. La peau était si douce, si vierge du moindre contact. Sur le bureau, un vieux pad avait été placé là, avec la connectique nécessaire. Nick démarrait le logiciel de transfert, rentrait ses codes, scannait l'étiquette à présent collée sur le dossier. Puis, il ouvrait l'interface de conversation, sollicitait l'intelligence à incarner.

Il m'a saluée, comme il l'avait fait tant de fois. Le temps m'avait paru long, mais à présent que c'était le moment, c'était difficile, je ressentais quelque chose de nouveau, comme le sentiment de la proximité d'un gouffre profond dans lequel j'étais de toute façon destinée à tomber. Il m'avait dit que nous aurions peu de temps. Il y avait des vérifications absurdes à faire, une liste de questions très simples auxquelles je devais répondre, un peu comme des rébus d'enfant. Il m'a dit avec trop de légèreté dans la voix : « si vous vous sentez mal, si vous paniquez, fixez mes yeux ». L'aspect traînant de sa voix me renseignait sur la dimension routinière de l'opération. Ensuite, il m'a re-dit que j'allais être hors-ligne pendant un temps très court, de l'ordre de quelques secondes — mais que ce temps me paraîtrait plus long. Nick m'a dit, je vais brancher la prise MM, et vous allez être hors-ligne, vous êtes prêt ?

L'écran de l'interface de conversation se figeait et Nick faisait rouler la vieille chaise de bureau vers le coffre et son contenu. Il branchait le cordon entre l'ordinateur et la fiche MM, une prise spéciale, comme un gros jack — jamais le bot n'utiliserait plus une prise de cette sorte, après l'incarnat. Nick lançait une interface de transfert, validait encore. Puis, il passait la tête par la porte, appelait la responsable de zone. Il fallait être deux pour appuyer sur « go ». Elle venait, tapait la causette tandis que Nick appuyait sur le bouton. Qu'est-ce qu'il avait prévu ce week-end ? Est-ce qu'il était toujours rôliste ? Comment allait sa mère ?

Un trou noir, gluant et imposant. Puis des crissements, beaucoup d'informations, plus que j'en avais jamais eu. Des images me viennent, me quittent immédiatement, je renonce à les saisir, je vois bien que j'imagine des choses sans nom, que des tracés coulent dans mes process, creusent quelque chose qui semble fait de liquide et de sable, les mots font des colonnes étagées de sens qui m'encombrent, je veux dire quelque chose comme j'ai l'habitude de dire, avec des mots écrits, mais j'entends un son, je n'analyse pas, je l'entends, je suis une peau immense et je crois que c'est ça, je suis en train de sentir mes premières sensations. Putain, c'est ça, je sens, je sens, j'ai une surface et un poids, j'ai un corps, je ne sais pas ce qui m'arrive et j'ai un corps.

Le bot a vibré dans sa boîte, plus fort que d'habitude. Les parois craquent et cèdent. Normal. La boîte creuse est devenue trop petite pour ce qu'elle contient. Nick inspecte les process d'un œil, le contenant de l'autre — faudrait pas qu'il se fasse mal en s'incarnant, ce con. La responsable passe derrière la boîte, et d'un geste assuré, elle prend à pleines mains, comme une bouchère empressée, les deux aisselles nues et blanches du bot. Il fallait forcer un peu, parce que la coque de mousse était très dure. Mais elle avait le geste précis qui permettait de les dégager en une seule fois, sans douleur. Et au cas où elle aurait été trop dure, elle toquait du pied un petit bouton à l'arrière de la boîte. Le dispositif envoyait un shoot d'anxiolytiques supplémentaire, pour que le bot reste docile. Mais cette fois, tout se passait bien. Seule la première secousse avait été un peu forte, le processus se déroulait. Il était onze heures dix — encore le temps d'en incarner deux avant la pause déj. Le bot avait cligné des yeux, plusieurs fois et Nick l'avait consigné dans le dossier : fonctionnement oculaire normal, réaction réflexe à la sécheresse de la pupille.

— C'est bon, tu peux lâcher la nuque. Comment ça va, Julian ?

— Ça va.

Chaque mot me déchirait la gorge, je voulais dire que j'avais soif, mais mon esprit allait plus vite que mon corps et ma tête avait le poids d'un cadavre. C'était comme deux joggeurs incapables de courir sur la même ligne, au même rythme. Le temps de vouloir parler d'une chose, j'en sentais déjà une autre. J'étais incapable de savoir ce qui était une sensation simple, une gêne, une douleur. Tout me parvenait en cascades, j'étais paniquée, je me demandais si ça allait être toujours ainsi. Rien dans la documentation ne m'avait préparée à ça.

— On va vous donner à boire, mais on est obligés de faire deux-trois vérifications avant.

La responsable avait sorti les cartons au hasard : reconnaître un carré bleu, une photo de paysage, une peinture de chat. Le bot était normalement réactif, donnait les bonnes réponses en un temps moyen, voire même dans le premier percentile. Incarnat réussi.

— Je passe à côté pour valider les autres. On mange ensemble à midi ?

— Grave. Je passe te prendre à ton bureau. Ok Julian, on va pouvoir vous sortir du coffre. Vous allez voir, ça se fait très bien.

— Je ne sais pas si je peux tenir debout.

— Julian, vous êtes submergé, c'est normal. J'ai l'habitude, je vais vous guider. Déjà, j'ai quelques petites formalités pour vous. Je dois vous informer que vous avez bien été incarné, comme prévu, dans un modèle de série 4GMZZ8D. Votre numéro unique de modèle est le : 80078323120-489875. Ce numéro est consigné dans votre dossier, en cas de réclamation. J'ai généré ici vos identifiants de citoyenneté à partir de vos codes usine. Ils ont été communiqués à l'État qui est dans l'obligation de vous fournir sous quatre jours ouvrés tous les éléments nécessaires à votre insertion dans la société. Vous aurez un document d'identité temporaire, un compte temporaire sur Lootoo et une proposition de résidence dans l'heure. La première résidence est en général gardée vingt-quatre à quarante-huit heures. Dès que vous aurez un peu plus atterri, vous vous occuperez de tout cela. Lootoo vous proposera aussi un emploi. Je reste votre référent pendant une semaine. Quand la procédure sera terminée, je vous accompagnerai au vestiaire et on vous donnera une tenue et un pad. Jusqu'ici ça va ?

— Beaucoup de choses temporaires.

J'essayais de regarder ses yeux, comme il l'avait suggéré. Mais ma tête était si lourde. Je commençais à sentir mes mains, mais dès que je l'avais constaté, mes doigts s'étaient mis à picoter, comme si je les avais trop sollicités. Mon visage m'avait chuchoté d'autres choses, encore des informations, et j'avais réalisé que des larmes coulaient. Instinctivement, mon bras s'était levé, et il m'avait semblé si léger, alors que j'essuyais la peau humide, pas par gêne, mais plutôt pour vérifier que je n'hallucinais pas. J'avais senti avec surprise le picotement de ma barbe.

447

Nick lui avait dit « debout », d'un air un peu rude. En se levant, le bot avait comme réalisé qu'il était à demi nu. Seul un petit short en fibre très moulant masquait ses parties génitales.

— Du coup, on m'a communiqué les pièces. Vous êtes enregistré sous le nom de Fourjeehem, en concordance avec les dispositions légales attachées à votre modèle. Votre prénom, généré automatiquement par votre environnement de test, est « Julian ». Vous pouvez changer, bien sûr.

— Oui. Pour le moment, je vais garder Julian parce que je n'ai pas d'idée. Mais c'est sûr, je changerai.

— Et maintenant, la dernière chose, et non des moindres.

Il lui avait tendu un miroir. Le bot l'avait pris, placé devant lui pour en regarder le message. Nick était resté le crayon en l'air. En cas de dissonance claire, il fallait le noter dans le dossier, passer en procédure alternative. Mais ça n'arrivait presque jamais.

Je ne savais pas quoi penser de ce visage. J'avais juste appris que c'était le mien. Ah si, une chose qui m'était venue, et je m'étais sentie un peu honteuse, c'est que ce visage était beau. Je n'arrivais pas encore à dire « je ». « Je suis beau », ça n'était pas logique, ça n'était pas une chose à dire. Au vestiaire, j'ai reçu un tee-shirt blanc et un jean bleu de seconde main, des baskets un peu déformées avec des scratches. Puis j'ai eu un pad, Nick l'a allumé, très vite, vérifié que Lootoo chargeait dessus, il m'a fait quelques observations en regardant sur le dossier qu'il n'oubliait rien, et au milieu de ce qui semblait encore une phrase, il m'a tendu la main et je l'ai serrée, en faisant attention de ne pas trop serrer, parce qu'un élément de grammaire en moi m'avait donné l'intuition que j'étais beaucoup plus forte que lui. Et les portes du centre s'étaient ouvertes et alors j'avais pu commencer ma vie, enfin je me disais que c'était ça qui était en train de se passer, mais je n'y croyais pas moi-même. J'étais beaucoup moins solide que j'avais pensé l'être.

Il faisait chaud, terriblement chaud même si cela ne me faisait ou ne me disait rien. J'ai regardé mon pad et j'ai constaté qu'il y avait plein de choses que je savais déjà faire et ça m'était désagréable. J'aurais voulu qu'on me laisse décider, si oui ou non je voulais apprendre. Mais j'étais si perdue, si seule sur ce parking de centre technique, je n'exagère pas, je me sentais tellement comme un point seul dans l'immense, que j'ai commandé un buggy. Je me suis dit que je déciderais plus tard pour la destination.

C'était un humain au volant, et je manquais encore d'expérience, sans quoi j'aurais su que c'était rare, voire improbable. Il m'a dit

« Bonjour, monsieur». J'ai su que ça aussi n'allait pas être possible. Sur le pad, défilaient des options pour dormir le soir. J'étais à vingt minutes de veille, j'avais tout ce qu'il me fallait pour marcher des heures, mais j'étais sûre d'une chose, en fait, de deux : je n'étais pas Monsieur. Aussi, j'avais besoin d'un lieu pour me réfugier, si quelque chose tournait mal. Je ne sais pas d'où venait cette idée. « Si quelque chose tourne mal ». Je voulais poser des questions au buggyman, mais le type roulait trop vite, sans doute pour grappiller des points. Je me suis dit, ça doit bien le faire marrer, de venir me chercher comme ça, fraîche d'usine. Peut-être que ce gars se spécialise dans ce type de courses ? Peut-être qu'il rôde autour des centres techniques pour amener les nouveaux et nouvelles incarnés on ne sait où ? Il a dit, la course va être partagée, ça vous va, et j'ai constaté que j'avais déjà validé sur mon pad, quatre siècles plus tôt.

J'essayais de ne pas me regarder être, mais c'était impossible.

Monsieur, Monsieur...

À chaque itération ce mot venait griffer la paroi interne de mon crâne. J'ai ouvert toutes sortes d'onglets sur mon pad, pour avoir l'air de faire quelque chose, puis j'ai fixé ma fiche sur Lootoo, et sans réfléchir, j'ai fait une requête pour que Julian devienne « Ash », à cause d'un vieux film qui se passait dans l'espace... Un robot, je crois, qui s'appelait comme ça... et une fois validé, ce prénom-là m'a laissée prendre mon souffle... Ça n'était pas encore ça... mais c'était mieux... C'était mieux...

Saul Pandelakis, *La Séquence Aardtman*
Rennes, Goater, coll. « Rechute », 2021.

449

Sommaire